westermann

Autorinnen : Christine Kirsch, Martina Kober, Elke Lange-Scholz, Tanja Roden, Annegret Wieck

Herausgeberin: Martina Kober

Rechtsanwalts- und Notarfachangestellte

2. Ausbildungsjahr, fall- und praxisorientiert

4. Auflage

Bestellnummer 50644

Zusatzmaterialien zu Rechtsanwalts- und Notarfachangestellte – 2. Ausbildungsjahr, fall- und praxisorientiert

Für Lehrerinnen und Lehrer

Lösungen zum Schulbuch: 978-3-427-50646-1
Lösungen zum Schulbuch Download: 978-3-427-50645-4
Lösungen zum Arbeitsheft: 978-3-427-50860-1
Lösungen zum Arbeitsheft Download: 978-3-427-50837-3

BiBox Einzellizenz für Lehrer/-innen (Dauerlizenz)
BiBox Klassenlizenz Premium für Lehrer/-innen und bis zu 35 Schüler/-innen (1 Schuljahr)
BiBox Kollegiumslizenz für Lehrer/-innen (Dauerlizenz)
BiBox Kollegiumslizenz für Lehrer/-innen (1 Schuljahr)

Für Schülerinnen und Schüler

Arbeitsheft: 978-3-427-50836-6

BiBox Einzellizenz für Schüler/-innen (1 Schuljahr)
BiBox Klassensatz PrintPlus (1 Schuljahr)

Zu diesem Produkt sind digitale Zusatzmaterialien kostenlos online für Sie erhältlich. Sie können diese ganz einfach über die Eingabe des nachfolgenden Codes im Suchfeld unter www.westermann.de abrufen.

BVE-50644-004

Sollten Sie zu diesem Produkt bereits eine BiBox mit Material erworben haben, so sind die Zusatzmaterialien selbstverständlich dort bereits integriert.

Druck und Bindung: Westermann Druck GmbH, Georg-Westermann-Allee 66, 38104 Braunschweig

ISBN 978-3-427-**50644**-7

Vorwort

Liebe Auszubildende, liebe Leserinnen und Leser,

das vorliegende Lehrbuch ist für das 2. Ausbildungsjahr als Lehr- und Übungsbuch gedacht. Es berücksichtigt die im Rahmenlehrplan verankerten und zu vermittelnden Lehrinhalte und beruflichen Handlungskompetenzen.

Das Autorenteam besteht aus praxisorientierten Fachleuten. Für die Erstellung dieses Lehrbuchs haben sich Juristen, Rechtsanwaltsfachangestellte und Berufsschullehrer zusammengetan, um den Leserinnen und Lesern eine Vielzahl von Erfahrungen aus der Berufspraxis zu prüfungsrelevanten Themen zu vermitteln.

Auf das Lernfeldkonzept entsprechend abgestimmt, wird der Inhalt mit der Berufspraxis und den damit verbundenen ökonomischen, ökologischen und sozialen Aspekten zusammengebracht. Dabei wird auch immer wieder auf das 1. Ausbildungsjahr Bezug genommen, in welchem Grundlagen gelegt wurden.

Lernfeld 5 (Re, ReNo):	Aufgaben im Personalbereich wahrnehmen
Lernfeld 6 (Re, ReNo):	Geschäftsprozesse erfassen, kontrollieren und bewerten
Lernfeld 7 (Re, ReNo):	Wirtschaftliche Einflüsse auf betriebliche Entscheidungen beurteilen
Lernfeld 8 (Re, ReNo):	Sachenrechtliche Regelungen bei der Auftragsbearbeitung anwenden
Lernfeld 9 (Re):	Aufgaben im gerichtlichen Mahnwesen selbstständig bearbeiten
Lernfeld 9 (ReNo):	Dienstordnungs- und beurkundungsrechtliche Vorschriften anwenden
Lernfeld 10 (Re):	Das zivilrechtliche Mandat im erstinstanzlichen Verfahren bearbeiten
Lernfeld 10 (ReNo):	Zivilrechtliche Zahlungsansprüche gerichtlich geltend machen

Im 2. Ausbildungsjahr werden nunmehr die Lernfelder bei den Rechtsanwaltsfachangestellten sowie den Rechtsanwalts- und Notarfachangestellten ab dem 9. Lernfeld mit unterschiedlichen Schwerpunkten ausgestaltet. Lernfeld 9 wurde daher für beide Ausbildungsgruppen getrennt aufbereitet. Aufgrund starker inhaltlicher Überschneidungen sind hingegen die jeweiligen Lernfelder 10 bei den Rechtsanwaltsfachangestellten und den Rechtsanwalts- und Notarfachangestellten in einem Abschnitt zusammengefasst.

Jedes Kapitel beginnt mit einer Lernsituation, die Arbeitsaufträge enthält, um Sie selbstständig an neue Lehrinhalte heranzuführen. Gleichzeitig ermöglicht dies, die Diskussion im Klassenverband mit dem Austausch von Erfahrungen aus der Praxis zu kombinieren. Damit ist dieses **Lehrbuch** nicht nur für den Unterricht in den jeweiligen Berufsschulen gedacht, sondern eignet sich auch als Begleiter für das Selbststudium zu Hause.

Die in diesem Buch dargestellten Beispiele und Überblicke erleichtern es, die behandelten Lehrinhalte zu festigen und übersichtlich darzustellen. Am Ende jedes Kapitels finden Sie Wiederholungs- und Vertiefungsfragen, mit denen Sie eine Erfolgskontrolle durchführen können.

Nicht nur zur Vorbereitung auf die Zwischen- und Abschlussprüfung dient der **Band „Übungsfälle“**, der beim Verlag käuflich erworben werden kann. Die hierin enthaltenen Übersichten und Aufgaben können auch zur Wiederholung und Vertiefung herangezogen werden.

Weitere Materialien stehen für Lehrkräfte im zum Band gehörenden **Material inklusive Lösungen** sowie in der **BiBox** zur Verfügung. Als **Webcode** erhalten Sie kostenlos online die Briefbögen der Kanzlei Dr. Neumann & Huber und der Rechtsanwältin und Notarin Katharina Marschner zum Download.

Die Autorinnen

Inhaltsverzeichnis

Einleitung **14**

Lernfeld 5 – Kompetenzen **18**

Lernfeld 5: Aufgaben im Personalbereich wahrnehmen **20**

1 Einführung Personalwesen und Arbeitsrecht **20**
1.1 Personalbedarfsplanung 21
1.1.1 Den zukünftigen Personalbestand ermitteln 22
1.1.2 Den Bruttopersonalbedarf ermitteln 25
1.1.3 Den Nettopersonalbedarf ermitteln 34
1.2 Stellenbeschreibungen erstellen 35
1.3 Stellenanzeigen verfassen 37
1.3.1 Der Inhalt von Stellenanzeigen 38
1.3.2 Rechtliche Vorgaben bei Stellenanzeigen 39
1.3.3 Sprache und Formulierungen 40
1.4 Rechtsquellen und Begriffe des Arbeitsrechts 41
1.4.1 Rechtliche Grundlagen des Arbeitsrechts 42
1.4.2 Die Arbeitnehmer- und Arbeitgebereigenschaft 45

2 Individualarbeitsrecht **48**
2.1 Die Anbahnung des Arbeitsverhältnisses 49
2.1.1 Benachteiligungsfreie Stellenausschreibungen 49
2.1.2 Rechte und Pflichten im Zusammenhang mit dem Vorstellungsgespräch 50
2.1.3 Beteiligung des Betriebsrats bei Einstellungen 51
2.2 Gestaltung des Arbeitsverhältnisses – der Arbeitsvertrag 52
2.2.1 Arten 52
2.2.2 Formerfordernisse 55
2.2.3 Besonderheiten bei minderjährigen Arbeitnehmern 55
2.2.4 Inhalt 56
2.2.5 Formulieren und gestalten von Arbeitsverträgen 58
2.3 Entgeltabrechnungen 63
2.3.1 Sozialversicherungsrechtliche Vorschriften 64
2.3.2 Steuerrechtliche Vorschriften 68
2.3.3 Der Inhalt von Entgeltbescheinigungen 69
2.4 Beendigung des Arbeitsverhältnisses 70
2.5 Der Aufhebungsvertrag 71
2.5.1 Inhalt 71
2.5.2 Formulieren und gestalten von Aufhebungsverträgen 71
2.6 Die Kündigung 73
2.6.1 Die ordentliche Kündigung 74
2.6.2 Die außerordentliche Kündigung 76
2.6.3 Änderungskündigung 77
2.6.4 Formulieren und gestalten von Kündigungen 77
2.7 Pflichten bei Beendigung des Arbeitsverhältnisses 78
2.8 Das Arbeitszeugnis 79
2.8.1 Aufbau und Inhalt eines qualifizierten Zeugnisses 80
2.8.2 Formulieren und Gestalten von Arbeitszeugnissen 81

3 Kollektivarbeitsrecht **86**
3.1 Das Betriebsverfassungsgesetz 87
3.2 Der Betriebsrat 88
3.2.1 Einrichtung des Betriebsrats 89

3.2.2 Wahl und Größe des Betriebsrats 89
3.2.3 Aufgaben des Betriebsrats 90
3.3 Die betriebliche Jugend- und Auszubildendenvertretung 91
3.4 Betriebsvereinbarungen 91
3.5 Tarifverträge 92
3.5.1 Tarifvertragsparteien 92
3.5.2 Tarifvertragsarten 94
3.5.3 Tarifverhandlungen 94
3.6 Arbeitskampf 96
3.6.1 Streik 97
3.6.2 Aussperrung 98

4 Arbeits- und Umweltschutz im Büro 101
4.1 Der Arbeitsraum 102
4.1.1 Raumbedarf 102
4.1.2 Raumformen 102
4.2 Die Arbeitsmittel 104
4.2.1 Der Schreibtisch 104
4.2.2 Der Bürodrehstuhl 105
4.2.3 Schränke und Regale 106
4.2.4 Technische Hilfsmittel 106
4.3 Die Arbeitsplatzumgebung 108
4.3.1 Die Beleuchtung 108
4.3.2 Das Raumklima 109
4.3.3 Der Geräuschpegel 109
4.3.4 Farbgestaltung und Raumschmuck 109
4.4 Arbeitsschutz 110
4.4.1 Vermeidung von Gesundheitsschäden 110
4.4.2 Förderung der Gesundheit 113
4.5 Umweltschutz 114
4.5.1 Material sparen 114
4.5.2 Energie sparen 115

Lernfeld 6 – Kompetenzen 118

Lernfeld 6: Geschäftsprozesse erfassen, kontrollieren und bewerten 119

1 Geschäftsprozesse 119
1.1 Beschaffungsprozesse 121
1.2 Leistungsprozesse 122
1.3 Finanzwirtschaftliche Prozesse 124
1.3.1 Barzahlung 126
1.3.2 Halbbare Zahlung 127
1.3.3 Bargeldlose Zahlung 127

2 Grundlagen der Buchführung 133
2.1 Ordnungsmäßige Buchführung 134
2.1.1 Grundsätze ordnungsmäßiger Buchführung 134
2.1.2 Formelle und materielle Mängel der Buchführung 135
2.2 Gesetzliche Aufbewahrungsfristen 136
2.3 Darstellungs- und Aufzeichnungspflichten in Rechtsanwaltskanzlei und Notariat 136
2.3.1 Kassenbuch 136
2.3.2 Bestandsverzeichnis 137
2.3.3 Fremdgeld und Anderkonto in der Rechtsanwaltskanzlei 138
2.3.4 Fremdgeld und Anderkonto im Notariat 138
2.3.5 Kostenblatt 139

3 Ermittlung des Gewinns mit der Einnahmenüberschussrechnung **142**
3.1 Einnahmenüberschussrechnung (EÜR) 143
3.1.1 Ausnahmen vom Abfluss- bzw. Zuflussprinzip 143
3.1.2 Abschreibungen des Anlagevermögens 145
3.1.3 Geringwertige Wirtschaftsgüter (GWG) 146
3.1.4 Betriebsausgaben 147
3.2 Kontenrahmen und Kontenplan 148
3.3 Buchen auf Konten 149
3.3.1 Zahlungswirksame Betriebseinnahmen 150
3.3.2 Nicht zahlungswirksame Betriebseinnahmen 150
3.3.3 Zahlungswirksame Betriebsausgaben 150
3.3.4 Nicht zahlungswirksame Betriebsausgaben 151
3.3.5 Zahlungen, die nicht den Überschuss beeinflussen 152
3.3.6 Darstellung der Buchhaltungsvorgänge 153
3.3.7 Auswertung von Buchhaltungsdaten 155
3.3.8 Übernahme der Buchhaltungsdaten in die Einnahmenüberschussrechnung 156

4 Kaufmännische Buchführung und Bilanzierung **159**
4.1 Inventur und Inventar 160
4.1.1 Inventur 160
4.1.2 Inventar 163
4.2 Praxis der kaufmännischen Buchführung 163
4.2.1 Werteveränderungen in der Bilanz 167
4.2.2 Aufwand und Ertrag 168
4.2.3 Der Buchungssatz 169
4.2.4 Buchungen auf Bestandskonten 170
4.2.5 Buchen auf Fremdgeld- und Anderkonten 172
4.2.6 Differenzierung der Forderungen und der Verbindlichkeiten 173
4.2.7 Buchungen für die Gewinn- und Verlustrechnung 174
4.3 Erfolgsermittlung durch Eigenkapitalvergleich 177
4.4 Besonderheiten beim Jahresabschluss 178
4.5 Funktion und Aufbau eines Anlageverzeichnisses 180

5 Steuern **185**
5.1 Besteuerungsgrundlagen der Umsatzsteuer 186
5.1.1 Ist-Versteuerung 186
5.1.2 Soll-Versteuerung 187
5.2 Umsatzsteuer und Vorsteuer 187
5.2.1 Entstehung der Zahllast 189
5.2.2 Vorsteuerüberhang 191
5.2.3 Umsatzsteuervoranmeldung 191
5.3 Einkommensteuer 192
5.3.1 Vorauszahlungen 193
5.3.2 Termine für die Abgabe der Einkommensteuererklärung 193

Lernfeld 7 – Kompetenzen **195**

Lernfeld 7: Wirtschaftliche Einflüsse auf betriebliche Entscheidungen beurteilen **196**

1 Die Grundlagen des Wirtschaftens **196**
1.1 Bereitstellung von Gütern und Dienstleistungen 197
1.2 Produktionsfaktoren 198
1.2.1 Betriebswirtschaftliche Produktionsfaktoren 199
1.2.2 Volkwirtschaftliche Produktionsfaktoren 200
1.3 Ökonomisches und ökologisches Prinzip 202
1.3.1 Ökonomisches Prinzip 202
1.3.2 Ökologisches Prinzip 203
1.4 Wirtschaftskreislauf 204

1.4.1 Der einfache Wirtschaftskreislauf ... 205
1.4.2 Der erweiterte Wirtschaftskreislauf ... 206

2 Wirtschaftsordnungen ... 210
2.1 Zentralverwaltungswirtschaft und Marktwirtschaft ... 212
2.1.1 Zentralverwaltungswirtschaft ... 212
2.1.2 Freie Marktwirtschaft ... 213
2.2 Soziale Marktwirtschaft ... 214

3 Der Markt ... 218
3.1 Die Preisbildung ... 220
3.1.1 Die Bedeutung von Angebot und Nachfrage für die Preisbildung ... 220
3.1.2 Der Wettbewerb ... 224
3.2 Die Preisbildung in verschiedenen Marktformen ... 226
3.2.1 Das Polypol ... 227
3.2.2 Das Angebotsmonopol ... 228
3.2.3 Das Oligopol ... 229
3.3 Das Marketing ... 229
3.3.1 Die Marktforschung ... 230
3.3.2 Die Marketingkonzeption ... 231
3.3.3 Die Marketinginstrumente ... 233

4 Die staatliche Wirtschaftspolitik ... 239
4.1 Arten der Wirtschaftspolitik ... 239
4.1.1 Angebotsorientierte Wirtschaftspolitik ... 240
4.1.2 Nachfrageorientierte Wirtschaftspolitik ... 240
4.2 Die Ziele staatlicher Wirtschaftspolitik ... 241
4.3 Das Handeln in der Wirtschaftspolitik ... 242
4.3.1 Die Akteure der Wirtschaftspolitik ... 243
4.3.2 Die Handlungsgebiete der Wirtschaftspolitik ... 243
4.4 Die Kennziffern zur Messung des Erreichens wirtschaftspolitischer Ziele ... 244

5 Die Währungs- und Geldpolitik der Eurozone ... 248
5.1 Die Geschichte des Euro ... 249
5.1.1 Die Europäische Wirtschaftsgemeinschaft (EWG) ... 249
5.1.2 Das Europäische Währungssystem (EWS) ... 251
5.1.3 Die Einführung einer einheitlichen Währung ... 252
5.2 Die Europäische Zentralbank (EZB) ... 253
5.2.1 Die Organisation der Europäischen Zentralbank ... 254
5.2.2 Die Aufgaben der Europäischen Zentralbank ... 255
5.2.3 Die Instrumente der Europäischen Zentralbank ... 256

Lernfeld 8 – Kompetenzen ... 260

Lernfeld 8: Sachenrechtliche Regelungen bei der Auftragsbearbeitung anwenden ... 261

1 Das Sachenrecht im BGB ... 261
1.1 Grundbegriffe des Sachenrechts ... 262
1.2 Die Grundprinzipien des Sachenrechts ... 263
1.3 Der Besitz ... 265
1.3.1 Arten des Besitzes ... 265
1.3.2 Erwerb und Verlust des Besitzes ... 267
1.3.3 Rechte des Besitzers ... 268
1.4 Das Eigentum ... 269
1.4.1 Arten des Eigentums ... 270
1.4.2 Erwerb und Verlust des Eigentums ... 271
1.4.3 Rechte des Eigentümers ... 277
1.5 Beschränkt dingliche Rechte ... 279

1.5.1 Arten beschränkt dinglicher Rechte ... 279
1.5.2 Rangfolge beschränkt dinglicher Rechte ... 283
1.6 Die Verjährung im Sachenrecht ... 285
1.6.1 Ausschluss der Verjährung sachenrechtlicher Ansprüche ... 285
1.6.2 Besondere sachenrechtliche Verjährungsfristen ... 285

2 Die Bedeutung der Sachenrechte für die Kreditsicherung ... 289
2.1 Der Eigentumsvorbehalt ... 291
2.1.1 Der einfache Eigentumsvorbehalt ... 291
2.1.2 Der verlängerte Eigentumsvorbehalt ... 291
2.1.3 Der erweiterte Eigentumsvorbehalt ... 292
2.2 Die Sicherungsübereignung ... 292
2.3 Das Pfandrecht an beweglichen Sachen ... 293
2.3.1 Erwerb eines Pfandrechts durch vertragliche Vereinbarung ... 294
2.3.2 Erwerb eines Pfandrechts aufgrund einer gesetzlichen Regelung ... 294
2.3.3 Verwertung des Pfandrechts ... 296
2.4 Die Grundpfandrechte ... 296
2.4.1 Die Hypothek ... 296
2.4.2 Die Grundschuld ... 297

3 Führen des erforderlichen Schriftverkehrs ... 300
3.1 Aufforderungsschreiben zur Herausgabe von Sachen ... 301
3.2 Schreiben an Mandantschaften ... 305
3.2.1 Vereinbarung eines Wohnungsrechts ... 305
3.2.2 Mitteilung über Eintragungen von Belastungen im Grundbuch ... 307
3.2.3 Mitteilung über eine erfolgte Grundbucheintragung ... 308
3.3 Kostenrechnungen erstellen ... 309

Lernfeld 9 (Rechtsanwaltsfachangestellte) – Kompetenzen ... 313

Lernfeld 9 (ReFa): Aufgaben im gerichtlichen Mahnwesen selbstständig bearbeiten ... 315

1 Das gerichtliche Mahnverfahren ... 315
1.1 Die Vorteile und Zweckmäßigkeit des Mahnverfahrens ... 316
1.2 Die Zulässigkeit des Mahnverfahrens ... 317
1.3 Die Zuständigkeit im Mahnverfahren ... 318
1.4 Der Antrag auf Erlass eines Mahnbescheids ... 319
1.4.1 Der Papierantrag ... 320
1.4.2 Der Barcodeantrag ... 321
1.4.3 Der Onlineantrag ... 321
1.4.4 Die elektronische Übermittlung ... 321
1.4.5 Der weitere Ablauf nach Antragstellung ... 322
1.5 Die Zustellung ... 322
1.5.1 Die Amts- und Parteizustellung ... 323
1.5.2 Die Zustellungsarten ... 324
1.5.3 Der Zustellungsadressat ... 325
1.5.4 Der Ort der Zustellung ... 326
1.5.5 Heilung von Zustellungsmängeln ... 328
1.5.6 Die Bedeutung der Zustellung ... 329
1.6 Reaktionsmöglichkeiten des Antragsgegners auf den Mahnbescheid ... 330
1.7 Das Verfahren nach Beantragung des Vollstreckungsbescheids ... 331
1.8 Das streitige Verfahren ... 331

2 Das Europäische Mahnverfahren ... 333
2.1 Die Bedeutung und Einordnung des Europäischen Mahnverfahrens ... 334
2.1.1 Zweckmäßigkeit des grenzüberschreitenden deutschen Mahnverfahrens ... 334
2.1.2 Zweckmäßigkeit des Europäischen Mahnverfahrens ... 335
2.1.3 Zweckmäßigkeit des Europäischen Verfahrens für geringfügige Forderungen ... 337

2.2 Die Zuständigkeit im Europäischen Mahnverfahren ... 337
2.2.1 Bestimmung des zuständigen Mitgliedsstaats ... 338
2.2.2 Zuständigkeit innerhalb eines Mitgliedsstaats ... 339
2.3 Der Antrag auf Erlass eines Europäischen Zahlungsbefehls ... 339
2.3.1 Arten der Antragstellung ... 339
2.3.2 Inhalt des Antrags ... 340
2.3.3 Der weitere Ablauf nach Antragstellung ... 342
2.3.4 Die Zustellung des Europäischen Zahlungsbefehls ... 342
2.4 Reaktionsmöglichkeiten des Antragsgegners auf den Europäischen Zahlungsbefehl ... 343

3 Rechtsanwaltsgebühren und Gerichtskosten im Mahnverfahren ... 345
3.1 Die Vertretung des Antragstellers ... 346
3.1.1 Verfahrensgebühr gem. Nr. 3305 VV RVG ... 346
3.1.2 Verfahrensgebühr gem. Nr. 3306 VV RVG ... 347
3.1.3 Verfahrensgebühr gem. Nr. 3308 VV RVG ... 348
3.1.4 Weitere mögliche Gebühren ... 349
3.1.5 Mischfälle ... 351
3.1.6 Anrechnungsvorschriften ... 353
3.1.7 Gerichtskosten ... 356
3.2 Die Vertretung des Antragsgegners ... 357
3.2.1 Verfahrensgebühr gem. Nr. 3307 VV RVG ... 357
3.2.2 Weitere mögliche Gebühren ... 358
3.2.3 Mischfälle ... 359
3.2.4 Anrechnungsvorschriften ... 360

4 Führen des erforderlichen Schriftverkehrs ... 365
4.1 Schreiben an Mandantschaften ... 366
4.1.1 Mitteilung über den weiteren Verfahrensablauf nach Zustellung des Mahnbescheids ... 366
4.1.2 Mitteilung über die Erhebung des Widerspruchs durch die Gegenseite ... 368
4.1.3 Mitteilung über die Einlegung des Einspruchs durch die Gegenseite ... 369
4.2 Kostenrechnungen erstellen ... 370

Lernfeld 9 (Rechtsanwalts- und Notarfachangestellte) – Kompetenzen ... 375

Lernfeld 9 (ReNo): Dienstordnungs- und beurkundungsrechtliche Vorschriften anwenden ... 377

1 Der Notar ... 377
1.1 Grundlagen des notariellen Berufsrechts ... 379
1.1.1 Das Amt und die Aufgaben des Notars (BNotO) ... 379
1.1.2 Zeichen der Amtsführung (DONot) ... 382
1.1.3 Verschwiegenheitspflicht/Datenschutz (BNotO) ... 384
1.1.4 Notarvertreter/Notariatsverwalter/Aktenverwahrer (§§ 19 ff. DONot, §§ 39, 56 ff. BNotO) ... 385
1.1.5 Übersichtenerstellung (§§ 7, 9 DONot) ... 386
1.1.6 Amtserlöschen (§§ 47 ff. BNotO) ... 387
1.2 Die Notarkammern/Bundesnotarkammer (BNotO) ... 388
1.2.1 Aufgaben der Notarkammern (§ 67 BNotO) ... 389
1.2.2 Aufgaben der Bundesnotarkammer (§ 78 BNotO) ... 390

2 Beurkundungen ... 393
2.1 Allgemeine Beurkundungsvorschriften ... 395
2.1.1 Mitwirkungsverbot, Ausschließungsgründe, Beurkundung zugunsten des Notars/seiner Angehörigen ... 396
2.1.2 Behinderte Personen (§§ 22 ff. BeurkG) ... 399
2.2 Niederschrift (Verhandelt zu ...) und Unterschriftsbeglaubigung ... 399

2.2.1 Vertretung und Vertretungsnachweis ... 400
2.2.2 Die Niederschrift (§§ 8 ff. BeurkG) ... 403
2.2.3 Die Beglaubigung einer Unterschrift (§§ 39 ff. BeurkG) ... 406
2.3 Ausfertigung, beglaubigte Abschrift und Abschrift ... 408
2.3.1 Die Ausfertigung/vollstreckbare Ausfertigung ... 408
2.3.2 Die beglaubigte Abschrift/Abschrift ... 411
2.3.3 Die elektronisch beglaubigte Abschrift (einfaches elektronisches Zeugnis) ... 412

3 Akten und Verzeichnisse ... 415
3.1 Die Akten des Notars (§ 2 NotAktVV) ... 417
3.1.1 Urkundensammlung (§ 31 NotAktVV) ... 417
3.1.2 Erbvertragssammlung (§ 32 NotAktVV) ... 420
3.1.3 Elektronische Urkundensammlung (§§ 34 ff. NotAktVV) ... 420
3.1.4 Sondersammlung (§§ 37 ff. NotAktVV) ... 424
3.1.5 Nebenakte (§§ 40 ff. NotAktVV) ... 425
3.1.6 Generalakte (§§ 46, 47 NotAktVV) ... 426
3.1.7 Sammelakte für Wechsel- und Scheckproteste (§ 45 NotAktVV) ... 427
3.2 Die Verzeichnisse des Notars (§§ 1 ff. NotAktVV) ... 427
3.2.1 Das Urkundenverzeichnis (§§ 7 ff. NotAktVV) ... 428
3.2.2 Das Verwahrungsverzeichnis (§§ 21 ff. NotAktVV) ... 433

4 Kosten ... 440
4.1 Grundlagen der notariellen Kostenrechnung ... 441
4.1.1 Kostenschuldner ... 442
4.1.2 Fälligkeit ... 443
4.2 Werte und Kosten (Gebühren/Auslagen) ... 445
4.2.1 Die Wertvorschriften (Geschäftswertermittlung) ... 447
4.2.2 Besonderheiten bei der Geschäftswertermittlung und Abrechnung ... 450
4.2.3 Das Kostenverzeichnis ... 454
4.2.4 Wirksamkeitsvoraussetzungen ... 455
4.2.5 Verjährung Kostenzahlungsanspruch ... 456

Lernfeld 10 – Kompetenzen ... 458

Lernfeld 10: Das zivilrechtliche Mandat in erster Instanz ... 461

1 Das Zivilverfahren in der ersten Instanz ... 461
1.1 Die Verfahrensgrundsätze im Zivilverfahren ... 463
1.1.1 Die Dispositionsmaxime ... 463
1.1.2 Die Verhandlungsmaxime ... 465
1.1.3 Der Mündlichkeitsgrundsatz ... 467
1.1.4 Das Unmittelbarkeitsprinzip ... 468
1.1.5 Der Öffentlichkeitsgrundsatz ... 468
1.1.6 Grundsatz des rechtlichen Gehörs ... 469
1.1.7 Die Konzentrationsmaxime ... 469
1.2 Der Ablauf des zivilrechtlichen Erkenntnisverfahrens ... 471
1.2.1 Die Klageerhebung ... 471
1.2.2 Die Entscheidung über den weiteren Verfahrensablauf ... 472
1.2.3 Der Gütetermin ... 474
1.2.4 Die mündliche Verhandlung ... 474
1.2.5 Die Beweisaufnahme ... 476
1.2.6 Verfahrensbeendigung durch gerichtliche Entscheidung ... 478
1.2.7 Verfahrensbeendigung durch Parteihandlungen ... 482

2 Die Prozessvoraussetzungen im zivilrechtlichen Verfahren ... 488
2.1 Arten von Prozessvoraussetzungen ... 489
2.1.1 Echte Prozessvoraussetzungen ... 489
2.1.2 Unechte Prozessvoraussetzungen ... 490

2.1.3 Prozesshindernisse ... 491
2.2 Die Sachentscheidungsvoraussetzungen ... 491
2.2.1 Zivilrechtsweg ... 492
2.2.2 Örtliche Zuständigkeit ... 492
2.2.3 Sachliche Zuständigkeit ... 498
2.2.4 Die Parteifähigkeit ... 499
2.2.5 Die Prozessfähigkeit ... 500
2.2.6 Die Postulationsfähigkeit ... 500
2.2.7 Die Prozessführungsbefugnis ... 501
2.2.8 Ordnungsgemäße Klageerhebung ... 502
2.2.9 Keine anderweitige Rechtshängigkeit ... 506
2.2.10 Keine entgegenstehende Rechtskraft ... 507
2.2.11 Rechtsschutzbedürfnis ... 508
2.3 Die Streitgenossenschaft ... 508
2.3.1 Begriffsklärung ... 508
2.3.2 Die (einfache) Streitgenossenschaft ... 509
2.3.3 Die notwendige Streitgenossenschaft ... 511

3 Die Gerichtskosten ... 514
3.1 Die Berechnung der Gerichtskosten ... 515
3.1.1 Der Begriff der Gerichtskosten ... 515
3.1.2 Die Höhe der Gerichtsgebühren ... 517
3.1.3 Die Höhe der gerichtlichen Auslagen ... 520
3.2 Die Zahlung des Gerichtskostenvorschusses ... 522
3.2.1 Kostenschuldner und Vorschuss ... 522
3.2.2 Zahlungsarten ... 525
3.3 Die Kontrolle der Gerichtskostenrechnung ... 527

4 Die Kostenfestsetzung ... 531
4.1 Die Kostengrundentscheidung ... 532
4.1.1 Beendigung des Verfahrens durch Urteil ... 532
4.1.2 Beendigung des Verfahrens durch Parteihandlung ... 535
4.1.3 Die Rechtsmittel gegen die Kostengrundentscheidung ... 537
4.2 Das Kostenfestsetzungsverfahren ... 539
4.2.1 Der Kostenfestsetzungsantrag nach § 104 ZPO ... 539
4.2.2 Der Kostenausgleichantrag nach § 106 ZPO ... 543
4.3 Die Rechtsmittel gegen einen Kostenfestsetzungsbeschluss ... 545
4.3.1 Die Überprüfung des Kostenfestsetzungsbeschlusses ... 546
4.3.2 Sofortige Beschwerde gegen den Kostenfestsetzungsbeschluss ... 548
4.3.3 Befristete Erinnerung gegen den Kostenfestsetzungsbeschluss ... 551
4.4 Kostenfestsetzung gegen die eigene Mandantschaft ... 552
4.4.1 Antragsberechtigung ... 553
4.4.2 Gegenstand der Festsetzung ... 553
4.4.3 Zuständigkeit ... 554
4.4.4 Keine Einwendungen, die nicht im Gebührenrecht ihren Grund haben ... 554
4.4.5 Verfahrensablauf ... 555

5 Abrechnung des Rechtsanwalts ... 557
5.1 Die Gebühren des erstinstanzlichen Verfahrens ... 558
5.1.1 Die Verfahrensgebühr ... 559
5.1.2 Die Terminsgebühr ... 563
5.1.3 Die Einigungsgebühr ... 566
5.1.4 Die Zusatzgebühr für besonders umfangreiche Beweisaufnahmen ... 566
5.1.5 Anrechnungsvorschriften ... 567
5.1.6 Mischfälle ... 572
5.2 Gebühren für bestimmte Einzeltätigkeiten ... 574
5.2.1 Der Verkehrsanwalt ... 575
5.2.2 Der Terminsvertreter ... 578
5.2.3 Nur mit einer Einzeltätigkeit beauftragter Rechtsanwalt ... 581

6 Die Prozesskostenhilfe ... **588**
6.1 Die Voraussetzungen ... 590
6.1.1 Persönliche und wirtschaftliche Verhältnisse ... 590
6.1.2 Hinreichende Aussicht auf Erfolg ... 591
6.1.3 Mutwilligkeit ... 591
6.2 Der Antrag ... 592
6.2.1 Antrag bei bedingter Klageerhebung ... 592
6.2.2 Antrag bei unbedingter Klageerhebung ... 594
6.3 Die Bewilligung ... 595
6.3.1 Monatliche Einkünfte ... 595
6.3.2 Vermögenswerte ... 596
6.3.3 Monatliche Ausgaben ... 597
6.3.4 Gesetzliche Freibeträge ... 597
6.3.5 Festsetzung von Ratenzahlungen ... 599
6.3.6 Versagung der Bewilligung ... 601
6.3.7 Änderung der Bewilligung ... 601
6.3.8 Aufhebung der Bewilligung ... 603
6.3.9 Rechtsmittel gegen die Entscheidung auf Bewilligung ... 604
6.4 Die Beiordnung eines Rechtsanwalts ... 604
6.5 Die Abrechnung des Rechtsanwalts ... 606
6.5.1 Vergütung im Bewilligungsverfahren ... 607
6.5.2 Vergütung im Rechtsstreit ... 609

7 Führen des erforderlichen Schriftverkehrs ... **619**
7.1 Das Klageverfahren ... 621
7.1.1 Die Klageschrift ... 621
7.1.2 Die Klagerücknahme ... 623
7.1.3 Der Antrag auf Klageabweisung ... 625
7.1.4 Der Antrag auf Terminsverlegung ... 626
7.1.5 Der Antrag auf Fristverlängerung ... 627
7.1.6 Der Antrag auf Bewilligung von PKH ... 628
7.2 Das Kostenfestsetzungsverfahren ... 629
7.2.1 Der Kostenfestsetzungsantrag gem. § 104 ZPO ... 629
7.2.2 Der Kostenausgleichsantrag gem. § 106 ZPO ... 631
7.2.3 Die Kostenfestsetzung gegen die eigene Mandantschaft gem. § 11 RVG ... 633
7.2.4 Die Erinnerung gegen den Kostenfestsetzungsbeschluss ... 635
7.3 Schreiben an Mandantschaften ... 637
7.3.1 Mitteilung über einen anberaumten Termin ... 637
7.3.2 Mitteilung über einen erlassenen Kostenfestsetzungsbeschluss ... 639
7.3.3 Mitteilung über einzuzahlende Gerichtskosten ... 640
7.4 Kostenrechnungen erstellen ... 641
7.4.1 Vorschusskostenrechnung ... 641
7.4.2 Kostenendabrechnung ... 643

Sachwortverzeichnis ... **647**

Bildquellenverzeichnis ... **655**

Einleitung

Eine Kanzlei stellt sich vor

Annika Sauer und Julia Hoffmann haben beide die Realschule absolviert und sich für eine anschließende Berufsausbildung in einer Rechtsanwaltskanzlei entschieden.

Die Rechtsanwaltskanzlei als Ihr Ausbildungsbetrieb

Rechtsanwältin Dr. Annette Neumann (49 Jahre alt) war zunächst als Einzelanwältin tätig. Nachdem die Mandate immer mehr wurden und sie die Arbeit nicht mehr allein bewältigen konnte, gründete sie mit Rechtsanwalt Peter Huber (41 Jahre alt) eine Partnerschaft:

Dr. Neumann & Huber, Rechtsanwälte, Partnerschaft

mit dem Firmensitz in 67434 Neustadt an der Weinstraße, Grainstraße 101

Registergericht:	Amtsgericht Neustadt an der Weinstraße
Registernummer:	PR 956
Steuernummer:	310/556/1296
Zuständiges Finanzamt:	Finanzamt Darmstadt
Umsatzsteuer-Identifikations-Nummer:	DE573964122
Zuständige Rechtsanwaltskammer:	Pfälzische Rechtsanwaltskammer Zweibrücken
Betriebs-Nummer Sozialversicherung:	45567979

Im Einzelnen ist zu beiden Partnern Folgendes auszuführen:

	Rechtsanwältin Dr. Annette Neumann ist Fachanwältin für Verkehrsrecht und Mitglied der Arbeitsgemeinschaft Verkehrsrecht im Deutschen Anwaltverein (DAV). Weiterhin ist sie Vorsitzende des Prüfungsausschusses der Pfälzischen Rechtsanwaltskammer Zweibrücken für die Fachanwälte für Verkehrsrecht.
	Ihr Partner, Rechtsanwalt Peter Huber, ist Fachanwalt für Erbrecht. Er ist Mitglied im Deutschen Anwaltverein (DAV) und im Verband deutscher Anwälte e. V. (VDA).

Die Mitarbeiterinnen der Rechtsanwaltskanzlei

Aufgrund der vielen Mandate hatten sich die beiden Partner vor einigen Jahren dafür entschieden, eine Rechtsanwältin einzustellen. Ihre Wahl fiel auf die mittlerweile 32-jährige Katharina Schuh, die bereits während ihres Referendariats für die beiden Partner Recherchetätigkeiten u. a. übernommen hat, und zwischenzeitlich Fachanwältin für Familienrecht ist.

Die gute Seele der Kanzlei ist Marion Webermann. Die 36 Jahre alte Bürovorsteherin hat Rechtsanwältin Dr. Annette Neumann schon vor Gründung der Partnerschaft mit Rechtsanwalt Peter Huber bei der täglichen Arbeit unterstützt und entlastet. Marion Webermann betreut auch die beiden Auszubildenden der Rechtsanwaltskanzlei.

Annika Sauer (18 Jahre alt) befindet sich derzeit im 2. Ausbildungsjahr zur Rechtsanwaltsfachangestellten. Die 19-jährige Julia Hoffmann befindet sich bereits im 3. Ausbildungsjahr. Die Überlegung von Julia Hoffmann, nach Beendigung der Berufsausbildung ihr Abitur nachzuholen und Jura zu studieren, hat sie vorerst aufgegeben. Sie möchte erst einmal Berufserfahrung sammeln. Da die Partnerschaft ihr keinen Vollzeitarbeitsplatz anbieten kann, ist sie auf der Suche nach einer Arbeitsstelle.

Die Kontaktdaten der Rechtsanwaltskanzlei

Telefon:	+49 6321 5632-0
Telefax:	+49 6321 5632-15
Homepage:	www.rae-neumann-huber.de
E-Mail, allgemein:	info@rae-neumann-huber.de
E-Mail, personenbezogen:	Die beiden Partner und alle Mitarbeiter der Partnerschaft haben eine persönliche E-Mail-Adresse. Dabei ist der jeweilige Name dem @ vorangestellt. Beispiel: annette.neumann@rae-neumann-huber.de
Facebook:	www.facebook.com/rae-neumann-huber

Twitter:	https://twitter.com/rae-neumann-huber
Xing:	https://www.xing.com/companies/raeneumannhuber

Die Bankverbindungen der Rechtsanwaltskanzlei

Institut:	Commerzbank Neustadt a. d. Wstr.	Deutsche Bank Neustadt a. d. Wstr.
IBAN:	DE41 5464 0035 0012 5832 19	DE52 5467 0095 0096 7844 58

Die Zusammenarbeit der Rechtsanwaltskanzlei mit einem Notariat

Die Partnerschaft Dr. Neumann & Huber arbeitet seit Kurzem mit Rechtsanwältin und Notarin Katharina Marschner zusammen.

Ein Notariat stellt sich vor

Oxana Schuhmann möchte nach Abschluss der 10. Klasse der Gesamtschule eine Berufsausbildung als Rechtsanwalts- und Notarfachangestellte machen. Besonders interessiert sie sich für Notariatsangelegenheiten.

Das Notariat als Ihr Ausbildungsbetrieb

Katharina Marschner ist 38 Jahre alt. Sie ist Rechtsanwältin und versieht auch die Amtstätigkeit als Notarin. Sie ist Mitglied beim Deutschen Notarverein e. V.

Rechtsanwältin und Notarin Katharina Marschner
mit dem Sitz in 64283 Darmstadt, Wilhelminenplatz 220

Steuernummer:	315/651/1445
Zuständiges Finanzamt:	Finanzamt Darmstadt
Umsatzsteuer-Identifikations-Nummer:	DE999999999
Zuständige Rechtsanwaltskammer:	Rechtsanwaltskammer Frankfurt a. M.
Zuständige Notarkammer:	Notarkammer Frankfurt a. M.
Betriebs-Nummer Sozialversicherung:	67395638

Die Mitarbeiterinnen des Notariats

Die 25-jährige Rechtsanwalts- und Notarfachangestellte Jana Seidel arbeitet schon seit Eröffnung der Kanzlei mit Katharina Marschner zusammen. Sie betreut auch die Auszubildende in der Kanzlei.

Oxana Schuhmann (18 Jahre alt) befindet sich im 2. Ausbildungsjahr zur Rechtsanwalts- und Notarfachangestellten. Neben anwaltlichen Aufgaben wird sie vermehrt mit Notariatsaufgaben beschäftigt. Sie ist sehr engagiert dabei.

Die Kontaktdaten des Notariats

Telefon:	+49 621 999 9999-0
Telefax:	+49 621 999 9999-1
Homepage:	www.ra-marschner.de
E-Mail, allgemein:	kontakt@ra-marschner.de
E-Mail, personenbezogen:	Die Rechtsanwältin und Notarin sowie ihre Mitarbeitenden haben jeweils eine persönliche E-Mail-Adresse. Dabei ist der jeweilige Name dem @ vorangestellt. Beispiel: oxana-schuhmann@ra-marschner.de
Facebook:	www.facebook.com/ra-marschner
Twitter:	https://twitter.com/ra-marschner
Xing:	https://www.xing.com/companies/ramarschner

Die Bankverbindung

Institut:	Commerzbank Darmstadt
IBAN:	DE41 5084 0005 0000 5638 12

Lernfeld 5 – Kompetenzen

In diesem Lernfeld lernen Sie:

Kapitel 1 **Einführung Personalwesen und Arbeitsrecht**	• wie Sie eine Personalbedarfsplanung durchführen • verschiedene Methoden zur Ermittlung des Bruttopersonalbedarfs anzuwenden • Stellenbeschreibungen zu erstellen • Stellenanzeigen zu verfassen und dabei die rechtlichen Vorgaben zu beachten • die Rechtsquellen des Arbeitsrechts und ihre Rangfolge zu unterscheiden • wie die Begriffe „Arbeitnehmer" und „Arbeitgeber" definiert werden

Kapitel 2 **Individualarbeitsrecht**	• welche Rechte und Pflichten im Zusammenhang mit Vorstellungsgesprächen bestehen • welche Arten von Arbeitsverträgen es gibt • inwieweit der Betriebsrat beteiligt werden muss • welche Besonderheiten bei minderjährigen Arbeitnehmern bestehen • die verschiedenen Möglichkeiten zur Beendigung von Arbeitsverhältnissen einzusetzen • welche Pflichten bei Beendigung des Arbeitsverhältnisses bestehen • den gesetzlichen Mindestlohn bei der Ermittlung des Bruttogehalts zu beachten • die sozialversicherungsrechtlichen Abgaben zu ermitteln • die vom Arbeitgeber allein zu tragenden Umlagesätze zu ermitteln • die „Gehaltsgrenzen" (325,00 €; Minijob; Übergangsbereich) zu beachten • welche Sozialversicherungsmeldungen der Arbeitgeber abgeben und wie er die sich ergebenden monatlichen Beiträge zahlen muss • die steuerrechtlichen Abgaben zu ermitteln • welche Inhalte eine Gehaltsabrechnung aufweisen muss und wie eine solche aussehen könnte • welche Inhalte Arbeits- und Aufhebungsverträge sowie Kündigungen und Arbeits- bzw. Zwischenzeugnisse enthalten sollen • die Verträge, Kündigungen und Zeugnisse optisch ansprechend und normgerecht zu gestalten • die Schriftstücke effizient zu erstellen

Kapitel 3 **Kollektivarbeits-recht**	• in welchen Gesetzen die Mitwirkungs- und Mitbestimmungsrechte der Arbeitnehmer geregelt sind • welche Ebenen der betrieblichen Mitbestimmung es gibt und welche Organe das Betriebsverfassungsgesetz vorsieht • wie ein Betriebsrat eingerichtet und gewählt wird • die Aufgaben des Betriebsrats zu unterscheiden • wann und wie eine betriebliche Jugend- und Auszubildendenvertretung eingerichtet werden kann und welche Aufgaben diese hat • betriebliche Vereinbarungen kennen • den Unterschied zwischen Tarifverträgen und Arbeitsverträgen • die Aufgaben von Gewerkschaften • die Tarifvertragsarten zu unterscheiden • die Funktionen von Tarifverträgen • den Ablauf von Tarifverhandlungen • die verschiedenen Arbeitskampfmaßnahmen voneinander zu unterscheiden

Kapitel 4 **Arbeits- und Umweltschutz im Büro**	• den Raumbedarf eines Betriebs zu ermitteln • die Raumform zu finden, die zu den internen Arbeitsabläufen passt • die Büromöbel den jeweiligen Erfordernissen anzupassen • die Regeln des ergonomischen Sitzens zu beachten • den (Bildschirm-)Arbeitsplatz entsprechend den ergonomischen Anforderungen einzurichten • die Arbeitsplatzumgebung hinsichtlich Beleuchtung, Raumklima o. Ä. richtig zu gestalten • was unter Arbeitsschutz im Büro verstanden wird • wie Arbeitsunfälle und arbeitsbedingte Erkrankungen vermieden werden können • wie der Brandschutz und Erste-Hilfe-Maßnahmen am Arbeitsplatz geplant werden • welche körperlichen und psychischen Belastungen die Mitarbeitenden in einem Büro beeinträchtigen können • wie die Gesundheit der Beschäftigten durch den Arbeitgeber aktiv gefördert werden kann • wie in Büros Material und Energie gespart werden kann

Lernfeld 5: Aufgaben im Personalbereich wahrnehmen

1 Einführung Personalwesen und Arbeitsrecht

Die Mitarbeitenden einer Kanzlei oder eines Notariats sind entscheidend für deren Erfolg. Daher ist eine gute Personalbedarfsplanung sowie das korrekte Verfassen von Stellenanzeigen das A und O.

Lernsituation

Die Partnerschaft Dr. Neumann & Huber hat als neuen Mandanten ein Taxiunternehmen gewonnen, wodurch zahlreiche neue Mandate im Bereich des Verkehrs- und Zivilrechts von der Kanzlei zu bearbeiten sind. Zudem könnten noch weitere ähnliche Mandanten in Kürze folgen.

Die Partnerschaft Dr. Neumann & Huber überlegt daher, eine weitere Rechtsanwältin oder einen weiteren Rechtsanwalt anzustellen. In jedem Fall möchte sie aber zusätzliche studentische Hilfskräfte zur Unterstützung beschäftigen.

Bei einer Teambesprechung der Kanzlei wird jedoch deutlich, dass unklar ist, in welchem Umfang zusätzliches Personal benötigt wird. Marion Webermann schlägt daher vor, eine systematische Personalbedarfsplanung durchzuführen, auf deren Grundlage dann weitere Entscheidungen getroffen werden können.

Dieser Vorschlag wird angenommen. Marion Webermann und Annika Sauer werden in der Folge auch mit dem Anwerben und der Einstellung des zusätzlichen Personals betraut.

Arbeitsaufträge:

a) Recherchieren Sie mithilfe des Internets, welche Methoden der Personalbedarfsplanung existieren. Erstellen Sie eine tabellarische Übersicht der wichtigsten Methoden mit ihren Vor- und Nachteilen.

b) Notieren Sie drei Wochen lang Ihre regelmäßigen Tätigkeiten in Ihrer Ausbildungskanzlei und den jeweiligen Zeitbedarf. Vergleichen und diskutieren Sie in Gruppenarbeit Ihre Ergebnisse. Wo liegen die Unterschiede, wo die Gemeinsamkeiten? Welche Tätigkeiten werden dabei nicht erfasst?

c) Erstellen Sie ein Organigramm Ihrer Ausbildungskanzlei. Wo sind Sie selbst darin eingeordnet? Wer ist Ihre direkte Vorgesetzte bzw. Ihr direkter Vorgesetzter, wer Ihre Vertretung im Krankheits- oder Urlaubsfall?
d) Formulieren Sie darauf aufbauend Ihre eigene Stellenbeschreibung. Was sind insbesondere Ihre Aufgaben und Kompetenzen?
e) Die Partnerschaft Dr. Neumann & Huber beschließt, eine studentische Hilfskraft anzustellen, die Rechtsanwalt Peter Huber für 20 Stunden pro Woche u. a. bei Recherchetätigkeiten unterstützen soll. Überlegen Sie, welche Punkte in einer solchen Stellenanzeige allgemein enthalten sein müssen.
f) Formulieren Sie den gesamten Text der Stellenanzeige für eine ähnliche Stelle als studentische Hilfskraft in Ihrer eigenen Ausbildungskanzlei.
g) Vergleichen Sie untereinander Ihre entworfenen Stellenanzeigen.
h) Reflektieren Sie anschließend Ihr Wissen.

1.1 Personalbedarfsplanung

In kleineren und mittleren Kanzleien wird häufig keine systematische Personalbedarfsplanung durchgeführt, weil dies für zu aufwendig gehalten wird. Eine genaue Planung des Personalbedarfs ist jedoch wichtig, um einerseits Personalkosten aufgrund von Personalüberhängen zu vermeiden, aber andererseits auch zu verhindern, dass Arbeitsaufträge nicht erfüllt werden können, weil das dafür erforderliche Personal fehlt. Zudem kann eine unzureichende Personalplanung zu Unzufriedenheit und falschen Auslastungen der Mitarbeitenden führen, wodurch die Produktivität der gesamten Belegschaft gefährdet sein kann. Eine gute Personalplanung bedeutet hingegen für die Beschäftigten eine erhöhte Arbeitsplatzsicherheit und die Planbarkeit ihrer Aufgaben für die Zukunft.

Das Ziel einer Personalbedarfsplanung ist es also, die erforderlichen Personalkapazitäten zu ermitteln, die das Unternehmen bzw. die Kanzlei für die Erreichung der Unternehmens-/Kanzleiziele benötigt und die die Bedürfnisse der Mitarbeitenden berücksichtigt.

Wichtig ist, dabei folgende **Punkte** zu unterscheiden:
- Quantität, also wie viele Mitarbeitende sind nötig (**quantitative Planung**)?
- Qualität, also welche Qualifikationen/Kenntnisse/Fähigkeiten müssen die einzelnen Mitarbeitenden haben (**qualitative Planung**)?
- Zeit, also ab wann und bis wann werden die Beschäftigten benötigt?
- Gegebenenfalls Ort, also in welcher Abteilung bzw. an welchem Arbeitsplatz werden einzelne Mitarbeitende benötigt?

Auf der Grundlage der Personalbedarfsplanung kann dann auch entschieden werden, ob Mitarbeitende eingestellt (**Personalbeschaffung**) bzw. entlassen werden müssen (**Personalabbau**), an welchen Stellen zu welchen Zeiten die Beschäftigten eingesetzt werden (**Personaleinsatzplanung**) oder ob Mitarbeitende weitergebildet oder umgeschult werden sollen (**Personalentwicklung**).

Der Personalbedarf wird grds. in drei Schritten ermittelt:

1. Ermittlung des (zukünftigen) Personalbestands
2. Ermittlung des Bruttopersonalbedarfs
3. Ermittlung des Nettopersonalbedarfs

Verdeutlicht wird dies durch folgende Übersicht:

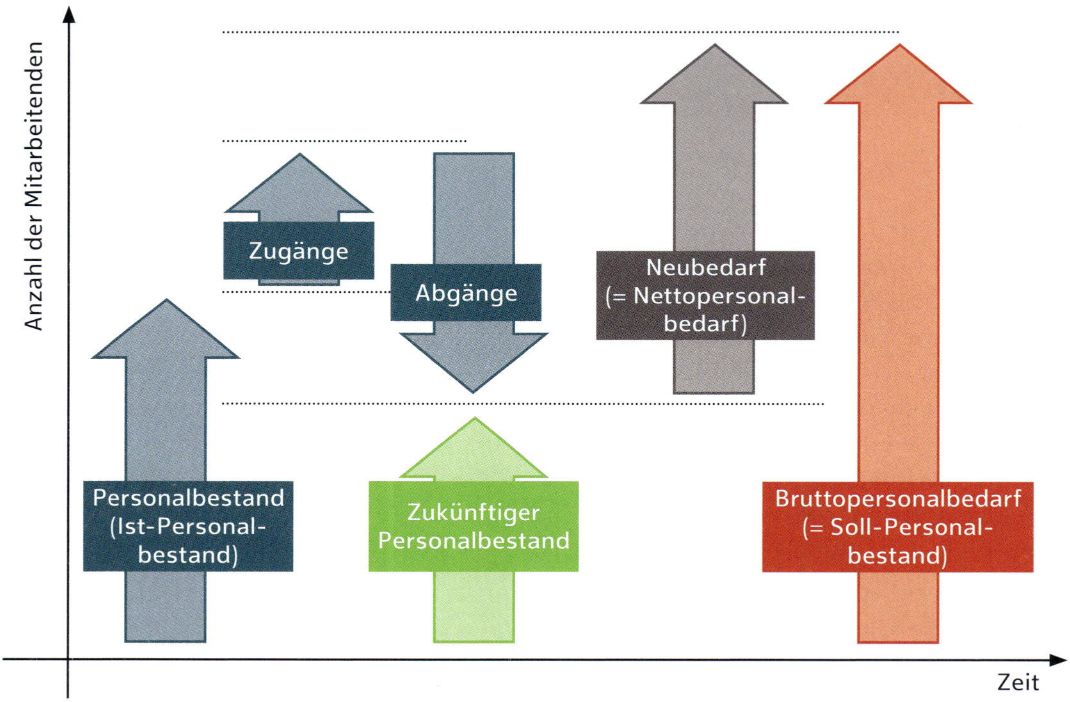

Für Unternehmen oder Kanzleien mit einer größeren Zahl an Beschäftigten gibt es entsprechende Software zur Personalverwaltung und -bedarfsplanung.

1.1.1 Den zukünftigen Personalbestand ermitteln

Zunächst muss ermittelt werden, wie viele Mitarbeitende zum aktuellen Zeitpunkt beschäftigt sind (**IST-Personalbestand**). Dabei ist eine sinnvolle Aufteilung nach Qualifikation und Aufgabengebieten in sog. **Personalkategorien** durchzuführen. Dies ist für die Vergleichbarkeit der Mitarbeitenden untereinander sehr wichtig und die Grundlage der qualitativen Personalplanung.

▶ **Beispiel:** In der Kanzlei Schomäcker Rechtsanwälte sind zum 01.01.2024 folgende Mitarbeitende beschäftigt (alphabetische Sortierung nach Nachnamen):

Vorname	Nachname	Funktion	Arbeitszeit (in Std./Woche)	Besonderheiten
Attila	Basaran	Partner	40	
Ursula	Bömkes-Hauser	Rechtsanwaltsfachangestellte	35	Renteneintritt am 31.03.2024
Isabella	Costa Pinto	Rechtsanwaltsfachangestellte	25	Teilzeitstelle
Lars	Czwienzek	Steuerfachangestellter	35	
Nurcan	Demrici	Rechtsanwaltsfachangestellte	35	
Margarete	Eckert	Rechtsanwaltsfachangestellte	20	Teilzeitstelle
Albert	Fontaine	Associate	40	
Karl	Hübler	Partner	40	in Elternzeit bis zum 01.08.2024
Angelika	Imhoff	Empfangskraft	40	
Justus	Bieberach	Steuerberater	35	
Irina	Mandelkow	Rechtsanwaltsfachangestellte	35	
Helena	Petersen	Partnerin	40	
Cornelia	Posern	Associate	35	
Jenny	Radtke	Auszubildende ReNo	35	Ende der Ausbildung am 01.05.2024
Adalbert	Schomäcker	Partner	40	altersbedingtes Ausscheiden für den 01.09.2024 geplant
Ingo	Stiegler	Auszubildender ReNo	35	Ende der Ausbildung am 01.05.2025
Heidemarie	Zimmermann	Associate	40	freigestellt für 10 Std./Woche zur Anfertigung ihrer Promotion bis zum 01.10.2024

Es erfolgt eine Einteilung nach Aufgabengebieten in dem Sinn, dass die Mitarbeitenden in diesem Bereich sich ggf. gegenseitig vertreten könnten. Somit gibt es die Gruppe der Rechtsanwälte und die der Rechtsanwaltsfachangestellten. Die Empfangskraft, der Steuerberater und dessen Fachangestellter bilden jeweils eigene Bereiche.

Für die Personalkategorie der Rechtsanwaltsfachangestellten bedeutet dies:

Vorname	Nachname	Funktion	Arbeitszeit (in Std./ Woche)	Besonderheiten
Ursula	Bömkes-Hauser	Rechtsanwaltsfachangestellte	35	Renteneintritt am 31.03.2024
Isabella	Costa Pinto	Rechtsanwaltsfachangestellte	25	Teilzeitstelle
Nurcan	Demrici	Rechtsanwaltsfachangestellte	35	
Margarete	Eckert	Rechtsanwaltsfachangestellte	20	Teilzeitstelle
Irina	Mandelkow	Rechtsanwaltsfachangestellte	35	Kündigung zum 31.08.2024
Jenny	Radtke	Auszubildende ReNo	35	Ende der Ausbildung am 01.05.2024
Ingo	Stiegler	Auszubildender ReNo	35	Ende der Ausbildung am 01.05.2025

Für einen bestimmten Zeitpunkt kann dann eine Übersicht erstellt werden, um den Personalbestand zu diesem Zeitpunkt unter Berücksichtigung der Ab- und Zugänge zu ermitteln:

Abgänge ergeben sich aus altersbedingen Austritten (Rente), vorübergehenden Austritten (Elternzeit, Sabbatical), Austritten durch Zeitablauf (befristete Arbeitsverträge) oder Austritten durch Kündigungen (durch die Kanzlei oder durch Mitarbeitende) o. Ä.	**Zugänge** ergeben sich durch geplante Neueinstellungen, Übernahme von Auszubildenden, Rückkehr von Beschäftigten aus der Elternzeit, abgeschlossene Umschulungen o. Ä.

Der Personalbestand abzgl. der Abgänge zzgl. der Zugänge ergibt den **zukünftigen Personalbestand** zu diesem Zeitpunkt. Dabei ist es wichtig, sowohl auf kurzfristige Planungszeiträume (drei Monate bis zu einem Jahr) als auch auf längerfristige Planungszeiträume (mehrere Jahre) zu achten.

▶ **Beispiel:** Für den Bereich der Rechtsanwaltsfachangestellten in der Kanzlei Schomäcker Rechtsanwälte sieht der Personalbestand auf das Jahr 2024 bezogen wie folgt aus:

	2024	**2025**	**2026**
aktueller Personalbestand (ganze Stellen)	4		
Abgänge			
Renteneintritt	1		
Kündigung durch Kanzlei			
Kündigung durch Mitarbeitende	1		
Beendigung eines befristeten Arbeitsverhältnisses			
Elternzeit			
Tod			
Erkrankung			
sonstige Abgänge			
Summe Abgänge	2		
Personalbestand nach Abgängen	2		
Zugänge			
Übernahme Auszubildende	1		
Neueinstellung	1		
Beendigung Fortbildung			
sonstige Zugänge			
Summe Zugänge	2		
Personalbestand insgesamt	4		

Hierbei wird auch deutlich, dass der Betrachtungszeitpunkt eine wichtige Rolle spielt. Ursula Bömkes-Hauser scheidet schon zum 31.03.2024 aus, die Auszubildende Jenny Radtke kann jedoch erst zum 01.05.2024 nach Beendigung ihrer Ausbildung übernommen werden. Für solche Übergangszeiträume muss dann ggf. eine Ersatzkraft beschäftigt werden.

1.1.2 Den Bruttopersonalbedarf ermitteln

Im nächsten Schritt wird der sog. **Bruttopersonalbedarf**, also der Personalbedarf einer bestimmten Personalkategorie zu einem bestimmten künftigen Zeitpunkt, ermittelt. Er wird daher auch als **SOLL-Personalbestand** bezeichnet. Er setzt sich zusammen aus **Einsatzbedarf** und **Reservebedarf**, also den erfahrungsgemäß eintretenden Fehlzeiten von Beschäftigten aufgrund von Urlaub, Krankheit, Elternzeit etc.

Wie viele Mitarbeitende in der Zukunft in einer Kanzlei benötigt werden, kann von vielen verschiedenen Faktoren abhängen, die sich im Lauf der Zeit ändern können. Solche Faktoren können einerseits interne Veränderungen sein, wie z. B. die Akquirierung eines umfangreichen Mandats, was sich auf die Anzahl der benötigten Mitarbeitenden auswirken würde, oder ein langwieriger Krankheitsfall, der sich auf den zu beachtenden Reservebedarf (vgl. dazu unten) auswirken würde. Aber auch externe Einflüsse, wie z. B. eine Veränderung der wirtschaftlichen Verhältnisse oder eine Veränderung im Arbeitsrecht, die sich auf die erlaubten Arbeitszeiten auswirkt, können Einfluss auf den Personalbedarf haben.

Denkbare interne und externe Einflussfaktoren sind:

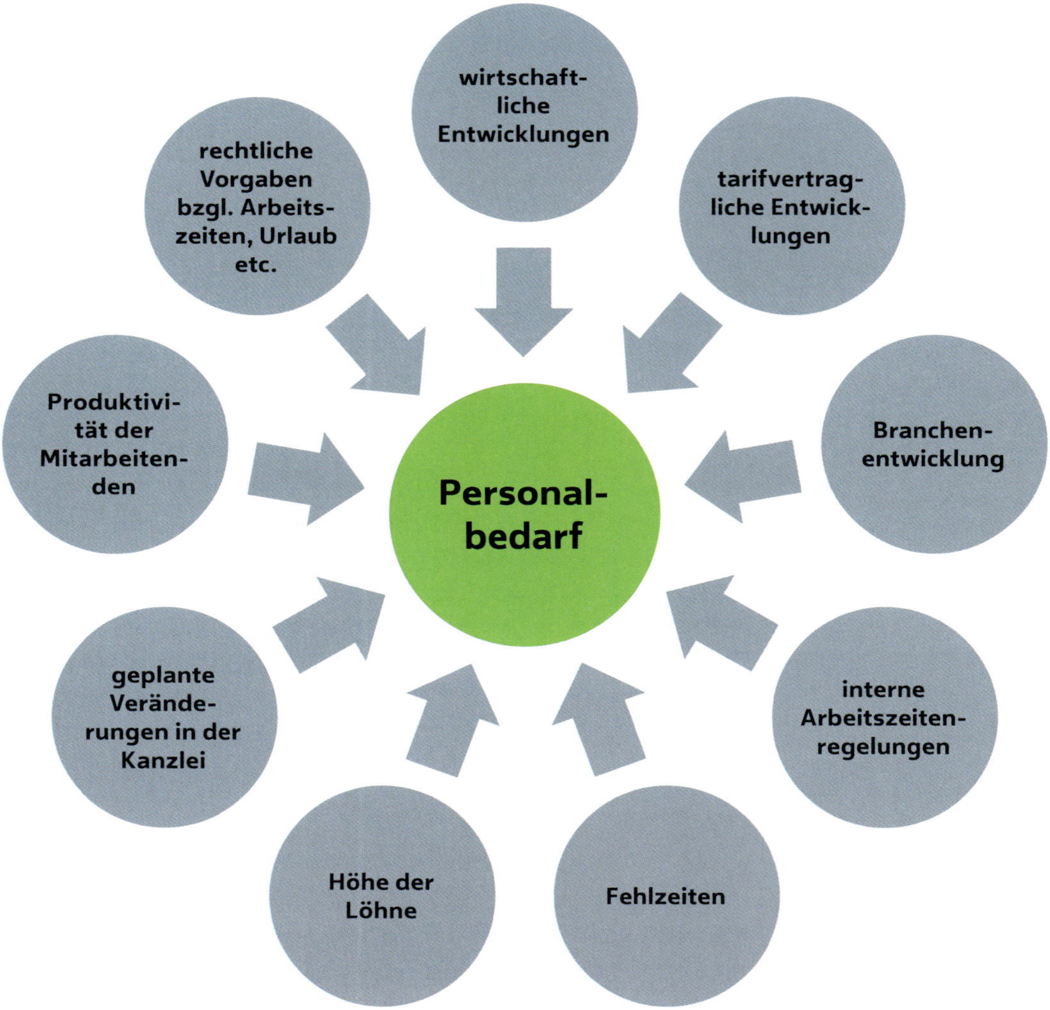

Für die Ermittlung des zukünftigen Personalbedarfs unter Berücksichtigung dieser Faktoren gibt es verschiedene Methoden, die je nach Größe des Unternehmens bzw. der Kanzlei

Vor- und Nachteile aufweisen. Die in der Praxis am häufigsten verwendeten **Methoden** sind Folgende:

Das Schätzverfahren

Das Schätzverfahren ist eine sog. intuitive Methode, weil dabei auf der Grundlage der bisherigen Erfahrungen einfach geschätzt wird, wie viele Mitarbeitende erforderlich sind. Die Schätzung kann dabei von einzelnen Verantwortlichen, wie Abteilungsleitungen, oder in der Gruppe, z. B. durch die Führungskräfte gemeinsam, erfolgen. Bei der sog. **Delphi-Methode** werden diese Schätzungen der verschiedenen Verantwortlichen systematisiert und auf Plausibilität hin überprüft.

▶ **Beispiel:** Die Kanzlei Schomäcker Rechtsanwälte hat ein Unternehmen als neuen Mandanten gewonnen, das der Kanzlei in Zukunft regelmäßig Fälle zur Bearbeitung weiterleiten wird. Die Partner setzen sich zusammen und überlegen, wie viele zusätzliche Rechtsanwälte und Rechtsanwaltsfachangestellte dafür eingestellt werden müssen. Da die Kanzlei in der Vergangenheit bereits ähnliche Mandanten hatte und aktuell hat, wird aufgrund der Vorerfahrungen geschätzt, dass zusätzlich eine Rechtsanwältin oder ein Rechtsanwalt, jedoch keine zusätzlichen Rechtsanwaltsfachangestellten eingestellt werden müssen.

Vor- und Nachteil der Delphi-Methode:

Der **Vorteil** ist, dass die Ermittlung des Personalbedarfs sehr schnell und mit wenig Aufwand erfolgen kann.	Der **Nachteil** der Methode ist, dass sie sehr auf die subjektive Einschätzung der Verantwortlichen beruht und ihr Erfolg somit stark von der Erfahrung der Schätzenden abhängt. Hinzu kommt, dass die Schätzung von den Einzelinteressen des jeweiligen Schätzenden beeinflusst werden kann, wenn sie oder er sich unter Umständen mehr Personal für die Abteilung wünscht.

Diese Methode eignet sich daher vor allem für Kanzleien mit wenigen Mitarbeitenden, die eine stabile Entwicklung haben, sodass die Erfahrungen der Vergangenheit auch für die Zukunft Gültigkeit haben.

Die Stellenplanmethode

Grundlage für die Stellenplan- oder Arbeitsplatzmethode ist die Organisationsplanung in einer Kanzlei. Dabei wird berücksichtigt, welche Ziele und Veränderungen für die Zukunft geplant sind und wie diese sich auf die **Stellenpläne** der Kanzlei auswirken.

vgl. LF 5, Kap. 1.2

In Stellenplänen werden alle Stellen eines Unternehmens oder einer Kanzlei aufgeführt und beschrieben, sodass daraus die Anzahl, die Bezeichnung, die dafür erforderlichen Qualifikationen und jeweiligen Personalkosten hervorgehen.

▶ **Beispiel:** Die Planung nach der Stellenplanmethode in der Kanzlei Schomäcker Rechtsanwälte könnte wie folgt aussehen:

	RA	**ReNo**	**Empfang**	**Steuerberater**	**Steuerfachang.**	**Buchhaltung**	**Summe**
Stellenbestand 01.01.2024 (ganze Stellen)	6	4	1	1	1	0	13
neues Großmandat	+2	+1					3
Rücknahme der Buchhaltung von Dienstleister						1	1
neue Niederlassung in Berlin	+5	+3	+1				9
Schließung des Steuerberatungsbereichs				−1	−1		−2
längere Besetzungszeiten für Empfang			+1				1
Beendigung eines langjährigen Mandats	−1	−1					−2
Aufbau eines neuen Bereichs im Insolvenzrecht	+2	+1			+2		5
Stellenbedarf 31.12.2024 (ganze Stellen)	14	8	3	0	2	1	28

Vor- und Nachteil der Stellenplanmethode:

Der **Vorteil** der Methode ist, dass man sich dabei auf Daten stützen kann, die bereits für die Stellenplanung und -beschreibung gesammelt wurden.	Der **Nachteil** der Stellenplanmethode ist, dass Stellenpläne häufig aufgrund von finanzpolitischen Überlegungen aufgestellt werden (z. B. die Kanzlei hat ausreichend Mittel für drei Rechtanwaltsfachangestellte) und nicht die tatsächliche Arbeitsbelastung widerspiegeln. Sind die Stellenpläne fehlerhaft, ist die darauf aufbauende Personalbedarfsplanung es auch.

Die Methode ist somit relativ unaufwendig und daher für Betriebe aller Größenordnungen geeignet.

Die Kennzahlenmethode

Bei dieser Methode wird der Personalbedarf ermittelt, indem er in Bezug zu bestimmten festgelegten Größen gesetzt wird. Dies kann je nach Art des Unternehmens z. B. die Anzahl der zu betreuenden Kundschaft/Mandantschaft oder die herzustellende Stückmenge einer Ware oder ein bestimmter Umsatz pro Beschäftigten sein. Einfach gesagt ergibt sich daraus, dass, je mehr man produzieren will, desto mehr Mitarbeitende benötigt werden, was anhand einer Dreisatzrechnung ermitteln werden kann.

vgl. LF 3, Kap. 4.1

▶ **Beispiel:** In der Kanzlei Springmeadow Druckheim Hausinger LLP betreuen zwölf Rechtsanwälte im Bereich M&A jährlich 2418 Mandate. Im kommenden Jahr sollen jedoch 2750 Mandate betreut werden. Um zu berechnen, wie viele Rechtsanwälte zusätzlich dafür nötig sind, wird wie folgt vorgegangen.

Zunächst wird die aktuelle Relation zwischen Anwälten und Fällen analysiert:
2418 : 12 = 201,5.
Dann wird berechnet, was dies für die anvisierte Zahl der Mandate bedeutet:
2750 : 201,5 = 13,65.
Somit sind 13,65 Mitarbeitende nötig, um die geplante Zahl an Mandaten zu betreuen.

Vor- und Nachteil der Kennzahlenmethode:

Der **Vorteil** dieser Methode liegt darin, dass sie eine vergleichsweise genaue Planung ermöglicht.	Der **Nachteil** ist jedoch, dass diese Methode vor allem für Bereiche geeignet ist, bei der die gewählte Bezugsgröße einheitlich und gut planbar ist. Dies ist z. B. in Unternehmen, die ein bestimmtes Produkt herstellen, eher der Fall, als in Kanzleien, wo jedes Mandat grds. einen unterschiedlichen Arbeitsaufwand bedeutet. In dem Berechnungsbeispiel oben wurde angenommen, dass jedes Mandat gleich lange dauert, was jedoch nicht der Realität entspricht. Die Methode ist also nur geeignet, wenn eine verlässliche und einschlägige Kennzahl zur Verfügung steht. Zudem ist diese Methode vergangenheitsorientiert, sie beruht also auf Erfahrungen aus der Vergangenheit. Waren zu diesem Zeitpunkt die Mitarbeitenden unproduktiv oder änderten sich die Gegebenheiten (z. B. durch Einführung einer zeitsparenden Software), so ist der Aussagewert der Kennzahlen nicht verlässlich für die Zukunft.

Diese Methode ist also für jede Art von Betrieb mit standardisierten und sich wiederholenden Arbeitsabläufen geeignet.

Personalbemessungsmethoden

Bei diesen Methoden werden die einzelnen Tätigkeiten zeitlich gemessen und dann auf den Personalbedarf umgerechnet. Der REFA-Verband für Arbeitsstudien, Betriebsorganisation und Unternehmensentwicklung e. V. hat solche Grundsätze und Verfahren zur Ermittlung von Zeitdaten entwickelt. Sie werden als **REFA-Methoden** bezeichnet. Dabei wird ein Arbeitsablauf in einzelne Arbeitsvorgänge zerlegt. Die Zeiten dafür werden bestimmt und Rüst-, Erholungs- und Störzeiten hinzugerechnet.

Die grds. Formel zur Berechnung des Personalbedarfs anhand von Zeitdaten lautet:

$$\textbf{Personalbedarf} = \frac{\textbf{Arbeitseinheiten} \cdot \textbf{benötigte Zeit}}{\textbf{Arbeitszeit eines Mitarbeiters}}$$

▶ **Beispiel:** Die Kanzlei Schomäcker Rechtsanwälte möchte Weihnachtskarten an die Mandantschaft und Geschäftspartner verschicken. Verschickt werden sollen 783 Karten, wobei die Vorbereitung für eine Karte drei Minuten dauert. Wenn man zudem weiß, dass einzelne Mitarbeitende täglich sechs Stunden daran arbeiten, kann man ermitteln, wie viele Mitarbeitende insgesamt für die Versendung der Karten benötigt werden würden, damit alle Karten an einem Tag versendet werden können:

$$\textbf{Personalbedarf} = \frac{\textbf{Arbeitseinheiten} \cdot \textbf{benötigte Zeit (in Minuten)}}{\textbf{Arbeitszeit eines Mitarbeitenden (in Minuten)}}$$

$$\textbf{Personalbedarf} = \frac{783 \cdot 3}{360} = 6{,}525$$

Es werden also mehr als sechs Mitarbeitende benötigt, um alle Karten an einem Tag zu versenden, wenn davon ausgegangen wird, dass diese Mitarbeitende sechs Stunden durchgehend ohne Pause arbeiten.

Diese Verfahren eignen sich aber vor allem für die industrielle Produktion, wo sich genau definierte Arbeitsabläufe immer wiederholen. Für den Büro- und Verwaltungsbereich sind sie dagegen nur bedingt geeignet.

Die sog. **Rosenkranz-Formel** berücksichtigt hingegen die typischen Gegebenheiten in einem Büro, wie sog. Verteilzeiten, also Zeiten, in denen sich die Beschäftigten untereinander abstimmen und die Vorgänge besprechen.

Vor- und Nachteil der Personalbemessungsmethoden:

Der **Vorteil** dieser Methoden liegt auch wieder darin, dass sie eine recht genaue Planung ermöglichen.	Der **Nachteil** ist jedoch (wie bei der Kennzahlenmethode auch), dass diese Methoden nur geeignet sind, wenn bestimmte Arbeitsabläufe sich immer wiederholen. Werden die Verteilzeiten z. B. nicht ausreichend berücksichtigt, kann es zu schweren Fehlkalkulationen kommen.

Diese Methoden sind somit auch für jede Art von Betriebsgröße mit standardisierten und sich wiederholenden Arbeitsabläufen geeignet.

Beispiel einer Mischmethode

Je nach Bedarf des Unternehmens, der Kanzlei oder des Notariats können auch verschiedene Methoden miteinander kombiniert werden, um auf die vorliegenden Besonderheiten einzugehen. Eine mögliche Methode zur Ermittlung des Personalbedarfs in einer Kanzlei wäre es, zunächst zu bestimmen, welche Tätigkeiten die Mitarbeitenden überhaupt durchführen (durch Befragung der Beschäftigten = Experteninterviews oder Beobachtung von Abläufen), und dann in einem zweiten Schritt festzustellen, wie viel Zeit diese Tätigkeiten jeweils in Anspruch nehmen und wie häufig sie an einem durchschnittlichen Arbeitstag vorkommen (durch Expertenbefragung, Zeitmessungen, Selbstaufschreibung). Daraus kann schließlich der Personalbedarf (ohne Berücksichtigung von Ausfallzeiten) berechnet werden.

▶ **Beispiel:** In der Kanzlei Schomäcker Rechtsanwälte wurden die fünf dort beschäftigten Rechtsanwaltsfachangestellten gebeten aufzuschreiben, welche Tätigkeiten sie regelmäßig durchführen und wie lange diese jeweils dauern. Dazu sollen die Mitarbeitenden zwei Wochen lang bei jeder regelmäßigen Tätigkeit aufschreiben, wie lange sie dafür jeweils brauchten. Die Ergebnisse wurden zusammengetragen und verglichen. Zusätzlich wurde bei bestimmten Vorgängen stichprobenartig die Zeit durch einen der Partner gemessen. Daraus ergab sich folgende Tabelle:

	benötigte Zeit in Minuten	**Häufigkeit pro Arbeitstag**	**benötigte Zeit für alle Vorgänge pro Arbeitstag**
Posteingang bearbeiten	3	28	84
Postausgang	2,5	34	85
Diktate schreiben	15	21	315
Vorgänge kopieren, scannen	1,5	30	45

	benötigte Zeit in Minuten	Häufigkeit pro Arbeitstag	benötigte Zeit für alle Vorgänge pro Arbeitstag
Akten anlegen	8	4	32
Telefon, Mandantenverkehr	18	35	630
Termin-/Fristenverwaltung	23	2	46
Kostenabrechnungen	25	8	200
E-Mail-Korrespondenz	6	34	204
Mahnbescheide	21	2	42
Vollstreckungsbescheide	21	1	21
Einwohnermeldeamtsauskunft	14	1	14
Recherchen	40	2	80
Verwaltung/Bestellung Büromaterial	2	1	2
Botengänge zum Gericht	30	1	30
			1 830

Hinzugerechnet wurde ein pauschaler Zuschlag von 10 % für die Aufgabenverteilung und Absprachen unter den Beschäftigten (Verteilungszuschlag).

Insgesamt ergab sich somit ein täglicher Zeitbedarf von 2013 Minuten und damit von 33,55 Stunden.

Hinweis: An diesem Beispiel zeigt sich, dass bestimmte sich nicht ständig wiederholende Tätigkeiten oder solche, die nicht direkt mit der beruflichen Tätigkeit zusammenhängen, nicht erfasst werden, z. B. Papiernachfüllen im Drucker, Übersetzen eines längeren Vertrags ins Englische, höherer Abstimmungsbedarf zwischen den Mitarbeitenden aufgrund einer Neuregelung im RVG, Planung der Weihnachtsfeier. Diese Tätigkeiten sind jedoch für den Zusammenhalt, die Zufriedenheit und damit die Produktivität der Belegschaft von großer Bedeutung und sollten daher bei der Planung entsprechend berücksichtigt werden.

Wenn man nun davon ausgeht, dass einzelne Mitarbeitende acht Stunden pro Tag arbeiten, bedeutet dies, dass mehr als vier Mitarbeitende nötig sind, um die Arbeit bewältigen zu können (33,55 : 8 = 4,19375).

Der Reservebedarf

Die bisherigen Berechnungen ergeben den sog. **Einsatzbedarf**. Dabei wird jedoch außer Acht gelassen, dass Beschäftigte nicht immer zur Verfügung stehen, da sie Anspruch auf Urlaub haben oder krankheitsbedingt ausfallen können. Zusätzlich wird daher bei den angewandten

Methoden (außer beim Schätzverfahren und bei der Stellenplanmethode) der sog. **Reservebedarf** ermittelt, der auch die erwähnten Ausfallzeiten berücksichtigt.

▶ **Beispiel:** In der Kanzlei Schomäcker Rechtsanwälte wird der Reservebedarf für 2024 wie folgt berechnet. Zunächst wird ermittelt, wie viele Arbeitstage es in diesem Jahr gibt.

Arbeitstage im Jahr 2024 (im Bundesland Rheinland-Pfalz)

Tage insgesamt	366
Samstage und Sonntage	–104
Feiertage	–11
	251

251 Tage entsprechen somit allen Arbeitstagen im Jahr und damit 100 %. Ein Arbeitstag ist damit 0,39 % (100 : 254 = 0,39).

Danach wird festgelegt, wie viele Ausfalltage (auf Grundlage der Erfahrungen aus der Vergangenheit) zu erwarten sind.

	Tage	**Prozent Tage · 0,39**
Krankheitstage	8	3,1
Urlaubstage	29	11,3
Anlernzeiten	9	3,5
Fortbildungstage	4	1,6
Elternzeit	0,5	0,2
Freistellung für Betriebsrat	3	1,2
	53,5	20,9

Diese Festlegung hängt von den jeweiligen Gegebenheiten in der Kanzlei ab. Gibt es z. B. keinen Betriebsrat oder nimmt zum aktuellen Zeitpunkt niemand Elternzeit, entfallen diese Zeiten. Genauso ist es aber möglich, dass Beschäftigte chronisch krank sind und daher mehr Krankheitstage anfallen.

Daraus ergibt sich in unserem Beispiel, dass noch 20,9 % zu dem ursprünglich errechneten Einsatzbedarf hinzugerechnet werden müssen, um den tatsächlichen (Brutto-)Personalbedarf feststellen zu können.

Im obigen Beispiel wurde errechnet, dass 4,19 Mitarbeitende nötig sind, um die Arbeit bewältigen zu können. Somit folgt, dass unter Berücksichtigung des Reservebedarfs insgesamt fünf Mitarbeitende erforderlich sind.

Einsatzbedarf	4,19	Mitarbeitende
zzgl. Reservebedarf 20,9 %	0,9	Mitarbeitende
Bruttopersonalbedarf	5,09	Mitarbeitende

1.1.3 Den Nettopersonalbedarf ermitteln

In einem letzten Schritt kann der Sollzustand (der Bruttopersonalbedarf) mit dem Istzustand (aktueller Personalbestand) verglichen und der sog. Nettopersonalbedarf ermittelt werden.

Beim Nettopersonalbedarf wird unterschieden zwischen **Ersatzbedarf**, also der Zahl der Beschäftigten, die eingestellt werden müssen, um die Abgänge auszugleichen, und dem **Neubedarf**, also dem Zusatzbedarf an Personal aufgrund des Wachstums der Kanzlei.

Aus dem Nettopersonalbedarf lässt sich dann ablesen, ob es erforderlich ist, weitere Mitarbeitende einzustellen (im Fall eines positiven Nettopersonalbedarfs, also einer **Unterdeckung**) oder zu entlassen (im Fall eines negativen Nettopersonalbedarfs, also einer **Überdeckung**).

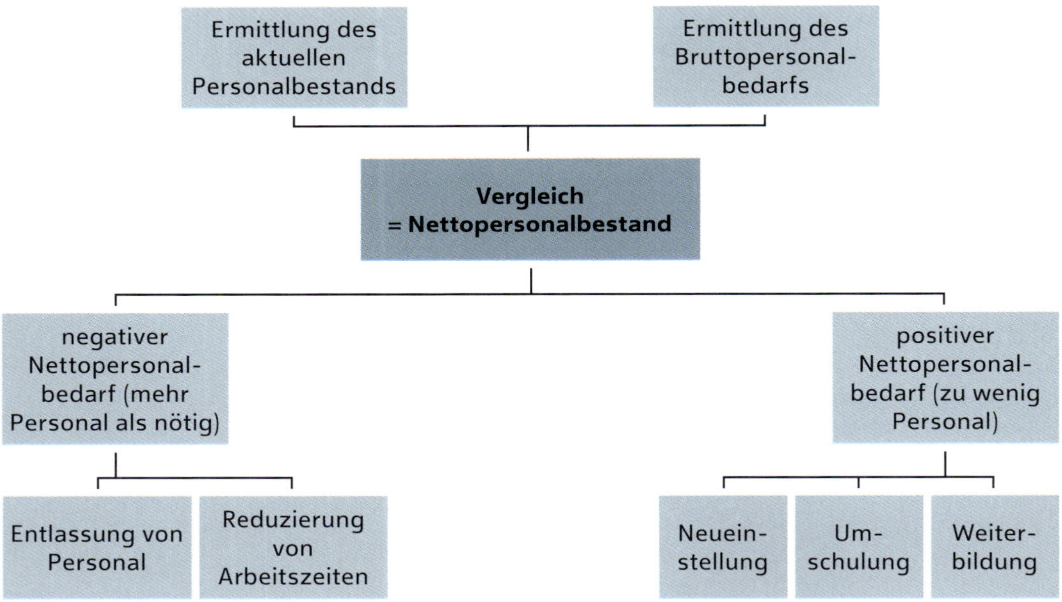

▶ **Beispiel:** Für die Kanzlei Schomäcker Rechtsanwälte wurde im obigen Beispiel ermittelt, dass der Bruttopersonalbedarf für das Jahr 2024 167,75 Stunden pro Woche (33,55 Stunden × 5 Tage) beträgt und dies ungefähr fünf Mitarbeitenden mit einer täglichen Arbeitszeit von acht Stunden (40-Stunden-Woche) entspricht. Aktuell arbeiten jedoch in der Kanzlei drei Beschäftigte 35 Stunden pro Woche und zwei weitere zusammen 35 Stunden pro Woche, somit insgesamt 140 Stunden.

Vorname	Nachname	Funktion	Arbeitszeit (in Std./ Woche)	Besonderheiten
Ursula	Bömkes-Hauser	Rechtsanwaltsfachangestellte	35	Renteneintritt am 31.03.2024
Isabella	Costa Pinto	Rechtsanwaltsfachangestellte	25	Teilzeitstelle
Nurcan	Demrici	Rechtsanwaltsfachangestellte	35	
Margarete	Eckert	Rechtsanwaltsfachangestellte	10	Teilzeitstelle
Irina	Mandelkow	Rechtsanwaltsfachangestellte	35	Kündigung zum 31.08.2024
			140	

Damit fehlt wöchentlich eine Person für 27,75 Stunden. Je nach Wunsch des Arbeitgebers und des Teams könnten alle Mitarbeitenden mehr Stunden arbeiten, die Stellen der Teilzeitkräfte könnten entsprechend auf Vollzeitstellen aufgestockt werden oder es wird eine zusätzliche Kraft für die fehlenden Stunden eingestellt.

1.2 Stellenbeschreibungen erstellen

Stellen sind die kleinsten organisatorischen Einheiten in einem Unternehmen oder einer Kanzlei. Sie ergeben sich aus der Gesamtaufgabe des Unternehmens bzw. der Kanzlei und der darauf aufbauenden Unterteilung in einzelne Aufgabengebiete.

Stellenbeschreibungen sind dementsprechend verbindlich festgehaltene und personenunabhängige Beschreibungen eines solchen einzelnen Aufgabengebiets in einem Unternehmen oder einer Kanzlei.

Die Grundlage für solche Stellenbeschreibungen bilden in der Regel **Stellenpläne**. In diesen wird festgelegt, welche Positionen grds. zu besetzen und was die einzelnen Kompetenzen und Hierarchien sind. Üblicherweise wird dies mithilfe von **Organigrammen** dargestellt. Daraus lassen sich dann Aufgabenbilder für die einzelnen Stellen ableiten, die in Stellenbeschreibungen detailliert festgehalten werden. vgl. LF 2, Kap. 1.2

Die Erstellung von **Stellenbeschreibungen** hat zahlreiche **Vorteile**:
- Stellenbeschreibungen legen genau die Aufgaben jedes einzelnen Mitarbeitenden fest.
- Kompetenzüberschneidungen mit anderen Mitarbeitenden werden dadurch vermieden.
- Sie erleichtern es, Vertretungen im Krankheitsfall oder bei Urlaubsabwesenheiten zu organisieren.
- Sie erleichtern die Erstellung einer Stellenanzeige.

- Sie erleichtern die Erstellung eines Arbeitsvertrags (die Stellenbeschreibung kann z. B. dem Arbeitsvertrag zur Konkretisierung der Aufgaben beigefügt werden).
- Sie erleichtern die Bewertung der Tätigkeit der Mitarbeitenden (durch Mitarbeitendengespräche, beim Erstellen von Arbeitszeugnissen).
- Sie erleichtern die Sozialauswahl bei betriebsbedingten Kündigungen (der Kreis der vergleichbaren Beschäftigten wird beschränkt).

vgl. LF 5, Kap. 2.6

Nachteilig kann jedoch sein, dass solche Stellenbeschreibungen einen relativ großen organisatorischen Aufwand erfordern und sie unter Umständen die Flexibilität von Mitarbeitenden behindern können, da ihre Tätigkeiten zu sehr festgelegt sind und sie dadurch nicht auf unvorhergesehene Entwicklungen reagieren können. Sie sind also nur sinnvoll, wenn die Tätigkeit klar abgrenzbar und planbar ist. In einer Kanzlei mit nur zwei bis drei Beschäftigten, die überall einsetzbar sein müssen, sind Stellenbeschreibungen daher wenig sinnvoll. Zudem kann eine sehr detaillierte Stellenbeschreibung bei einer betriebsbedingten Kündigung Schwierigkeiten bereiten.

▶ **Beispiel:** Für die Kanzlei Schomäcker Rechtsanwälte wurde folgendes Organigramm erstellt.

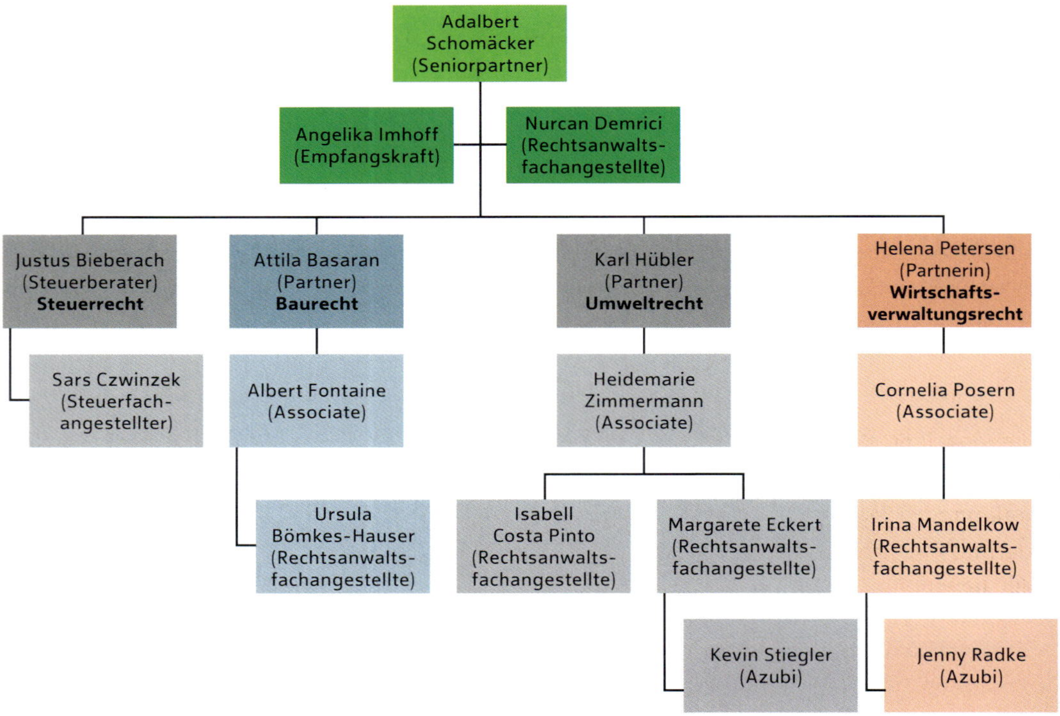

Daraus ergibt sich, welcher Associate welchem Partner unterstellt ist und, dass die Rechtsanwaltsfachangestellten sowohl den jeweiligen Partnern als auch den jeweiligen Associates unterstehen.

Eine Stellenbeschreibung für die Stelle von Cornelia Posern würde dementsprechend beinhalten, dass

- ihre direkte Vorgesetzte die Leiterin des Bereichs Wirtschaftsverwaltungsrecht, Helena Petersen, ist,
- die Stelle die Verantwortung für Rechtsanwaltsfachangestellte und Azubis umfasst und
- die Associates der Bereiche Baurecht und Umweltrecht dieser Position gleichgestellt sind.

Eine Stellenbeschreibung sollte insgesamt Angaben zu folgenden Punkten enthalten:

- Bezeichnung der Position
- Name der Person, die aktuell die Stelle besetzt
- Beschreibung der Aufgaben und Tätigkeiten (Haupt- und Nebenaufgaben)
- Kompetenzen (Befugnisse, Vollmachten)
- Einordnung in die Organisationsstruktur (über-/untergeordnete und gleichgestellte Mitarbeitende bzw. Stellen, wer sind die Vorgesetzten, wer übernimmt die Stellvertretung?)
- ggf. zu erreichende Ziele
- ggf. Arbeitszeit
- ggf. Entlohnung
- ggf. Weiterbildungsmöglichkeiten
- ggf. Fähigkeiten, die Bewerbende aufweisen müssen (fachlich und persönlich)

Die Stellenbeschreibung sollte regelmäßig überprüft und aktualisiert und ggf. in Absprache mit der Person, die zurzeit die Stelle besetzt, angepasst werden.

1.3 Stellenanzeigen verfassen

Stellenanzeigen sind entscheidend dafür, geeignete Mitarbeitende zu finden. Daher ist es wichtig, sie so zu gestalten, dass sie die Tätigkeit genau beschreiben. Sofern bereits eine Stellenbeschreibung vorliegt, kann ein Stellenangebot in einem konkreten Fall darauf gestützt werden. Andernfalls ist es erforderlich, sich im Vorfeld genau zu überlegen, welche Aufgabengebiete die Stelle umfassen soll und welche Qualifikationen dafür erforderlich sind.

1.3.1 Der Inhalt von Stellenanzeigen

Der Aufbau einer Stellenanzeige richtet sich üblicherweise nach der sog. **5-W-Regel**:

- **WER wir sind:** Selbstdarstellung der Kanzlei
- **WEN wir suchen:** Stellenbeschreibung
- **WAS wir erwarten:** Anforderungsprofil
- **WAS wir bieten:** gebotene Leistungen
- **WORUM wir bitten:** Bewerbungsmodalitäten

Im Einzelnen sollte eine Stellenanzeige Angaben zu folgenden Punkten enthalten:

- kurze Beschreibung des Arbeitgebers/der Kanzlei (Geschichte, Philosophie, Ausrichtung, Schwerpunkte der Kanzlei)
- Kontaktdaten der Ansprechperson
- Stellenbezeichnung (geschlechtsneutral formuliert)
- Beschreibung der zu besetzenden Position (Aufgabengebiet, Verantwortlichkeiten)
- Anforderungsprofil (fachlich: z. B. Studienabschluss/Ausbildung; überfachlich: z. B. Sprachen, EDV-Kenntnisse; persönlich: z. B. Teamfähigkeit, Flexibilität)
- Arbeitsumfang (ggf. ob Teilzeit möglich ist)
- Arbeitsort
- Arbeitsbeginn
- ggf. Vergütung
- ggf. Sonderleistungen des Arbeitgebers (z. B. Aufstiegsmöglichkeiten, Homeoffice-Möglichkeit, Jobticket, Betriebskindergarten, Dienstwagen)
- Bewerbungsschluss
- wie und mit welchen Unterlagen soll die Bewerbung erfolgen (per E-Mail, per Post, Zeugnisse als beglaubigte/einfache Kopie)

▶ **Beispiel:**

Van der Waal

Rechtsanwaltsgesellschaft mbH

Mit 28 hoch spezialisierten Rechtsanwältinnen und Rechtsanwälten ist die Van der Waal Rechtsanwaltsgesellschaft mbH eine überregional tätige Kanzlei mit Schwerpunkt im Baurecht.

Wer wir sind

Zur Verstärkung unseres Baurechtsteams in Hannover suchen wir zum nächstmöglichen Zeitpunkt eine*n

Rechtsanwaltsfachangestellte*n (m/w/d)

Wen wir suchen

Zu Ihren vielfältigen Aufgaben gehören insbesondere
- Telefonische und schriftliche Betreuung von Mandanten sowie die eigenverantwortliche Führung der elektronischen Akten
- Schreiben von Schriftsätzen und Verträgen nach Diktat
- Erledigen der deutschen und englischsprachigen Korrespondenz
- Koordinierung von Terminen, Geschäftsreisen, Seminaren und Team-Events
- Überwachung von Fristen
- Abrechnungen nach Zeithonorar sowie nach RVG

Sie haben eine einschlägige Ausbildung absolviert und haben mindestens zwei Jahre Berufserfahrung, verfügen über fundierte Kenntnisse des RVG, sind geübt im Umgang mit der gängigen Rechtsanwaltssoftware und dem beA sowie den MS-Office-Anwendungen. Gute Englischkenntnisse sind von Vorteil. Organisationstalent, Zuverlässigkeit, Teamgeist und Freude am Umgang mit Menschen runden Ihr Profil ab.

Was wir erwarten

Wir bieten Ihnen einen modernen Arbeitsplatz, eine angenehme Arbeitsatmosphäre, weitreichende Schulungs- und Fortbildungsmöglichkeiten, flexible Arbeitszeitmodelle mit der Möglichkeit zum mobilen Arbeiten, Jobticket und Jobrad-Leasing, betriebliche Altersvorsorge sowie leistungsgerechte Bezahlung.

Schwerbehinderte Bewerber*innen werden bei gleicher Eignung bevorzugt. Die Stelle ist teilzeitgeeignet.

Was wir bieten

Wir freuen uns auf Ihre vollständige Bewerbung per E-Mail bis zum 30.09.2024 an:

Van der Waal Rechtsanwaltsgesellschaft mbH
Gustav-Adolf-Straße 13
30167 Hannover
Magdalena Radtschenko
m.radtschenko@ra-vanderwaal.com
0511 9990242
www.ra-vanderwaal.com

Worum wir bitten

1.3.2 Rechtliche Vorgaben bei Stellenanzeigen

Die Regelungen des Allgemeinen Gleichbehandlungsgesetzes (AGG) verbieten die Diskriminierung potenzieller Bewerber. Interne sowie öffentliche Stellenausschreibungen müssen demnach so formuliert sein, dass sie niemanden aufgrund der Rasse oder wegen der ethnischen Herkunft, des Geschlechts, der Religion oder Weltanschauung, einer Behinderung, des Alters oder der sexuellen Identität benachteiligen (§ 11 AGG i. V. m. § 7 Abs. 1 AGG). Dies gilt sowohl für die Stellenbezeichnung als auch für den sonstigen Text der Stellenanzeige.

Grundsätzlich dürfen nur Eigenschaften gefordert werden, die mit der zu erbringenden Tätigkeit in unmittelbarem Zusammenhang stehen.

Gemäß § 8 Abs. 1 AGG ist eine Ungleichbehandlung ausnahmsweise zulässig, wenn das Geschlecht wegen der Art der auszuübenden Tätigkeit oder der Bedingungen ihrer Ausübung eine wesentliche und entscheidende berufliche Anforderung darstellt und der Zweck rechtmäßig und die Anforderung angemessen ist.

▶ **Beispiel:** Eine geschlechtsspezifische Ausschreibung wäre zulässig bei einem Model für Herrenwäsche oder bei einer Stelle als Beraterin für Opfer von Zwangsverheiratungen.

Unzulässige Stellenausschreibungen können gem. § 15 AGG zu einem **Schadenersatzanspruch** betroffener Bewerber führen. Gemäß § 22 AGG muss bei Vorliegen von Indizien, die für eine Diskriminierung sprechen, der Arbeitgeber beweisen, dass er Bewerbende nicht benachteiligt hat. Daher wird in der Praxis die Bewertung der Bewerbenden häufig auf einem Formblatt dokumentiert, wobei die Grundlage objektive und benachteiligungsfreie Kriterien bilden, wie z. B. berufliche Vorerfahrungen, Kommunikationsfähigkeit, Engagement, persönliches Auftreten oder Sprachkenntnisse.

Ein Arbeitsplatz muss zudem gem. § 7 Abs. 1 TzBfG (Teilzeitbefristungsgesetz) auch als **Teilzeit-Arbeitsplatz** ausgeschrieben werden, wenn sich der Arbeitsplatz hierfür eignet.

Der Arbeitgeber muss darüber hinaus gem. § 81 SGB IX prüfen, ob die Stelle mit einem **Schwerbehinderten** besetzt werden kann, und das Arbeitsamt darüber informieren.

Sofern es in der Kanzlei einen **Betriebsrat** gibt, kann dieser nach § 93 BetrVG (Betriebsverfassungsgesetz) verlangen, dass Arbeitsplätze, die besetzt werden sollen, allgemein oder für bestimmte Arten von Tätigkeiten zunächst intern ausgeschrieben werden.

1.3.3 Sprache und Formulierungen

Eine Stellenanzeige muss vor allem so formuliert sein, dass sie informativ und gut verständlich ist. Für potenzielle Bewerbende muss daraus ersichtlich sein, was von ihnen erwartet wird und was ihnen im Gegenzug geboten wird.

▶ **Beispiel:** Die Formulierung *„Idealerweise verfügen Sie über ... Kenntnisse"* sagt den Interessierten, dass diese Fähigkeit zur Not verzichtbar oder im Rahmen der Tätigkeit noch erlernbar ist. Die Formulierung *„Wir setzen ... voraus"* hingegen klingt, als ob diese Qualifikation unverzichtbar wäre.

Eine präzise Formulierung der Aufgabengebiete und Qualifikationsvoraussetzungen hilft zudem, ungeeignete Bewerbungen frühzeitig auszufiltern.

Zudem sollte darauf geachtet werden, dass die Anzeige nicht zu lang gerät und (geeignete) Bewerbende sich von ihr angesprochen fühlen.

Vor allem ist aber darauf zu achten, dass durch die Formulierung der Stellenanzeige, wie oben ausgeführt, niemand diskriminiert wird.

▶ **Beispiele:**

- Geschlecht: Unzulässig ist es grds., nur Bewerbende eines bestimmten Geschlechts anzusprechen: *„Wir suchen einen Hausmeister"*, *„Wir suchen einen Anwalt"*.
- Die Stellenbezeichnung muss sich vielmehr auf alle Geschlechter beziehen: *„Volljurist*in"*, *„eine Bürokraft (m/w/d)"*, *„eine Putzhilfe (m/w/d)"*.
- Alter: Ein Mindest- oder Höchstalter für Bewerber darf grds. (außer bei den in § 10 AGG geregelten Fällen) nicht gefordert werden. Auch Formulierungen wie *„eine(n) junge(n), engagierte(n) Volljuristin/Volljuristen"* sind unzulässig. Ebenfalls ein Indiz für eine Benachteiligung älterer Bewerber sieht die Rechtsprechung in Formulierungen wie *„Hochschulabsolventen/Young Professionals"*, *„zur Verstärkung unseres jungen, dynamischen Teams"* oder *„Berufsanfänger"*.
- Behinderung: Sofern die Eigenschaft für die Tätigkeit nicht unbedingt erforderlich ist, stellen auch Formulierungen wie *„körperlich belastbar und beweglich"* oder *„mit feinem Gehör"* eine Diskriminierung dar.
- Ethnische Herkunft/Rasse: Sofern es für die Tätigkeit nicht unbedingt erforderlich ist, dürfen auch nicht bestimmte Sprachkenntnisse gefordert werden. Unzulässig wäre z. B. die Formulierung *„Gartenhilfe, deutsche(r) Muttersprachler(in)"*, da die Tätigkeit auch von Nichtmuttersprachlern mit guten Deutschkenntnissen ausgeübt werden kann.

1.4 Rechtsquellen und Begriffe des Arbeitsrechts

Um das System des Arbeitsrechts zu verstehen, müssen zunächst einige Grundlagen geklärt werden.

Das Arbeitsrecht gehört zum sog. Sonderprivatrecht. Unterschieden wird zwischen Individualarbeitsrecht und kollektivem Arbeitsrecht: siehe LF 1, Kap. 1.3.2

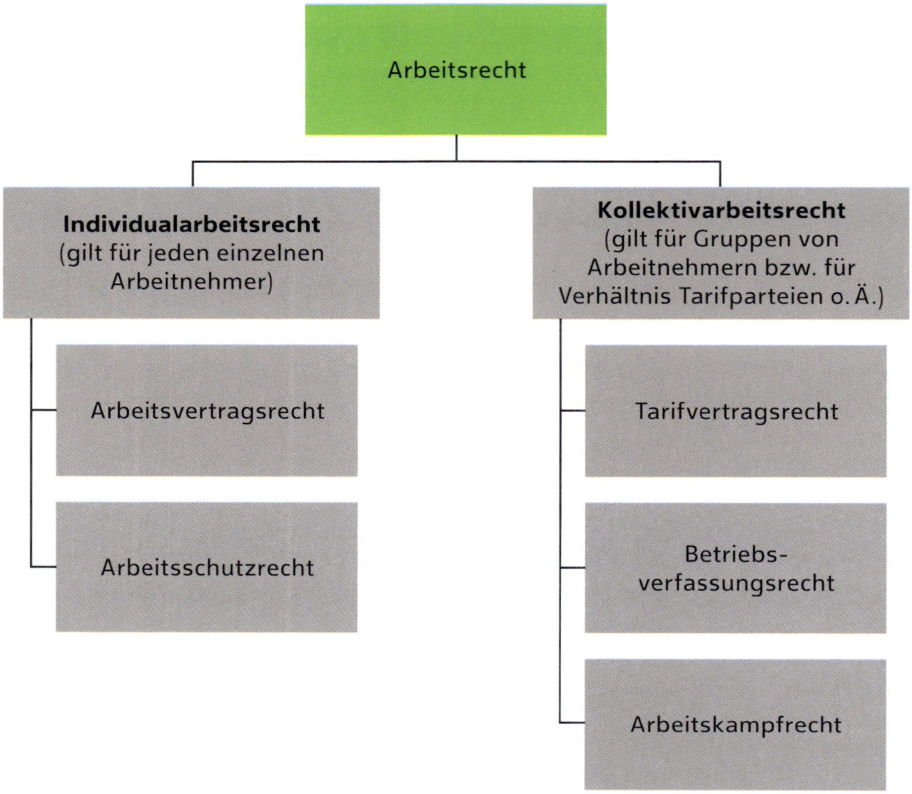

1.4.1 Rechtliche Grundlagen des Arbeitsrechts

Das Arbeitsrecht ist nicht in einem einheitlichen Gesetzbuch geregelt. Daher ist es wichtig, die Systematik zu verstehen und zu wissen, wie die einzelnen Normen zusammenhängen.

Rechtliche Regelungen zu Arbeitsverhältnissen finden sich in verschiedenen Gesetzen. Dabei gilt der allgemeine Grundsatz, dass das ranghöhere Gesetz dem rangniedrigeren vorgeht (**Rangprinzip**).

vgl. ▶ § 4 Abs. 3 TVG (= Tarifvertragsgesetz)

Das **Günstigkeitsprinzip** im Arbeitsrecht besagt jedoch, dass bei mehreren anzuwendenden Regelungen für ein Arbeitsverhältnis immer die für den Arbeitnehmer günstigste anzuwenden ist. Somit verdrängen vertragliche Vereinbarungen (durch Tarif- oder Einzelarbeitsvertrag) grds. immer höherrangiges Recht, soweit sie Änderungen zugunsten des Arbeitnehmers enthalten.

Die Normenpyramide im Arbeitsrecht sieht grds. wie folgt aus:

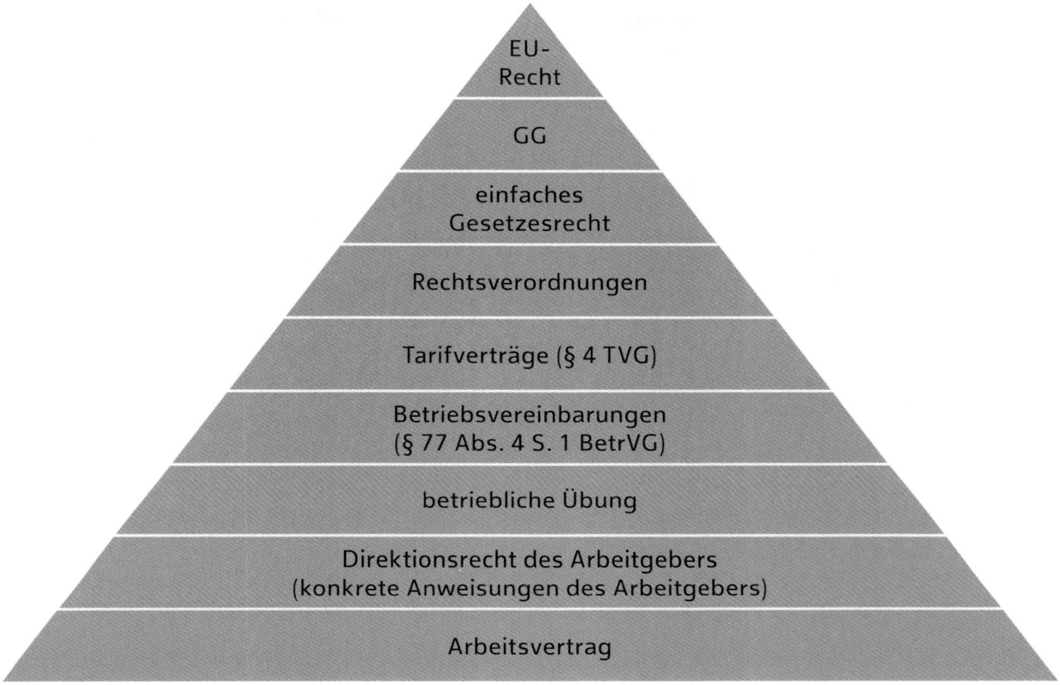

Im **EU-Recht**, das dem nationalen Recht vorgeht, finden sich im Vertrag über die Arbeitsweise der Europäischen Union (AEUV) einige Vorschriften, die das Arbeitsrecht betreffen.

In Art. 45 AEUV ist festgelegt, dass alle EU-Bürger Freizügigkeit genießen und hinsichtlich Beschäftigung, Entlohnung und sonstiger Arbeitsbedingungen deutschen Bürgern gleichgestellt sind. Art. 157 AEUV verbietet die Diskriminierung aufgrund des Geschlechts und schreibt gleiches Entgelt für Männer und Frauen vor.

Diskriminierungsverbote ergeben sich auch aus dem **Grundgesetz** (mittelbare Drittwirkung der Art. 3, 4, 5, 6, 12, 14 GG). Ausdrücklich geregelt ist zudem in Art. 9 Abs. 3 GG das Recht, Gewerkschaften zu bilden. vgl. LF 5, Kap. 3.5.1

Im **einfachen Gesetzesrecht** finden sich arbeitsrechtliche Regelungen u. a. in folgenden Gesetzen:

- BGB: §§ 611 ff. (Regelungen zum Dienstvertrag), §§ 305 ff. (Regelungen zu Allgemeinen Geschäftsbedingungen)
- Teilzeit- und Befristungsgesetz (TzBfG): Regelungen zur Befristung von Arbeitsverhältnissen und zu Teilzeitarbeitsverhältnissen
- Kündigungsschutzgesetz (KSchG): Regelungen zur Kündigung von Arbeitsverhältnissen

- Arbeitszeitgesetz (ArbZG): regelt, wann und wie lange Arbeitnehmer höchstens arbeiten dürfen
- Mutterschutzgesetz (MuSchG): Beschäftigungs- und Kündigungsverbote für werdende Mütter
- Bundesurlaubsgesetz (BUrlG): Regelung der Mindesturlaubsdauer
- Entgeltfortzahlungsgesetz (EntgeltfortzG): Entgeltfortzahlung im Krankheitsfall und an Feiertagen
- Allgemeines Gleichbehandlungsgesetz (AGG): u. a. §§ 1, 2, 6–12, 14–16, 21 f.; Verbot der Diskriminierung von Arbeitnehmern vor, während und bei Beendigung des Arbeitsverhältnisses
- Gewerbeordnung (GewO): Regelung zum Direktionsrecht des Arbeitgebers nach § 106 GewO
- Arbeitssicherheitsgesetz (ASiG): Regelungen zu Betriebsärzten
- Arbeitsschutzgesetz (ArbSchG): Arbeitsschutzpflichten des Arbeitgebers
- Bundeselterngeld- und Elternzeitgesetz (BEEG): Elterngeld für Mütter und Väter, die ihre Kinder nach der Geburt selbst betreuen und deshalb nicht mehr als 30 Stunden in der Woche arbeiten
- Familienpflegezeitgesetz (FPfZG): soll die Vereinbarkeit von häuslicher Pflege naher Angehöriger und dem Beruf gewährleisten
- Mindestlohngesetz (MiLoG): Mindestlohn von 12,41 €, ab 01.01.2025 von 12,82 € für Arbeitnehmer und Ausnahmen (Stand: Januar 2024)
- Nachweisgesetz (NachwG): Nachweis der für ein Arbeitsverhältnis geltenden wesentlichen Bedingungen
- Gesetz zum Schutz der arbeitenden Jugend (Jugendarbeitsschutzgesetz, JArbSchG): Verbot der Kinderarbeit, Regelungen zum Schutz von Kindern und Jugendlichen in der Arbeitswelt
- Berufsbildungsgesetz (BBiG): Regelungen zu Ausbildungsberufen
- Gesetz über Arbeitnehmererfindungen (ArbnErfG): Regelungen zur arbeitsrechtlichen Behandlung von Erfindungen und technischen Verbesserungsvorschlägen
- Arbeitsgerichtsgesetz (ArbGG): Regelungen zu Zuständigkeit und Verfahren vor Arbeitsgerichten

Zu den einfachgesetzlichen Rechtsquellen des kollektiven Arbeitsrechts zählen u. a. das Betriebsverfassungsgesetz (BetrVG) und das Tarifvertragsgesetz (TVG).

Beispiele für arbeitsrechtliche **Verordnungen** sind:

- Verordnung zum Schutze der Mütter am Arbeitsplatz (MuSchArbV): ergänzt die Regelungen im Mutterschutzgesetz
- Arbeitsstättenverordnung (ArbStättV): Regelungen zur Einrichtung und dem Betreiben von Arbeitsstätten in Bezug auf die Sicherheit und den Gesundheitsschutz der Beschäftigten
- Betriebssicherheitsverordnung (BetrSichV): Arbeitsschutzanforderungen für die Benutzung von Arbeitsmitteln

- Erste Verordnung über eine Lohnuntergrenze in der Arbeitnehmerüberlassung (LohnU-GAÜV 1): Lohnuntergrenze für Leiharbeiter

Tarifverträge werden zwischen Arbeitgeber(verbänden) und Gewerkschaften geschlossen.

vgl. LF 5, Kap. 3.4 und 3.5

Betriebsvereinbarungen sind Vereinbarungen zwischen Arbeitgeber und Betriebsrat, die für alle Arbeitnehmer eines Betriebs gelten.

Eine betriebliche Übung ist das Begründen einer Rechtswirkung durch Wiederholen bestimmter Handlungen. Dies spielt insbesondere im Zusammenhang mit Sonderzahlungen wie Weihnachtsgeld eine große Rolle.

Eine wichtige Rechtsquelle im Arbeitsrecht ist zudem das sog. „**Richterrecht**", also die Rechtsprechung des Bundesarbeitsgerichts (BAG).

1.4.2 Die Arbeitnehmer- und Arbeitgebereigenschaft

Die meisten der oben erwähnten Schutzvorschriften (KSchG, MuSchG etc.) gelten nur für Arbeitnehmer, also nicht für Selbstständige, freie Mitarbeiter o. Ä. Daher ist die Abgrenzung in der Praxis sehr wichtig. Darüber hinaus hat die Einordnung als Arbeitnehmer auch Auswirkungen auf das Prozessrecht: Für Streitigkeiten eines Arbeitnehmers, die sein Arbeitsverhältnis betreffen, sind gem. § 2 Abs. 1 Nrn. 3, 4, 5, 9 ArbGG die Arbeitsgerichte zuständig.

vgl. LF 1, Kap. 3.4.1

Arbeitnehmer ist, wer aufgrund eines privatrechtlichen Vertrags für einen anderen gegen Entgelt unselbstständige Dienste leistet. Kein **privatrechtlicher**, sondern ein öffentlich-rechtlicher **Vertrag** liegt z. B. bei Beamten oder Strafgefangenen vor. Gegenstand des Vertrags muss die **Erbringung von Diensten gegen Entgelt** sein. Es darf sich also nicht um einen Werkvertrag nach § 631 BGB handeln, bei dem ein bestimmter Erfolg geschuldet wird oder um einen unentgeltlichen Auftrag.

vgl. LF 4, Kap. 1.2

In der Praxis ist jedoch häufig das Kriterium „**unselbstständige Dienste**" problematisch und eine Abgrenzung schwierig.

Als Kriterien, die darauf hindeuten, dass es sich um einen Arbeitnehmer handelt, wurden von der Rechtsprechung folgende Merkmale entwickelt:

- **Weisungsabhängigkeit:** Der Betroffene ist verpflichtet, allen Weisungen des Auftraggebers hinsichtlich Art, Dauer, Ort und Umfang der Tätigkeit Folge zu leisten.
- **Eingliederung in den Betrieb:** Der Betroffene nutzt die Arbeitsräume oder Arbeitsmittel des Auftraggebers.

- **Schulden der gesamten Arbeitskraft:** Der Betroffene hat nicht mehrere Kunden, sondern schuldet seine Arbeitskraft nur einem Auftraggeber (Teilzeitarbeit und Nebenbeschäftigung fallen nicht darunter).

▶ **Beispiel:** Rechtsanwältin Marlene Gierling wird von der Kanzlei Graf von Rabenstein Rechtsanwälte Steuerberater Partnerschaft mbB als „freie Mitarbeiterin" eingestellt. Im Vertrag wird vereinbart, dass sie ein Grundgehalt von 2600,00 € brutto sowie leistungsbezogene Zuschläge erhält, 40 Stunden pro Woche in den Büroräumen der Kanzlei arbeitet, sie während der Kernarbeitszeiten anwesend sein muss und ihr die Mandate von der Seniorpartnerin Katharina Wieczorek zugewiesen werden. Hier sprechen alle Indizien dafür, dass es sich nicht um eine freie Mitarbeiterin handelt, da Marlene Gierling weisungsgebunden ist, in den Räumen des Arbeitgebers arbeitet und ihm ihre gesamte Arbeitszeit schuldet.

Entscheidend ist das Gesamtbild der vertraglichen Gestaltung und Durchführung des Arbeitsverhältnisses.

Hinweis: Die Bezeichnung des Vertrags (z. B. „Vertrag für freie Mitarbeiter") wird höchstens als Indiz gewertet. Für die Einordnung der Vertragsparteien als Arbeitnehmer und Arbeitgeber ist allein die tatsächliche Durchführung nach Würdigung der äußeren Umstände entscheidend.

Leitende Angestellte sind zwar rechtlich Arbeitnehmer, aufgrund ihrer leitenden Funktion jedoch weniger schutzwürdig. Daher gelten bestimmte Schutzvorschriften für sie nicht (z. B. § 5 Abs. 3 BetrVG, das Kündigungsschutzgesetz ist gem. §§ 14 Abs. 2, 9 Abs. 1 S. 2 KSchG nur eingeschränkt anwendbar, für leitende Angestellte gelten gem. § 18 Abs. 1 Nr. 1 ArbZG nicht die Vorschriften des ArbZG).

Alle Arbeitnehmer sind entweder **Arbeiter** oder **Angestellte**. Die Unterscheidung ist historisch bedingt und heute kaum noch relevant.

Arbeitgeber ist entsprechend, wer mindestens einen Arbeitnehmer beschäftigt.

Zusammenfassung

Personalbedarf ermitteln

Ermittlung des Personalbestands, des Bruttopersonalbedarfs und des Nettopersonalbedarfs

Stellenbeschreibungen erstellen

Vor- und Nachteile von Stellenbeschreibungen, weitere Verwendung

Stellenanzeigen verfassen

Inhalt (5-W-Regel), Rechtliche Vorgaben (z. B. AGG), Formulierungen

Grundlagen des Arbeitsrechts

Normenhierarchie, Arbeitnehmerbegriff

Wiederholung und Vertiefung

1. Nennen Sie die drei Schritte zur Ermittlung des Personalbedarfs.
2. Nennen Sie drei Methoden zur Ermittlung des Bruttopersonalbedarfs.
3. Wie wird der Nettopersonalbedarf ermittelt? Was kann man aus diesem Wert schließen?
4. Welche Vorteile hat eine Stellenbeschreibung? Nennen Sie drei Beispiele.
5. Was besagt die 5-W-Regel im Zusammenhang mit Stellenanzeigen?
6. Aufgrund welcher Merkmale darf keine Benachteiligung von Bewerbenden nach dem AGG erfolgen? Nennen Sie drei Merkmale und dazu passende Beispiele für Benachteiligungen.
7. Nennen Sie fünf Quellen des Arbeitsrechts. Was regeln sie?
8. Nennen Sie die Kriterien zur Abgrenzung von Arbeitnehmern von Scheinselbstständigen.

2 Individualarbeitsrecht

Es gibt zahlreiche (arbeits-)rechtliche Regelungen, die die Begründung, Beendigung und die Gestaltung von Arbeitsverhältnissen regeln. Diese Regelungen sind vor allem dazu gedacht, Arbeitnehmer zu schützen und ein Kräftegleichgewicht zwischen Arbeitnehmer und Arbeitgeber herzustellen.

Lernsituation

Die Partnerschaft Dr. Neumann & Huber hat für die seit dem 04.12.2023 krankheitsbedingt ausgefallene Marion Webermann zum 07.12.2023 den 45-jährigen Rechtsanwaltsfachangestellten Emil Heinemann, Südtiroler Ring 15, 67273 Weisenheim am Berg, eingestellt. Im Arbeitsvertrag vom 04.12.2023 wurde u. a. vereinbart, dass der Vertrag binnen einer Frist von vier Wochen zum 30. eines Monats gekündigt werden kann.

Als Marion Webermann am 18.04.2024 anruft und mitteilt, dass sie in drei Wochen, also am 10.05.2024, wieder arbeitsfähig ist, erteilt Rechtsanwältin Dr. Annette Neumann Annika Sauer noch am gleichen Tag den Auftrag, die ordentliche Kündigung für Emil Heinemann zu fertigen, die dieser gleich am nächsten Tag, am 19.04.2024, erhält.

Am 19.04.2024 hat Julia Hoffmann am späten Nachmittag ihr erstes Vorstellungsgespräch. Da sie nach Beendigung ihrer Ausbildung nicht übernommen werden kann, ist sie gerade auf der Suche nach einer Arbeitsstelle für die Zeit danach. Annika Sauer und Julia Hoffmann unterhalten sich in der Mittagspause darüber, welche Fragen in einem Vorstellungsgespräch üblicherweise gefragt werden:

Annika Sauer: „Und wenn sie dich fragen, ob du demnächst Kinder haben möchtest, was machst du dann?“

Julia Hoffmann: „Sowas dürfen sie doch gar nicht fragen. Das habe ich mal irgendwo gehört.“

Arbeitsaufträge:

a) Überlegen Sie untereinander, welche Punkte hinsichtlich „Beginn und Ende des Arbeitsverhältnisses" sowie „Tätigkeitsbereich" im Arbeitsvertrag geregelt werden sollten. Erstellen Sie hierzu eine grafische Übersicht.

b) Formulieren Sie in Zweiergruppen die diesbezüglichen arbeitsvertraglichen Regelungen.

c) Erstellen Sie mithilfe des Kanzleibriefbogens das Kündigungsschreiben an Emil Heinemann.

d) Warum greift das Kündigungsschutzgesetz im vorliegenden Fall nicht?

e) Recherchieren Sie in Zweiergruppen, welche Kündigungsfristen bei ordentlichen Kündigungen jeweils gelten. Erstellen Sie hierüber eine tabellarische Übersicht.

f) Informieren Sie sich über zulässige und unzulässige Fragen im Vorstellungsgespräch. Notieren Sie diese in Stichpunkten.

g) Vergleichen Sie untereinander Ihre Ergebnisse und ergänzen bzw. berichtigen Sie ggf. Ihre Notizen.

h) Reflektieren Sie anschließend Ihr Wissen.

2.1 Die Anbahnung des Arbeitsverhältnisses

Bereits bei der Anbahnung eines Arbeitsverhältnisses entsteht ein sog. vorvertragliches Schuldverhältnis, das Rechte und Pflichten sowohl des Arbeitnehmers als auch des Arbeitgebers begründet.

In Unternehmen oder Kanzleien mit einem Betriebsrat ist zudem der Betriebsrat gem. § 92 BertrVG über geplante Einstellungen anhand von Unterlagen rechtzeitig und umfassend zu unterrichten.

vgl. LF 5, Kap. 3.2

2.1.1 Benachteiligungsfreie Stellenausschreibungen

Interne sowie öffentliche Stellenausschreibungen müssen so formuliert sein, dass sie niemanden aufgrund der Rasse oder wegen der ethnischen Herkunft, des Geschlechts, der Religion oder Weltanschauung, einer Behinderung, des Alters oder der sexuellen Identität benachteiligen (§ 11 AGG i. V. m. § 7 Abs. 1 AGG).

vgl. LF 5, Kap. 1.2 u. 1.3

Ein Arbeitsplatz muss zudem gem. § 7 Abs. 1 TzBfG auch als Teilzeitarbeitsplatz ausgeschrieben werden, wenn sich der Arbeitsplatz hierfür eignet. Der Arbeitgeber muss zudem gem. § 81 SGB IX prüfen, ob die Stelle mit einem Schwerbehinderten besetzt werden kann.

2.1.2 Rechte und Pflichten im Zusammenhang mit dem Vorstellungsgespräch

Der Arbeitgeber darf im Bewerbungsgespräch nur Fragen stellen, die im sachlichen Zusammenhang zu der auszuübenden Tätigkeit stehen. Solche **zulässigen Fragen** muss der Arbeitnehmer wahrheitsgemäß beantworten. Darüber hinaus hat der Arbeitnehmer die **Pflicht, Umstände zu offenbaren**, die ihn an der Ausübung der Tätigkeit hindern (werden). Andernfalls kann der Arbeitgeber bei Kenntnis dieser Umstände den Arbeitsvertrag nach § 123 Abs. 1 1. Alt. BGB anfechten, was die rückwirkende **Nichtigkeit** nach § 142 BGB zur Folge hat.

vgl. LF 3, Kap. 2.3.5

Hinweis: Im Fall der Nichtigkeit sind die erhaltenen Leistungen zurückzugewähren. Da geleistete Arbeit jedoch nicht zurückgegeben werden kann, geht die Rechtsprechung in einem solchen Fall vom Vorliegen eines sog. **faktischen Arbeitsverhältnisses** aus. Demzufolge gilt das Arbeitsverhältnis erst ab dem Zeitpunkt der Anfechtungserklärung als unwirksam, sodass kein Lohn für die Vergangenheit zurückgezahlt werden muss.

Unzulässige Fragen muss der Arbeitnehmer hingegen nicht beantworten und darf in diesem Zusammenhang sogar lügen (sog. **Recht zur Lüge**).

zulässige Fragen	unzulässige Fragen	Offenbarungspflicht des Arbeitnehmers
• Ausbildung	• Alter (außer bei Minderjährigkeit)	• ansteckende Krankheiten (z. B. AIDS)
• beruflicher Werdegang	• (geplante) Schwangerschaft	• bevorstehender Haftantritt
• Zeugnisnoten	• (geplante) Eheschließung	• bevorstehende Kur
• Gesundheitszustand, nur sofern Zusammenhang mit der Tätigkeit besteht	• Gewerkschafts-, Partei- oder Religionszugehörigkeit	• Wettbewerbsverbot mit ehemaligem Arbeitgeber
• Schwerbehinderung, nur bei Grad der Behinderung mindestens 50 % und tätigkeitsrelevant bzw. sofern Arbeitnehmer den besonderen Schutz und die Förderung nach dem SGB IX in Anspruch nehmen will	• genetische Veranlagungen	
• Vorstrafen, nur sofern Zusammenhang mit der Tätigkeit besteht	• bisherige Vergütung	

Merke: Der Arbeitgeber darf nur nach Umständen fragen, die für die Ausübung der Tätigkeit relevant sind.

Der **Arbeitgeber** seinerseits muss den Arbeitnehmer darüber informieren, wenn

- **besondere** (gesundheitliche) **Belastungen** mit der Tätigkeit verbunden sind,
- aufgrund von Umstrukturierungen der **Arbeitsplatz gefährdet** ist und
- zukünftige **Löhne und Gehälter gefährdet** sind.

Der Arbeitgeber darf zudem keine falschen Erwartungen wecken, die den Bewerber zur Kündigung seiner bisherigen Stelle verleiten.

Der Arbeitgeber ist gem. § 670 BGB verpflichtet, die **Vorstellungskosten** (Fahrt, Übernachtung, Verpflegung, Verdienstausfall) zu ersetzen, wenn er den Bewerber zu einem Vorstellungsgespräch einlädt. Er kann diesen Anspruch jedoch ausschließen, wenn er vorab ausdrücklich darauf hinweist, dass die Kosten nicht übernommen werden.

Außerdem muss der Arbeitgeber Bewerbungsunterlagen sorgfältig aufbewahren und ggf. die Unterlagen zurückgeben bzw. vernichten sowie über alle erhaltenen Informationen schweigen.

Ärztliche Untersuchungen und **psychologische Tests** dürfen nur in Ausnahmefällen, wenn dies für die auszuführende Tätigkeit erforderlich ist und nur mit der ausdrücklichen Zustimmung des Bewerbers durchgeführt werden. Psychologische Tests dürfen insbesondere nicht die gesamte Persönlichkeit des Arbeitnehmers erfassen, sondern müssen auf die Untersuchung von Fähigkeiten, die für die Ausübung der Tätigkeit erforderlich sind, beschränkt sein.

▶ **Beispiel:** Für normale Bürotätigkeiten wird eine ärztliche Untersuchung oder ein Test nicht zulässig sein. Auch Intelligenztests ohne Bezug zu der Tätigkeit sind unzulässig. Bei Berufen, die mit besonderen körperlichen und psychischen Belastungen verbunden sind (Piloten, Lokführer, Feuerwehrleute) können solche Tests dagegen zulässig sein.

2.1.3 Beteiligung des Betriebsrats bei Einstellungen

In Unternehmen mit mehr als 20 Arbeitnehmern und einem Betriebsrat hat der Arbeitgeber den Betriebsrat vor jeder Einstellung zu informieren, ihm die erforderlichen Bewerbungsunterlagen vorzulegen und dessen Zustimmung einzuholen.

vgl. LF 5, Kap. 3.2

Der Betriebsrat kann seine Zustimmung aus den in § 99 BetrVG genannten Gründen verweigern. Dies ist insbesondere dann der Fall, wenn die Einstellung gegen ein Gesetz, eine Verordnung, eine Unfallverhütungsvorschrift oder gegen eine Bestimmung in einem Tarifvertrag oder in einer Betriebsvereinbarung oder gegen eine gerichtliche Entscheidung oder eine behördliche Anordnung verstoßen würde, oder die Gefahr besteht, dass im Betrieb beschäftigte Arbeitnehmer gekündigt werden oder sonstige Nachteile erleiden.

Verweigert der Betriebsrat seine Zustimmung, so kann der Arbeitgeber beim Arbeitsgericht nach § 99 Abs. 4 BertrVG beantragen, die Zustimmung zu ersetzen.

2.2 Gestaltung des Arbeitsverhältnisses – der Arbeitsvertrag

vgl. LF 4, Kap. 1.2

Aufgrund der Vertragsfreiheit können Arbeitsverträge grds. frei geschlossen und gestaltet werden. Es gibt jedoch zahlreiche arbeitsrechtliche Schutzvorschriften, die zwingend sind, und von denen nicht zum Nachteil des Arbeitnehmers abgewichen werden darf.

2.2.1 Arten

Je nach Dauer und Zweck des Arbeitsverhältnisses werden verschiedene Arten von Arbeitsverträgen unterschieden, die auch unterschiedlichen rechtlichen Regelungen unterliegen.

Unbefristete und befristete Arbeitsverträge

Grundsätzlich unterschieden werden kann zwischen Arbeitsverträgen, die auf unbestimmte Zeit geschlossen, also **unbefristeten Arbeitsverträgen,** und solchen, die auf eine bestimmte Zeit, also **befristeten Arbeitsverträgen**, geschlossen werden.

Für Arbeitsverträge, die auf bestimmte Zeit geschlossen werden, gilt das Teilzeitbefristungsgesetz (TzBfG). Bei befristeten Verträgen bedarf es keiner Kündigung mehr. Somit finden die Schutzvorschriften des Kündigungsschutzgesetzes oder des Mutterschutzgesetzes keine Anwendung.

▶ **Beispiel:** Auch wenn der Arbeitgeber Kenntnis davon erlangt, dass eine Mitarbeiterin schwanger ist, ist er nicht zur Weiterbeschäftigung verpflichtet, wenn das Arbeitsverhältnis aufgrund einer Befristung endet.

Um zu verhindern, dass Befristungen dazu genutzt werden, den gesetzlichen Kündigungsschutz zu umgehen, ist daher nach § 14 Abs. 1 S. 1 TzBfG eine Befristung nur bei Vorliegen eines sachlichen Grunds möglich. Ein **sachlicher Grund** liegt insbesondere vor, wenn

1. der betriebliche Bedarf an der Arbeitsleistung nur vorübergehend besteht,

▶ **Beispiele:** Nur in sehr engen Grenzen möglich: Projekttätigkeit, saisonale Erfordernisse wie im Einzelhandel zur Weihnachtszeit, Messetätigkeit; unternehmerisches Risiko des Arbeitgebers für zukünftigen Arbeitsanfall darf nicht durch eine Befristung auf den Arbeitgeber abgewälzt werden

2. die Befristung im Anschluss an eine Ausbildung oder ein Studium erfolgt, um den Übergang des Arbeitnehmers in eine Anschlussbeschäftigung zu erleichtern (nur einmalige Befristung möglich),

3. der Arbeitnehmer zur Vertretung eines anderen Arbeitnehmers beschäftigt wird,

▶ **Beispiele:** Vertretung für einen Mitarbeitenden in Elternzeit

4. die Eigenart der Arbeitsleistung die Befristung rechtfertigt,

▶ **Beispiele:** künstlerische Tätigkeit (Schauspieler, Musiker etc.)

5. die Befristung zur Erprobung erfolgt (automatisches Ende, wenn Arbeitnehmer nicht übernommen wird),

6. in der Person des Arbeitnehmers liegende Gründe die Befristung rechtfertigen,

▶ **Beispiele:** Tätigkeiten bis zur Beendigung des Studiums, Arbeitnehmer wünscht selbst Probezeit

7. der Arbeitnehmer aus Haushaltsmitteln vergütet wird, die haushaltsrechtlich für eine befristete Beschäftigung bestimmt sind, und er entsprechend beschäftigt wird

▶ **Beispiel:** Stelle eines Wissenschaftlers, die aus zeitlich begrenzten Forschungsgeldern finanziert wird

oder

8. die Befristung auf einem gerichtlichen Vergleich beruht (gilt nicht für außergerichtliche Vergleiche).

▶ **Beispiel:** Christian Hauser wurde befristet bis zum 30.06.2023 als Empfangskraft in der Kanzlei Dr. Hiller Rechtsanwälte beschäftigt. Nach Ablauf der Befristung erhebt Christian Hauser vor dem Arbeitsgericht Klage mit der Begründung, die Befristung sei unwirksam gewesen. Während der Güteverhandlung schlägt das Arbeitsgericht als vergleichsweise Einigung eine Fortsetzung des Vertrags bis zum 30.06.2024 vor, worauf sich die Parteien auch verständigen. Dieser Vergleich wird vom Arbeitsgericht protokolliert.

Auch bei Vorliegen eines Sachgrunds kann es jedoch im Einzelfall rechtmissbräuchlich sein, wenn immer wieder befristete Verträge mit demselben Arbeitnehmer aneinandergereiht werden.

Ohne Sachgrund darf gem. § 14 Abs. 2 TzBfG ein Arbeitsvertrag nur bis zur Dauer von zwei Jahren befristet und in diesem Zeitrahmen bis zu drei Male verlängert werden. Eine Befristung mit sachlichem Grund ist auch im Anschluss an ein befristetes Arbeitsverhältnis ohne sachlichen Grund möglich, nicht jedoch andersherum.

▶ **Beispiel:** Rechtsanwalt Viktor Danic wurde zunächst ohne Sachgrund befristet für ein Jahr in der Rechtsabteilung des Unternehmens Nationbike angestellt. Als ein Kollege in Elternzeit geht, wird er für diesen Zeitraum anschließend als Vertretung befristet eingestellt. Diese zweite Befristung (mit Sachgrund nach § 14 Abs. 1 Nr. 3 TzBfG) ist zulässig. Eine erneut befristete Einstellung danach wäre jedoch nicht möglich.

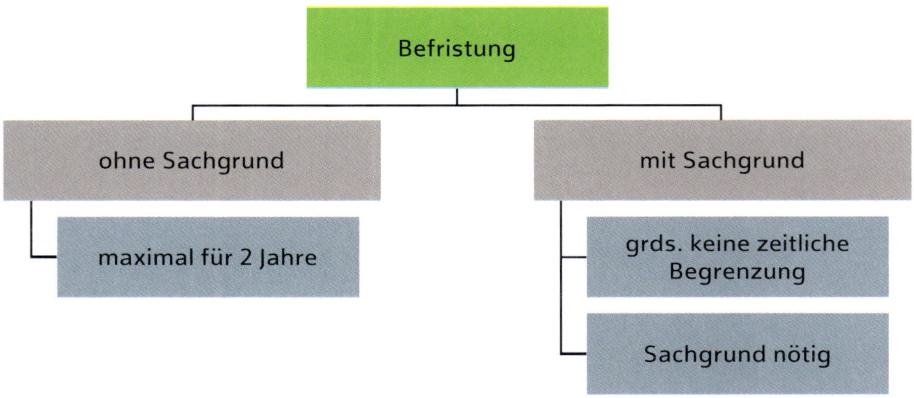

Probearbeitsverhältnisse

In der Praxis wird häufig eine **anfängliche Probezeit** vereinbart. Gemäß § 622 Abs. 3 BGB kann eine Probezeit von maximal sechs Monaten vereinbart werden, in der das Arbeitsverhältnis mit einer Frist von zwei Wochen gekündigt werden kann. Ohne eine solche Vereinbarung könnte ein Arbeitsverhältnis schon von Beginn an erst mit einer Frist von vier Wochen zum 15. oder zum Monatsende gekündigt werden.

Ein solches Probearbeitsverhältnis muss ausdrücklich zwischen Arbeitgeber und -nehmer vereinbart werden. Teilweise ist es auch (mit kürzeren Fristen) in Tarifverträgen vorgesehen.

In § 20 BBiG ist für **Ausbildungsverhältnisse** zwingend geregelt, dass eine Probezeit mindestens einen Monat und höchstens vier Monate betragen darf.

2.2.2 Formerfordernisse

Grundsätzlich sind die Parteien aufgrund der Vertragsfreiheit frei in der Gestaltung eines Arbeitsvertrags. Ein Arbeitsvertrag kann **formlos**, sowohl mündlich als auch schriftlich oder durch schlüssiges Handeln geschlossen werden. Zum Zweck der Beweisbarkeit empfiehlt es sich in der Praxis jedoch, den Vertrag schriftlich zu schließen.

Ein **Schriftformerfordernis** kann sich jedoch aus einem für den betreffenden Bereich geltenden **Tarifvertrag** ergeben.

vgl. LF 5, Kap. 3.5

Sofern ein Arbeitnehmer keinen schriftlichen Arbeitsvertrag erhält, ist der Arbeitgeber gem. § 2 NachwG verpflichtet, innerhalb eines Monats die wesentlichen Vertragsbedingungen schriftlich festzuhalten und dem Arbeitnehmer auszuhändigen. Der Vertrag ist aber unabhängig von dieser Aushändigung wirksam.

Eine (nach dem TzBfG zulässige) **Befristung** des Arbeitsverhältnisses ist hingegen nur wirksam, wenn sie vor Arbeitsaufnahme schriftlich vereinbart wurde (§ 14 Abs. 4 TzBfG). Erfolgt die schriftliche Vereinbarung erst nach Arbeitsaufnahme, ist die Befristung gem. § 16 TzBfG unwirksam und es liegt ein unbefristeter Arbeitsvertrag vor.

Auch **Wettbewerbsabreden**, also Vereinbarungen zwischen Arbeitnehmer und -geber, nach Ausscheiden aus dem Arbeitsverhältnis nicht als Konkurrent in der gleichen Branche aufzutreten, bedürfen gem. § 90 a HGB der Schriftform.

2.2.3 Besonderheiten bei minderjährigen Arbeitnehmern

Minderjährige zwischen dem 7. und dem 18. Lebensjahr können Arbeitsverträge nur mit Zustimmung der gesetzlichen Vertreter, also in der Regel der Eltern, abschließen, da sie **beschränkt geschäftsfähig** sind (§§ 107, 113 BGB). Auch eine Kündigung (durch den Minderjährigen oder den Arbeitgeber) ist nur unter Mitwirkung der gesetzlichen Vertreter möglich. Der Arbeitgeber muss zudem das Arbeitsentgelt an den gesetzlichen Vertreter zahlen.

vgl. LF 3, Kap. 2.3.8

Die gesetzlichen Vertreter können jedoch gem. § 113 BGB den Minderjährigen generell ermächtigen, in Dienst oder in Arbeit zu treten, sodass der Minderjährige für diesen Bereich unbeschränkt geschäftsfähig ist.

Ausbildungsverhältnisse gelten jedoch nicht als Arbeitsverhältnisse. Eine generelle Ermächtigung ist somit nicht möglich.

Wer das 15. Lebensjahr vollendet hat, kann gem. § 36 SGB I Anträge auf **Sozialleistungen** stellen sowie Sozialleistungen entgegennehmen. Die entsprechenden Behörden sollen in einem solchen Fall jedoch den gesetzlichen Vertreter unterrichten. Dieser kann dann die Handlungsfähigkeit des Minderjährigen, also seine Möglichkeit, Anträge zu stellen usw., durch schriftliche Erklärung gegenüber der Behörde einschränken und z. B. fordern, dass das Geld an die Eltern ausgezahlt wird.

Zudem gelten für Kinder (unter 15 Jahren) und Jugendliche (zwischen 15 und 18 Jahren) die besonderen Schutzvorschriften des **Jugendarbeitsschutzgesetzes**. Mit Kindern, also unter 15-Jährigen, die noch der Schulpflicht unterliegen, dürfen gem. § 2 Abs. 2 JArbSchG überhaupt keine Arbeitsverträge geschlossen werden (Verbot der Kinderarbeit). Davon ausgenommen sind leichte Tätigkeiten wie Zeitungen austragen, Haushalts-, Garten- und Einkauftätigkeiten, Botengänge, Kinder- und Haustierbetreuung, wobei dies nicht mehr als zwei Stunden täglich und nicht nach 18 Uhr sein darf. Während eines Betriebspraktikums dürfen sie bis zu sieben Stunden täglich und 35 Stunden wöchentlich leichte und für sie geeignete Tätigkeiten ausüben. Nach Beendigung der Schulpflicht (in der Regel nach der 10. Klasse) dürfen Jugendliche acht Stunden pro Tag und 40 Stunden pro Woche gem. § 8 Abs. 1 JArbSchG arbeiten. Weitere Regelungen, Ausnahmen, Arbeitszeit und Wochentage finden sich in § 12 JArbSchG.

Merke: Ein Verstoß gegen diese zwingenden Schutzvorschriften führt gem. § 134 BGB zur Unwirksamkeit des Vertrags.

2.2.4 Inhalt

vgl. LF 4, Kap. 1.2

Ein Arbeitsvertrag ist rechtlich ein Dienstvertrag nach §§ 611 ff. BGB und begründet ein Arbeitsverhältnis zwischen Arbeitnehmer und Arbeitgeber und damit Rechte und Pflichten auf beiden Seiten:

	Arbeitnehmer	**Arbeitgeber**
Hauptleistungspflichten	Erbringung der Arbeitsleistung (nach Direktionsrecht des Arbeitgebers, höchstpersönlich)	• Entlohnung (inkl. Abführung von Sozialversicherungsbeiträgen und Lohnsteuer) • Lohn ohne Arbeit (bei Krankheit, Urlaub, Elternzeit etc.)
Nebenleistungspflichten	• Mehrarbeit und Überstunden • Unterlassen schädlicher Handlungen • Wettbewerbsverbot	• Beschäftigungspflicht • Unfallverhütung und Arbeitsschutz • Datenschutz (Personalakte) • Pflicht zur Zeugniserteilung

vgl. ▶ § 106 GewO

Konkretisiert werden die Pflichten des Arbeitnehmers durch das **Direktionsrecht** des Arbeitgebers.

Merke: Das Direktionsrecht ist das Recht des Arbeitgebers, die Arbeit nach Inhalt, Ort und Zeit der Arbeitsleistung näher zu bestimmen.

Durch die zahlreichen zwingenden rechtlichen Regelungen bleibt wenig Spielraum für die Aushandlung eines Individualarbeitsvertrags. Für einen wirksamen Vertrag ist es jedoch zwingend notwendig, zumindest eine Einigung über die Person des Arbeitnehmers und des Arbeitgebers und die Arbeitszeit zu erzielen.

Um spätere Streitigkeiten zu vermeiden, sollte ein Arbeitsvertrag Regelungen zu folgenden Punkten enthalten:

- Name und Anschrift der Vertragsparteien
- Stellenbezeichnung/Aufgabenbereich
- Beginn und ggf. Ende des Arbeitsverhältnisses
- ggf. Befristung
- Arbeitsort
- Zusammensetzung und Höhe des Arbeitsentgelts (inklusive Zulagen, Prämien und Sonderzahlungen)
- Arbeitszeit
- Urlaub
- Kündigungsfristen
- ggf. Hinweis auf Tarifverträge, Betriebsvereinbarungen, soweit anwendbar
- Probezeit
- Geheimhaltungsverpflichtungen
- Wettbewerbsverbote
- Nebentätigkeiten
- Verfallsklauseln

Vergütung

Wird kein konkretes Entgelt vereinbart, so schuldet der Arbeitgeber gem. § 612 Abs. 2 BGB die „**übliche Vergütung**", was in der Regel dem tariflichen Entgelt entsprechen wird.

Das Mindestlohngesetz (MiLoG) bestimmt, dass alle abhängig beschäftigten Arbeitnehmer einen Anspruch auf eine Entlohnung von wenigstens 12,41 € brutto je Arbeitsstunde haben. Zum 01.01.2025 steigt der Mindestlohn auf 12,82 € pro Stunde. In Pflegeberufen liegt der Mindestlohn über dem "normalen" Mindestlohn (Stand: Januar 2024). Dies gilt jedoch nicht für Kinder und Jugendliche i. S. d. JArbSchG ohne Berufsabschluss (§ 22 Abs. 2 MiLoG), Auszubildende und ehrenamtlich Tätige (§ 22 Abs. 3 MiLoG) und Praktikanten, wenn sie ein Pflichtpraktikum ableisten (§ 22 Abs. 1 MiLoG).

Problematisch kann darüber hinaus die Vereinbarung sonstiger Leistungen, wie z. B. Weihnachts- und Urlaubsgeld, sein. Will der Arbeitgeber nicht durch **betriebliche Übung** zur Zahlung in der Zukunft verpflichtet sein, empfiehlt sich die Vereinbarung eines **Freiwilligkeitsvorbehalts** im Arbeitsvertrag dahingehend, dass die Zahlung freiwillig und mit der Maßgabe erfolgt, dass auch bei einer wiederholten Zahlung kein Rechtsanspruch für die Zukunft begründet wird. Andernfalls begründet die dreimalige Zahlung ohne Vorbehalt einen Anspruch des Arbeitnehmers auf Zahlungen in der Zukunft.

Arbeitszeiten

Gemäß § 3 ArbzG darf die werktägliche Arbeitszeit acht Stunden nicht überschreiten. In den §§ 4 und 5 ArbzG finden sich zudem Regelungen zu Ruhepausen und -zeiten.

Urlaub

Gemäß § 3 Abs. 1 BUrlG beträgt der gesetzliche Mindesturlaub 24 Werktage, wobei davon ausgegangen wird, dass ein Arbeitnehmer an allen Werktagen, also sechs Tage die Woche, arbeitet. Wenn wie allgemein üblich nur an fünf Tagen die Woche gearbeitet wird, verringert sich der gesetzliche Mindesturlaub dementsprechend auf 20 Tage. In Tarifverträgen sind jedoch in der Regel längere Urlaubszeiten vorgesehen.

Gemäß § 5 Abs. 1c BUrlG hat ein Arbeitnehmer, der in der ersten Jahreshälfte ausscheidet, trotzdem Anspruch auf ein Zwölftel des Jahresurlaubs für jeden vollen Monat des Bestehens des Arbeitsverhältnisses.

Der Urlaubsanspruch entfällt, wenn er nicht bis zum 31. März des Folgejahrs genommen wird. Hiervon wird in der Praxis häufig zugunsten des Arbeitnehmers abgewichen.

Mutterschutz

Gemäß § 3 MuSchG gilt ein Beschäftigungsverbot (Mutterschutzfrist) sechs Wochen vor dem berechneten Geburtstermin, es sei denn, dass die werdende Mutter sich zur Arbeitsleistung ausdrücklich bereit erklärt hat, und ein Beschäftigungsverbot bis acht Wochen (bei Früh- oder Mehrlingsgeburten zwölf Wochen) nach der Entbindung. In dieser Zeit erhält die Arbeitnehmerin gem. § 19 MuSchG das Mutterschaftsgeld (das bei Mitgliedern einer gesetzlichen Krankenkasse von dieser bezahlt wird).

2.2.5 Formulieren und gestalten von Arbeitsverträgen

§ 2 NachweisG (= Nachweisgesetz) legt fest, dass spätestens einen Monat nach dem vereinbarten Beginn des Arbeitsverhältnisses die wesentlichen Vertragsbedingungen schriftlich niederzulegen und dem Arbeitnehmer auszuhändigen sind. Gemäß § 2 Abs. 1 NachweisG sind in die Niederschrift mindestens folgende Punkte mit aufzunehmen:

- Name und Anschrift beider Vertragsparteien
- Zeitpunkt des Beginns des Arbeitsverhältnisses
- bei befristeten Arbeitsverhältnissen das Enddatum oder die vorhersehbare Dauer des Arbeitsverhältnisses
- Arbeitsort oder, falls der Arbeitnehmer nicht nur an einem bestimmten Arbeitsort tätig sein soll, ein Hinweis darauf, dass der Arbeitnehmer an verschiedenen Orten beschäftigt werden oder seinen Arbeitsort frei wählen kann
- Charakterisierung oder Beschreibung der zu leistenden Tätigkeit
- sofern vereinbart, die Dauer der Probezeit
- Zusammensetzung und Höhe des Arbeitsentgelts (einschließlich Prämien und Sonderzahlungen o. Ä.) sowie deren Fälligkeit und die Art der Auszahlung
- vereinbarte Arbeitszeit, Ruhepausen und Ruhezeiten sowie bei vereinbarter Schichtarbeit das Schichtsystem, der Schichtrhythmus und Voraussetzungen für Schichtänderungen
- bei Arbeit auf Abruf nach § 12 TzBfG (Teilzeit- und Befristungsgesetz) u. a. die Zahl der mindestens zu vergütenden Stunden
- sofern vereinbart, die Möglichkeit der Anordnung von Überstunden und deren Voraussetzungen
- Dauer des jährlichen Erholungsurlaubs
- etwaiger Anspruch auf vom Arbeitgeber bereitgestellte Fortbildung
- wenn der Arbeitgeber dem Arbeitnehmer eine betriebliche Altersversorgung über einen Versorgungsträger zusagt: der Name und die Anschrift dieses Trägers (Pflicht entfällt, wenn der Versorgungsträger zur Information verpflichtet ist)
- das bei der Kündigung des Arbeitsverhältnisses von Arbeitgeber und Arbeitnehmer einzuhaltende Verfahren, mindestens das Schriftformerfordernis und die Fristen für die Kündigung des Arbeitsverhältnisses, sowie die Frist zur Erhebung einer Kündigungsschutzklage
- Hinweis auf Tarifverträge, Betriebs- oder Dienstvereinbarungen sowie Regelungen paritätisch besetzter Kommissionen, die auf der Grundlage kirchlichen Rechts Arbeitsbedingungen für den Bereich kirchlicher Arbeitgeber festlegen

Weiterhin sollte der Arbeitsvertrag Regelungen hinsichtlich Geheimhaltungsverpflichtungen und Nebentätigkeiten o. Ä. enthalten. vgl. LF 5, Kap. 2.2.4

Zur Erleichterung der Arbeit empfiehlt es sich vor allem in größeren Unternehmen, also auch in großen Rechtsanwaltsgesellschaften, Schnellbausteine anzulegen, die bei der Erstellung eines Arbeitsvertrags sehr hilfreich sind. vgl. LF 3, Kap. 5.4.1

Alle in einem Arbeitsvertrag verwendeten vorformulierten Vertragsbedingungen stellen Allgemeine Geschäftsbedingungen dar, für die besondere Regeln gelten (§§ 305ff. BGB). Dadurch vgl. LF 4, Kap. 1.2.10

werden Arbeitnehmer, die von der Rechtsprechung beim Abschluss arbeitsrechtlicher Verträge als Verbraucher i. S. v. § 13 BGB eingestuft werden, z. B. vor überraschenden Klauseln geschützt.

Schnellbausteinkatalog „Arbeitsvertrag“

Arbeitsvertrag zwischen { } – nachstehend „Arbeitgeber“ genannt – und { } – nachstehend „Mitarbeiter“ genannt –	Arbeitsvertrag01
Beginn des Arbeitsverhältnisses Das Arbeitsverhältnis beginnt am { } mit der Aufnahme der Tätigkeit.	Arbeitsvertrag02
Probezeit Die ersten { } Monate gelten als Probezeit.	Arbeitsvertrag03
Ende des Arbeitsverhältnisses Während der Probezeit kann das Arbeitsverhältnis beiderseitig schriftlich unter Einhaltung einer Kündigungsfrist von zwei Wochen gekündigt werden. Nach Ablauf der Probezeit gelten für beide Seiten die gesetzlichen Kündigungsfristen.	Arbeitsvertrag04
Tätigkeit Der Mitarbeiter wird als { } eingestellt. Sein Aufgabengebiet umfasst alle im Betrieb vorkommenden Arbeiten nach näherer Weisung des Arbeitgebers. Der Mitarbeiter verpflichtet sich, die ihm übertragenen Aufgaben sorgfältig auszuführen und insbesondere eigenverantwortlich auf die Notierung und Einhaltung eventueller gesetzlicher und gerichtlicher Fristen zu achten.	Arbeitsvertrag05
Nebentätigkeit Eine Nebentätigkeit darf der Mitarbeiter nur mit vorheriger schriftlicher Zustimmung des Arbeitgebers übernehmen. Die Zustimmung ist zu erteilen, wenn berechtigte Interessen des Arbeitgebers nicht entgegenstehen.	Arbeitsvertrag06
Arbeitszeit Die regelmäßige Arbeitszeit beträgt { } Stunden wöchentlich. Beginn und Ende der täglichen Arbeitszeit und der Pausen richten sich nach den betrieblichen Erfordernissen. Die erbrachten Arbeitsstunden werden über ein Arbeitszeitkonto erfasst.	Arbeitsvertrag07

Mehrarbeit Der Mitarbeiter ist verpflichtet, bei Bedarf Mehrarbeit zu leisten und in Ausnahmefällen auch an für sich arbeitsfreien Tagen zu arbeiten. Mehrarbeit wird durch Freizeit ausgeglichen.	Arbeitsvertrag08
Vergütung Der Mitarbeiter erhält für seine Tätigkeit ein monatliches Bruttogehalt in Höhe von { } €. Die Vergütung ist jeweils am Letzten des Monats durch Überweisung zur Zahlung fällig. Sie wird auf folgendes Konto überwiesen: { }	Arbeitsvertrag09
Fahrtkosten Der Mitarbeiter erhält einen Fahrtkostenzuschuss in Höhe von { } €.	Arbeitsvertrag10
Sonderzahlung Weihnachtsgeld Der Mitarbeiter erhält jährlich ein Weihnachtsgeld in Höhe von { } €. Dieses wird zusammen mit dem { }-Gehalt ausgezahlt. Bei dieser Sonderzahlung handelt es sich um eine freiwillige Leistung des Arbeitgebers, auf die auch bei mehrmaliger Zahlung für die Zukunft kein Rechtsanspruch besteht. Sie kann vor allem dann ganz oder teilweise entfallen, wenn wirtschaftliche Gründe dafür sprechen.	Arbeitsvertrag11
Sonderzahlung für Betriebstreue Für die gezeigte und die erwartete zukünftige Betriebstreue gewährt der Arbeitgeber dem Mitarbeiter eine Sonderzahlung wie folgt: – nach einjähriger Betriebszugehörigkeit: 20 % des monatlichen Bruttogehalts – nach dreijähriger Betriebszugehörigkeit: 40 % des monatlichen Bruttogehalts – nach fünfjähriger Betriebszugehörigkeit: 60 % des monatlichen Bruttogehalts Bei der Berechnung der Betriebszugehörigkeitsjahre zählen Zeiten des vereinbarten oder gesetzlich eintretenden Ruhens des Arbeitsverhältnisses (z. B. unbezahlter Urlaub, Elternzeit) nicht mit. Die Auszahlung der Sonderzahlung erfolgt jeweils zusammen mit dem Juli-Gehalt. Der Anspruch auf diese Sonderzahlung ist ausgeschlossen bzw. eine eventuell schon geleistete Zahlung zu erstatten, wenn das Arbeitsverhältnis im Zeitpunkt der Auszahlung oder bis zum 31. Dezember von einem der Vertragspartner gekündigt wird oder infolge Aufhebungsvertrags endet. Bei der Sonderzahlung handelt es sich um eine freiwillige Leistung des Arbeitgebers, auf die auch bei mehrmaliger Zahlung für die Zukunft kein Rechtsanspruch besteht. Sie kann insbesondere dann ganz oder teilweise entfallen, wenn wirtschaftliche Gründe dafür sprechen.	Arbeitsvertrag12

Arbeitsverhinderung Der Mitarbeiter ist verpflichtet, dem Arbeitgeber jede Arbeitsverhinderung und ihre voraussichtliche Dauer unverzüglich anzuzeigen. Im Fall der Erkrankung ist vor Ablauf des dritten Kalendertags nach Beginn der Arbeitsunfähigkeit eine ärztliche Bescheinigung vorzulegen, aus der auch die voraussichtliche Dauer der Arbeitsunfähigkeit hervorgeht, sofern diese nicht bereits elektronisch übermittelt wird. Bei Folgeerkrankungen ist der Arbeitgeber wie bei Beginn jeder Arbeitsunfähigkeit unverzüglich zu benachrichtigen, außerdem ist umgehend eine weitere ärztliche Bescheinigung vorzulegen, sofern diese nicht bereits elektronisch übermittelt wird. Diese Verpflichtungen des Mitarbeiters gelten auch, wenn keine Entgeltfortzahlungspflicht des Arbeitgebers mehr besteht.	Arbeitsvertrag13
Urlaubsanspruch bei längerer Betriebszugehörigkeit Der Mitarbeiter erhält kalenderjährlich einen Erholungsurlaub wie folgt: – 27 Arbeitstage, wenn er zu Beginn des Kalenderjahrs eine Betriebszugehörigkeit von mindestens zwei Jahren hat, – 30 Arbeitstage, wenn er zu Beginn des Kalenderjahrs eine Betriebszugehörigkeit von mindestens fünf Jahren hat, – 32 Arbeitstage, wenn er zu Beginn des Kalenderjahrs eine Betriebszugehörigkeit von mindestens zehn Jahren hat. Bei der Berechnung der Betriebszugehörigkeitsjahre zählen Zeiten des vereinbarten oder gesetzlich eintretenden Ruhens des Arbeitsverhältnisses (z. B. unbezahlter Urlaub, Elternzeit) nicht mit. Der Urlaub wird nach den Wünschen des Mitarbeiters, aber auch unter Berücksichtigung der betrieblichen Belange und der Urlaubswünsche anderer Mitarbeiter vom Arbeitgeber festgelegt. Tritt der Mitarbeiter erst im Lauf des Jahrs in die Dienste des Arbeitgebers oder scheidet er im Lauf des Jahrs aus, erhält er den Urlaub nur anteilig entsprechend der Beschäftigungszeit.	Arbeitsvertrag14
Urlaubsanspruch Der Mitarbeiter erhält kalenderjährlich einen Erholungsurlaub von 20 Arbeitstagen. Der Urlaub wird nach den Wünschen des Mitarbeiters, aber auch unter Berücksichtigung der betrieblichen Belange und der Urlaubswünsche anderer Mitarbeiter vom Arbeitgeber festgelegt.	Arbeitsvertrag15

Verschwiegenheit Der Mitarbeiter verpflichtet sich, über alle Angelegenheiten und Vorgänge, die ihm im Rahmen der Tätigkeit im Betrieb zur Kenntnis gelangen, während und nach Beendigung des Arbeitsverhältnisses strengstens Stillschweigen zu bewahren.	Arbeitsvertrag16
Fortbildung Der Mitarbeiter kennt die besondere Fortbildungspflicht in seinem Beruf. Er wird sich über für seine Arbeit bedeutsame Änderungen aus eigener Initiative informieren. Der Mitarbeiter ist auch bereit, vom Arbeitgeber ausgewählte Fortbildungsveranstaltungen zu besuchen, auch außerhalb des Wohn- und Arbeitsorts und der üblichen Arbeitszeit, soweit alle anfallenden Kosten vom Arbeitgeber getragen werden. Für besonders aufwendige Fort- und Weiterbildungsveranstaltungen kann der Arbeitgeber den Abschluss einer besonderen Rückzahlungsvereinbarung für den Fall vereinbaren, dass der Mitarbeiter innerhalb eines Zeitraums von maximal drei Jahren nach Beendigung der Fort- und Weiterbildungsveranstaltung aus dem Betrieb ausscheidet. In diesem Fall ist der Mitarbeiter verpflichtet, die entsprechenden Kosten in voller Höhe zu erstatten.	Arbeitsvertrag17
{} Arbeitgeber ___________ Mitarbeiter ___________	Arbeitsvertrag18

2.3 Entgeltabrechnungen

Die Eckdaten einer Entgeltbescheinigung (= Entgeltabrechnung, Gehaltsabrechnung) wurden bereits erläutert. Diese werden nachfolgend nochmals zusammengefasst und näher ausgeführt. Weiterhin wird aufgezeigt, welche Inhalte eine Entgeltbescheinigung aufweisen muss und wie eine solche aussehen könnte. vgl. LF 1, Kap. 5.5

Beim Erstellen der Entgeltabrechnung muss auch der gesetzlich geregelte Mindestlohn beachtet werden. Dieser steigt zum 01.01.2024 auf 12,41 € pro Stunde und zum 01.01.2025 auf 12,82 € pro Stunde. In Pflegeberufen liegt der Mindestlohn über dem "normalen" Mindestlohn (Stand: Januar 2024). Die entsprechenden Regelungen finden sich im Mindestlohngesetz (MiLoG). Nach § 22 MiLoG gilt der Mindestlohn u. a. nicht für Auszubildende und ehrenamtlich Tätige.

Hinweis: Natürlich sind auch hinsichtlich der Entgeltbescheinigung die Datenschutzvorschriften zu beachten. vgl. LF 2, Kap. 2.6

2.3.1 Sozialversicherungsrechtliche Vorschriften

Zu den sozialversicherungsrechtlichen Abgaben zählen (Stand: Januar 2024):

gesetzliche Rentenversicherung	gesetzliche Krankenversicherung	gesetzliche Pflegeversicherung	gesetzliche Arbeitslosenversicherung
• 18,6 % • Arbeitgeber und Arbeitnehmer zahlen hiervon jeweils die Hälfte, also 9,3 %.	• 14,6 % • Arbeitgeber und Arbeitnehmer zahlen hiervon jeweils die Hälfte, also 7,3 %. • Die Krankenkassen können einen Zusatzbeitrag erheben, den sich Arbeitgeber und Arbeitnehmer ebenfalls teilen. Der durchschnittliche Zusatzbeitrag beträgt 1,7 %.	• 3,4 % • Arbeitgeber und Arbeitnehmer zahlen grds. jeweils die Hälfte, also 1,7 %. • In Sachsen gibt es eine besondere Regelung: Der Arbeitnehmer zahlt 2,2 %, der Arbeitgeber 1,2 % der Beiträge. • Versicherte, die das 23. Lebensjahr vollendet haben und kinderlos sind, zahlen einen zusätzlichen Beitrag von 0,6 %. • Seit 01.07.2023 gelten für Eltern unterschiedliche Beitragssätze, je nachdem, wie viele Kinder sie haben: z. B. Mitglied mit 1 Kind 3,4 % (AN-Anteil 1,7 %), Mitglied mit 2 Kindern 3,15 % (AN-Anteil 1,45 %).	• 2,6 % • Arbeitgeber und Arbeitnehmer zahlen hiervon jeweils die Hälfte, also 1,3 %.

Der Arbeitgeber ist verpflichtet, für jeden Arbeitnehmer die Sozialversicherungsbeiträge zu ermitteln und an die jeweilige Krankenkasse abzuführen. Bei der Ermittlung der Sozialversicherungsbeiträge sind die sog. Beitragsbemessungsgrenzen (= Obergrenzen zur Berechnung der Beiträge) zu beachten (Stand: Januar 2024).

Kranken- und Pflegeversicherung 5 175,00 € monatlich bzw. 62 100,00 € jährlich	
Renten- und Arbeitslosenversicherung	
West:	7 550,00 € monatlich bzw. 90 600,00 € jährlich
Ost:	7 450,00 € monatlich bzw. 89 400,00 € jährlich

▶ **Beispiel:** Anton Meier, der in Stuttgart wohnt und arbeitet, hat ein monatliches Bruttogehalt von 5 300,00 €. Die Beiträge zur Kranken- und Pflegeversicherung errechnen sich nur aus dem Betrag von 5 175,00 € (= Beitragsbemessungsgrenze). Die Beiträge zur Renten- und Arbeitslosenversicherung dagegen errechnen sich aus dem vollen Bruttogehalt von 5 300,00 €, da die Beitragsbemessungsgrenze hier bei 7 550,00 € liegt.

Umlagesätze

Neben der Ermittlung der Sozialversicherungsbeiträge zur Renten-, Kranken-, Pflege- und Arbeitslosenversicherung müssen noch folgende Umlagesätze ermittelt werden (Stand: Januar 2024).

U1	**Umlage 1 Krankheit** Hier werden dem Arbeitgeber auf Antrag die Leistungen erstattet, die er nach dem Gesetz an arbeitsunfähig erkrankte Arbeitnehmer zu erbringen hat (= Lohnfortzahlung für die Dauer von sechs Wochen, anschließend erhält der Arbeitnehmer Krankengeld von seiner Krankenkasse). Die Grundlage bildet dabei stets das Bruttoarbeitsentgelt. Je nach Krankenkasse sind für die U1 verschiedene Erstattungssätze wählbar: Je nachdem, wie hoch die Erstattung der Krankenkasse an den Arbeitgeber im Krankheitsfall des Arbeitnehmers ausfallen soll, desto höher ist auch der monatliche Beitrag. ▶ **Beispiel:** Die AOK Bayern bietet eine 50%ige Erstattung zu einem monatlichen Beitragssatz von 1,5 % an; bei einer 80%igen Erstattung beläuft sich der monatliche Beitrag auf 3,6 %.
U2	**Umlage 2 Mutterschutz** Hier wird dem Arbeitgeber auf Antrag der geleistete Zuschuss zum Mutterschaftsgeld von der Krankenkasse in voller Höhe, also zu 100 %, erstattet. Der Beitragssatz liegt bei 0,39 %. **Hinweis:** Die U2 ist für alle Arbeitnehmer zu zahlen, also auch für männliche Arbeitnehmer!
InsO-U	**Insolvenzgeldumlage** Um den Beschäftigten im Fall einer Insolvenz des Arbeitgebers die Entgeltzahlungen der letzten Monate zu sichern, gibt es das sog. Insolvenzgeld. Finanziert wird es über die sog. Insolvenzgeldumlage. Der Umlagesatz wird vom Bundesministerium für Arbeit und Soziales festgelegt und jeweils zum 30. September für das folgende Kalenderjahr bekannt gegeben. Derzeit liegt er bei 0,06 %.

Diese drei Umlagesätze trägt der Arbeitgeber in voller Höhe allein. Sie müssen zusammen mit den Sozialversicherungsbeiträgen an die Krankenkasse des Arbeitnehmers abgeführt werden.

Hinweis: Die Berechnungsunterlagen zu den Umlagesätzen müssen zusammen mit den Gehaltsunterlagen des Arbeitnehmers aufbewahrt werden, auch wenn sie keinen Platz in der Entgeltbescheinigung finden.

Gesetzliche Unfallversicherung

Weiterhin ist der Arbeitgeber verpflichtet, Beiträge in die gesetzliche Unfallversicherung einzuzahlen. Zweck der Unfallversicherung ist es, Arbeitsunfälle finanziell abzusichern und die berufliche Leistungsfähigkeit wiederherzustellen. Es gibt je nach Arbeitsbranche verschiedene Träger der gesetzlichen Unfallversicherung.

▶ **Beispiele:** Verwaltungs-BG (VBG), BG Nahrungsmittel und Gastgewerbe (BGN)

Der jährliche Beitrag berechnet sich aufgrund der Gefahrklasse des Unternehmens, dem Beitragsfuß und der gemeldeten Entgeltsumme (= Bruttojahresverdienst aller Arbeitnehmer eines Unternehmens). Weiterhin müssen die geleisteten Arbeitsstunden aller Arbeitnehmer innerhalb des entsprechenden Jahrs angegeben werden.

Wichtige „Gehaltsgrenzen“

Bei den sozialversicherungsrechtlichen Vorschriften sind drei „Gehaltsgrenzen“ zu beachten (Stand: Januar 2024).

325,00 €	Die sog. Geringverdienergrenze, die für Auszubildende und Praktikanten gilt, liegt weiterhin bei lediglich 325,00 € monatlich. Diese Regelung kommt für neu abgeschlossene Ausbildungsverhältnisse allerdings nicht mehr zur Anwendung, da die beschlossene Mindestvergütung für Auszubildende nach dem Berufsbildungsgesetz (BBiG) höher ist.
bis 538,00 € **= Minijob** **= geringfügig entlohnte Beschäftigung**	Eine solche Beschäftigung liegt vor, wenn das monatliche Gehalt regelmäßig den Betrag von 538,00 € nicht übersteigt. Beim sog. regelmäßigen monatlichen Arbeitsentgelt umfasst der Betrachtungszeitraum 12 Monate, also eine Verdienstgrenze von 6 456,00 € im Jahr (538,00 € × 12 Monate) bei durchgehender Beschäftigung. Dem regelmäßigen monatlichen Gehalt sind auch einmalige Einnahmen hinzuzurechnen, z. B. Weihnachts- oder Urlaubsgeld. ▶ **Beispiel:** Marianne Meier verdient im Monat 350,00 € und erhält im Dezember ein Weihnachtsgeld in Höhe von 200,00 €. Die Berechnung sieht wie folgt aus. laufende Leistungen: 12 × 350,00 € = 4 200,00 € einmalige Leistung: 200,00 € Summe: 4 200,00 € + 200,00 € = 4 400,00 € regelmäßiges Entgelt: 4 400,00 € : 12 = 366,67 € Dies bedeutet, dass das regelmäßige monatliche Arbeitsentgelt 366,67 € beträgt und somit immer noch unter der Grenze von 538,00 € im Monat liegt.

	Hinweise: • Bei einem Minijob zahlt der Arbeitgeber lediglich Beiträge für die Rentenversicherung (15 %) und für die Krankenversicherung (13 %). Der Arbeitnehmer muss, sofern er sich hiervon nicht befreien lässt, 3,6 % für die Rentenversicherung aufzahlen, damit der volle Beitragssatz von 18,6 % erreicht wird. • Sofern ein Arbeitnehmer mehrere Minijobs ausübt, sind besondere Vorschriften zu beachten. Diese können unter www.minijob-zentrale.de nachgelesen werden. • Hinsichtlich der Besteuerung von Minijobs gibt es verschiedene Möglichkeiten (vgl. www.minijob-zentrale.de). In der Regel wird der Minijob vom Arbeitgeber pauschal versteuert (2 %). Dies bedeutet, dass der Arbeitnehmer sodann keine Lohnsteuer mehr zahlen muss. • Die Minijob-Regelungen finden bei Ausbildungsverhältnissen keine Anwendung.
538,01 € bis 2 000,00 € = Übergangsbereich	Sofern der Arbeitnehmer ein monatliches Bruttogehalt zwischen 538,01 € und 2 000,00 € verdient, gelten für ihn (nicht für den Arbeitgeber!) besondere Regelungen für die Ermittlung der Beitragsbemessungsgrundlage. Dies bedeutet, dass sich die von ihm zu zahlenden Beiträge zur Sozialversicherung nicht aus dem vollen monatlichen Bruttogehalt errechnen, sodass er also weniger Beiträge im Monat zahlt. Durch die neue Regelung wurde sichergestellt, dass die reduzierten Beiträge zur Rentenversicherung nicht mehr zu einer geringeren Rentenleistung führen. **Hinweis:** Die Regelungen zum Übergangsbereich finden bei Ausbildungsverhältnissen keine Anwendung. Ein Berechnungsprogramm für den Übergangsbereich stellt in der Regel jede Krankenkasse kostenlos zur Verfügung. Darin wird die von der Gesetzgebung erstellte komplizierte Formel direkt umgesetzt und das monatliche beitragspflichtige Bruttogehalt errechnet.

Sozialversicherungsmeldungen

Der Arbeitgeber ist verpflichtet, Beginn und Ende des Arbeitsverhältnisses sowie jede Änderung (z. B. Krankenkassenwechsel, Namensänderung etc.) an die jeweilige Krankenkasse über das elektronische Meldeverfahren (z. B. SV-Meldeportal) zu melden.

Über das elektronische Meldeverfahren erfolgt auch die jeweilige Meldung über das errechnete monatliche Beitragsentgelt. Der Beitragsnachweis muss rechtzeitig vor Fälligkeit der Beiträge übermittelt werden, sodass der Beitrag durch die Krankenkasse vom Konto des Arbeitgebers eingezogen werden kann. Sofern der Krankenkasse keine Einzugsermächtigung erteilt wurde, muss der Arbeitgeber dafür Sorge tragen, dass der Beitrag spätestens am drittletzten Bankarbeitstag eines Monats bei der Krankenkasse eingegangen ist.

2.3.2 Steuerrechtliche Vorschriften

Zu den Abgaben an das Finanzamt zählen (Stand: Januar 2024):

Lohnsteuer	Solidaritätszuschlag	Kirchensteuer
richtet sich nach der jeweiligen Lohnsteuerklasse	• 5,5 % der Lohnsteuer • wenn die Lohnsteuer einen bestimmten Betrag übersteigt • seit 2021 muss ein Großteil der Steuerzahler keinen Solidaritätszuschlag mehr zahlen, da die Freigrenzen stark erhöht wurden (z. B. für Unverheiratete und getrennt veranlagte Steuerzahler zunächst auf 16 956 €/Jahr, ab 2024 auf 18 130 €/Jahr)	• errechnet sich aus der Lohn- bzw. Einkommensteuer • in Höhe von 8 % in Bayern und Baden-Württemberg • in Höhe von 9 % in den übrigen Bundesländern • Religionsgemeinschaften, z. B.: römisch-katholisch (rk), evangelisch (ev), altkatholisch (ak), israelitische Bekenntnissteuer (is)

Mithilfe des ELStAM-Verfahrens (**E**lektronische **L**ohn**St**euer**A**bzugs**M**erkmale) werden alle lohnsteuerrelevanten Merkmale (z. B. Lohnsteuerklasse, Konfession) beim Bundeszentralamt für Steuern (BZSt) in Bonn abgespeichert. Diese Daten werden dem Arbeitgeber sodann auf Anfrage zum elektronischen Abruf zur Verfügung gestellt. Hierfür benötigt der Arbeitgeber lediglich die Steueridentifikationsnummer (Steuer-ID) des Arbeitnehmers sowie dessen Geburtsdatum.

Hinweis: Über www.elster.de meldet der Arbeitgeber auch die jährlich für den Arbeitnehmer einbehaltenen steuerlichen Abgaben an das Betriebsstättenfinanzamt (= Finanzamt, in dessen Bezirk sich die Betriebsstätte des Unternehmens befindet). Der Arbeitnehmer erhält hierüber einen Ausdruck der elektronischen Lohnsteuerbescheinigung.

Sobald dem Arbeitgeber die lohnsteuerrelevanten Merkmale vorliegen, kann er die steuerlichen Abgaben – ausgehend vom Bruttomonatsgehalt – errechnen. Er ist verpflichtet, die entsprechenden Abgaben regelmäßig an das Betriebsstättenfinanzamt zu melden und abzuführen.

Die entsprechende Lohnsteuervoranmeldung ist vom Arbeitgeber jeweils bis zum 10. Kalendertag des nachfolgenden Monats abzugeben. Die entsprechende Steuerlast wird in der Regel in den darauffolgenden Tagen durch das Finanzamt vom Konto des Arbeitgebers eingezogen.

Hinweis: Sofern es sich um ein kleines Unternehmen handelt (z. B. Anwaltskanzlei mit nur einem Rechtsanwalt und einer Rechtsanwaltsfachangestellten), besteht die Möglichkeit, dass der Arbeitgeber die Lohnsteuervoranmeldung nur vierteljährlich, halbjährlich oder auch nur jährlich abgeben muss.

2.3.3 Der Inhalt von Entgeltbescheinigungen

Welche Inhalte eine Entgeltbescheinigung aufweisen muss, ist u. a. in der Entgeltbescheinigungsverordnung (EBV) geregelt. Hiernach sind folgende Angaben erforderlich:

- Name und Anschrift des Arbeitgebers
- Name, Anschrift und Geburtsdatum des Arbeitnehmers
- Versicherungsnummer des Arbeitnehmers
- Datum des Beginns der Beschäftigung
- bei Ende der Beschäftigung das Datum des Endes der Beschäftigung (in der Bescheinigung für den letzten Abrechnungszeitraum)
- Abrechnungszeitraum sowie Anzahl der darin enthaltenen Steuer- und Sozialversicherungstage
- Lohnsteuerklasse (ggf. einschließlich Faktor, Zahl der Kinderfreibeträge, Merkmale für den Kirchensteuerabzug, Steuerfreibetrag) sowie Steuer-Identifikationsnummer
- Beitragsgruppenschlüssel und zuständige Einzugsstelle (= Krankenkasse) für den Gesamtsozialversicherungsbeitrag
- ggf. Angabe, dass ein Beitragszuschlag für Kinderlose in der Pflegeversicherung erhoben wird
- ggf. Angabe, dass es sich um ein Beschäftigungsverhältnis im Übergangsbereich handelt
- ggf. Angabe, dass es sich um eine Mehrfachbeschäftigung handelt

Weiterhin sind folgende Entgeltbestandteile auszuweisen:

- Bezeichnung und Betrag sämtlicher Bezüge (z. B. Gehalt, Weihnachtsgeld) und Abzüge (z. B. Steuer- und Sozialversicherungsabgaben, vermögenswirksame Leistungen des Arbeitnehmers)
- Angabe, ob sich die Bezüge und Abzüge auf den steuerpflichtigen Arbeitslohn, das Sozialversicherungsbruttoentgelt und das Gesamtbruttoentgelt auswirken
- Steuer- und Sozialversicherungsabgaben, gesplittet nach monatlicher Höhe und Jahresbezug
- Nettoentgelt als Differenz des Gesamtbruttoentgelts und der gesetzlichen Abzüge

- Arbeitgeberzuschüsse (z. B. Beiträge zur freiwilligen oder privaten Kranken- und Pflegeversicherung, Fahrtkosten)
- Auszahlungsbetrag

In der Regel werden die Entgeltbescheinigungen mittels eines entsprechenden Programms (z. B. DATEV) oder über den Steuerberater erstellt. Sie können jedoch auch manuell mithilfe eines selbst erstellten Formulars, z. B. in Microsoft Excel, erstellt werden.

2.4 Beendigung des Arbeitsverhältnisses

Das Arbeitsverhältnis kann auf verschiedene Arten beendet werden.

▶ **Beispiele:** Zeitablauf, Eintritt einer auflösenden Bedingung, Aufhebungsvertrag, Tod des Arbeitnehmers, Kündigung

Befristete Verträge enden üblicherweise durch Zeitablauf (§ 620 Abs. 3 BGB i. V. m. § 15 Abs. 1 und 2 TzBfG). Sie können nicht ordentlich gekündigt werden, außer wenn dies im Arbeitsvertrag ausdrücklich so geregelt wird. Eine außerordentliche Kündigung darf hingegen nicht ausgeschlossen werden.

Am häufigsten werden in der Praxis unbefristete Arbeitsverhältnisse durch Aufhebungsvertrag oder Kündigung beendet.

Hinweis: Das Erreichen des 65. Lebensjahrs führt nicht zur Beendigung des Arbeitsverhältnisses und stellt auch keinen Kündigungsgrund dar. Es gibt also kein „automatisches In-Rente-Gehen". In Tarifverträgen oder Betriebsvereinbarungen kann jedoch eine derartige Regelaltersgrenze festgelegt werden.

Geht ein Betrieb durch Kauf oder Erbfolge auf einen neuen Inhaber über **(Betriebsübergang)**, hat dies auf die bestehenden Arbeitsverträge keine Auswirkungen (§ 613 a BGB bzw. §§ 1922, 1967 BGB). Der Arbeitnehmer kann auch nicht wegen des Betriebsübergangs gekündigt werden.

2.5 Der Aufhebungsvertrag

In einem Aufhebungsvertrag vereinbaren Arbeitgeber und Arbeitnehmer einverständlich die Beendigung des Arbeitsverhältnisses zu einem bestimmten Zeitpunkt. Der Aufhebungsvertrag muss gem. § 623 BGB schriftlich geschlossen werden, um wirksam zu sein.

Ein Aufhebungsvertrag hat für den **Arbeitgeber** den **Vorteil**, dass er keinen Kündigungsgrund angeben, keine Kündigungsfristen einhalten, keine Sozialauswahl treffen und auch nicht den Betriebsrat beteiligen muss.

Für den **Arbeitnehmer** hat ein solcher Vertrag den **Vorteil**, dass er dadurch eine verhaltensbedingte oder außerordentliche Kündigung vermeidet und ggf. ohne Wartezeit eine neue Arbeitsstelle antreten kann. Häufig erhält der Arbeitnehmer in einem solchen Fall auch eine Abfindung. Ein **Nachteil** kann jedoch sein, dass dem Arbeitnehmer ggf. Sperrzeiten für den Bezug von Arbeitslosengeld auferlegt werden. Dies kann jedoch unter Umständen vermieden werden, wenn in dem Aufhebungsvertrag eine Klausel aufgenommen wird, die besagt, dass der Vertrag zur Vermeidung einer betriebsbedingten Kündigung geschlossen wurde.

2.5.1 Inhalt

Wie bereits erwähnt, gilt für den Aufhebungsvertrag das Schriftformerfordernis gem. § 623 BGB. In der Regel enthält der Aufhebungsvertrag, je nachdem wie sich Arbeitgeber und Arbeitnehmer verständigen, folgende Regelungen:
- Zeitpunkt der Beendigung des Arbeitsverhältnisses
- Arbeitsfreistellung
- Abfindung
- Wettbewerbsvereinbarung
- Arbeitszeugnis
- Arbeitspapiere
- Hinweis zur Meldepflicht
- Hinweis, dass mit den im Aufhebungsvertrag getroffenen Regelungen alle Ansprüche ausgeglichen sind

2.5.2 Formulieren und gestalten von Aufhebungsverträgen

Auch beim Erstellen von Aufhebungsverträgen empfiehlt es sich wieder, Schnellbausteine anzulegen, damit effektiv gearbeitet werden kann. vgl. LF 3, Kap. 5.4.1

Schnellbausteinkatalog „Aufhebungsvertrag“

Aufhebungsvertrag zwischen { } – nachfolgend „Arbeitgeber“ genannt – und { } – nachfolgend „Mitarbeiter“ genannt –	Aufhebung1
Beendigung des Arbeitsverhältnisses Das zwischen dem Arbeitgeber und dem Mitarbeiter bestehende Arbeitsverhältnis wird zum { } im gegenseitigen Einvernehmen beendet.	Aufhebung2
Arbeitsfreistellung Der Mitarbeiter erhält das regelmäßige monatliche Bruttoentgelt bis zur Beendigung des Arbeitsverhältnisses weitergezahlt. Der Mitarbeiter wird ab { } bis zum Vertragsende unter Fortzahlung der vertraglich vereinbarten Vergütung unwiderruflich von seinen vertraglichen Verpflichtungen freigestellt. Die Freistellung erfolgt unter Anrechnung der noch zustehenden Resturlaubsansprüche sowie eventueller Freistellungsansprüche (z. B. Überstunden).	Aufhebung3
Abfindung Der Arbeitgeber verpflichtet sich, an den Mitarbeiter eine Abfindung in Höhe von { } € brutto zu zahlen. Die Abfindung ist mit der Beendigung des Arbeitsverhältnisses fällig.	Aufhebung4
Wettbewerbsvereinbarung Von diesem Vertrag bleibt die Wettbewerbsvereinbarung zwischen dem Arbeitgeber und dem Mitarbeiter unberührt.	Aufhebung5
Zeugnis Der Mitarbeiter erhält bis spätestens { } ein wohlwollendes qualifiziertes Zeugnis.	Aufhebung6
Arbeitspapiere Der Arbeitgeber händigt dem Mitarbeiter zum vereinbarten Beendigungstermin alle Arbeitspapiere aus.	Aufhebung7

Meldepflicht Zur Aufrechterhaltung ungekürzter Ansprüche auf Arbeitslosengeld ist der Mitarbeiter verpflichtet, sich unverzüglich nach Abschluss dieses Aufhebungsvertrags persönlich bei der Agentur für Arbeit arbeitssuchend zu melden. Weiterhin ist er verpflichtet, aktiv nach einer Beschäftigung zu suchen.	Aufhebung8
Ausgleich aller Ansprüche Die Parteien sind sich darüber einig, dass mit der Erfüllung dieses Vertrags keine Ansprüche aus dem Arbeitsverhältnis gegen die jeweils andere Partei mehr bestehen.	Aufhebung9
{} Arbeitgeber Mitarbeiter	Aufhebung10

2.6 Die Kündigung

Kündigungen müssen nach § 623 BGB **schriftlich** erfolgen und durch dazu befugte oder bevollmächtige Mitarbeiter des Arbeitgebers ausgesprochen werden, sonst sind sie unwirksam. vgl. ▶ § 174 BGB

Gibt es einen **Betriebsrat**, so muss er gem. § 102 BVerfG vor jeder Kündigung angehört werden, sonst ist die Kündigung unwirksam. Die Zustimmung des Betriebsrats ist, anders als bei der Einstellung, jedoch nicht erforderlich.

Zudem ist zu beachten, dass bestimmte Mitarbeitergruppen einen **besonderen Kündigungsschutz** genießen:

- Für **Schwangere** gem. § 9 MuSchG:
  Die Kündigung gegenüber einer Frau während der Schwangerschaft und bis zum Ablauf von vier Monaten nach der Entbindung ist unzulässig.

- Für **Schwerbehinderte** gem. §§ 85ff. SGB IX:
  Die Kündigung des Arbeitsverhältnisses eines schwerbehinderten Menschen durch den Arbeitgeber bedarf der vorherigen Zustimmung des Integrationsamts.

- Für **Betriebsräte** gem. § 15 KSchG:
  Die Kündigung eines Mitglieds eines Betriebsrats ist unzulässig, es sei denn, dass Tatsachen vorliegen, die den Arbeitgeber zur Kündigung aus wichtigem Grund ohne Einhaltung einer Kündigungsfrist berechtigen (vgl. dazu unten „Die außerordentliche Kündigung“), und der Betriebsrat zugestimmt hat.

- Für **Auszubildende** gem. § 22 BBiG:
  Nach der Probezeit kann das Berufsausbildungsverhältnis durch den Arbeitgeber nur aus einem wichtigen Grund ohne Einhalten einer Kündigungsfrist gekündigt werden (vgl. dazu unten „Die außerordentliche Kündigung").

In einigen Fällen ist Voraussetzung für eine wirksame Kündigung, dass der Arbeitnehmer vorher abgemahnt wurde. **Abmahnungen** dienen dazu, den Arbeitnehmer auf dessen vertragliche Pflichten bzw. ihre Verletzung hinzuweisen (Rügefunktion), ihm Konsequenzen für den Fall einer erneuten Pflichtverletzung anzudrohen (Warnfunktion) und die Pflichtverletzung durch Beifügung zur Personalakte zu dokumentieren (Dokumentationsfunktion).

Grundsätzlich wird zwischen außerordentlichen und ordentlichen Kündigungen unterschieden.

2.6.1 Die ordentliche Kündigung

vgl. LF 5, Kap. 1.4.2

In Deutschland besteht ein sehr weitreichender Schutz vor Kündigungen durch das Kündigungsschutzgesetz (KSchG). Das KSchG ist jedoch nur auf Arbeitnehmer, die mindestens sechs Monate in dem Betrieb beschäftigt sind, anwendbar und nur wenn gem. § 23 KSchG mindestens zehn Mitarbeitende im Betrieb insgesamt beschäftigt sind.

Die Regelungen des Kündigungsschutzgesetzes verbieten eine „sozialwidrige Kündigung" und können nicht zum Nachteil des Arbeitnehmers vertraglich abgeändert werden.

Gemäß § 1 Abs. 2 KSchG sind folgende Kündigungen nicht sozialwidrig und somit zulässig:

- **personenbedingte Kündigung** (keine vorherige Abmahnung vor der Kündigung erforderlich)

  ▶ **Beispiele:** mangelhafte Kenntnisse und Fähigkeiten, Krankheit oder Drogenmissbrauch, sofern dadurch betriebliche Interessen beeinträchtigt werden

- **verhaltensbedingte Kündigung** (in der Regel erfolglose Abmahnung erforderlich)

  ▶ **Beispiele:** Arbeitsverweigerung, Schlecht- und Minderleistungen, häufiges Zuspätkommen, Verstoß gegen Absprachen, private Ferngespräche während der Arbeitszeit, Beleidigung von Mitarbeitenden und Vorgesetzten, Verrat von Betriebsgeheimnissen, Verdacht der Begehung einer Straftat

- **betriebsbedingte Kündigung** (vorherige Sozialauswahl nach § 1 Abs. 3 S. 2 KSchG aufgrund von Betriebszugehörigkeit, Lebensalter, Unterhaltsverpflichtungen und Schwerbehinderung erforderlich)

▶ **Beispiele:** Rationalisierung, Umstrukturierung oder Betriebsstilllegung, längerfristiger Auftragsmangel

Eine Kündigung, die auf keinen der genannten Gründe gestützt werden kann, ist unwirksam.

Gemäß § 4 KSchG muss der gekündigte Arbeitnehmer innerhalb von drei Wochen nach Zugang der schriftlichen Kündigung **Kündigungsschutzklage** beim zuständigen Arbeitsgericht erheben, sonst gilt die Kündigung als wirksam.

Ist das **KSchG nicht anwendbar**, muss die Kündigung nur auf einen nachvollziehbaren Grund gestützt werden. Sie darf also nicht willkürlich sein. Außerdem dürfen Kündigungen nicht gem. § 138 BGB **sittenwidrig** sein oder gem. § 242 BGB gegen **Treu und Glauben** verstoßen.

▶ **Beispiele:** Fälle, in denen Kündigungen treue- oder sittenwidrig sind, sind eher krasse Einzelfälle: der Arbeitgeber stellt dem Mitarbeitenden die Kündigung absichtlich kurz vor einer schweren Operation im Krankenhaus nach einem Unfall zu (sog. Kündigung zur Unzeit), einem Mitarbeitenden wird gekündigt, weil er beim Betriebsausflug schneller Fahrrad fahren konnte als sein Vorgesetzter. Als wirksam sieht die Rechtsprechung hingegen Kündigungen kurz vor Weihnachten oder nach dem Tod der Partnerin bzw. des Partners an.

Unabhängig davon, ob das KSchG Anwendung findet oder nicht, sind die **Kündigungsfristen** gem. § 622 BGB zu beachten:

Beschäftigungsdauer	Kündigungsfrist	Kündigung zum	Rechtliche Regelung
Probezeit (max. 6 Monate)	2 Wochen	keine Vorgabe	§ 622 Abs. 3 BGB
0–2 Jahre	4 Wochen	zum 15. oder zum Ende eines Kalendermonats	§ 622 Abs. 1 BGB
2–5 Jahre	1 Monat	zum Ende eines Kalendermonats	§ 622 Abs. 2 S. 1 Nr. 1 BGB
5–8 Jahre	2 Monate	zum Ende eines Kalendermonats	§ 622 Abs. 2 S. 1 Nr. 2 BGB
8–10 Jahre	3 Monate	zum Ende eines Kalendermonats	§ 622 Abs. 2 S. 1 Nr. 3 BGB
10–12 Jahre	4 Monate	zum Ende eines Kalendermonats	§ 622 Abs. 2 S. 1 Nr. 4 BGB
12–15 Jahre	5 Monate	zum Ende eines Kalendermonats	§ 622 Abs. 2 S. 1 Nr. 5 BGB
15–20 Jahre	6 Monate	zum Ende eines Kalendermonats	§ 622 Abs. 2 S. 1 Nr. 6 BGB
über 20 Jahre	7 Monate	zum Ende eines Kalendermonats	§ 622 Abs. 2 S. 1 Nr. 7 BGB

Hinweis: Gemäß § 622 Abs. 2 S. 2 BGB werden bei der Berechnung der Beschäftigungsdauer Zeiten, die vor der Vollendung des 25. Lebensjahrs des Arbeitnehmers liegen, nicht berücksichtigt. Diese Regelung ist jedoch nach der Rechtsprechung des EuGH europarechtswidrig, sodass auch Zeiten vor dem 25. Lebensjahr bei der Berechnung zu berücksichtigen sind.

Wird die Kündigungsfrist nicht eingehalten, ist die Kündigung unwirksam. In der Regel wird sie aber gem. § 140 BGB in eine Kündigung zum nächstzulässigen Termin umgedeutet.

Die Voraussetzungen für eine wirksame ordentliche Kündigung sind also:

- **unbefristetes Arbeitsverhältnis**
- **ordnungsgemäße Kündigungserklärung**
  schriftlich, durch Bevollmächtigten
- **ggf. Anhörung des Betriebsrats**
- **ggf. besonderer Kündigungsschutz**
  Schwangere, Schwerbehinderte, Auszubildende
- **Kündigungsgrund**
  bei Anwendbarkeit § 1 Abs. 2 KSchG, sonst nicht willkürlicher Grund
- **Kündigungsfrist (§ 622 BGB)**

2.6.2 Die außerordentliche Kündigung

Eine außerordentliche oder fristlose Kündigung kann ohne Einhaltung einer Kündigungsfrist erfolgen. Voraussetzung für eine wirksame außerordentliche Kündigung ist, dass ein **wichtiger Grund** nach § 626 Abs. 1 BGB vorliegt, der unter Berücksichtigung aller Umstände des Einzelfalls die Fortsetzung des Arbeitsverhältnisses unzumutbar macht. Der wichtige Grund muss sich auf objektive Tatsachen stützen.

Eine außerordentliche Kündigung muss zudem nach einer **Interessenabwägung** immer das letzte denkbare Mittel sein und ist somit nur zulässig, wenn dem Arbeitgeber nicht zugemutet werden kann, eine ordentliche Kündigung oder eine Abmahnung auszusprechen.

▶ **Beispiele:** Diebstahl von Kanzleieigentum, Betrug gegenüber dem Arbeitgeber, absichtliches Schlagen eines Mitarbeitenden, (längerfristiges) Mobbing von Kollegen, unentschuldigte (mehrfache) Abwesenheit, Vortäuschen einer Erkrankung

Gemäß § 626 Abs. 2 BGB muss der Arbeitgeber die außerordentliche Kündigung innerhalb von **zwei Wochen** nach Kenntniserlangung von den die Kündigung begründenden Tatsachen aussprechen.

Es genügt dabei nicht, dass die außerordentliche Kündigung i. S. d. § 1 KSchG sozial gerechtfertigt ist. Das Recht zur außerordentlichen Kündigung kann nicht durch vertragliche Vereinbarung (auch nicht bei befristeten Arbeitsverträgen) ausgeschlossen werden.

2.6.3 Änderungskündigung

Ein Arbeitsvertrag kann nicht einseitig geändert werden. Daher muss der Arbeitgeber, wenn er Inhalte des Arbeitsvertrags ohne das Einverständnis des Arbeitnehmers ändern will, das Arbeitsverhältnis insgesamt kündigen. Da er das Arbeitsverhältnis jedoch eigentlich fortsetzen möchte, macht er gleichzeitig ein **Angebot zur Fortsetzung des Arbeitsverhältnisses unter geänderten Bedingungen.** Dies wird als Änderungskündigung bezeichnet.

▶ **Beispiele:** Der Einzelanwalt Friedrich Stegert hat seit einiger Zeit nur noch wenige Mandate und erwartet auch in naher Zukunft keinen großen Anstieg. Er möchte seine langjährige, unbefristet beschäftigte Vollzeitmitarbeiterin Angelika Tessarczik nicht entlassen, kann es sich aber auch nicht leisten, ihr bisheriges Gehalt weiter zu bezahlen. Er kündigt ihr daher, bietet ihr jedoch gleichzeitig einen neuen Arbeitsvertrag mit einer reduzierten Stundenanzahl an. Angelika Tessarczik ist zwar nicht begeistert, nimmt den geänderten Vertrag dann aber doch an, da sie nur noch zwei Jahre bis zur Rente hat.

Für Änderungskündigungen gelten jedoch die gleichen Voraussetzungen wie für andere Kündigungen auch. Ist das Kündigungsschutzgesetz anwendbar, muss also auch eine Änderungskündigung sozial gerechtfertigt sein. Gemäß § 2 KSchG kann in einem solchen Fall der Arbeitnehmer das neue Angebot **unter Vorbehalt** annehmen und parallel dazu Kündigungsschutzklage erheben.

2.6.4 Formulieren und gestalten von Kündigungen

Gemäß § 623 BGB gilt, dass Kündigungen schriftlich erfolgen müssen. Der Arbeitgeber ist auch verpflichtet, den Arbeitnehmer darauf hinzuweisen, dass dieser sich unverzüglich bei der Agentur für Arbeit melden muss, sobald er von der Kündigung erfährt. Zum Zweck der Nachweisbarkeit empfiehlt es sich, diesen Hinweis mit in das Kündigungsschreiben aufzunehmen.

Auch für diesen Themenbereich empfiehlt es sich, Schnellbausteine anzulegen.

vgl. LF 3, Kap. 5.4.1

Schnellbausteinkatalog „Kündigung“

Außerordentliche Kündigung des Arbeitsverhältnisses	Kündigung01
Ordentliche Kündigung des Arbeitsverhältnisses	Kündigung02
hiermit kündigen wir das mit Ihnen bestehende Arbeitsverhältnis fristgerecht zum { }, hilfsweise zum nächstmöglichen Zeitpunkt.	Kündigung03
hiermit kündigen wir das mit Ihnen bestehende Arbeitsverhältnis ordentlich und fristgemäß innerhalb der Probezeit zum { }, hilfsweise zum nächstmöglichen Zeitpunkt.	Kündigung04
hiermit kündigen wir das mit Ihnen bestehende Arbeitsverhältnis außerordentlich mit sofortiger Wirkung. Sollte die außerordentliche fristlose Kündigung keinen Bestand haben, gilt sie als ordentliche Kündigung zum { }.	Kündigung05
Die Kündigung erfolgt, weil { }.	Kündigung06
Bis zum Ablauf der Kündigungsfrist werden Sie unter Fortzahlung der vertraglich vereinbarten Vergütung unwiderruflich von der Arbeitsleistung freigestellt. Diese Freistellung erfolgt unter Anrechnung des Ihnen noch zustehenden Resturlaubsanspruchs sowie sonstiger etwaiger Freistellungsgründe (z. B. Überstunden).	Kündigung07
Wir bitten Sie, das sich noch in Ihrem Besitz befindliche Eigentum des Unternehmens unverzüglich und vollständig herauszugeben. Dies betrifft { }.	Kündigung08
Zur Aufrechterhaltung ungekürzter Ansprüche auf Arbeitslosengeld sind Sie verpflichtet, sich unverzüglich nach Erhalt dieser Kündigung persönlich bei der Agentur für Arbeit arbeitssuchend zu melden. Ein Verstoß gegen diese Pflichten kann zum Eintritt einer Sperrzeit beim Arbeitslosengeld führen. Wir weisen Sie auch darauf hin, dass Sie verpflichtet sind, selbst aktiv nach einer anderen Beschäftigung zu suchen.	Kündigung09
Empfangsbestätigung: Ich habe die Kündigung erhalten am: { } ____________________ Arbeitnehmer	Kündigung10

2.7 Pflichten bei Beendigung des Arbeitsverhältnisses

Nicht nur solange das Arbeitsverhältnis besteht, sondern auch nach dessen Beendigung obliegen Arbeitgeber und Arbeitnehmer verschiedene Pflichten:

Pflichten des Arbeitgebers

Der Arbeitgeber hat bei Beendigung des Arbeitsverhältnisses folgende Pflichten:

- Pflicht zur Gewährung von **Freizeit zur Stellensuche** (§ 629 BGB)
  Dem Arbeitnehmer ist ausreichend Zeit für die Stellensuche zu gewähren. Während dieser Zeit hat er weiterhin einen Vergütungsanspruch (§ 616 BGB).
- Pflicht zur Erteilung eines **Zeugnisses** (§ 109 Abs. 1 GewO)
  Der Arbeitgeber hat die Pflicht, dem Arbeitnehmer, **wenn er dies verlangt**, ein schriftliches (nicht elektronisches) Zeugnis auszustellen. Unterschieden wird dabei zwischen einfachem und qualifiziertem Arbeitszeugnis. vgl. LF 5, Kap. 2.8
- **Hinweispflicht** auf Verpflichtung zur unverzüglichen Meldung bei der Agentur für Arbeit (§ 2 Abs. 2 Nr. 3 SGB III)
  In der Praxis nehmen Arbeitgeber entsprechende Hinweise in Kündigungsschreiben, Aufhebungsverträgen und befristeten Arbeitsverträgen auf.
- Pflicht zur **Aushändigung von Arbeitsbescheinigungen** an den Arbeitnehmer (§ 312 Abs. 1 SGB III)
  Dazu gehören auch die Urlaubsbescheinigung (§ 6 Abs. 2 BurlG) und die Lohnsteuerbescheinigung (§ 41 b Abs. 1 S. 2 EStG). Diese Arbeitsbescheinigungen sind wichtig für den Anspruch auf Arbeitslosengeld.
- Pflicht zur Gewährung von **Jahresurlaub**
  Noch vorhandener Jahresurlaub muss während der Kündigungsfrist gewährt werden.
  Bei außerordentlichen Kündigungen oder wenn Urlaub aufgrund von dringenden betrieblichen Gründen nicht möglich ist, muss der Resturlaub vergütet werden.

Pflichten des Arbeitnehmers

Der Arbeitnehmer hat hingegen folgende Pflichten:

- **Verschwiegenheitspflicht**
  Betriebs- und Geschäftsgeheimnisse dürfen nicht offenbart werden, es sei denn, sie hindern den Arbeitnehmer unverhältnismäßig am beruflichen Fortkommen. Der Verrat von Geschäfts- und Betriebsgeheimnissen kann auch strafrechtliche Konsequenzen haben. vgl. ▶ § 17 Abs. 2 UWG (= Gesetz gegen den unlauteren Wettbewerb)
- Pflicht zur Einhaltung von **Wettbewerbsverboten** (§§ 110, 6 Abs. 2 GewO, § 74 HGB)
  Sofern ein Wettbewerbsverbot wirksam vereinbart wurde, muss dies eingehalten werden. Der Arbeitnehmer erhält dafür eine Entschädigung und das Verbot muss schriftlich vereinbart und darf maximal auf zwei Jahre ausgedehnt werden.

2.8 Das Arbeitszeugnis

Gemäß § 109 Abs. 1 GewO (Gewerbeordnung) hat der Arbeitnehmer bei Beendigung des Arbeitsverhältnisses Anspruch auf ein schriftliches Zeugnis. Unterschieden wird dabei zwischen dem einfachen und dem qualifizierten Arbeitszeugnis:

Arbeitszeugnisse

einfaches Arbeitszeugnis	**qualifiziertes Arbeitszeugnis**
Das einfache Arbeitszeugnis muss der Arbeitgeber auf Wunsch des Arbeitnehmers ausstellen. Es muss mindestens Angaben zu Art und Dauer der Tätigkeit enthalten.	Der Arbeitnehmer kann vom Arbeitgeber auch ein qualifiziertes Arbeitszeugnis verlangen. Es enthält weitere Angaben in Bezug auf die Leistung und das Verhalten des Arbeitnehmers während des Arbeitsverhältnisses.

Weiterhin hat der Arbeitnehmer die Möglichkeit, sich ein **Zwischenzeugnis** vom Arbeitgeber ausstellen zu lassen. Anlass hierfür wäre z. B. eine Versetzung innerhalb des Unternehmens, längere Arbeitszeitunterbrechungen (beispielsweise durch Elternzeit), der Wechsel des Vorgesetzten oder die Absicht, das Unternehmen zu verlassen.

▶ **Beispiele:**
- Die Rechtsanwaltsfachangestellte Irina Petkov wird in der Kozinski & Bildl Rechtsanwalts-AG vom Sachbereich Verkehrsrecht in den Sachbereich Zwangsvollstreckung versetzt. Sie bittet deshalb, ihr ein Zwischenzeugnis auszustellen.
- Der Rechtsanwalts- und Notarfachangestellte Marcel Janssen beabsichtigt, aus privaten Gründen von Bonn nach Nürnberg zu ziehen. Um sich in Nürnberg bewerben zu können, fordert er ein Zwischenzeugnis bei seinem Chef an.

2.8.1 Aufbau und Inhalt eines qualifizierten Zeugnisses

Ein qualifiziertes Zeugnis sollte wie folgt aufgebaut werden:
- Firmenbriefkopf bzw. Angaben zum Arbeitgeber
- Überschrift: Zeugnisart (z. B. Arbeitszeugnis, Zwischenzeugnis, Praktikumszeugnis)
- Einleitung: Personenangaben des Arbeitnehmers (Vor- und Nachname, ggf. Geburtsdatum, Geburtsname, akademische Titel); Angaben zum Anstellungszeitraum; aktuelle berufliche Situation; Positionswechsel innerhalb des Unternehmens
- Beschreibung der wesentlichen und typischen Tätigkeiten (nach Wichtigkeit geordnet) und Darstellung des Fachwissens
- Beurteilung der Leistung und des Verhaltens
- Schlussformel: Grund für das Ausscheiden (außer bei fristlosen Kündigungen); ggf. Bedauernsformel, Dankesformel, Zukunftswünsche
- Angaben zum Ausstellungsdatum, Ausstellungsort und Aussteller (Name, Funktion)

2.8.2 Formulieren und Gestalten von Arbeitszeugnissen

Bei der Erstellung des Arbeitszeugnisses sind neben den Regelungen in § 109 GewO auch diverse Urteile von Arbeitsgerichten zu beachten. Hierbei handelt es sich u.a. um folgende Punkte:

- Das Zeugnis muss klar und verständlich formuliert sein.
- Die Formulierungen sollen wohlwollend sein, müssen jedoch der Wahrheit entsprechen. Gegebenenfalls besteht sogar eine Haftung des früheren Arbeitgebers, wenn grobe Verfehlungen (z. B. Diebstahl) verschwiegen werden.
- Die Zeugniserteilung in elektronischer Form ist ausgeschlossen.
- Das Zeugnis soll nur Tatsachen und Bewertungen enthalten, die für die Gesamtbeurteilung des Arbeitnehmers von Bedeutung sind. Einzelne Vorkommnisse, die für die Beurteilung des Arbeitnehmers unwesentlich sind, dürfen nicht erwähnt werden, wie z. B. Elternzeit, Betriebsratstätigkeit.
- Es muss sauber und ordentlich geschrieben sein. Es darf keine Korrekturen oder nachträgliche Änderungen enthalten.
- Das Zeugnis muss auf dem Unternehmensbriefbogen ausgestellt sein.
- Die Zeugnisentwürfe dürfen nicht durch die Beurteilten selbst vorformuliert werden.
- Das Zeugnis muss handschriftlich von einem Vorgesetzten unterzeichnet werden. Die Unterschrift muss identifizierbar sein, sodass die Namensangabe zusätzlich noch in Maschinenschrift erfolgen sollte.

Angesichts der genannten Punkte lässt sich erkennen, dass die Zeugniserteilung gar nicht so einfach ist. Denn einerseits soll wohlwollend formuliert werden, andererseits soll aber auch die Wahrheit mitgeteilt werden. Die Erfüllung dieser Vorgaben wird deshalb vor allem dann erschwert, wenn „Problemfälle" auftreten. In diesem Fall wird in der Praxis zu versteckten Botschaften gegriffen, z. B. durch das Variieren von Formulierungen oder durch das Weglassen von Teilen der Formulierung:

Variieren von Formulierungen	**Weglassen von Teilen der Formulierung**
▶ **Beispiel:** Die nachfolgenden Sätze entsprechen den Noten 1–6. Note 1: Verena Hümmer hat die anfallenden Arbeiten stets zu unserer vollsten Zufriedenheit erledigt. Note 2: Verena Hümmer hat die anfallenden Arbeiten stets zu unserer vollen Zufriedenheit erledigt. Note 3: Verena Hümmer hat die anfallenden Arbeiten zu unserer vollen Zufriedenheit erledigt. Note 4: Verena Hümmer hat die anfallenden Arbeiten zu unserer Zufriedenheit erledigt. Note 5: Verena Hümmer hat die anfallenden Arbeiten im Großen und Ganzen zu unserer Zufriedenheit erledigt. Note 6: Verena Hümmer hat sich bemüht, die anfallenden Arbeiten zu unserer Zufriedenheit zu erledigen.	▶ **Beispiel:** Der 2. Satz versteckt die Information, dass das Verhalten des Arbeitnehmers gegenüber den Vorgesetzten nicht in Ordnung war. Sein persönliches Verhalten gegenüber Vorgesetzten und Kollegen war zu jeder Zeit und in jeder Hinsicht einwandfrei. Sein persönliches Verhalten gegenüber den Kollegen war zu jeder Zeit und in jeder Hinsicht einwandfrei.

vgl. LF 3, Kap. 5.4.1

Vor allem in größeren Unternehmen, also auch in großen Rechtsanwaltsgesellschaften, empfiehlt es sich, Schnellbausteine zur Arbeitserleichterung anzulegen, denn diese sind bei der Erstellung eines Arbeitszeugnisses oder auch eines Zwischenzeugnisses sehr hilfreich.

Schnellbausteinkatalog „Arbeitszeugnis“

Arbeitszeugnis	Arbeitszeugnis01
Zwischenzeugnis	Arbeitszeugnis02
{ }, geb. am { } in { }, war vom { } bis { } bei uns im Unternehmen als { } beschäftigt.	Arbeitszeugnis03
{ }, geb. am { } in { }, ist seit { } bei uns im Unternehmen als { } beschäftigt.	Arbeitszeugnis04
Das Tätigkeitsfeld von { } umfasste insbesondere: { }	Arbeitszeugnis05
{ } arbeitete stets äußerst gründlich, genau, zuverlässig und fehlerfrei.	Arbeitszeugnis06

{ } führte die { } übertragenen Aufgaben selbstständig und sehr gewissenhaft aus. { } war insbesondere hinsichtlich der Einhaltung der Fristen und Termine absolut zuverlässig und sorgte so für einen reibungslosen Tagesablauf.	Arbeitszeugnis07
{ } hat sich den vielfältigen Aufgabengebieten stets engagiert und mit großer Motivation gewidmet. Mit den Arbeitsergebnissen waren wir jederzeit überaus zufrieden. { } Aufgaben führte { } überaus sorgfältig, selbstständig, zuverlässig und rationell aus.	Arbeitszeugnis08
{ } verfügt über ein sehr gutes Fachwissen, das stets zum Wohl des Unternehmens eingesetzt wurde. { } besitzt eine schnelle Auffassungsgabe und zeigt sich auch in schwierigen Situationen souverän und flexibel.	Arbeitszeugnis09
{ } war jederzeit bereit, zusätzliche Aufgaben und Mehrarbeit zu übernehmen und arbeitete stets effizient, routiniert und zielstrebig.	Arbeitszeugnis10
{ } zeigte für die Arbeit Verständnis.	Arbeitszeugnis11
Durch { } Geselligkeit trug { } zur Verbesserung des Betriebsklimas bei.	Arbeitszeugnis12
Wegen { } Pünktlichkeit war { } stets ein gutes Vorbild.	Arbeitszeugnis13
{ } war immer mit Interesse bei der Sache.	Arbeitszeugnis14
{ } ist sehr vertrauenswürdig. Die anfallenden Arbeiten erledigte { } mit viel Engagement und stets zu unserer vollsten Zufriedenheit.	Arbeitszeugnis15
{ } hat die anfallenden Arbeiten stets zu unserer vollen Zufriedenheit erledigt.	Arbeitszeugnis16
{ } hat die anfallenden Arbeiten zu unserer vollen Zufriedenheit erledigt.	Arbeitszeugnis17
{ } hat die anfallenden Arbeiten zu unserer Zufriedenheit erledigt.	Arbeitszeugnis18
{ } hat die anfallenden Arbeiten im Großen und Ganzen zu unserer Zufriedenheit erledigt.	Arbeitszeugnis19
{ } hat sich bemüht, die anfallenden Arbeiten zu unserer Zufriedenheit zu erledigen.	Arbeitszeugnis20
{ } Umgang mit den Mandantschaften ist tadellos und mit { } sehr guten Verhältnis zu den anderen Mitarbeitern trug { } maßgeblich zu einem guten Betriebsklima bei.	Arbeitszeugnis21
{ } persönliches Verhalten gegenüber Vorgesetzten und Kollegen war zu jeder Zeit und in jeder Hinsicht einwandfrei.	Arbeitszeugnis22
{ } ist auch stets an { } Fortbildung interessiert. Die letzte Fortbildung absolvierte { } am { } zum Thema { }.	Arbeitszeugnis23
Dieses Zwischenzeugnis wird auf Wunsch von { } aufgrund des langjährigen Dienstverhältnisses ausgestellt.	Arbeitszeugnis24
Aufgrund von { } wurde das Arbeitsverhältnis beendet.	Arbeitszeugnis25
Wir haben uns in gegenseitigem Einvernehmen getrennt.	Arbeitszeugnis26

Wir danken { } für die sehr guten Leistungen und freuen uns auf eine weiterhin erfolgreiche und angenehme Zusammenarbeit.	Arbeitszeugnis27
Wir danken { } für { } Mitarbeit und wünschen { } für { } berufliche Zukunft alles Gute.	Arbeitszeugnis28
{ } ______________________________ { }	Arbeitszeugnis29

Hinweis: Sofern ein Zwischenzeugnis erstellt werden soll, müssen die Formulierungen dahingehend angepasst werden, dass auf die Gegenwart Bezug genommen wird.

Zusammenfassung

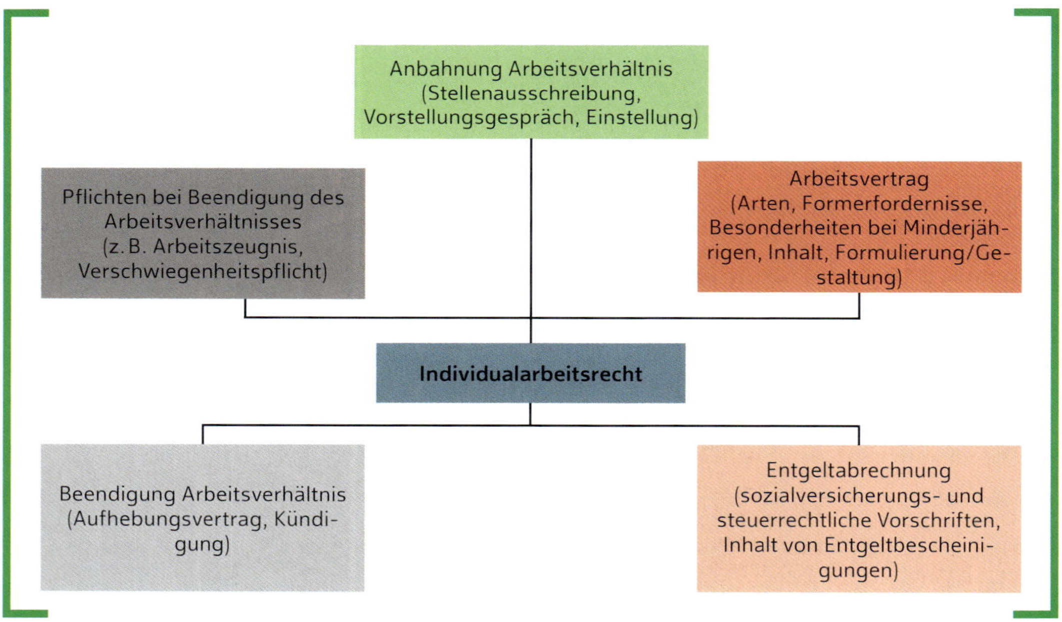

Wiederholung und Vertiefung

1. Nennen Sie jeweils zwei Beispiele für zulässige und unzulässige Fragen im Vorstellungsgespräch. Wie lautet die allgemeine Regel zur Beurteilung der Zulässigkeit von Fragen in diesem Zusammenhang?
2. Was ist das „Recht zur Lüge"?
3. Nennen Sie drei Beispiele für Befristungen mit Sachgrund.
4. Wie hoch ist der gesetzliche Mindesturlaub bei einer 5-Tage-Woche?
5. Im Arbeitsvertrag soll geregelt werden, dass der zukünftige Mitarbeiter ein monatliches Bruttoentgelt von 2 500,00 € erhält. Nach Ablauf der Probezeit erhöht sich dieses um weitere 200,00 €. Wie könnte diese arbeitsvertragliche Regelung formuliert werden?
6. Die Rechtsanwaltssozietät Calvit & Kollegen GbR möchte Markus Neiß, einen jungen Rechtsanwalt, zunächst im Angestelltenverhältnis einstellen. Dieser soll eine Berufshaftpflichtversicherung abschließen, die der der Mitglieder der Rechtsanwaltssozietät entspricht. Die entsprechenden Kosten übernimmt die Sozietät. Wie könnte diese arbeitsvertragliche Regelung formuliert werden?
7. Welche Umlagesätze muss der Arbeitgeber neben den sozialversicherungsrechtlichen Abgaben noch an die Krankenkassen abführen?
8. Nennen Sie die steuerlichen Abgaben und erläutern Sie kurz, wie sich diese errechnen.
9. Nennen Sie drei Beispiele, wie Arbeitsverträge beendet werden können.
10. Was bedeutet „sozial gerechtfertigte Kündigung"?
11. Die Notarfachangestellte Maja Janßen wurde bereits einmal von Notar Dr. Alexander Steinert abgemahnt, da sie wiederholt verkatert zur Arbeit erschienen ist, nachdem sie bis in die Morgenstunden in einer Diskothek gefeiert hat, und infolgedessen Mandantschaften „blöd von der Seite her angemacht hat". Nun hat er sie wieder verkatert ertappt. Durch ihr leichtfertiges Verhalten wurden zwei Fristen versäumt. Notar Dr. Alexander Steinert kündigt daher das Arbeitsverhältnis fristlos. Wie könnte die Begründung der Kündigung formuliert werden?
12. Welche Pflichten hat der Arbeitgeber bei Beendigung des Arbeitsverhältnisses? Nennen Sie zwei Beispiele.
13. Wie könnte eine Tätigkeitsbeschreibung einer Rechtsanwaltsfachangestellten, die bereits mehrere Jahre Berufserfahrung hat, aussehen?
14. Im Arbeitszeugnis des Rechtsfachwirts Ben Pfister steht u. a. folgender Satz: „Er war sehr tüchtig und in der Lage, seine Meinung zu äußern." Was sagt diese Formulierung aus?
15. Alina Koch scheidet aus der Rechtsanwaltskanzlei Seubert zum Monatsende aus. Rechtsanwältin Daniela Seubert fertigt gerade das Arbeitszeugnis an. Alina Koch hat auf ganzer Linie versagt. Wie könnte die entsprechende Formulierung im Arbeitszeugnis aussehen?

3 Kollektivarbeitsrecht

Die Mitwirkungs- und Mitbestimmungsrechte aller Arbeitnehmer, also auch diejenigen, die in einer Rechtsanwaltskanzlei oder in einem Notariat arbeiten, sind in der Bundesrepublik Deutschland in folgenden Gesetzen geregelt:

- Betriebsverfassungsgesetz (BetrVG)
- Gesetz über die Mitbestimmung der Arbeitnehmer (MitbestG)
- Gesetz über die Drittelbeteiligung der Arbeitnehmer im Aufsichtsrat (DrittelbG)
- Gesetz über die Mitbestimmung der Arbeitnehmer in den Aufsichtsräten und Vorständen der Unternehmen des Bergbaus und der Eisen und Stahl erzeugenden Industrie (Montan-MitbestG)

vgl. LF 2, Kap. 4.9

Die größte Bedeutung hat dabei das Betriebsverfassungsgesetz, das für alle Betriebe der Bundesrepublik Deutschland gültig ist. Die anderen drei Gesetze gelten für Kapitalgesellschaften.

Lernsituation

Julia Hoffmann sieht auf der Webseite der Bundesagentur für Arbeit, dass eine große Rechtsanwaltskanzlei, die Preuss & Reichert GbR, eine Rechtsanwaltsfachangestellte als Elternzeitvertretung ab Mitte nächsten Jahrs sucht. Die Preuss & Reichert GbR besteht derzeit aus 40 Rechtsanwälten (davon 15 Rechtsanwälte im Angestelltenverhältnis) und 30 Büroangestellten (acht Auszubildende, von denen fünf über 18 Jahre alt sind; 15 Rechtsanwaltsfachangestellte; sieben Buchhaltungskräfte). Alle Mitarbeitenden sind schon seit mindestens einem Jahr in der Kanzlei beschäftigt. Julia Hoffmann sagt das Stellenangebot zu, zumal auf der Webseite der Rechtsanwaltskanzlei Preuss & Reichert GbR steht, dass es einen Betriebsrat gibt.

Leider greift bei dieser Stelle kein Gehaltstarifvertrag, so wie bei Maren Hetterich, einer Freundin von Julia Hoffmann, die als Rechtsfachwirtin in einer Hamburger Kanzlei beschäftigt ist.

Julia Hoffmann berichtet Annika Sauer in der Mittagspause von ihrer beabsichtigten Bewerbung. Annika Sauer erzählt Julia Hoffmann daraufhin, dass sie sich in der Berufsschule gerade mit dem Betriebsverfassungsgesetz befassen und dass sie gesehen hat, dass sich darin u. a. viele Regelungen zum Betriebsrat befinden, aber auch zu Betriebsversammlungen und zur betrieblichen Jugend- und Auszubildendenvertretung, z. B.:

- Allgemeine Vorschriften zur Errichtung von Betriebsräten
- Vorschriften über die Zusammensetzung und die Wahl des Betriebsrats
- Vorschriften über die Amtszeit des Betriebsrats
- Vorschriften über die Zusammensetzung von Betriebsversammlungen
- Vorschriften über die betriebliche Jugend- und Auszubildendenvertretung

Arbeitsaufträge:

a) Ermitteln Sie mithilfe des Betriebsverfassungsgesetzes, in welchem Teil und Abschnitt die beispielhaft genannten gesetzlichen Vorschriften geregelt sind.

b) Recherchieren Sie in Gruppenarbeit mithilfe des Betriebsverfassungsgesetzes, welche Größe der Betriebsrat der Rechtsanwaltskanzlei Preuss & Reichert GbR hat.

c) Welche Mitwirkungs- und Mitbestimmungsrechte hat der Betriebsrat? Nennen Sie hierzu jeweils ein Beispiel.

d) Berichten Sie in der Klasse, ob es in Ihrer Ausbildungskanzlei einen Betriebsrat gibt und wenn ja, aus wie vielen Mitgliedern er besteht.

e) Informieren Sie sich in Zweiergruppen im Internet über die Inhalte eines Gehaltstarifvertrags. Erstellen Sie hierüber eine Mindmap.

f) Welche Funktionen erfüllt ein Gehaltstarifvertrag? Notieren Sie Stichpunkte.

g) Vergleichen Sie untereinander Ihre Ergebnisse und ergänzen Sie ggf. Ihre Notizen.

h) Reflektieren Sie anschließend Ihr Wissen.

3.1 Das Betriebsverfassungsgesetz

Das Betriebsverfassungsgesetz regelt die für die Mitbestimmung wichtigen Details, wie z. B.

- allgemeine Vorschriften zur Errichtung von Betriebsräten,
- Vorschriften über die Zusammensetzung und die Wahl des Betriebsrats,

- Vorschriften über die Amtszeit des Betriebsrats,
- Vorschriften über die Zusammensetzung von Betriebsversammlungen,
- Vorschriften über die betriebliche Jugend- und Auszubildendenvertretung,
- die Mitwirkungs- und Mitbestimmungsrechte der Arbeitnehmer und
- besondere Vorschriften für einzelne Betriebsarten (Seeschifffahrt, Luftfahrt u. a.).

Ebenen der betrieblichen Mitbestimmung

Mitbestimmungsorgane

vgl. LF 5, Kap. 3.2 und 3.3

Das Betriebsverfassungsgesetz sieht verschiedene Organe und Einrichtungen für die Umsetzung der betrieblichen Mitbestimmung vor, wie z. B. den Betriebsrat, die Betriebsversammlung, den Wirtschaftsausschuss und die betriebliche Jugend- und Auszubildendenvertretung.

3.2 Der Betriebsrat

Der Betriebsrat vertritt die betrieblichen Interessen und Rechte der Arbeitnehmer gegenüber dem Arbeitgeber.

3.2.1 Einrichtung des Betriebsrats

Ein Betriebsrat wird gem. § 1 Abs. 1 BetrVG dann eingerichtet, wenn in Betrieben mit in der Regel mindestens fünf ständigen wahlberechtigten Arbeitnehmern drei davon wählbar sind. Wahlberechtigt sind dabei alle Arbeitnehmer (d. h. Arbeitnehmer und Arbeitnehmerinnen und Auszubildende, § 5 Abs. 1 BetrVG), die das 16. Lebensjahr vollendet haben, sowie die Arbeitnehmer, die von einem anderen Arbeitgeber (Personalleasing) zur Arbeitsleistung überlassen werden und länger als drei Monate im Betrieb eingesetzt werden (§ 7 BetrVG).

vgl. LF 5, Kap. 1.4.2

Beispiele:

- Die Bauunternehmung Heinrich GmbH hat 20 Arbeiter, zehn Büroangestellte sowie fünf Auszubildende, von denen zwei noch 15 Jahre alt sind. Weiterhin werden derzeit dauerhaft zwei „Leiharbeiter" beschäftigt. In diesem Fall wird ein Betriebsrat gem. § 1 Abs. 1 BetrVG eingerichtet, da in der Regel 37 Arbeitnehmer beschäftigt werden, wovon 35 wählbar sind, da sie das 16. Lebensjahr vollendet haben.
- Die Rechtsanwaltskanzlei Seifert & Koch GbR beschäftigt vier Rechtsanwaltsfachangestellte. In diesem Fall wird kein Betriebsrat gem. § 1 Abs. 1 BetrVG eingerichtet, da die Rechtsanwaltskanzlei nur vier Arbeitnehmer beschäftigt.

Hinweis: Ein Betriebsrat muss nicht zwingend eingerichtet werden. Es gibt durchaus Betriebe, auch größere Rechtsanwaltskanzleien, die keinen Betriebsrat haben.

3.2.2 Wahl und Größe des Betriebsrats

Gewählt wird der Betriebsrat regelmäßig alle vier Jahre (§ 13 Abs. 1 BetrVG). Die Wahl erfolgt geheim und unmittelbar (§ 14 Abs. 1 BetrVG). Gewählt werden kann, wer über 18 Jahre alt und damit wahlberechtigt ist, und wer seit mindestens sechs Monaten im Betrieb arbeitet (§ 8 Abs. 1 BetrVG).

Je nachdem, wie viele Mitarbeiter im Betrieb beschäftigt sind, steigt die Zahl der Betriebsräte (§ 9 BetrVG):

wahlberechtigte Arbeitnehmer	Betriebsratsmitglieder
5 – 20	1
21 – 50	3
51 – 100	5
101 – 200	7
...	...
7001 – 9000	35

In Betrieben mit mehr als 9000 Arbeitnehmern erhöht sich die Zahl der Mitglieder des Betriebsrats für je angefangene weitere 3000 Arbeitnehmer um jeweils zwei Mitglieder.

Von den gewählten Betriebsratsmitgliedern wird der Vorsitzende und dessen Stellvertreter gewählt (§ 26 Abs. 1 BetrVG). Der Vorsitzende – bzw. bei dessen Verhinderung der Stellvertreter – vertreten den Betriebsrat (§ 26 Abs. 2 BetrVG).

3.2.3 Aufgaben des Betriebsrats

Dem Betriebsrat werden Mitwirkungs- und Mitbestimmungsrechte in sozialen, personellen und wirtschaftlichen Angelegenheiten eingeräumt:

Mitbestimmungsrecht	z. B.: • soziale Angelegenheiten, § 87 BetrVG (z. B. Pausenregelung, tägliche Arbeitszeit, Festlegung von Prämiensätzen) • betriebliche Bildungsmaßnahmen, § 98 BetrVG • Sozialplan bei Betriebsveränderungen, §§ 112, 112 a BetrVG • arbeits- und betrieblicher Umweltschutz, § 89 BetrVG	Die Zustimmung des Betriebsrats ist erforderlich. Sofern dieser nicht zustimmt, kann die geplante Maßnahme durch den Arbeitgeber nicht umgesetzt werden, d. h., sie ist unwirksam.
Widerspruchsrecht/ Mitwirkungsrecht	z. B.: • personelle Einzelmaßnahmen, § 99 BetrVG (z. B. Kurzarbeit, Einstellung von Personal) • Kündigungen, § 102 BetrVG	Die Zustimmung des Betriebsrats ist erforderlich. Sofern dieser nicht angehört wird, ist die Maßnahme unwirksam. Wenn er angehört wird, aber widerspricht, bleibt die Maßnahme zunächst bestehen, bis die Angelegenheit z. B. vor dem Arbeitsgericht geklärt wurde.
Beratungsrecht	z. B.: • Arbeitsplatzgestaltung, § 90 BetrVG (z. B. Arbeitsablauf, Baumaßnahmen) • Personalplanung, Förderung betrieblicher Bildung, §§ 92 ff. BetrVG • Betriebsänderungen, Stilllegung, §§ 106, 111–113 BetrVG	Die Zustimmung des Betriebsrats ist nicht erforderlich. Dieser kann nur beratend tätig werden und dadurch ggf. Einfluss auf die Entscheidung des Arbeitgebers nehmen.
Informationsrecht	z. B.: • Einstellung leitender Angestellter, § 105 BetrVG • Einsichtnahme in die Personalakte einzelner Mitarbeiter, § 83 BetrVG • wirtschaftliche Angelegenheiten, § 106 BetrVG (z. B. Produktionslage, finanzielle Lage)	Die Zustimmung des Betriebsrats ist nicht erforderlich. Dieser ist nur berechtigt, Informationen einzuholen, die für seine Arbeit erforderlich sind.

3.3 Die betriebliche Jugend- und Auszubildendenvertretung

Eine betriebliche Jugend- und Auszubildendenvertretung kann gem. § 60 Abs. 1 BetrVG dann errichtet werden, wenn mindestens fünf Arbeitnehmer unter 18 Jahren oder Auszubildende im Betrieb arbeiten. Voraussetzung ist jedoch das Vorhandensein eines Betriebsrats.

Gewählt wird die Jugend- und Auszubildendenvertretung regelmäßig alle zwei Jahre (§ 64 Abs. 1 BetrVG). Die Wahl erfolgt geheim und unmittelbar (§ 63 Abs. 1 BetrVG). Gewählt werden kann, wer das 25. Lebensjahr noch nicht vollendet hat oder die zu ihrer Berufsausbildung beschäftigt sind (§ 61 Abs. 2 BetrVG).

Je nachdem, wie viele Jugendliche bzw. Auszubildende im Betrieb beschäftigt sind, steigt die Zahl der Jugend- und Auszubildendenvertreter (§ 62 BetrVG).

Zu den Aufgaben der Jugend- und Auszubildendenvertretung gehören z. B.:
- Die Interessenvertretung der Jugendlichen und Auszubildenden beim Betriebsrat.
- Die Überwachung der Einhaltung von Gesetzen und Vorschriften zum Schutz der Jugendlichen bei der Arbeit (z. B. Jugendarbeitsschutzgesetz).
- Die Weitergabe von Anregungen und Beschwerden der Jugendlichen und Auszubildenden an den Betriebsrat.

3.4 Betriebsvereinbarungen

Betriebsvereinbarungen können abweichend von tarifvertraglichen Regelungen geschlossen werden. Dies ermöglicht es z. B. Rechtsanwaltskanzleien, die in der Regel keinem Tarifvertrag unterfallen, betriebliche (Sonder-)Regelungen zu treffen. vgl. LF 5, Kap. 3.5

Betriebsvereinbarungen enthalten verbindliche Normen für alle Mitarbeitenden des Betriebs. Die Vereinbarungen können jedoch auch auf einzelne Bereiche oder Abteilungen eines Betriebs (z. B. Lohnbuchhaltung, Abteilung für Zwangsvollstreckungsverfahren) begrenzt werden. Sie sind von Betriebsrat und Arbeitgeber gemeinsam zu beschließen und schriftlich niederzulegen (§ 77 Abs. 2 BetrVG), und können mit einer Frist von drei Monaten gekündigt werden, sofern nichts anderes vereinbart wurde (§ 77 Abs. 5 BetrVG).

Durch Betriebsvereinbarungen können gem. § 88 BetrVG z. B. zusätzliche Maßnahmen zur Verhütung von Arbeitsunfällen oder Maßnahmen zur Integration ausländischer Arbeitnehmer getroffen werden. Betriebsvereinbarungen können aber auch Regelungen zur gleitenden Arbeitszeit oder zu Raucherpausen enthalten.

3.5 Tarifverträge

Tarifverträge sind kollektive (= gemeinschaftliche) Arbeitsverträge, die arbeitsvertragliche Regelungen, die auch von gesetzlichen Vorschriften abweichen können, wie z. B. die wöchentliche Arbeitszeit und die Höhe der Gehälter, enthalten. Sie werden von den Tarifvertragsparteien ausgehandelt und sind für alle Mitglieder verbindlich.

vgl. LF 5, Kap. 3.5.1

vgl. ▶ § 2 TVG

Sofern es für gewisse Berufsgruppen keine Tarifverträge gibt, was für den Großteil der Rechtsanwaltskanzleien und Notariate zutrifft, werden die Gehälter der Angestellten frei ausgehandelt und richten sich z. B. nach der Größe des Betriebs, der zu besetzenden Stelle und der Berufserfahrung.

3.5.1 Tarifvertragsparteien

Tarifvertragsparteien sind die Arbeitnehmerverbände, also die Gewerkschaften, sowie die Arbeitgeberverbände bzw. einzelne Arbeitgeber.

Da die Tarifvertragsparteien die Tarifverträge in eigener Verantwortung schließen, spricht man von der sog. Tarifautonomie. Die Tarifautonomie ist das nach Art. 9 Abs. 3 GG verbriefte Recht, Tarifverträge frei von staatlichen Eingriffen zu schließen. Rechtliche Grundlage ist dabei das Tarifvertragsgesetz (TVG).

Gewerkschaften

vgl. LF 5, Kap. 3.2

Die Gewerkschaften bilden neben den Betriebsräten die Vertretung der Arbeitnehmerschaft gegenüber dem Arbeitgeber bzw. den Arbeitgeberverbänden.

Definition: Gewerkschaften sind Interessenverbände von Arbeitnehmern.

Die bekanntesten Gewerkschaften in der Bundesrepublik Deutschland sind wohl die IG Metall und die Vereinte Dienstleistungsgewerkschaft ver.di. Diese sind neben weiteren Einzelgewerkschaften dem Deutschen Gewerkschaftsbund (DGB) angeschlossen.

Der Arbeitnehmer ist nicht verpflichtet, einer Gewerkschaft beizutreten. Auch kann die Mitgliedschaft nicht von ihm erzwungen werden. Tritt er jedoch einer Gewerkschaft bei, muss er infolge dessen nicht um seinen Arbeitsplatz fürchten, denn eine Benachteiligung oder Kündigung durch den Arbeitgeber aufgrund der Mitgliedschaft in der Gewerkschaft ist unzulässig und kann notfalls gerichtlich angefochten werden.

Die Gewerkschaften koordinieren und organisieren zusammen mit den Betriebsräten die Durchsetzung der Interessen der Arbeitnehmer. Aufgrund ihrer Mitgliederstärke fällt es einer Gewerkschaft leichter als einem einzelnen Arbeitnehmer oder kleineren Arbeitnehmergruppen, die gemeinsamen Interessen der Arbeitnehmer durchzusetzen. Dabei setzen sich die Gewerkschaften u.a. für höhere Gehälter, Verlängerung der Urlaubsdauer, berufliche Fort- und Weiterbildung und mehr Mitbestimmung im Betrieb ein.

Zu den Aufgaben der Gewerkschaften gehören weiterhin die Vertretung der Mitglieder vor Arbeitsgerichten oder die beratende Tätigkeit im Fall von Mobbing am Arbeitsplatz oder anderen betriebsinternen Problemen, wie z. B. der Auszahlung von Überstunden etc.

Arbeitgeberverbände

Arbeitgeberverbände sind freiwillige Zusammenschlüsse von Arbeitgebern und dienen der Wahrnehmung gemeinsamer Interessen z. B. in arbeitsrechtlicher Hinsicht. Ihre Hauptaufgabe ist es, Tarifverhandlungen mit den Gewerkschaften zu führen und den Abschluss eines Tarifvertrags herbeizuführen.

Der bundesweit größte Dachverband der Arbeitgeber ist die Bundesvereinigung der Deutschen Arbeitgeberverbände (BDA). Hierin sind die einzelnen Arbeitgeberverbände zusammengeschlossen. Zu den Mitgliedern gehören z. B. der Arbeitgeberverband Postdienste e. V., der Deutsche Hotel- und Gaststättenverband e. V., der Bundesverband Großhandel, Außenhandel, Dienstleistungen e. V. und der Bundesarbeitgeberverband der Personaldienstleister e. V.

Rechtsanwälte und Notare sind in der Regel nicht in Arbeitgeberverbänden organisiert, sodass es im Rechtsbereich kaum Tarifverträge gibt.

In der Wirtschaft ist es jedoch durchaus üblich, dass Rechtsanwälte und Rechtsanwaltsfachangestellte bzw. Rechtsanwalts- und Notarfachangestellte in den Rechtsabteilungen von Banken oder großen Unternehmen arbeiten. In diesem Fall gelten die ggf. für diesen Bereich abgeschlossenen Tarifverträge.

3.5.2 Tarifvertragsarten

Es gibt viele verschiedene Tarifvertragsarten, die wie folgt unterschieden werden:

nach Tarifvertrags-parteien	• Ein Firmen-, Werks-, Betriebs- oder Haustarifvertrag wird zwischen einem einzelnen Arbeitgeber und einer Gewerkschaft geschlossen. • Ein Verbandstarifvertrag wird zwischen einem Arbeitgeberverband und einer Gewerkschaft geschlossen.
nach Tarifgebieten	• Bei einem Bezirkstarifvertrag werden die Bundesländer in Tarifbezirke aufgeteilt. • Ein Landestarifvertrag gilt nur für ein Bundesland. • Ein Bundestarifvertrag gilt für das gesamte Bundesgebiet.
nach Tarifvertrags-inhalt	• Im Manteltarifvertrag werden die Arbeitsbedingungen festgelegt. • Ein Entgelttarifvertrag (= Lohn-/Gehaltstarifvertrag) regelt die Grundvergütung sowie etwaige Zuschläge etc. • Ein Tarifvertrag für sonstige Leistungen regelt z. B. das Urlaubsgeld und die betriebliche Altersvorsorge.
nach Geltungs-bereich	• Ein fachlicher Tarifvertrag gilt für eine Branche oder eine Firma. • Ein persönlicher Tarifvertrag gilt z. B. für Angestellte oder Auszubildende. • Es gibt auch räumliche Tarifverträge, wie z. B. einen Bezirkstarifvertrag, einen Landestarifvertrag oder einen Bundestarifvertrag.

Weiterhin gibt es Sonderformen, z. B. den Anschlusstarifvertrag. Dieser tritt direkt nach dem Kündigungstermin des auslaufenden Tarifvertrags in Kraft.

Alle Tarifverträge erfüllen drei Funktionen:

Ordnungsfunktion	Schutzfunktion	Friedensfunktion
Alle von einem Tarifvertrag erfassten Arbeitsverhältnisse sind während der Tarifvertragslaufzeit identisch geregelt.	Die Arbeitnehmer sind geschützt, da tarifvertragliche Vereinbarungen durch den Arbeitgeber nicht unterschritten werden dürfen.	Während der Tarifvertragslaufzeit sind die Tarifvertragsparteien an die getroffenen Vereinbarungen gebunden. Die Parteien dürfen also keine weitergehenden Forderungen stellen oder einen Arbeitskampf beginnen.

3.5.3 Tarifverhandlungen

Der Ablauf von Tarifverhandlungen wird in sieben Phasen eingeteilt:

Phase 1	Die Tarifauseinandersetzungen beginnen mit der Kündigung des laufenden Tarifvertrags durch eine der Tarifvertragsparteien. Die Kündigung des Tarifvertrags erfolgt in der Regel durch die Gewerkschaft, da diese z. B. eine Gehaltserhöhung durchsetzen möchte.
Phase 2	Die Tarifverhandlungen zwischen der Gewerkschaft und dem Arbeitgeberverband bzw. dem einzelnen Arbeitgeber beginnen damit, dass die Gründe für die Kündigung des laufenden Tarifvertrags dargelegt und vom Arbeitgeberverband bzw. dem einzelnen Arbeitgeber ein Angebot abgegeben wird. Die Wahrscheinlichkeit ist sehr hoch, dass die Vorstellungen der Tarifvertragsparteien (stark) voneinander abweichen. Ziel der Tarifverhandlungen ist es, einen Kompromiss für beide Parteien zu finden. Während der Tarifverhandlungen gilt eine sog. Friedenspflicht. Dies bedeutet, dass bis zum Scheitern der Tarifverhandlungen oder einer eventuellen Schlichtung keine Arbeitskampfmaßnahmen stattfinden. Phase 2 kann auf zweierlei Art und Weise enden: Scheitern der Tarifverhandlungen ↓ es geht weiter mit Phase 3 Einigung der Tarifvertragsparteien ↓ Abschluss des neuen Tarifvertrags
Phase 3	Sofern die Tarifverhandlungen in Phase 2 gescheitert sind, kann eine Schlichtung durchgeführt werden. Die Schlichtung ist der letzte Versuch, doch noch eine Einigung herbeizuführen und damit einen Arbeitskampf zu vermeiden. Phase 3 kann auf zweierlei Art und Weise enden: Ablehnung der Schlichtung ↓ es geht weiter mit Phase 4 Einigung der Tarifvertragsparteien ↓ Abschluss des neuen Tarifvertrags Sofern die Schlichtung abgelehnt wird, also die Tarifverhandlungen endgültig für gescheitert erklärt werden, endet die sog. Friedenspflicht, sodass Arbeitskampfmaßnahmen nunmehr möglich sind.
Phase 4	Nun wird der Arbeitskampf durch die Urabstimmung vorbereitet. Dies bedeutet, dass sich mindestens 75 % der betroffenen Gewerkschaftsmitglieder für einen Streik aussprechen müssen. Erst dann kann dieser durchgeführt werden.
Phase 5	Sofern in der Urabstimmung die erforderliche Mehrheit zustande kommt, ruft die Gewerkschaft zum Streik auf. Hierauf kann der Arbeitgeber mit Aussperrungen reagieren.
Phase 6	Während der Arbeitskampfmaßnahmen führen die Tarifvertragsparteien die Tarifverhandlungen weiter. Ziel ist es nach wie vor, eine Einigung und damit eine Beendigung des Arbeitskampfs herbeizuführen. Über das Ergebnis der neuen Verhandlungen erfolgt eine Urabstimmung der betroffenen Gewerkschaftsmitglieder.

vgl. LF 5, Kap. 3.5

vgl. LF 5, Kap. 3.6

vgl. LF 5, Kap. 3.6

vgl. LF 5, Kap. 3.6.1 und 3.6.2

vgl. LF 5, Kap. 3.6

Phase 7	Mindestens 25 % der betroffenen Gewerkschaftsmitglieder müssen im Rahmen der Urabstimmung dem Ergebnis der Tarifverhandlungen zustimmen. Damit wird der Streik beendet und der neue Tarifvertrag geschlossen.

3.6 Arbeitskampf

Sofern die Tarifvertragsparteien bei den Tarifverhandlungen zu keiner Einigung kommen, kommt es oft zum Arbeitskampf.

Definition: Als Arbeitskampf wird die Ausübung eines kollektiven (= gemeinschaftlichen) Drucks von Arbeitnehmer- oder Arbeitgeberseite auf die Gegenseite bezeichnet, um Interessenkonflikte zu regeln.

vgl. LF 5, Kap. 3.6.1 und 3.6.2

Zu den Arbeitskampfmaßnahmen gehören
- der Streik, der von der Gewerkschaftsseite ausgeht, und
- die Aussperrung, die von der Arbeitgeberseite ausgeht.

Durch die Arbeitskampfmaßnahmen soll den gestellten Forderungen mehr Nachdruck verliehen werden. Diese sollen jedoch erst und nur dann eingesetzt werden, wenn alle anderen Mittel ausgeschöpft sind. Beim Einsatz der Arbeitskampfmaßnahmen wird somit verantwortungsvolles Handeln erwartet. Zudem sollte auch die Verhältnismäßigkeit gewahrt sein.

Ein Arbeitskampf verursacht hohe Kosten:
- Der Arbeitgeber muss mit einem Produktionsausfall rechnen und dadurch mit Gewinneinbußen.
- Die Gewerkschaften müssen den Arbeitnehmern, die der Gewerkschaft angehören, das sog. Streikgeld für die Dauer der Arbeitskampfmaßnahme zahlen, da die Arbeitnehmer gem. § 326 BGB in diesem Fall ihren Lohnanspruch verlieren.
- Dadurch haben die gewerkschaftlich organisierten Arbeitnehmer Einkommenseinbußen, da das Streikgeld nicht dem tatsächlichen Gehalt entspricht.

Hinweis: Diejenigen Arbeitnehmer, die nicht gewerkschaftlich organisiert sind, erhalten kein Streikgeld. Dies bedeutet, dass diese im Fall einer Aussperrung kein Gehalt erhalten. Je länger also die Arbeitskampfmaßnahme dauert, desto schlimmer sind die Folgen für diese Arbeitnehmer.

3.6.1 Streik

Der Streik ist die am häufigsten vorkommende Arbeitskampfmaßnahme. Diese wird von den Gewerkschaften bzw. den Arbeitnehmern ergriffen, wenn während der Tarifauseinandersetzung keine Einigung zwischen den Tarifvertragsparteien getroffen wurde. In diesem Fall legen die gewerkschaftlich organisierten Arbeitnehmer die Arbeit gemeinschaftlich nieder (= kollektive Arbeitsniederlegung). Sobald ein Kompromiss gefunden wurde, also eine Einigung zustande gekommen ist, wird die Arbeit wieder aufgenommen und der Streik ist beendet.

Hinweis: Eine (fristlose) Kündigung durch den Arbeitgeber während der Dauer des Streiks oder aufgrund der Teilnahme an einem Streik ist unzulässig.

Streikarten

Es gibt verschiedene Streikarten, z. B.:

- **Warnstreik**
  Streik, der nur von kurzer oder begrenzter Dauer ist.

  ▶ **Beispiel:** Die Fluglotsen streiken für die Dauer von 24 Stunden.

- **Flächenstreik/Vollstreik**
  Streik aller Betriebe einer Branche bzw. eines Wirtschaftszweigs.

  ▶ **Beispiel:** Alle Automobilzulieferer streiken.

- **Sympathiestreik/Solidaritätsstreik**
  Ziel der aus Sympathie streikenden Arbeitnehmer ist es, durch den Streik die Schlagkraft der am Hauptarbeitskampf beteiligten Gewerkschaft zu erhöhen.

  ▶ **Beispiel:** Ein Automobilzulieferer von VW streikt für den Abschluss eines Tarifvertrags beim Automobilhersteller VW.

- **Teilstreik**
  Streik von bestimmten Arbeitnehmergruppen oder Betriebsabteilungen.

  ▶ **Beispiel:** Bei einem Computerhersteller streikt die Vertriebsabteilung. Die Arbeitnehmer aller anderen Abteilungen (Herstellung, Buchhaltung, Personalabteilung etc.) arbeiten.

- **Schwerpunktstreik/punktueller Streik**
  Streik von ausgesuchten Betrieben eines Wirtschaftszweigs, die Schlüsselpositionen einnehmen.

  ▶ **Beispiel:** Bei der Deutschen Bahn AG werden die im Güterverkehr wichtigen Standorte Hamburg, Berlin und München bestreikt.

Ferner gibt es noch Streikarten, die in der Bundesrepublik Deutschland von der Rechtsprechung als rechtswidrig eingestuft wurden. Dazu gehören:
- Generalstreik (= Streik aller Arbeitnehmer eines Lands oder einer Region, der die gesamte Wirtschaft lahmlegt)
- politischer Streik (= Streik gegen oder für politische Ziele)
- wilder Streik (= Streik – oft spontan und unorganisiert – ohne Unterstützung einer Gewerkschaft)

Hinweis: Sollte ein rechtswidriger Streik durchgeführt werden, besteht seitens des Arbeitgebers ein Schadenersatzanspruch gegenüber dem streikenden Arbeitnehmer.

3.6.2 Aussperrung

Der Arbeitgeberseite steht als Arbeitskampfmaßnahme die Aussperrung zur Verfügung, d. h., der Arbeitgeber verweigert allen Arbeitnehmern, also auch den nicht gewerkschaftlich organisierten, den Zugang zum Arbeitsplatz. Während der Aussperrung ruhen die Rechte und Pflichten aus dem Arbeitsvertrag, die Arbeitsverhältnisse werden also quasi unterbrochen. Sobald die Aussperrung beendet ist, werden die Arbeitsverhältnisse weitergeführt.

In der Praxis kommt die Aussperrung fast nie zur Anwendung, da die Arbeitgeber die Aussperrung aus Imagegründen scheuen und sie die Arbeitnehmer, die nicht gewerkschaftlich organisiert sind, nicht in „die Arme der Gewerkschaft" treiben möchten.

Aussperrungsformen

Es gibt verschiedene Formen der Aussperrung:
- **Angriffsaussperrung**
  Die Angriffsaussperrung ist der Versuch des Arbeitgebers, einem Streik zuvorzukommen.
- **Abwehraussperrung**
  Die Abwehraussperrung ist die Reaktion des Arbeitgebers auf einen Streik, um die Streikkasse der Gewerkschaft zu beanspruchen und damit den Streik zu verkürzen.
- **lösende Aussperrung**
  Bei der lösenden Aussperrung hat der Arbeitgeber die Möglichkeit, Druck dadurch auszuüben, indem er alle Arbeitsverhältnisse vorübergehend beendet. Dabei stellt er jedoch die

Wiedereinstellung nach dem Arbeitskampf in Aussicht. Er will aber frei in seiner Entscheidung sein, wen und wie viele Mitarbeitende er unter den neuen Bedingungen wieder einstellt.

- **suspendierende Aussperrung**
  Die suspendierende Aussperrung ist eine vorübergehende Aussperrung der Arbeitnehmer mit der Pflicht zur Fortsetzung der Arbeitsverhältnisse, nachdem der Arbeitskampf beendet wurde.

Zusammenfassung

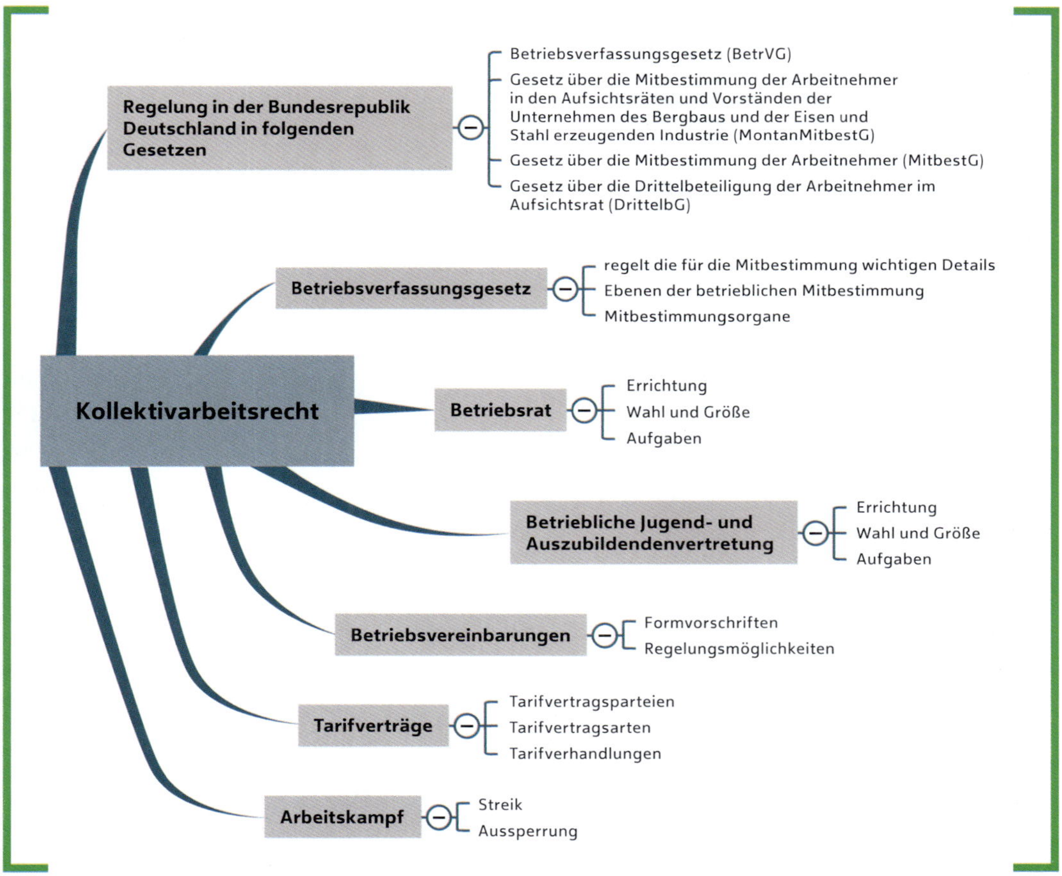

Wiederholung und Vertiefung

1. Nennen Sie die drei Ebenen der betrieblichen Mitbestimmung.
2. Betriebsratsmitglieder genießen einen besonderen Kündigungsschutz. Wo ist diese gesetzliche Regelung verankert und wie lautet sie?

3. Erläutern Sie, warum Betriebsratsmitglieder einen besonderen Kündigungsschutz genießen.
4. Nennen Sie vier Aufgaben der betrieblichen Jugend- und Auszubildendenvertretung.
5. Warum werden in manchen Betrieben Betriebsvereinbarungen getroffen?
6. Für welche Personen(gruppen) gelten die abgeschlossenen Tarifverträge?
7. Was versteht man unter „Tarifautonomie“?
8. Nennen Sie vier Aufgaben einer Gewerkschaft.
9. Erklären Sie den Begriff „Friedenspflicht“.
10. Welche Folgen hat der Arbeitskampf für Arbeitgeber und Arbeitnehmer?
11. Welche Streikarten sind in der Bundesrepublik Deutschland nicht erlaubt?

4 Arbeits- und Umweltschutz im Büro

Jeder Kanzlei- und Notariatsarbeitsplatz ist anders eingerichtet, je nachdem, wie die Kanzlei bzw. das Notariat organisiert ist. Zum Arbeitsplatz gehören auch die Arbeitsmittel und die Arbeitsplatzumgebung, die optimal an die Bedürfnisse des Arbeitnehmers angepasst werden müssen, damit dieser vor gesundheitlichen Schäden geschützt ist (= Ergonomie).

Die zahlreichen gesetzlichen Regelungen zur Arbeitsplatzgestaltung finden sich z.B. im Arbeitsschutzgesetz (ArbSchG), in der Arbeitsstättenverordnung (ArbStättV) und in DIN-, EN- und ISO-Normen sowie berufsgenossenschaftlichen Vorschriften. Die nachfolgenden Angaben beziehen sich auf diese gesetzlichen Regelungen.

Neben der Gestaltung des Arbeitsplatzes ist es für eine Rechtsanwaltskanzlei oder ein Notariat weiterhin wichtig, die Mandantschaft gut zu betreuen sowie Verantwortung für das Wohlergeben der Mitarbeitenden und für den Schutz der Umwelt zu übernehmen, denn nur in einem angenehmen und verantwortungsbewussten Arbeitsklima fühlen sich die Beschäftigten wohl und arbeiten dadurch produktiv und motiviert. Wenn sich die Mitarbeitenden wohlfühlen, wird zudem verhindert, dass sie häufig krankheitsbedingt ausfallen.

Lernsituation

Die Partnerschaft Dr. Neumann & Huber hat festgestellt, dass die Mitarbeiterinnen in letzter Zeit häufiger krank sind oder unter Problemen wie Rückenschmerzen leiden.

In einer Teamsitzung wird daher darüber gesprochen, was getan werden kann, damit sich alle wohler fühlen und insgesamt eine bessere und produktivere Arbeitsumgebung herrscht. Alle aus dem Team machen spontan Vorschläge, was verbessert werden könnte. Rechtsanwältin Dr. Annette Neumann ist jedoch der Ansicht, dass es erforderlich ist, hier systematisch vorzugehen.

Zunächst sollen daher alle Arbeitsplätze dahingehend überprüft werden, ob diese den gesetzlichen Anforderungen entsprechen. In einem nächsten Schritt soll dann über weitere Maßnahmen, wie Brandschutz und Umweltschutz im Büro, gesprochen werden.

Arbeitsaufträge:

a) Recherchieren Sie im Internet eine Checkliste für einen Büro- und Bildschirmarbeitsplatz. Überprüfen Sie anhand dieser Checkliste Ihren eigenen Arbeitsplatz in Ihrer Ausbildungskanzlei.

b) Recherchieren Sie im Internet, ob es Vorgaben und/oder Muster für eine Brandschutzordnung gibt. Erstellen Sie einen Aushang „Verhalten im Brandfall".

c) Überlegen Sie in Gruppenarbeit, wie in einem Büro auf Umweltschutz und Nachhaltigkeit geachtet werden kann. Erstellen Sie dazu eine Mindmap.

d) Vergleichen Sie Ihre Ergebnisse untereinander und ergänzen/berichtigen Sie ggf. Ihre Notizen.

e) Reflektieren Sie anschließend Ihr Wissen.

4.1 Der Arbeitsraum

Jedes Unternehmen, also somit auch jede Rechtsanwaltskanzlei und jedes Notariat, benötigt Arbeitsraum. Damit eindeutig bestimmt ist, wie viel Arbeitsraum benötigt wird, muss zunächst der Raumbedarf ermittelt und sodann geplant werden, welche Raumformen am besten zu den internen Arbeitsabläufen passen.

4.1.1 Raumbedarf

Der Raumbedarf einer Rechtsanwaltskanzlei bzw. eines Notariats richtet sich danach, wie groß die Kanzlei bzw. das Notariat ist. In der Regel gibt es einen Empfangsbereich mit Sekretariat, einen Warteraum sowie mehrere Besprechungs- und Arbeitsräume. Die Anzahl der Besprechungs- und Arbeitsräume richtet sich danach, wie viele Rechtsanwälte bzw. Notare in der Kanzlei bzw. im Notariat beschäftigt sind und wie viel Raum diesen jeweils zur Verfügung stehen soll. Ebenso ist zu berücksichtigen, inwieweit Mitarbeitende im Homeoffice arbeiten und ob Arbeitsplätze im Büro auch aufgrund unterschiedlicher Arbeitszeiten geteilt werden können (sog. Desksharing). Aber auch Sozialräume (z. B. Küche, Pausenraum) und ggf. separate Räume für die Registratur spielen bei der Ermittlung des Raumbedarfs eine Rolle.

4.1.2 Raumformen

Es gibt verschiedene Raumformen. Welche Form gewählt wird, richtet sich danach, wie groß der Raum ist und wie die Arbeitsabläufe in der Rechtsanwaltskanzlei bzw. im Notariat geregelt sind.

Grundsätzlich sind folgende klassische Raumformen möglich:

Einpersonenbüro	**Mehrpersonenbüro**	**Großraumbüro**

Hier arbeitet eine Person allein.	Hier arbeiten mehrere Mitarbeitende in einem Raum, die auf diese Weise ideal zusammenarbeiten können.	Hier arbeiten viele Mitarbeitende in einem großen Raum, oft ohne trennende Wände mit aneinandergereihten Arbeitsplätzen.
Vorteile: • individuelle Einrichtung • konzentriertes Arbeiten • keine Ablenkung durch störende Geräusche • keine Störung durch Kollegen	*Vorteile:* • optimale Ausnutzung der vorhandenen Grundfläche • gemeinsame Nutzung von Arbeitsmaterial • kurze Laufwege	*Vorteile:* • optimale Ausnutzung der vorhandenen Grundfläche • hohe Einsparfunktion durch einfache Vernetzung der Geräte o. Ä. • gemeinsame Nutzung von Arbeitsmitteln
Vorteile: • vertrauliche Gespräche mit der Mandantschaft oder Personalgespräche u. a. möglich	*Vorteile:* • direkte Kommunikation unter den Mitarbeitenden möglich • Zusammenarbeit bei gemeinsamen Projekten, z. B. bei der Planung von Konferenzen mit der Mandantschaft, unproblematisch möglich	*Vorteile:* • kurze Laufwege • direkte Kommunikation unter den Mitarbeitenden möglich • alle Arbeitsplätze sind gleich ausgestattet
Nachteile: • Verbrauch einer größeren Fläche für eine Person • keine Teamarbeit möglich • keine gemeinsame Nutzung von Schränken u. Ä. • kein direkter Kontakt zu den anderen Mitarbeitenden	*Nachteile:* • keine Privatsphäre • keine vertraulichen Gespräche möglich • Störungen durch Arbeitsgeräusche • Konzentrationsstörungen möglich • Beleuchtung o. Ä. nicht individuell einstellbar	*Nachteile:* • keine Privatsphäre • keine vertraulichen Gespräche möglich • Störungen durch Arbeitsgeräusche • Konzentrationsstörungen möglich • Beleuchtung o. Ä. nicht individuell einstellbar

Neben diesen klassischen Raumformen gibt es weitere mögliche Arbeitsplatzvarianten, insbesondere das **Homeoffice**, also die mobile Arbeit, meist vom heimischen Schreibtisch aus. In den letzten Jahren hat sich diese Form des Arbeitens u. a. aufgrund von technischen Fortschritten im Bereich der Digitalisierung, z. B. durch das besondere elektronische Anwaltspostfach (beA), elektronische Aktenführung oder Software für Videokonferenzen etabliert.

Das Homeoffice bietet folgende Vor- und Nachteile:

Vorteile:	**Nachteile:**
– Einsparung von Platz, da kein Arbeitsplatz in der Kanzlei bzw. im Notariat benötigt wird – selbstständige Einteilung der Arbeitszeit – Vereinbarkeit von Familie und Beruf, bessere Work-Life-Balance – Zeit- und Kostenersparnis sowie Umweltschutz durch Vermeidung von Anfahrtswegen – höhere Produktivität, da weniger Ablenkung durch andere Mitarbeitende, durch Lärmpegel im Büro etc.	– nicht für alle Tätigkeiten geeignet (Bearbeitung von Briefposteingang, Begrüßung von Mandantschaft vor Ort etc.) – keine direkte Kommunikation mit anderen Mitarbeitenden möglich – keine sozialen Kontakte mit anderen Mitarbeitenden – Ablenkung durch die häusliche Umgebung – Software und ggf. zusätzliche Arbeitsausrüstung erforderlich (Laptop, heimischer Schreibtisch und Bürodrehstuhl etc.) – evtl. Datenschutzprobleme, z. B. wenn Papierakten außerhalb der Kanzlei aufbewahrt werden

Neben dem Homeoffice besteht auch die Möglichkeit, dass Mitarbeitende zu unterschiedlichen Zeiten vor Ort im Büro arbeiten. So können sich mehrere Mitarbeitende einen einzigen Arbeitsplatz teilen (sog. Desksharing).

▶ **Beispiel:** Im Notariat Dr. Matthes Bäringer kommen die drei langjährigen Mitarbeitenden René Hellwege, Marlene Vollandt und Kerstin Arold mit der Arbeit nicht nach. Da einfach zu viel liegen bleibt, stellt Notar Dr. Matthes Bäringer zur Unterstützung Ben Richardson ein. Dieser teilt sich den Arbeitsplatz mit René Hellwege. Zu Beginn des Arbeitsverhältnisses wird vereinbart, dass René Hellwege montags, dienstags und donnerstags im Homeoffice arbeitet und Ben Richardson, der in Teilzeit arbeitet, an diesen drei Tagen den Arbeitsplatz im Büro nutzt.

4.2 Die Arbeitsmittel

Zu den Arbeitsmitteln gehören neben den Büromöbeln (Schreibtisch, Bürodrehstuhl, Schränke und Regale) auch die technischen Hilfsmittel.

4.2.1 Der Schreibtisch

Schreibtische sind in jedem Büro, also natürlich auch in der Rechtsanwaltskanzlei und im Notariat oder im Homeoffice, unersetzlich. Sie sollten in jedem Fall den jeweiligen Erfordernissen angepasst werden, also

- ein ausreichendes Fassungsvermögen haben,
- flexible Unterbauten (z. B. Rollcontainer) ermöglichen und
- ggf. eine Hängeregistereinrichtung für Papierakten enthalten, sodass diese bei Bedarf schnell zur Hand sind.

Da in den Rechtsanwaltskanzleien und im Notariat meist eine „Mischarbeit“ (= Büroarbeit mit und ohne Computerunterstützung) ausgeübt wird, benötigt der Schreibtisch auch einen Computerarbeitsbereich. Hier bietet sich deshalb eine sog. Winkelkombination aus Schreib- und Computerarbeitstisch an. Zu beachten ist hierbei, dass die Arbeitsfläche ausreichend groß und reflexionsarm (z. B. matt, nicht spiegelnd) ist. Weiterhin sollte der Schreibtisch höhenverstellbar sein.

4.2.2 Der Bürodrehstuhl

Neben dem Schreibtisch findet sich in jedem Büro auch ein Bürodrehstuhl. Dieser muss immer an den körperlichen Gegebenheiten des darauf Sitzenden ausgerichtet sein, also ergonomische Anforderungen erfüllen.

Ergonomische Anforderungen

Der Bürodrehstuhl muss
- stand- und kippsicher sein,
- mit mindestens fünf Rollen ausgestattet sein,
- gegen unbeabsichtigtes Wegrollen gesichert sein und
- in der Höhe und in der Tiefe verstellbar sein.

Weiterhin sollte der Bürodrehstuhl
- den darauf Sitzenden beim Hinsetzen leicht abfedern (= Verringerung der Stoßbelastung der Wirbelsäule),
- über feste, gepolsterte und atmungsaktive Sitz- und Rückenlehnen verfügen,
- eine Sitzbreite von mindestens 40–48 cm haben und
- eine verstellbare Rückenlehne enthalten.

Der Bürodrehstuhl darf über Armauflagen verfügen, da diese den Schulter-Nacken-Bereich entlasten. Die Armauflagen dürfen aber die Ausübung der Tätigkeit nicht behindern. Sofern Armauflagen eingesetzt werden, sollten diese in der Höhe verstellbar sein.

Ergonomisches Sitzen

Wichtig ist vor allem das ergonomische Sitzen, das wie folgt unterstützt werden kann:

- Arme und Beine befinden sich im rechten Winkel.
- Die Sitzhöhe des Bürodrehstuhls muss richtig eingestellt sein.
- Die Sitzfläche des Stuhls sollte vollständig ausgenutzt werden.
- Die Rückenlehne sollte aufrechtes, vorgeneigtes und zurückgelehntes Sitzen ermöglichen.
- Etwaige vorhandene Armlehnen, Fußstützen und die Handballenauflage der Tastatur sollten genutzt werden.

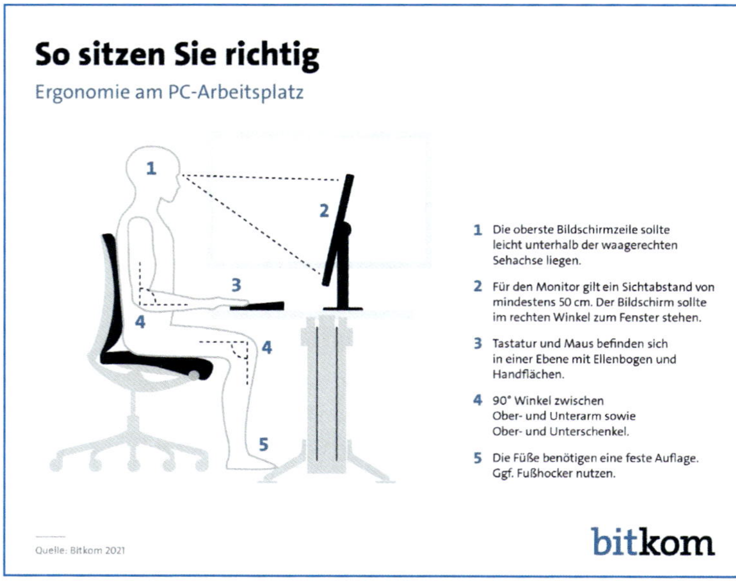

4.2.3 Schränke und Regale

Bei der Auswahl von Schränken und Regalen sowie weiteren etwaigen Beistellmöbeln, wie z. B. Rollcontainern, ist darauf zu achten, dass diese an die Erfordernisse der Rechtsanwaltskanzlei bzw. dem Notariat angepasst werden. Dies bedeutet, dass die Schränke und Regale so ausgelegt sein müssen, dass sie

- alle geplanten Gegenstände sicher aufnehmen können,
- über eine ausreichende Platzreserve verfügen und
- standsicher sind.

Weiterhin ist darauf zu achten, dass Ecken und Kanten der Schränke und Regale abgerundet sind, um Verletzungen zu vermeiden.

Hinweis: Der Bedarf reduziert sich bei einem papierlosen Büro, in welchem die Arbeitsabläufe digitalisiert sind, entscheidend.

4.2.4 Technische Hilfsmittel

Technische Hilfsmittel sind für eine Rechtsanwaltskanzlei oder ein Notariat unerlässlich. Hierzu zählen z. B.

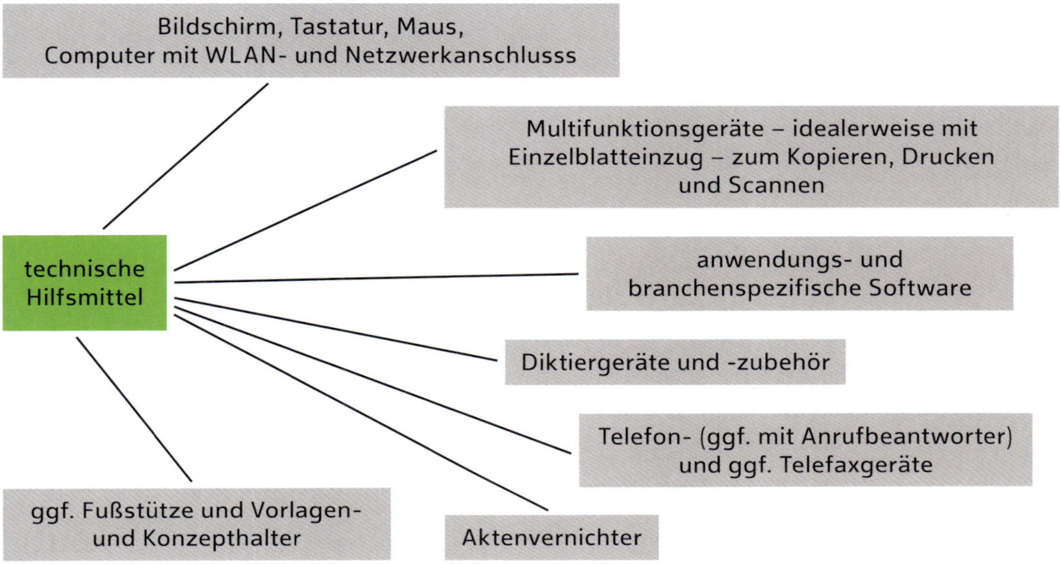

Beim **Bildschirmarbeitsplatz** sind bzgl. des Bildschirms, der Tastatur und der Maus u. a. folgende Anforderungen zu beachten:

Bildschirm

Die Bildschirmgröße muss der Tätigkeit angemessen sein; bei einer Tätigkeit im Bereich der Textverarbeitung, also in Rechtsanwaltskanzleien und Notariaten, muss die Bildschirmdiagonale mindestens 17 Zoll betragen. Der Bildschirm muss zudem reflexionsarm (z. B. matt, nicht spiegelnd) sein.

Die auf dem Bildschirm dargestellten Zeichen müssen scharf, deutlich und ausreichend groß sein und einen angemessenen Zeichen- und Zeilenabstand haben. Der Kontrast zwischen den einzelnen Zeichen und dem Zeichenhintergrund sowie die Helligkeit der Bildschirmanzeige müssen einstellbar sein und schnell und einfach der Arbeitsumgebung angepasst werden können.

Hinweis: Für bestimmte Tätigkeiten, z. B. Vergleichen von digitalen Dokumenten, ist es sinnvoll, den Arbeitsplatz mit zwei Bildschirmen auszustatten.

Tastatur und Maus

Die Tastatur muss getrennt vom Bildschirm aufstellbar und neigbar sein. Weiterhin muss vor der Tastatur die Möglichkeit zur Handauflage bestehen.

Die Maus sollte zum Handballen rund und zu den Fingern hin breit auslaufend geformt sein. Die Größe sollte einer gewölbten Hand entsprechen.

Tipp: Funktastatur und -maus eignen sich besonders für einen Bildschirmarbeitsplatz, da durch die kabellose Bedienung eine flexible Nutzung möglich wird.

Sofern auch teilweise mobil, z. B. im Homeoffice gearbeitet wird, bietet sich die Verwendung von Laptops an, die jeweils über sog. Dockingstations mit den jeweiligen Arbeitsplätzen verbunden werden.

4.3 Die Arbeitsplatzumgebung

Neben der Arbeitsraumgestaltung und den Arbeitsmitteln ist auch die Arbeitsplatzumgebung äußerst wichtig für das Wohlbefinden der Arbeitnehmer, denn wenn sich ein Arbeitnehmer an seinem Arbeitsplatz wohlfühlt, dann steigert dies auch in der Regel sein Konzentrationsvermögen und damit seine Leistungsfähigkeit.

4.3.1 Die Beleuchtung

Die Beleuchtung des Arbeitsplatzes muss der Art der Aufgabe entsprechen. Störende Reflexionen oder Spiegelungen auf dem Bildschirm und auf sonstigen Arbeitsmitteln sind grds. zu vermeiden, ebenso wie mögliche Schattenbildungen.

Der Büroarbeitsplatz muss möglichst ausreichend Tageslicht erhalten. Er sollte sich daher in Fensternähe befinden. Dabei ist jedoch darauf zu achten, dass der Arbeitsplatz in möglichst paralleler Blickrichtung zum Fenster angeordnet ist. Weiterhin müssen für Tageslicht geeignete, verstellbare Licht- bzw. Sonnenschutzvorrichtungen an den Fenstern angebracht sein.

Da Tageslicht nicht immer in ausreichendem Maß vorhanden ist, ist zusätzlich eine künstliche Beleuchtung erforderlich. Hierbei ist ein Mindestwert von 500 Lux (= Einheit der Beleuchtungsstärke) erforderlich. Im Vergleich dazu gilt für eine Flurbeleuchtung ein Wert von 100 Lux, für die Straßenbeleuchtung ein Wert von 10 Lux.

Der Mindestwert der Bürobeleuchtung von 500 Lux gilt nicht zwingend für den gesamten Büroraum, d. h., die Beleuchtungsstärke kann auch nur im Bereich des Arbeitsplatzes 500 Lux betragen. Im Umgebungsbereich ist ein Mindestwert der Beleuchtungsstärke von 300 Lux notwendig.

4.3.2 Das Raumklima

Zum Raumklima gehören Lufttemperatur, Luftfeuchte und Luftbewegung. In Büroräumen sollten die folgenden Werte eingehalten werden:

- Lufttemperatur: mindestens 20 °C; empfohlen wird jedoch 22 °C; nicht überschritten werden sollten 26 °C
- relative Luftfeuchte: maximal 50 %
- Luftbewegung: maximal 0,15 m/s

Um ein behagliches Raumklima zu erhalten, gibt es z. B. folgende Möglichkeiten:

- regelmäßiges Stoßlüften
- Sonnenschutz an den Fenstern anbringen (z. B. Jalousien)
- nach Möglichkeit nicht zu viele Wärme abgebende Arbeitsmittel in einem Raum unterbringen

Hinweis: Wenn die Raumtemperatur von 26 °C überschritten wird, sollten vom Arbeitgeber Gegenmaßnahmen eingeleitet werden, z. B. Gleitzeit zur Verlagerung der Arbeitszeit einführen, Bekleidungsregeln lockern oder Getränke bereitstellen. Bei einer Überschreitung der Raumtemperatur von 30 °C müssen diese Maßnahmen angewendet werden.

4.3.3 Der Geräuschpegel

Der Geräuschpegel an den Kanzleiarbeitsplätzen ist so niedrig wie möglich zu halten, d. h., der Geräuschpegel sollte 55 dB (Dezibel) nicht überschreiten. Im Vergleich dazu hat ein Staubsauger in einem Meter Entfernung einen Geräuschpegel von 70 dB und eine Kettensäge in derselben Entfernung 110 dB.

Um den Geräuschpegel zu mindern, gibt es verschiedene Möglichkeiten:

- geräuscharme Arbeitsmittel einsetzen (z. B. Altgeräte durch neue leisere Geräte ersetzen)
- Arbeitsplatz und Lärmquelle trennen (z. B. Kopiergerät in einem separaten Raum unterbringen)
- Arbeitsplatz mit schallschluckenden Materialien ausgestalten (z. B. Teppiche, zusätzliche Trennwände)

4.3.4 Farbgestaltung und Raumschmuck

Auch die Farbgestaltung und der Raumschmuck sind wichtige Bestandteile der Arbeitsplatzumgebung:

vgl. LF 5, Kap. 4.3.2

Farbgestaltung	Raumschmuck
Bei der Farbgestaltung sollte darauf geachtet werden, dass die sog. „warmen“ Farben (Gelb, Orange, Rot) verwendet werden und nicht die „kalten“ Farben (Blau, Grün), da „warme“ Farben den Raum kleiner und damit gemütlicher wirken lassen.	Zum Raumschmuck zählen z. B. Bilder und Pflanzen. Pflanzen haben auch den Nebeneffekt, dass sie positiv zum Raumklima beitragen.

4.4 Arbeitsschutz

Unter Arbeitsschutz werden alle Maßnahmen, Mittel und Methoden zum Schutz der Beschäftigten vor arbeitsbedingten Sicherheits- und Gesundheitsgefährdungen verstanden. Dabei werden zwei große Bereiche unterschieden: Zum einen die Vermeidung von Gesundheitsschäden und zum anderen die Förderung der Gesundheit.

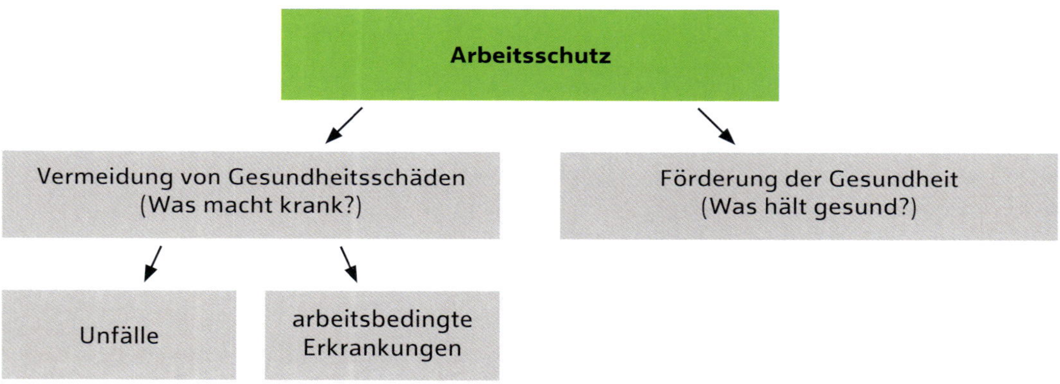

4.4.1 Vermeidung von Gesundheitsschäden

In erster Linie ist der Arbeitgeber aufgrund von gesetzlichen Arbeitsschutz- oder Unfallverhütungsvorschriften verpflichtet, für die Sicherheit und Gesundheit seiner Beschäftigten zu sorgen. Eine wichtige Rechtsgrundlage in diesem Bereich ist das Arbeitsschutzgesetz (ArbSchG). Auch die Mitarbeitenden selbst können jedoch darauf achten und an der Umsetzung von Arbeitsschutzmaßnahmen mitwirken. Sie müssen gem. § 12 Abs. 1 ArbSchG vor ihrem Arbeitsbeginn und dann regelmäßig wiederholend entsprechend unterwiesen werden.

Um Gesundheitsschäden zu vermeiden, muss der Arbeitgeber also einerseits dafür sorgen, dass die Sicherheit der Beschäftigten bei der Arbeit (Arbeitssicherheit) gewährleistet ist, und zum anderen, dass ihnen aufgrund der Arbeitsbedingungen keine Gesundheitsgefahren drohen (Gesundheitsschutz).

Arbeitssicherheit

Zur Arbeitssicherheit gehört neben der Vermeidung von Unfällen auch die Planung von Notfallmaßnahmen, falls es doch zu Unfällen kommen sollte.

Unfallvermeidung	**Brandschutz**	**Erste Hilfe**
Die Büroräume müssen so gestaltet werden, dass Unfälle möglichst vermieden werden. Dies beinhaltet z. B.: • Die Möbel sollen keine scharfen Ecken und Kanten haben, an denen man sich verletzen kann. • Schubladen und Türen sollten nicht offen stehen, sodass man daran hängenbleiben könnte. • Akten und andere schwere Gegenstände sollten in Regalen so gelagert werden, dass sie nicht herausfallen und Mitarbeitende oder die Mandantschaft verletzen. • Es sollten geeignete Leitern zur Verfügung stehen, sodass Mitarbeitende nicht Bürostühle oder ähnlich unstabile Hilfsmittel dazu benutzen, höher gelagerte Gegenstände zu erreichen.	Auch in Kanzleien und Notariaten kann es zu Bränden kommen. Mögliche Ursachen können z. B. das Rauchen an unerlaubten Stellen, defekte elektrische Geräte wie PCs oder die falsche Verwendung von Kochutensilien und Heizgeräten sein. Der Arbeitgeber hat für den Brandfall gem. § 10 Abs. 1 ArbSchG Notfallmaßnahmen vorzusehen. Dazu gehört es z. B., eine ausreichende Anzahl an Feuerlöschern bereitzustellen oder Flucht- und Rettungswege zu kennzeichnen und ihre Freihaltung sicherzustellen.	Der Arbeitgeber hat gem. § 10 Abs. 2 ArbSchG ausreichend Mitarbeitende zu benennen, die als Ersthelfer im Büro zur Verfügung stehen. Diese Ersthelfer müssen bei einer zugelassenen Stelle aus- und fortgebildet werden. Bei bis zu 20 Mitarbeitenden reicht ein Ersthelfer, sonst müssen es je nach Art des Betriebs mehr sein (vgl. Vorschrift 1 „Grundsätze der Prävention" der Deutschen Gesetzlichen Unfallversicherung – DGUV).

Auf der vom Bundesministerium für Arbeit und Soziales geförderten Internetseite www.gda-orgacheck.de finden sich zahlreiche Vorlagen und Checklisten zum Arbeitsschutz, z. B. auch für einen Aushang „Verhalten im Brandfall".

Hinweis: Arbeits- und Wegeunfälle sind über die gesetzliche Unfallversicherung versichert.

- Ein Arbeitsunfall ist ein Unfall, den eine versicherte Person während einer versicherten Tätigkeit erleidet (§ 8 Abs. 1 SGB VII). Umfasst sind also alle Tätigkeiten und Handlungen, die im Zusammenhang mit der beruflichen Tätigkeit stehen (auch im Homeoffice).
- Ein Wegeunfall ist ein Unfall, der sich auf dem Weg zwischen der Wohnung und dem Arbeitsplatz ereignet. Dies gilt grundsätzlich nur für den direkten Arbeitsweg, schließt aber auch Ausnahmen wie Umwege zum Kindergarten, wegen Staus etc. mit ein (§ 8 Abs. 2 SGB VII).

Gesundheitsschutz

Arbeitsbedingte Erkrankungen werden durch die Arbeitsbedingungen (mit-)verursacht. Sie können sowohl durch körperliche als auch durch psychische Belastungen am Arbeitsplatz bedingt sein.

Körperliche Belastungen

Bei einer Bürotätigkeit bestehen in der Regel wenige akute Gefahren für die körperliche Gesundheit der Beschäftigten, da kaum mit gefährlichen Geräten oder Stoffen gearbeitet wird.

Dennoch können durch die Tätigkeit an **Bildschirmarbeitsplätzen** Beschwerden auftreten, wie z. B. Kopfschmerzen, Augenirritationen, Schmerzen in Schulter und Armen oder Nacken- und Rückenschmerzen. Um dies zu vermeiden, ist die ergonomische Einrichtung von Arbeitsplätzen von entscheidender Bedeutung.

vgl. LF 5, Kap. 4.2.2

Darüber hinaus gibt es im Büro jedoch, wie auch in jedem Haushalt, einige Gefahrenstoffe. So enthalten Filzstifte, Kleber oder Textmarker sowie andere Schreibgeräte in der Regel **Lösungsmittel**. Diese sind jedoch ungefährlich und führen zu keinerlei Gesundheitsschäden, auch wenn sie über Jahre hinweg täglich benutzt werden.

Staubemissionen aus Laserdruckern, Kopiergeräten oder Laserfaxen werden teilweise als gesundheitsgefährlich angesehen. Nach dem derzeitigen Kenntnisstand der Wissenschaft gibt es jedoch keine Anhaltspunkte dafür, dass diese Emissionen Erkrankungen auslösen, es kann aber auch nicht vollständig ausgeschlossen werden. Schon aufgrund der Lärmbelästigung ist es allerdings bei viel genutzten Kopierern sinnvoll, diese in eigens dafür vorgesehenen (Kopier-)Räumen aufzustellen, sodass damit auch keinerlei Gesundheitsgefahren zu befürchten sind.

Psychische Belastungen

Neben den körperlichen Belastungen sind Mitarbeitende im Büro jedoch auch psychischen Belastungen ausgesetzt, also dem, was gemeinhin als **Stress** bezeichnet wird. Dies muss nicht notwendig negative Auswirkungen auf den Gesundheitszustand der Beschäftigten haben, kann in Ausnahmefällen jedoch auch zu körperlichen Beschwerden wie Bluthochdruck oder Magengeschwüren und psychischen Beschwerden wie Depressionen oder Burnout führen.

vgl. LF 2, Kap. 2.7.2

Die Gründe dafür können vielfältig sein:

Arbeitsaufgabe und -organisation	soziale Faktoren
• Über-/Unterforderung • mangelnde Entwicklungsmöglichkeiten • unklare Zielvorgaben und Zuständigkeiten • monotone Aufgaben • Leistungsdruck	• Konflikte mit Kollegen • Mobbing • mangelnde Wertschätzung
Arbeitsmittel	**Arbeitsumgebung**
• unergonomische Arbeitsplatzgestaltung • ständige Störungen und Unterbrechungen • fehlendes Arbeitsmaterial	• Lärm • mangelnder Platz

Sowohl die Vorgesetzten als auch die Mitarbeitenden sollten daher versuchen, diese Arten von Stressfaktoren zu minimieren.

4.4.2 Förderung der Gesundheit

Neben der Vermeidung von Unfällen und Gesundheitsbeeinträchtigungen ist es zudem wichtig, präventiv zu handeln und aktiv die Gesundheit der Mitarbeitenden zu fördern, also nicht erst zu reagieren, wenn Probleme auftauchen, sondern schon im Vorfeld entsprechende Maßnahmen zur Förderung der Gesundheit der Beschäftigten zu ergreifen. Denn Arbeitgeber sind grds. daran interessiert, dass ihre Mitarbeitenden ihnen zur Verfügung stehen und nicht krankheitsbedingt ausfallen.

Die Gesundheitsförderung kann auf vielfältige Weise geschehen:

- Die erwähnten Auslöser für Stress können schon im Vorfeld beseitigt werden und nicht erst, wenn es dadurch zu Problemen kommt. So kann eine Arbeitsstruktur mit einer klaren Aufgabenverteilung und ausreichend Weiterbildungsmöglichkeiten geschaffen werden. vgl. LF 1, Kap. 4.3
- Der Arbeitgeber kann dafür sorgen, dass entsprechende Kurse, z. B. zu Themen wie Ernährungsberatung, Rückenschule, Stressmanagement, angeboten werden, und die Mitarbeitenden für die Teilnahme freistellen.
- Je nach Anzahl der Beschäftigten kann am Arbeitsplatz entweder Betriebssport (z. B. eine Fußball- oder Volleyballmannschaft, die sich wöchentlich in einer Sporthalle trifft) oder Pausensport (z. B. indem die Mitarbeitenden wöchentlich in der Mittagspause Dehn- und Rückenübungen in einem der Kanzleikonferenzräume machen) angeboten werden.
- Je nach Anzahl der Beschäftigten kann der Arbeitgeber auch auf verschiedene Weisen für die gesunde Ernährung der Mitarbeitenden sorgen, indem er z. B. kostenlos Wasser und Obst zur Verfügung stellt oder ausgewogene und gesunde Mahlzeiten in der Betriebskantine anbietet.

4.5 Umweltschutz

In Rechtsanwaltskanzleien und Notariaten gibt es vielfältige Möglichkeiten zum umweltbewussten Handeln. Dies können kleinere Dinge sein, wie der Kauf umweltverträglicher Reinigungsmittel oder die Bestellung von Fahrradkurieren anstelle von Lieferanten mit Pkws, aber vor allem der bewusste und sparsame Umgang mit Ressourcen wie Büromaterialien und Strom. Dies erfordert jedoch die Mitwirkung aller Mitarbeitenden, sodass diese entsprechend aufgeklärt und motiviert werden sollten. Zu bedenken ist dabei, dass eine ressourcenschonende Arbeitsweise nicht nur gut für die Umwelt, sondern auch wirtschaftlich sinnvoll ist, und zum Wohlbefinden der Beschäftigten beiträgt.

4.5.1 Material sparen

In jedem Büro, aber insbesondere in Rechtsanwaltskanzleien und Notariaten, wurde traditionell viel mit Papier gearbeitet. Daher sollte zum einen versucht werden, den Papierverbrauch zu reduzieren, und zum anderen, den unvermeidbaren Papierabfall sachgerecht zu entsorgen, damit er recycelt werden kann.

Der Papierverbrauch lässt sich u. a. durch folgende Maßnahmen reduzieren:

- Digitalisierung der Arbeitsabläufe durch Einführung von elektronischen Aktenverwaltungs- und Bürokommunikationssystemen etc.
- Nicht alle **E-Mails** müssen ausgedruckt und zur Akte abgeheftet werden. Hier ist zum einen darauf zu achten, nur wirklich relevante E-Mails auszudrucken und nicht etwa Terminabsprachen o. Ä. Zum anderen bieten sowohl E-Mail-Verwaltungsprogramme wie Microsoft Outlook die Möglichkeit, verschiedene Ordner anzulegen und die E-Mails somit elektronisch sortiert zu speichern, als auch die entsprechende Kanzleisoftware die Möglichkeit, E-Mails direkt zur Akte zu speichern.
- Rechtsanwälte und Notare müssen zur Ausübung ihrer Tätigkeit laufend neue **Urteile** und **Fachaufsätze** lesen. Diese sind jedoch in der Regel im Internet und über juristische Datenbanken als elektronische Dokumente erhältlich und müssen zum Lesen nicht unbedingt ausgedruckt werden.
- Soweit nicht elektronischer Schriftverkehr über beA und E-Mail genutzt wird, kann, sofern ein entsprechender Drucker vorhanden ist, **doppelseitig gedruckt** werden, also auch auf der Papierrückseite.
- Soweit es sich anbietet, können Seiten auch **verkleinert dargestellt** werden, sodass beim Drucken mehrere Seiten auf ein DIN-A4-Blatt gedruckt werden.
- Fehldrucke oder Textentwürfe müssen, soweit sie keine sensiblen Daten der Mandantschaft enthalten, nicht entsorgt werden, sondern können als **Schmierpapier** wiederverwendet werden. Dieses kann dann für handschriftliche Notizen und Entwürfe genutzt, aber auch für Probedrucke verwendet werden. Bei einem Drucker mit mehreren Papierfächern

kann z. B. in das eine Fach das Papier mit dem Kanzleilogo, in ein anders Fach neues, unbedrucktes Papier und in ein drittes das bereits einseitig bedruckte Schmierpapier gelegt werden. Beim Drucken muss dann nur das entsprechende Papierfach angewählt werden. Dokumente, die personenbezogene Daten enthalten, müssen jedoch aus Gründen des Datenschutzes fachgerecht vernichtet werden.

- **Schreiben an die Mandantschaft** können auch per E-Mail verschickt, anstatt ausgedruckt und per Post zugesandt zu werden. Dies spart auch Portokosten und ist für die Mandantschaft in der Regel praktischer und schneller.
- Telefaxe können, soweit dies noch genutzt wird, auch als **Computerfax** versendet und empfangen werden. Dafür ist es dann nicht erforderlich, am Computer erstellte Schriftsätze auszudrucken.

Zudem empfiehlt es sich, **Recyclingpapier** zu verwenden. Papier, das zu 100 % aus wiederverwertetem Altpapier besteht, ist z. B. mit dem Umweltzeichen „Blauer Engel" gekennzeichnet.

Auch bei **Schreibmaterialien**, insbesondere bei Stiften, kann Material gespart werden, indem nachfüllbare Stifte gekauft werden. Auch hier gibt es zudem ein breites Angebot an Recyclingprodukten. Bei den Bestellungen sollte zudem darauf geachtet werden, möglichst größere Sammelbestellungen zu machen, um unnötige Transporte zu vermeiden und damit CO_2 zu sparen. Darüber hinaus sollte darauf geachtet werden, größere Packungen zu erwerben, um unnötiges Verpackungsmaterial zu vermeiden.

Häufig werden in Rechtsanwaltskanzleien und Notariaten **Batterien** verwendet, z. B. für den Betrieb von Diktiergeräten, Taschenrechnern oder Computermäusen. Da Batterien umweltgefährdende Schadstoffe wie z. B. Quecksilber enthalten, müssen diese jedoch fachgerecht entsorgt werden. Darüber hinaus sollte nach Möglichkeit auf Batterien verzichtet werden, indem man Geräte verwendet, die durch einen Stromanschluss oder Solarzellen betrieben werden. Sofern auf Batterien nicht verzichtet werden kann, sollten wiederaufladbare Akkus verwendet werden.

4.5.2 Energie sparen

In Rechtsanwaltskanzleien und Notariaten, wie auch zu Hause, lassen sich durch verschiedene Maßnahmen Energie, also der Strom- und Heizungsverbrauch, sparen.

- **Geräte,** wie Computer und Drucker, aber auch Kaffeemaschinen, sollten nur dann eingeschaltet werden, wenn sie auch in Gebrauch sind. Dabei ist zu bedenken, dass Geräte auch im sog. Standby-Betrieb viel Energie verbrauchen. Daher sollten gerade bei längeren Abwesenheiten, wie bei Krankheit, Urlaub oder Feiertagen, die Geräte vollständig ausgeschaltet werden.

- Beim Kauf von neuen Geräten sollte darauf geachtet werden, dass diese möglichst **energieeffizient** arbeiten. Zu diesem Zweck sind auf elektrischen Geräten in der Regel entsprechende Kennzeichnungen oder Prüfsiegel – wie „Energy Star“ oder „Blauer Engel“ – angebracht.
- Auch die **Beleuchtung** sollte nur dort eingeschaltet werden, wo sie erforderlich ist. Arbeiten spät abends oder früh morgens nur einzelne Mitarbeitende im Gebäude, so sollten nur die Räume, in denen sie sich aufhalten, beleuchtet sein. Dabei können z. B. auch Bewegungsmelder für nicht dauerhaft genutzte Räume, wie Flure oder Toiletten, helfen.
- **Heizungsenergie** lässt sich zum einen dadurch sparen, dass das Gebäude entsprechend isoliert und mit geeigneten Fenstern ausgestattet ist. Die Beschäftigten können jedoch auch dazu beitragen, indem sie z. B. nicht die Heizung laufen lassen und gleichzeitig Fenster einen Spalt breit öffnen, sondern lieber stoßlüften, also kurz und intensiv durchlüften und die Fenster dann wieder schließen. Sofern möglich, können Heizungen mithilfe eines Thermostats auch so eingestellt werden, dass sie nachts und am Wochenende, wenn sich niemand im Büro befindet, nicht heizen, oder während der Arbeitszeiten eine bestimmte konstante Temperatur aufrechterhalten.

Zusammenfassung

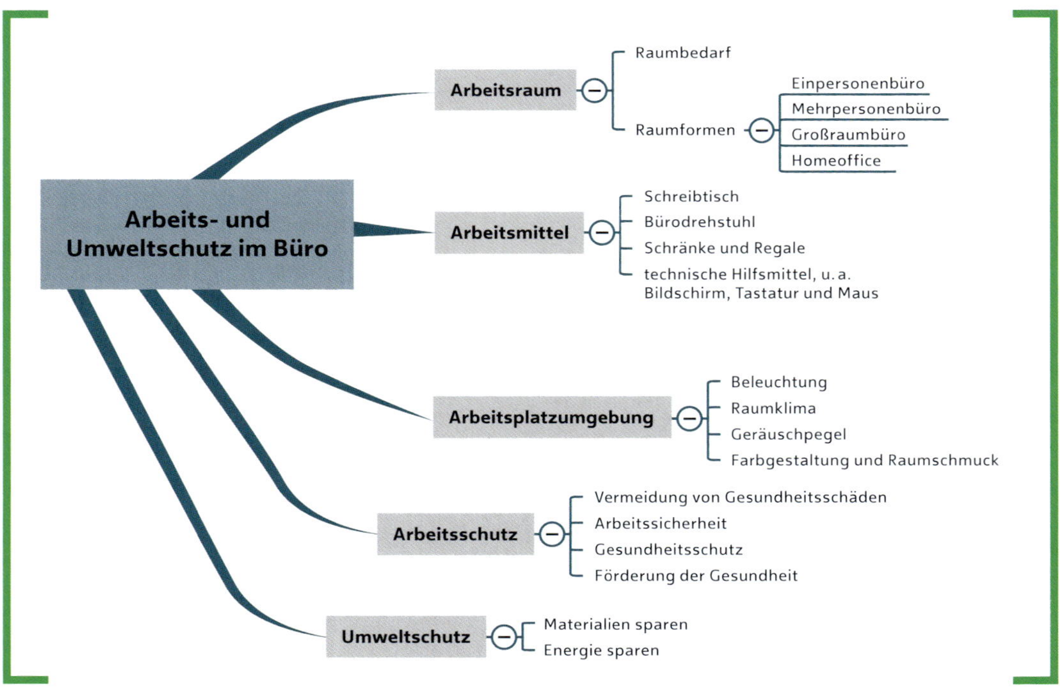

Wiederholung und Vertiefung

1. Definieren Sie den Begriff „Ergonomie“.
2. Wonach richtet sich der Raumbedarf einer Rechtsanwaltskanzlei bzw. eines Notariats?
3. Nennen Sie die Vor- und Nachteile der drei klassischen Raumformen.
4. Wie kann das ergonomische Sitzen unterstützt werden?
5. Auf welche Punkte sollte beim Kauf von neuen Schränken und Regalen geachtet werden?
6. Die Beleuchtung und das Raumklima spielen bei der Arbeitsplatzumgebung eine wichtige Rolle. Erläutern Sie, welche Vorschriften hierbei zu beachten sind.
7. Wer ist für die Benennung und Ausbildung eines Ersthelfers verantwortlich?
8. Was können Gründe für psychische Belastungen am Arbeitsplatz sein? Nennen Sie fünf Beispiele.
9. Nennen Sie drei Beispiele dafür, wie der Papierverbrauch in einer Rechtsanwaltskanzlei oder einem Notariat reduziert werden kann.

Lernfeld 6 – Kompetenzen

In diesem Lernfeld lernen Sie:

Kapitel 1 **Geschäftsprozesse**	• was ein Geschäftsprozess ist • welche Arten von Geschäftsprozessen es gibt • welche Belege in den einzelnen Bereichen entstehen • welche Zahlungsarten genutzt werden können

Kapitel 2 **Grundlagen der Buchführung**	• wie eine ordnungsmäßige Buchführung aussieht • wie lange Unterlagen aufzubewahren sind • das Führen eines Kassenbuchs • was ein Bestandsverzeichnis ist • den Umgang mit Fremdgeld

Kapitel 3 **Ermittlung des Gewinns mit der Einnahmenüberschussrechnung**	• die gesetzlichen Grundlagen der Einnahmenüberschussrechnung (EÜR) • die Zuordnung von Belegen zu den Konten • den Zusammenhang zwischen Buchhaltung und EÜR kennen • welche Informationen die Buchhaltung bereitstellt • welche Erkenntnisse aus der Buchhaltung abgeleitet werden können

Kapitel 4 **Kaufmännische Buchführung und Bilanzierung**	• unter welchen Voraussetzungen bilanziert wird • was ein Buchungssatz ist • wie Geschäftsfälle auf Konten dargestellt werden • den Unterschied zwischen Bilanz und Gewinn- und Verlustrechnung kennen • wie der finanzielle Erfolg einer Kanzlei ermittelt werden kann • Besonderheiten beim Jahresabschluss zu beachten

Kapitel 5 **Steuern**	• die Grundlagen der Einkommensteuer und der Umsatzsteuer • welche Fristen bei der Abgabe der Steuererklärungen zu berücksichtigen sind • die Grundlage der Berechnung der Einkommensteuer • die Berechnung der Umsatzsteuer

Lernfeld 6: Geschäftsprozesse erfassen, kontrollieren und bewerten

1 Geschäftsprozesse

Das betriebliche Geschehen in einer Rechtsanwaltskanzlei bzw. einem Notariat wird bestimmt von der Durchführung verschiedener Tätigkeiten. Sie dienen dazu, einen betrieblichen Zweck zu erfüllen, z. B. die Beratung der Mandantschaft. Entsprechend den Aufgabenbereichen gehören sie zusammen und dienen der Erreichung eines Ziels, z. B. möglichst viele Mandanten zu beraten. Ein Prozess ist also ergebnisorientiert. Im Unterschied zu einem Projekt, das zeitlich begrenzt ist (z. B. Aufbau eines neuen Tätigkeitsfelds), wird ein Prozess (z. B. Überweisung der Gehälter) mehrmals durchlaufen. Er gliedert sich in mehrere Einzeltätigkeiten, Anfang und Ende sind bestimmt, der Ablauf muss organisiert werden. Einen Geschäftsprozess zu erkennen, ist zum einen wichtig, um Schwächen in der Ablauforganisation aufzudecken und ggf. etwas zu verändern. Darüber hinaus entstehen in einem Geschäftsprozess Belege mit Informationen, sog. Buchungsbelege, die für die Verarbeitung in der Buchhaltung notwendig sind.

Definition: Ein Geschäftsprozess ist die Abfolge von Einzeltätigkeiten, die zu einem festgelegten Ergebnis führen sollen.

Ein Prozess gliedert sich in mehrere Aktionen, die in einer bestimmten Reihenfolge ablaufen:
- ein Ereignis setzt den Prozess in Gang (z. B. Anruf oder Bestellung)
- Ermittlung der für die Gestaltung notwendigen Mittel (z. B. Zeitaufwand)
- Klärung der Zuständigkeiten (lt. Aufbauorganisation)
- Beendigung des Prozesses (z. B. Lieferung der Bürostühle)

Tipp: Die Übersicht der Ablauforganisation Ihres Ausbildungsbetriebs ist eine nützliche Informationsquelle, um Geschäftsprozesse zu erkennen.

vgl. LF 2, Kap. 1.3

Es ist zu unterscheiden zwischen Prozessen, in denen keine Buchungsbelege entstehen, z. B. die Organisation des Beratungstermins, und Prozessen, die immer Buchungsbelege hervorbringen. Wichtige Bereiche, die diese Belege für die Buchhaltung hervorbringen, sind die Beschaffung, die Leistungserbringung und die Finanzwirtschaft. Die systematische Verarbeitung der Buchungsbelege ist die Voraussetzung, um zu Erkenntnissen zu gelangen, wie sich die wirtschaftliche Situation der Rechtsanwaltskanzlei darstellt.

vgl. LF 6, Kap. 1.1 bis 1.3

Merke: Einige Geschäftsprozesse bringen Belege für die Buchhaltung hervor, andere nicht.

Lernsituation

Das Ablagesystem der Partnerschaft Dr. Neumann & Huber ist nicht mehr auf dem neuesten Stand und soll überarbeitet werden. Insbesondere die Buchungsbelege für die Kanzleieinnahmen und -ausgaben müssen in den Ordnern übersichtlich abgelegt werden, damit sie für wichtige Informationen schnell zur Verfügung stehen.

Marion Webermann beauftragt Annika Sauer damit, sich Gedanken zu machen, wie das Ablagesystem anders strukturiert werden könnte. Für eine Ordnung ist es erforderlich, die Prozesse, die in einer Kanzlei ablaufen, zu kennen. Annika Sauer wurde in ihrer bisherigen Ausbildungszeit bereits an vielen Vorgängen beteiligt. Für die Auswahl des besten Lieferanten für Büromaterial erstellte sie einen Lieferantenvergleich und bereitete die Bestellung vor. Nach erfolgter Lieferung verglich sie den Lieferschein mit der Bestellung. Für einige Monate wurde sie bereits am Empfang eingesetzt und vereinbarte mit den Mandanten die Besprechungs- und Beratungstermine. Für Annika Sauer war es eine interessante Aufgabe, die Terminwünsche der Mandanten mit den zeitlichen Möglichkeiten der Rechtsanwälte zu verbinden. Nachdem die Termine stattgefunden hatten, erstellte sie entsprechend der erbrachten Leistung die Rechnung. Als im vergangenen Jahr die Kanzlei um mehrere Räume erweitert werden musste, wurden die Baukosten über einen Kredit finanziert. Annika Sauer recherchierte die günstigsten Darlehenskonditionen. Ein paar Tage nach Abschluss des Vertrags wurde der Betrag von der Bank auf das Konto der Kanzlei überwiesen.

Arbeitsaufträge:

a) Diskutieren Sie untereinander anhand von Beispielen, welche Prozesse in Kanzleien ablaufen.

b) Bestimmen Sie miteinander Beginn, Ablauf und Ende eines Prozesses anhand eines Beispiels.

c) Identifizieren Sie die buchhalterisch relevanten Prozesse und notieren Sie diese in Stichpunkten.

d) Bestimmen Sie die Unterlagen aus den Geschäftsprozessen, die als Belege in der Buchhaltung verarbeitet werden.

e) Für den Zahlungsverkehr ist u. a. das Kanzleikonto wichtig. Erstellen Sie eine Mindmap mit Ihnen bekannten Möglichkeiten, Zahlungen zu tätigen.

f) Legen Sie anhand von drei Beispielen fest, welche Zahlungsart für welchen Zahlungsvorgang am besten geeignet ist.
g) Reflektieren Sie anschließend Ihr Wissen.

1.1 Beschaffungsprozesse

Der Beschaffungsprozess besteht aus dem Einkauf von Gegenständen (z. B. einem Pkw) und Verbrauchsmaterial (z. B. Büromaterial). Es müssen Angebote eingeholt werden, die gewünschte Ware wird bestellt und bei Lieferung wird kontrolliert, ob es auch die bestellten Gegenstände sind, damit die Annahme erfolgen kann.

In jeder Organisation müssen Wirtschaftsgüter gekauft werden, die für die Erfüllung des Betriebszwecks erforderlich sind. Es können Gegenstände sein, wie z. B. ein PC oder ein Schreibtisch. Aber auch Büromaterial unterschiedlicher Art, z. B. Druckerpapier oder Tintenpatronen, muss beschafft werden.

Die Beschaffung ist ein Vorgang, der aus mehreren Teilbereichen besteht. Sie sind unabhängig voneinander zu bearbeiten und führen im Ergebnis zur Lieferung der gewünschten Ware.

Elemente des Beschaffungsprozesses

Angebote einholen und vergleichen	Bestellung	Kontrolle und Annahme der Lieferung
Bevor bestellt wird, sind die Ermittlung des Bedarfs und die Durchführung eines Angebotsvergleichs erforderlich. Die Kalkulation für verschiedene Angebote stellt dabei keine Buchungsunterlage dar.	Briefe, die eine Bestellung beinhalten, sind keine Buchungsbelege.	Die zu diesem Vorgang gehörende Rechnung wird auf sachliche und rechnerische Richtigkeit geprüft. Nach Prüfung und Feststellung der Richtigkeit wird die Rechnung in die Buchhaltung weitergeleitet, denn Eingangsrechnungen sind immer Buchungsbelege.

vgl. LF 3, Kap. 1.1

1.2 Leistungsprozesse

Die Leistungen einer Rechtsanwaltskanzlei ergeben sich aus ihrem Angebot, z. B. Beratung in einer Erbschaftssache oder zu der weiteren Vorgehensweise nach einem Verkehrsunfall.

Alle sachlichen und personellen Ressourcen werden für die Leistungsbereitstellung gebraucht. In einer Rechtsanwaltskanzlei bestehen die Leistungen für die Mandantschaft u. a. in der Beratung und in der gerichtlichen und außergerichtlichen Vertretung.

Der Leistungsprozess beinhaltet folgende Bereiche:

Leistungsprozess

- Erbringung der Leistung
- Rechnungsstellung für erbrachte Leistungen

vgl. LF 4, Kap. 5.3

▶ **Beispiel:** Rechtsanwalt Peter Huber hat in einem ausführlichen Beratungsgespräch den Bauunternehmer Martin Schneider über die weitere mögliche Vorgehensweise informiert.

▶ **Beispiel:** Vor dem Beratungsgespräch hat Martin Schneider mit der Rechtsanwaltskanzlei eine Vergütungsvereinbarung abgeschlossen. Die Vergütung wird sich nach dem Zeitaufwand richten. Pro Stunde wird für diese Art Leistung ein Honorar von 150,00 € vereinbart.

▶ **Beispiel** für eine Kostenendabrechnung:

Dr. Neumann & Huber
Rechtsanwälte Partnerschaft

RAe Dr. Neumann & Huber, Grainstr. 101, 67434 Neustadt a. d. Wstr.
Herrn
Martin Schneider
Steingasse 95
67434 Neustadt an der Weinstraße

Ihr Zeichen:	
Ihre Nachricht vom:	
Unser Zeichen:	hu-sa
Unsere Nachricht vom:	
Name:	Peter Huber
Sekretariat:	Annika Sauer
Telefon:	+49 6321 5632-12
Telefax:	+49 6321 5632-15
Datum:	03.07.2023

Kostenendabrechnung
Rechnungsnummer: 367/2023
Martin Schneider
wg. Erbschaftsangelegenheit
Leistungszeitraum: Juli 2023

Honorar gem. Vergütungsvereinbarung vom 15.06.2023, 1,75 Std. à 150,00 €	262,50 €
19 % Umsatzsteuer, Nr. 7008 VV RVG	49,88 €
Summe	312,38 €

Überweisen Sie bitte den Betrag innerhalb von 14 Tagen auf eines der angegebenen Konten.

Peter Huber
Rechtsanwalt

RAin Dr. Annette Neumann Fachanwältin für Verkehrsrecht · **RA Peter Huber** Fachanwalt für Erbrecht
In Zusammenarbeit mit **RAin Katharina Schuh** Fachanwältin für Familienrecht

RAe Dr. Neumann & Huber · Grainstr. 101 · 67434 Neustadt a. d. Wstr. · Telefon +49 6321 5632-0 · Fax +49 6321 5632-15
info@rae-neumann-huber.de · www.rae-neumann-huber.de
Registernummer PR 956 · Amtsgericht Neustadt a. d. Wstr. · USt-IdNr.: DE573964122

Commerzbank Neustadt a. d. Wstr. · IBAN DE41 5464 0035 0012 5832 19
Deutsche Bank Neustadt a. d. Wstr. · IBAN DE52 5467 0095 0096 7844 58

Merke: Die Kopien der Ausgangsrechnungen sind Buchungsbelege und werden zur Kontrolle des Zahlungseingangs in die Buchhaltung weitergeleitet.

1.3 Finanzwirtschaftliche Prozesse

Zahlungswirksame Vorgänge sind über Quittungen zu erkennen, wenn es sich um eine Barzahlung handelt, z. B. einen Blumenstrauß für einen Angestellten, der Geburtstag hat. Alle Überweisungen, sowohl die ankommenden (z. B. eine Mandantschaft überweist) als auch die weggehenden (z. B. Überweisung der Telefonrechnung), werden über den Bankauszug sichtbar gemacht.

Zu den finanzwirtschaftlichen Prozessen gehören alle Vorgänge, die sich auf Finanzierung und Zahlungen beziehen. Der Bankauszug ist der wichtigste Beleg für die Informationsbeschaffung.

finanzwirtschaftliche Prozesse

Einzahlung und Tilgung eines Darlehens	Überweisung von Eingangs- und Ausgangsrechnungen	Überweisung der Vergütungen und Abgaben
Beispiel: Kurz nach Abschluss des Darlehensvertrags überweist die Geschäftsbank der Rechtsanwaltskanzlei den Darlehensbetrag. Die Summe soll in zehn gleichen Raten jeweils am Anfang des Jahrs getilgt werden. Die Zinsen werden zum Jahresende fällig. • Die Zahlungen sind zu terminieren. • Ein störungsfreier Zahlungsvorgang lässt sich über einen Dauerauftrag oder das Lastschriftverfahren gestalten.	• Der Zahlungsausgang für die Begleichung einer Eingangsrechnung für Einkäufe führt zu einer Verminderung des Bankbestands. • Der Zahlungseingang für die Ausgangsrechnung aufgrund erbrachter Leistungen führt zu einer Erhöhung des Bankbestands.	Die Basis für Zahlungen im Zusammenhang mit der Überweisung von Vergütungen an Mitarbeiter ist der Gehaltsbeleg. Hier werden alle personenbezogenen Beträge und die Summen aufgeführt, die zur Zahlung angewiesen werden müssen: • Nettovergütung → Beschäftigte • Lohnsteuer, Solidaritätszuschlag und Kirchensteuer → Finanzamt • Beiträge zur Sozialversicherung → Krankenkasse

finanzwirtschaftliche Prozesse

Einzahlung und Tilgung eines Darlehens	Überweisung von Eingangs- und Ausgangsrechnungen	Überweisung der Vergütungen und Abgaben
Nachdem die Beträge auf dem Kontoauszug sichtbar werden, ist die buchhalterische Verarbeitung zeitnah erforderlich.	Nachdem die Beträge auf dem Kontoauszug sichtbar werden, ist die buchhalterische Verarbeitung zeitnah erforderlich.	Nachdem die Beträge auf dem Kontoauszug sichtbar werden, ist die buchhalterische Verarbeitung zeitnah erforderlich.

Merke: Alle Geschäftsvorfälle sind zum Zeitpunkt der Zahlungswirksamkeit auf dem Bankauszug sichtbar.

Finanzwirtschaftliche Prozesse beinhalten auch den Zahlungsverkehr. Zahlungen können entweder bar, halbbar oder bargeldlos getätigt werden.

Zahlungsarten

Barzahlung	Halbbare Zahlung	Bargeldlose Zahlung

Für die Entscheidung, welche Zahlungsart sinnvoll ist, kommt es darauf an, ob beide, Zahlungsempfänger und Zahlende ein Konto besitzen, nur einer von beiden oder keiner ein Konto hat. Zusätzlich kommt es bei der Wahl einer geeigneten Zahlungsart darauf an, um welchen Geschäftsfall es sich handelt. Der Einkauf von Kaffee für die Bewirtung von Geschäftsfreunden wird meistens bar bezahlt, während Kostenrechnungen an die Mandantschaft meistens durch Überweisung beglichen werden. Die Kontrolle aller Zahlungsein- und -ausgänge erfolgt über die Personenkonten.

Ein Schuldner kann in der Regel selbst entscheiden, welche Form der Übermittlung von Geld genutzt werden soll. Die verschiedenen Möglichkeiten zeigt die folgende Übersicht:

Art der Zahlung	Schuldner gibt	Gläubiger bekommt	persönliche Übergabe	Übermittlung durch		Wer hat ein Konto?
				Postbank	Bank	
bar	Geldscheine und Münzen	Geldscheine und Münzen	Geld wird übergeben	Minutenservice		weder der Schuldner noch der Gläubiger
halbbar	Bargeld Kontobelastung	Gutschrift auf Konto Bargeld	--		Zahlschein Barscheck	einer von beiden
bargeldlos	Kontobelastung	Gutschrift auf Konto			Verrechnungsscheck, Überweisung, Lastschrift, Dauerauftrag, Kreditkarte, Onlinebanking	beide

1.3.1 Barzahlung

Bei der Barzahlung werden Scheine und Münzen vom Schuldner an den Gläubiger übergeben. Die Zahlung in Bargeld ist insbesondere im Einzelhandel üblich. Beim Kauf von z. B. Zeitschriften muss der Käufer sich eine Quittung als Beleg geben lassen. Das Original der Quittung ist der Buchungsbeleg für den Käufer, z. B. eine Rechtsanwaltskanzlei, die Kopie verbleibt beim Verkäufer. Nach § 6 BGB hat der Gläubiger (Verkäufer) gegen Empfang der Leistung auf Verlangen ein schriftliches Empfangsbekenntnis (Quittung) zu erteilen.

Für die Verarbeitung des Belegs in der Buchhaltung sind folgende Angaben erforderlich:

- der Betrag, einmal in Ziffern und einmal in Buchstaben
- Ort und Datum der Ausstellung
- warum gezahlt wurde
- wer gezahlt hat
- eine Quittungsnummer
- der Nettobetrag, der Umsatzsteuersatz und die Umsatzsteuer
- Unterschrift der ausstellenden Person

vgl. ▶ § 33 UStDV (= Umsatzsteuerdurchführungsverordnung)

In einer sog. Kleinbetragsrechnung mit einem Bruttobetrag von max. 150,00 € muss der Betrag der Umsatzsteuer nicht auf der Quittung ausgewiesen werden. Ausreichend sind der Bruttobetrag und die Angabe des Steuersatzes.

Es kann vorkommen, dass ein Notar Fremdgelder an einen Zahlungsempfänger z. B. in Österreich weitergeben muss. Die Übermittlung von Geldern ins Ausland ist Schwerpunkt der Tätigkeit von Western Union. Es ist ein Dienstleister aus den USA. Das Angebot dieser Firma besteht darin, Geld ins Ausland zu transferieren. Kooperationspartner in Deutschland ist z. B. die Deutsche Postbank. Genaueres dazu finden Sie unter: www.westernunion.com

Merke: Bei Barzahlung ist der Beleg für die Buchhaltung die Quittung.

1.3.2 Halbbare Zahlung

Es werden folgende halbbare Zahlungsarten unterschieden.

- **Zahlschein**
  Bei dieser Zahlungsform wird der Betrag vom Schuldner am Schalter einer Bank bar eingezahlt und dem Konto des Gläubigers gutgeschrieben.

  ▶ **Beispiel:** Die Auszubildende Gudrun Meier hat noch kein Konto und muss die Miete für ihre Wohnung begleichen. Sie zahlt die Miete bar am Schalter des Geldinstituts ein, damit diese dem Konto des Vermieters gutgeschrieben werden kann.

- **Barscheck**
  Für den Transfer von Geldern mithilfe eines Barschecks muss der Schuldner ein Konto besitzen. Der Barscheck wird vom Schuldner ausgestellt und dem Gläubiger übergeben. Der Empfänger der Zahlung kann sich den Betrag bei der Bank der zahlungspflichtigen Person auszahlen lassen.

  ▶ **Beispiel:** Der Marathonläufer Emil Schneider erlitt einen Unfall und kann sich momentan nur in der Wohnung bewegen. Er stellt einen Barscheck aus, damit ihm ein Freund das Geld von der Bank holen kann.

1.3.3 Bargeldlose Zahlung

Es werden folgende bargeldlose Zahlungsarten unterschieden.

Verrechnungscheck

Im Gegensatz zum Barscheck bekommt der Gläubiger bei einem Verrechnungsscheck den Betrag nicht bar ausgezahlt, sondern dieser wird seinem Konto gutgeschrieben. Der Scheck muss dem Geldinstitut des Schuldners innerhalb einer bestimmten Frist vorgelegt werden.

vgl. ▶ Art 28 ScheckG (= Scheckgesetz)

- acht Tage für im Inland ausgestellte Schecks
- 20 Tage für im europäischen Ausland ausgestellte Schecks
- 70 Tage für im außereuropäischen Ausland ausgestellte Schecks

Die Frist beginnt ab Ausstellungsdatum.

Damit kein Unberechtigter den Scheck einlösen kann, wird aus Sicherheitsgründen auf dem Scheck „Nur zur Verrechnung" vermerkt.

Überweisung

Mit einem Überweisungsauftrag wird der Betrag vom Konto des Schuldners abgezogen und dem Konto des Gläubigers gutgeschrieben. Im Überweisungsformular muss die zahlende Person folgende Angaben machen.

- Name des Zahlungsempfängers
- Kontonummer und Geldinstitut des Zahlungsempfängers (IBAN und BIC)
- Betrag, der überwiesen werden soll
- Name der ausstellenden Person
- Datum der Ausstellung und Unterschrift

Üblich ist die Angabe des Verwendungszwecks, damit der Zahlungsempfänger den Grund der Zahlung erkennt und sie zuordnen kann.

▶ **Beispiel:** Die Gegenseite überweist die gestellte Forderung mit Angabe des Aktenzeichens.

Die „ International Bank Account Number" (IBAN) gilt auch für den grenzüberschreitenden Zahlungsverkehr. Sie besteht aus einem Ländercode, einer zweistelligen Prüfnummer, der Bankleitzahl und der Kontonummer.

Der „ Bank Identification Code" (BIC, wird auch SWIFT-Code genannt) ist eine internationale Bankleitzahl. Der Name und der Ort der Bank und ein Ländercode werden in einer Buchstabenkombination ausgedrückt. Der BIC ist nur für Auslandsüberweisungen erforderlich.

Hinweis: Mithilfe verschiedener Internetseiten können IBAN und BIC berechnet werden.

Lastschrift

Diese Zahlungsart ist geeignet für ständig wiederkehrende Zahlungen in unterschiedlicher Höhe. Bei diesem Verfahren erlaubt der Schuldner dem Zahlungsempfänger über eine Einzugsermächtigung, die Beträge von seinem Konto abzubuchen, oder seinem Geldinstitut, die Beträge abzubuchen.

▶ **Beispiel:** Das zuständige Finanzamt erhält eine Einzugsermächtigung für die Umsatzsteuervorauszahlungen.

Wird im Rahmen des Einzugsermächtigungsverfahrens eine Summe ungerechtfertigt überwiesen, kann die zahlungspflichtige Person bei der kontoführenden Stelle Widerspruch einlegen und der Betrag wird sofort gutgeschrieben.

Beim Abbuchungsverfahren ist eine Rückführung der Überweisung durch das Geldinstitut nicht möglich.

Mit dem SEPA-Verfahren (Single Euro Payments Area) wird eine Vereinheitlichung des bargeldlosen Zahlungsverkehrs in Europa erreicht. Voraussetzung für den Bankeinzug ist ein Mandat (Einzugsermächtigung), das dem Zahlungspflichtigen vom Zahlungsempfänger vorliegen muss. Das SEPA-Lastschriftmandat muss zusätzlich zu den Informationen, die auch eine Überweisung enthält, die Gläubiger-ID aufweisen. Gläubiger ist der Zahlungsempfänger.

Dauerauftrag

Ein Schuldner kann sein Geldinstitut beauftragen, regelmäßig zu einem festgelegten Zeitpunkt einen bestimmten Betrag auf das Konto des Gläubigers zu überweisen. Dieses Verfahren ist für ständig wiederkehrende Zahlungen in derselben Höhe gut geeignet.

▶ **Beispiel:** Die Prämie für die Berufshaftpflicht wird per Dauerauftrag an die Versicherungsgesellschaft übermittelt.

Formulare für die Einrichtung eines Dauerauftrags sind an den Schaltern aller Geldinstitute zu bekommen. Bei Online-Konten kann der Dauerauftrag auch direkt selbst eingerichtet werden.

Kreditkarte

Kreditkarten werden von Kreditkartenorganisationen, Geldinstituten und von einigen Unternehmen (z. B. Die Bahn, ADAC) ausgegeben. Manche Einzelhandelsunternehmen geben Kundenkarten mit Kreditkartenfunktion aus. Hier ist ist der Einkauf bis zur Höhe des bewilligten Betrags möglich. Sie sind kostenlos.

▶ **Beispiel:** Ein Supermarkt gibt Kundenkarten aus. Der Kunde Jan Sommer kann bis zu einem Betrag in Höhe von 200,00 € damit einkaufen.

Für Kreditkarten von Kreditkartenorganisationen (z. B. MasterCard) und Geldinstituten ist häufig die Zahlung eines Jahresbetrags als Gebühr erforderlich. Die einzelnen Beträge der Einkäufe werden dem Kreditkarteninhaber mit einer Kreditkartenabrechnung zugeschickt. Meistens monatlich wird der in Anspruch genommene Kredit vom Bankkonto abgebucht.

Vor- und Nachteile einer Kreditkarte	
Vorteile	**Nachteile**
• Kredit ist bis zum Fälligkeitsdatum der Monatsabrechnung zinsfrei • bequeme Zahlung, nur mit Karte und Unterschrift • größere Geldbeträge müssen nicht bar mitgeführt werden • Abhebung von Barbeträgen ist weltweit möglich	• Zahlung einer Bearbeitungsgebühr • im Kreditkartenantrag wird die Offenlegung persönlicher Daten verlangt

Als weitere Form der Kartenzahlung ist noch die Electronic-Cash-Karte (EC-Karte) zu erwähnen. Sie ermöglicht die Bezahlung von Einkäufen, z. B. im Möbelhaus, und die Abhebung von Bargeld mit einer persönlichen Identifikationsnummer.

Onlinebanking

Wenn Überweisungen oder die Einrichtung von Daueraufträgen durch direkten Zugriff auf einen Bankrechner, über die gesicherte Website der Bank erfolgen, handelt es sich um Onlinebanking. Um diese Zahlungsart nutzen zu können, müssen zwei Voraussetzungen erfüllt sein:

1. Auf dem Computer des Kunden (z. B. einer Rechtsanwaltskanzlei) muss eine Software installiert sein.
2. Das kontoführende Geldinstitut muss „Nummern“ zur Verfügung gestellt haben, die bei der Durchführung der Überweisung eingegeben werden.

Die persönliche Identifikationsnummer (PIN) ist eine Art Passwort, mit dessen Eingabe die nutzende Person ihre Berechtigung für diesen Vorgang anzeigt. Die Transaktionsnummer (TAN) kann ebenfalls als Passwort verstanden werden. Um Missbrauch zu verhindern, gilt sie jedoch nur für einen einzelnen Zahlungsvorgang, also für eine Transaktion.

▶ **Beispiel:** Der Zahlende, z. B. eine Rechtsanwaltskanzlei, übermittelt seine Legitimationsdaten (PIN) und eine gültige Transaktionsnummer (TAN), sowie Name und IBAN des Zahlungsempfängers (z. B. der Gerichtskasse), Betrag und Verwendungszweck für die Durchführung des Überweisungsauftrags seinem kontoführenden Geldinstitut.

vgl. LF 2, Kap. 2

Für die Sicherheit der Daten sind Vorkehrungen zu treffen. Schutzprogramme, wie ein Virenscanner und eine Firewall, die den PC vor Angriffen von Hackern schützen, müssen installiert sein.

Hinweis: Banken bieten auch die Möglichkeit an, über ihre Homepage Onlinebanking durchzuführen.

Merke: Bei allen bargeldlosen Zahlungsarten ist der Kontoauszug der Beleg für die Buchhaltung.

Zusammenfassung

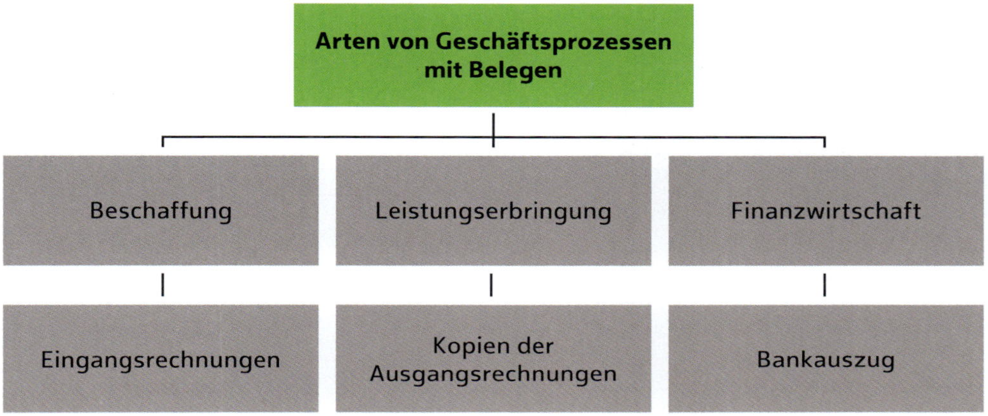

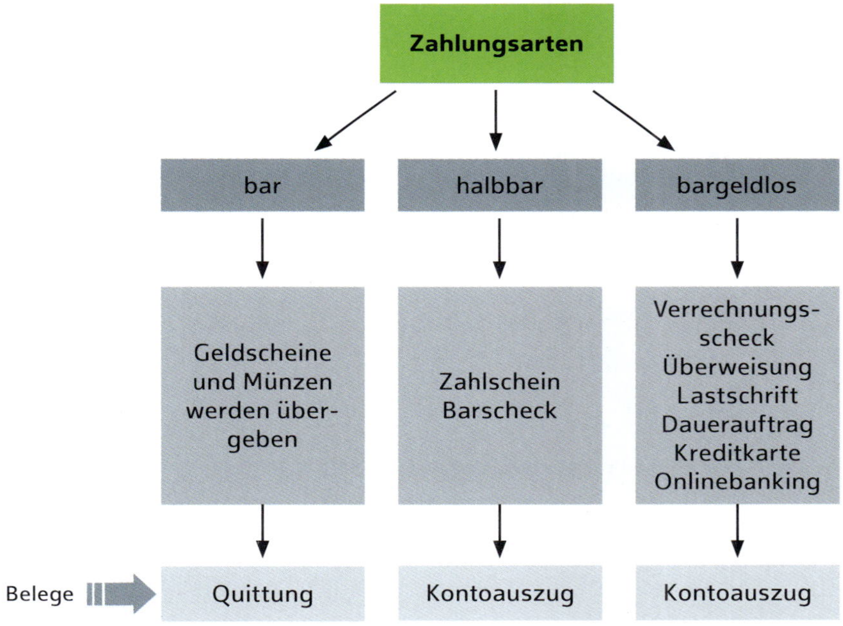

Wiederholung und Vertiefung

1. Beschreiben Sie den Unterschied zwischen Schriftverkehr und Belegen.
2. Nennen Sie Beispiele für beide Kategorien.

3. Wie hoch ist der Überweisungsbetrag aus der Eingangsrechnung, wenn der Skonto genutzt wird?
4. Bestimmen Sie für folgende Vorgänge eine passende Zahlungsart.
   a) Kauf von Briefmarken
   b) Weiterleitung von Fremdgeld an eine Person, die kein Konto hat
   c) Begleichung einer Eingangsrechnung für den Kauf von Büromöbeln
   d) Mietzahlungen für die Räume einer Rechtsanwaltskanzlei
   e) Umsatzsteuervorauszahlungen
5. Welche Vor- und Nachteile hat die Zahlung per Kreditkarte?
6. Welche Voraussetzungen verlangt das Onlinebanking?

2 Grundlagen der Buchführung

Die tägliche Praxis der Buchführung besteht darin, Geschäftsfälle anhand von Belegen zu erfassen, wie z. B. Eingangsrechnungen, Kopien von Ausgangsrechnungen (Kostenrechnung), Quittungen und Kontoauszüge. So entsteht ein Datenpool, der für verschiedene Zwecke genutzt werden kann, wie z. B. die Bereitstellung von Informationen über den finanziellen Erfolg einer Kanzlei, die Vorbereitung der Steuererklärungen oder Beweismittel in einem Prozess.

Lernsituation

In der Kanzlei sind während des Jahrs sehr viele Buchungsbelege angefallen. Viele Ordner platzen aus allen Nähten und die Aktenschränke bieten keinen Platz mehr.

Julia Hoffmann wird von Marion Webermann beauftragt, nicht mehr benötigte Unterlagen herauszunehmen und zu entsorgen. Einige Belege sind bereits seit mehr als fünf Jahren in den Ordnern und die Frage ist, wie lange sie noch in der Kanzlei aufzubewahren sind. Dabei schaut sie sich einige Belege genauer an. Ihr fällt auf, wie vielfältig die Informationen sind, die in Buchführungsbelegen und anderen Aufzeichnungen enthalten sind. Julia Hoffmann fragt sich, ob die Dokumentation in jeder Kanzlei gleich aussieht oder ob verschiedene Gestaltungsmöglichkeiten denkbar sind.

Sie überlegt, ob es verbindliche Regeln gibt, wie mit Unterlagen umzugehen ist und welche Folgen ein nicht sachgerechter Umgang haben könnte.

Unklar ist ihr noch die korrekte Darstellung von kleinen Barkäufen für Blumen oder Kaffee.

Arbeitsaufträge:

a) Informieren Sie sich über die gesetzlichen Grundlagen der Buchführungs- und Aufzeichnungspflichten.
b) Nennen Sie Beispiele für Aufzeichnungspflichten.
c) Stellen Sie fest, nach wie vielen Jahren Unterlagen vernichtet werden können.
d) Erstellen Sie für die Quittungen und für die Büroausstattung ihres Ausbildungsbetriebs je eine Liste.
e) Diskutieren Sie miteinander die Bedeutung der Dokumentationen.
f) Reflektieren Sie anschließend Ihr Wissen.

2.1 Ordnungsmäßige Buchführung

Wenn in der Buchführung die Einhaltung von mehreren Grundsätzen berücksichtigt wird, kann sie als ordnungsmäßig bezeichnet werden. Die Regelungen sind abgeleitet aus dem Handelsgesetzbuch, der Abgabenordnung, aus der Verwaltungsvorschrift über die Grundsätze ordnungsmäßiger Buchführung erweitert um den Datenzugriff (GoBD) und auch aus branchenspezifischen Vorschriften wie z. B. der BRAO.

Grundsätzlich ist eine Buchführung anerkannt, wenn sich ein sachverständiger Dritter (z. B. ein Betriebsprüfer oder Wirtschaftsprüfer) in angemessener Zeit einen Überblick über die Vermögens-, Schulden- und Ertragslage machen kann.

Hinweis: Dieser Grundsatz wird sowohl in § 238 HGB als auch in § 145 AO beschrieben.

2.1.1 Grundsätze ordnungsmäßiger Buchführung

vgl. LF 6, Kap. 4

Sowohl im Handelsgesetzbuch als auch in der Abgabenordnung wird dieser Begriff (GoB) eingesetzt. Er ist über einige Jahrhunderte in der Praxis der kaufmännischen Buchführung entstanden und stellt einen unbestimmten Rechtsbegriff dar. Für die Verarbeitung der Belege sind Ordnungsvorschriften in den §§ 238, 239 und 257 HGB sowie § 146 AO festgelegt. In einer ordnungsmäßigen Buchführung werden die erforderlichen Bücher geführt. Sie müssen förmlich in Ordnung sein und inhaltlich richtig geführt werden.

Als Grundsätze ordnungsmäßiger Buchführung (GoB) gelten:

Grundsatz der Übersichtlichkeit

vergl. LF 6, Kap. 3.2

- Die Änderungen in den Buchungen müssen erkennbar sein.
- Die Geschäftsfälle müssen geordnet (Kontenrahmen) dargestellt werden und einen Überblick über die Vermögens- und Finanzlage vermitteln.
- Die Buchungen sind einzeln und geordnet auf Konten darzustellen.
- Die angewendeten DV-Verfahren müssen in einer Verfahrensdokumentation verständlich und nachvollziehbar sein.
- Das eingesetzte Verfahren muss mit dem in der Dokumentation beschriebenen Verfahren identisch sein.

- Bücher, Belege, Bestandsverzeichnisse, Jahresabschlüsse und Arbeitsanweisungen müssen zehn Jahre lang aufbewahrt werden.

Grundsatz der Sicherheit

- Die Buchführungsunterlagen müssen sicher aufbewahrt werden.
- Die Speicherung auf Datenträgern ist zulässig, wenn die Daten mit einem entsprechenden Gerät jederzeit bis zum Ende der Aufbewahrungsfrist, lesbar gemacht werden können. Auch Cloud Services können genutzt werden.

Grundsatz der Vollständigkeit

Die Erfassung der Geschäftsfälle muss chronologisch, richtig, vollständig und zeitgerecht erfolgt sein.

Grundsatz der Richtigkeit

Der Inhalt der Buchung muss mit den Informationen auf dem Beleg identisch sein.

Belegprinzip

- keine Buchung ohne Beleg

Hinweis: Für elektronisch erstellte Bücher und Aufzeichnungen gelten die gleichen Anforderungen an die Ordnungsmäßigkeit wie für von Hand gefertigte Unterlagen.

2.1.2 Formelle und materielle Mängel der Buchführung

Gelegentlich kommt es vor, dass die Grundsätze der ordnungsmäßigen Buchführung nicht durchgängig eingehalten wurden. Bei einer Betriebsprüfung durch das Finanzamt können dann Mängel festgestellt werden. Die Finanzbehörde unterscheidet in:

formelle Mängel	materielle Mängel
• Durch viele Stornobuchungen kann ein Dritter sich nicht schnell informieren. • Es wurde nicht chronologisch gebucht. • Abkürzungen wurden zweideutig verwendet. • Das Kassenbuch wurde nur alle zwei Monate erstellt. • Entfernung von Buchungen	• Buchungen sind nicht nachvollziehbar. • Einnahmen wurden nicht oder nicht vollständig gebucht. • Private Ausgaben werden als Betriebsausgaben gebucht.

Wenn das Finanzamt den Umfang der Mängel als erheblich einstuft, wird die Buchführung nicht als ordnungsmäßig anerkannt. Das kann zu einer Schätzung der Besteuerungsgrundlagen führen. Das Finanzamt würde sich dann überwiegend an den Zahlen vergangener Jahre orientieren.

Merke: Eine ordnungsmäßige Buchführung ist die Grundlage für die Feststellung der Höhe der zu leistenden Steuerzahlungen.

2.2 Gesetzliche Aufbewahrungsfristen

Für die meisten Unterlagen, die in einer Organisation vorhanden sind, hat der Gesetzgeber Aufbewahrungsfristen festgelegt. Die wichtigsten werden in der folgenden Übersicht dargestellt:

LF 6, Kap. 2.3.2

Frist: zehn Jahre	Frist: sechs Jahre
• Buchhaltungsunterlagen • steuerrechtlich relevante Aktenvermerke • Arbeitsanweisungen für die EDV-Buchführung • Datensicherung • Beitragsabrechnungen zur Sozialversicherung	• An-, Ab- und Ummeldungen zur Krankenversicherung • Geschäftsbriefe • Verträge • Bestandsverzeichnis • Angebote, die zu einem Auftrag geführt haben

Die Frist beginnt nach Ablauf des Jahrs, in dem die Unterlage entstanden ist.

▶ **Beispiel:** Eingangsrechnung vom 10.10.2023, Beginn der Frist: 01.01.2024, Ende der Aufbewahrung: 31.12.2033. Die Belege können am 01.01.2034 vernichtet werden.

2.3 Darstellungs- und Aufzeichnungspflichten in Rechtsanwaltskanzlei und Notariat

In jeder Organisation gelten für spezielle Sachverhalte auch besondere Pflichten der Bereitstellung von Informationen. Das gilt auch für Rechtsanwaltskanzleien und Notariate.

2.3.1 Kassenbuch

Einkäufe von Büromaterial, Briefmarken oder Kaffee in geringem Umfang werden meistens bar bezahlt. Dafür liegen in einer Kasse Scheine und Münzen bereit. Wenn alles ausgegeben ist, kann sie durch einen Transfer vom Bankkonto aufgefüllt werden. Manchmal begleichen Mandanten ihre Kostenrechnung auch mit Bargeld und so stehen neue Mittel für Ausgaben zur Verfügung.

Die Geldbewegungen müssen in einem Kassenbuch aufgelistet werden, damit sie nachvollziehbar sind.

Kasseneinnahmen und -ausgaben sind entsprechend § 146 Abs. 1 S. 2 AO täglich aufzuführen. Dazu wird ein Formblatt mit einer bestimmten Struktur genutzt:

Kassenbuch					
Datum	**Einzahlung**	**Auszahlung**	**USt**	**Bestand**	**Bemerkungen**
01.01.24	500,00 €				Banktransfer
05.01.24		21,40 €	7 %	478,60 €	Buchkauf
07.01.24	59,50 €		19 %	538,10 €	Mandanteneinzahlung
usw.					

Am Ende des Tags erfolgt auf dem Kassenblatt eine Zusammenfassung:

Anfangsbestand:	500,00 €
+ Einzahlungen	59,50 €
– Auszahlungen	21,40 €
Schlussbestand	538,10 €

Der errechnete Schlussbestand in Höhe von 538,10 € muss mit dem Wert der gezählten Scheine und Münzen aus der Kasse übereinstimmen.

Merke: In einem Kassenbuch werden nur Geschäftsfälle erfasst, die das Bargeld verändern.

2.3.2 Bestandsverzeichnis

Steuerrechtliche Bestimmungen schreiben vor, ein Bestandsverzeichnis zu führen. Es beinhaltet alle beweglichen Gegenstände, also die gesamte Büroausstattung und alle Betriebs-Pkw. Dieser Vorgang wird als körperliche Bestandsaufnahme bezeichnet.

Bestandsverzeichnis					
Datum des Kaufs	**Art des Gegenstands**	**Wert des Gegenstands**	**Abschreibungen**	**Restwert**	**Tag des Verkaufs**
25.01.21	Pkw	24 000,00 €	8 000,00 €	16 000,00 €	22.12.21
10.01.24	Schrank	1 300,00 €	100,00 €	1 200,00 €	
usw.					

LF 6 Kap. 3.1.2

Das Bestandsverzeichnis zeigt, welche beweglichen Vermögensgegenstände in der Kanzlei oder im Notariat vorhanden sind.

Hinweis: Rechtsanwaltskanzleien und Notariate, die eine kaufmännische Buchführung praktizieren, müssen Grundstücke und Gebäude auch mitaufnehmen.

LF 6 Kap. 4

2.3.3 Fremdgeld und Anderkonto in der Rechtsanwaltskanzlei

Zu den Grundpflichten des Rechtsanwalts gehört es, Fremdgeld unverzüglich an den Empfangsberechtigten weiterzuleiten oder auf ein Anderkonto einzuzahlen (§ 43 a Abs. 7 BRAO).

Definition:

- Bei **Fremdgeld** handelt es sich um Geldbeträge, die dritte Personen (z. B. gegnerische Haftpflichtversicherung, Gegenseite) auf das Anderkonto von Rechtsanwälten oder Notaren zahlen. Diese Geldbeträge gehören in der Regel den Mandantschaften und sind, sofern die Voraussetzungen vorliegen, an diese auszuzahlen. Fremdgeld darf nur angenommen werden, wenn eine sog. Inkassovollmacht (= Geldempfangsvollmacht) vorliegt.
- Das **Anderkonto** ist ein besonderes Bankkonto, das für die treuhänderische Verwaltung des Gelds einer bzw. mehrerer Mandantschaften eingerichtet wird (Einzel- bzw. Sammelanderkonto). Verfügungsberechtigt ist ausschließlich der Treuhänder, also der beauftragte Rechtsanwalt oder Notar.

Gemäß § 4 Abs. 2 BORA kann Fremdgeld jedoch auf einem Anderkonto verwaltet werden, wenn eine unverzügliche Weiterleitung an den Berechtigten nicht möglich ist. Zu beachten ist dabei, dass auf einem Sammelanderkonto Beträge über 15 000,00 € für eine einzelne Mandantschaft nicht länger als einen Monat verwaltet werden dürfen. In diesen Fällen sind dann Einzelanderkonten anzulegen. Spätestens mit der Beendigung des Mandats muss jedoch über Fremdgelder abgerechnet werden.

vgl. LF 4, Kap. 4.6.4

Merke: Bei der Weiterleitung von Fremdgeld an die Mandantschaft kann eine Hebegebühr abgerechnet werden. Eine Honorarforderung darf jedoch nicht mit Fremdgeld verrechnet werden, wenn dieses zweckgebunden zur Auszahlung an dritte Personen (z. B. Sachverständige) bestimmt ist (§ 4 Abs. 2 BORA).

Hinweis: Sonstige Vermögenswerte (z. B. Schmuck, Wertpapiere, Urkunden) muss der Rechtsanwalt mit der erforderlichen Sorgfalt behandeln (§ 43 a Abs. 5 BRAO) und, sofern eine unverzügliche Weiterleitung an den Berechtigten, also in der Regel die Mandantschaft, nicht möglich ist, gesondert verwahren (§ 4 Abs. 1 S. 4 BORA).

2.3.4 Fremdgeld und Anderkonto im Notariat

Auch Notare müssen Geld, Wertpapiere und Kostbarkeiten, die ihnen von den Beteiligten übergeben werden, aufbewahren oder die Ablieferung an Dritte übernehmen (§ 23 BNotO). Gemäß § 58 BeurkG ist der Notar verpflichtet, Fremdgelder unverzüglich einem Sonderkonto, dem Notaranderkonto, zuzuführen. Fremdgelder und deren Erträge dürfen auch nicht nur vorübergehend auf einem anderen Konto als dem Notaranderkonto oder eines Dritten geführt werden. Zu beachten ist dabei, dass für jede Verwahrungsmasse ein gesondertes Notaranderkonto geführt werden muss und Sammelanderkonten nicht zulässig sind.

Merke: Verfügungen zugunsten des Notars sind lediglich zur Begleichung von Kostenforderungen aus dem zugrunde liegenden Amtsgeschäft unter Angabe des Verwendungszwecks und nur dann zulässig, wenn hierfür eine notarielle Kostenrechnung erteilt und dem Kostenschuldner zugegangen sowie Auszahlungsreife gegeben ist (§ 58 Abs. 3 S. 8 BeurkG).

Der Notar ist gem. § 62 BeurkG berechtigt, sonstige Vermögenswerte (z. B. Wertpapiere, Kostbarkeiten) auch einer Bank in Verwahrung zu geben. Er ist dabei grds. nicht verpflichtet, von ihm verwahrte Wertpapiere zu verwalten.

Gemäß § 1 NotAktVV müssen die Notare für die Verwaltung von Vermögensmassen, Geld und Gegenständen ein Verwahrungsverzeichnis führen.

vgl. LF 9 (ReNo), Kap. 3.2.2

Hinweis:

- Das Verwahrungsverzeichnis ist gem. § 50 Abs. 1 Nr. 2 NotAktVV 30 Jahre aufzubewahren.
- Für alle bis zum 31.12.2021 noch nicht abgeschlossenen Massen gilt noch die bisherige Regelung, dass also Verwahrungsbuch, Massenbuch und Anderkontenliste zu führen sind.

2.3.5 Kostenblatt

In den Mandantenakten sollten sowohl in der Rechtsanwaltskanzlei als auch im Notariat Kostenblätter geführt werden. Oftmals werden die Zahlungen bei der Eingabe in die Rechtsanwaltssoftware o. Ä. automatisch in ein Kostenblatt übernommen.

Definition: Ein Kostenblatt beinhaltet Einnahmen und Ausgaben für alle mit einem Mandat zusammenhängende Vorfälle.

Das Kostenblatt muss sehr sorgfältig geführt werden, damit sämtliche Zahlungen der Akte zugeordnet werden können und damit auf einen Blick ersichtlich ist, ob bei Ratenzahlungen regelmäßig pünktlich gezahlt wird.

▶ Beispiel:

Kostenblatt Bernd Müller									
Datum	Geschäftsfall	Einnahmen in Euro				Ausgaben in Euro			
		ver-ausl. Kosten	Hon.	USt.	FG	ver-ausl. Kosten	Hon.	USt.	FG
01.03.2024	Zahlung v. Gegenseite				20 000,00				
30.03.2024	Weiterleitung an Mandantschaft								20 000,00

Zusammenfassung

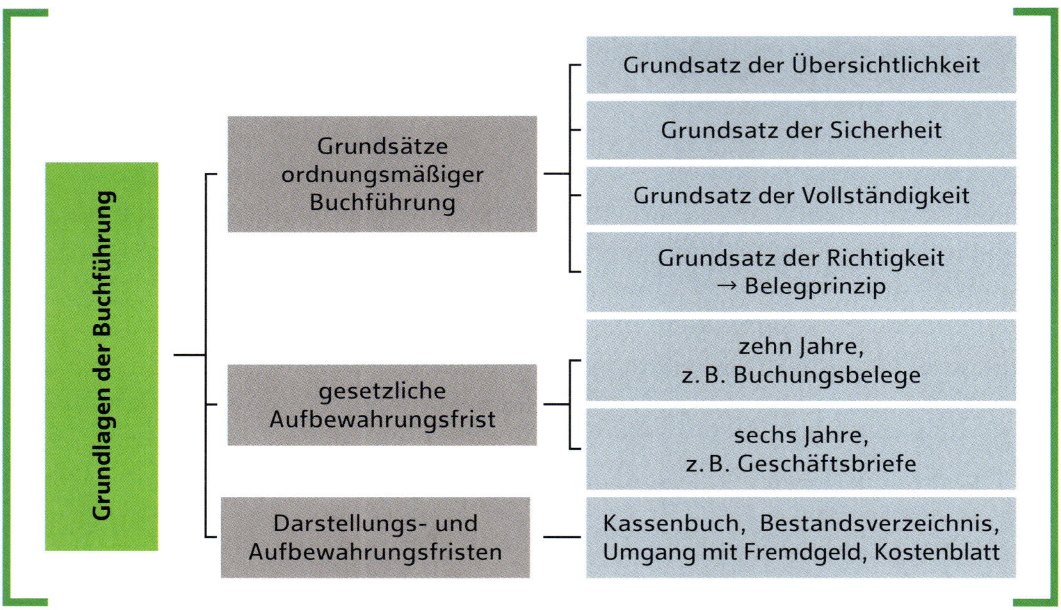

◀◀ Wiederholung und Vertiefung

1. Welcher Grundsatz ordnungsmäßiger Buchführung wurde nicht eingehalten, wenn
   a) Belege nach acht Jahren vernichtet wurden,
   b) der Kauf eines Pkw nicht erfasst wurde,
   c) mehrere Einkäufe zusammen gebucht wurden,
   d) für eine Buchung kein Beleg vorhanden ist,

e) die Verfahrensdokumentation für den EDV-Bereich unverständlich geschrieben wurde,
f) die Unterlagen in einem feuchten, nicht abschließbaren Kellerraum aufbewahrt werden,
g) eine Zahl mit einem Korrekturroller unkenntlich gemacht wurde,
h) ein Honorar nur zur Hälfte gebucht wurde?

2. Beschreiben Sie je zwei formelle und materielle Mängel.
3. Welche Folgen hat es, wenn das Finanzamt die Buchführung nicht als ordnungsmäßig anerkennt?
4. Erstellen Sie mit Excel ein Kassenbuch und stellen Sie zwei Einzahlungen und zwei Auszahlungen dar.
5. Führen Sie für Ihren Ausbildungsbetrieb eine Bestandsaufnahme durch und halten Sie die Ergebnisse in einem Bestandsverzeichnis fest.
6. Beschreiben Sie den Umgang mit Fremdgeld und Anderkonten im Rechtsanwaltsbereich.

3 Ermittlung des Gewinns mit der Einnahmenüberschussrechnung

vgl. ▶ § 4 EStG

vgl. LF 6, Kap. 4.2

Jede erwerbswirtschaftlich orientierte Organisation, also auch Rechtsanwaltskanzleien, ist verpflichtet, jährlich den Gewinn zu ermitteln. Der Überschuss wird festgestellt, indem von den Einnahmen die Ausgaben abgezogen werden. Er ist die Grundlage zur Berechnung der Einkommensteuer. Zur Feststellung dieser Steuerbemessungsgrundlage ist die Anwendung von zwei Methoden, je nachdem welche Gesetze gelten, möglich. Die kaufmännische Buchführung ist eine sehr differenzierte und von vielen Bestimmungen begleitete Art, die Geschäftsfälle zu dokumentieren. Die Einnahmenüberschussrechnung (EÜR) hat ihre Informationsgrundlagen in einer einfachen Buchführung und beinhaltet eine andere Form der Gewinnermittlung, die von freiberuflich Tätigen angewendet werden kann. Ein Formular, das vom Bundesfinanzministerium herausgegeben wurde, bestimmt den Aufbau der Einnahmenüberschussrechnung.

Lernsituation

Am Ende des Jahrs sind alle Buchführungsbelege entsprechend den Vorschriften sortiert, gebucht und abgelegt.

Die steuerrechtlich wichtigen Informationen müssen dem Finanzamt zur Feststellung der Steuerhöhe übermittelt werden. Marion Webermann beauftragt Annika Sauer und Julia Hoffmann mit den Vorbereitungen. Annika Sauer ist der Meinung, dass der Finanzbehörde die Buchführungsdaten aus allen Geschäftsfällen mitgeteilt werden müssen. Dazu gehören dann die Rechnungen über sämtliche Einkäufe, die in dem Jahr getätigt wurden. Julia Hoffmann will aber nur die Kontoauszüge und Quittungen berücksichtigen, also nur Vorgänge bei denen Geld geflossen ist.

Die beiden diskutieren auch, welche Erkenntnisse aus dem Datenpool der Buchführung gewonnen werden und welchen Nutzen sie für Entscheidungen haben können.

Noch nicht ganz sicher sind sich beide, in welcher Form und auf welchem Weg das Finanzamt die steuerrechtlich wichtigen Zahlen bekommen wird.

Arbeitsaufträge:

a) Diskutieren Sie miteinander, welche Informationen das Finanzamt für die Feststellung der Steuerhöhe benötigt.
b) Stellen Sie fest, welche Belege es gibt, auf denen ein Zahlungsfluss erkennbar ist.
c) Überlegen Sie, ob es Geschäftsfälle geben könnte, die steuerlich wichtig sind, aber keinen Geldfluss beinhalten.
d) Recherchieren Sie, welche Aussage über das Ergebnis der Einnahmenüberschussrechnung getroffen werden kann.
e) Ermitteln Sie mithilfe des Internets das Formular für die Übermittlung der Einnahmenüberschussrechnung an die Finanzbehörde.
f) Reflektieren Sie anschließend Ihr Wissen.

3.1 Einnahmenüberschussrechnung (EÜR)

Für die Erfassung von Einnahmen und Ausgaben gilt das Abfluss- bzw. Zuflussprinzip. Der „-fluss" bezieht sich auf die Zahlungswirksamkeit von Geschäftsfällen. Dabei werden fast nur Vorgänge berücksichtigt, die den Kassen- oder Bankbestand verändern und auch die Gewinnhöhe beeinflussen, z. B. die Überweisung der Gehälter.

zahlungswirksame Vorgänge	
Zahlungseingang	**Zahlungsausgang**
z. B.: • Mandantschaft überweist den Betrag der Rechnung • Gutschrift von Zinsen aus Guthaben • Erlös aus dem Verkauf des Betriebs-Pkws	z. B.: • Rechtsanwaltskanzlei begleicht eine Rechnung für den Einkauf von Büromaterial • Abbuchung von Darlehenszinsen • Überweisung der Vergütungen

3.1.1 Ausnahmen vom Abfluss- bzw. Zuflussprinzip

Von dem Grundsatz, nur die Geschäftsfälle zu berücksichtigen, die den Geldbestand verändern, muss in drei Fällen abgewichen werden.

Ausnahmen vom Abfluss- bzw. Zuflussprinzip

- Entnahme von Gegenständen
- Kauf von Anlagevermögen
- Zehn-Tages-Frist

Entnahme von Gegenständen

vgl. LF 6, Kap. 3.1.2

Ein Steuerpflichtiger kann einen Gegenstand (z. B. PC), der für den betrieblichen Gebrauch gekauft wurde, auch mit nach Hause nehmen und privat nutzen. Dadurch entsteht eine Einnahme in Höhe des Restbuchwerts.

▶ **Beispiel:** In der Rechtsanwaltskanzlei werden mehrere Computer in den verschiedenen Bereichen eingesetzt. Ein PC hat sich als nicht mehr ausreichend für die Erledigung der Arbeit herausgestellt, er ist veraltet. Er wird aus dem Betrieb herausgenommen und für eine private Nutzung durch Dr. Annette Neumann zur Verfügung gestellt. Es muss also berechnet werden, wie viel der PC noch wert ist. Diese Größe wird als Einnahme in der Einnahmenüberschussrechnung sichtbar.

Kauf von Anlagevermögen

Eine weitere Besonderheit entsteht beim Kauf bzw. bei der Bezahlung von Gegenständen, die mit der Absicht gekauft wurden, über einen langen Zeitraum genutzt zu werden, z. B. ein Pkw oder ein Schreibtisch.

▶ **Beispiel:** Die Grundlage ist eine Eingangsrechnung mit einem Bruttokaufpreis in Höhe von 28 560,00 € abzgl. Umsatzsteuer in Höhe von 4 560,00 € und einem Nettokaufpreis von 24 000,00 €. Sie wird mit dem Nettokaufpreis (also ohne Umsatzsteuer) in einem Bestandsverzeichnis aufgeführt. Durch den Gebrauch (Fahren des Pkw) verliert dieser an Wert. Diese Wertminderungen werden in der Buchhaltung Abschreibungen genannt. Abschreibungen werden als Betriebsausgabe erfasst, obwohl zu diesem Zeitpunkt kein Geld fließt.

vgl. LF 6, Kap. 3.1.2

vgl. LF 6, Kap. 2.3.2

Hinweis: Das Formular für das Bestandsverzeichnis ist unter www.elster.de abrufbar.

Zehn-Tages-Frist

Für ständig wiederkehrende Einnahmen und Ausgaben, wie z. B. Miete und Vergütungen, gilt die Zehn-Tages-Frist. Sie müssen dem Zeitraum der Entstehung und nicht dem Zeitpunkt der Zahlung zugeordnet werden.

▶ **Beispiel:** Der Mietvertrag für die Räume der Rechtsanwaltskanzlei legt fest, dass die Zahlung der Miete in Höhe von 1 800,00 € immer drei Tage vor Ablauf des Monats für den kommenden Monat auf dem Konto des Vermieters sein muss. Auf dem Bankauszug ist die Abbuchung am 27. Dezember sichtbar. Die Mietausgabe wird erst bei der EÜR des folgenden Jahrs berücksichtigt, weil die Mietschuld erst im Januar entsteht.

Hinweis: Zahlungen für den Energieverbrauch, Beiträge zu Berufsverbänden, Kommunikationskosten, Kontogebühren, Löhne und Zinsen können auch in den Zeitraum von zehn Tagen vor oder nach dem Jahresabschluss fallen.

3.1.2 Abschreibungen des Anlagevermögens

Wenn Gegenstände benutzt werden, nutzen sie sich auch ab. Der Gesetzgeber schreibt für Gegenstände des Anlagevermögens die Darstellung der durch Gebrauch verursachten Wertminderungen vor. In der Buchhaltung erscheinen sie als Abschreibungen. Das Steuerrecht verlangt in der Regel die Absetzung für Abnutzung (AfA) in gleichen Jahresraten, ausgehend von den Anschaffungskosten.

vgl. ▶ § 7 Abs. 1 EStG

Merke: Wertminderungen, Abschreibungen und Absetzung für Abnutzung sind unterschiedliche Begriffe für den gleichen Sachverhalt.

Die Anzahl der Jahresraten entspricht der Nutzungsdauer des Vermögensgegenstands, z. B. des Pkws. Eine Übersicht der anwendbaren Nutzungsdauern wird vom Bundesfinanzministerium durch die AfA-Tabelle bereitgestellt. Die Länge der Nutzungsdauern beruht auf Erfahrungswerten.

Auszug aus der AfA-Tabelle

Gegenstand	Nutzungsdauer in Jahren
Bürogebäude	33,33
Pkw	6
Büromöbel	13
PC	3
Software	3
Fernsprechnebenanlagen	10
Vervielfältigungsgeräte	7

Zusätzlich zu den regelmäßigen Abschreibungen (planmäßige Abschreibungen) ist der Ansatz von außerplanmäßigen Abschreibungen unter bestimmten Voraussetzungen möglich.

▶ **Beispiel:** Durch einen Unfall wird der Betriebs-Pkw der Kanzlei beschädigt. Die von einem Gutachter festgestellte Wertminderung ist die Höhe der außerplanmäßigen Abschreibung.

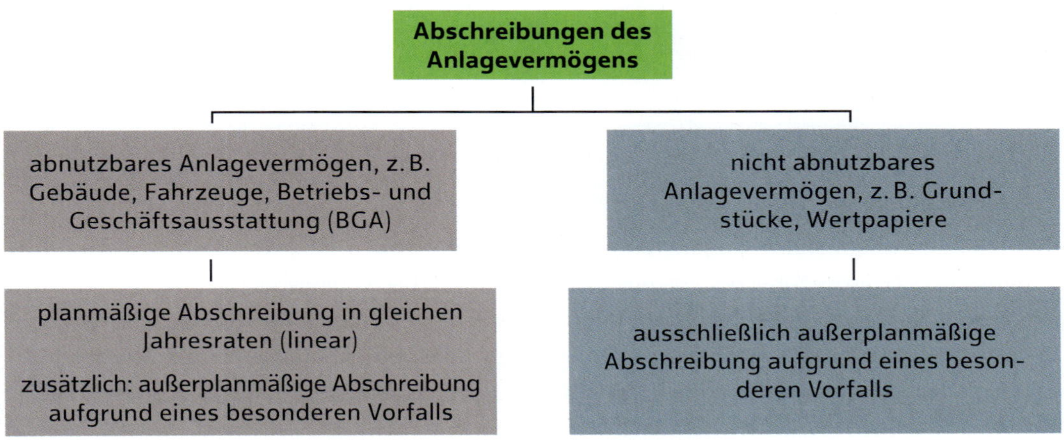

▶ **Beispiele** zur Berechnung des Restbuchwerts:
Eine Rechtsanwaltskanzlei hat im vorigen Jahr einen PC angeschafft, Nettopreis 3600,00 €. Die Nutzungsdauer lt. AfA-Tabelle beträgt drei Jahre. Zum 31. Dezember des zweiten Nutzungsjahrs wird der PC in das Privatvermögen überführt.

Anschaffungskosten	3600,00 €
planmäßige Abschreibung 1. Jahr	1200,00 €
Restbuchwert 1. Jahr	2400,00 €
planmäßige Abschreibung 2. Jahr	1200,00 €
Restbuchwert 2. Jahr	1200,00 €

Der Restbuchwert in Höhe von 1200,00 € ist als Einnahme in der EÜR des zweiten Jahrs aufzunehmen.

Der Betriebs-Pkw wurde zu einem Kaufpreis in Höhe von 24000,00 € angeschafft. Es gilt eine Nutzungsdauer von sechs Jahren. Im dritten Jahr verursacht ein Unfall einen Schaden. Die vom Gutachter festgestellte Wertminderung beträgt 4000,00 €. Am Ende des dritten Jahrs wird entschieden, den Pkw in das Privatvermögen zu überführen.

Anschaffungskosten	24000,00 €
planmäßige Abschreibung 1. Jahr	4000,00 €
Restbuchwert 1. Jahr	20000,00 €
planmäßige Abschreibung 2. Jahr	4000,00 €
Restbuchwert 2. Jahr	16000,00 €
außerplanmäßige Abschreibung	4000,00 €
Restbuchwert	12000,00 €
planmäßige Abschreibung 3. Jahr	3000,00 €
Restbuchwert 3. Jahr	9000,00 €

Der Betrag in Höhe von 9000,00 € ist als Einnahme in die EÜR des dritten Jahrs aufzunehmen. Für die Buchhaltung muss ein Beleg geschrieben werden, der „Eigenbeleg“ genannt wird.

Hinweis: Die Berechnung von Abschreibungen erfolgt monatsgenau. Zum Beispiel: Kauf am 05.07.2024 bedeutet Abschreibungen für sechs Monate.

3.1.3 Geringwertige Wirtschaftsgüter (GWG)

Die Bestimmung eines Gegenstands als geringwertiges Wirtschaftsgut wird über § 6 Abs. 2 EStG vorgenommen. Es muss sich um abnutzbares bewegliches Anlagevermögen handeln, z. B. Telefone oder Kleinmöbel. Grundstücke oder Gebäude fallen also nicht darunter. Zusätzlich muss die selbstständige Nutzung möglich sein. Der Monitor einer EDV-Anlage ist kein GWG. Außer dieser inhaltlichen Definition werden noch Wertgrenzen für die Beurteilung hinzugezogen:

Geringwertige Wirtschaftsgüter (Regelung ab 2018)

Wert bis 250,00 € netto; Betrag sofort als Aufwand erfassen oder über die Nutzungsdauer abschreiben	Wert 250,01 € bis 800,00 € netto; Betrag sofort als Aufwand erfassen oder über die Nutzungsdauer abschreiben oder Sammelposten bilden	Wert 800,01 € bis 1 000,00 € netto; Betrag über die Nutzungsdauer abschreiben oder Sammelposten bilden

Ein Sammelposten „sammelt“ pro Jahr alle als geringwertig bestimmten Wirtschaftsgüter in einem „Posten“.

Für die Auflösung gilt eine Frist von fünf Jahren (entspricht einer Nutzungsdauer). Es sind einige Besonderheiten zu beachten. In diesem Zusammenhang gibt es keine monatsgenauen Abschreibungen. Sollte ein Gegenstand nicht mehr in der Rechtsanwaltskanzlei vorhanden sein (Verkauf, Entsorgung), verbleibt der Betrag trotzdem im Sammelposten.

▶ **Beispiel:** Im Jahr 2023 wurden verschiedene geringwertige Gegenstände erworben und ein Sammelposten gebildet:

Schreibtisch	570,00 €
Laptop	780,00 €
Bürosessel	300,00 €
Gesamtbetrag	1 650,00 €

Auflösungsdauer fünf Jahre
Betrag pro Jahr 330,00 €

Merke: Der Auflösungsbetrag in Höhe von 330,00 € ist eine nicht zahlungswirksame Betriebsausgabe, die über fünf Jahre in der Einnahmenüberschussrechnung den Gewinn mindert. Es ist dieselbe Auswirkung wie alle Abschreibungen.

Hinweis: Für 2024 ist eine Anhebung auf 1 000,00 € für die Sofortabschreibung geplant.

3.1.4 Betriebsausgaben

Jede Ausgabe, die bei der Ermittlung der Steuerbemessungsgrundlage, also des Überschusses/Gewinns, berücksichtigt wird, ist auch eine Betriebsausgabe. Darüber hinaus wird im Steuerrecht zwischen abzugsfähigen und nicht abzugsfähigen Betriebsausgaben unterschieden. Bei

Abzugsfähigkeit vermindert die Betriebsausgabe den Gewinn. Die übrigen Betriebsausgaben werden zwar gebucht, aber zum Zweck der Überschussermittlung wieder hinzugerechnet.

Von den Betriebsausgaben abzugrenzen sind Kosten der privaten Lebensführung, wie z. B. Lebensmitteleinkäufe für die Familie oder die Kosten eines Urlaubs. Sie sind nicht betrieblich veranlasst und können deshalb auch nicht zu einer geringeren Einkommensteuerzahlung führen.

vgl. ▶ § 4 Abs. 4 und 5 EStG

Betriebsausgaben	
abzugsfähig	**nicht abzugsfähig**
• Bewirtungskosten: 70 % der angemessenen Kosten • Geschenke an Geschäftsfreunde: 35,00 € pro Jahr und Person • Aufmerksamkeiten wie Kaffee und Kekse • Vergütungen • Miete • Zinsen • Versicherungsbeiträge • Kfz-Kosten • Büromaterial • usw.	• Bewirtungskosten: die restlichen 30 % • Geschenke an Geschäftsfreunde: bei Überschreiten der 35,00 € der gesamte Betrag • Repräsentationsaktionen mit Geschäftsfreunden wie Ausflüge mit einer Segelyacht oder Unterbringung im Gästehaus

Merke: Abzugsfähige Betriebsausgaben vermindern den steuerlichen Gewinn.

vgl. LF 6, Kap. 3.3

Für die Ermittlung des Gewinns werden abzugsfähige Betriebsausgaben von den Betriebseinnahmen (z. B. Honorare, private Nutzung des Pkws) abgezogen.

3.2 Kontenrahmen und Kontenplan

Fast jeder **Kontenrahmen** besteht aus zehn Kontenklassen. Er bietet sehr ausführlich Konten an, auf denen die Belege verbucht werden können. Jedes Konto hat eine Nummer. Die erste Zahl ist für die Kontenklasse, die zweite für die Kontengruppe. Zusammen mit der dritten Zahl entsteht die Kontonummer. Sie kann bei Bedarf erweitert werden. Der **Kontenplan** beinhaltet die Summe aller genutzten Konten, z. B. Erlöse, Verbindlichkeiten gegenüber Kreditinstituten, Miete und Vergütungen.

Konten und Belege

vgl. LF 6, Kap. 1

In Rechtsanwaltskanzleien sind durch den Ablauf von Geschäftsprozessen Belege entstanden, die jeweils einen Geschäftsfall abbilden.

▶ **Beispiel:**

Beschaffungsprozess → Einkauf von Büromaterial → Eingangsrechnung

Wenn die Rechtsanwaltskanzlei den Kontenrahmen DATEV **S**tandard**k**onten**r**ahmen (SKR) 04 für die Buchhaltung einsetzt, wird der Betrag der Eingangsrechnung der Kontenklasse 6 „betriebliche Aufwendungen", dem Konto 6815 „Bürobedarf" zum Zeitpunkt der Abbuchung vom Bankkonto, zugeordnet.

Hinweis: DATEV eingetragene Genossenschaft (eG) ist ein IT-Dienstleister und Softwarehaus. Mitglied können nur Angehörige der steuerberatenden, wirtschaftsprüfenden und rechtsberatenden Berufe werden.

Hinweis: Der Kontenrahmen DATEV SKR 04 steht im „DATEV-Shop" unter www.datev.de kostenlos zum Download bereit (Stand: Januar 2024).

3.3 Buchen auf Konten

Entsprechend dem Zweck einer Organisation wird ein passender Kontenrahmen gewählt. Jeder Kontenrahmen bietet sehr viele Konten an. Die Wahl der Konten wird durch die Art des Geschäftsfalls bestimmt. Für die Einnahmenüberschussrechnung sind alle Konten wichtig, die Einnahmen und Ausgaben enthalten, die zu einer Veränderung des Geldbestands führen und den Gewinn mindern.

Einnahmen

Betriebseinnahmen

- Einnahmen mit Zahlungsfluss, z. B. Begleichung einer Rechnung durch die Mandantschaft
- Einnahmen ohne Geldeingang, z. B. Überführung von Gegenständen, z. B. ein Schreibtisch, in das Privatvermögen

Ausgaben

Betriebsausgaben

Ausgaben ohne Auswirkung auf den Überschuss, z. B. Überweisung der Tilgung und einer Eingangsrechnung für Anlagevermögen, nicht abzugsfähige Betriebsausgaben

- Ausgaben mit Zahlungsfluss, z. B. Überweisung der Eingangsrechnung für Büromaterial
- Ausgaben ohne Zahlungsfluss, z. B. Abschreibungen des Anlagevermögens

3.3.1 Zahlungswirksame Betriebseinnahmen

vgl. LF 6, Kap. 1.3

▶ **Beispiel:** Einige Tage, nachdem Rechtsanwalt Peter Huber den Bauunternehmer Martin Schneider in seiner Erbschaftsangelegenheit beraten hat, ist die Rechnungsstellung für die erbrachte Leistung erfolgt. Kurz darauf ist auf dem Kontoauszug der Bank der Betrag in Höhe von 312,38 € als Zahlungseingang sichtbar.

vgl. LF 6, Kap. 5.2

Sowohl der Nettobetrag als auch die Umsatzsteuer stellen eine Betriebseinnahme dar, sie werden jedoch auf getrennten Konten dargestellt.

Entgelte für erbrachte Leistungen werden als betriebliche Erträge in der Kontenklasse 4 des DATEV SKR 04 geführt.

▶ **Beispiel:** Für diesen Vorgang werden die Konten Umsatzerlöse mit der Nummer 4000 und Umsatzsteuer mit der Nummer 3800 angeboten.

3.3.2 Nicht zahlungswirksame Betriebseinnahmen

vgl. LF 6, Kap. 3.1.2

Zum Zweck der Ermittlung des steuerpflichtigen Gewinns muss auch die Übernahme von Gegenständen aus dem Betrieb in das Privatvermögen gebucht werden. Da der Empfänger des Pkw Rechtsanwalt Peter Huber ist, muss eine „interne Rechnung“ erstellt werden. In der Buchhaltung wird dies „Eigenbeleg“ genannt. Die entscheidende Größe ist der Restbuchwert in Höhe von 9000,00 €. Er entsteht, wenn von den Anschaffungskosten die Abschreibungen abgezogen worden sind.

▶ **Beispiel:** Das entsprechende Konto im DATEV SKR 04 hat die Nummer 4600, das Umsatzsteuerkonto die Nummer 3800.

Hinweis: Bei Verkauf (nicht Entnahme) von Gegenständen stellt der Verkaufserlös eine zahlungswirksame Betriebseinnahme dar.

3.3.3 Zahlungswirksame Betriebsausgaben

Beispiele für zahlungswirksame Betriebsausgaben		
Zinsen	Büromaterial	Vergütungen

- Der Vertrag für das aufgenommene Darlehen sieht die jährliche Zahlung von Zinsen vor. Wenn auf dem Kontoauszug der Bank die Abbuchung der Zinsen von 2900,00 € erkennbar ist, ist das der Zeitpunkt der Buchung. vgl. LF 6, Kap. 1.3

  ▶ **Beispiel:** Die Buchung erfolgt in der Kontenklasse 7 auf dem Konto „Zinsen und ähnliche Aufwendungen“ mit der Nummer 7300.

- Die Eingangsrechnung für Büromaterial hatte einen Bruttobetrag in Höhe von 232,82 €. Bei Abbuchung vom Bankkonto wird dieser Gesamtbetrag in zwei Positionen aufgeteilt. vgl. LF 6, Kap. 1.1

  ▶ **Beispiel:** Der Nettobetrag in Höhe von 195,65 € muss auf dem Konto „Bürobedarf“, Kontonummer 6815 erfasst werden. Die in der Rechnung enthaltene Vorsteuer in Höhe von 37,17 € ist ebenfalls eine Betriebsausgabe. Sie wird jedoch einem separaten Konto (Vorsteuer 1400) zugewiesen. vgl. LF 6, Kap. 5.1 und 5.2.2

- Die Überweisungen der Vergütungen/Gehälter werden auf mehreren Konten dargestellt.

  ▶ **Beispiel:** Die Abbuchung der Gehälter und der Sozialversicherungsbeträge vom Bankkonto ist in der Kontenklasse 6 den Konten „Löhne und Gehälter“, Kontonummer 6000, und 6100 „Gesetzliche soziale Aufwendungen“ zuzuordnen.

Hinweis: Rechtsanwalt Peter Huber und Rechtsanwältin Dr. Annette Neumann führen die Kanzlei in der Form einer Partnerschaft. Auf der Basis der Regelungen ihres Partnerschaftsvertrags entnehmen sie Gelder für private Zwecke aus den laufenden Einnahmen. Sie bekommen deshalb keine Gehaltsüberweisung.

3.3.4 Nicht zahlungswirksame Betriebsausgaben

Der Gebrauch von Gegenständen (z. B. Büroausstattung oder Pkw) führt zu einer Abnutzung, die in der Buchhaltung „Abschreibung“ genannt wird. Keine Abschreibung führt zu einer Veränderung der Geldbestände. Sie ist als nicht zahlungswirksame Betriebsausgabe zu erfassen. Die Höhe des Betrags wird über die Nutzungsdauer bestimmt. vgl. LF 6, Kap. 3.1.2

▶ **Beispiel:** Für einen Pkw mit Anschaffungskosten in Höhe von 24000,00 € und einer Nutzungsdauer von sechs Jahren wird im ersten Jahr ein Abschreibungsbetrag von 4000,00 € berechnet. Dieser Betrag wird auf dem Konto „Abschreibungen auf Kfz“ mit der Nummer 6222 gebucht.

Merke: Der Eingang der Rechnung in Höhe von 24 000,00 € für den Kauf des Pkw wird nicht in die Einnahmenüberschussrechnung aufgenommen.

Hinweis: Für die Erfassung der Wertminderung von Software steht ein anderes Konto „Abschreibungen auf immaterielle Vermögensgegenstände“, Kontonummer 6200 zur Verfügung.

3.3.5 Zahlungen, die nicht den Überschuss beeinflussen

zahlungswirksame Vorgänge ohne Auswirkung auf den Gewinn		
Tilgung eines Darlehens	Bezahlung von gekauften Büromöbeln (Rechnungsausgleich)	nicht abzugsfähige Betriebsausgaben

Tilgung eines Darlehens

Zu den Konditionen eines Darlehensvertrags gehört immer die Vereinbarung, wie der Betrag zurückgezahlt werden muss. Diese Tilgung ist bei Abbuchung zwar zahlungswirksam, aber keine Betriebsausgabe, und darf deshalb die Steuerbemessungsgrundlage nicht beeinflussen. Nur die Zinsen vermindern den Überschuss, Tilgungsraten vermindern das Darlehen. Die Buchung erfolgt deshalb auf dem Darlehenskonto, auf dem bei Zahlung des Betrags durch die Bank auch das Darlehen bereits erfasst wurde.

▶ **Beispiel:** In der Kontenklasse 3 befindet sich das Konto „Verbindlichkeiten gegenüber Kreditinstituten“ mit der Nummer 3150.

Rechnungsausgleich

vgl. LF 6, Kap. 3.1.2

Die Zahlung von Rechnungsbeträgen für den Kauf von Gegenständen des Anlagevermögens, z. B. Büromöbel, führt zu einer Verminderung des Bankbestands, verändert jedoch nicht den Überschuss. Der Zusammenhang entsteht über die Abschreibungen. Nur sie dürfen den Gewinn verringern.

Nicht abzugsfähige Betriebsausgaben

Hierzu gehört u. a. der Anteil einer Betriebsausgabe, der nicht den Gewinn mindern darf.

Bewirtungskosten

▶ **Beispiel:** Rechtsanwalt Peter Huber und Rechtsanwältin Dr. Annette Neumann laden Kollegen zu einem Mittagessen ein. Es wird ein Gespräch stattfinden, inwieweit Kooperationen möglich sind. Für Essen und Getränke müssen 238,00 € bezahlt werden. Vom Nettobetrag in Höhe von 200,00 € sind 70 %, also 140,00 €, als Betriebsausgabe abzugsfähig, die restlichen 60,00 € nicht. Die Buchung dieser nicht abzugsfähigen Betriebsausgabe erfolgt auf dem Konto „nicht abzugsfähige Bewirtungskosten“, Kontonummer 6644.

Hinweis: Die Vorsteuer wird mit dem vollen Betrag in Höhe von 38,00 € als Betriebsausgabe in die Einnahmenüberschussrechnung aufgenommen.

vgl. LF 6, Kap. 5

Geschenke an Geschäftsfreunde

Auch bei Überschreiten der Grenze von 35,00 € für Geschenke an Geschäftsfreunde ist eine Besonderheit zu beachten. Es entwickelt sich eine nicht abzugsfähige Betriebsausgabe.

▶ **Beispiel:** Rechtsanwalt Peter Huber und Rechtsanwältin Dr. Annette Neumann pflegen Kontakte zu anderen Juristen. In der Vorweihnachtszeit werden bestimmte Personen beispielsweise mit einem Buch, einer Kiste Wein oder einem anderen Gegenstand beschenkt. Für den Kauf des Buchs wird eine Quittung in Höhe von 35,70 € in der Buchhaltung abgegeben. Der Nettobetrag in Höhe von 30,00 € würde den Überschuss als Betriebsausgabe mindern. Der Kollege Sascha Gutmeier hat aber während des Jahrs zum Geburtstag bereits ein Visitenkartenetui zu einem Nettowert von 10,00 € bekommen. Aus diesem Grund wird der Gesamtbetrag von 40,00 € (30,00 € und 10,00 €) netto eine nicht abzugsfähige Betriebsausgabe.

Wenn lediglich das Buch verschenkt worden wäre, erfolgte die Darstellung in der Kontenklasse 6 auf dem Konto „Geschenke abzugsfähig“ mit der Nummer 6610 mit 30,00 €.

Durch das zweite Geschenk verändert sich die Buchung. Sie erfolgt jetzt auf dem Konto „Geschenke nicht abzugsfähig“ mit der Kontonummer 6620 mit 40,00 €.

Hinweis: Wenn die Kosten für Geschenke nicht abzugsfähig sind, kann auch die gesamte Vorsteuer nicht berücksichtigt werden.

vgl. LF 6, Kap. 5

Merke: Bestimmte Geschäftsfälle führen nicht zu einer Veränderung des Gewinns.

3.3.6 Darstellung der Buchhaltungsvorgänge

Die Durchführung der Buchhaltung wird in der kaufmännischen Praxis in der Regel EDV-technisch gelöst. Dafür bieten Softwarehersteller entsprechende branchenspezifische Programme an. Zur Vorbereitung der Abgabe der Einnahmenüberschussrechnung an das Finanzamt kann auch eine eigene Darstellung, z. B. mit Excel, nützlich sein.

▶ **Beispiel:**

Übersicht EINNAHMEN – AUSGABEN

Bankbestand 9725,87 € EINNAHMEN						
Datum	**Kontonr.**	**Beleg**	**Geschäftsfall**	**brutto**	*Betriebs-einnahme* **USt**	*Betriebs-einnahme* **netto**
02.07.2024	4000	Bankauszug Nr. 14	AR Nr. 367/2024 Schneider	312,38 €	49,88 €	262,50 €
*	3150		Darleheneingang	100000,00 €		
*						
*						
31.12.2024	4600	Eigenbeleg	Entnahme Pkw	23800,00 €	3800,00 €	20000,00 €
			Summe der Betriebseinnahmen		3849,88 €	20262,50 €

Ausgaben							
Datum	**Kontonr.**	**Beleg**	**Geschäftsfall**	**brutto**	**USt**	**netto**	**nicht gewinn-mindernd**
03.07.2024	6815	Bankauszug Nr. 15	ER Nr. 239/2024 Büroausstat-	232,82 €	37,17 €	195,65 €	
	0520		tung GmbH		4560,00 €	(24000,00 €)	X
12.08.2024	6644	Quittung	Kauf Pkw	28560,00 €			
			Bewirtung von	238,00 €	38,00 €	140,00 €	60,00 €
27.12.2024		Bankauszug Nr. 21	Geschäftsfreunden				im
	6305		Miete für Januar	1800,00 €	–	(1800,00 €)	aktuellen
	3150		des Folgejahres	10000,00 €	–	(10000,00 €)	Jahr
	7300		Tilgungsrate	2900,00 €	–	2900,00 €	X
	6020		Abbuchung Zinsen	4550,00 €	–	4550,00 €	
		Anlagenverzeichnis	Auszahlung Vergütung		–	4000,00 €	
	6222		Abschreibung Pkw	4000,00 €			
			Summe Ausgaben		4635,17 €	47585,65 €	

Darüber hinaus sind Mieten (eventuell aus Untervermietung) und Zinsen ebenfalls Betriebseinnahmen. Zu den sonstigen abzugsfähigen Betriebsausgaben gehören z. B. Kosten für Telefon und Internet, Reparaturen, Kosten einer extern durchgeführten Buchhaltung, Versicherungen und Werbekosten.

Den Mandantschaften wurden Kostenrechnungen geschickt, von Lieferanten erhielt die Kanzlei Eingangsrechnungen. Für eine gute Übersicht ist es nützlich, die Konten „Forderungen mit Debitoren" und „Verbindlichkeiten mit Kreditoren" zu führen.

vgl. LF 6, Kap. 4.2.6

3.3.7 Auswertung von Buchhaltungsdaten

Wenn alle Geschäftsfälle in die Buchhaltung aufgenommen worden sind, stellt sich die Frage nach den Erkenntnissen, die sich daraus ableiten lassen. Für Rechtsanwaltskanzleien können zwei Beurteilungen wichtig werden. Die Zahlungsfähigkeit (Liquidität) und der betriebswirtschaftliche Gewinn.

Liquidität

Definition: Liquidität ist die Fähigkeit, Zahlungsverpflichtungen fristgerecht zu erfüllen.

Zur Feststellung der Liquidität wird der Bankbestand (eventuell auch Kassenbestände) zu den unbezahlten Rechnungen und anderen Verbindlichkeiten in Beziehung gesetzt.

▶ **Beispiel:** Am 30. Juni bestehen Verbindlichkeiten verschiedener Art im Wert von 16 895,00 €, die zeitnah überwiesen werden müssen. Auf dem Bankkonto befinden sich zum gleichen Zeitpunkt aber nur 12 638,00 €. Es besteht eine Liquiditätslücke von 4 257,00 €, d. h., unbezahlte Rechnungen in Höhe dieses Betrags können zum jetzigen Zeitpunkt nicht beglichen werden.

Betriebswirtschaftlicher Gewinn

Der betriebswirtschaftliche Gewinn ist Ausdruck des Erfolgs der Rechtsanwaltskanzlei in einem bestimmten Zeitraum. Die Einnahmen und Ausgaben, die unmittelbar mit der Leistungserstellung (Beratung in Rechtsfragen, Vertretung beim Gericht) in Zusammenhang stehen, werden miteinander verrechnet. Die Aufnahme des Darlehens, seine Tilgung und der Kauf und die Entnahme von Gegenständen finden keine Berücksichtigung.

▶ **Beispiel:** Im Jahr 2024 wurden von der Rechtsanwaltskanzlei Kostenendabrechnungen mit einem Volumen von 220 000,00 € an Mandantschaften verschickt und auch bezahlt. Die Ausgaben für Büromaterial, Bewirtung von Geschäftsfreunden, Miete, Zinsen, Reparaturen, Vergütungen und Abschreibungen usw. betrugen im gleichen Zeitraum 87 200,00 € (ohne

Privatentnahmen von Rechtsanwalt Peter Huber und Rechtsanwältin Dr. Annette Neumann). Bei diesen Zahlen beträgt der betriebswirtschaftliche Gewinn 132 800,00 €.

3.3.8 Übernahme der Buchhaltungsdaten in die Einnahmenüberschussrechnung

Das Formular der Einnahmenüberschussrechnung ist unter www.elster.de abrufbar. Es beginnt mit den Betriebseinnahmen, von denen dann alle Betriebsausgaben zur Ermittlung des Gewinns abgezogen werden.

Beispiel:
Vereinfachte Darstellung einer Einnahmenüberschussrechnung

vgl. LF 6, Kap. 3.1.2 und 5

1. Betriebseinnahmen	
1.1 umsatzsteuerpflichtige Betriebseinnahmen	
z. B. Honorar	262,50 €
z. B. Entnahme eines Pkw	20 000,00 €
1.2 vereinnahmte Umsatzsteuer	3 849,88 €
Summe Betriebseinnahmen	24 112,38 €
2. Betriebsausgaben	
2.1 Ausgaben für eigenes Personal	4 550,00 €
2.2 Abschreibungen	4 000,00 €
2.3 Raumkosten (wegen Zehn-Tages-Frist erst im Folgejahr)	
2.4 Sonstige unbeschränkt abziehbare Betriebsausgaben	
z. B. Büromaterial	195,65 €
z. B. Zinsen	2 900,00 €
2.5 gezahlte Vorsteuerbeträge	4 635,17 €
2.6 beschränkt abziehbare Betriebsausgaben (z. B. 70 % der Bewirtungskosten)	140,00 €
Summe Betriebsausgaben	16 420,82 €
3. Ermittlung des Gewinns	
Summe Betriebseinnahmen	24 112,38 €
– Summe Betriebsausgaben	16 420,82 €
= steuerpflichtiger Gewinn	7 691,56 €

Merke: Aus der Buchhaltung werden die Betriebseinnahmen, die Umsatzsteuer und nur die abzugsfähigen Betriebsausgaben in die Einnahmenüberschussrechnung übernommen. Nicht abzugsfähige Betriebsausgaben bleiben unberücksichtigt, weil sie keine Auswirkung auf die Höhe des steuerlichen Gewinns haben.

Zusammenfassung

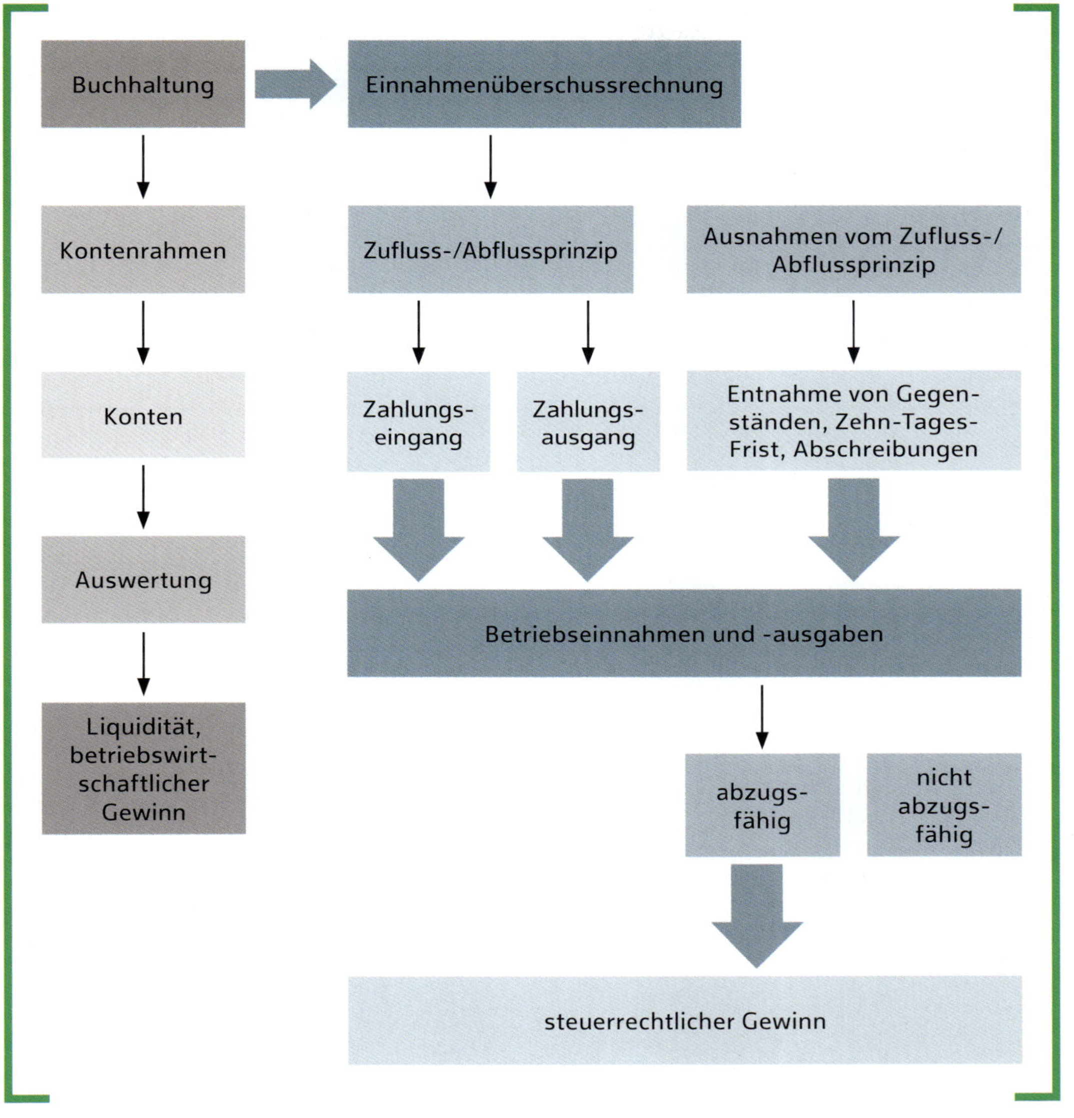

Wiederholung und Vertiefung

1. Nennen Sie je zwei Beispiele für Zahlungseingänge und -ausgänge.
2. Beschreiben Sie das Zufluss- bzw. Abflussprinzip.
3. Erklären Sie drei Ausnahmen von diesem Prinzip.
4. Berechnen Sie den Restbuchwert für eine PC/Schreibtisch-Kombination mit einem Brutto-Kaufpreis in Höhe von 714,00 € am Anfang des dritten Jahrs.
5. Berechnen Sie den Auflösungsbetrag für einen Sammelposten in Höhe von 2750,00 €.
6. Erklären Sie den Unterschied zwischen Ausgabe und Betriebsausgabe an Beispielen.
7. Nennen Sie ein Beispiel für nicht abzugsfähige Betriebsausgaben.
8. Erklären Sie, wie die Liquidität berechnet wird.
9. Erklären Sie den Unterschied zwischen betriebswirtschaftlichem und steuerlichem Gewinn.

4 Kaufmännische Buchführung und Bilanzierung

Alle Selbstständigen sind verpflichtet, dem Finanzamt die Besteuerungsgrundlage – den Gewinn – zur Feststellung der Steuerhöhe mitzuteilen. Deshalb ist eine umfangreiche Dokumentation der Geschäftsfälle erforderlich, die u. a. die Bemessungsgrundlagen für die Berechnung der Steuerhöhe zeigt. Für die kaufmännische Buchführung wird eine Bilanz benötigt, die alle Bestände zeigt. Die Bestandsaufnahme ist der erste Schritt, wenn diese Buchführungsmethode praktiziert werden soll.

Lernsituation

In der Rechtsanwaltskanzlei Dr. Neumann & Huber gibt es die Überlegung, die kaufmännische Buchführung auf freiwilliger Basis einzuführen.

Annika Sauer und Julia Hoffmann überlegen, welche Unterschiede es zur einfachen Buchführung gibt und in welcher Form der Jahresabschluss gemacht wird. Annika Sauer meint, die beiden Buchführungsmethoden sind identisch. Julia Hoffmann weiß aber durch Gespräche mit Mitschülerinnen und Mitschülern, dass die kaufmännische Buchführung umfassender ist. Es werden mehr Belege verarbeitet und die Buchungen erfolgen auf mindestens zwei Konten in einer bestimmten Art und Weise. Sie diskutieren, in welcher Form der Jahresabschluss entsteht und wie man bei dieser Methode anfängt.

Arbeitsaufträge:

a) Recherchieren Sie im Internet die folgenden Begriffe: Inventur, Inventar, Bilanz und Gewinn- und Verlustrechnung.
b) Stellen Sie fest, welchen Inhalt das Inventar und die Bilanz haben.
c) Ermitteln Sie mithilfe des Internets die allgemeine Buchungsanweisung.
d) Erstellen Sie mit Ihren Mitschülerinnen und Mitschülern eine Liste mit den für die kaufmännische Buchführung notwendigen Belegen.
e) Reflektieren Sie anschließend Ihr Wissen.

4.1 Inventur und Inventar

Unter einer Inventur versteht man den Vorgang einer Bestandsaufnahme des gesamten Vermögens und der Schulden. Sie wird bei Gründung einer Organisation und jährlich zum Stichtag, in der Regel der 31. Dezember, durchgeführt. Das Ergebnis einer Inventur wird in einer Tabelle dargestellt, dem sog. Inventar.

Inventurbereiche	
Vermögen	**Schulden**
Anlagevermögen: • immateriell (Software) • Sachanlagen: – Grundstücke – Gebäude – Fahrzeuge – Betriebs- und Geschäftsausstattung Umlaufvermögen: • Forderungen (unbezahlte Rechnungen von Mandantschaften) • Bankbestände • Bargeld	langfristig: • Hypothekendarlehen • Bankdarlehen kurzfristig: • Überziehungskredit • Verbindlichkeiten aus Lieferungen und Leistungen (unbezahlte Rechnungen der Rechtsanwaltskanzlei)

Hinweis: Wer buchführungspflichtig ist, muss auch die Inventur durchführen.

4.1.1 Inventur

Eine Inventur muss geplant werden, weil die Durchführung Zeit und Beschäftigte beansprucht. Aus diesem Grund muss genau festgelegt werden, was inventarisiert werden muss, in welchem Zeitraum die Inventur fertig sein muss und welche Personen an den Arbeiten beteiligt sind.

Unterstützung bei der Planung der Inventur

Zur Strukturierung des Ablaufs werden mehrere Pläne genutzt.

- Der Sachplan zeigt, welche Gegenstände an welchen Orten zu finden sind.

  ▶ **Beispiel:** Betriebs- und Geschäftsausstattung am Arbeitsplatz der Auszubildenden

- Der Zeitplan enthält Beginn und Ende der Inventur, aber auch Angaben, bis zu welchem Datum Teilbereiche fertig sein müssen.

▶ **Beispiel:** vom 21. Dezember bis 23. Dezember die Büroräume der Rechtsanwälte

- Im Personalplan wird aufgeführt, welche Beschäftigten in welchen Zeiträumen mit der Durchführung der Inventur beauftragt werden. Gegebenenfalls wird an den eigentlichen Arbeitsplätzen zusätzliches Personal bereitgestellt.

▶ **Beispiel:** Zuständig für die Inventarisierung der Büroräume der Rechtsanwälte vom 21. bis 23. Dezember ist Marion Webermann.

Die Inventurbeauftragten erhalten Inventurlisten und Informationen zum Ablauf der Inventur (Inventurrichtlinie).

Inventurarten und -methoden

Das gesamte Betriebsvermögen der Rechtsanwaltskanzlei muss dokumentiert werden. Dabei gibt es für die unterschiedlichen Positionen jeweils andere Herangehensweisen und auch Möglichkeiten der zeitlichen Entzerrung.

Für die Durchführung der Inventur gibt es verschiedene Möglichkeiten.

Inventurarten	
körperliche Inventur	**Buchinventur**
• immaterielle Vermögensgegenstände • Sachanlagen • Kassenbestand	• Forderungen • Bankbestand • Darlehen • Verbindlichkeiten aus Lieferungen und Leistungen

Alle Gegenstände des Anlage- und Umlaufvermögens der Rechtsanwaltskanzlei werden gezählt, gemessen oder gewogen. Das entspricht der körperlichen Inventur.

Die Buchinventur bezieht sich auf Positionen, die nur über Belege erfasst werden können.
- Die Forderungen werden anhand der Ausgangsrechnungen, die noch nicht von Mandanten beglichen wurden, ermittelt.
- Der Bankbestand ist auf dem Bankauszug sichtbar.
- Die Darlehen werden in einer Tabelle dokumentiert. Die Restschuld ist dann daraus ablesbar.
- Die Verbindlichkeiten aus Lieferungen und Leistungen sind durch noch nicht bezahlte Eingangsrechnungen der Rechtsanwaltskanzlei feststellbar.

Eine Inventur kann mit verschiedenen Methoden durchgeführt werden.

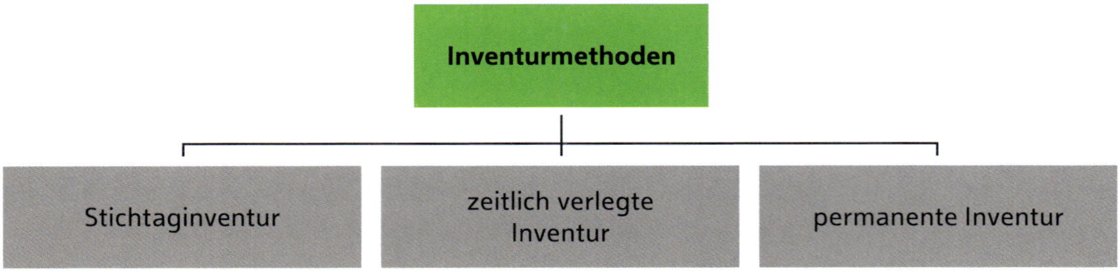

Bei einer Stichtaginventur ist der Tag der Inventur zunächst einmal auf den 31. Dezember festgelegt. Oft ist ein Tag jedoch nicht ausreichend, um eine vollständige Erfassung durchzuführen. Deshalb erlaubt der Gesetzgeber eine Entzerrung auf zehn Tage vor oder nach dem Stichtag.

vgl. ▶ § 240 HGB

▶ **Beispiel:** Die Inventurarbeiten passen besser vor dem Jahreswechsel zu den Arbeitsabläufen der Rechtsanwaltskanzlei. Deshalb wird die Inventur zehn Tage vor dem 31. Dezember am 21. Dezember durchgeführt.

In einem anderen Jahr könnte sich die Situation verändert haben. Viele Mandantschaften brauchen vor dem Jahresende noch eine Beratung. Zeit wäre eher vom 1. bis 10. Januar, und Personen könnten auch besser in dieser Zeit zur Verfügung stehen.

Die zeitlich verlegte Inventur erfolgt drei Monate vor oder zwei Monate nach dem Stichtag. Beim Einsatz beider Methoden ist es erforderlich, die Veränderungen im Zeitraum vor und nach dem Stichtag zu berücksichtigen (Fortschreibung).

▶ **Beispiel:** Die Inventur erfolgt im Zeitraum Oktober bis 31. Dezember. Alle Käufe und Verkäufe während dieser drei Monate müssen dokumentiert werden. Wenn am Zähltag, z. B. dem 18. Oktober, drei Schreibtische vorhanden sind und im November noch einer dazu kommt, ist der Bestand am 31. Dezember vier Schreibtische.

Bei der permanenten Inventur werden Käufe und Entnahmen ständig per Beleg erfasst. Die gebuchten Vorgänge müssen einmal im Jahr zu einem beliebigen Zeitpunkt mit den tatsächlichen Beständen verglichen werden.

▶ **Beispiel:** Während des Jahrs sind die Käufe von Büromöbeln, PCs, Software usw. über die dazugehörenden Belege gebucht worden. Zu selbst festgelegten Zeitpunkten wird überprüft, ob die Gegenstände vorhanden sind.

Merke: Die Wahl der Inventurmethode wird bestimmt durch die Art und den Betriebszweck der Organisation.

4.1.2 Inventar

Alle Inventurlisten werden zusammengefasst und als Tabelle in einem Inventar dargestellt:

▶ Beispiel:

INVENTAR 31.12.2024

A Vermögen	
I Anlagevermögen	
a. immaterielle Vermögensgegenstände	
1. Software	3 590,00 €
b. Sachanlagen	
1. Grundstücke	740 930,00 €
2. Gebäude	680 820,00 €
3. Fahrzeuge	87 369,00 €
4. Betriebs- und Geschäftsausstattung	48 245,00 €
II Umlaufvermögen	
1. Forderungen	5 390,00 €
2. Bank	7 478,00 €
3. Kasse	136,00 €
Summe Vermögen	**1 573 958,00 €**
B Schulden	
I langfristig	
1. Hypothekendarlehen	629 839,00 €
2. Darlehen > 5 Jahre	35 987,00 €
II kurzfristig	
1. Darlehen < 1 Jahr	3 983,00 €
2. Verbindlichkeiten aus Lieferungen und Leistungen	918,00 €
Summe Schulden	**670 727,00 €**
C Reinvermögen	
Vermögen	1 573 958,00 €
– Schulden	670 727,00 €
= **Reinvermögen**	**903 231,00 €**

Von der Summe des Vermögens wird die Summe der Schulden abgezogen und so das Ergebnis, das Reinvermögen ermittelt. Die Daten des Inventars sind die Grundlage für die Bilanz.

Hinweis: Zum Hypothekendarlehen vgl. LF 8, Kap. 2.4.1.

4.2 Praxis der kaufmännischen Buchführung

Rechtsanwälte sind freiberuflich tätig und gehören nicht zur Gruppe der Gewerbetreibenden. Für Freiberufler ist deshalb eine einfache Buchführung ausreichend. Sie können zwar die kaufmännische Buchführung praktizieren, müssen aber nicht. Das ändert sich, wenn eine Rechts-

vgl. LF 6, Kap. 3

vgl. LF 2, Kap. 4.1

anwaltskanzlei in der Rechtsform der GmbH geführt wird. Die Kanzlei ist dann Formkaufmann i. S. d. § 6 HGB und muss diese Buchführungsmethode anwenden genauso wie Kaufleute nach § 1 HGB. Die dazu gehörende Methode der Gewinnermittlung ist in § 4 Abs. 1 EStG begründet.

vgl. LF 6, Kap. 4.1.2

Die Buchführungsarbeiten beziehen sich immer auf ein Jahr und schließen mit der Erstellung des Jahresabschlusses. Dieser besteht aus der Bilanz und der Gewinn- und Verlustrechnung. Die Bilanz zeigt den Wert aller Vermögensgegenstände wie z. B. die Praxisausstattung oder Fahrzeuge, die in Rechtsanwaltskanzleien gebraucht werden. Aber auch die Schulden müssen sichtbar gemacht werden. Die Grundlage für eine Bilanz ist das Inventar. In der Gewinn- und Verlustrechnung werden alle Vorgänge dokumentiert, die den Erfolg (Gewinn) oder „keinen Erfolg" (Verlust) einer Rechtanwaltskanzlei beeinflussen.

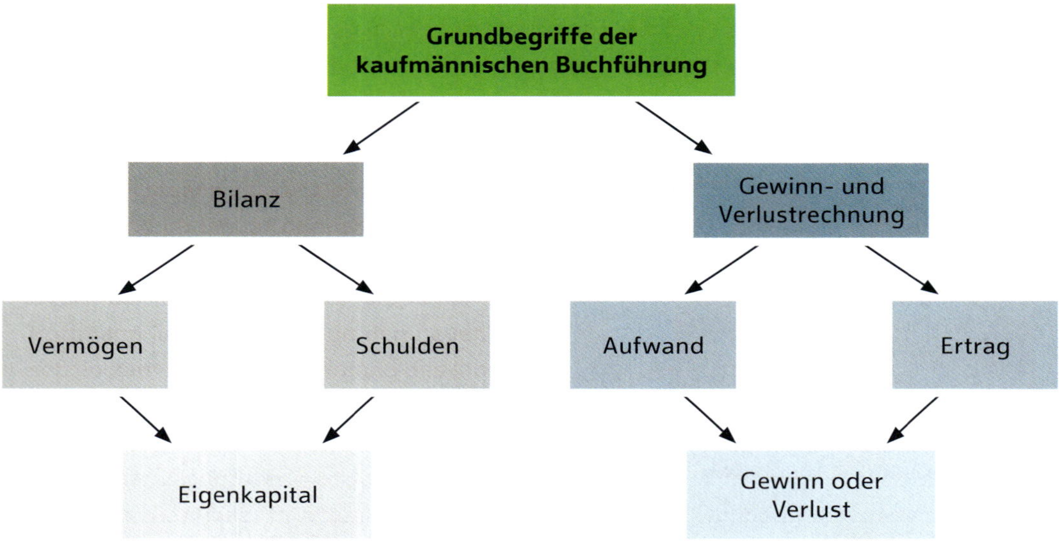

vgl. LF 6, Kap. 1

Rechtsanwaltskanzleien stehen in vielfältigen Beziehungen zur Umwelt, zu Geschäftspartnern, Lieferanten und Mandantschaften. Die Kontakte zu ihnen verursachen Vorgänge, die in der Buchführung Geschäftsfälle genannt werden. Jeder Geschäftsfall erzeugt einen Beleg, der in einer speziellen Systematik verarbeitet wird, z. B.

	Geschäftsfall	**Beleg**
Geschäftspartner Bank	Darlehensaufnahme	Kontoauszug
Lieferanten	Kauf von Büroausstattung oder Büromaterial	Eingangsrechnung
Mandantschaften	Beratungsgespräch	Ausgangsrechnung
Beschäftigte	Zahlung des Gehalts	Kontoauszug

Bei Anwendung der kaufmännischen Buchführung wird jeder Beleg auf mindestens zwei Konten gebucht. Deshalb wird sie auch doppelte Buchführung genannt.

▶ **Beispiel:** Ein Büroschreibtisch wird gekauft. Die Rechnung wird auf den Konten „Praxisausstattung“ und „Verbindlichkeiten“ gebucht.

In diesem System wird der Erfolg einer Organisation durch die Darstellung von Ressourcenverbräuchen und -zuwächsen ermittelt. Ressourcen werden von betriebswirtschaftlichen Produktionsfaktoren abgeleitet.

Produktionsfaktor	Ressourcenverbrauch
Betriebsmittel (Gegenstände der Praxisausstattung)	Wertminderung, die durch den Gebrauch des Gegenstands entsteht (Abschreibung)
Kapital (Darlehen)	Zinsen eines Darlehens
Arbeit (Beschäftigte)	Gehalt der Beschäftigten

vgl. LF 6, Kap. 3.1.2

▶ **Beispiel:**

- Die Benutzung von Schreibtischen, Stühlen und EDV-Ausstattung hat die Abnutzung dieser Gegenstände zur Folge, sie werden im Wert gemindert. Das Konto, auf dem diese Wertminderung gebucht wird, heißt „Abschreibung“.
- Wenn die Rechtsanwaltskanzlei Dr. Neumann & Huber einen Kredit aufnimmt, müssen dafür Zinsen gezahlt werden. Sie werden auf dem Konto „Zinsaufwand“ gebucht.
- Alle Beschäftigten bekommen eine vertraglich festgelegte Vergütung. Dieser Geschäftsfall wird auf dem Konto „Personalaufwand“ gebucht.

Alle Ressourcenverbräuche, die in der kaufmännischen Buchführung Aufwendungen genannt werden, bilden die Grundlage für die Bereitstellung von Leistungen. In Rechtsanwaltskanzleien sind dies z. B. das Angebot, die Beratung und/oder Vertretung in Rechtsangelegenheiten. Nach Inanspruchnahme dieser Leistung erfolgt der Versand der Ausgangsrechnung (Kostenrechnung). Über diesen Beleg wird ein Ertrag (Honorar) in der Buchhaltung erfasst.

Die Differenz zwischen Aufwendungen und Erträgen wird als Erfolg bezeichnet. Wenn die Erträge höher sind als die Aufwendungen, ist es ein Gewinn. Sollten die Aufwendungen die Erträge übersteigen, ist in dem Jahr ein „negativer“ Erfolg, der Verlust entstanden.

Die kaufmännische Buchführung berücksichtigt für die Ermittlung des Gewinns Aufwendungen und Erträge zum Zeitpunkt ihrer Entstehung und nicht zum Zeitpunkt der Zahlung, also anders als in der Einnahmenüberschussrechnung.

vgl. LF 6, Kap. 3

▶ **Beispiel:** Die Rechtsanwaltskanzlei erhält am 23.12.2024 die Rechnung für das eingekaufte Büromaterial. Der Betrag des Büromaterials wird als Aufwand zur Berechnung des Gewinns im gleichen Jahr berücksichtigt. Die Bezahlung erfolgt erst im nächsten Jahr und hat keine Auswirkung auf den Gewinn des Jahrs, in dem die Rechnung gebucht wurde.

▶ **Beispiel:** Die Rechnungsstellung an den Mandanten Jörg Heinreich erfolgt am 28.12.2024. Das Honorar wird als Ertrag im gleichen Jahr für die Gewinnermittlung herangezogen. Die Überweisung des Mandanten, die erst im nächsten Jahr auf dem Kontoauszug sichtbar ist, hat keine Auswirkung auf den Gewinn.

▶ **Beispiel:** Während eines Jahrs sind Erträge (z. B. Kostenendrechnungen für Honorare) in Höhe von 140000,00 € gebucht worden. Im gleichen Zeitraum sind Aufwendungen (Zinsen, Gehälter usw.) mit einem Volumen von 110000,00 € entstanden. Der Gewinn beträgt dann 30000,00 €. Würden sich die Erträge nur mit 90000,00 € errechnen, würde sich ein Verlust in Höhe von 20000,00 € ergeben.

▶ **Beispiele für**

Aufwand	Ertrag
• Büromaterial • Zinsen für Darlehen • Miete für Kanzleiräume • Vergütungen der Beschäftigten • Reparaturen • Kosten für extern erstellten Jahresabschluss	• Honorare • Guthabenzinsen • Miete aus Untervermietung

Merke: Wenn Aufwand und Ertrag miteinander verrechnet werden, ist der Erfolg zu erkennen.

vgl. LF 6, Kap. 4 Einleitung

Die beiden Rechenwerke der kaufmännischen Buchführung, die auch den Jahresabschluss beinhalten, sind die Bilanz und die Gewinn- und Verlustrechnung. Der Gewinn oder der Verlust eines Jahrs ergibt sich über die Verrechnung von Aufwendungen und Erträgen.

Die Werte der Positionen einer Bilanz können sich durch unterschiedliche Vorgänge verändern.

4.2.1 Werteveränderungen in der Bilanz

Die Bilanz ist eine aus dem Inventar abgeleitete wertmäßige Darstellung des gesamten Vermögens und der Schulden. Alle Positionen sind Bestände, und die in der täglichen Buchführung daraus abgeleiteten Konten nennt man Bestandskonten.

Aktiva	B I L A N Z	31.12.2024	Passiva
A Anlagevermögen		**A Eigenkapital**	903 231,00
I Immaterielle Vermögensgegenstände		**B Fremdkapital**	
1. Software	3 590,00	*I Verbindlichkeiten*	
II Sachanlagen		1. Verbindlichkeiten gegenüber Kreditinstituten	
1. Grundstücke	740 930,00	– Hypothekendarlehen	629 839,00
2. Gebäude	680 820,00	– Darlehen > 5 Jahre	35 987,00
3. Fahrzeuge	87 369,00	– Darlehen < 1 Jahr	3 983,00
4. Betriebs- und Geschäftsausstattung	48 245,00	2. Verbindlichkeiten aus Lieferungen und Leistungen	918,00
B Umlaufvermögen			
I Forderungen	5 390,00		
II Bank	7 478,00		
III Kasse	136,00		
Bilanzsumme	1 573 958,00	Bilanzsumme	1 573 958,00

Die linke Seite der Bilanz (Aktiva) zeigt die Investitionen, die rechte Seite (Passiva) das Kapital, gegliedert in Eigen- und Fremdkapital (Verbindlichkeiten). Das im Inventar ermittelt Reinvermögen heißt in der Bilanz „Eigenkapital". Es ist die rechnerische Differenz zwischen Vermögen (Anlage- und Umlaufvermögen 1 573 958,00 € und Fremdkapital 670 727,00 €) also 903 231,00 €. Die Summe ist auf beiden Seiten einer Bilanz immer gleich.

Jeder Geschäftsfall verursacht eine Veränderung der Werte in den Positionen der Bilanz. Es werden vier Fälle unterschieden:

- **Aktivtausch:** Der Geschäftsfall verändert zwei Werte der **Aktiva**, sie werden ausgetauscht. Die Bilanzsumme bleibt unverändert.

▶ **Beispiel:** Kauf eines kleinen Bürostuhls, der bar bezahlt wird. Die Betriebs- und Geschäftsausstattung erhöht sich und der gleiche Betrag vermindert die Kasse.

- **Passivtausch:** Der Geschäftsfall berührt nur Werte der **Passiva**. Die Bilanzsumme bleibt unverändert.

▶ **Beispiel:** Die Umwandlung eines kurzfristigen Darlehens (< 1 Jahr) in ein langfristiges (> 5 Jahre) führt zu einer Erhöhung der langfristigen Verbindlichkeiten, die kurzfristigen vermindern sich.

- **Aktiv-Passiv-Mehrung:** Der Geschäftsfall erhöht jeweils den Wert einer Position der **Aktiva** und der **Passiva**. Die Bilanzsumme erhöht sich auf beiden Seiten um den gleichen Betrag.

▶ **Beispiel:** Ein Gebäude wird erworben und die Buchung der Rechnung erhöht den Betrag der Gebäude und auch die Verbindlichkeiten.

- **Aktiv-Passiv-Minderung:** Der Geschäftsfall vermindert je einen Wert der **Aktiva** und der **Passiva**. Die Bilanzsumme vermindert sich auf beiden Seiten um den gleichen Betrag.

▶ **Beispiel:** Die gebuchte Rechnung aus dem Kauf des Gebäudes wird überwiesen. Die Verbindlichkeiten sind ausgeglichen, also weniger. Durch die Abbuchung vermindert sich der Bankbestand.

4.2.2 Aufwand und Ertrag

vgl. LF 6, Kap. 4.2.2

In einer Rechtsanwaltskanzlei werden Ressourcen verbraucht (Aufwand), um Leistungen bereitzustellen. Dieser Einsatz von Ressourcen führt zu einem Ertrag (Ressourcenzuwachs). Aufwand und Ertrag kommen immer aus sog. erfolgswirksamen Geschäftsfällen.

▶ **Beispiele für**

Soll	G+V Rechnung / Haben
Büromaterial	Honorare
Zinsen für Darlehen	Guthabenzinsen
Miete für Kanzleiräume	Miete aus Untervermietung
Vergütungen der Beschäfigten	
Reparaturen	
Kosten für extern erstellten Jahresabschluss	
(GEWINN)	(VERLUST)

Wenn die Erträge höher sind als die Aufwendungen entsteht ein Gewinn. Ist es umgekehrt, entsteht ein Verlust.

Das Konto für den Jahresabschluss ist die Gewinn- und Verlustrechnung. Hier werden die Erträge den Aufwendungen gegenübergestellt und der Erfolg ermittelt.

Hinweis: Für die Erstellung der Einnahmenüberschussrechnung werden ausschließlich erfolgswirksame Vorgänge berücksichtigt.

vgl. LF 6, Kap. 3

4.2.3 Der Buchungssatz

Um eine ordnungsmäßige Buchhaltung bereitstellen zu können, ist die Buchung der Belege mit einer besonderen Systematik erforderlich. Die Geschäftsfälle einer Rechtsanwaltskanzlei bringen Belege hervor, z. B. Kostenendabrechnungen für erbrachte Leistungen, Eingangsrechnungen für gekaufte Praxisausstattung, der Bankauszug und auch der Gehaltsbeleg, auf dem die Vergütungen und die Abgaben zu sehen sind. In der kaufmännischen Buchführung (doppelte Buchführung) führt jeder Beleg zu einer Buchung auf mindestens zwei Konten. Die linke Seite des Kontos wird „Soll" genannt, die rechte Seite heißt „Haben".

Die allgemeine Buchungsanweisung ist „Soll" an „Haben".

Der Buchungssatz beginnt mit dem Konto, das auf der linken Seite „Soll" verbucht. Dann wird das zweite Konto genannt, das auf der rechten Seite „Haben" verbucht.

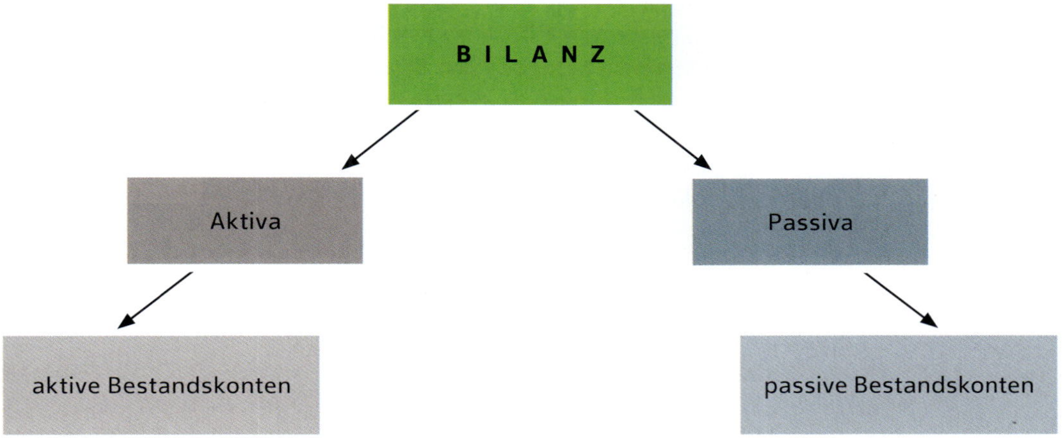

Aktive Bestandskonten haben den Anfangsbestand und Zugänge im Soll, Minderungen und den Schlussbestand im Haben. Die passiven Bestandskonten haben den Angangsbestand und Mehrungen im Haben, Minderungen und den Schlussbestand im Soll.

Die Buchung erfolgt zuerst im Soll und dann im Haben. Daraus ergibt sich, dass zuerst links (im Soll) und dann rechts (im Haben) gebucht wird. Ausgehend von den durch Inventur ermittelten Beständen, die in die Bilanz übernommen werden, ist der erste Schritt die Eröffnung der aktiven und passiven Bestandskonten mit den jeweiligen Anfangsbeständen.

vgl. LF 6, Kap. 4.1

▶ **Beispiel:** Durch die Inventur ist ein Wert für Praxisausstattung in Höhe von 23000,00 € festgestellt worden. Das Konto „Praxisausstattung" wird eröffnet mit einem Anfangsbestand auf der linken Seite (Soll). Das Konto „Verbindlichkeiten" wird auf der rechten Seite (Haben) mit dem durch die Inventur ermittelten Bestand an unbezahlten Rechnungen eröffnet.

Eine Besonderheit ist das passive Bestandskonto Eigenkapital. Statt hier die Geschäftsfälle zu erfassen, wird während des Jahrs auf Unterkonten, den Erfolgskonten, Aufwand und Ertrag gebucht. Die Differenz erhöht (Gewinn) oder vermindert (Verlust) das Eigenkapital.

4.2.4 Buchungen auf Bestandskonten

Nachdem die Konten eröffnet worden sind, beginnen die laufenden Buchungen, also die Erfassung der Geschäftsfälle während des Jahrs. Für den Jahresabschluss werden alle Konten saldiert, d. h., der Betrag im Soll wird mit dem Betrag im Haben verrechnet. Die Salden der Bestandskonten gehören in die Schlussbilanz.

▶ **Beispiel:** Inventurbestand an Praxisausstattung 48 245,00 €; Bilanzwert 48 245,00 €; Anfangsbestand auf dem Konto Praxisausstattung (Betriebs- und Geschäftsausstattung) 48 245,00 €. Eine Eingangsrechnung für den Kauf eines PCs in Höhe von 1 100,00 € führt zu einer Erhöhung des Anfangsbestands an Betriebs- und Geschäftsausstattung und der Verbindlichkeiten aus Lieferungen und Leistungen. Unter der Voraussetzung, dass keine weiteren Gegenstände für die Kanzlei angeschafft werden, beträgt der Wert für die Schlussbilanz für Betriebs- und Geschäftsausstattung (BGA) 49 345,00 € und für Verbindlichkeiten aus Lieferungen und Leistungen 2018,00 €.

▶ **Beispiel:**

Aktiva	B I L A N Z	31.12.2024	Passiva
*		*	
*		*	
Betriebs- und Geschäfts-ausstattung **(BGA)**	48 245,00	Verbindlichkeiten aus Lieferungen und Leistungen	918,00

Soll	**BGA**		Haben
01.01.2024 Anfangsbestand	48 245,00	31.12.2024 ② Saldo (= Schlussbestand)	49 345,00
① Eingangsrechnung PC	1 100,00		
	49 345,00		49 345,00

Soll	Verbindlichkeiten a. LL.		Haben
31.12.2024 ③ Saldo (= Schlussbestand)	2018,00	01.01.2024 Anfangsbestand	918,00
		② Eingangsrechnung PC	1 100,00
	2018,00		2018,00

	B I L A N Z	31.12.2024	
*		*	
*		*	
② BGA	49 345,00	③ Verbindl.	2018,00

Die Buchungssätze (Soll an Haben) heißen:

① Betriebs- und Geschäftsausstattung an Verbindlichkeiten aus Lieferungen und Leistungen 1 100,00 €

② Schlussbilanz an Betriebs- und Geschäftsausstattung 48 345,00 €

③ Verbindlichkeiten aus Lieferungen und Leistungen an Schlussbilanz 2018,00 €

Hinweis: Der allgemeine Buchungssatz für alle Einkäufe von Vermögensgegenständen auf Rechnung lautet: Anlagevermögen an Verbindlichkeiten aus Lieferungen und Leistungen. Es handelt sich also um eine Aktiv-Passiv-Mehrung.

Durch die spätere Überweisung der Rechnung sind die Verbindlichkeiten ausgeglichen und das Bankkonto vermindert sich. Gebucht wird dann: Verbindlichkeiten aus Lieferungen und Leistungen an Bank. Jetzt handelt es sich um eine Aktiv-Passiv-Minderung.

Hinweis: Die gebuchten Bestände der Bilanz „sollen" vorhanden sein. Sie werden mit den durch Inventur ermittelten Beständen, die tatsächlich vorhanden sind (Istbestand), verglichen. Werden Abweichungen festgestellt, erfolgt eine Korrekturbuchung in den Bilanzkonten.

4.2.5 Buchen auf Fremdgeld- und Anderkonten

Definition: Bei Fremdgeld handelt es sich z. B. um Geldbeträge aus Unterhaltsforderungen, Nachlässen oder um Mündelgelder.

Kanzleien verwalten solche Beträge im eigenen Namen und mit eigener Verfügungsbefugnis treuhänderisch.

Fremdgelder werden in Empfang genommen und entsprechend, im Ausnahmefall mit einem zeitlichen Abstand, an die Empfangsberechtigten weitergleitet. Wenn der Anspruch entsteht, werden die Konten Forderungen und Fremdgeld benutzt. Es wird also einmal auf dem aktiven Bestandskonto „Forderungen" und einmal auf dem passiven Bestandskonto „Fremdgeld" gebucht. Bei Eingang des Gelds erlischt die Forderung.

vgl. LF 6, Kap. 2.3.3 und 2.3.4

Wenn der Betrag ganz oder teilweise zur Weiterleitung bestimmt ist (z. B. in einer Vormundschaftssache), wird die Einrichtung eines Anderkontos bei der Bank erforderlich, weil das Fremdgeld vom Vermögen der Kanzlei getrennt dargestellt werden muss. Abgeleitet wird diese Verfahrensweise aus den Grundsätzen des anwaltlichen Standesrechts.

▶ **Beispiel:**

Soll — Forderungen	Haben
① 6000,00	② 6000,00

Soll — Bank	Haben
② 6000,00	③ 6000,00

Soll — Fremdgeld	Haben
④ 6000,00	① 6000,00

Soll — Anderkonto (Bank)	Haben
③ 6000,00	④ 6000,00

- Schreiben mit Ankündigung des Geldeingangs
  Buchungssatz: ① Forderungen an Fremdgeld 6000,00 €

- Geldeingang auf dem Bankkonto ist auf dem Kontoauszug sichtbar
  Buchungssatz: ② Bank an Forderungen 6000,00 €

- Umbuchung des Betrags auf das Anderkonto (Kontoauszug)
  Buchungssatz: ③ Anderkonto (Bank) an Bank 6000,00 €

- Weiterleitung an den Anspruchsberechtigten
  Buchungssatz: ④ Fremdgeld an Anderkonto (Bank) 6000,00 €

Hinweis: Bei der Weiterleitung von Fremdgeld an die Mandantschaft kann eine Hebegebühr abgerechnet werden.

vgl. LF 4, Kap. 4.6.4

4.2.6 Differenzierung der Forderungen und der Verbindlichkeiten

Diese beiden Bilanzkonten zeigen den Gesamtbetrag der Forderungen bzw. der Verbindlichkeiten. Um Zahlungsvorgänge überwachen zu können, empfiehlt sich die Einrichtung von sog. Personenkonten.

Forderungen

Auf dem aktiven Bestandkonto „Forderungen" ist der gesamte Betrag der nicht überwiesenen Rechnungen von Mandantschaften etc. ablesbar. Für eine Kontrolle, welche Rechnungen noch offen sind, bietet sich die Einrichtung von Personenkonten an. Statt auf dem Konto „Forderungen" wird auf dem Konto „Forderung an" z. B. Müller gebucht. Diese Differenzierung in Unterkonten wird Nebenbuchhaltung genannt. Die Personenkonten des Bereichs Forderungen heißen Debitoren.

▶ Beispiel:

Soll	Forderungen		Haben
Anfangsbestand	4000,00	Schlussbestand	4000,00

Soll	Debitor Müller		Haben
	① 6000,00		② 6000,00

Soll	Fremdgeld		Haben
			① 6000,00

Soll	Bank		Haben
	② 6000,00		

- Schreiben mit Ankündigung des Geldeingangs
  Buchungssatz: ① Debitor Müller an Fremdgeld 6000,00 €

- Geldeingang des Betrags ist auf dem Kontoauszug sichtbar
  Buchungssatz: ② Bank an Debitor Müller 6000,00 €

Sollte Müller nicht überweisen, ist auf seinem Debitorenkonto der Betrag noch offen und kann damit Gegenstand eines Mahnverfahrens werden.

Verbindlichkeiten

Das passive Bestandskonto „Verbindlichkeiten" zeigt alle noch nicht von der Rechtsanwaltskanzlei überwiesenen Rechnungen. Für einen Überblick, wann die Überweisungen getätigt werden müssen, kann auch hier die Einrichtung einer Nebenbuchhaltung sinnvoll sein. Die Personenkonten sind in diesem Fall Unterkonten der Verbindlichkeiten und heißen „Kreditoren".

▶ **Beispiel:**

Soll	Verbindlichkeiten		Haben
Schluss-bestand	2000,00	Anfangs-bestand	2000,00

Soll	Kreditor Büro GmbH		Haben
	② 1100,00		① 1100,00

Soll	Praxisausstattung		Haben
	① 1100,00		

Soll	Bank		Haben
			② 1100,00

- Eingangsrechnung für den Kauf eines PC
  Buchungssatz: ① Praxisausstattung an Kreditor Büro GmbH 1100,00 €

- Begleichung der Eingangsrechnung über das Bankkonto
  Buchungssatz: ② Kreditor Büro GmbH an Bank 1100,00 €

Solange die Rechnung nicht beglichen wird, bleibt auf dem Kreditorenkonto der offene Betrag sichtbar und ist Bestandteil einer Zahlvorschlagsliste.

4.2.7 Buchungen für die Gewinn- und Verlustrechnung

Bei den bisher gebuchten Geschäftsfällen wurde ein Konto nicht berührt, das Eigenkapital. Dieses passive Bestandskonto wird fast nur beim Jahresabschluss genutzt. Während des Jahrs werden alle Belege, aus Gründen der Übersichtlichkeit, auf Unterkonten des Eigenkapitals gebucht, den sog. Erfolgskonten.

Erfolgskonten	
Aufwandskonten	**Ertragskonten**
z. B.: • Büromaterial • Zinsaufwand • Mietaufwand • Vergütungen • Reparaturen • Jahresabschlusskosten	z. B.: • Honorare • Zinsertrag • Mietertrag

Statt auf dem Konto „Eigenkapital" den Aufwand als Minderung im Soll zu buchen, wird jetzt das Unterkonto „Aufwand" im Soll (linke Seite) genutzt. Erträge erhöhen das Eigenkapital und müssten im Haben erfasst werden. Stattdessen wird das Unterkonto „Ertrag" im Haben (rechte Seite) gebucht.

Beispiel:

Soll	E I G E N K A P I T A L 01.01.2024		Haben
Minderungen Aufwand		Anfangsbestand Mehrungen Ertrag	5000,00

S	Büromaterial		H
	① 250,00	G+V ④	250,00

S	Honorare		H
G+V ③	720,00		② 720,00

Soll	Gewinn- und Verlustrechnung (G+V)		Haben
④ Büromaterial	250,00	③ Honorare	720,00
⑤ Gewinn	470,00		
	720,00		720,00

Soll	E I G E N K A P I T A L 31.12.2024		Haben
⑥ Schlussbestand	5470,00	Anfangsbestand	5000,00
		⑤ Gewinn	470,00
	5470,00		5470,00

S	Forderungen		H
	② 720,00		⑦ 720,00

S	Verbindlichkeiten		H
	⑧ 250,00		① 250,00

Soll	B I L A N Z 31.12.2024		Haben
⑦ Forderungen	720,00	⑥ Eigenkapital	5470,00
		⑧ Verbindlichkeiten	250,00

Buchungen während des Geschäftsjahrs:

- Eingangsrechnung für Büromaterial über 250,00 €
  Buchungssatz: ① Büromaterial an Verbindlichkeiten

- Kostenendabrechnung für Honorar in Höhe von 720,00 €
  Buchungssatz: ② Forderungen an Honorare

Jahresabschlussbuchungen:

- Abschluss des Ertragskontos „Honorare“ mit 720,00 €
  Buchungssatz: ③ Honorare an Gewinn- und Verlustrechnung

- Abschluss des Aufwandskontos „Büromaterial“ mit 250,00 €
  Buchungssatz: ④ Gewinn- und Verlustrechnung an Büromaterial

- Abschluss des Kontos „Gewinn- und Verlustrechnung“ über Eigenkapital mit 470,00 €
  Buchungssatz: ⑤ Gewinn- und Verlustrechnung an Eigenkapital

- Abschluss des Kontos „Eigenkapital“ über die Bilanz mit 5470,00 €
  Buchungssatz: ⑥ Eigenkapital an Bilanz

- Abschluss des Kontos „Forderungen“ über die Bilanz in Höhe von 720,00 €
  Buchungssatz: ⑦ Bilanz an Forderungen

- Abschluss des Kontos Verbindlichkeiten über die Bilanz mit 250,00 €
  Buchungssatz: ⑧ Verbindlichkeiten an Bilanz

Die Beträge der Aufwands- und Ertragskonten sind am Ende eines Wirtschaftsjahrs Gegenstand der Gewinn- und Verlustrechnung. Anfang des Folgejahrs haben die Erfolgskonten, anders als die Bestandskonten, keinen Anfangsbestand, weil sie am Jahresende über das Gewinn- und Verlustkonto abgeschlossen wurden.

Merke: Alle Aufwendungen aus Geschäftsfällen während des Jahrs werden im Soll gebucht, alle Erträge im Haben.

vgl. LF 6, Kap. 3

Hinweis: Erfolgswirksame Geschäftsfälle sind immer Gegenstand der Einnahmenüberschussrechnung.

4.3 Erfolgsermittlung durch Eigenkapitalvergleich

Wenn eine Rechtsanwaltskanzlei die kaufmännische Buchführung praktiziert, werden von den Erträgen die Aufwendungen abgezogen, um die Höhe des Erfolgs zu ermitteln. Ein ganzes Jahr sind die erfolgswirksamen Geschäftsfälle gebucht worden, um dieses Ergebnis zeigen zu können. Der Gewinn wird dem Eigenkapital zugerechnet, ein eventueller Verlust vermindert das Eigenkapital. Es verändert sich also um den Gewinn oder Verlust, der am Ende des Jahrs entstanden ist. Aus diesem Grund kann der Erfolg einer Kanzlei auch durch den Vergleich der Eigenkapitale aus zwei Jahresabschlüssen ermittelt werden.

▶ **Beispiel:**

A	Bilanz **2021**		P
Anlagevermögen	76 000,00 €	Eigenkapital	8 000,00 €
Umlaufvermögen	7 000,00 €	Fremdkapital	75 000,00 €
	83 000,00 €		83 000,00 €

A	Bilanz **2022**		P
Anlagevermögen	75 000,00 €	Eigenkapital	5 000,00 €
Umlaufvermögen	10 000,00 €	Fremdkapital	80 000,00 €
	85 000,00 €		85 000,00 €

Die Differenz in Höhe von 3 000,00 € ist der Verlust des Jahrs 2022:

Soll	Gewinn- und Verlustrechnung **2022**		Haben
Aufwendungen	140 000,00 €	Erträge Verlust	137 000,00 € 3 000,00 €
	140 000,00 €		140 000,00 €

A	Bilanz **2022**		P
Anlagevermögen	75 000,00 €	Eigenkapital	5 000,00 €
Umlaufvermögen	10 000,00 €	Fremdkapital	80 000,00 €
	85 000,00 €		85 000,00 €

A	Bilanz **2023**		P
Anlagevermögen	70 000,00 €	Eigenkapital	12 000,00 €
Umlaufvermögen	12 000,00 €	Fremdkapital	70 000,00 €
	82 000,00 €		82 000,00 €

Die Differenz in Höhe von 7 000,00 € ist der Gewinn des Jahrs 2023:

Soll	Gewinn- und Verlustrechnung **2023**		Haben
Aufwendungen Gewinn	160 000,00 € 7 000,00 €	Erträge	167 000,00 €
	167 000,00 €		167 000,00 €

4.4 Besonderheiten beim Jahresabschluss

Die kaufmännische Buchführung und Bilanzierung ist stark geprägt von den Vorschriften des Handelsgesetzbuchs. Die Rechenwerke dienen der Bank und auch den Gesellschaftern als Informationsgrundlage für die wirtschaftliche Situation der Rechtsanwaltskanzlei. Beim Jahresabschluss müssen deshalb Bestimmungen berücksichtigt werden, die zum einen die Vollständigkeit, z. B. aller Verbindlichkeiten, der Informationen verlangen, zum anderen eine Zuordnung von Ressourcenverbrauch (Aufwand) und -zuwachs (Ertrag) zum Wirtschaftsjahr, unabhängig vom Zeitpunkt der Zahlung.

Für die Aufstellung der Bilanz müssen mehrere Prinzipien (§§ 252 ff. HGB) berücksichtigt werden. Zwei sollen im Folgenden ausführlicher dargestellt werden.

Prinzip der Vollständigkeit

Alle Vermögensgegenstände und Schulden gehören in die Bilanz. Rückstellungen sind eine besondere Art von Schuld. Rückstellungen werden angesetzt für Verbindlichkeiten, die zwar in der Sache sicher sind, aber die Höhe ist noch unklar.

Im HGB wird konkret formuliert:

§ 249 HGB

(1) Rückstellungen sind für ungewisse Verbindlichkeiten [...] zu bilden. [...]

▶ **Beispiel:** Die Rechtsanwaltskanzlei Dr. Neumann & Huber lässt ihre Buchführung vom Steuerberater anfertigen. Die Verursachung des Aufwands (die Buchung der Geschäftsfälle und die Erstellung des Jahresabschlusses) liegt in diesem Jahr, die Kosten für die Arbeiten fallen erst im Folgejahr an und sind zum Zeitpunkt des Jahresabschlusses nicht genau bekannt. Die Kosten werden geschätzt und als besondere Schuld in Form einer Rückstellung in der Bilanz sichtbar gemacht.

▶ **Beispiel:** Im Dezember wird festgestellt, dass sich einige Fliesen in den Sanitärräumen gelöst haben. Ein Handwerker ist momentan nicht zu bekommen, weil alle Firmen mit Aufträgen überlastet sind. Die Durchführung der Reparatur wird auf das nächste Jahr verschoben. Kostenvoranschläge von Handwerkerfirmen zeigen die möglichen Kosten und die voraussichtliche Schuld, die für die Höhe der Rückstellung entscheidend ist.

Merke: Zum einen wird so der Aufwand (Kosten des Jahresabschlusses, Personalkosten, Instandhaltung) erfolgswirksam berücksichtigt, zum anderen eine Verpflichtung (Rückstellung) zu einem späteren Zeitpunkt zahlen zu müssen, sichtbar gemacht. Rückstellungen gehören zu den Bestandskonten der Passivseite einer Bilanz.

Prinzip der zeitlichen Jahresabgrenzung

§ 252 HGB

(1) Bei der Bewertung der im Jahresabschluss ausgewiesenen Vermögensgegenstände und Schulden gilt insbesondere Folgendes:

[...]

5. Aufwendungen und Erträge des Geschäftsjahrs sind unabhängig von den Zeitpunkten der entsprechenden Zahlungen im Jahresabschluss zu berücksichtigen.

Anhand dieser Formulierung ist zu erkennen, dass die kaufmännische Buchführung und Bilanzierung den Ressourcenverbrauch und -zuwachs (Aufwand und Ertrag) pro Geschäftsjahr sichtbar machen will. In diesem Zusammenhang hat die Zahlung eine geringere Bedeutung.

Aktive Jahresabgrenzung

Das Konto „Aktive Jahresabgrenzung" transportiert Aufwendungen, die wirtschaftlich in das nächste Jahr gehören, aber bereits bezahlt wurden, in das neue Jahr.

▶ **Beispiel:** Der Versicherungsbeitrag in Höhe von 800,00 € ist im Juli für ein ganzes Jahr vom Konto abgebucht worden. Der Betrag gilt für zwei Zeiträume: Juli bis Dezember 400,00 € Versicherungsaufwand für das aktuelle Jahr, Januar bis Juni 400,00 € Versicherungsaufwand für das Folgejahr.

Merke: Das Abgrenzungskonto für diese Situation heißt „Aktive Jahresabgrenzung" (ARA) und befindet sich als letzte Position auf der Aktivseite der Bilanz.

Passive Jahresabgrenzung

Mit dem Konto „Passive Jahresabgrenzungen" werden Erträge, die wirtschaftlich im neuen Jahr verursacht werden, aber für die eine Zahlung bereits da ist, in das neue Jahr transportiert.

▶ **Beispiel:** Eine Rechtsanwaltskanzlei vermietet einen Büroraum, der nicht gebraucht wird, weiter. Im Mietvertrag ist die Zahlung der Miete im Voraus vereinbart. Am 15. Dezember geht die Miete auf dem Bankkonto ein. Da der Betrag für die Nutzung des Raums im Januar ist, muss abgegrenzt werden. Der Mietertrag gehört in die Gewinn- und Verlustrechnung des Folgejahrs, weil der Raum im Januar genutzt wird.

Merke: Für die Übertragung in das neue Jahr wird das Konto „Passive Rechnungsabgrenzung" (PRA) benutzt. Es ist das letzte Konto auf der Passivseite der Bilanz.

Sonstige Forderungen

Sonstige Forderungen sind das Gegenkonto für Erträge, die wirtschaftlich im alten Jahr verursacht wurden, bei denen aber eine Zahlung noch aussteht.

▶ **Beispiel:** Der Mandant Louis Geiger hat einen „Pauschalberatungsvertrag" abgeschlossen. Für die regelmäßige Zahlung eines Betrags kann er ein bestimmtes Volumen an Beratung in Anspruch nehmen. Es wurde vereinbart, dass die Zahlung für die Leistungen im Dezember erst im Januar erfolgen muss. Das Honorar wird beim Jahresabschluss als Ertrag mitberücksichtigt und gleichzeitig entsteht durch den Vertrag eine „Sonstige Forderung".

Merke: Das Konto „Sonstige Forderung" ist ein aktives Bestandskonto im Bereich der Forderungen.

Sonstige Verbindlichkeiten

Aufwendungen, die wirtschaftlich im alten Jahr entstanden sind, für die am Jahresende aber noch kein Zahlung erfolgt ist, werden über „Sonstige Verbindlichkeiten" in die Bilanz übernommen.

▶ **Beispiel:** Die Rechtsanwaltskanzlei Dr. Neumann & Huber legt im Empfangsbereich eine Zeitschriftensammlung aus. Der Vertrag mit dem Verlag sieht die Zahlung des Betrags für Dezember erst im Januar vor. Für den Jahresabschluss wird der Dezemberbeitrag für das Abonnement als Aufwand für Zeitschriften und Sonstige Verbindlichkeit gebucht.

Merke:„Sonstige Verbindlichkeiten" werden auf der Passivseite unter Verbindlichkeiten aufgeführt.

Merke: Die Bestimmungen zur kaufmännischen Buchführung und Bilanzierung verlangen eine jahresbezogene Darstellung des Ressourcenverbrauchs (Aufwand) und -zuwachses (Ertrag).

4.5 Funktion und Aufbau eines Anlageverzeichnisses

vgl. LF 6, Kap. 3.1.2

Ein Anlagenverzeichnis enthält Informationen über Vermögensgegenstände des Anlagevermögens (Fahrzeuge, Betriebs- und Geschäftsausstattung, Gebäude und Grundstücke, auch geringwertige Wirtschaftsgüter) mit dem Abschreibungsverlauf und den Restbuchwerten. Vorhandene Gegenstände, die zwar vollständig abgeschrieben, aber in der Rechtsanwaltskanzlei noch vorhanden sind, werden mit 1,00 € Erinnerungswert aufgenommen.

Das Anlageverzeichnis hat folgendes Grundmuster:

Anlageverzeichnis					
Bezeichnung des Gegenstands	**Anschaffungsdatum**	**Anschaffungskosten**	**Nutzungsdauer**	**jährliche Abschreibung**	**Restbuchwert**
Pkw	01.01.2024	24 000,00 €	6 Jahre	4 000,00 €	20 000,00 €

Hinweis: Die Anschaffungskosten bestehen aus dem Kaufpreis zzgl. Anschaffungsnebenkosten, z. B. Kosten einer Überführung und der Zulassung eines Fahrzeugs.

Zusammenfassung

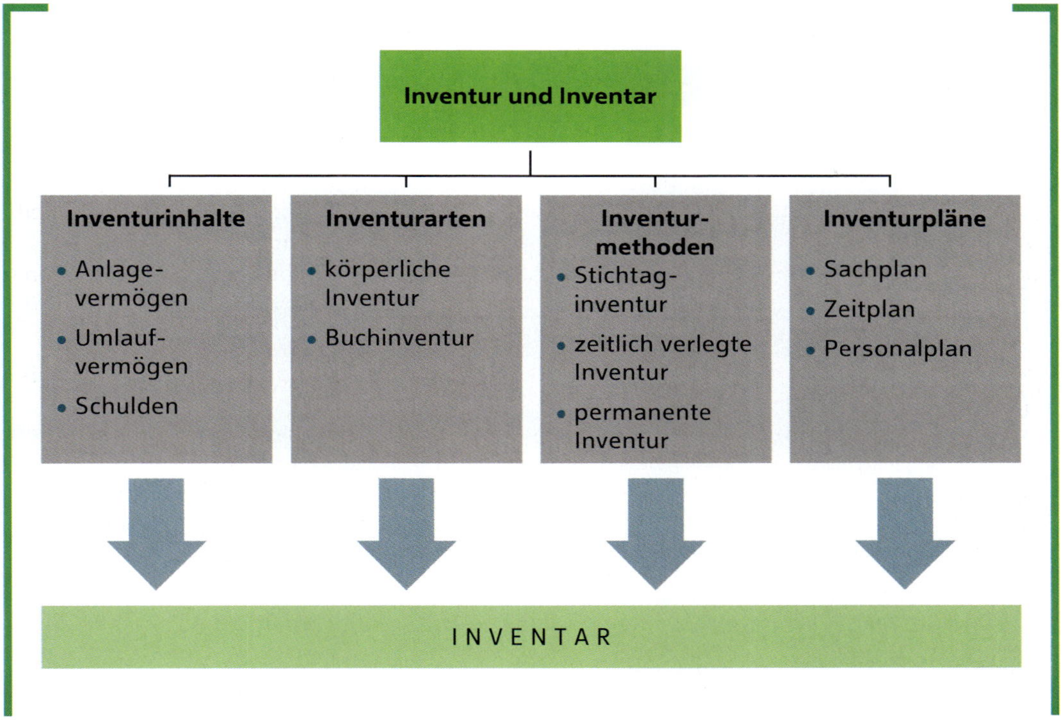

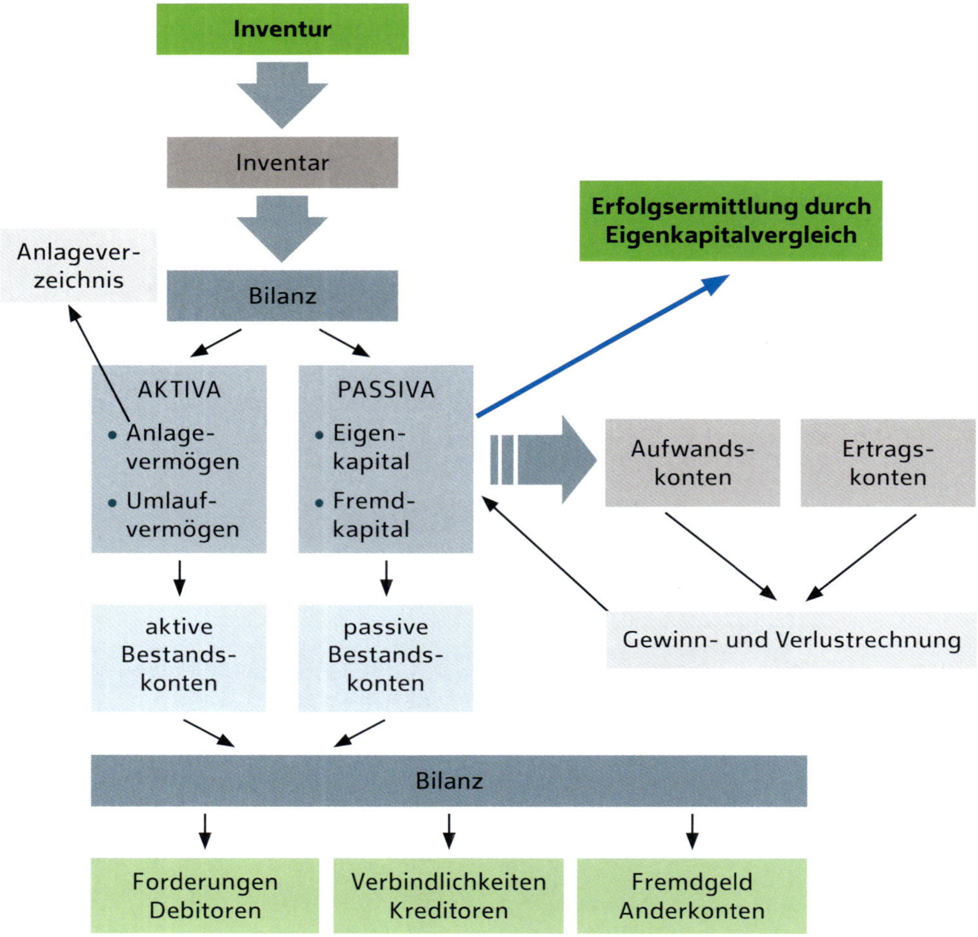

- Die allgemeine Buchungsanweisung in der kaufmännischen Buchführung heißt: Soll an Haben.
- Rückstellungen: Verbindlichkeiten, die in der Sache sicher, aber in der Höhe noch ungewiss sind.
- Zeitliche Jahresabgrenzung: Aufwand und Ertrag sind entsprechend der wirtschaftlichen Verursachung dem Geschäftsjahr zuzuordnen.

zeitliche Jahresabgrenzung

- **ARA**
  Zahlung im alten Jahr, wirtschaftliche Verursachung des Aufwands im neuen Jahr
- **PRA**
  Zahlung im alten Jahr, wirtschaftliche Verursachung des Ertrags im neuen Jahr
- **sonstige Forderungen**
  wirtschaftliche Verursachung des Ertrags im alten Jahr, Zahlung im neuen Jahr
- **sonstige Verbindlichkeiten**
  wirtschaftliche Verursachung des Aufwands im alten Jahr, Zahlung im neuen Jahr

Wiederholung und Vertiefung

1. Nennen Sie je zwei Positionen des Anlage- und Umlaufvermögens und der Schulden.
2. Für welche Positionen wird eine körperliche Inventur durchgeführt?
3. Nennen Sie Unterlagen, die für eine Buchinventur benötigt werden.
4. Berechnen Sie mit folgenden Angaben das Reinvermögen: Bankdarlehen 5000,00 €, Bargeld 560,00 €, unbezahlte Liefererrechnungen 964,00 €, Bankbestand 8934,00 €, noch nicht überwiesene Ausgangsrechnungen 519,00 €, Betriebs- und Geschäftsausstattung 4792,00 €, Fahrzeuge 7934,00 €.
5. Berechnen Sie mit diesen Zahlen die Höhe des Anlagevermögens: Verbindlichkeiten aus Lieferungen und Leistungen 2485,00 €, Bankguthaben 11 524,00 €, Forderungen aus Lieferungen und Leistungen 3560,00 €, Reinvermögen 179000,00 €.
6. Wie hoch ist der Betrag der Forderungen, wenn das Umlaufvermögen 25000,00 € beträgt und der Bankauszug ein Guthaben von 1 247,00 € aufweist?
7. Unterscheiden Sie zwischen Bilanz und Gewinn- und Verlustrechnung.
8. Nennen Sie Beispiele für Geschäftsfälle aus Ihrem Ausbildungsbetrieb mit den dazugehörenden Belegen.

9. Nennen Sie je drei Beispiele für Aufwand und Ertrag.
10. Nennen Sie je ein Beispiel für Werteveränderungen in der Bilanz.
11. Wie lautet die allgemeine Buchungsanweisung in der kaufmännischen Buchführung?
12. Welcher Buchungssatz folgt aus der Eingangsrechnung für einen Pkw?
13. Bilden Sie den Buchungssatz für die Eingangsrechnung für den Kauf von Druckerpapier.
14. Wie heißt der Buchungssatz für die Kostenendabrechnung für Honorare?
15. Nennen Sie je ein Beispiel für Rückstellungen und für die vier Fälle der zeitlichen Jahresabgrenzung.
16. Ermitteln Sie mit folgenden Informationen den Erfolg Ihres Ausbildungsbetriebs: Eigenkapital am 31.12.2020 in Höhe von 45 800,00 €, am 31.12.2021 in Höhe von 53 500,00 €.

5 Steuern

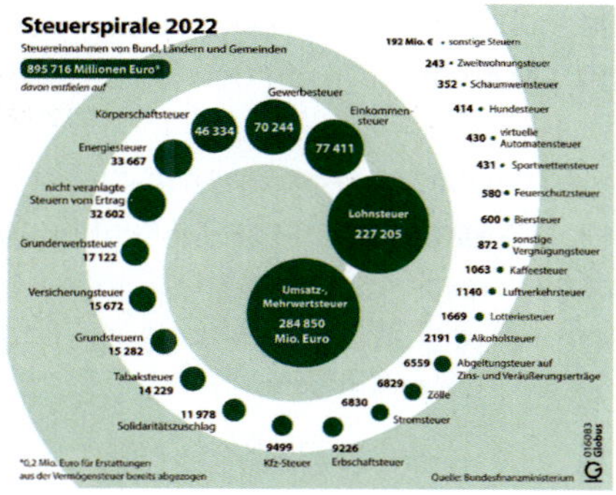

Für die Erfüllung öffentlicher Aufgaben (z. B. in den Bereichen Gesundheit, Energie, Müllentsorgung), die der Erhaltung des Gemeinwohls dienen, ist der Staat darauf angewiesen, von den Bürgern Steuern unterschiedlicher Art zu erheben. Der Zeitraum für die in diesem Kapitel behandelten Steuerarten ist das Kalenderjahr. Die Grundlage für die Höhe der zu zahlenden Beträge ist die Steuererklärung.

Lernsituation

Das Jahr neigt sich dem Ende zu und alle Buchführungsarbeiten sind erledigt.

Ein ganz wichtiger Zweck der Buchführung ist die Bereitstellung der Besteuerungsgrundlagen. Annika Sauer und Julia Hoffmann fragen Marion Webermann, welche Steuern die Rechtsanwaltskanzlei Dr. Neumann & Huber zahlen muss. Dann diskutieren sie, welche Informationen zu welcher Art der Steuern gehören, damit sie dem Finanzamt übermittelt werden können.

Annika Sauer ist der Meinung, dass alle Steuern nur einmal im Jahr überwiesen werden müssen. Julia Hoffmann vertritt die Ansicht, dass der Zahlungstermin von der Steuerart bestimmt wird.

Arbeitsaufträge:

a) Stellen Sie fest, welche Steuern Freiberufler wie die Rechtsanwaltskanzlei Dr. Neumann & Huber zu zahlen haben.
b) Ermitteln Sie die Grundlage für die Berechnung der Höhe der Steuerschuld bei den verschiedenen Steuerarten.
c) Recherchieren Sie die Termine der Rechtsanwaltskanzlei Dr. Neumann & Huber für die Überweisung der Steuerbeträge an die Finanzbehörde.
d) Reflektieren Sie anschließend Ihr Wissen.

Das Steuerrecht gehört zum öffentlichen Recht. Die oberste Rechtsnorm ist die Abgabenordnung (AO). In diesem Gesetz wird geregelt, wie die Besteuerungsgrundlagen zu ermitteln vgl. LF 1, Kap. 1.3.2

sind, wie die Steuerfestsetzung zu erfolgen hat und wie die Steuer erhoben sowie die Steuerschuld vollstreckt werden muss.

Die Steuerarten werden in speziellen Steuergesetzen beschrieben. Für die Einkommensteuer gelten die Vorschriften des Einkommensteuergesetzes (EStG), für die Umsatzsteuer gilt das Umsatzsteuergesetz (UStG). Die Höhe der Einkommensteuer wird nach dem Einkommensteuertarif berechnet. Für die Umsatzsteuer gibt es ein besonderes Verfahren, das in den Kap. 5.1 und 5.2 ausführlich erläutert wird.

5.1 Besteuerungsgrundlagen der Umsatzsteuer

vgl. LF 6, Kap. 4

vgl. LF 6, Kap. 3

Die Entscheidung, welche Beträge in die Steuererklärungen einfließen, hängt davon ab, welche Methode der Gewinnermittlung eine Rechtsanwaltskanzlei praktiziert. Wenn die kaufmännische Buchführung angewendet wird, muss der Betrag genommen werden, der noch gezahlt werden **soll**, der also vereinbart wurde, z. B. über die Rechnungsstellung. Ist es ausreichend, wie meistens in Rechtsanwaltskanzleien, eine Einnahmenüberschussrechnung anzufertigen, wird nur die Größe genommen, die gezahlt worden **ist**. Jetzt ist es der vereinnahmte Betrag, der auf dem Kontoauszug zu sehen ist.

Die beiden unterschiedlichen Verfahren werden im Folgenden erläutert.

5.1.1 Ist-Versteuerung

Die gesetzliche Grundlage für die Versteuerung nach vereinnahmten (gezahlten) Entgelten ist im Umsatzsteuergesetz (UStG) geregelt.

§ 20 Berechnung der Steuer nach vereinnahmten Entgelten

Das Finanzamt kann auf Antrag gestatten, dass ein Unternehmer,

1. dessen Gesamtumsatz (§ 19 Abs. 3) im vorangegangenen Kalenderjahr nicht mehr als 500000 Euro betragen hat, oder
2. der von der Verpflichtung, Bücher zu führen und aufgrund jährlicher Bestandsaufnahmen regelmäßig Abschlüsse zu machen, nach § 148 der Abgabenordnung befreit ist, oder
3. soweit er Umsätze aus einer Tätigkeit als Angehöriger eines freien Berufs im Sinne des § 18 Abs. 1 Nr. 1 des Einkommensteuergesetzes ausführt,

die Steuer nicht nach den vereinbarten Entgelten (§ 16 Abs. 1 Satz 1), sondern nach den vereinnahmten Entgelten berechnet. [...]

▶ **Beispiel:** Für die Beratungsleistung einer Rechtsanwaltskanzlei wird eine Rechnung in Höhe von 476,00 € gestellt. Der Nettobetrag ist 400,00 €, die Umsatzsteuer beträgt 76,00 €. Erst wenn die Mandantschaft die Rechnung beglichen hat, wirken sich die 76,00 € als erhaltene Umsatzsteuer in der Umsatzsteuererklärung aus.

5.1.2 Soll-Versteuerung

Das Praktizieren der kaufmännischen Buchführung ist verbunden mit der Soll-Versteuerung. Die Beträge z. B. aus Rechnungen sollen noch bezahlt werden. Unabhängig von einer Zahlung werden sie berücksichtigt.

Die gesetzliche Grundlage findet sich in § 16 Abs. 1 UStG, wonach die Steuer nach den vereinbarten Entgelten zu berechnen ist.

▶ **Beispiel:** Für die Beratungsleistung einer Rechtsanwaltskanzlei wird eine Rechnung in Höhe von 476,00 € gestellt. Der Nettobetrag ist 400,00 €, die Umsatzsteuer beträgt 76,00 €. Der Betrag der Umsatzsteuer wirkt sich bei diesem Verfahren bereits zum Zeitpunkt der Buchung der Rechnung auf die Steuererklärung aus.

5.2 Umsatzsteuer und Vorsteuer

Die Umsatzsteuer wird umgangssprachlich auch Mehrwertsteuer genannt. Der Grund dafür liegt am Weg der Umsatzstufen durch die Bereiche der Volkswirtschaft. Auf jeder Stufe wird nur der Mehrwert mit Umsatzsteuer belegt. Die Umsatzsteuer beim Einkauf ist die Eingangsumsatzsteuer, die Vorsteuer genannt wird. Die Umsatzsteuer beim Verkauf oder bei Abgabe von Leistungen ist die Ausgangsumsatzsteuer und heißt Umsatzsteuer.

▶ **Beispiel:**

Stufe	Rechnungsbetrag	Umsatzsteuer beim Verkauf	Umsatzsteuer beim Einkauf/ Vorsteuer	Differenz für das Finanzamt
Urproduktion Waldwirtschaft	5 000,00 €	950,00 €		950,00 €
holzverarbeitende Industrie	6 000,00 €	1 140,00 €	950,00 €	190,00 €
Großhändler Möbel GmbH	8 000,00 €	1 520,00 €	1 140,00 €	380,00 €
Einzelhändler Neues Wohnen e. K.	10 000,00 €	1 900,00 €	1 520,00 €	380,00 €
Endverbraucher Max Müller	muss die Umsatzsteuer beim Kauf an den Einzelhändler zahlen		1 900,00 €	

Welche Vorgänge umsatzsteuerpflichtig sind, ist in § 1 UStG geregelt. Lieferungen und sonstige Leistungen eines Unternehmers im Inland müssen versteuert werden, wenn dies im Rahmen seines Unternehmens gegen Entgelt erfolgt. Unternehmer sind in diesem Zusammenhang auch freiberuflich Tätige, wie Rechtsanwälte.

Wenn eine Rechtsanwaltskanzlei Bürogegenstände veräußert, ist das eine Leistung, die umsatzsteuerpflichtig ist. Auch der sog. Eigenverbrauch wird als eine umsatzsteuerpflichtige Leistung verstanden. Wenn der Betriebs-Pkw von den Kanzleiinhabern privat genutzt wird, unterliegt der Privatanteil auch der Umsatzsteuer.

▶ **Beispiel:** Rechtsanwalt Peter Huber nutzt den Betriebs-Pkw gelegentlich für Privatfahrten. Die Berechnung des steuerpflichtigen Anteils erfolgt in der Regel nach der 1 %-Methode. Wenn der Bruttolistenpreis bei Kauf des Pkw 26 000,00 € betrug, wird davon 1 % berechnet, in diesem Fall also 260,00 €. Darauf entfallen 19 % Umsatzsteuer, das macht 49,90 € aus.

vgl. LF 6, Kap. 2.1.1

Der Vorgang wird schriftlich dokumentiert, d. h., es entsteht ein sog. Eigenbeleg. Diese Art von Belegen kommt nicht von außen (Lieferanten, Kunden), sondern wird in Organisationen intern erstellt. Das ist erforderlich, weil eine Buchung ohne Beleg nicht zulässig ist.

vgl. LF 6, Kap. 5.2.1 und 5.2.2

Rechnungen machen den Hauptteil der Belege aus, die für die Umsatzsteuer wichtig sind. Voraussetzung für eine Berücksichtigung der Vorsteuer aus Eingangsrechnungen ist eine ordnungsmäßig erstellte Eingangsrechnung, die nach § 14 UStG folgende Bestandteile enthalten muss:

- Name und Anschrift des Rechnungsausstellers
- Name und Anschrift des Rechnungsempfängers
- Steuernummer oder Umsatzsteueridentifikationsnummer des Rechnungsausstellers
- Datum der Rechnungserstellung
- Beschreibung der erbrachten Leistung
- Betrag für die erbrachte Leistung
- Zeitraum, in dem die Leistung erbracht wurde
- Rechnungsnummer
- Steuersatz

Die Umsatzsteuer wird prozentual vom Entgelt berechnet. In § 12 UStG werden die verschiedenen Steuersätze genannt:

Steuersätze		
19 %	**7 %**	**0 %**
Regelsteuersatz, z. B. • Kauf von Praxisausstattung • Kauf von Büromaterial • Entnahme/Verkauf von Gegenständen • private Nutzung des Dienst-Pkw • Personenbeförderung > 50 km • Honorare • Geschäftsessen	ermäßigter Steuersatz, z. B. • Kauf von Büchern und Zeitschriften • Grundnahrungsmittel • Personenbeförderung < 50 km • schriftstellerische Tätigkeiten eines Rechtsanwalts • Kosten der Beherbergung in Hotels	z. B. Wohnungsmieten

5.2.1 Entstehung der Zahllast

Alle von einer Rechtsanwaltskanzlei während des Geschäftsjahrs veranlassten Lieferungen und erbrachten sonstigen Leistungen verursachen Belege, auf denen die Ausgangsumsatzsteuer (Umsatzsteuer) ausgewiesen werden muss. Umsatzsteuer ist eine Verbindlichkeit gegenüber dem Finanzamt. Im gleichen Zeitraum entstehen Belege für Einkäufe, auf denen die Eingangsumsatzsteuer (Vorsteuer) ersichtlich ist. Vorsteuer ist eine Forderung gegenüber dem Finanzamt. Wenn die Umsatzsteuer höher ist als die Vorsteuer, entsteht eine Schuld gegenüber dem Finanzamt, die sog. Zahllast, die später ausgeglichen werden muss.

Beim Buchen von Geschäftsfällen mit Umsatzsteuer wird der einfache Buchungssatz, der den Geschäftsfall einmal im Soll und einmal im Haben dokumentiert, erweitert. Vorsteuerpflichtige Vorgänge haben jetzt zwei Buchungen im Soll, umsatzsteuerpflichtige Geschäftsfälle haben zwei Buchungen im Haben.

Beispiel:

Soll	Praxisausstattung		Haben
① Eingangsrechnung	200,00	⑦	200,00
	200,00		200,00

Soll	Vorsteuer		Haben
① Eingangsrechnung	38,00	③ Ust	38,00
	38,00		38,00

Soll	Verbindlichkeiten a. LL.		Haben
⑤	238,00	① Eingangsrechnung	238,00
	238,00		238,00

Soll	Umsatzsteuer		Haben
③ Vorsteuer	38,00	②	95,00
④ Zahllast	57,00		
	95,00		95,00

Soll	Honorare		Haben
⑥	500,00	②	500,00

Soll	Bilanz		Haben
⑦	200,00	⑨ Eigenk.	500,00
⑩	595,00	④ Zahllast	57,00
		⑤ Verb. a. LL.	238,00

Soll	Forderungen		Haben
②	595,00	⑩	595,00

Soll	Gewinn- und Verlustrechnung		Haben
⑧	500,00	⑥	500,00

Soll	Eigenkapital		Haben
⑨	500,00	⑧	500,00

Geschäftsfälle:

- Eingangsrechnung für Praxisausstattung in Höhe von 238,00 €

Buchungssatz:	① Praxisausstattung	200,00 €			
	Vorsteuer	38,00 €	an	Verbindlichkeiten a. LL.	238,00 €

- Kostenendrechnung für Beratungsleistung über 595,00 €

Buchungssatz:	② Forderungen	595,00 €	an	Honorare	500,00 €
				Umsatzsteuer	95,00 €

- Umbuchung der Vorsteuer 38,00 €
  Buchungssatz: ③ Umsatzsteuer an Vorsteuer 38,00 €

- Abschluss des Kontos Umsatzsteuer 57,00 €
  Buchungssatz: ④ Umsatzsteuer an Bilanz 57,00 €

- Abschluss des Kontos Verbindlichkeiten aus Lieferungen und Leistungen 238,00 €
  Buchungssatz: ⑤ Verbindlichkeiten aus Lieferungen und Leistungen an Bilanz 238,00 €

- Abschluss des Kontos Honorare 500,00 €
  Buchungssatz: ⑥ Honorare an Gewinn- und Verlustkonto 500,00 €

- Abschluss des Kontos Praxisausstattung 200,00 €
  Buchungssatz: ⑦ Bilanz an Praxisausstattung 200,00 €

- Abschluss des Kontos Gewinn- und Verlustrechnung 500,00 €
  Buchungssatz: ⑧ Gewinn- und Verlustrechnung an Eigenkapital 500,00 €

- Abschluss des Kontos Eigenkapital 500,00 €
  Buchungssatz: ⑨ Eigenkapital an Bilanz 500,00 €

- Abschluss des Kontos Forderungen 595,00 €
  Buchungssatz: ⑩ Bilanz an Forderungen 595,00 €

Merke: Das Konto Umsatzsteuer ist ein passives Bestandskonto und zeigt die Verbindlichkeit „Zahllast“ gegenüber dem Finanzamt.

5.2.2 Vorsteuerüberhang

In einem anderen Abrechnungszeitraum könnte die Vorsteuer höher sein als die Umsatzsteuer. Das ist z. B. dann der Fall, wenn viel in eine neue Praxisausstattung investiert wurde oder Fahrzeuge angeschafft wurden.

▶ **Beispiel:** Die Summe der Vorsteuerbeträge aus Eingangsrechnungen beläuft sich auf 9500,00 €. Im gleichen Zeitraum wurde Mandanten für erbrachte Leistungen Umsatzsteuer in Höhe von 7600,00 € in Rechnung gestellt.

Es entsteht eine Differenz in Höhe von 1900,00 €, die als Vorsteuerüberhang bezeichnet wird. Der Vorsteuerüberhang stellt eine Forderung gegenüber dem Finanzamt dar. Er kann im nächsten Abrechnungszeitraum mit der Zahllast verrechnet oder alternativ vom Finanzamt überwiesen werden. Beim Jahresabschluss wird diese Forderung auf der Aktivseite der Bilanz dargestellt.

Merke: Das Konto Vorsteuer ist ein aktives Bestandskonto und beinhaltet eine Forderung gegenüber dem Finanzamt.

5.2.3 Umsatzsteuervoranmeldung

Steuerpflichtige müssen während des Jahrs eine Umsatzsteuervoranmeldung abgeben und auf den Gesamtbetrag der Steuerschuld Vorauszahlungen leisten. Für den Abgabezeitraum der Umsatzsteuervoranmeldung ist die Zahllast des Vorjahrs ausschlaggebend. **vgl. ▶ § 18 Abs. 1 UStG**

Umsatzsteuervoranmeldung	
Abgabezeiträume	**Höhe der Vorjahreszahllast**
monatlich	mehr als 7500,00 €
vierteljährlich	von 1000,01 € bis 7500,00 €
jährlich	von 0,00 € bis 1000,00 €

Die Umsatzsteuervoranmeldung muss in der Regel jeweils bis zum 10. des Folgemonats beim zuständigen Finanzamt vorliegen. Wenn dieser Tag auf einen Wochenend- oder Feiertag fällt, gilt der nächste Werktag. Für die Zahlung gibt es eine „Schonfrist“ von drei Tagen.

▶ **Beispiel:** Wenn die Umsatzsteuervoranmeldung monatlich abgegeben werden muss, ist z. B. für den Dezember 2023 die Abgabe bis zum 10.01.2024 möglich. Das Geld muss bis zum 13.01.2024 auf dem Konto des Finanzamts sein.

Merke: Die Termine für die Abgabe der Steuererklärungen und für die Zahlungen sind in der Regel Inhalt des Terminkalenders einer Rechtsanwaltskanzlei.

Einmal im Jahr wird die Umsatzsteuererklärung ausgefüllt und dem Finanzamt übermittelt. Sie enthält die Jahressteuerlast und die bisher geleisteten Vorauszahlungen. Wenn die Vorauszahlungen höher sind als die Zahllast, erfolgt eine Erstattung oder Verrechnung. Sollten die gezahlten Beträge nicht zur Deckung der Zahllast reichen, muss der Steuerpflichtige die Differenz überweisen.

▶ **Beispiel:** Während eines Jahrs wurden von einer Rechtsanwaltskanzlei insgesamt 12 000,00 € Vorauszahlungen geleistet. Die Zahllast ist aber höher, sie beträgt 13 500,00 €. Es müssen noch 1 500,00 € überwiesen werden.

Merke: Wenn in einem Wirtschaftsjahr die Umsatzsteuer höher ist als die Vorsteuer, nennt man die Differenz Zahllast. Sollte die gezahlte Vorsteuer höher sein, spricht man von einem Vorsteuerüberhang.

Hinweis: Das Formular zur Umsatzsteuererklärung ist unter www.elster.de abrufbar.

5.3 Einkommensteuer

Die Einkommensteuer wird auf das Einkommen natürlicher Personen erhoben. Das sind alle Beschäftigten (Lohnsteuer) und freiberuflich Tätigen wie z. B. Rechtsanwälte und Notare. Das Einkommensteuergesetz (EStG) legt den Umfang der Besteuerung fest. Einkünfte abzgl. Betriebsausgaben (z. B. Vergütungen, Miete, Zinsen für ein Darlehen) ergeben die Einkünfte, die Besteuerungsgrundlage. In Rechtsanwaltskanzleien sind das nach § 18 EStG Einkünfte aus selbstständiger Arbeit. Hiervon können noch Vorsorgeaufwendungen und Freibeträge abgezogen werden. Der verbleibende Betrag ist das zu versteuernde Einkommen.

Veranlagungszeitraum ist das Kalenderjahr. Das Finanzamt, in dem der Steuerpflichtige seinen Wohnsitz hat, ist nach § 19 AO zuständig für die Erhebung der Einkommensteuer. Für die Höhe der Steuer wird der Einkommensteuertarif angewendet.

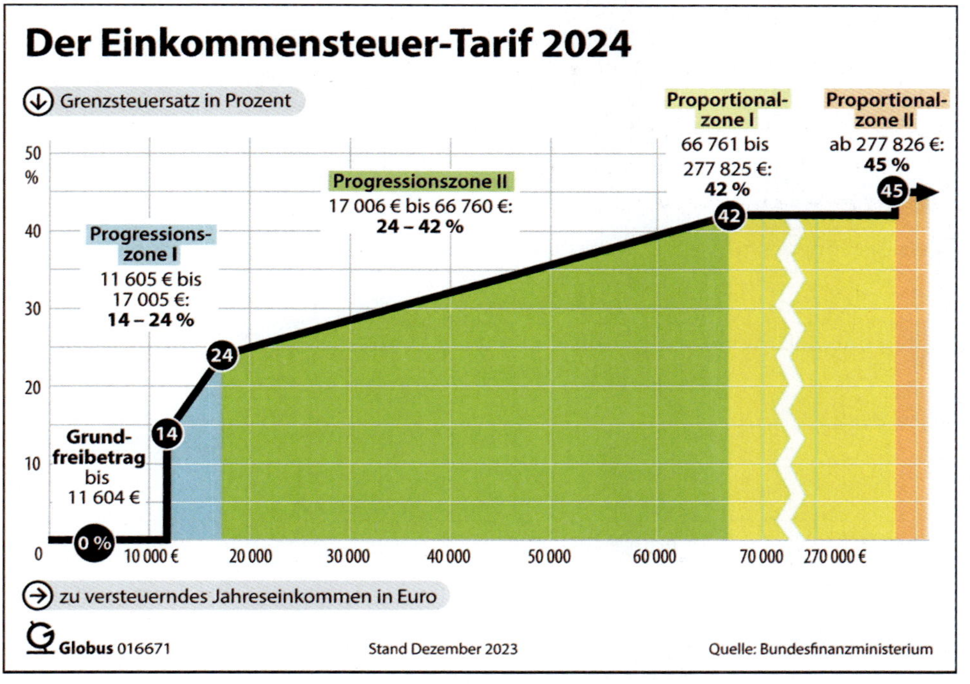

5.3.1 Vorauszahlungen

Die Zahlung der gesamten Einkommensteuer wird erst nach Festsetzung durch das Finanzamt fällig. Aus diesem Grund wird eine Vorauszahlung verlangt und ein Bescheid über die Höhe erteilt. Die Vorauszahlung richtet sich nach der Höhe der Einkommensteuer des letzten Veranlagungszeitraums.

5.3.2 Termine für die Abgabe der Einkommensteuererklärung

In § 37 EStG sind Termine für die Zahlung festgelegt. Termine für die Einkommensteuervorauszahlung sind der 10. März, der 10. Juni, der 10. September und der 10. Dezember.

Merke: Diese Termine sind in der Regel Gegenstand des Terminkalenders einer Rechtsanwaltskanzlei.

Die Steuerpflichtigen haben nach Jahresende eine Frist von sieben Monaten, um die Steuererklärung abzugeben. Der 31. Juli ist der letzte Tag dieses Zeitraums. Für den Fall, dass dieser Tag auf einen Wochenend- oder Feiertag fällt, kann die Abgabe am nächsten Werktag erfolgen.

Hinweis: Die Einkommensteuererklärung muss bis zum 31. Juli des Folgejahrs beim Finanzamt abgegeben werden.

Zusammenfassung

	Steuerarten	
	Umsatzsteuer	**Einkommensteuer**
gesetzliche Basis	Umsatzsteuergesetz (UStG)	Einkommensteuergesetz (EStG)
Besteuerungsgrundlage	gebuchte (Sollbesteuerung) oder gezahlte (Istbesteuerung) Beträge	Einkünfte aus selbstständiger Arbeit
Fristen und Zeiträume	entsprechend der Vorjahreszahllast: • < 1 000,00 € → jährlich • 1 000,01 € bis 7 500,00 € → vierteljährlich • > 7 500,00 € → monatlich	bis 31. Juli des Folgejahrs

Wiederholung und Vertiefung

1. Erklären Sie den Unterschied zwischen Ist- und Sollversteuerung.
2. Ermitteln Sie die Zahllast für folgende Situation:
   - Gebuchte Eingangsrechnungen mit einem Volumen in Höhe von 5 378,00 €
   - Gebuchte Ausgangsrechnungen in Höhe von 7 770,70 €
3. Ermitteln Sie den Vorsteuerüberhang aus gebuchten Kostenendabrechnungen mit 4 236,40 € und gebuchten Eingangsrechnungen mit einem Volumen von 8 175,30 €.
4. Um welchen Betrag vermindert sich die Vorsteuer, wenn eine Eingangsrechnung in Höhe von 476,00 € unter Abzug von 3 % Skonto bezahlt wird?
5. Wann ist der Termin für die Abgabe der Einkommensteuererklärung?

Lernfeld 7 – Kompetenzen

In diesem Lernfeld lernen Sie:

Kapitel 1 **Die Grundlagen des Wirtschaftens**	• den Zusammenhang von Bedürfnissen, Bedarf, Angebot und Nachfrage kennen • den Unterschied zwischen dem ökonomischen und dem ökologischen Prinzip zu erläutern • welche betriebswirtschaftlichen und volkswirtschaftlichen Produktionsfaktoren es gibt • wie der einfache und der erweiterte Wirtschaftskreislauf funktionieren
Kapitel 2 **Die Wirtschaftsordnungen**	• den Unterschied zwischen freier Marktwirtschaft und Zentralverwaltungswirtschaft kennen • welche Bedeutung der Staat in der sozialen Marktwirtschaft hat
Kapitel 3 **Der Markt**	• die Marktformen Polypol, Oligopol und Monopol kennen • welche Bedeutung Nachfrage und Angebot für die Preisbildung haben • worin der Zusammenhang von Preis und Wettbewerb besteht • die Grenzen der freien Preisbildung kennen • welche Rolle Marktteilnehmer in der sozialen Marktwirtschaft spielen • wie die Marktposition des Ausbildungsbetriebs unter Beachtung berufsrechtlicher Vorschriften verbessert werden kann • welche Marketinginstrumente eingesetzt werden können • welche Werbemaßnahmen für Rechtsanwaltskanzleien möglich sind
Kapitel 4 **Die staatliche Wirtschaftspolitik**	• welche Ziele mit der Wirtschaftspolitik verfolgt werden • wie der Staat wirtschaftliches Geschehen beeinflusst • wie Wirtschaftswachstum entsteht • die Bedeutung der Leistungsbilanz kennen • was unter Vollbeschäftigung und Preisstabilität zu verstehen ist • wie die Wirkung der Maßnahmen staatlicher Wirtschaftspolitik gemessen wird
Kapitel 5 **Die Währungs- und Geldpolitik der Eurozone**	• wie sich die Einführung des Euro entwickelt hat • welche Funktion die Europäische Zentralbank hat • welche Auswirkungen Entscheidungen der Europäischen Zentralbank auf die Mitgliedsländer haben

Lernfeld 7: Wirtschaftliche Einflüsse auf betriebliche Entscheidungen beurteilen

1 Die Grundlagen des Wirtschaftens

Warum muss in einer Volkswirtschaft überhaupt gewirtschaftet werden? Es können nicht alle Wünsche erfüllt werden!

Nahezu jeden Menschen bewegt die Erfüllung seiner nahezu unbegrenzten Wünsche, auf die die Wirtschaft reagiert. Durch Wünsche entstehen Bedürfnisse. In der Regel sind Menschen bestrebt, zunächst die Existenzbedürfnisse, wie Ernährung, Kleidung und Wohnung, zu befriedigen. Erst danach ist genügend Raum, um z. B. über Theaterbesuche, Weiterbildung oder auch Luxusgüter, wie z. B. ein Ballkleid nachzudenken.

Lernsituation

In der Rechtsanwaltskanzlei Dr. Neumann & Huber sind im Januar doppelt so viele Beratungsgespräche durchgeführt worden wie im Dezember des vorherigen Jahrs. Für Julia Hoffmann liegt der Grund in den neuen Gesetzen zum Erbrecht, die Anfang des Jahrs in Kraft getreten sind. Annika Sauer hält den Anstieg für Zufall. Sie geht davon aus, dass im Februar wieder weniger Beratungsbedarf bestehen wird. Julia Hoffmann hält das zwar auch für möglich, bringt aber noch eine andere Möglichkeit in die Diskussion ein. Wenn im Februar weniger Beratungsgespräche stattfinden, könnte es auch daran liegen, dass sich neue Kanzleien gegründet haben. Die Rechtsanwaltskanzlei Dr. Neumann & Huber wäre dann nicht mehr die einzige Kanzlei, die zum Thema Erbrecht berät.

Annika Sauer meint, den Rückgang an Mandantschaften mit einem niedrigeren „Preis“ (Honorar) stoppen zu können. Julia Hoffmann vertritt aber die Ansicht, dass die Vergütung der Rechtsanwälte feststeht, weil sie gesetzlich geregelt ist. Aus diesem Grund ist es ihrer Meinung nach auch nicht sinnvoll, das ökonomische Prinzip zu berücksichtigen. Es ist ausreichend, unter ökologischen Gesichtspunkten z. B. Briefpapier einzukaufen.

Arbeitsaufträge:

a) Diskutieren Sie im Plenum, wie der Wunsch nach Beratung entsteht.

b) Finden Sie gemeinsam mit Ihren Mitschülerinnen und Mitschülern je ein Beispiel aus einer Rechtsanwaltskanzlei, das die Begriffe „Bedürfnis-Bedarf-Angebot-Nachfrage" erklärt.

c) Überlegen Sie die Konsequenzen, wenn die Rechtsanwaltskanzlei Dr. Neumann & Huber die einzige in Neustadt an der Weinstraße wäre, die zum Thema Erbrecht berät.

d) Diskutieren Sie miteinander, ob es sinnvoll ist, durch Einsparungen den „Preis" für die Dienstleistungen senken zu wollen.

e) Recherchieren Sie mithilfe des Internets die Begriffe „ökonomisches und ökologisches Prinzip" und finden Sie dazu Beispiele aus Ihrem Ausbildungsbetrieb.

f) Reflektieren Sie anschließend Ihr Wissen.

1.1 Bereitstellung von Gütern und Dienstleistungen

In jeder Volkswirtschaft werden Güter produziert und auch Dienstleistungen angeboten. Wenn die Bürger darauf mit Käufen reagieren, ist ein bestimmter Ablauf vorausgegangen.

Bedürfnisse entstehen allgemein aus einem subjektiv empfundenen Mangel.

▶ **Beispiel:** Jan Meierhoff hat das Gefühl, sich zu wenig zu bewegen. Er hat das Bedürfnis, sich häufiger sportlich zu engagieren.

Übertragen auf eine Rechtsanwaltskanzlei könnte es das Empfinden einer Mandantschaft sein, sich ungerecht behandelt zu fühlen.

Der **Bedarf** entwickelt sich über die geäußerten Wünsche.

▶ **Beispiel:** Wenn sich außer Jan Meierhoff noch viele andere Menschen sportlich betätigen wollen, entsteht z. B. der Bedarf, mehr Fitnesscenter zur Verfügung zu stellen.

Im Zusammenhang mit der Tätigkeit von Rechtsanwälten kann z. B. durch Rechtsunsicherheit ein Bedarf an mehr Beratungsgesprächen entstehen.

Das **Angebot** ist die Reaktion auf den bekannten Bedarf.

▶ **Beispiel:** Der Unternehmer Max Frischmut baut ein neues Fitnesscenter, weil er weiß, dass im Umfeld viele Sportwillige wohnen.

Dienstleister, wie z. B. Rechtsanwälte, könnten nach einer Gesetzesänderung im Erbschaftsrecht eventuell das Beratungsangebot zu diesem Thema aufnehmen, weil ein Bedarf vermutet wird.

Die **Nachfrage** beinhaltet den Vorgang der Inanspruchnahme des Angebots. Das ist nur möglich, wenn die finanziellen Mittel hierfür auch ausreichend vorhanden sind.

▶ **Beispiel:** Jan Meierhoff und viele seiner Freunde sind begeistert von dem neuen Fitnesscenter und werden Mitglieder. Der Beitrag wird monatlich vom Konto der Sportler abgebucht.

Für Rechtsanwaltskanzleien bedeutet Nachfrage, dass Mandantschaften Beratungsangebote annehmen und sie auch bezahlen können.

Güter und Dienstleistungen spielen in der Abfolge Bedürfnis–Bedarf–Angebot–Nachfrage eine zentrale Rolle:

Güter einer Volkswirtschaft	Dienstleistungen einer Volkswirtschaft
• Gebäude • Fahrzeuge • Computer • Möbel • Bekleidung	• Beratungsleistungen einer Rechtsanwaltskanzlei, einer Versicherung, eines Mietervereins oder eines Verkäufers • medizinische Versorgung • Vermittlung einer Wohnung durch einen Makler

1.2 Produktionsfaktoren

Produktionsfaktoren werden je nach Art des Wirtschaftsraums (einzelnes Unternehmen oder gesamte Volkswirtschaft), in dem sie eingesetzt werden, unterschieden. Ein einzelnes Unternehmen ist ein produzierender Betrieb, z. B. Herstellung von Fahrzeugen, Möbeln oder Spielzeug, oder auch ein Dienstleister, der z. B. Beratungsleistungen anbietet, wie eine Rechtsanwaltskanzlei. Eine Volkswirtschaft hingegen besteht aus der **Summe** aller Wirtschaftssubjekte (Unternehmen und Haushalte).

Definition: Produktionsfaktoren sind alle immateriellen (z. B. Software) und materiellen (z. B. Maschinen) Elemente eines Wirtschaftsfelds, deren Einsatz zur Bereitstellung von Gütern und Dienstleistungen führt.

Produktionsfaktoren	
betriebswirtschaftliche (einzelnes Unternehmen)	**volkswirtschaftliche** (Gesamtheit aller Wirtschaftssubjekte)
• Arbeit	• Arbeit
• Betriebsmittel	• Boden
• Kapital	• Kapital

1.2.1 Betriebswirtschaftliche Produktionsfaktoren

Betriebswirtschaftliche Produktionsfaktoren werden immer in **einem** Unternehmen für die Leistungsbereitstellung eingesetzt. In diesem Zusammenhang ist eine Rechtsanwaltskanzlei auch als ein Unternehmen zu verstehen.

- **Arbeit:** Dieser betriebswirtschaftliche Produktionsfaktor beinhaltet alle körperlichen und geistigen Tätigkeiten der Beschäftigten. In einem Handwerksbetrieb wird der Anteil der körperlichen Arbeit überwiegen. In Dienstleistungsbetrieben, wie Rechtsanwaltskanzleien, werden die Leistungen, wie z. B. Vertretung vor Gericht oder die Organisation der Büroarbeit, eher durch geistige Tätigkeiten bereitgestellt.
- **Betriebsmittel:** Sie lassen sich unterteilen in Rohstoffe, z. B. Baumaterial für ein Gebäude, und Gegenstände, die für die Produktion erforderlich sind, wie z. B. Maschinen, Büro- und Geschäftsausstattung oder Fahrzeuge. Auch die Praxisausstattung einer Kanzlei gehört zu den Betriebsmitteln.
- **Kapital:** Zu diesem Faktor gehören die eigenen finanziellen Mittel (Kasse und Bankguthaben) sowie auch alle Darlehen (Fremdkapital). Auch Rechtsanwaltskanzleien benötigen für die Finanzierung größerer Projekte, wie die Erweiterung der Praxisräume, eventuell Fremdkapital von einer Bank. vgl. LF 6, Kap. 1.3

Hinweis: Allen drei Produktionsfaktoren ist gemeinsam, dass ihr Einsatz im Unternehmen, unabhängig davon, ob es sich um ein produzierendes oder dienstleistendes handelt, zu Ressourcenverbräuchen führt, die in der kaufmännischen Buchführung Gegenstand der Erfolgsermittlung sind. vgl. LF 6, Kap. 4.2

Merke: Das Arbeiten mit betriebswirtschaftlichen (Aufwendungen) Produktionsfaktoren findet immer in einem einzelnen Unternehmen statt.

1.2.2 Volkwirtschaftliche Produktionsfaktoren

Volkswirtschaftliche Sachverhalte beziehen sich immer auf **alle** Unternehmen eines Wirtschaftsraums, z. B. Deutschland. In diesem Zusammenhang sind Rechtsanwaltskanzleien als Unternehmen zu verstehen. Sie gehören auch zu einer Volkswirtschaft.

vgl. LF 7, Kap. 4.4

- **Arbeit:** Wenn der Produktionsfaktor „Arbeit" nicht ausreichend vorhanden ist, also zu wenig Arbeitskräfte zur Verfügung stehen und Maschinen nicht eingesetzt werden können, kann weniger produziert werden. Diese Situation wirkt sich auf die Zunahme der Wirtschaftsleistung, die u. a. die produzierten Güter enthält, aus.

  ▶ **Beispiele:**

  - **Viele** Unternehmer klagen seit einiger Zeit über fehlende Fachkräfte. Wenn es den Unternehmern nicht gelingt, für die Produktion von zwei Millionen Fahrzeugen genügend Arbeitskräfte einzustellen, müsste sich ein Unternehmer überlegen, weniger zu produzieren. Die nicht produzierten Autos fehlen dann in der gesamten Wirtschaftsleistung z. B. von Deutschland.
  - Eine Rechtsanwaltskanzlei hat sich die Erhöhung des Umsatzes durch eine verstärkte Beratung im Bereich Steuerrecht als Ziel gesetzt. Es gibt auch genügend Mandantschaften, die in diesem Bereich Beratungsbedarf haben, aber keine spezialisierten Rechtsanwälte, die z. B. die Beratungen durchführen können. Die Folge wird wohl sein, nicht so viele Mandantschaften anzunehmen. Dadurch fällt der Beitrag zur Wirtschaftsleistung geringer aus.

- **Boden:** Der Produktionsfaktor „Boden" beschreibt mehrere Funktionen. Er ist der Standort für Betriebe, Rohstoffe können aus dem Boden gefördert werden und er dient als wirtschaftliche Nutzfläche z. B. für die Landwirtschaft.

  ▶ **Beispiel:** Die Summe aller Rechtsanwaltskanzleien nutzt für die Gebäude, in denen die Kanzleien ihre Büroräume haben, einen Teil des insgesamt zur Verfügung stehenden Bodens z. B. in Deutschland.

- **Kapital:** Dieser Produktionsfaktor lässt sich in zwei Bereiche aufteilen, die aber eng miteinander verbunden sind:

Geldkapital	Realkapital
finanzielle Mittel, Sparguthaben, die insgesamt in einer Volkswirtschaft für Investitionen zu Verfügung stehen	mit Geldkapital erworbene Wirtschaftsgüter (z. B. Gebäude, Maschinen, Fahrzeuge), die in einer Volkswirtschaft für die Bereitstellung von Gütern und Dienstleistungen benötigt werden In den letzten Jahren ist das sog. „Human Capital“ (menschliches Kapital) stärker berücksichtigt worden. Es beinhaltet alle Personen, die durch Aus- und Weiterbildung Wissen und Fähigkeiten erworben haben.

Historisch gesehen entstand das Kapital durch die anderen beiden Produktionsfaktoren Arbeit und Boden, z. B. in der Landwirtschaft. Menschen haben den Boden bearbeitet, geerntet und die geernteten Produkte verkauft. Überschüsse wurden gespart, um später damit Maschinen etc. zu kaufen. So konnte sich das Realkapital entwickeln.

Dieser Weg soll durch die folgende Übersicht verdeutlicht werden.

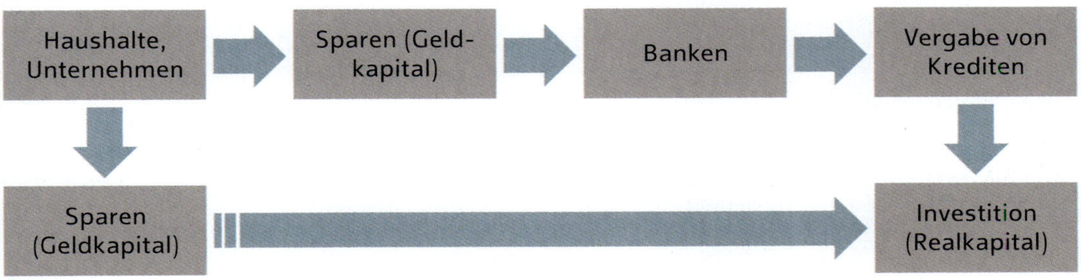

▶ **Beispiel:** Die Büroräume einer Rechtsanwaltskanzlei sollen in zwei Jahren erweitert werden. Für die Ausstattung mit Schreibtischen, Bürostühlen, PCs etc. werden 10000,00 € gebraucht. Es besteht zum einen die Möglichkeit, das Geld aus dem Gewinn anzusparen oder bei der Bank einen Kredit aufzunehmen. Auch in anderen Kanzleien könnte die Absicht bestehen, zu investieren. Alle Kanzleien sind als Unternehmen auch Wirtschaftssubjekte einer Volkswirtschaft und tragen so zur Entstehung des Geld- und Realkapitals bei.

1.3 Ökonomisches und ökologisches Prinzip

vgl. LF 7, Kap. 1.1

Die Entstehung menschlicher Bedürfnisse (z. B. sich sportlich zu betätigen) kennt nahezu keine Grenzen, die finanziellen Mittel (z. B. Gehalt), die für die Befriedigung zur Verfügung stehen, aber schon. Aus diesem Spannungsverhältnis entsteht der Zwang, mit den vorhandenen Mitteln auszukommen, man muss also wirtschaften.

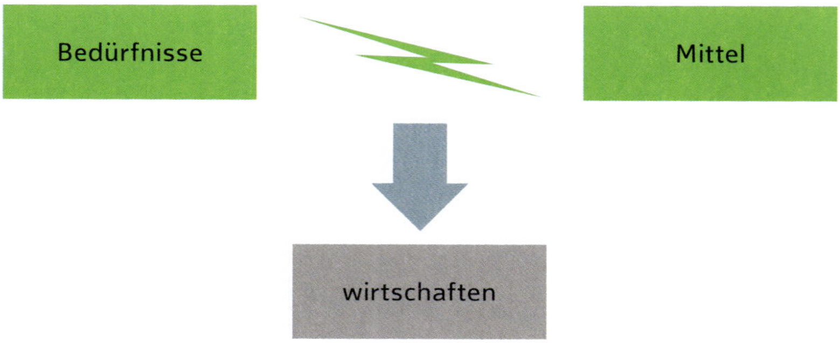

Das wirtschaftliche Handeln wird vom sog. ökonomischen Prinzip bestimmt, das in drei Formen für jeweils unterschiedliche Sachverhalte aus dem Wirtschaftsleben eingesetzt wird. Das ökologische Prinzip beinhaltet umweltfreundliches Handeln.

1.3.1 Ökonomisches Prinzip

Das ökonomische Prinzip lässt sich in drei Kategorien einteilen, das Maximalprinzip, das Minimalprinzip und das Optimalprinzip.

Maximalprinzip

Bei diesem Prinzip ist der Mitteleinsatz vorgegeben, der zum maximalen Erfolg führen soll. Der Einsatz der Ressourcen ist also bestimmt und es soll möglichst viel damit erreicht werden.

▶ Beispiele:

- Eine Laufgruppe trainiert fünfmal in der Woche (Mitteleinsatz), um eine möglichst hohe Platzierung (Erfolg) zu erreichen.
- In einer Rechtsanwaltskanzlei sollen für 5000,00 € (Mitteleinsatz) möglichst viele PCs (Erfolg) gekauft werden.

Minimalprinzip

Bei Anwendung des Minimalprinzips ist der Erfolg oder Nutzen vorgegeben, der mit möglichst wenig Mitteln erreicht werden soll.

Beispiele:

- Eine Familie plant eine Urlaubswoche in Spanien (Nutzen). Es wird in mehreren Reisebüros nachgefragt, wo eine Woche am günstigsten ist (Mitteleinsatz).
- Eine Rechtsanwaltskanzlei benötigt ein zusätzliches Fahrzeug (Nutzen), um die Termine zeitsparend wahrnehmen zu können. Der Kauf erfolgt bei dem Autohaus (Mitteleinsatz), das ein entsprechend günstiges Fahrzeug anbietet.

Optimalprinzip

Bei der Anwendung des Optimalprinzips wird das optimale Verhältnis zwischen Ressourceneinsatz und Ressourcenzuwachs gesucht. Beide sind veränderbar und zwar so lange, bis ein sinnvolles Verhältnis gefunden wurde. Das ist dann der Fall, wenn mit den geringsten Mitteln der höchste Erfolg wahrscheinlich ist.

vgl. LF 6, Kap. 4.2

Beispiele:

- Eine Stadt plant den Bau einer Eisenbahnbrücke, die möglichst vier Schienenstränge haben soll. Die Gelder sind mit einem Betrag im Haushaltsplan veranschlagt. Nach erfolgter Ausschreibung wird festgestellt, dass keine Baufirma zu dem vorgesehenen Betrag bauen will. Jetzt wird in zwei Richtungen überlegt. Zum einen ist die Frage, ob weniger Schienenstränge reichen, zum anderen, ob die Haushaltsmittel erhöht werden können.
- In einer Rechtsanwaltskanzlei soll der Einkauf von Druckerpapier optimiert werden. Für den Einkauf ist ein Betrag geplant. Gewünscht wird eine bestimmte Sorte Papier, für die aber das Geld nicht reicht. Es wird überlegt, ob ein anderer Anbieter dieses Papier kostengünstiger verkauft oder ob mehr Geld für dieses besondere Papier ausgegeben werden kann.

1.3.2 Ökologisches Prinzip

Mit der Berücksichtigung des ökologischen Prinzips sollen wirtschaftliche Entscheidungen ökologisch nachhaltig bestimmt werden. Dadurch kann in einigen Fällen ein Konflikt mit dem ökonomischen Prinzip entstehen. Es ist ja durchaus möglich, dass ein sehr kostengünstiges Fahrzeug durch veraltete Technik viele Schadstoffe in die Umwelt bringt.

Beispiele:

- Deutschland musste sich vor einigen Jahren eine Rüge der EU-Kommission anhören. Seit Jahren wird der Grenzwert von 40 mg pro Kubikmeter des schädlichen Gases Stickstoffdioxid überschritten. Die Maßnahmen zur Verringerung der Luftbelastung würden aber Geld kosten. Der Konflikt: sauberere Luft versus Geld ausgeben.
- Die Rechtsanwaltskanzlei Horn & Partner hat ermittelt, dass 100 Pakete Druckerpapier der Sorte „Reinweiß Papier“ am günstigsten sind. Dieses Papier ist jedoch nicht chlorfrei gebleicht und belastet dadurch die Umwelt deutlich mehr als teurere Papiersorten.

Ökonomie und Ökologie können sich aber auch ergänzen. Wenn z. B. technische Verfahren es möglich machen, günstiges Druckerpapier herzustellen, das gleichzeitig auch schadstofffrei ist.

Bereits 1992 hat sich die internationale Staatengemeinschaft auf ein von Nachhaltigkeit geprägtes Wirtschaften geeinigt. Das Konzept wurde durch die AGENDA 21 veröffentlicht.

Hinweis: Informationen zum Thema Nachhaltigkeit sind auf den Webseiten www.nachhaltigkeitsrat.de und www.bmu.de zu finden.

1.4 Wirtschaftskreislauf

Alle Menschen und Menschengruppen einer Volkswirtschaft stehen in vielfältigen Beziehungen zueinander. Die Bürger kaufen die produzierten Güter und bezahlen sie, oder sparen, statt zu kaufen. Die Banken stellen Kredite zur Verfügung, damit Unternehmen investieren können. Aus diesem Grund ist die wirtschaftliche Realität sehr komplex. Um die Abläufe zwischen den Wirtschaftssubjekten (Haushalte, Unternehmen, Staat) sichtbar zu machen und zu verstehen, ist ein Denkmodell entwickelt worden, der sog. Wirtschaftskreislauf. Es werden zwei Annahmen der Betrachtung zugrunde gelegt. Zum einen die Aufteilung der gesamten Wirtschaft in mehrere Bereiche, die Haushalte, die Unternehmen, der Staat und die Banken als Kapitalsammelstelle.

Sektoren einer Volkswirtschaft			
Haushalte	**Unternehmen**	**Staat**	**Banken**
Privatpersonen konsumieren oder sparen	Produktion und Dienstleistung	• Bund, Länder und Gemeinden • Träger der Sozialversicherung • Erhaltung des Gemeinwohls mit Finanzierung durch Abgaben	• Zinsen • Kreditvergabe

Zum anderen wird davon ausgegangen, dass es einen Güter- und einen Geldstrom gibt, die miteinander verbunden sind, z. B. werden die Güter produziert und bereitgestellt (Güterstrom) und bezahlt (Geldstrom).

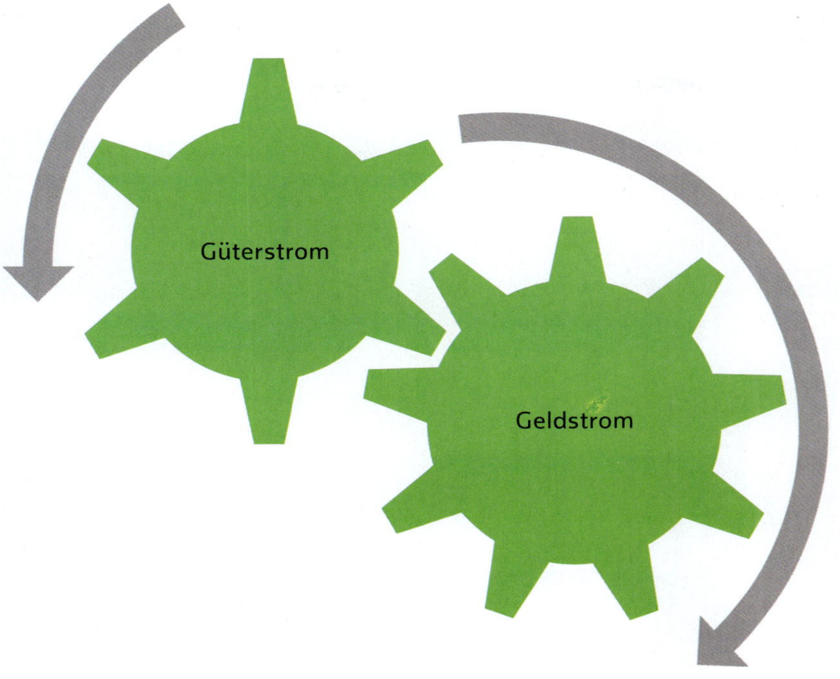

1.4.1 Der einfache Wirtschaftskreislauf

In diesem Modell wird von zwei Gruppen ausgegangen. Alle Privatpersonen gehören zur Gruppe der Haushalte, alle Produzenten und Dienstleister sind in der Gruppe der Unternehmen zusammengefasst. Jede Gruppe trifft in einem Bereich Entscheidungen. Die Unternehmen produzieren Güter (z. B. Kühlschränke) oder stellen Dienstleistungen (z. B. Beratungsleistungen) bereit. Dieses Angebot kann von den Bürgern eines Lands (z. B. Deutschland) in Anspruch genommen werden, sie konsumieren. Der Kauf von Gütern und Dienstleistungen ist nur deshalb möglich, weil die Unternehmen an ihre Beschäftigten Gehälter zahlen. Durch die Bezahlung der gekauften Güter fließen den Unternehmen finanzielle Mittel zu, mit denen sie weiter produzieren oder investieren können. Das folgende Schaubild zeigt diese Wechselwirkungen.

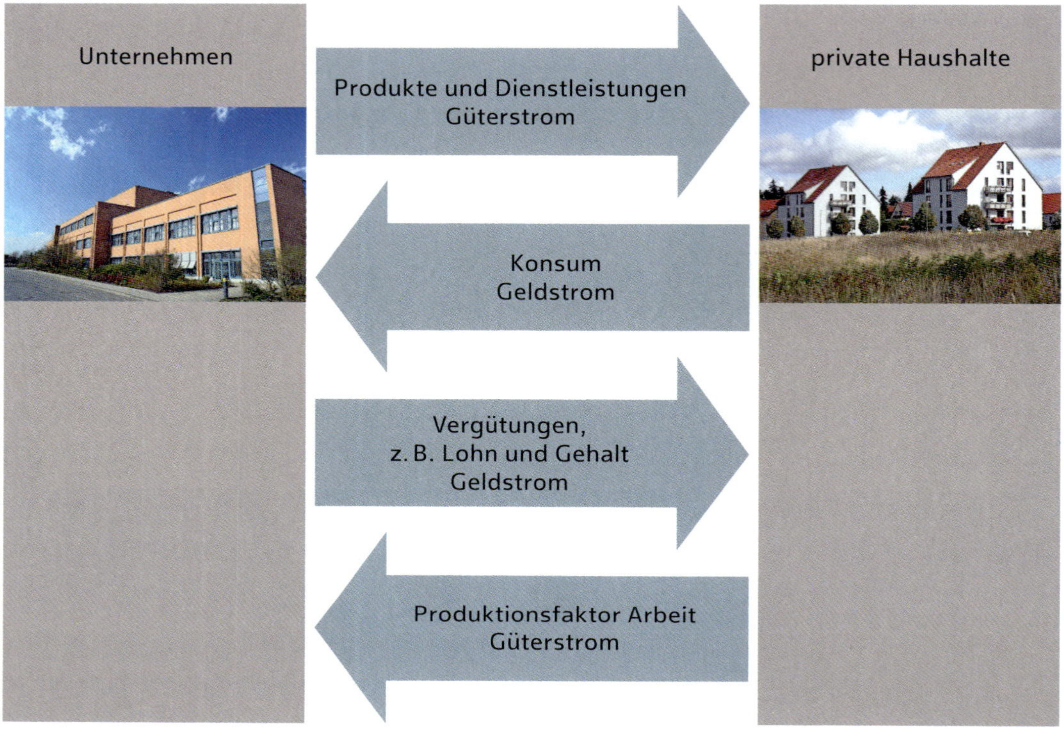

Wenn das gesamte Einkommen aller Haushalte für den Konsum eingesetzt wird, entsteht ein statischer Zustand, weil nichts übrig bleibt, das gespart werden könnte.

1.4.2 Der erweiterte Wirtschaftskreislauf

Mit der Erweiterung des Modells um den Sektor Staat entsteht eine wichtige Ergänzung. Die Unternehmen und die privaten Haushalte entrichten an den Staat Steuern, Gebühren etc. Mit diesem Geld können private Haushalte (z. B. durch Sozialhilfe) und auch Unternehmen (z. B. durch Subventionen) unterstützt werden. Auch staatliche Einrichtungen entlohnen ihre Beschäftigten, sodass hier ebenfalls Kaufkraft entsteht. Da alle Wirtschaftssubjekte nicht ihr gesamtes Geld für den Konsum ausgeben, entsteht über das Sparen ein weiteres Element, das Gegenstand des erweiterten Wirtschaftskreislaufs ist. Der Verzicht auf Konsum, also das Sparen, wird über ein Vermögensveränderungskonto dargestellt.

Der erweiterte Wirtschaftskreislauf wird mit der folgenden Übersicht verdeutlicht:

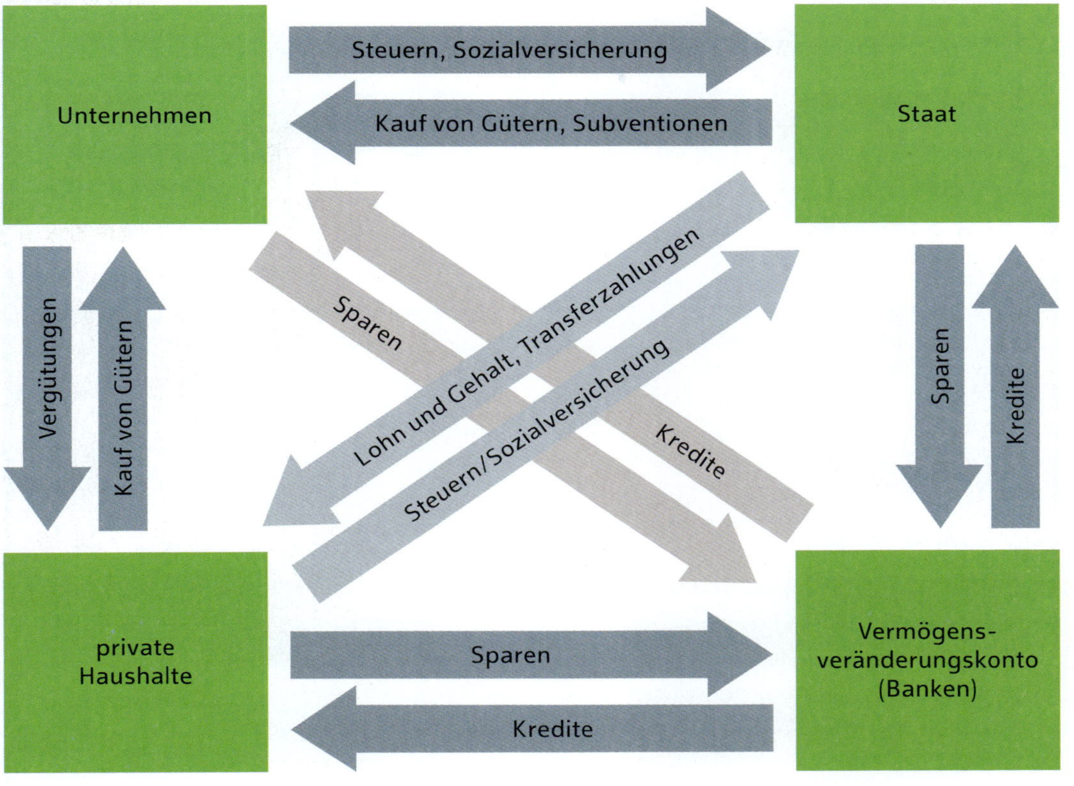

▶ **Beispiel:** In diesem Zusammenhang sind Rechtsanwaltskanzleien als Unternehmen zu verstehen. Sie kaufen Güter, z.B. Praxisausstattung, oder sparen ihre Überschüsse für Investitionen. Außerdem zahlen sie Einkommensteuer. Die Beschäftigten erhalten Gehalt und können damit auch entweder konsumieren oder sparen. Die Lohnsteuer und die Sozialversicherungsbeiträge fließen an den Staat. Aus dieser Summe können von den entsprechenden Institutionen Sozialleistungen oder Transferleistungen zurückgegeben werden. Für Anschaffungen sowohl der Rechtsanwaltskanzlei wie auch der Beschäftigten besteht dann die Möglichkeit, sofern die eigenen finanziellen Mittel nicht ausreichen, bei einer Bank einen Kredit aufzunehmen. Auch staatliche Einrichtungen kaufen Güter oder nehmen Dienstleistungen in Anspruch.

Der hier dargestellte Wirtschaftskreislauf mit vier Bereichen kann noch um Auslandsbeziehungen erweitert werden.

Zusammenfassung

Bereitstellung von Gütern und Dienstleistungen

Bedürfnis → Bedarf → Angebot → Nachfrage

Produktionsfaktoren

betriebswirtschaftliche Produktionsfaktoren	volkswirtschaftliche Produktionsfaktoren
• Arbeit • Betriebsmittel • Kapital	• Arbeit • Boden • Kapital

ökonomisches Prinzip		ökologisches Prinzip
Optimalprinzip mit geringsten Mitteln höchstmöglichen Erfolg	→	Berücksichtigung der Nachhaltigkeit bei Anwendung des ökonomischen Prinzips
Maximalprinzip mit gegebenen Mitteln höchstmöglichen Erfolg	→	
Minimalprinzip bestimmter Erfolg mit möglichst wenig Mitteln	→	

Wirtschaftskreislauf

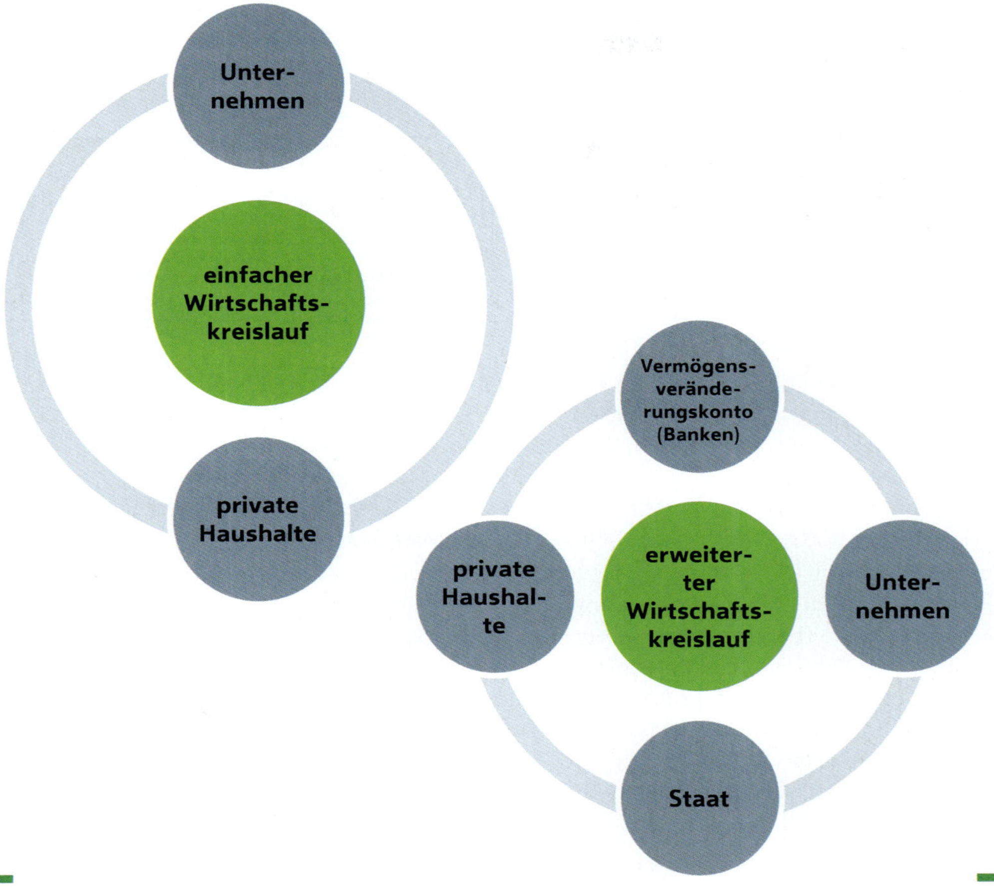

Wiederholung und Vertiefung

1. Beschreiben Sie den Weg vom Bedürfnis bis zur Entstehung von Nachfrage an einem Beispiel aus einer Rechtsanwaltskanzlei.
2. Nennen Sie je ein Beispiel zu den drei betriebswirtschaftlichen Produktionsfaktoren aus einer Rechtsanwaltskanzlei.
3. Beschreiben Sie den Unterschied zwischen betriebswirtschaftlichen und volkswirtschaftlichen Produktionsfaktoren.
4. Erläutern Sie mit je einem Beispiel die drei Varianten des ökonomischen Prinzips.
5. Beschreiben Sie den Unterschied zwischen ökonomischem und ökologischem Prinzip.
6. Aus wie vielen Sektoren besteht
   a) der einfache Wirtschaftskreislauf,
   b) der erweiterte Wirtschafskreislauf?

2 Wirtschaftsordnungen

Eine Wirtschaftsordnung ist immer Bestandteil einer Gesellschaftsordnung. Sie besteht außerdem noch aus den Bereichen Sozialordnung, Rechtsordnung und politische Ordnung.

Gesellschaftsordnung			
Wirtschaftsordnung	**Sozialordnung**	**Rechtsordnung**	**politische Ordnung**
• Zentralverwaltungswirtschaft • Marktwirtschaft	System der sozialen Absicherung	• Staatsgewalt • Gewaltenteilung	• Diktatur • Demokratie

Gesellschaftsordnungen lassen sich anhand der folgenden Merkmale unterscheiden:

- kollektivistische Gesellschaftsordnung
  - Interessen von Gruppen haben Vorrang vor der Freiheit des Einzelnen
  - Vorherrschaft des Staats
  - Ergebnisse einer Volkswirtschaft werden nach dem Gleichheitsprinzip verteilt
  - Produktionsmittel sind in der Verfügungsgewalt des Staats
  - wirtschaftliches Geschehen wird zentral gelenkt
- individualistische Gesellschaftsordnung
  - das Interesse des Einzelnen hat Vorrang vor Gruppeninteressen
  - Gleichberechtigung aller Personen
  - Ergebnisse werden entsprechend der Leistung Einzelner verteilt
  - Produktionsmittel sind in privater Hand
  - freie Marktwirtschaft
  - der Staat setzt nur die Rahmenbedingungen

Eine moderne arbeitsteilig organisierte Volkswirtschaft muss einen Rahmen festlegen, wie z. B. die Abstimmung zwischen Anbietern und Nachfragern funktionieren soll. Wenn die Regeln für diese Abstimmung zentral, also von der Regierung eines Lands, festgelegt werden, spricht man von einer Zentralverwaltungswirtschaft. Wenn hingegen der Marktmechanismus gelten soll, also die Bestimmung der Regeln von den Wirtschaftssubjekten her erfolgt, handelt es sich um eine Marktwirtschaft.

vgl. LF 7, Kap. 3.1.1

Lernsituation

Annika Sauer möchte, dass ihre Freundin von der Rechtsanwaltskanzlei Dr. Neumann & Huber in einem gerichtlichen Verfahren zu einem „Freundschaftspreis" vertreten wird. Julia Hoffmann erklärt ihr, dass dies nicht möglich ist. Nach dem RVG darf nur bei außergerichtlichen Angelegenheiten eine geringere als die gesetzlich festgelegte Gebühr verlangt werden, nicht aber für gerichtliche Verfahren.

Für Annika Sauer ist dies nicht nachvollziehbar. In Deutschland bestehe doch eine freie Gesellschaft mit einer freien Wirtschaft. Die Preisfindung ist doch ausschließlich die Angelegenheit zwischen Mandantschaften und Rechtsanwälten und kann in unbegrenzter Höhe vereinbart werden. Sie versteht auch nicht, weshalb die Rechtsanwälte in Beratungshilfe- und Prozesskostenhilfeangelegenheiten nur sehr niedrige Gebühren in Rechnung stellen können und solche Mandate auch nicht abgelehnt werden dürfen.

Arbeitsaufträge:

a) Recherchieren Sie im Internet, welche Wirtschaftsordnungen es geben kann, und notieren Sie diese.
b) Stellen Sie fest, welche Merkmale zu den Wirtschaftsordnungen gehören. Erstellen Sie eine tabellarische Übersicht.
c) Überlegen Sie miteinander, wo die Unterschiede zwischen den Wirtschaftsordnungen liegen.
d) Diskutieren Sie über die Folgen, die sich aus einer „freien" Wirtschaft für Rechtsanwaltskanzleien und Mandantschaften ergeben könnten.
e) Reflektieren Sie anschließend Ihr Wissen.

Die Wissenschaft kennt drei Wirtschaftsordnungen, die im Folgenden näher erläutert werden. Diese Systeme werden durch die Beantwortung von vier Fragen voneinander abgegrenzt:

1. Wie werden die wirtschaftlichen Abläufe gestaltet?
2. Wie ist das Eigentum geregelt?
3. Wie entsteht der Preis?
4. Wie wird das Ergebnis, das sich aus dem Leistungsprozess ergibt, bestimmt?

Kriterien einer Wirtschaftsordnung

Planung/Lenkung
- zentral
- dezentral

Preisbildung
- Marktmechanismus
- Entscheidung durch den Staat

Ergebnisrechnung
- Gewinn
- Planerfüllung

Eigentum
- privat
- staatlich

2.1 Zentralverwaltungswirtschaft und Marktwirtschaft

Die Unterschiede zwischen den beiden Wirtschaftsordnungen, Zentralverwaltungswirtschaft und Marktwirtschaft, werden in den nächsten Kapiteln dargestellt.

2.1.1 Zentralverwaltungswirtschaft

In einer zentral gesteuerten Wirtschaft werden wirtschaftliche Entscheidungen, z. B. welche und wie viele Güter produziert werden sollen, vom Staat getroffen. Dazu werden Pläne entwickelt und der „Erfolg" wird an der Erfüllung dieser Pläne durch die Unternehmen gemessen. Das Eigentum an Produktionsmitteln (z. B. Maschinen, Gebäude) hat der Staat. Er entscheidet auch über die Höhe der Preise für die produzierten Güter. Das Handeln der Banken wird über staatliche Institutionen gesteuert.

▶ **Beispiel:** Praktiziert wird dieses System heute noch z. B. in Nordkorea und China. So wurde vor Kurzem von der Regierung in Peking ein hoher Betrag an Finanzhilfen an zwei Banken bewilligt, um u. a. die Möglichkeit der Vergabe von Krediten zu gewährleisten.

Merkmale einer Zentralverwaltungswirtschaft

- eine staatliche Institution plant und steuert die Produktion und den Konsum von Gütern
- Eigentumsrechte an Produktionsmitteln liegen beim Staat
- Festlegung der Güterpreise durch staatliche Institutionen
- das Ergebnis ist die Planerfüllung
- Eigentümer der Bank ist der Staat

Zu den Nachteilen einer Zentralverwaltungswirtschaft gehört ein stetes Fehlen von Gütern des täglichen Bedarfs, weil die zentralen Behörden die Nachfrage falsch einschätzen. Unwahrscheinlicher ist ein Überangebot an bestimmten Gütern.

2.1.2 Freie Marktwirtschaft

In einer freien Marktwirtschaft wird das wirtschaftliche Geschehen vollständig dem „freien Spiel der Kräfte" überlassen. Das Angebot und die Nachfrage regeln sich über den Markt. Das gilt nicht nur für Güter, sondern auch für Arbeitskräfte.

vgl. LF 7, Kap. 3.1.1

Dem Staat wird keine besondere Rolle bei der Gestaltung der wirtschaftlichen Abläufe zugestanden. Er hat z. B. keinen Einfluss auf die Menge der bereitgestellten Güter und auf deren Preise. Die für die Güterbereitstellung notwendigen Maschinen sind Eigentum der Unternehmen und nicht des Staats. Der Erfolg eines Betriebs wird an der Höhe des Gewinns gemessen, es gilt also die Gewinnorientierung. Die Banken handeln, wie alle anderen Unternehmen, entsprechend den unternehmerischen Erfordernissen. Sie sind nicht an „Weisungen" von staatlicher Seite gebunden. Alle Wirtschaftssubjekte können untereinander Verträge ohne Beschränkungen schließen.

Definition: Unter Wirtschaftssubjekten werden Einzelpersonen, private Haushalte, staatliche Institutionen und Unternehmen verstanden.

Merkmale einer freien Marktwirtschaft

- Jedes Wirtschaftssubjekt plant selbstständig.
- Wirtschaftliches Handeln wird über Angebot und Nachfrage geregelt.
- Privateigentum an Produktionsmitteln
- Preisbildung erfolgt durch Angebot und Nachfrage
- Gewinnorientierung
- unabhängige Banken
- Vertragsfreiheit

vgl. LF 7, Kap. 3.1.1

Zu den Mängeln, die sich aus dem Handeln in einer freien Marktwirtschaft ergeben können, gehören u. a.

- kein Schutz vor Kündigungen und Akzeptanz des vom Arbeitgeber festgelegten Lohns

▶ **Beispiele:**

- Wenn eine arbeitende Person nicht mehr gebraucht wird, weil sie altersbedingt langsamer arbeitet, kann sie ohne Weiteres gekündigt werden. Sie hat keine Möglichkeit, sich dagegen zu wehren.

- Trotz steigender Kosten für die Finanzierung des Lebensunterhalts ist der Arbeitgeber nicht bereit, mehr Lohn zu zahlen. Die arbeitende Person hat keine Möglichkeit, ihren Wunsch nach einer Erhöhung der Vergütung durchzusetzen. Sie kann nur die Höhe des Lohns akzeptieren oder den Betrieb verlassen.

- Missbrauch der Vertragsfreiheit

▶ **Beispiele:**
- Im Arbeitsvertrag werden eine wöchentliche Mindestarbeitszeit von 40 Stunden und zehn Inklusivstunden vereinbart. Es gibt keine gesetzliche Regelung, die dies verbietet. Es ist also ganz den Vertragsparteien (Arbeitnehmer und Arbeitgeber) überlassen, was sie vereinbaren. Da der Arbeitnehmer auf die Stelle angewiesen ist, stimmt er diesen für ihn nachteiligen Bedingungen zu.
- Alle Unternehmen der Lebensmittelindustrie schließen einen Vertrag zur Zusammenlegung ihrer Betriebe. Die Vielfalt des Angebots geht verloren und der Preis für Lebensmittel kann von dem entstandenen Großunternehmen allein bestimmt werden.

2.2 Soziale Marktwirtschaft

In einer sozialen Marktwirtschaft wird – wie in der freien Marktwirtschaft – der Preis von Gütern über die Wirtschaftssubjekte gestaltet und nicht vom Staat. Die soziale Marktwirtschaft wird aber um einen sozialen Aspekt erweitert, der die Mängel der freien Marktwirtschaft abfedern soll.

▶ **Beispiel:** Ein Fabrikarbeiter hatte bis zum Ende des 19. Jahrhunderts im Krankheitsfall oder bei Verlust der Beschäftigung keine Versorgung. Heute werden die Kosten für Arztbesuche von der Krankenkasse übernommen. Im Fall der Arbeitslosigkeit erhält man eine Unterstützung zur Sicherung des Lebensunterhalts.

Die durch den Politiker Otto von Bismarck entwickelte Reichsversicherungsordnung schuf die Voraussetzungen für das heute existierende Sozialversicherungssystem. Dadurch ist in Deutschland der soziale Ausgleich durch Unterstützung, z. B. bei Krankheit oder Arbeitslosigkeit, gut. Trotzdem muss auf eine Veränderung der Lebensverhältnisse von staatlicher Seite mit entsprechenden Maßnahmen reagiert werden.

▶ **Beispiel:** In einigen Wirtschaftsbranchen war die Höhe des Lohns so niedrig, dass er für die Finanzierung der Lebenshaltungskosten nicht gereicht hat. Die Einführung des Mindestlohns ist eine Entscheidung, die dieser Situation Abhilfe schaffen soll.

Bereiche der gesetzlichen Sozialversicherung			
Kranken-versicherung	Pflege-versicherung	Renten-versicherung	Arbeitslosen-versicherung

Die heute geltende deutsche Wirtschafts- und Sozialordnung wurde vor allem von dem Politiker Ludwig Erhard (1897–1977) und dem Nationalökonom Alfred Müller-Armack (1901–1978) nach dem Zweiten Weltkrieg entwickelt. In dieser Zeit kamen noch weitere soziale Aspekte dazu, die Einführung der **Tarifautonomie** und die Verabschiedung des **Kartellgesetzes.** Beides wurde über die Gesetzgebungskompetenz des Staats geregelt.

Hinweis: Informationen zum Lebenswerk von Ludwig Erhard sind unter www.was-war-wann.de/politik/biografien/ludwig_erhard.html (Stand: Januar 2024) nachzulesen.

Der Staat gestaltet die Wirtschafts- und Gesellschaftsordnung für die Allgemeinheit durch aktives Eingreifen. Das Sozialversicherungssystem gilt für alle und ist durch Gesetze geregelt. In bestimmten Lebenssituationen, die z. B. durch Krankheit oder Arbeitslosigkeit geprägt sind, wird dafür gesorgt, dass die Betroffenen Unterstützung erhalten.

Aber auch andere Gesetze gewährleisten das „Soziale". So kann es eventuell nicht im Interesse der Bürger eines Lands liegen, den Entscheidungen eines Arbeitgebers uneingeschränkt zu folgen. Aus diesem Grund wurden Regelungen geschaffen, die es möglich machen, z. B. eine höhere Vergütung durchzusetzen. Ein Mittel dazu ist der Arbeitskampf, besser bekannt als Streik. Grundlage für Arbeitskampfmaßnahmen ist das Prinzip der Tarifautonomie:

vgl. LF 5, Kap. 5

Elemente der Tarifautonomie			
Gewerkschaften	**Arbeitgeber**	**Tarifverhandlungen**	**Tarifvertrag**
• Interessenverbände der Arbeitnehmer • Organisation der Durchsetzung von Arbeitnehmerinteressen zusammen mit den Betriebsräten	meistens in Interessenverbänden organisiert	Impuls ist die Kündigung des bestehenden Tarifvertrags durch die Gewerkschaft oder den Arbeitgeberverband	Ergebnis der Tarifverhandlungen ist ein neuer Tarifvertrag

Ein weiteres Kennzeichen der sozialen Marktwirtschaft ist das Gesetz gegen Wettbewerbsbeschränkungen (GWB). Der Wettbewerb zwischen den Unternehmen ist notwendig, um den Verbrauchern ein breites Spektrum an Gütern zu akzeptablen Preisen zur Verfügung zu stellen. Der Zweck des Gesetzes gegen Wettbewerbsbeschränkungen ist es, den Wettbewerb der Betriebe untereinander zu sichern. Es regelt u. a. die Organisation und die Verfahren des Bundeskartellamts, sowie die Kontrolle oder das Verbot von Wettbewerbsbeschränkungen. Es soll die Entstehung von Kartellen verhindern.

Definition: Ein Kartell ist ein auf Verträgen basierender Zusammenschluss von mindestens zwei Unternehmen derselben Branche. In § 1 GWB wird formuliert, dass Vereinbarungen, Beschlüsse von Unternehmensvereinigungen und aufeinander abgestimmte Verhaltensweisen, die eine Verhinderung, Einschränkung oder Verfälschung des Wettbewerbs bezwecken oder bewirken, verboten sind.

▶ **Beispiel:** Der Branchenführer des Lebensmitteleinzelhandels Edeka/Reichelt stellt mit über 26 % den größten Anteil an Lebensmitteln zum Verkauf bereit. Er zeigt Interesse an der Kette Kaisers-Tengelmann mit einem Marktanteil von mehr als 11 %. Bei einem Zusammenschluss würde ein Unternehmen Edeka-Reichelt-Kaisers-Tengelmann entstehen, das 37 % des Angebots an Lebensmitteln gestalten kann. Der Wettbewerb zwischen Edeka/Reichelt und Kaisers-Tengelmann wäre unterbunden, weil von dem neu entstandenen Großunternehmen auch der Preis für die einzelnen Lebensmittel bestimmt wird. Die Verbraucher können nicht mehr in zwei Supermärkte gehen und einen Preisvergleich durchführen, um dann eventuell beim günstigeren Anbieter zu kaufen.

vgl. LF 7, Kap 3.1

Zusammenfassung

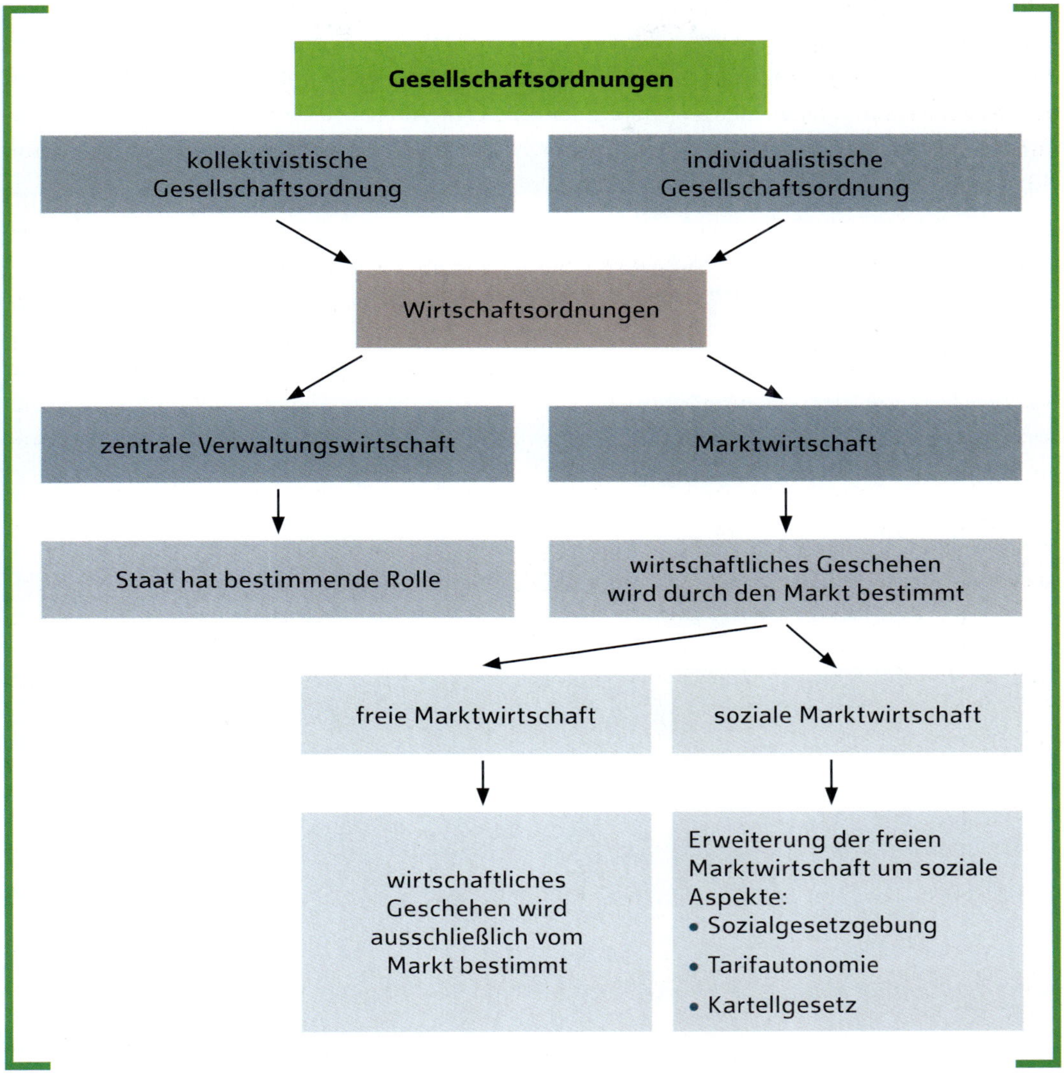

Wiederholung und Vertiefung

1. Nennen Sie je ein Merkmal der kollektivistischen und individualistischen Gesellschaftsordnung.
2. Nennen Sie die vier Kriterien, nach denen eine Wirtschaftsordnung definiert wird.
3. Beschreiben Sie das „Zentrale" in einer Zentralverwaltungswirtschaft.
4. Beschreiben Sie den Unterschied zwischen freier und sozialer Marktwirtschaft.

3 Der Markt

vgl. LF 7, Kap. 3.1.1

Der Markt ist ein in der Regel vorgestellter, also nicht geografisch zu bestimmender Ort, an dem das Angebot an Gütern (z. B. Lebensmittel oder Haushaltsgeräte) und Dienstleistungen (z. B. Beratungsangebote) mit der Nachfrage (z. B. Kauf von Lebensmitteln oder Haushaltsgeräten) nach Gütern zusammentrifft. Er hat im Wirtschaftsleben eine Koordinierungsfunktion von Produktion und Konsum. Die Herstellung und das Bereitstellen der Güter und Dienstleistungen führen zu einem Angebot. Die Verbraucher fragen die Angebote nach und kaufen, es entsteht die Nachfrage. Wenn die Angebote zu teuer sind, kann die Nachfrage ausbleiben. Die Nachfrage wird also wesentlich über den Preis bestimmt.

In einer Volkswirtschaft gibt es mehrere Marktarten. Da ist zunächst einmal der Gütermarkt. Hier werden Gegenstände angeboten und, wenn sie den Vorstellungen des Verbrauchers entsprechen, gekauft. Zu dieser Marktart gehören auch die Dienstleistungen. Aber es gibt darüber hinaus auch noch andere Bereiche:

- Arbeitsmarkt: Die Arbeitgeber bieten Stellen an, die Arbeitnehmer fragen dies nach.
- Kapitalmarkt: Die Banken stellen Kredite zur Verfügung, die Bürger nehmen Kredite auf.
- Wohnungsmarkt: Die Wohnungseigentümer stellen Wohnungen zur Verfügung, die Wohnungssuchenden mieten die Wohnungen.

Marktarten in einer Volkswirtschaft

Güter- und Dienstleistungsmarkt	Arbeitsmarkt	Kapitalmarkt	Wohnungs- und Immobilienmarkt

Merke: Der Markt ist ein vorgestellter Ort, an dem Angebot und Nachfrage koordiniert werden.

vgl. LF 7, Kap. 3.2

Eine andere Sichtweise lässt sich aus den Marktformen entwickeln. Hier geht es darum, wie viele Unternehmen Produkte anbieten, die das Interesse der Bevölkerung finden sollen, damit diese sie kaufen. Je nachdem, ob es viele Anbieter gibt, wenige oder nur einen, wird unterschieden in

- Polypol: Es gibt eine hohe Anzahl von Unternehmen, die Produkte anbieten und viele Mitglieder der Volkswirtschaft, die diese Produkte auch kaufen;
- Monopol: In dieser Marktform existiert nur ein einziger Produzent, aber viele, die sich für die Güter interessieren. Es handelt sich dann um ein Angebotsmonopol;

- Oligopol: Einige Unternehmen stellen ein Produkt zum Kauf bereit und mehrere wollen das Produkt kaufen oder die Dienstleistung in Anspruch nehmen.

Marktformen		
Polypol	Monopol	Oligopol

Die Marktarten kann es in der Regel in allen drei Marktformen geben. Die Preisbildung auf den Märkten wird zwar grds. von Angebot und Nachfrage bestimmt, hat jedoch in jeder Marktform einige Besonderheiten.

Lernsituation

Annika Sauer erzählt von einem Gespräch in der Berufsschule. Der Mitschüler Jan Naumann hat viele Ideen, wie mit Werbemaßnahmen die Anzahl der Mandantschaften in seinem Ausbildungsbetrieb erhöht werden kann. Nach seiner Meinung gehört es zu einem Marktgeschehen dazu, um Kunden zu werben. Eine Rechtsanwaltskanzlei kann mit allen Tätigkeitsschwerpunkten werben, für die eine Prüfung abgelegt worden ist.

Annika Sauer hat Bedenken gegen diese Vorgehensweise. Mandantschaften sind nach ihrem Verständnis keine Kunden im klassischen Sinn. Sie gehen nicht von Kanzlei zu Kanzlei, um den günstigsten Preis herauszufinden. Auch wenn es viele Kanzleien mit dem gleichen Beratungsangebot gibt, kann das nach ihrem Verständnis nicht zu einer Preissenkung führen, weil Kanzleien ein anderes Geschäftsverhalten haben als z. B. ein Autohändler. Beim Kauf eines Autos würde man sicher verschiedene Geschäfte aufsuchen, um einen passenden Pkw zu finden. Aber eine Rechtsberatung ist ja kein Auto.

In diesem Zusammenhang überlegt Annika Sauer, zu welchem Bereich der Wirtschaft eine Rechtsanwaltskanzlei gehört und welche Auswirkungen es haben kann, wenn mehrere Kanzleien die gleichen Beratungen anbieten.

Arbeitsaufträge:

a) Ermitteln Sie mithilfe des Internets die Begriffe „Marktarten“ und „Marktformen“ und notieren Sie die Ergebnisse.
b) Ordnen Sie Rechtsanwaltskanzleien der entsprechenden Marktart und Marktform zu.
c) Recherchieren Sie im Internet die Definition von „Angebot“ und „Nachfrage“. Finden Sie hierzu jeweils ein Beispiel.
d) Diskutieren Sie miteinander die Bedeutung für Rechtsanwaltskanzleien.
e) Finden Sie heraus, ob Werbung uneingeschränkt für Rechtsanwaltskanzleien möglich ist. Nennen Sie dazu die gesetzlichen Bestimmungen.
f) Erstellen Sie eine Liste mit Werbemaßnahmen, die für eine Rechtsanwaltskanzlei zulässig sind.
g) Nennen Sie Beispiele für Werbemaßnahmen, die nicht erlaubt sind, und notieren Sie diese.
h) Reflektieren Sie anschließend Ihr Wissen.

3.1 Die Preisbildung

Die Preise für Güter und Dienstleistungen unterliegen Schwankungen. Das kann verschiedene Gründe haben. Denkbar ist, dass ein Produkt günstiger produziert werden kann, weil die Kosten für Materialien gesunken sind oder die technischen Möglichkeiten in der Produktion sich verbessert haben und zu geringeren Kosten führen. Ein ganz wesentlicher Grund ist aber der Markt, auf dem Angebot und Nachfrage den Preis bestimmen können.

3.1.1 Die Bedeutung von Angebot und Nachfrage für die Preisbildung

vgl. LF 7, Kap. 2.1 und 2.2

In einer Marktwirtschaft werden Güter, wie z. B. Praxisausstattung oder Fahrzeuge, und Dienstleistungen, wie z. B. Beratungsleistungen von Unternehmen, bereitgestellt. Es entsteht ein Angebot für alle Konsumenten.

Definition: Das Angebot besteht aus der Summe aller Güter und Dienstleistungen auf dem Markt.

Die Unternehmen wissen jedoch nicht, ob ihre Angebote zu den Bedürfnissen der Bürger passen. Demzufolge ist auch unklar, wie die Nachfrage, also der Kauf dieser Güter, sich entwickeln wird.

Definition: Die Nachfrage besteht aus der Summe aller gekauften Güter und Dienstleistungen.

Ganz entscheidend für den Umfang der Nachfrage ist der Preis. Er wird weitestgehend auf der Basis der entstandenen Kosten in einem Betrieb berechnet. Meistens wird auch der am Markt vorhandene Durchschnittspreis für ein Gut noch mit in die Betrachtung einbezogen. Wenn die Güter und Dienstleistungen von den Verbrauchern nicht gekauft werden, kann es dafür mehrere Gründe geben. Zum einen kann es sein, dass für dieses Gut kein Bedarf vorhanden ist. Es ist aber auch möglich, dass der Preis zu hoch ist und es noch andere Anbieter des gleichen Produkts gibt, die weniger Geld dafür erwarten. Die Nachfrager werden sich eher für das günstigere Angebot interessieren. Ein Unternehmen wird dann über die Höhe des Preises nachdenken und ihn wahrscheinlich senken.

Merke: Wenn ein Angebot von Vielen nachgefragt wird, steigt der Preis. Wenn ein Angebot von Wenigen nachgefragt wird, sinkt der Preis.

Die Entstehung des Preises wird also ganz wesentlich von Angebot und Nachfrage bestimmt. Dieser Mechanismus wird auch „Spiel der freien Kräfte" genannt und ist ein Kennzeichen der Marktwirtschaft.

Für die verschiedenen Marktarten hat der Abgleich von Angebot und Nachfrage unterschiedliche Ausprägungen, die im Folgenden an Beispielen erläutert werden sollen.

vgl. LF 7, Kap. 3 Einleitung

- Gütermarkt (Produkte wie z. B. Lebensmittel, Kopierer, Software, Büromöbel)

  ▶ **Beispiele:**
  - Auf einem Wochenmarkt bieten Landwirte Obst und Gemüse zum Verkauf an. Es ist das Interesse der Anbieter, ihre Ware zu einem möglichst hohen Preis zu verkaufen. Die Bürger möchten aber für ihre Einkäufe möglichst wenig Geld ausgeben. Sie vergleichen die Preise und kaufen, unter Berücksichtigung der Qualität, beim günstigsten Anbieter. Die Folge ist, dass die Landwirte, die ihre Erzeugnisse zu einem Preis anbieten, der von den Käufern nicht akzeptiert wird, ihre Ware nicht verkaufen werden. Sie werden darauf wahrscheinlich mit einer Preissenkung für ihre Waren reagieren.
  - Ein Hersteller von Software für Rechtsanwaltskanzleien hat ein neues Programm entwickelt, das aber von Rechtsanwälten nicht gekauft wird, weil es zu teuer ist. Der Softwareanbieter wird sich überlegen, den Preis herabzusetzen, um neue Kunden zu gewinnen.

- Dienstleistungsmarkt

  ▶ **Beispiel:** Ein Designbüro bietet spezielle Webseitengestaltung für Rechtsanwaltskanzleien an. Es wird ein hoher Preis dafür genommen, weil es sich nach Ansicht des Designers um einen Spezialmarkt handelt. Keine Kanzlei aber nimmt sein Angebot an, denn andere

Anbieter bieten die gleiche Leistung wesentlich günstiger an. Will der Designer weiterhin auch für Kanzleien seine Dienstleistung erbringen, muss er seinen Preis senken.

- Kapitalmarkt

▶ **Beispiel:** Ein Kreditinstitut bietet ein Darlehen zu einem Zinssatz in Höhe von 3 % an. Durch einen Vergleich der Darlehenskonditionen (Zinssatz, Tilgungsweise und Laufzeit) mehrerer Banken stellt der zukünftige Kunde fest, dass das Darlehen auch für niedrigere Zinsen zu haben ist. Er entscheidet sich für das günstigste Angebot. Wenn die Zinsen nicht gesenkt werden, bleibt die Kundschaft bei der Bank mit den höchsten Zinsen aus.

vgl. LF 7, Kap. 5.2

Hinweis: Die Höhe des Zinssatzes wird auch noch von anderen Faktoren, z. B. der Höhe des Leitzinses, den die Europäische Zentralbank festlegt, beeinflusst.

- Arbeitsmarkt

▶ **Beispiel:** Zur Verstärkung des bereits bestehenden Teams in einer Rechtanwaltskanzlei wird ein Rechtsanwalts- und Notarfachangestellter benötigt. Die Bewerber sind aber mit der Höhe der Vergütung nicht einverstanden. Wenn der Rechtsanwalt jemanden einstellen will, muss er also das Gehalt erhöhen.

- Wohnungs- und Immobilienmarkt

▶ **Beispiele:**

- Berlin kann seit einigen Jahren einen Zustrom an „Neubürgern" verzeichnen. Aufgrund dieser Entwicklung steigt die Nachfrage nach Wohnraum. Wenn auf den erhöhten Bedarf an Wohnungen nicht reagiert wird, z. B. mit einem Neubau, bleibt das Wohnungsangebot bei steigender Nachfrage gleich. Die Folge ist ein Ansteigen der Mieten.
- Die Anzahl der Mandanten einer Rechtsanwaltskanzlei hat sich im letzten Jahr verdoppelt, sodass zwei weitere Rechtsanwälte als Partner in die Kanzlei aufgenommen wurden. Deshalb reichen die vorhandenen Büroräume nicht mehr aus und es wird nach zusätzlichen Büroräumen gesucht. In der Stadt, in der diese Büroräume liegen sollen, sind in der Vergangenheit viele Gebäude errichtet worden, in denen Büroräume zu einem hohen Preis zur Vermietung angeboten werden. Die Hälfte der Gebäude steht aber leer. Der Eigentümer wird wahrscheinlich nur dann vermieten können, wenn die Miete gesenkt wird.

Die Beziehungen zwischen Angebot und Nachfrage in verschiedenen Marktarten soll in der folgenden Übersicht zusammengefasst werden.

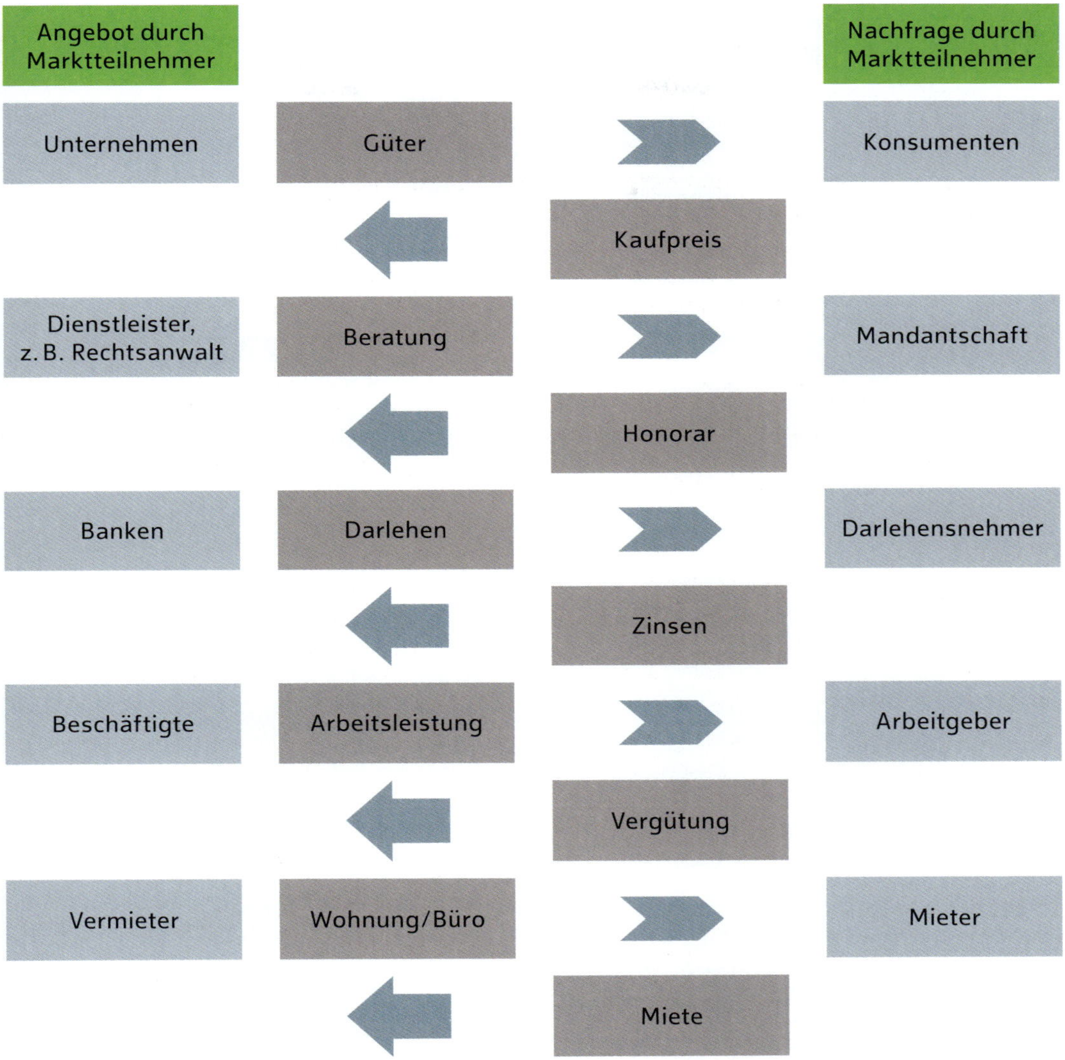

Merke: Die Rollen der Marktteilnehmer sind in einer Marktwirtschaft über das Angebot und die Nachfrage bestimmt.

Aus diesem Grund entsteht die Höhe des Preises auch durch die Bewegungen auf der Angebots- und Nachfrageseite. Ist der Preis, den ein Unternehmen für das bereitgestellte Gut erwartet, zu hoch, sinkt in der Regel die Nachfrage. Darauf reagieren die Anbieter mit einer Preissenkung und die Nachfrage steigt. Die gegenseitige Beeinflussung von Angebot und Nachfrage wird also durch den Preis bestimmt.

Diesen Ablauf soll die folgende Übersicht verdeutlichen:

Der hier dargestellte Ablauf ist ein grds. Prinzip, das von anderen Faktoren, wie z. B. der Qualität eines Angebots, verändert werden kann. Insbesondere auf dem Gütermarkt können die Konsumenten über die Nachfrage die Vielfalt des Angebots mit beeinflussen. Das gilt z. B. für nachhaltig hergestellte oder umweltfreundliche Produkte.

▶ **Beispiel:** In einem Drogeriegeschäft werden schadstoffarme Reinigungsmittel angeboten. Die Kunden sind begeistert und kaufen diese neuen Produkte. Die anderen Produkte bleiben in den Regalen liegen. Es wird eventuell versucht, sie zu niedrigeren Preisen zu verkaufen, oder sie werden nach kurzer Zeit aus dem Sortiment genommen.

vgl. LF 7, Kap. 1.3.2

Merke: Die Verwirklichung des ökologischen Prinzips liegt nicht nur in der Hand der Hersteller, sondern ist auch von Entscheidungen der Nachfrager abhängig.

3.1.2 Der Wettbewerb

Außer dem Zusammenwirken von Angebot und Nachfrage ist der Wettbewerb eine weitere Voraussetzung für die Preisbildung am Markt. Das bedeutet, dass mindestens zwei Gruppen in

Konkurrenz zueinander stehen. Im Wirtschaftsgeschehen sind das z. B. zwei Unternehmen, die das gleiche Produkt oder die gleiche Dienstleistung anbieten. Beide haben als Ziel, möglichst viele Güter zu einem möglichst hohen Preis zu verkaufen. Die Frage ist, wem es besser gelingt. Das wird das Unternehmen sein, das sich besser auf die Verbraucher einstellen kann. Am Markt bleibt nur bestehen, wer die Wünsche der Konsumenten berücksichtigt. In einer Marktwirtschaft entsteht so durch den Wettbewerb eine Ordnung des Geschehens. Nur die Unternehmen, die erfolgreich sind, bleiben auch am Markt bestehen.

▶ **Beispiel:** Seit einiger Zeit ist Outdoorbekleidung (z. B. spezielle Regenjacken) bei der Bevölkerung sehr beliebt. Viele Unternehmen haben darauf mit einem Angebot an Funktionskleidung (z. B. aus besonderem Material) reagiert. Nur der Anbieter, dem es gelingt, die notwendige Qualität (z. B. wasserdicht) zu einem akzeptablen Preis anzubieten, wird verkaufen und mit diesem Produkt am Markt bleiben. Der Grund dafür ist, dass er im Wettbewerb mit anderen Anbietern des gleichen Produkts steht.

Der Wettbewerb hat noch andere Funktionen:

- **Forschung und Entwicklung im technischen Bereich**
  Der Wettbewerb bewirkt, dass Unternehmen bestrebt sind, nach kostengünstigeren Methoden der Herstellung zu suchen und eventuell **neue Produktionsverfahren** zu nutzen.

  ▶ **Beispiel:** Die Herstellung von Haushaltsgeräten ist in einem Unternehmen in den letzten 20 Jahren fast vollständig automatisiert worden. Dadurch konnte eine Senkung der Preise für z. B. Waschmaschinen erreicht werden.

- **effizienter Einsatz der Produktionsfaktoren**
  Durch das Prinzip des Wettbewerbs werden die **Produktionsfaktoren** dort eingesetzt, wo sie am meisten Gewinn bringen. Güter, die nicht nachgefragt werden, bringen jedoch keinen Überschuss und werden dann nicht mehr angeboten. Sie „verschwinden“ vom Markt. Jetzt sind Arbeitskräfte und Betriebsmittel frei geworden und stehen für die Herstellung anderer Produkte zur Verfügung.

  vgl. LF 7, Kap. 1.2

  ▶ **Beispiel:** Einige Jahre lang konnte ein Möbelhersteller einen modernen Glastisch gut verkaufen. Der Geschmack der Konsumenten verändert sich nun in Richtung antike Möbel. Die Nachfrage nach dem modernen Glastisch geht zurück. Der Produzent wird den Glastisch nicht mehr herstellen. Die Kapazitäten der für die Anfertigung des Glastischs beschäftigten Personen (Produktionsfaktor Arbeit) sind frei geworden und können an anderer Stelle, z. B. für die Herstellung von Sesseln, eingesetzt werden.

Das Prinzip des Wettbewerbs gilt grds. für alle Marktarten. Die Verwirklichung stößt jedoch manchmal an Grenzen oder es gibt Einflüsse, die ein Marktteilnehmer nicht verändern kann.

vgl. LF 7, Kap. 3.1.2

- **Güter- und Dienstleistungsmarkt**
  Die Vergütung des Rechtsanwalts richtet sich in der Regel nach dem RVG.
- **Kapitalmarkt (Kreditgeber und Kreditnehmer)**
  Der vom Kreditnehmer zu zahlende Preis für ein Darlehen ist der Zins. Die Höhe des Zinses wird aber auch von Entscheidungen der Zentralbanken beeinflusst.
- **Wohnungs- und Immobilienmarkt (Vermieter und Mieter)**
  Es gehört zu den Aufgaben eines Sozialstaats, auch Wohnraum für Haushalte mit niedrigem Einkommen zur Verfügung zu stellen. Die damit beauftragten Wohnungsbauunternehmen stehen nicht mit dem sog. freien Wohnungsmarkt im Wettbewerb, weil die Miethöhe sich weitestgehend nach gesetzlichen Vorgaben richtet.
- **Arbeitsmarkt (Arbeitgeber und Arbeitnehmer)**
  Entsprechend dem Wettbewerbsprinzip würde ein Arbeitgeber, der z. B. die höchste Vergütung zahlt, immer auch Arbeitskräfte finden. Wenn es jedoch keine Fachkraft mit passender Qualifikation für einen bestimmten Arbeitsplatz gibt, ist auch ein hohes Gehalt wirkungslos, weil auch andere Unternehmen keine Bewerber haben.

3.2 Die Preisbildung in verschiedenen Marktformen

Eine Marktform wird bestimmt über die Anzahl der Anbieter (Unternehmen) und der Nachfrager (Käufer). Da alle drei Marktformen sowohl auf der Angebots- als auch auf der Nachfrageseite vorkommen können, wird dieser Sachverhalt in der folgenden Übersicht dargestellt. In den darauffolgenden drei Kapiteln werden einige Konstellationen an Beispielen erläutert.

Anbieter/Nachfrager	ein Nachfrager	mehrere Nachfrager	viele Nachfrager
ein Anbieter	**Monopol** Herstellung eines Spezialgeräts; es existiert nur ein Käufer	**Angebotsmonopol** Herstellung eines Getränks, das von mehreren Verbrauchern gekauft wird	**Angebotsmonopol** Bereitstellung von Wasser für alle Verbraucher
mehrere Anbieter	**Nachfragemonopol** Herstellung von Panzern durch einige Produzenten; Bundeswehr als einziger Nachfrager	**Oligopol** • Herstellung von Straßenbahnen durch wenige Hersteller; Kauf durch wenige Stadtverwaltungen • Dienstleistungen der Rechtsanwälte	**Angebotsoligopol** Herstellung von Fernsehgeräten durch einige Produzenten; Kauf durch viele Konsumenten
viele Anbieter	**Nachfragemonopol** Viele Produzenten eines Medikaments; Nachfrager hat eine seltene Krankheit	**Nachfrageoligopol** Viele Weinbauern bauen Weintrauben an; wenige Keltereien verarbeiten die Weintrauben.	**Polypol** Viele Einzelhändler bieten Lebensmittel an; viele Konsumenten kaufen Lebensmittel.

3.2.1 Das Polypol

Das Wort kommt aus dem Griechischen. „Poly“ bedeutet: die Vielen. Der Wortteil „Pol“ bezeichnet einen Ort der Konzentration, in diesem Zusammenhang also der Markt. Für viele Marktarten ist die Marktform des Polypols der Normalfall. Hier stehen viele Anbieter vielen Nachfragern auf dem Markt gegenüber.

Beispiele:
- Eine große Vielfalt an Lebensmitteln wird der Gesamtheit aller Bürger zur Verfügung gestellt.
- Viele Blumenhändler bieten Blumen und Pflanzen allen Kunden an.
- Eine große Anzahl von Möbelherstellern produziert für alle Wirtschaftssubjekte.
- Viele Wohnungsbesitzer stellen allen Wohnungsinteressierten ihr Angebot bereit.
- Die meisten Arbeitgeber bieten Stellensuchenden Jobs an.

In der Marktform des Polypols ist es schwierig für die Anbieter, den Preis zu bestimmen. Durch die vielen Anbieter entsteht auch große Konkurrenz untereinander. Der günstigere Preis für dasselbe Produkt wird bei den Verbrauchern zum Kauf führen. Bei einem zu hohen Preis wird die Nachfrage aber eher zurückgehen. Das kann letztendlich dazu führen, dass ein Unternehmen das Produkt vom Markt nehmen muss, weil es nicht gekauft wird, denn bei fehlender Nachfrage entsteht zu wenig Umsatz. Das führt dazu, dass die Kosten der Produktion nicht gedeckt werden und der Überschuss, z. B. für Investitionen, ausbleibt.

Beispiel: Ein Blumenhändler bietet zum Wochenende besonders geschmackvoll gebundene Sträuße an. Dafür betragen die Kosten insgesamt z. B. 500,00 €. Er kalkuliert mit z. B. 50,00 € Gewinn, sodass die Blumen zu insgesamt 550,00 € angeboten werden. In der näheren Umgebung haben jedoch viele Blumenhändler ihr Geschäft. Alle können die Sträuße zu 420,00 € anbieten, weil sie niedrigere Kosten haben. Die günstigeren Sträuße werden wahrscheinlich eher nachgefragt. Der Blumenhändler mit dem teureren Angebot kann seinen Preis nun senken, damit die Kunden bei ihm kaufen.

Die Preisbildung erfolgt demzufolge also über das „Spiel“ von Angebot und Nachfrage.

vgl. LF 7, Kap. 3.1.1

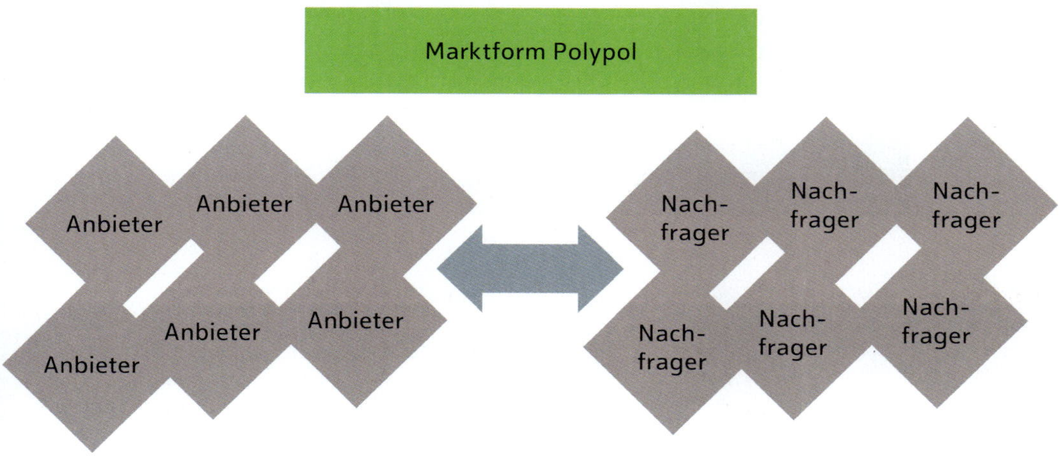

3.2.2 Das Angebotsmonopol

In dieser Marktform gibt es nur einen Anbieter (aus dem Griechischen: mono = allein) und viele Nachfrager. Die Wasserbetriebe und unter Umständen auch ein Energieversorgungsunternehmen haben eine Monopolstellung. Sie sind die einzigen Anbieter der Güter Wasser und Strom. Beide werden aber von allen Wirtschaftssubjekten benötigt.

▶ **Beispiel:** Als einziger Anbieter kann ein Wasserversorgungsunternehmen, unter Beachtung eventuell existierender gesetzlich bedingter Einschränkungen, den Preis für einen Kubikmeter Wasser selbst bestimmen. Die Konkurrenz mit anderen Unternehmen fehlt und die Nachfrage nach Wasser ist immer vorhanden. Die Wirtschaftssubjekte können nicht an anderer Stelle Wasser einkaufen oder auf die Nutzung von Wasser verzichten.

Es gehört zum Wesen der Marktwirtschaft, die Preise weitestgehend durch Angebot und Nachfrage zu bestimmen. In der Marktform des Monopols fehlt aber auf der Anbieterseite die Vielfalt. Dadurch ist der Wettbewerb zwischen den Unternehmen eingeschränkt. Die Preisbildung kann weitestgehend vom einzigen Anbieter allein entschieden werden.

Um die Bildung von Monopolen und die damit verbundene Einschränkung des Wettbewerbs in Grenzen zu halten, ist eine Monopolkommission eingerichtet worden. Sie ist ein Beratungsgremium der Bundesregierung und hat ihre Grundlage in den §§ 44–47 GWB (Gesetz gegen Wettbewerbsbeschränkungen).

Zu den Aufgaben der Monopolkommission gehört es

- der Bundesregierung alle zwei Jahre einen Bericht über die Marktkonzentration vorzulegen,
- über die Anwendung der Vorschriften für Unternehmenszusammenschlüsse zu wachen,
- Sondergutachten zur Wettbewerbsentwicklung anzufertigen, insbesondere für die Bereiche Telekommunikation, Postwesen, Eisenbahn und leitungsgebundene Versorgung mit Elektrizität und Gas.

▶ **Beispiel:** Im Sondergutachten Nr. 70 der Monopolkommission geht es um die Erlaubnis für die Edeka Zentrale AG & Co. KG, sich mit der Kaisers Tengelmann GmbH zusammenzuschließen. Es wird der Bundesregierung empfohlen, dem nicht zuzustimmen.

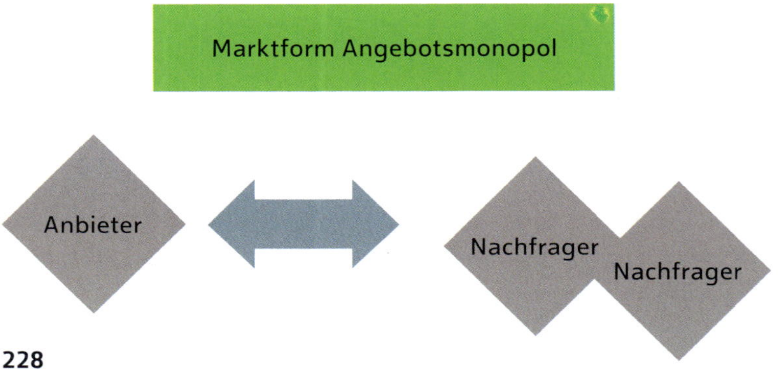

3.2.3 Das Oligopol

Das Oligopol (aus dem Griechischen: oligo = die Wenigen) ist eine Mischform von Poly- und Monopol. Hier stehen wenige Anbieter wenigen Nachfragern gegenüber.

Beispiele: Mineralölmarkt, Bauwesen, Automobilindustrie

Die Preisbildung erfolgt hier auf der Basis des Wettbewerbs und über Angebot und Nachfrage.

In der Marktform des Oligopols bewegen sich auch Rechtsanwaltskanzleien. Die Beratungen zu speziellen Rechtsfragen, die gerichtliche Vertretung oder die treuhänderische Verwaltung von Vermögen sind Angebote, die von mehreren Rechtsanwaltskanzleien gemacht werden. Nicht alle Bürger werden aber diese Angebote in Anspruch nehmen, sondern nur einige, nämlich diejenigen, die anwaltliche Vertretung benötigen.

Eine Preisbildung über Angebot und Nachfrage ist in Rechtanwaltskanzleien nur sehr eingeschränkt möglich. Das liegt daran, dass die Abrechnung der Leistungen, die von Rechtsanwälten erbracht werden, bis auf einige Ausnahmen auf der Basis von Vergütungs- und Gebührenordnungen erfolgt.

vgl. LF 7, Kap. 3.3.3

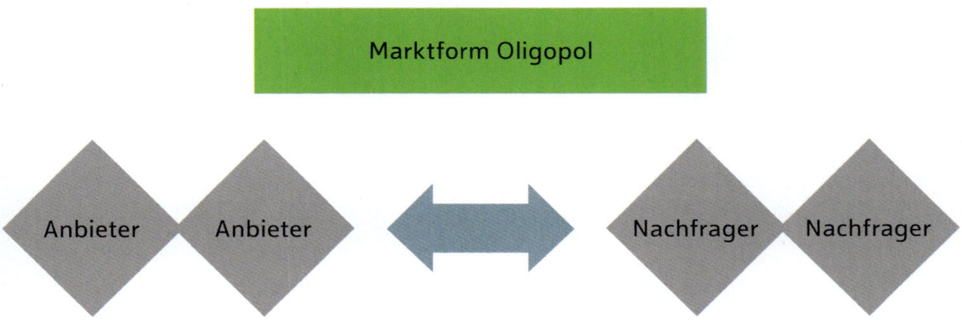

3.3 Das Marketing

Die Rechtsanwaltskanzleien befinden sich in einer oligopolistischen Marktform, weil mehrere Rechtsanwaltskanzleien mehreren Ratsuchenden ihre Dienstleistungen anbieten. Um den Fortbestand einer Rechtsanwaltskanzlei zu sichern, ist es also erforderlich, durch entsprechende Maßnahmen auf die eigenen Angebote aufmerksam zu machen.

vgl. LF 7, Kap. 3.2.3

Die Konkurrenz in der Gruppe der beratend Tätigen ist in der letzten Zeit größer geworden. In den letzten zehn Jahren ist die Zahl der zugelassenen Rechtsanwälte um 9 % gestiegen. Die Anzahl der Nachfrager für Beratungsleistungen hat sich jedoch nicht im gleichen Umfang vermehrt. Dadurch hat sich der Wettbewerb um die möglichen Mandantschaften verstärkt. Zwei weitere Gruppen beeinflussen die Konkurrenz auf dem Beratungsmarkt. Das sind zum einen ausländische Rechtsanwälte, die auf dem deutschen Markt tätig werden können, zum anderen erlaubt das Rechtsdienstleistungsgesetz (RDG) einigen Berufsgruppen zu beraten.

vgl. LF 6, Kap. 4.2.7 und 3.3.8

Vor allem aus dieser Wettbewerbssituation entsteht für Rechtsanwaltskanzleien die Notwendigkeit, möglichst viele Nachfrager für sich zu gewinnen. Die Stabilität und Weiterentwicklung einer Rechtsanwaltskanzlei wird wesentlich bestimmt durch die erwirtschafteten Überschüsse. Jedes Unternehmen, auch eine Rechtsanwaltskanzlei, muss also immer die Bedingungen und Veränderungen auf dem Markt kennen. Die Informationen sind eine wichtige Basis, um ein Marketing zu entwickeln.

> **Definition:** Marketing ist die Summe aller Maßnahmen, die ein Unternehmen ergreift, um einen Nachfragemarkt zu schaffen, ihn auszubauen oder den Bestand zu sichern.

Der Weg zu einem erfolgreichen Marketing lässt sich in drei Schritten darstellen:

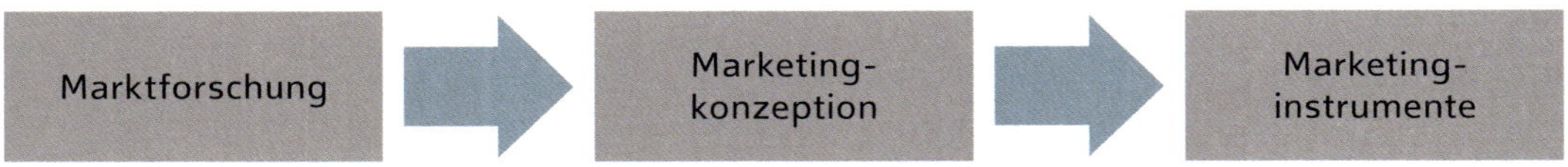

3.3.1 Die Marktforschung

Wenn eine Rechtsanwaltkanzlei ihr Angebot an Dienstleistungen erhöhen will, sind Informationen über den vorhandenen Markt erforderlich. Er muss „erforscht" werden. Das Ergebnis der Forschungsaktivitäten muss Fragen aus drei Bereichen beantworten:

- Bedarf:
  - Wie viele Fälle in welchen Rechtsgebieten gibt es im Einzugsgebiet der Rechtsanwaltskanzlei?
  - Wie hoch ist der Beratungsbedarf der möglichen Mandantschaften?
  - Welche Angebote passen zu den Bedürfnissen?
- Konkurrenz:
  - Wie viele Anlaufstellen für juristischen Beistand für das gleiche Rechtsgebiet existieren bereits in der Nähe der Rechtsanwaltskanzlei?
  - Wie groß sind die in der Nähe gelegenen Rechtsanwaltskanzleien?
  - Wie sieht die Werbung der Konkurrenten aus?
- Absatz:
  - Wie ist der Bekanntheitsgrad der eigenen Angebote?
  - Gibt es Gegenden, in denen bestimmte Angebote fehlen?

Die Marktforschung besteht also aus drei Teilgebieten:

Marktforschung		
Bedarf	Konkurrenz	Absatz

3.3.2 Die Marketingkonzeption

Eine entscheidende Voraussetzung für ein erfolgreiches Marketing ist die Formulierung von **Zielen**, also was erreicht werden soll. Es ist wie im täglichen Leben: „Wenn man nicht weiß, wo man hin will, kommt man auch nicht an!"

Die Ziele einer Rechtsanwaltskanzlei können z. B. sein:

- Erhöhung des Umsatzes und des Überschusses

  ▶ **Beispiel:** Ein Anstieg der Zahl an Mandantschaften bringt über das Honorar mehr Umsatz.

- Festigung der Marktposition

  ▶ **Beispiel:** Der vorhandene Stamm an Mandantschaften wird gefestigt.

- Erweiterung des Markanteils

  ▶ **Beispiel:** Die bisherige Anzahl der Mandantschaften kann erhöht werden.

Die Ziele stehen nicht jeweils für sich allein, sondern sie ergänzen sich.

▶ **Beispiel:** Wenn es einer Rechtsanwaltskanzlei gelingt, mehr Mandantschaften an sich zu binden, steigt auch der Umsatz.

Erst wenn Klarheit in den Zielen besteht, kann der Weg zu ihrer Erreichung, die **Strategie**, festgelegt werden. Strategien können sein:
- durch Weiterbildung die Spezialisierung der Rechtsanwälte sicherstellen
- durch Schulungen die Zuverlässigkeit und die Freundlichkeit aller Beschäftigten gewährleisten
- sich an den Interessen der Mandantschaften orientieren

Für die Erreichung der Ziele können auch mehrere Strategien eingesetzt werden.

▶ **Beispiel:** Die Kundenorientierung und auch die Weiterbildungsangebote führen beide zur Erreichung des Ziels, mehr Mandantschaften zu gewinnen.

In einem dritten Schritt können dann die zur Erreichung des Ziels und der Umsetzung der Strategie erforderlichen **Instrumente** ausgewählt werden. Für Rechtsanwaltskanzleien lassen sie sich in drei Bereiche aufteilen:

- Das Produkt steht im Vordergrund.

  ▶ **Beispiel:** Die Rechtsanwaltskanzlei Dr. Neumann & Huber will ein Beratungsangebot zum Versicherungsrecht neu aufnehmen.

- Das Ziel soll über die Gestaltung von Preis und Konditionen erreicht werden.

  ▶ **Beispiel:** Die Rechtsanwaltskanzlei bietet ein Beratungspaket zu Versicherungsrechtsfragen mit zwei Beratungsterminen für komplett 290,00 €. In der Regel kostet ein Beratungstermin knapp 200,00 €.

- Die Kommunikation wird als geeignetes Instrument angesehen.

  ▶ **Beispiel:** Durch mehrere Werbemaßnahmen wird der Bekanntheitsgrad einer Rechtsanwaltskanzlei erhöht.

Die Instrumente ergänzen sich in der Regel gegenseitig.

▶ **Beispiel:** Was nützt das Angebot eines günstigen Beratungsgesprächs, wenn niemand davon weiß? Es muss durch Werbung in der Öffentlichkeit bekannt gemacht werden.

Die Elemente einer Marketingkonzeption zeigt das folgende Schaubild:

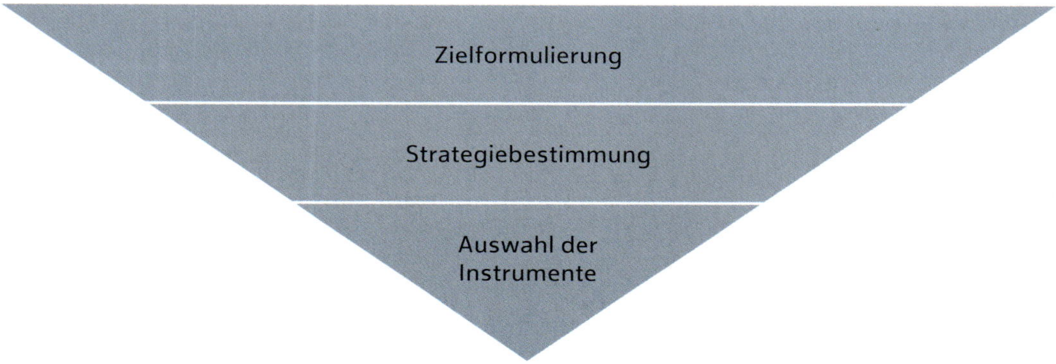

3.3.3 Die Marketinginstrumente

Die Instrumente des Marketings für Rechtsanwaltskanzleien lassen sich zwar voneinander abgrenzen, werden aber im wirtschaftlichen Geschehen in der Regel miteinander kombiniert.

Instrumente des Marketings

Produktpolitik	Preis- und Konditionenpolitik	Kommunikationspolitik

Produktpolitik

Wenn die Produktpolitik als Marketinginstrument eingesetzt wird, geht es um die Darstellung eines einzelnen Angebots und um das Zusammenspiel aller Leistungen. Die Leistungen einer Rechtsanwaltskanzlei müssen transparent dargestellt werden, weil sie für potenzielle Mandantschaften oft erklärungsbedürftig sind. Die Hinweise auf spezielle Kenntnisse oder die Angabe von Tätigkeitsschwerpunkten sind dafür genauso hilfreich wie die Bereitstellung von Informationsmaterial, z. B. Flyern, zu ausgewählten Rechtsfragen. Um sich von anderen Rechtsanwaltskanzleien, den Konkurrenten, abzugrenzen, ist auch eine fachliche Spezialisierung denkbar.

§ 7 BORA (Berufsordnung für Rechtsanwälte) legt Kriterien fest, wie eine Veröffentlichung des Dienstleistungsangebots erfolgen muss:

Unabhängig von der Angabe der Fachanwaltsbezeichnungen dürfen als Teilbereiche Interessen- und/oder Tätigkeitsschwerpunkte benannt werden. Insgesamt sind nicht mehr als fünf Benennungen zulässig, davon höchstens drei Tätigkeitsschwerpunkte. Die Interessen- und Tätigkeitsschwerpunkte sind jeweils als solche zu bezeichnen. Die Tätigkeitsschwerpunkte darf nur benennen, wer nach der Prüfung mindestens zwei Jahre auf dem benannten Gebiet nachhaltig tätig gewesen ist. Die Rechtsanwälte können auch mit Teilbereichen (z. B. Erbrecht) ihrer Berufstätigkeit werben, wenn Kenntnisse (z. B. durch Weiterbildung) dafür erworben worden sind.

Hinweis: Wenn die Gefahr der Verwechslung mit Fachanwaltschaften besteht oder eine irreführende Bezeichnung genutzt wird, sind Hinweise auf Interessen-/Tätigkeitsschwerpunkte verboten.

▶ **Beispiel:** In der Rechtsanwaltskanzlei Dr. Neumann & Huber ist Rechtsanwältin Dr. Annette Neumann Fachanwältin für Verkehrsrecht. Rechtsanwalt Peter Huber ist als Rechtsanwalt für Erbrecht zugelassen. Auch dieser Tätigkeitsschwerpunkt kann in die Produktpolitik mit aufgenommen werden.

Die Produkte (Dienstleistungen) wie Beratung oder Rechtsbeistand werden aus den Tätigkeitsschwerpunkten abgeleitet.

Preis- und Konditionenpolitik

vgl. LF 7, Kap. 3.1

Grundsätzlich wird der Preis in einem Markt von Angebot und Nachfrage bestimmt. Die Honorare (Preise) der Leistungen von Rechtsanwälten werden jedoch im Wesentlichen auf der Basis der Gebührenordnung (RVG) berechnet. Sie haben deshalb kaum Spielräume bei der Preisgestaltung.

Eine Möglichkeit hierfür ist im RVG festgelegt. Nach § 4 a RVG i. V. m. § 49 b BRAO ist die Vereinbarung einer niedrigeren als der gesetzlichen Vergütung bei außergerichtlichen Verfahren möglich. Hierbei können insbesondere unter den gesetzlichen Gebühren liegende Stunden- und Pauschalhonorare vereinbart werden. Wenn diese Möglichkeit genutzt wird, muss sichergestellt sein, dass trotzdem eine ausreichend hohe Anzahl an neuen Mandantschaften gewonnen wird. Nur so kann eine Rechtsanwaltskanzlei auf Dauer bestehen. Die Summe aller Honorare muss höher sein als die Summe der Kosten, sonst entsteht kein Überschuss.

vgl. LF 6, Kap. 4.2.7

vgl. LF 4, Kap. 4.4

In § 4 RVG wird auch die Vereinbarung einer höheren als der gesetzlichen Vergütung erlaubt. Sie bedarf dann der Schriftform. Davon wird eine Rechtsanwaltskanzlei aber nur Gebrauch machen, wenn sie sicher ist, dass sie die Mandantschaft dadurch nicht verliert. Das kann dann der Fall sein, wenn die Qualität des eigenen Angebots deutlicher höher ist als das eines Konkurrenten, z. B. durch Kenntnisse in einer Fremdsprache.

Kommunikationspolitik

Dieses Marketinginstrument hat die Werbung als Schwerpunkt. Wenn ein Markt durch Konkurrenz gekennzeichnet ist, versuchen die Anbieter durch Werbemaßnahmen die Aufmerksamkeit auf die eigenen Angebote zu lenken. Der Ablauf des Werbeprozesses folgt einem Grundprinzip moderner Kommunikationspsychologie, das als AIDA-Formel bekannt wurde:

A ttention	Aufmerksamkeit erzeugen
I nterest	Interesse wecken
D esire	Wunsch wecken
A ction	Handlung auslösen

Aus diesem Muster wird die Werbeplanung abgeleitet:

1. Ziel festlegen: Was soll mit der Werbemaßnahme erreicht werden?
2. Bestimmung des Werbegegenstands: Was soll beworben werden?
3. Festlegung der Zielgruppe: Welche Personen sollen beworben werden?
4. Entscheidung über Werbeträger: Soll über das Internet oder in Printmedien geworben werden?

5. Zeitpunkt und Zeitraum festlegen: Wann und wie lange soll geworben werden?
6. Kontrollmaßnahmen bestimmen: Hatten die Werbemaßnamen den gewünschten Erfolg?

Grenzen bei der Durchführung von Werbemaßnahmen

Die Werbung unterliegt Einschränkungen, die u. a. im Gesetz gegen den unlauteren Wettbewerb (UWG) nachzulesen sind. Einige Beispiele werden im Folgenden aufgeführt.

- Ausnutzen von Unerfahrenheit, z. B.: Kinder werden aufgefordert, bei einem Hersteller durch gebührenpflichtige Anrufe neues Spielzeug zu erfragen.
- Negative Äußerungen zu einem Konkurrenten, z. B.: „Das Angebot bedarf einer juristischen Überprüfung."
- Gewinnspiele, z. B.: Durch die Ware lässt sich die Gewinnchance erhöhen.
- Irreführende Werbung, z. B.: Unwesentliches ist stark hervorgehoben, wichtige Informationen sind in sehr kleinen Buchstaben abgedruckt.

Bei Verstößen werden als Rechtsfolgen im UWG u. a. die Unterlassung und der Schadenersatz genannt.

Berufsspezifische Vorschriften für Rechtsanwälte

Nach § 43 b BRAO i. V. m. §§ 6–10 BORA dürfen Werbemaßnahmen nur über die berufliche Tätigkeit informieren. Die Werbung darf nicht auf Erteilung eines Auftrags im Einzelfall gerichtet sein.

§ 6 BORA (Berufsordnung der Rechtsanwälte)

(1) Der Rechtsanwalt darf über seine Dienstleistung und seine Person informieren, soweit die Angaben sachlich unterrichten und berufsbezogen sind.
(2) Die Angabe von Erfolgs- und Umsatzzahlen ist unzulässig, wenn sie irreführend ist. Hinweise auf Mandate und Mandanten sind nur zulässig, soweit der Mandant ausdrücklich eingewilligt hat.
(3) Der Rechtsanwalt darf nicht daran mitwirken, dass Dritte für ihn Werbung betreiben, die ihm selbst verboten ist.

Hinweis: Laut § 29 BNotO dürfen Notare nicht werben.

Werbemaßnahmen

Für eine Rechtsanwaltskanzlei sind u. a. folgende Werbemaßnahmen möglich:

- Eine gezielte Ansprache der vorhandenen Mandantschaften kann persönlich oder durch Rundschreiben erfolgen. Für potenzielle Mandantschaften gilt das nicht.

- Allgemeine, nicht an eine Mandantschaft direkt gerichtete Werbung über eine Homepage, Vorträge oder Autorentätigkeit in einschlägigen Fachzeitschriften oder in der Tageszeitung.
- Ein Eintrag in einer Service-Datei, über die eine ratsuchende Person den geeigneten Rechtsanwalt finden kann, z. B. www.advogarant.de.
- Ein einheitliches Erscheinungsbild auf Briefvordrucken, Visitenkarten oder Werbegeschenken.
- Mundpropaganda: Die Stammmandantschaften können über weitere Leistungsangebote informiert werden, die sie dann an potenzielle Mandantschaften weitergeben.
- Die Unterstützung gemeinnütziger Einrichtungen kultureller oder sozialer Art durch Spenden.
- Die Herausgabe von Kundenzeitschriften oder Infomaterial für Schulen.

Zusammenfassend kann man sagen, dass die Marketinginstrumente die Umsetzung der Strategie fördern, über die dann das Ziel erreicht wird. Diese Funktion der Marketinginstrumente zeigt das folgende Schaubild.

Zusammenfassung

Marktarten

Güter- und Dienstleistungsmarkt	Arbeitsmarkt	Kapitalmarkt	Wohnungs- und Immobilienmarkt

Marktformen

Polypol	Monopol	Oligopol
• viele Anbieter • viele Nachfrager	• ein Anbieter • ein Nachfrager	• mehrere Anbieter • mehrere Nachfrager

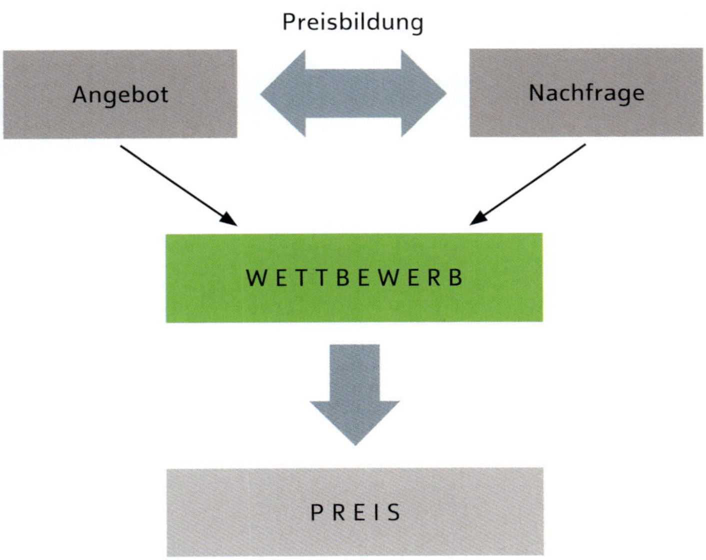

Marketing		
Marktforschung	**Marketingkonzeption**	**Marketinginstrumente**
• Bedarf • Konkurrenz • Absatz	• Ziel • Strategie • Instrumente	• Produktpolitik • Preis- und Konditionenpolitik • Kommunikationspolitik • Werbung • Einschränkung der Werbemöglichkeiten • Werbemaßnahmen

Wiederholung und Vertiefung

1. Beschreiben Sie anhand eines Beispiels den Begriff „Markt“.
2. Nennen Sie drei Beispiele für Marktarten.
3. Beschreiben Sie die Entstehung des Preises durch Angebot, Nachfrage und Wettbewerb.
4. Erläutern Sie anhand von Beispielen drei Marktformen.
5. Was versteht man unter „Marketing“?
6. Beschreiben Sie mit Beispielen die Elemente einer Marketingkonzeption.
7. Nennen Sie fünf Beispiele für Werbemaßnahmen Ihres Ausbildungsbetriebs.

4 Die staatliche Wirtschaftspolitik

Unter Wirtschaftspolitik wird die Gesamtheit aller Maßnahmen zur Förderung von Angebot und Nachfrage verstanden, die das Wirtschaftsgeschehen beeinflussen. Die Aktionen werden von verschiedenen Gruppen einer Gesellschaft, z. B. staatlichen Institutionen, Interessenverbänden, Tarifpartnern und berufsständischen Verbänden ausgelöst. Den Vertretern des Staats kommt dabei eine entscheidende Rolle zu, die anderen Organisationen beeinflussen eher lediglich die Prozesse.

Lernsituation

In den Nachrichten hört Julia Hoffmann von einer Inflationsrate in Deutschland in Höhe von 2,8 %. Sie kennt das Wort „Inflation" nur aus einem Dokumentarfilm über die zwanziger Jahre. Viele Menschen hatten keine Arbeit, es gab kaum Lebensmittel zu kaufen und jeden Tag stieg der Preis für ein Brot um ein Vielfaches.

Sie ist beunruhigt und fragt Marion Webermann, ob so eine Notsituation wieder entstehen kann. Diese erklärt aber, dass aufgrund der jetzigen Rahmenbedingungen eine hohe Inflation eher unwahrscheinlich ist. Julia Hoffmann will sich über die genauen Zusammenhänge informieren.

Arbeitsaufträge:

a) Ermitteln Sie mithilfe des Internets, wie die heutige Wirtschaftspolitik gestaltet wird.
b) Recherchieren Sie die Definitionen für die Begriffe „Wirtschaftswachstum", „Leistungsbilanz", „Vollbeschäftigung" und „Preisstabilität".
c) Diskutieren Sie untereinander die Zusammenhänge zwischen den einzelnen Zielen der Wirtschaftspolitik.
d) Recherchieren Sie in den Medien die aktuellen Maßnahmen der deutschen Wirtschaftspolitik und tauschen Sie sich darüber im Plenum aus.
e) Reflektieren Sie anschließend Ihr Wissen.

4.1 Arten der Wirtschaftspolitik

Eine wichtige Aufgabe staatlicher Wirtschaftspolitik ist es, ein gesamtwirtschaftliches Gleichgewicht sicherzustellen. Die Maßnahmen, die dazu führen, kommen aus unterschiedlichen Denkweisen.

vgl. LF 7, Kap. 4.2

Definition: Von einem gesamtwirtschaftlichen Gleichgewicht wird gesprochen, wenn die Ziele Preisniveaustabilität, Wirtschaftswachstum, Vollbeschäftigung und eine ausgeglichene Handelsbilanz erreicht sind.

Es sind zunächst grds. zwei Arten von Wirtschaftspolitik zu unterscheiden. Welche eingesetzt wird, richtet sich nach der Überzeugung der politischen Vertreter.

Wirtschaftspolitik	
Orientierung am Angebot	**Orientierung an der Nachfrage**
wirtschaftspolitische Rahmenbedingungen stehen im Vordergrund	Der Staat greift aktiv in das Wirtschaftsgeschehen ein.

4.1.1 Angebotsorientierte Wirtschaftspolitik

vgl. LF 7, Kap. 3

Im 18. Jahrhundert vertrat der Nationalökonom Adam Smith die Auffassung, dass der Staat sich nicht in wirtschaftliche Abläufe einmischen solle. Er habe nur die Aufgabe, für Recht und Ordnung zu sorgen. Der Markt bringe sich selbst durch den Preismechanismus ins Gleichgewicht. Auch der Nationalökonom Milton Friedman (1912–2006) war der Meinung, dass staatliche Eingriffe den Marktmechanismus stören. Die Gestaltung eines Rahmens durch staatliche Institutionen für wirtschaftliches Handeln sollte ausreichend für einen funktionierenden Markt sein. Zu diesem Rahmen gehören u. a. eine Verringerung der Abgabenlast. Die Maßnahmen sind darauf ausgerichtet, die Gesamtkosten der Unternehmen zu senken, um das Wirtschaftswachstum zu steigern. Stark vereinfacht wäre der Ablauf: Weniger Gesamtkosten führen zu höherer Produktion, daraus folgt mehr Umsatz und mehr Gewinn. Zusätzlich könnten dann mehr Arbeitskräfte eingestellt werden.

4.1.2 Nachfrageorientierte Wirtschaftspolitik

Der zweite Denkansatz geht davon aus, dass Wirtschaftswachstum durch Nachfrage, also durch den Kauf von Gütern entsteht.

vgl. LF 7, Kap. 3.2.2

Der Nationalökonom John Maynard Keynes (1883–1946) forderte staatliches Eingreifen, wenn Fehlentwicklungen, wie z. B. Massenarbeitslosigkeit oder Monopolbildung, erkennbar seien. Ein hoher Grad an Arbeitslosigkeit führe durch das fehlende Einkommen u. a. zu einer Verringerung der Nachfrage an Gütern. Wenn die Beschäftigung möglichst vieler Menschen erreicht werde, stünden mehr finanzielle Mittel für Käufe zur Verfügung.

vgl. LF 7, Kap. 1.1

▶ **Beispiel:** Durch ein Beschäftigungsprogramm wird eine große Anzahl von Arbeitslosen in Arbeitsstellen vermittelt. Mit einem Anstieg der Anzahl der Arbeitnehmer erhöhen sich durch die Gehaltszahlungen die finanziellen Mittel der privaten Haushalte. In der weiteren Folge erhöht sich die Nachfrage nach Gütern, weil durch Käufe der Bedarf gedeckt wird.

Eine Steuerung der Nachfrage kann auch durch die Vergabe öffentlicher Aufträge erfolgen.

▶ **Beispiel:** Eine Stadt vergibt an ein Wohnungsbauunternehmen den Auftrag, 1 000 Wohnungen fertigzustellen. Die Nachfrage nach Baumaterial steigt.

In einer sozialen Marktwirtschaft werden beide Arten der Wirtschaftspolitik eingesetzt. Zum einen werden die Rahmenbedingungen, z. B. über die Steuerpolitik, festgelegt, zum anderen wird auf Fehlentwicklungen, z. B. eine hohe Arbeitslosigkeit, mit Maßnahmen zur Verbesserung reagiert. vgl. LF 7, Kap. 2.2

4.2 Die Ziele staatlicher Wirtschaftspolitik

Das „Magische Viereck“ beinhaltet vier Bereiche, in denen jeweils ein Ziel erreicht werden soll. Wenn alle gleichzeitig verwirklicht werden, befindet sich eine Volkswirtschaft im gesamtwirtschaftlichen Gleichgewicht. Die Erreichung wird von mehreren Faktoren bestimmt. Zunächst steckt das magische Viereck den Rahmen ab. Daraus werden Ziele entwickelt und es ist die Aufgabe der Akteure staatlicher Wirtschaftspolitik, in verschiedenen Handlungsgebieten tätig zu werden.

Vor mehr als 40 Jahren wurde vom Bundestag das sog. Stabilitätsgesetz (StabG) verabschiedet. Die darin enthaltene Idee war, das Wirtschaftsgeschehen zu beeinflussen. Es wurde das Ziel formuliert, „Bund und Länder haben bei ihren wirtschafts- und finanzpolitischen Maßnahmen die Erhaltung des gesamtwirtschaftlichen Gleichgewichts zu berücksichtigen“. Das Stabilitätsgesetz will einen Rahmen schaffen, der für die Bevölkerung in der Bundesrepublik Deutschland u. a. Sicherheit z. B. der Arbeitsplätze und Wohlstand gewährleistet. Das wird durch die Erreichung der vier Ziele, die aus dem magischen Viereck abgeleitet werden, unterstützt.

- Wirtschaftswachstum
  Durch den vermehrten Einsatz der volkwirtschaftlichen Produktionsfaktoren Arbeit, Boden und Kapital werden mehr Güter und Dienstleistungen bereitgestellt, also wächst die Wirtschaft. vgl. LF 7, Kap. 1.2.2
- Außenwirtschaftliches Gleichgewicht
  Fast jede Volkswirtschaft importiert und exportiert Güter und Leistungen, die bezahlt werden. Die Summe aller Importe soll mit der Summe aller Exporte gleich sein.
- Preisniveaustabilität
  Hierunter ist nicht zu verstehen, dass die Preise immer gleich bleiben, sondern ob ein Verbraucher in zwei aufeinanderfolgenden Jahren für 50,00 € die gleiche Menge an Gütern erwerben kann. Sollte das so sein, ist die Kaufkraft gleich geblieben, wenn nicht, ist die Kaufkraft gesunken oder gestiegen. Wenn immer weniger Güter für die gleiche Menge Geld gekauft werden können, spricht man von einer Inflation.

- Vollbeschäftigung
  Von einer Vollbeschäftigung ist auszugehen, wenn ein geringer Prozentsatz der Arbeitskräfte keinen Arbeitsplatz hat.

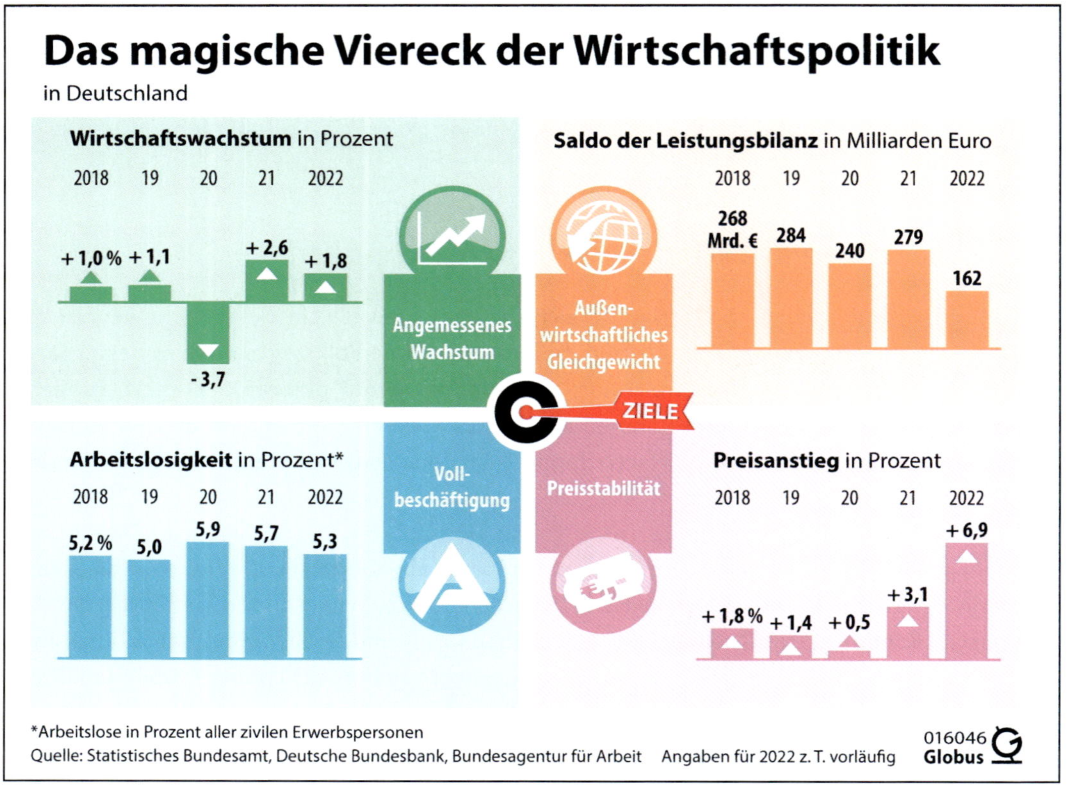

4.3 Das Handeln in der Wirtschaftspolitik

In der Wirtschaftspolitik können mehrere Akteure handeln. Dafür stehen verschiedene Handlungsmöglichkeiten zur Verfügung.

4.3.1 Die Akteure der Wirtschaftspolitik

Die Gruppe der Handelnden bei Maßnahmen der Wirtschaftspolitik ist breit gestreut. Dazu können Interessenverbände, Tarifpartner, berufsständische Verbände und staatliche Institutionen gehören:

- Interessenverbände: Bundesverband Junger Unternehmer e. V., Bund der Steuerzahler, Bundesverband der deutschen Gas- und Wasserwirtschaft
- Tarifpartner: Arbeitgeber und Arbeitnehmer (vertreten durch Gewerkschaften)
- Berufsständische Verbände: Bundesrechtsanwaltskammer, Bundesnotarkammer, Bundesärztekammer
- Staatliche Institutionen: Behörden des Bunds, der Länder und der Gemeinden

Die wirtschaftspolitischen Entscheidungen werden von den Vertretern des Staats getroffen, alle anderen Akteure können lediglich den Inhalt mit beeinflussen.

4.3.2 Die Handlungsgebiete der Wirtschaftspolitik

Die Handlungsmöglichkeiten, die staatliche Institutionen zur Verwirklichung wirtschaftspolitischer Ziele zur Verfügung haben, lassen sich in drei Gebiete aufteilen.

- **Ordnungspolitik**: Der Grundgedanke besteht darin, die Voraussetzungen für einen funktionierenden Markt zu schaffen.

  ▶ **Beispiel:** Das Gesetz gegen Wettbewerbsbeschränkungen sichert eine hohe Anzahl von Anbietern auf dem Markt und erschwert die Bildung von Monopolen.

  vgl. LF 7, Kap. 3.2.2

- **Strukturpolitik**: Die Struktur einer Volkswirtschaft wird mit entsprechenden Maßnahmen gestaltet.

  ▶ **Beispiel:** Wenn eine ausreichende Versorgung der Bevölkerung mit Lebensmitteln gefährdet ist, kann mit Subventionen für die landwirtschaftlichen Betriebe die Bereitstellung des Nahrungsangebots gefördert werden.

- **Konjunkturpolitik**: Das Ziel der Konjunkturpolitik ist es, durch eine Verbesserung der Rahmenbedingungen für die Produktion das wirtschaftliche Wachstum zu erhöhen. Das kann u. a. durch Veränderungen in den Steuergesetzen geschehen.

  ▶ **Beispiel:** Die Abschreibungsmöglichkeiten werden verändert. Durch höhere Abschreibungen steigt der Überschuss und es können mehr Mittel für Investitionen zur Verfügung stehen.

  vgl. LF 6, Kap. 3.1.2

4.4 Die Kennziffern zur Messung des Erreichens wirtschaftspolitischer Ziele

Im Stabilitätsgesetz sind keine konkreten Angaben enthalten, bei welcher Größe die Ziele erreicht worden sind. Es fordert jedoch vom Parlament und dem Gremium der Ländervertretung eine Nennung der wirtschaftspolitischen Ziele auf der Grundlage der wirtschaftlichen Situation für das laufende Jahr. Zur Messung, inwieweit die Ziele erreicht worden sind, gibt es folgende Messgrößen.

Ziel	Messgröße
angemessenes Wirtschaftswachstum	Wirtschaftswachstum in Prozent (Bruttoinlandsprodukt)
außenwirtschaftliches Gleichgewicht	Leistungsbilanz
Preisstabilität	Preisanstieg in Prozent (Inflationsrate)
Vollbeschäftigung	Arbeitslosenquote

Wirtschaftswachstum in Prozent

Die Messgröße für die Feststellung des Wirtschaftswachstums ist das Bruttoinlandsprodukt (BIP).

Definition: Das Bruttoinlandsprodukt beinhaltet alle mit Geld bewerteten Güter und Dienstleistungen einer Volkswirtschaft für ein Jahr.

Das Bundesamt für Statistik veröffentlicht bereits Mitte Januar das Ergebnis des Vorjahrs und stellt zusätzlich Vierteljahresberichte zur Verfügung.

▶ **Beispiel:** Im dritten Quartal 2019 war das BIP um 0,2 % höher als im ersten Quartal 2019.

Diese Zahl zeigt, dass die Wirtschaftsleistung angestiegen ist und deshalb auch das Ziel Wirtschaftswachstum erreicht wurde.

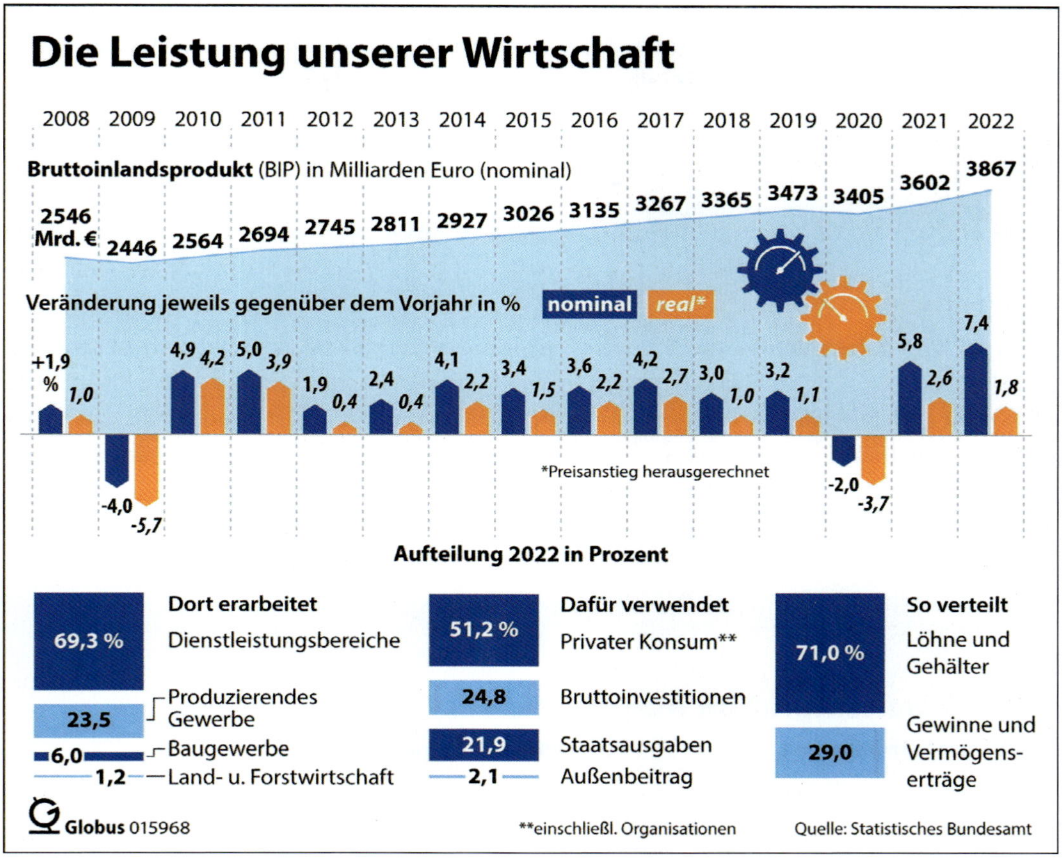

Leistungsbilanz

In diesem Rechenwerk werden die Beziehungen der Unternehmen in der Bundesrepublik Deutschland mit dem Ausland dargestellt. Die BRD ist zwar ein hoch technisiertes Land, verfügt jedoch über wenig Rohstoffe. Diese müssen aus anderen Ländern eingekauft, also importiert werden. Die deutschen Unternehmen produzieren damit u. a. Maschinen, die ins Ausland verkauft, also exportiert werden. Die Summe aller Importe wird der Summe aller Exporte in der Leistungsbilanz gegenübergestellt. Wenn sie sich „die Waage halten", ist ein außenwirtschaftliches Gleichgewicht erreicht.

Preisanstieg in Prozent

Die Europäische Zentralbank geht von einer Preisstabilität aus, wenn der Preisanstieg pro Jahr nicht höher als 2 % ist. Das gilt aber nicht für jedes einzelne Gut, sondern für die Gesamtheit mehrerer Güter. Die Feststellung erfolgt über einen sog. Warenkorb, der eine repräsentative Auswahl an Gütern beinhaltet. Das Bundesamt für Statistik berechnet mit einem sog. Wägungsschema den Preisanstieg bzw. die Inflationsrate.

vgl. LF 7, Kap. 5.2

▶ **Beispiel:** Ein mit Lebensmitteln und Haushaltsartikeln gefüllter Warenkorb war im Jahr 2019 für 100,00 € zu haben. Wenn die Inflationsrate für das Jahr 2020 1,8 % betragen würde, erhöhte sich der zu zahlende Betrag auf 101,80 €.

Hinweis: Das Statistische Bundesamt veröffentlicht monatlich auf www.destatis.de/DE/ZahlenFakten/GesamtwirtschaftUmwelt/Preise/Verbraucherpreisindizes/Verbraucherpreisindizes.html die Inflationsrate.

Arbeitslosenquote

Bei einer Arbeitslosenquote von 0 % wären alle Personen einer Volkswirtschaft beschäftigt und das Ziel der Vollbeschäftigung wäre erreicht. Diesen Zustand hat es in der Geschichte noch nicht gegeben, sodass eher von einem möglichst hohen Beschäftigungsstand bzw. einer möglichst niedrigen Arbeitslosenquote ausgegangen wird. Bei einer Arbeitslosenquote von 3–5 % würde man bereits von Vollbeschäftigung sprechen.

Berechnung der Arbeitslosenquote:

$$\frac{\textbf{Arbeitslose}}{\textbf{Anzahl der zivilen Erwerbstätigen + Arbeitslose}} \times 100 = \ \%$$

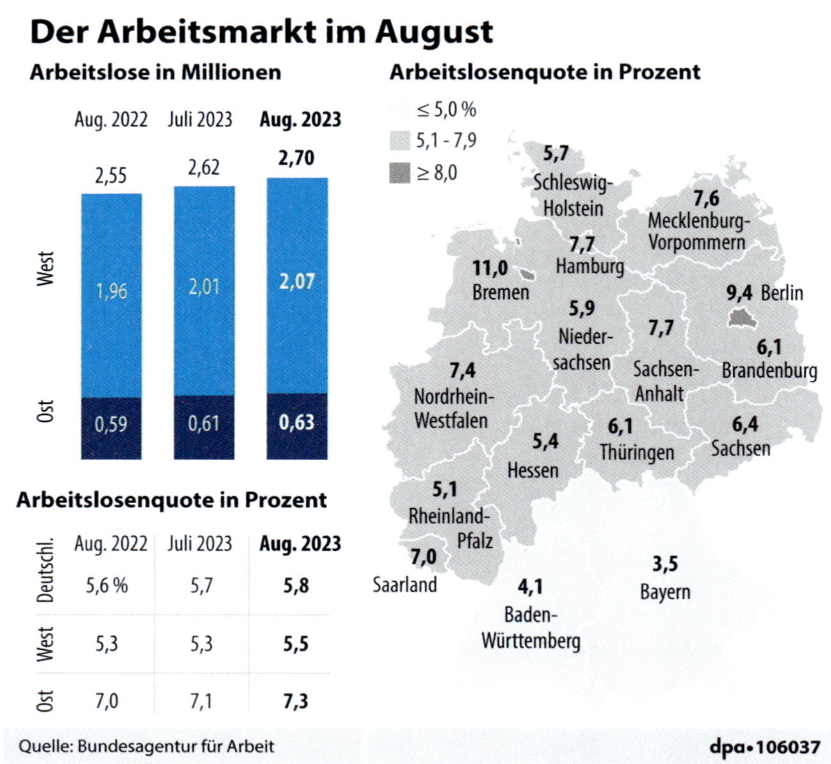

Zusammenfassung

Arten der Wirtschaftspolitik

angebotsorientierte Wirtschaftspolitik	nachfrageorientierte Wirtschaftspolitik
Nur die Rahmenbedingungen werden vom Staat bestimmt.	Der Staat beteiligt sich aktiv an der Gestaltung des wirtschaftlichen Geschehens.

Elemente staatlicher Wirtschaftspolitik

Ziele
- Wirtschaftswachstum
- außenwirtschaftliches Gleichgewicht
- Preisniveaustabilität
- Vollbeschäftigung

Akteure
- Interessenverbände
- Tarifpartner
- berufsständische Verbände
- staatliche Institutionen

Handlungen in den Bereichen
- Ordnungspolitik
- Strukturpolitik
- Konjunkturpolitik

Messgrößen

Bruttoinlandsprodukt	Leistungsbilanz	Inflationsrate	Arbeitslosenquote

Wiederholung und Vertiefung

1. Nennen Sie je ein Beispiel für Maßnahmen der angebots- bzw. nachfrageorientierten Wirtschaftspolitik.
2. Nennen Sie vier Ziele der staatlichen Wirtschaftspolitik mit den dazugehörenden Messgrößen.
3. Nennen Sie je ein Beispiel für Akteure der Wirtschaftspolitik.
4. Nennen Sie drei Handlungsgebiete, in denen wirtschaftspolitische Maßnahmen durchgeführt werden können.

5 Die Währungs- und Geldpolitik der Eurozone

vgl. LF 7, Kap. 4.2

Nach dem Zweiten Weltkrieg bestimmten Wohnungsnot, Lebensmittelknappheit und ein zerstörtes wirtschaftliches und politisches System den Alltag der Bürger in Europa. Es entstand der Wunsch nach einer besseren Lebensqualität und einer neuen Identität. Die Wirtschaft wurde als Basis für die Entwicklung eines starken Europa angesehen. Ein stabiles Wirtschaftswachstum und die Entwicklung zu einem gemeinsamen Markt konnten nur durch eine starke wirtschaftliche Zusammenarbeit der europäischen Länder geschaffen werden.

Lernsituation

Anlässlich eines runden Geburtstags sitzen die Rechtsanwälte mit ihren Mitarbeitern zusammen und feiern. Rechtsanwältin Dr. Annette Neumann erzählt von den neunziger Jahren. Zu der Zeit wurden Rechnungen an Kunden in Deutscher Mark z. B. nach Italien geschickt und auch in Deutscher Mark überwiesen. Dazwischen lag aber immer eine Umrechnung in die italienische Währung „Lira“.

Für Annika Sauer und Julia Hoffmann ist das neu und sie hören den Ausführungen interessiert zu. Sie diskutieren, ob es für alle europäischen Länder so war und in welchen Ländern es heute noch so ist.

Im weiteren Verlauf des Gesprächs wechselt das Thema zu den niedrigen Zinsen für Kredite und Spareinlagen. Annika Sauer ist der Meinung, dass die deutsche Notenbank die Zinssätze festlegt. Julia Hoffmann behauptet aber, dass eine Institution auf europäischer Ebene für die Zinssätze in Deutschland grundlegende Entscheidungen trifft. Sie kommen zu keiner Einigung und beschließen, sich genau zu informieren, wie die Zusammenhänge sind.

Arbeitsaufträge:

a) Recherchieren Sie im Internet die Bezeichnungen der Währungen europäischer Länder in den neunziger Jahren.
b) Überlegen Sie, welche Bedeutung ein Wechselkurs hat.
c) Diskutieren Sie untereinander mögliche Auswirkungen, wenn Währungen umgerechnet werden müssen.
d) Ermitteln Sie drei Währungen, die auch heute noch umgerechnet werden müssen.

e) Stellen Sie die Zinssätze für Kredite für folgende Banken fest: Postbank, Deutsche Bank und Volks- und Raiffeisenbank.
f) Diskutieren Sie miteinander die Vor- und Nachteile niedriger Zinssätze.
g) Reflektieren Sie anschließend Ihr Wissen.

5.1 Die Geschichte des Euro

In den neunziger Jahren bestand der europäische Raum aus vielen Einzelstaaten (u. a. Frankreich, Italien und Deutschland), die eine eigene Währung (z. B. Franc, Lira und Deutsche Mark) hatten und auch über die Währungs- und Geldpolitik selbst entschieden haben. Für Einkäufe während eines Besuchs in Frankreich musste Geld zu einem bestimmten Wechselkurs getauscht werden.

▶ **Beispiel:** Im Jahr 1995 war der Wechselkurs zwischen Frankreich und Deutschland 1 zu 3,35. Für 1 DM wurden 3,35 Franc am Bankschalter ausgezahlt.

Für den Handel bedeuten schwankende Wechselkurse ein finanzielles Risiko. Wenn ein deutsches Unternehmen mit einer französischen Firma einen Vertrag über den Verkauf von Pkw schließt und sich der Wechselkurs zum Zeitpunkt der Bezahlung verändert hat, muss das französische Unternehmen einen anderen Betrag zahlen.

▶ **Beispiel:** Der französische Autohändler Francois de Garde kauft am 1. Januar mehrere Volkswagen zum Preis von 60 00,00 DM. Das ergibt bei einem Wechselkurs von 1:3,35 einen Betrag in Höhe von 17 910,0 Franc. Zum Zahlzeitpunkt beträgt der Umrechnungskurs 1 zu 2,95. Die französische Firma muss jetzt 20 339,00 Franc zahlen. Die Differenz in Höhe von 2 429,00 Franc wird vom Autohändler getragen und belastet seine Liquidität.

vgl. LF 6, Kap. 3.3.7

Viele Entwicklungen und Entscheidungen waren notwendig, um solche Nachteile zu vermeiden und den Weg zu einer einheitlichen Währung und Geldpolitik in Europa vorzubereiten.

5.1.1 Die Europäische Wirtschaftsgemeinschaft (EWG)

Bereits 1946 wurde die Idee eines gemeinsamen Europas von Winston Churchill (britischer Premierminister bis 1945) ausgesprochen. Er forderte eine Organisation, die den Frieden und den Wohlstand fördert und sichert.

Anfang der fünfziger Jahre beginnt die Europäische Gemeinschaft für Kohle und Stahl (EGKS), die auch Montanunion genannt wird, unter Beteiligung der Länder Belgien, Frankreich, Deutschland, Italien, Luxemburg und Niederlande mit Maßnahmen, die europäischen Länder wirtschaftlich zu vereinigen. Ein erstes Ergebnis ist der zollfreie Handel mit Kohle und Stahl für die Mitgliedsländer. Die Bemühungen um eine politische Integration waren jedoch nicht erfolgreich. Die Europäische Verteidigungsgemeinschaft (EVG) und die Europäische Politische Gemeinschaft (EPG) scheiterten, weil es den beteiligten Ländern nicht gelang, ein gemeinsames Ziel zu finden.

Der europäische Gedanke sollte nun zunächst durch die Entwicklung eines Binnenmarkts fortgesetzt werden.

Mit der Unterzeichnung der sog. Römischen Verträge im Jahr 1957 gelang ein weiterer Schritt in Richtung Europa. Die Europäische Wirtschaftsgemeinschaft (EWG) und die Europäische Atomgemeinschaft (EURATOM) wurden gegründet.

Zielsetzungen der Römischen Verträge

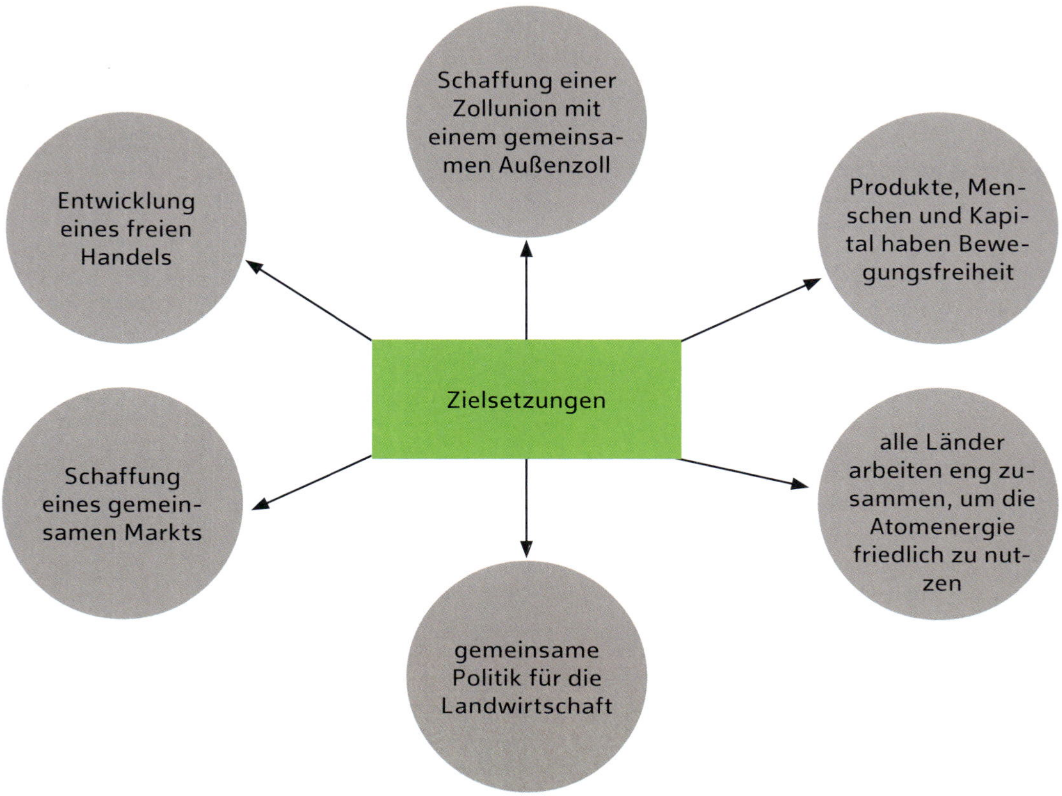

Hinweis: Für den Handel zwischen den an der Zollunion beteiligten Ländern werden an den Landesgrenzen keine Zölle erhoben.

Für den freien Warenverkehr innerhalb Europas war die Schaffung der Zollunion besonders wichtig, weil die Ein- und Ausfuhrzölle für alle Produkte nach und nach abgebaut wurden. Die Mitgliedstaaten konnten ohne Begrenzung Waren und Dienstleistungen aus den anderen europäischen Ländern kaufen, ohne an der Grenze Zoll zahlen zu müssen.

Im Raum der europäischen Wirtschaftsgemeinschaft (EWG) entwickelte sich die Wirtschaft positiv. Das Bruttoinlandsprodukt der sechs Mitgliedstaaten stieg an und sie wurden zu einem wichtigen Handelspartner für viele Länder der Welt. Der Erfolg der Europäischen Wirtschaftsgemeinschaft (EWG) weckte bei anderen Ländern das Interesse, auch diesem Verbund beizutreten. vgl. LF 7, Kap.4.4

Die Europäische Wirtschaftsgemeinschaft (EWG) gab wichtige Impulse für die Entwicklung des europäischen Binnenmarkts (1993) und die Europäische Wirtschafts- und Währungsunion.

5.1.2 Das Europäische Währungssystem (EWS)

Die Geschichte des Europäischen Währungssystems beginnt bereits im Jahr 1944 mit dem Abkommen von Bretton Woods.

Die Auswirkungen der Weltwirtschaftskrise, wie z. B. hohe Arbeitslosigkeit und Inflation in den zwanziger Jahren, veranlasste die Regierungen von 44 Nationen zu einer Vereinbarung, die Wechselkurse stabil zu halten. Als sog. Leitwährung diente der amerikanische Dollar, d. h., die Wechselkurse aller beteiligten Länder wurden in einem Verhältnis zum Dollar festgelegt. In den sechziger Jahren entwickelten sich in den Vereinigten Staaten volkswirtschaftliche Probleme und als Folge kam es zu einer Inflation, die sich auch in Europa ausbreitete. Das Bretton Woods-System wurde Ende der sechziger Jahre aufgelöst und die Wechselkurse freigegeben.

Der Europäische Rat versuchte ab 1969 ein Projekt in der Form eines Wechselkursverbunds zu implementieren. Weil aber die Nationalstaaten nicht alle die gleiche Wirtschaftspolitik verfolgten, war das Projekt zum Scheitern verurteilt.

Im März 1979 trat dann ein europäisches Währungssystem in Kraft. Es handelte sich um ein Abkommen zwischen den europäischen Zentralbanken auf freiwilliger Basis, mit dem Ziel, stabile Wechselkurse zu bilden. Dafür wäre es erforderlich gewesen, eine einheitliche Wirtschaftspolitik zu praktizieren. Belgien, Luxemburg, die Niederlande und Deutschland veranlassten zwar entsprechende Maßnahmen für eine möglichst hohe Stabilität, aber Frankreich, Italien und Großbritannien nicht. Sie erhöhten die Geldmenge, indem sie neue Scheine und Münzen in den Umlauf brachten, um ihre Ausgaben finanzieren zu können. Es fehlte an einer gemeinsamen Vorgehensweise und der Verbund löste sich auf.

Hinweis: Die Ausgabe von Geldscheinen ist heute nur mit Genehmigung der Europäischen Zentralbank möglich.

In diesen schwierigen Zeiten erkannten Politiker die Deutsche Mark als stabile Währung und 1983 wurde sie zur Bezugswährung, wie in den sechziger Jahren der amerikanische Dollar. Es wurde vereinbart, die Geldpolitik der Mitgliedstaaten so zu gestalten, dass sich der Wechselkurs zur Deutschen Mark nicht veränderte. Doch die Voraussetzungen für die Erreichung dieses Ziels fehlten, weil die Nationalstaaten jeweils andere wirtschaftspolitische Interessen verfolgten. Das Europäische Währungssystem wurde in den neunziger Jahren zwar noch einmal verändert, aber dann aufgelöst.

Hinweis: Bretton Woods ist ein Ort im US-Bundesstaat New Hampshire, an dem sich 1944 die Vertreter von 44 Staaten trafen, um ein System flexibler Wechselkurse zu beschließen. In diesem Zusammenhang kam es auch bereits zur Gründung des Internationalen Währungsfonds (IWF).

Definition: Als Leitwährung wird die Währung eines Lands bezeichnet, zu der andere Staaten ihre Währung in einem stabilen Verhältnis halten.

5.1.3 Die Einführung einer einheitlichen Währung

Der sog. Vertrag von Maastricht legte im Jahr 1992 die Rahmenbedingungen für die Bildung einer Europäischen Union fest. Die Bemühungen um die Bildung eines europäischen Binnenmarkts sollten weiter fortgeführt werden. Hinzu kam der Anspruch, eine gemeinsame Außen- und Sicherheitspolitik zu entwickeln und mehr Zusammenarbeit in den Bereichen Inneres und Justiz zu verwirklichen. Die bisherigen zwölf Länder der Europäischen Gemeinschaft wurden jetzt die Mitgliedsländer der Europäischen Union. In den folgenden Jahren schlossen sich nach und nach weitere Länder der Europäischen Union an. Diese Entwicklung schuf die Voraussetzung für die Einführung einer einheitlichen Währung. Am 01.01.2002 starteten 13 Länder mit dem Euro als offizielle Währung. Die Landeswährungen wurden mit einem vorher festgelegten Kurs auf das neue Geld umgestellt.

▶ **Beispiel:** Bei dem festgelegten Umrechnungskurs von 1,95583 wurden aus einer Deutschen Mark 51 Cent der neuen Währung, dem Euro.

Von 2013 bis zum 31.01.2020 bestand die Europäische Union aus 28 Mitgliedstaaten, aktuell sind es noch 27. Inzwischen gilt in 20 Ländern der Euro als gesetzliches Zahlungsmittel.

Großbritannien gehört seit Kurzem nicht mehr zur Eurozone. Während eines Aufenthalts müssen die Einkäufe in britischem Pfund bezahlt werden. In den Ländern Dänemark, Polen, Ungarn, Tschechische Republik, Bulgarien, Schweden und Rumänien ist der Euro nicht das gesetzliche Zahlungsmittel, sondern die jeweilige Landeswährung. Der Umtausch erfolgt zum aktuellen Wechselkurs.

▶ **Beispiel:** Für 1 Euro werden 0,87 Pfund Sterling, 7,46 dänische Kronen, 4,48 polnische Zloty usw. ausgezahlt.

Merke: Für Ausgaben in Ländern, die nicht zur Eurozone gehören, muss auf der Basis des Wechselkurses die Landeswährung „gekauft“ werden.

5.2 Die Europäische Zentralbank (EZB)

Die Europäische Zentralbank hatte einen Vorläufer, das 1994 gegründete Europäische Währungsinstitut. Seine Aktivitäten bestanden darin, mit den nationalen Zentralbanken (in Deutschland ist das die Deutsche Bundesbank) zusammenzuarbeiten, die Geldpolitik zu koordinieren und die Einführung einer gemeinsamen Währung vorzubereiten.

Diese Aufgaben wurden im Juni 1998 an eine neu gegründete Institution übergeben, die Europäische Zentralbank (EZB) mit Sitz in Frankfurt am Main. Seitdem ist die EZB eines der wichtigsten Organe der Europäischen Union. Gemeinsam mit den nationalen Zentralbanken bildet sie das europäische System der Nationalbanken. Die Zentralbanken der Länder der Eurozone unterstehen der EZB und sind unabhängig von den Weisungen der Regierung ihres Lands.

▶ **Beispiel:** In Anlehnung an den Leitzins der Europäischen Zentralbank legt die Deutsche Bundesbank den Zinssatz fest, obwohl deutsche Politiker nicht damit einverstanden sind.
Die deutsche Regierung kann nicht von der Deutschen Bundesbank verlangen, neue Banknoten auszugeben.

5.2.1 Die Organisation der Europäischen Zentralbank

Eine so große und wichtige Institution wie die Europäische Zentralbank (EZB) muss ihre Aufgabenbewältigung in verschiedene Bereiche und Zuständigkeiten aufteilen. Die Organisationsstruktur besteht aus zwei Organen, die Beschlüsse fassen dürfen. Der Rat der Europäischen Zentralbank mit den Mitgliedern des Direktoriums und den Präsidenten der 20 Nationalbanken. Zum erweiterten Rat der Europäischen Zentralbank gehören die Vertreter aller 27 Mitgliedstaaten. Solange es noch Mitgliedstaaten gibt, die nicht den Euro als Währung haben, bereitet er u. a. den Aufnahmeprozess für neue Länder vor. Das Direktorium ist für das Tagesgeschäft der Europäischen Zentralbank zuständig und bereitet die Sitzungen des Rats vor. Es gibt auch die Anweisungen des Rats der Europäischen Zentralbank an die Nationalbanken weiter, die dann die Beschlüsse in ihrem Land umsetzen, z. B. bei einer Veränderung des Leitzinses. Das Direktorium wird für acht Jahre vom Rat der Europäischen Zentralbank gewählt. Die Vorschläge für neue Mitglieder kommen aus den Wirtschaftsministerien der Mitgliedsländer.

LF 7, Kap. 5.2.3

Organisationsstruktur der Europäischen Zentralbank

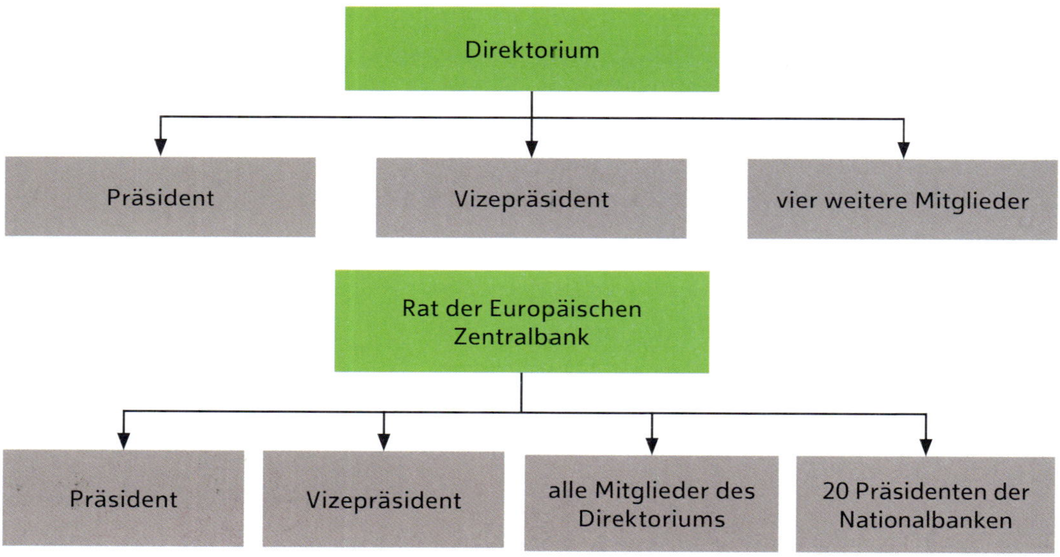

Der Präsident des Rats der Europäischen Zentralbank leitet sowohl das Direktorium als auch den Zentralbankrat.

Hinweis: Deutschland wird durch den Präsidenten der Deutschen Bundesbank im Rat der Europäischen Zentralbank vertreten.

5.2.2 Die Aufgaben der Europäischen Zentralbank

Die Grundlage für alle Tätigkeiten der Europäischen Zentralbank ist die Satzung des Europäischen Systems und der Europäischen Zentralbank. Alle Maßnahmen, die von der Europäischen Zentralbank vorgeschlagen oder durchgeführt werden, haben die Stabilität des Preisniveaus als oberstes Ziel. Sie ist die Basis für Wirtschaftswachstum und Vollbeschäftigung.

vgl. LF 7, Kap. 4.2

Die Zuständigkeiten der Europäischen Zentralbank sind folgendermaßen festgelegt:

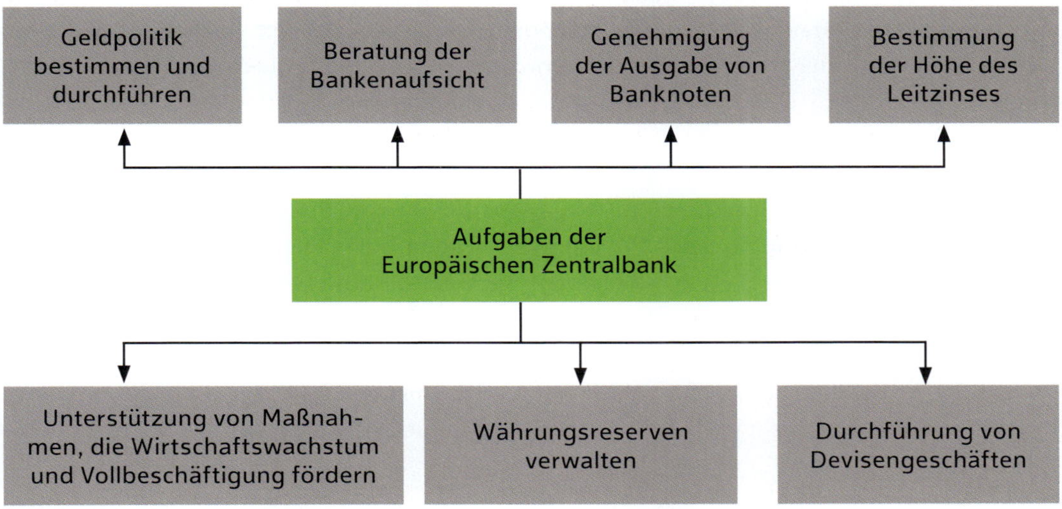

▶ **Beispiel:** Zur Förderung des Wirtschaftswachstums stellte die Europäische Zentralbank bis 2012 Finanzierungsrahmen zur Verfügung. Die Mitgliedsländer konnten Kredite zur Finanzierung von Investitionen aufnehmen.

Ab Oktober 2012 übernahm der Europäische Stabilitätsmechanismus (ESM) die Vergabe von Notkrediten und Bürgschaften. Er ist eine eigenständige Finanzinstitution und hat seinen Sitz in Luxemburg.

Die Bearbeitung von Fragen, die für die Erfüllung der Aufgaben notwendig ist, wird in vielen Ausschüssen themenbezogen geleistet, z. B. im Banknotenausschuss, Ausschuss für Informationstechnologie oder Rechtsausschuss.

▶ **Beispiel:** Der Rat der Europäischen Zentralbank beauftragte den Banknotenausschuss mit der Klärung von Details für die Abschaffung der 500-Euro-Banknote.

Merke: Preisniveaustabilität ist die Basis für die Entstehung von Wirtschaftswachstum im System der sozialen Marktwirtschaft.

5.2.3 Die Instrumente der Europäischen Zentralbank

Es gibt verschiedene Instrumente der Europäischen Zentralbank.

Offenmarktpolitik

vgl. LF 6, Kap. 3.3.7 und LF 7, Kap. 3.1.1

Zwei wichtige Aufgaben der Europäischen Zentralbank sind die Sicherung der Liquidität und der Preisniveaustabilität in der Eurozone. Aus diesem Grund stehen Offenmarktgeschäfte im Zentrum der Aktivitäten, weil sie die Geldmenge beeinflussen. Auf dem Kapitalmarkt gilt, wie auf allen Märkten einer Markwirtschaft das Prinzip der Preisbildung durch Angebot und Nachfrage.

vgl. LF 7, Kap. 4.4

Durch den Kauf und Verkauf von Wertpapieren am offenen Markt wird der Umfang der Geldmenge beeinflusst. Wenn viel Geld im Angebot ist, sinkt der „Preis", also der Zinssatz. Ein niedriger Zinssatz ermuntert den Unternehmer, Kredite aufzunehmen und zu investieren. Wenn neue Maschinen gekauft und neue oder veränderte Produkte hergestellt und verkauft werden, entsteht Wirtschaftswachstum.

Wenn aber zu viel Geld da ist, das nicht genutzt wird, sinkt der Wert. Für ein Kilogramm Brot muss der Verbraucher nicht mehr 3,00 €, sondern eventuell 4,00 € zahlen. Die Geldwertstabilität ist beeinträchtigt.

Definition: Auf einem offenen Markt kann jeder ohne Einschränkung Wertpapiere kaufen und verkaufen.

Hinweis: Die „Investitionslaune" von Unternehmern wird nicht nur von einem niedrigen Zins beeinflusst, sondern auch von anderen Faktoren, wie z. B. der Gewinnerwartung für neue Produkte.

Mindestreservepolitik

Alle Geschäftsbanken der Eurozone sind verpflichtet, bei der Notenbank ihres Lands einen Betrag zu hinterlegen. Diese Einlage verändert sich und wird nach Ablauf der Mindestreservezeit verzinst. Die Höhe der Mindestreserve wird mit einem Prozentsatz auf bestimmte Verbindlichkeiten der Bank berechnet. Seit 2012 sind Veränderungen zwischen 1 % bis 2 % zu beobachten. Je höher die Mindestreserve ist, die hinterlegt werden muss, desto weniger Geld hat eine Bank zur Verfügung. Da die Liquidität ein Kriterium bei der Vergabe von Krediten durch andere Banken ist, könnten die Geschäftsbanken mit schlechter Liquidität weniger Kredite bekommen. Die Folge wären eingeschränkte Investitionen und die Wirtschaft könnte langsamer oder gar nicht wachsen.

Leitzins

Ein sehr wichtiges Instrument der Europäischen Zentralbank ist die Festlegung der Höhe des Leitzinses. Zu diesem Prozentsatz können sich die Geschäftsbanken der Eurozone bei den Notenbanken ihres Lands Geld leihen, um ihre eigenen Geschäfte zu finanzieren.

Die Geschäftsbanken geben den an die Bundesbank gezahlten „Preis“ für das geliehene Geld an ihre Kundschaft, Unternehmen wie Privatleute weiter. Ist der Leitzins niedrig, kostet auch das Darlehen nicht so viel. Von einem niedrigen Leitzins erhofft man sich eine rege Investitionstätigkeit, die sich dann positiv auf das Wirtschaftswachstum auswirkt.

Der Leitzins ist in den letzten zehn Jahren ständig gesunken. Deshalb wurden die Kredite immer günstiger. Außer den positiven gibt es aber leider auch unangenehme Folgen eines niedrigen Leitzinses: Die Spareinlagen bringen keine Zinsen. Seit 2023 ist wieder ein Anstieg des Zinssatzes zu erkennen.

Spareinlage	**5 000,00 €**	
Juli 2011	September 2014	Januar 2023
1,5 %	0,05 %	3,12 %
Zinsen:		
75,00 €	2,50 €	156,00 €

Für die Gestaltung der Geldpolitik im Euroraum handelt die Europäische Zentralbank unabhängig von den Regierungen der Mitgliedstaaten.

Beispiel: Auf eine Forderung der französischen Regierung, den Leitzins anzuheben, reagiert die Europäische Zentralbank nicht.

Zusammenfassung

Geschichte des Euro

- 1957 Europäische Wirtschaftsgemeinschaft Europäische Atomgemeinschaft
- 1969 Währungsverbund
- 1979 Europäisches Währungssystem
- 1992 Vertrag von Maastricht
- 1998 Gründung der EZB
- 2002 Einführung des Euro

Europäische Zentralbank

Organisation	Aufgaben	Instrumente
• Direktorium: Präsident, Vizepräsident, vier weitere Mitglieder • Europäischer Zentralbankrat: Präsident, Vizepräsident, Direktorium, alle Präsidenten der Nationalbanken • erweiterter Europäischer Zentralbankrat: zusätzlich die Vertreter aller Mitgliedstaaten	• Geldpolitik • Beratung bei der Bankenaufsicht • Genehmigung der Banknotenausgabe • Festlegung der Höhe des Leitzinses • Durchführung von Devisengeschäften • Verwaltung der Währungsreserven • Förderung von Wirtschaftswachstum und Vollbeschäftigung	• Offenmarktpolitik • Mindestreservepolitik • Festlegung des Leitzinses

Wiederholung und Vertiefung

1. Beschreiben Sie in Stichpunkten die Entwicklung zu einer einheitlichen Währung im Euroraum.
2. Beschreiben Sie den Aufbau der Organisation der Europäischen Zentralbank.
3. Erläutern Sie eine Aufgabe der Europäischen Zentralbank Ihrer Wahl.
4. Warum kann die Deutsche Bundesbank nicht nach eigenem Ermessen neue Banknoten ausgeben?
5. Beschreiben Sie die Funktion eines Leitzinses.
6. Erläutern Sie je einen Vor- und Nachteil eines niedrigen Leitzinses.
7. Recherchieren Sie die aktuellen Maßnahmen der Europäischen Zentralbank.

Lernfeld 8 – Kompetenzen

In diesem Lernfeld lernen Sie:

Kapitel 1 **Das Sachenrecht im BGB**	• die sachenrechtlichen Prinzipien des Typenzwangs, der Absolutheit, der Publizität, der Bestimmtheit und das Abstraktionsprinzip zu differenzieren • Eigentum und Besitz zu unterscheiden • die Grundlagen des Besitzes nach Arten, Erwerb und Verlust sowie die Rechte des Besitzers zu erläutern • die Grundlagen des Eigentums nach Arten, Erwerb und Verlust sowie die Rechte des Eigentümers zu erläutern • den rechtsgeschäftlichen und gesetzlichen Eigentumserwerb bei beweglichen Sachen und Grundstücken zu erläutern • die Grundsätze des gutgläubigen Eigentumserwerbs zu erläutern • die beschränkt dinglichen Rechte zu unterscheiden • die Eintragung und Rangfolge beschränkt dinglicher Rechte im Grundbuch zu bewerten • die Grundsätze und wichtigsten Vorschriften zur Verjährung im Sachenrecht anzuwenden

Kapitel 2 **Die Bedeutung der Sachenrechte für die Kreditsicherung**	• Personal- und Realsicherheiten zu unterscheiden • die Grundlagen des Eigentumsvorbehalts zu erläutern • einfachen, verlängerten und erweiterten Eigentumsvorbehalt zu differenzieren • die Grundlagen von Sicherungsübereignungen zu erläutern • den rechtsgeschäftlichen und gesetzlichen Erwerb von Pfandrechten an beweglichen Sachen zu erläutern • Hypothek und Grundschuld zu unterscheiden

Kapitel 3 **Führen des erforderlichen Schriftverkehrs**	• Aufforderungsschreiben zur Herausgabe von Sachen normgerecht zu erstellen und zu gestalten • Schreiben an Mandantschaften in sachenrechtlichen Angelegenheiten normgerecht zu erstellen und zu gestalten • Kostenrechnungen in sachenrechtlichen Angelegenheiten gesetzes- und normgerecht zu erstellen und zu gestalten • die Schriftstücke effizient zu erstellen

Lernfeld 8: Sachenrechtliche Regelungen bei der Auftragsbearbeitung anwenden

1 Das Sachenrecht im BGB

Das Sachenrecht ist im 3. Buch des BGB in den §§ 854–1296 BGB geregelt. Es behandelt die Beziehung zwischen Personen und Sachen. Im Gegensatz zum Schuldrecht, wo die Parteien aufgrund der Vertragsfreiheit ihre Verträge überwiegend frei gestalten können, gibt es hier verbindliche Vorschriften und Begriffsbestimmungen, die auch in der Regel nicht durch vertragliche Vereinbarungen geändert werden können.

Lernsituation

Rechtsanwältin Katharina Schuh hat einen Termin mit der neuen Mandantin Janka Lichter. An diesem Termin nimmt auch Julia Hoffmann teil, um den Sachverhalt zu protokollieren.

Janka Lichter ist Landschaftsarchitektin und arbeitet seit Jahren mit dem Bauhandel von Robert Schweyen zusammen. In letzter Zeit gab es jedoch einige Probleme, sodass sie nun rechtlichen Rat einholen möchte. Sie hat von Robert Schweyen einen Rasenmäher gemietet, der ihrer Ansicht nach so alt und kaputt ist, dass er umgehend entsorgt werden muss, um ihre Mitarbeiterinnen nicht zu gefährden. Robert Schweyen will dies jedoch nicht zulassen.

Darüber hinaus hat sie aus Materialien, die Robert Schweyen ihr geliefert, aber nicht übereignet hat, ein Kinderklettergerüst für einen Kunden gebaut. Sowohl Robert Schweyen als auch der Kunde machen nun geltend, Eigentümer des Klettergerüsts zu sein.

Schließlich erwähnt Janka Lichter noch, dass sie sich irgendwann im Sommer 1999 von Robert Schweyen einen Betonmischer ausgeliehen hatte, den sie zwei Wochen später zurückgeben wollte. Über die Jahre sei dies jedoch in Vergessenheit geraten, bis Robert Schweyen nun die Rückgabe verlangte. Sie sei der Meinung, dass dies nach so langer Zeit gar nicht mehr gehe und der Betonmischer inzwischen ihr gehöre.

Arbeitsaufträge:

a) Recherchieren Sie im BGB, welche Rechte jemand an einer Sache haben kann. Welche Sonderstellung nimmt dabei der Besitz ein?

b) Überlegen Sie in Gruppenarbeit, was „Besitz“ bedeutet. Erstellen Sie eine Mindmap, aus der hervorgeht, wie man Besitz erlangt und welche Rechte der Besitzer hat.

c) Überlegen Sie in einem zweiten Schritt, ob Janka Lichter den Rasenmäher gegen den Willen von Robert Schweyen entsorgen kann und darf.

d) Worauf muss Julia Hoffmann achten, wenn sie feststellen möchte, wer Eigentümer des Klettergerüsts ist? Recherchieren Sie, wie Eigentum an einer beweglichen Sache erworben werden kann. Erstellen Sie dazu eine Checkliste.

e) Kann der Gegner die Herausgabe des Betonmischers noch verlangen? Recherchieren Sie im BGB und entwerfen Sie ein entsprechendes Schreiben an die Mandantin (von der Anrede bis zur Unterschrift).

f) Vergleichen Sie Ihre Ergebnisse untereinander und ergänzen/berichtigen Sie ggf. Ihre Ergebnisse.

g) Reflektieren Sie anschließend Ihr Wissen.

1.1 Grundbegriffe des Sachenrechts

Das Sachenrecht regelt die Rechte einer Person an einer Sache.
Sachen sind gem. § 90 BGB nur körperliche Gegenstände.

▶ **Beispiele:** Sachen sind ein Pkw, eine Tasche, ein Bleistift, ein Schrebergarten, ein Wohnhaus, ein MP3-Player, nicht jedoch die Urheberrechte an den Musikstücken auf dem MP3-Player oder Forderungen.

Unterschieden wird grds. zwischen **beweglichen Sachen** (Mobiliarsachenrecht) und **unbeweglichen Sachen**, also Grundstücken (Immobiliarsachenrecht).

Gemäß § 90 a BGB sind **Tiere** zwar keine Sachen, aber die Vorschriften für Sachen werden auch auf sie angewendet.

Je nachdem wie umfassend die Rechte über eine Sache sind, werden drei **Arten von Rechten**, die eine Person an einer Sache haben kann, unterschieden:

- **Besitz** (ausführlich dazu unter Kap. 1.3),
- **Eigentum** (ausführlich dazu unter Kap. 1.4) oder
- ein sog. **beschränkt dingliches Recht** (ausführlich dazu unter Kap. 1.5).

Die Sachenrechte sind demnach folgende:

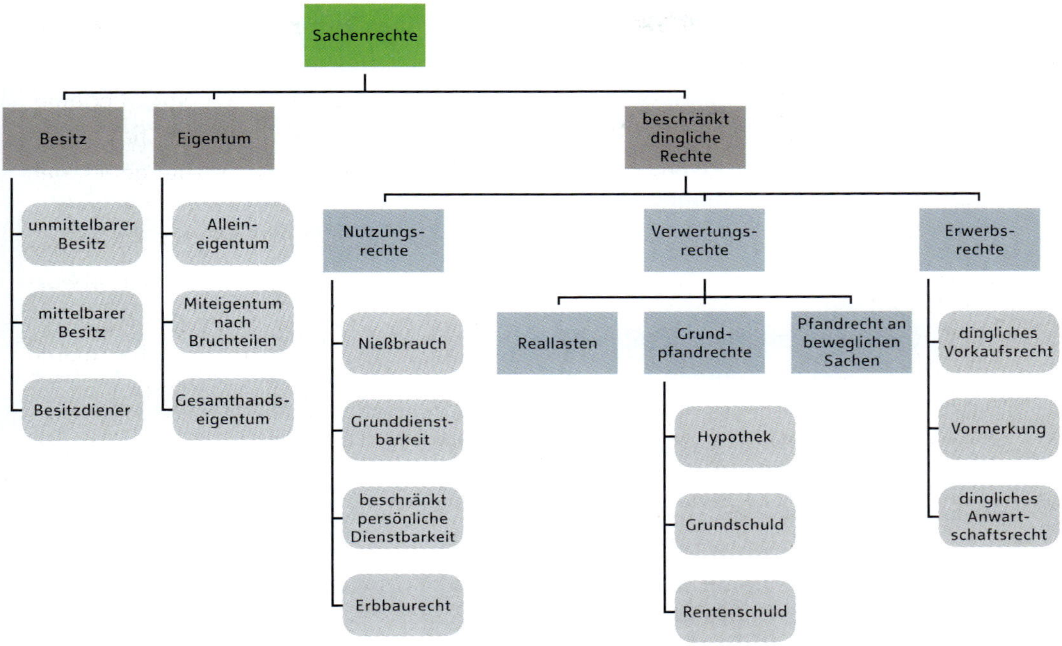

1.2 Die Grundprinzipien des Sachenrechts

Im Sachenrecht gibt es fünf Prinzipien, die sehr wichtig für das Verständnis der einzelnen Regelungen und der Zusammenhänge in diesem Rechtsgebiet sind.

- **Typenzwang**
  Die Art der Sachenrechte ist gesetzlich geregelt. Es können nicht durch Vereinbarungen der Parteien neue Sachenrechte geschaffen werden. Im Gegensatz zum Schuldrecht, wo die Vertragsparteien aufgrund der Vertragsfreiheit auch einen Vertragstyp vereinbaren können, der nicht im BGB geregelt ist, spricht man im Sachenrecht vom sog. **numerus clausus der Sachenrechte**, also einer abschließenden Anzahl von Sachenrechten.

  ▶ **Beispiel:** Der Leasing-Vertrag ist im BGB nicht geregelt, wurde aber in der Praxis entwickelt und ist aufgrund der Vertragsfreiheit ein zulässiges vertragliches Schuldverhältnis. Es ist hingegen nicht zulässig, dass die Parteien vereinbaren, dass der Leasing-Nehmer eines Pkws weder Besitz, noch Eigentum oder ein anderes Sachenrecht erhalten soll, sondern ein Recht, das die Parteien nach ihren Vorstellungen gestalten und als Leasing-Recht bezeichnen.

- **Absolutheit der dinglichen Rechte**

  Das Sachenrecht regelt, wie erwähnt, die Rechte einer Person an einer bestimmten Sache. Diese Rechtsbeziehung wird als **dingliches oder absolutes Recht** bezeichnet, da es gegenüber jedermann gilt. Im Gegensatz dazu ergeben sich aus schuldrechtlichen Vereinbarungen nur relative Rechte, die nur zwischen den Vertragsparteien gelten.

  ▶ **Beispiel:** Der Eigentümer eines Buchs kann von jedem (unberechtigten Besitzer) die Herausgabe seines Buchs verlangen. Der Käufer eines Buchs kann nur von seinem Vertragspartner, dem Verkäufer, die Übergabe (und Übereignung) des Buchs verlangen.

- **Publizitätsprinzip**

  Da die Sachenrechte absolute Rechte sind, muss auch für jedermann erkennbar sein, dass diese Rechte bestehen. Daher fordert das Sachenrecht, dass die Übertragung dieser Rechte publik, also öffentlich gemacht wird. Andernfalls kann keine wirksame Rechteübertragung stattfinden. Bei unbeweglichen Gegenständen erfolgt dies durch Eintragung in das **Grundbuch.** Bei beweglichen Gegenständen reicht der **Besitz**, da gem. § 1006 Abs. 1 BGB vermutet wird, dass der Besitzer einer beweglichen Sache auch Eigentümer der Sache ist.

  vgl. LF 8, Kap. 1.3

  ▶ **Beispiel:** Die Übertragung des Eigentums an einem Grundstück ist gem. § 873 BGB nur wirksam, wenn sie ins Grundbuch eingetragen wird.

- **Bestimmtheits- oder Spezialitätsprinzip**

  Dieser Grundsatz besagt, dass eindeutig feststehen muss, auf welche Sache sich die infrage stehenden Rechte beziehen. Ein Recht kann sich immer nur auf eine **einzelne Sache** und nicht auf eine Sachgesamtheit, also einzelnen Sachen, die durch einen gemeinsamen Zweck miteinander verbunden sind, beziehen.

  ▶ **Beispiel:** Ein schuldrechtlicher Vertrag über den Verkauf einer Sachgesamtheit wie eines Warenlagers oder eines gesamten Unternehmens ist möglich. Das Eigentum kann jedoch nur an jeder einzelnen Sache, also jedem Bürostuhl, jedem Patent, jedem Grundstück, übertragen werden, wobei die Besonderheiten bei der Eigentumsübertragung von beweglichen Sachen und Immobilien zu beachten sind.

- **Abstraktionsprinzip**

  Nach dem Abstraktionsprinzip ist das **schuldrechtliche Geschäft** von dem **dinglichen**, also dem sachenrechtlichen, in seiner Wirksamkeit unabhängig. Ist das eine aus irgendwelchen Gründen unwirksam, bleibt das andere dennoch bestehen.

  ▶ **Beispiel:** Annegret Holleboom verkauft und übereignet ein Mountainbike an Yeon Wha Hong. Anschließend ficht Annegret Holleboom den Kaufvertrag (= schuldrechtliches Rechtsgeschäft) an, da sie sich bzgl. des Preises geirrt hatte. Die Übertragung des Eigentums an dem Mountainbike (= dingliches Rechtsgeschäft) bleibt jedoch wirksam. Yeon

Wha Hong ist auch nach der wirksamen Anfechtung des Kaufvertrags noch Eigentümerin des Mountainbikes. Annegret Holleboom muss sich das Eigentum an dem Fahrrad nach den Regelungen zur ungerechtfertigten Bereicherung gem. §§ 812ff. BGB zurückholen.

Hinweis: Als Merkhilfe für die Prinzipien des Sachenrechts kann das Wort „PASTA" (**P**ublizitätsprinzip – **A**bsolutheit – **S**pezialitätsprinzip – **T**ypenzwang – **A**bstraktionsprinzip) dienen.

1.3 Der Besitz

Im normalen Sprachgebrauch wird häufig nicht zwischen Besitz und Eigentum unterschieden. Rechtlich ist die Unterscheidung jedoch sehr wichtig.

Merke: Besitz ist die tatsächliche Herrschaft über eine Sache.

vgl. § 854 BGB

Der Besitz hängt also von den tatsächlichen Gegebenheiten ab. Entweder eine Person hat die **Herrschaft über eine Sache** oder eben nicht. Dies gilt auch unabhängig von sonstigen Rechtsbeziehungen oder von der Frage, ob die Person den Besitz berechtigterweise inne hat.

Beispiel: Aljosha Kriegel kauft an der Tankstelle einen Schokoriegel und nimmt ihn mit nach Hause. Er hat die tatsächliche Sachherrschaft über den Riegel, da er mit ihm machen kann, was er möchte, er kann ihn essen, verschenken oder wegwerfen. Aljosha Kriegel hätte aber auch die Sachherrschaft, wenn er den Riegel gestohlen hätte. Auch in diesem Fall könnte er mit dem Riegel tatsächlich machen, was er möchte.

Häufig ist im Alltag die gleiche Person sowohl Besitzer als auch Eigentümer. Dies muss aber nicht notgedrungen der Fall sein und kann sich auch **zeitweise ändern**.

Beispiel: Emmanuel Neves kauft sich eine neue Skijacke in einem Sportbekleidungsgeschäft. Nachdem er sie bezahlt hat, geht er damit nach Hause. Er ist jetzt Besitzer und Eigentümer der Jacke. Verleiht er die Jacke an einen Freund für dessen Skiwochenende, bleibt er Eigentümer der Jacke, Besitzer wird dann jedoch der Freund, der die Sachherrschaft über die Jacke hat.

1.3.1 Arten des Besitzes

Es werden verschiedene Arten des Besitzes unterschieden.

- **Unmittelbarer Besitzer** ist gem. § 854 Abs. 1 BGB, wer die tatsächliche Gewalt über eine Sache (Sachherrschaft) sowie einen erkennbaren Besitzwillen hat.
  Der **Besitzwille** ist nicht an die Geschäftsfähigkeit gebunden und muss sich nicht auf eine konkrete einzelne Sache beziehen.

▶ **Beispiele:** Der 13-jährige Jörg Caspary ist unmittelbarer Besitzer seines Handys, das er gerade in seiner Hosentasche trägt. Der Inhaber der Modeboutique „In&Out", Marc Wollenweber, ist unmittelbarer Besitzer aller Waren im Laden, auch wenn er nicht jede einzelne Ware genau kennt bzw. sich ihrer Existenz bewusst ist.

- **Mittelbarer Besitzer** ist gem. § 868 BGB, wer aufgrund einer rechtsgeschäftlichen Vereinbarung einer anderen Person das Recht zum Besitz auf Zeit eingeräumt hat. Die andere Person muss auch zudem sog. **Besitzmittlungswillen** haben. Dies ist typischerweise der Fall bei Miet- und Pachtverträgen sowie bei Nießbrauch oder Verwahrvereinbarungen.

▶ **Beispiele:** Dagmar Hinrichs vermietet eine Zwei-Zimmer-Wohnung an Ina Münnich. Dagmar Hinrichs ist als Vermieterin mittelbare Besitzerin, da sie zwar nicht die Wohnung bewohnt und damit auch nicht die unmittelbare Sachherrschaft darüber hat, aber sie hat trotzdem die Möglichkeit, die Wohnung in bestimmten Fällen zu betreten. Ina Münnich ist jedoch auch Besitzerin. Sie hat den unmittelbaren Besitz an der Wohnung.

vgl. ▶ Besichtigungsrecht § 809 BGB

- **Besitzdiener** ist gem. § 855 BGB, wer für einen anderen die tatsächliche Gewalt über eine Sache ausübt und zu dieser anderen Person in einem sozialen Abhängigkeitsverhältnis steht. Der Besitzdiener ist selbst **nicht Besitzer**.

▶ **Beispiel:** Anne-Katrin Steingaß arbeitet als Kassiererin in einem Discounter. Zu ihren Aufgaben gehört es, die Waren einzusortieren. Sie hat also tatsächlich die Herrschaft über diese Waren. Sie ist jedoch nicht Besitzerin der Waren, sondern nur Besitzdienerin, da sie die Herrschaft für ihren Arbeitgeber ausübt.

Unterschieden wird zudem zwischen **Eigenbesitzer**, also demjenigen, der eine Sache als ihm gehörend besitzt, und dem **Fremdbesitzer**, also demjenigen, der eine Sache besitzt, ohne sie als eigene zu betrachten.

▶ **Beispiel:** Mustafa Nazlican ist Mieter einer Drei-Zimmer-Wohnung mit einer vom Vermieter gestellten Einbauküche. Bezüglich seiner eigenen Möbel ist er Eigenbesitzer, bzgl. der Wohnung und der Einbauküche ist er Fremdbesitzer. Er ist ebenso Fremdbesitzer bzgl. der von einer Freundin geliehenen DVD.

vgl. ▶ § 866 BGB

Mehrere Personen können eine Sache auch zusammen besitzen, wenn sie den Willen haben, dies zu tun. Sie sind dann **Mitbesitzer.** Wenn sich jemand jedoch die Sachherrschaft anmaßt, ohne dies im gewollten Zusammenwirken mit den anderen Besitzern zu tun, geht der Besitz auf ihn allein über.

▶ **Beispiel:** Die Mieter eines Miethauses sind Mitbesitzer bzgl. der gemeinsam genutzten Räume wie Treppenhaus, Aufzug, Garten oder Wäschekeller. Schließt einer der Mieter den Wäschekeller ab, sodass nur noch er ihn benutzen kann, hat er sich die Sachherrschaft angemaßt und die anderen Mieter vom Besitz ausgeschlossen.

1.3.2 Erwerb und Verlust des Besitzes

Unterschieden wird zwischen dem Erwerb und dem Verlust des Besitzes.

Erwerb des Besitzes

Da der Besitz sich auf ein tatsächliches Verhältnis und nicht auf ein Recht bezieht, wird er durch **Erlangung der tatsächlichen Herrschaftsmacht** über eine Sache erworben. Wann dies genau der Fall ist, richtet sich auch nach der allgemeinen Lebenserfahrung.

▶ **Beispiele:** Der Dieb Sören Baumert erlangt den Besitz an der fremden Geldbörse, sobald er sie entwendet hat. Heike Breteaux erlangt den Besitz an dem von ihrer Freundin geliehenen Regenschirm, sobald sie ihn in Händen hält. Udo Mieske ist Besitzer aller Sachen auf seinem Grundstück, ohne dass er sich jeder einzelnen Sache bewusst ist. Parkt sein Freund Hanns Volkmer sein Auto bei einem Besuch in Udo Mieskes Einfahrt, so erlangt Udo Mieske jedoch keinen Besitz daran.

Gemäß § 854 Abs. 2 BGB kann Besitz auch durch die **Einigung** zwischen dem bisherigen und dem neuen Besitzer erworben werden, wenn der neue Besitzer schon in der Lage ist, die Gewalt über die Sache auszuüben.

▶ **Beispiel:** Anne Malorny gibt ihrer Nachbarin Beate Jelinek den Schlüssel für ihr Haus, damit die Nachbarin während ihres Urlaubs die Blumen gießen kann. Als Beate Jelinek während dieser Zeit einen Staubsauger benötigt, einigen sich Anne Malorny und Beate Jelinek am Telefon, dass sich Beate Jelinek den Staubsauger aus der Wohnung von Anne Malorny für die nächsten zwei Wochen nehmen kann.

Verlust des Besitzes

Gemäß § 856 Abs. 1 1. Alt BGB wird der Besitz dadurch beendet, dass der Besitzer die tatsächliche Gewalt über die Sache **freiwillig aufgibt**, er also keinen Besitzwillen mehr hat.

▶ **Beispiele:** Ulrich Libske wirft alte Schuhe in den Müll, weil er sie nicht mehr gebrauchen kann. Sheetal Viera schenkt dem Nachbarskind ihre Harry-Potter-Bücher.

Darüber hinaus endet der Besitz gem. § 856 Abs. 1 2. Alt. BGB auch, wenn die **Besitzaufgabe unfreiwillig** erfolgt. Dies ist immer dann der Fall, wenn der Besitzer die Sache verliert oder ein anderer sich gegen seinen Willen den Besitz anmaßt. Gemäß § 856 Abs. 2 BGB endet der Besitz jedoch nicht, wenn der Besitzer **nur vorübergehend** an der Ausübung der Sachherrschaft gehindert ist.

▶ **Beispiele:** Vivien Smyrek verliert beim Schwimmen im See ihren Ehering. Sie hat damit den Besitz verloren. Vivien Smyrek kann ihre Geldbörse nicht finden. Es stellt sich heraus, dass sie gestohlen wurde. Sie hat damit den Besitz verloren. Vivien Smyrek kann ihre Sonnenbrille nicht finden. Dann fällt ihr ein, dass sie sie ins Handschuhfach des Autos gelegt hat. Da die Brille nicht verloren, sondern nur verlegt war, wurde der Besitz nicht beendet.

Merke: Wer eine Sache verliert, verliert den Besitz an ihr; wer sie nur verlegt, bleibt Besitzer.

Mit dem **Tod des Besitzers** endet auch der Besitz, da er keine Sachherrschaft mehr ausüben kann. Gemäß §§ 857, 1922 Abs. 1 BGB geht der Besitz jedoch auf den **Erben** des verstorbenen Besitzers über.

1.3.3 Rechte des Besitzers

Das Gesetz schützt den Besitzer vor willkürlichen Eingriffen. Dadurch soll verhindert werden, dass sich in unserer Rechtsordnung jeder einfach das nimmt, was ihm gefällt, ohne dass er ein Recht darauf hat.

Gemäß § 858 Abs. 1 BGB handelt widerrechtlich, wer dem Besitzer ohne dessen Willen den Besitz entzieht oder ihn im Besitz stört. Dies wird als **verbotene Eigenmacht** bezeichnet. In einem solchen Fall hat der Besitzer mehrere Rechte:

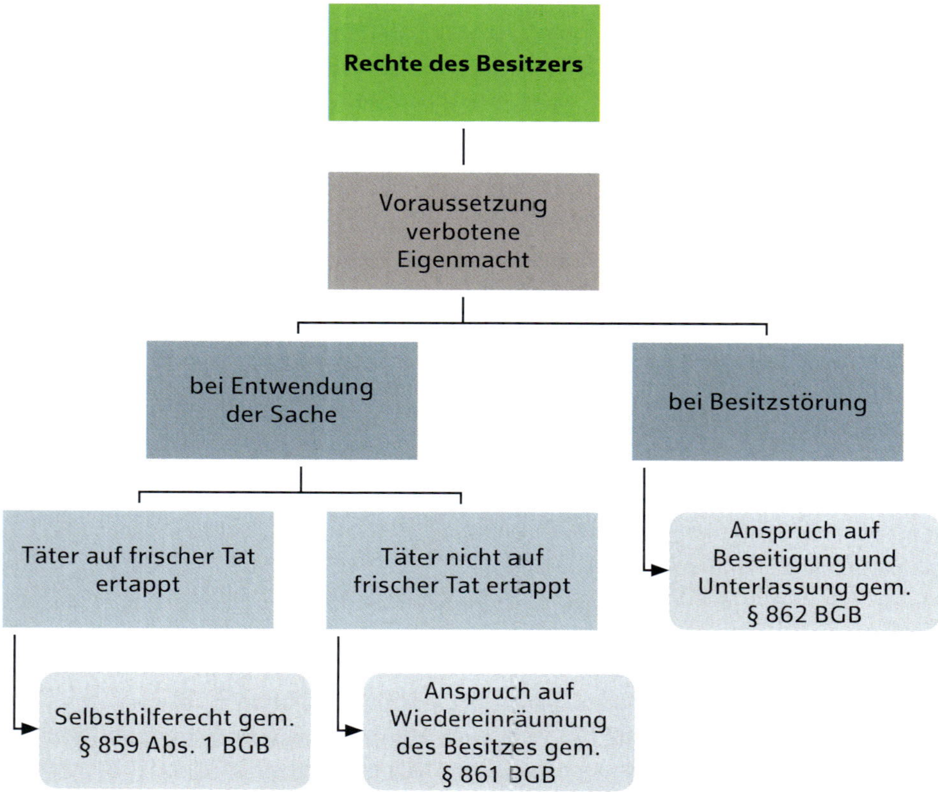

- **Selbsthilferecht:** Gemäß § 859 Abs. 1 BGB darf der Besitzer die verbotene Eigenmacht mit Gewalt abwehren (Besitzwehr). Dies ist aber nur in engen Grenzen zulässig. Wem eine bewegliche Sache weggenommen wurde, darf gem. § 859 Abs. 2 BGB diese Sache dem Täter nur so lange mit Gewalt wieder abnehmen, wie er den Täter auf frischer Tat ertappt oder solange er ihn noch verfolgt. Der Besitzer eines Grundstücks darf den Täter nur sofort nach der Entziehung gewaltsam entfernen.

  ▶ **Beispiel:** Stephanie Behr wird bei einem Rockkonzert der Rucksack von ihrer Klassenkollegin Katharina Neef gestohlen. Wenn Stephanie Behr das sofort merkt, darf sie Katharina Neef hinterherrennen und sich den Rucksack wieder holen. Falls Katharina Neef ihr jedoch entwischt, darf sie nicht zu Katharina Neef nach Hause gehen und den Rucksack von dort gewaltsam zurückholen.

- **Besitzkehrklage:** Im Fall der Entziehung des Besitzes, also der **Entwendung**, kann der Besitzer gem. § 861 BGB **Wiedereinräumung des Besitzes** verlangen.

  ▶ **Beispiel:** Lisa Märger stiehlt Sören Sengpiel sein Smartphone. Sören Sengpiel kann gem. § 861 BGB die Herausgabe des Smartphones verlangen, da der Diebstahl eine verbotene Eigenmacht i. S. v. § 858 BGB darstellt.

- **Besitzwehrklage:** Im Fall der **Besitzstörung** kann der Besitzer gem. § 862 BGB **Beseitigung und Unterlassung der Störung** verlangen. Die Grenzen zur Besitzentziehung sind dabei fließend.

  ▶ **Beispiel:** Alexandra Prepens parkt ihren Campingbus auf dem Grundstück von Birte Plotzitzka. Birte Plotzitzka kann die Entfernung des Campingbusses verlangen, da sie in ihrem Besitz an dem Grundstück gestört ist.

Hinweis: Gemäß § 864 Abs. 1 BGB erlöschen die Ansprüche aus § 861 und § 862 BGB mit Ablauf eines Jahrs nach der Verübung der verbotenen Eigenmacht, wenn nicht vorher der Anspruch im Weg der Klage geltend gemacht wird. Dabei handelt es sich nicht um eine Verjährungsregel, sondern um eine Ausschlussfrist.

1.4 Das Eigentum

Das Eigentum ist das stärkste Recht, das eine Person an einer Sache haben kann.

Merke: Besitz ist die tatsächliche Gewalt, Eigentum die rechtliche Herrschaftsmacht über eine Sache.

Der Eigentümer einer Sache kann gem. § 903 BGB, soweit nicht das Gesetz oder Rechte Dritter entgegenstehen, mit der Sache nach Belieben verfahren und andere von jeder Einwirkung ausschließen.

▶ **Beispiele:** Eigentümer dürfen die Sache nutzen, vermieten, verleihen, verändern, verkaufen, zerstören.

Das Eigentum ist ein sehr **wichtiges Element unserer Gesellschaftsordnung**, aber auch des Wirtschaftslebens. Das Privateigentum ermöglicht den Menschen nach der Rechtsprechung des Bundesverfassungsgerichts (BVerfG) eine eigenverantwortliche Gestaltung des Lebens und eine freie Entfaltung ihrer Persönlichkeit und ist damit grundlegend für die Freiheit des Einzelnen. Durch das Eigentum können Menschen materielle Dinge nach ihren Bedürfnissen einsetzen, um ihren Lebensraum zu gestalten.

Als solches ist das Eigentum verfassungsrechtlich in Art. 14 GG geschützt. Eine Enteignung durch den Staat ist nur in sehr engen Grenzen zulässig und muss ggf. geeignet entschädigt werden. Als Ausdruck der sozialen Marktwirtschaft, in der wir leben, bestimmt Art. 14 Abs. 2 S. 2 GG aber auch, dass Eigentum so eingesetzt werden soll, dass es zugleich dem Wohl der Allgemeinheit dient. Man spricht insoweit von der **Sozialbindung des Eigentums**.

1.4.1 Arten des Eigentums

Es werden verschiedene Arten des Eigentums unterschieden.

- **Alleineigentum:** Eine einzelne Person ist Eigentümer der Sache. Dies ist in der Praxis der häufigste Fall.

- **Bruchteilseigentum:** Mehrere Personen sind Eigentümer (**Miteigentümer**), wobei jede Person Eigentümer eines festgelegten Bruchteils ist (§ 1008 BGB). Jeder Miteigentümer kann unabhängig von den anderen über seinen Bruchteil verfügen. **Über die Sache als Ganzes** können jedoch nur alle **gemeinschaftlich** verfügen (§ 747 BGB). Gegenüber Dritten kann jeder Miteigentümer die Rechte aus dem Eigentum an der ganzen Sache allein geltend machen. Die Herausgabe der Sache kann gem. §§ 1011, 432 BGB jedoch nur an alle gemeinschaftlich erfolgen.

  ▶ **Beispiel:** Oliver Engels findet auf dem Feld des Landwirts Bruno Paulsen einen vergrabenen Schatz aus der Römerzeit. Gemäß § 984 BGB sind die beiden zu jeweils einer Hälfte Bruchteilseigentümer.

- **Gesamthandseigentum:** Mehrere Personen sind **Miteigentümer**, wobei ihnen nicht ein Bruchteil an der Sache gehört, sondern ihnen diese gemeinschaftlich gehört. Ein Miteigentümer kann nicht allein über die **Sache als Ganzes oder** über **Teile** davon verfügen, sondern nur **gemeinschaftlich**. Gesamthandseigentum kann nur in den gesetzlich geregelten Fällen entstehen und nicht durch Vereinbarung der Vertragsparteien.

▶ **Beispiele:** Eigentum an einer GbR (§§ 718 ff. BGB), eheliche Gütergemeinschaft (§§ 1415 ff. BGB), Miterbengemeinschaft (§§ 2032 ff. BGB)

1.4.2 Erwerb und Verlust des Eigentums

Unterschieden wird zwischen dem Erwerb und dem Verlust des Eigentums.

Erwerb des Eigentums

Eigentum kann sowohl aufgrund von gesetzlichen Regelungen als auch durch rechtsgeschäftliche Vereinbarungen erworben werden.

Grundsätzlich unterschieden wird zwischen dem Erwerb und Verlust des Eigentums an beweglichen Sachen und an Grundstücken.

Eigentumserwerb an beweglichen Sachen

Das Eigentum an beweglichen Sachen kann auf unterschiedliche Arten erworben werden:

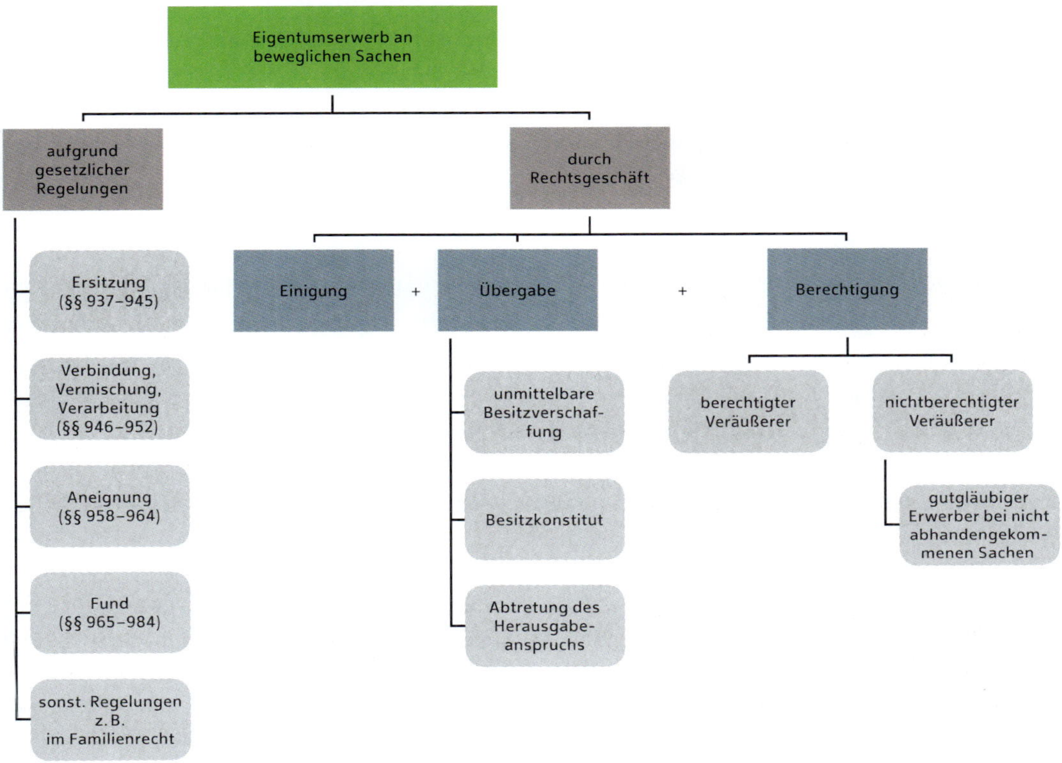

Für den Eigentumserwerb an beweglichen Sachen **durch Rechtsgeschäft** müssen folgende Kriterien erfüllt sein:

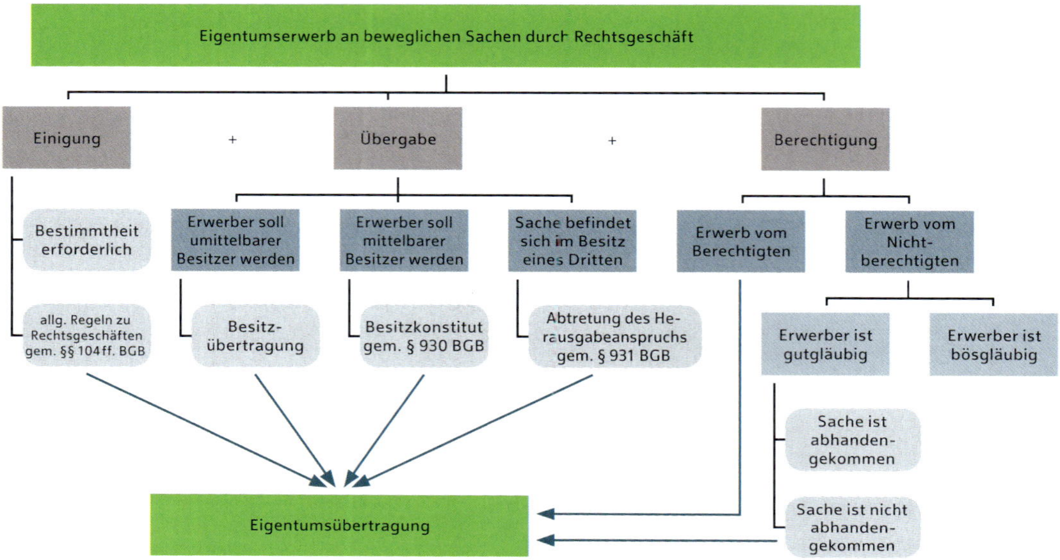

- **Einigung:** Dies ist das wichtigste Kriterium bei der Eigentumsübertragung. Es gelten auch hier die allgemeinen Vorschriften für Rechtsgeschäfte nach §§ 104 ff. BGB, wo sich Regelungen zum Irrtum, Geschäftsfähigkeit u. Ä. finden.
vgl LF 3, Kap. 2
  Die Einigung muss sich aufgrund des oben erwähnten **Bestimmtheits- oder Spezialitätsprinzips** auf eine bestimmte Sache beziehen und noch zum Zeitpunkt der Übergabe der Sache bestehen.

- **Übergabe:** Durch die Übergabe der Sache wird der Eigentumsübergang für alle offensichtlich gemacht. Sie besteht aus der **unmittelbaren Besitzübertragung** an der Sache. Ist der neue Eigentümer, also der Erwerber, bereits im Besitz der Sache, so genügt gem. § 929 S. 2 BGB allein die Einigung.
  Die Übergabe kann auch durch ein **Besitzkonstitut** gem. § 930 BGB ersetzt werden. Zwischen Eigentümer und Erwerber wird dann ein Rechtsverhältnis vereinbart, durch das der Erwerber den mittelbaren Besitz erlangt. Dies wird in der Praxis häufig bei Sicherungsübereignungen gemacht.

  ▶ **Beispiel:** Die Nägel und Schrauben Scheer GmbH hat bei einer Bank ein Darlehen in Höhe von 150 000,00 € aufgenommen. Als Sicherheit für dieses Darlehen hat sie das Eigentum an ihrer Stanzmaschine an die Bank übertragen. Da die Bank mit einer Stanzmaschine nichts anfangen kann und zudem möchte, dass die Nägel und Schrauben Scheer GmbH weiterhin produzieren und somit das Darlehen zurückzahlen kann,

vereinbaren sie ein Besitzkonstitut, also dass die Maschine an Ort und Stelle verbleibt und weiterhin von der Nägel und Schrauben Scheer GmbH genutzt werden kann.
Befindet sich die Sache weder im Besitz des Veräußerers noch des Erwerbers, so kann die Übergabe auch gem. § 931 BGB durch **Abtretung des Herausgabeanspruchs** ersetzt werden.

▶ **Beispiel:** Felix Gernert hat seinen Beamer gerade an seine Freundin Karen Naghmouchi verliehen. Als Frank Höland ihm ein gutes Angebot macht, verkauft Felix Gernert den Beamer an Frank Höland. Sie vereinbaren, dass es einfacher ist, wenn Frank Höland den Beamer gleich bei Karen Naghmouchi abholt.

- **Berechtigung:** Grundsätzlich kann nur von einem Berechtigten, also von der Person, der die Sache tatsächlich gehört, Eigentum erworben werden. Von einem Nichtberechtigten kann jedoch gem. § 932 BGB Eigentum erworben werden, wenn der Erwerber gutgläubig ist (sog. **gutgläubiger Erwerb**). Nicht gutgläubig ist der Erwerber gem. § 932 Abs. 2 BGB, wenn ihm bekannt oder infolge grober Fahrlässigkeit unbekannt ist, dass die Sache nicht dem Veräußerer gehört.

▶ **Beispiele:** Norbert Döring kauft von Walter Ditzinger einen gebrauchten Pkw. Er weiß nicht, dass der Pkw gar nicht Walter Ditzinger gehört, sondern dessen Ex-Freund, und er den Wagen nur verkauft, um seinem Ex-Freund „eins auszuwischen". Norbert Döring lässt sich aber auch nicht den Fahrzeugbrief zeigen und aushändigen, aus dem der wahre Eigentümer hervorgeht. Da Norbert Döring damit grob fahrlässig gehandelt hat, hat er kein Eigentum erworben. Hätte Norbert Döring keinen Pkw, sondern ein Buch oder einen anderen normalen Gebrauchsgegenstand gekauft, der üblicherweise gebraucht ohne Nachweis verkauft wird, so wäre er gutgläubig gewesen und hätte Eigentum erworben.

Ist die Sache dem Eigentümer **gestohlen** worden, **verloren** gegangen oder sonst **abhandengekommen**, so ist kein gutgläubiger Erwerb von Eigentum möglich.

Merke: An abhandengekommenen Sachen ist kein gutgläubiger Eigentumserwerb möglich.

Gemäß § 935 Abs. 2 BGB gilt dies jedoch nicht für **Geld oder Inhaberpapiere**. Sind diese abhandengekommen, ist ein gutgläubiger Erwerb trotzdem möglich.

▶ **Beispiel:** Marita Raddatz stiehlt ein Fahrrad und verkauft es an Jolanthe Harborth. Jolanthe Harborth wird nicht Eigentümerin, auch wenn sie gutgläubig war und dachte, dass das Fahrrad Marita Raddatz gehört. Hätte Marita Raddatz Geld oder Inhaberpapiere, so wäre Jolanthe Harborth Eigentümerin geworden. Inhaberpapiere sind Wertpapiere, die dem jeweiligen Inhaber das Recht aus dem Papier geben, also z. B. Hypothekenpfandbriefe, Inhaberaktien nach § 10 AktG, aber auch (nicht personalisierte) Eintrittskarten oder Fahrscheine.

Die wichtigsten Arten des Eigentumserwerbs an beweglichen Sachen **kraft Gesetzes** sind:

- **Ersitzung:**
  vgl. LF 8, Kap. 1.3.1
  Wer eine bewegliche Sache **zehn Jahre** im gutgläubigen **Eigenbesitz** hat, erwirbt gem. § 937 BGB das Eigentum daran. Hat jemand eine Sache am Anfang und am Ende eines Zeitraums im Eigenbesitz gehabt, so wird gem. § 938 BGB vermutet, dass der Eigenbesitz die ganze Zeit über bestand.

  ▶ **Beispiel:** Auf dem Speicher von Nora Propp befindet sich ein Gemälde, das eigentlich Nora Propps Onkel gehört. Sie denkt aber, dass alle Sachen auf dem Speicher ihr gehören und sie somit Eigenbesitzerin ist. Da der Onkel sich nie meldet und geltend macht, der Eigentümer zu sein, wird Nora Propp nach zehn Jahren Eigentümerin des Gemäldes.

- **Verbindung, Vermischung, Verarbeitung:**
  Die Vorschriften in den §§ 946–952 BGB regeln die Fälle, in denen eine Sache mit einer anderen Sache derart verbunden oder vermischt ist, dass eine **Trennung nicht möglich** oder wenig sinnvoll wäre.
  Wird eine bewegliche Sache mit einem **Grundstück** dergestalt verbunden, dass sie wesentlicher Bestandteil i. S. v. § 93 BGB des Grundstücks wird, so wird der Grundstückseigentümer auch Eigentümer dieser Sache.

  ▶ **Beispiel:** Der Bauunternehmer Steffen Heinze errichtet versehentlich eine (fest im Boden verankerte) Garage auf dem Grundstück von Timo Namikawa und nicht wie beauftragt auf dem Grundstück des Nachbarn. Timo Namikawa ist nun Eigentümer der Garage, da sie mit seinem Grundstück als wesentlicher Bestandteil verbunden wurde.

  Werden **bewegliche Sachen** miteinander verbunden oder vermischt, so richtet sich das Eigentum danach, welche Sache wichtiger war. Wird eine bewegliche Sache **wesentlicher Bestandteil** einer anderen, erlischt daher gem. § 947 Abs. 2 BGB das Eigentum an ihr und neuer Eigentümer wird der vorherige Eigentümer der **Hauptsache**.

  ▶ **Beispiel:** Dirk Bergmann lässt in einer Werkstatt sein Auto reparieren. Dabei wird versehentlich ein neues Getriebe eingebaut, das eigentlich einer anderen Kundschaft gehörte. Dirk Bergmann ist nun auch Eigentümer des Getriebes, da das Auto die Hauptsache ist.

  Werden bewegliche Sachen so verbunden, dass keiner der bisherigen Bestandteile die Hauptsache bildet, entsteht gem. § 947 Abs. 1 BGB **Miteigentum**.

  ▶ **Beispiel:** In einer Kaffeerösterei werden versehentlich 5 kg geröstete Bohnen des Händlers Frerichs mit 5 kg des Händlers Isensee zusammen in einen 10-kg-Sack gepackt. Die beiden Händler sind nun Miteigentümer an dem Sack, da keine der Bohnen die Hauptsache ausmacht.

Werden Stoffe zu einer vollkommen **neuen Sache** verarbeitet, erwirbt gem. § 950 BGB das Eigentum an ihr entweder der Eigentümer der Stoffe oder der Hersteller der Sache, je nachdem, was den Hauptwert der neuen Sache ausmacht.

▶ **Beispiel:** Der renommierte Bildhauer Axel von Pein stiehlt aus einem Wald mehrere Holzstücke, aus denen er Schnitzereien anfertigt, die für jeweils 5 000,00 € verkauft werden. Da die Schnitzereien wesentlich mehr wert sind als das Holz im Ursprungszustand, ist Axel von Pein Eigentümer des Holzes geworden.
Gemäß § 951 Abs. 1 BGB hat derjenige, der sein Eigentum verloren hat, dann aber nach den Vorschriften über die ungerechtfertigte Bereicherung einen **Ausgleichsanspruch**.

- **Aneignung:**
  An einer **herrenlosen Sache** erwirbt Eigentum, wer sie in **Eigenbesitz** nimmt. Herrenlos ist eine Sache, die niemandem gehört. Solche Sachen sind in unserer Gesellschaft schwer zu finden. Wilde Tiere i. S. v. § 960 BGB, die herrenlos sind, sind in der Regel vom Artenschutz gem. § 958 Abs. 2 BGB vor einer Aneignung geschützt.
  Der Berechtigte kann das Eigentum an einer beweglichen Sache **aufgeben** und sie damit herrenlos machen, wenn er in der Absicht, auf das Eigentum zu verzichten, den Besitz der Sache aufgibt.

vgl. LF 8, Kap. 1.3.1

▶ **Beispiele:** In eine Mülltonne geworfene Sachen sind nicht herrenlos, sondern gehören dem Entsorgungsunternehmen, da der Eigentümer nicht die Absicht hatte, auf das Eigentum zu verzichten, sondern es auf das Entsorgungsunternehmen zu übertragen. Wird hingegen Müll im Wald abgelagert, so wird er herrenlos, auch wenn dies gegen Umweltschutzvorschriften oder sonstige Regelungen verstößt. Ein vom Himmel gefallener Meteorit ist ebenfalls herrenlos.

- **Fund:**
  Wer eine verlorene Sache findet, muss diese dem Eigentümer gegenüber oder, falls dieser unbekannt ist, bei einem entsprechenden Fundbüro anzeigen und die Sache aufbewahren. Gemäß § 973 Abs. 1 BGB erwirbt der Finder **sechs Monate** nach der Anzeige des Funds bei der zuständigen Behörde das Eigentum an der Sache.

Eigentumserwerb an Grundstücken

Bei der Übereignung von Grundstücken ist das **Grundbuch** von entscheidender Bedeutung. Darin ist festgelegt, was Grundstücke sind und welche Rechte daran bestehen. Die Eintragungen im Grundbuch richten sich nach der Grundbuchordnung (GBO).

Für den Eigentumserwerb an Immobilien **durch Rechtsgeschäft** müssen folgende Kriterien erfüllt sein:

vgl. § 925 Abs. 1 S. 1 BGB

vgl. LF 3, Kap. 2

- **Einigung:** Diese Einigung wird als **Auflassung** bezeichnet. Sie muss auch im Zeitpunkt der Eintragung ins Grundbuch vorliegen. Es gelten auch hier die allgemeinen Vorschriften für Rechtsgeschäfte nach §§ 104 ff. BGB, wo sich Regelungen zum Irrtum, Geschäftsfähigkeit u. Ä. finden. Die Auflassung muss gem. § 925 Abs. 1 S. 2 BGB in der Regel durch einen **Notar** erfolgen.

vgl. LF 8, Kap. 1.5.1 und 2.4

Hinweis: Gemäß § 925 Abs. 2 BGB ist eine Auflassung, die unter einer Bedingung oder einer Zeitbestimmung erfolgt, unwirksam. Daher können Grundstücke im Gegensatz zu beweglichen Sachen nicht unter Eigentumsvorbehalt übertragen werden. Für Grundstücke gibt es daher andere Sicherungsrechte wie z. B. die Hypothek.

- **Eintragung in das Grundbuch:** Die Eintragung ins Grundbuch ist Voraussetzung für die Wirksamkeit der Übertragung, unabhängig davon, ob der Grundbuchbeamte dabei rechtmäßig handelt.

- **Berechtigung:** Grundsätzlich kann auch das Eigentum an Grundstücken nur von einem **Berechtigten**, also von der Person, der die Sache tatsächlich gehört oder die dazu befugt wurde, erworben werden. Von einem Nichtberechtigten kann Eigentum an einem Grundstück nur erworben werden, wenn der Erwerber gutgläubig ist (sog. **gutgläubiger Erwerb**) und zusätzlich gem. § 892 BGB die **Eintragung im Grundbuch unrichtig** ist und somit den Veräußerer als Eigentümer ausgibt. Nicht gutgläubig ist der Erwerber gem. § 892 Abs. 1 S. 1 2. Alt. BGB, wenn ihm **positiv bekannt** ist, er also weiß, dass die Sache nicht dem Veräußerer gehört. Ist zudem ein **Widerspruch** im Grundbuch zur Berichtigung gem. § 892 BGB eingetragen, so verhindert dies auch gem. § 895 Abs. 1 S. 1 1. Alt. BGB die Gutgläubigkeit des Erwerbers.

  ▶ **Beispiele:** Im Grundbuch ist Frederik Griesat als Eigentümer eines Grundstücks eingetragen. Tatsächlich ist aber seine Schwester Rachel Griesat Eigentümerin, da die Mutter der beiden Geschwister ihr das Grundstück vererbt hat. Das Testament wurde jedoch von der Schwester der Mutter, Catharina Jürgensen, zerstört, da sie das Grundstück kaufen möchte und wusste, dass Rachel Griesat es nicht verkaufen würde. Da Catharina Jürgensen bösgläubig ist, sie also weiß, dass der Grundbucheintrag falsch ist, kann sie nicht wirksam das Eigentum erwerben. Hätte sie das Testament nicht selbst zerstört, sondern würde nur ahnen, dass es von jemandem zerstört wurde, wäre sie gutgläubig, da sie es nicht sicher weiß. Im Gegensatz zur Gutgläubigkeit bei beweglichen Sachen schadet hier grobe Fahrlässigkeit nicht.

Die wichtigsten Arten des Eigentumserwerbs an Immobilien **kraft Gesetzes** sind:

- **Ersitzung:**

  Wer als Eigentümer eines Grundstücks im Grundbuch eingetragen ist, ohne dass er das Eigentum erlangt hat, erwirbt gem. § 900 Abs. 1 S. 1 BGB das Eigentum, wenn die Eintragung **30 Jahre** bestanden und er während dieser Zeit das Grundstück im **Eigenbesitz** gehabt hat.

vgl. LF 8, Kap. 1.3.1

- **Aneignung:**
  Für eine Aneignung müsste das Grundstück **herrenlos** sein. Herrenlose Grundstücke sind in unserer Gesellschaft aber praktisch ausgeschlossen. Ein Grundstück kann jedoch herrenlos werden, wenn der Berechtigte gem. § 875 Abs. 1 BGB dem Grundbuch gegenüber erklärt, dass er das **Recht aufgebe**, und die **Löschung des Rechts im Grundbuch** erfolgt. In einem solchen Fall hat jedoch das Bundesland, in dem sich das Grundstück befindet, gem. § 928 Abs. 2 BGB das Recht, sich das Grundstück anzueignen.

Verlust des Eigentums

Das Eigentum wird beendet, wenn der Berechtigte das Eigentum an der beweglichen Sache nach § 959 BGB oder an dem Grundstück nach § 875 BGB aufgibt (sog. **Dereliktion**).

Mit dem **Tod des Eigentümers** geht das Eigentum gem. § 1922 Abs. 1 BGB auf seine **Erben** über. Vermögen i. S. d. § 1922 BGB sind alle vererbbaren Rechte des Erblassers, also auch das Eigentum und der Besitz.

1.4.3 Rechte des Eigentümers

Da das Eigentum das umfassendste Recht an einer Sache ist, kann sich der Eigentümer dagegen wehren, dass ihm der Besitz der Sache vorenthalten wird, aber auch dagegen, dass sein Gebrauch der Sache in anderer Weise behindert oder gestört wird. Die wichtigsten Rechte des Eigentümers sind:

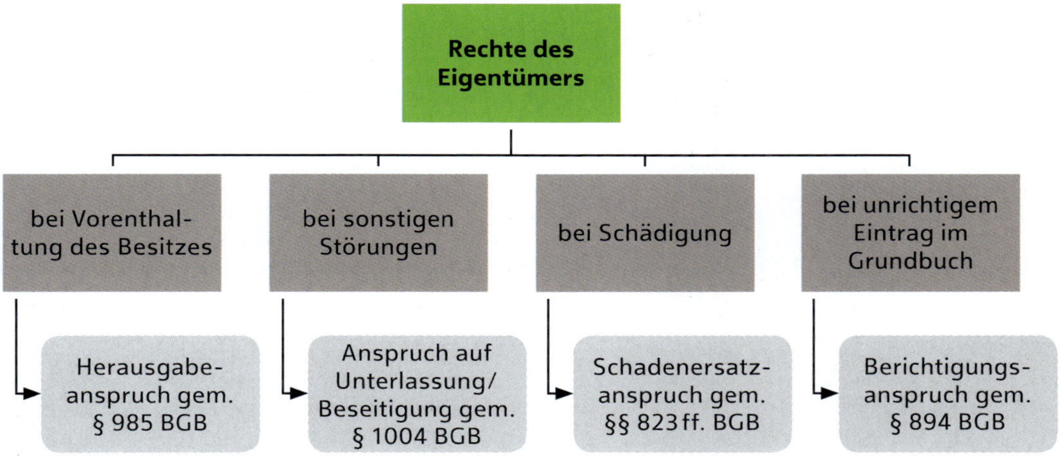

- **Herausgabeanspruch:**
  Gemäß § 985 BGB hat der Eigentümer gegen den Besitzer einer Sache ein Recht auf Herausgabe dieser Sache. Der Anspruch besteht gem. § 986 BGB nicht, wenn der Besitzer ein

Recht zum Besitz hat. Ein solches Recht zum Besitz kann ein **dingliches Recht** sein und gilt damit gegen jedermann. Es kann sich auch aus einem **schuldrechtlichen Vertrag** ergeben, gilt aber dann nur, wenn dieser Vertrag auch den Eigentümer verpflichtet.

▶ **Beispiele:** Ein dingliches Recht zum Besitz besteht gem. § 1036 BGB für den Nießbraucher. Aus einem schuldrechtlichen Vertrag wie einem Miet- oder Leihvertrag ergibt sich ebenfalls ein Recht zum Besitz. Ist der Vermieter jedoch nicht auch der Eigentümer, kann sich der Mieter nicht auf den Mietvertrag berufen.

vgl. LF 4, Kap. 1.3.2

Aus dem Eigentümer-Besitzer-Verhältnis, geregelt in den §§ 987–1003 BGB, ergeben sich noch weitere Rechte und Pflichten.

- **Beseitigungs- und Unterlassungsanspruch:**
  Der Eigentümer kann sich nicht nur gegen die Entziehung oder Vorenthaltung des Besitzes wehren, sondern auch gem. § 1004 BGB die Beseitigung oder Unterlassung sonstiger Beeinträchtigung verlangen.

▶ **Beispiele:** Zerstörung einer Vase, Farbspritzer auf einem Pkw, Zelten in einem fremden Garten

Der Anspruch besteht gegen den sog. **Störer**. Unterschieden wird dabei zwischen dem **Handlungsstörer**, also demjenigen, der die Beeinträchtigung durch seine eigene Handlung adäquat kausal verursacht, und dem **Zustandsstörer**, also demjenigen, der eine Herrschafts- oder Einwirkungsbefugnis über eine Sache hat, von der die Beeinträchtigung ausgeht. Ein Verschulden des Störers ist nicht erforderlich.

▶ **Beispiele:** Christian Plenner tritt die Scheibe des Nachbarhauses ein und ist damit Handlungsstörer. Monika Borkmann hält in ihrem Garten Gänse, die durch ein Loch im Zaun auf das Nachbargrundstück gelangen und dort die Blumenbeete verwüsten. Sie ist Zustandsstörerin.

Gemäß § 1004 Abs. 1 BGB besteht nur ein **Anspruch auf Beseitigung** oder Unterlassung der Störung, **nicht** jedoch auf **Wiederherstellung** des Ursprungszustands oder Schadenersatz.

▶ **Beispiele:** Christian Plenner, der die Scheibe des Nachbarhauses eintritt, muss also nur damit aufhören, nicht die Scheibe reparieren. Monika Borkmann, deren Gänse das Nachbargrundstück verwüstet haben, muss diese wieder einfangen und dafür sorgen, dass es z. B. durch Stopfen des Lochs im Zaun nicht wieder passiert, nicht jedoch Ersatz für die zerstörten Blumenbeete leisten. Voraussetzung für einen Schadenersatz nach § 823 Abs. 1 BGB ist, anders als beim Beseitigungsanspruch, das Verschulden des Täters.

Der Anspruch ist gem. § 1004 Abs. 2 BGB ausgeschlossen, wenn der Eigentümer zur Duldung verpflichtet ist. Eine **Duldungspflicht** kann sich aus dem Gesetz, aus einem dinglichen Recht oder aus einem Vertrag ergeben.

▶ **Beispiele:** Gesetzliche Regelungen z. B. zu Notwehr und Notstand finden sich in den §§ 227, 228 und 904 BGB. Auch öffentlich-rechtliche Vorschriften wie das Bundesimmissionsschutzgesetz (BImSchG) können Duldungspflichten begründen. Ein dingliches Recht, also ein Sachenrecht, das solch eine Duldungspflicht auslösen kann, wäre z. B. eine Grunddienstbarkeit gem. § 1018 BGB, die den Eigentümer eines Grundstücks dazu verpflichtet, zu dulden, dass durch sein Grundstück eine Stromleitung verlegt wird. Eine Pflicht, den Aufenthalt eines Campers auf seinem Grundstück zu dulden, kann sich aus einem Mietvertrag ergeben.

vgl. LF 8, Kap. 1.5.1

- § 1004 BGB wird analog auch auf sonstige absolute Rechte angewandt, sodass auch Beeinträchtigungen des Allgemeinen Persönlichkeitsrechts oder des Rechts am eingerichteten und ausgeübten Gewerbebetrieb mithilfe dieser Vorschrift abgewehrt werden können.

- **Schadenersatzanspruch:**
  Nach den Regelungen zu unerlaubten Handlungen in §§ 823ff. BGB kann der Eigentümer einer Sache zudem Schadenersatz verlangen, wenn diese beschädigt oder zerstört wird.

vgl. LF 4, Kap. 1.3.4

- **Grundbuchberichtigungsanspruch:**
  Der Eigentümer hat gem. § 894 BGB einen Anspruch auf Berichtigung des Grundbuchs, wenn der Eintrag dort falsch ist, also nicht der wirklichen Rechtslage entspricht. Dies ist besonders wichtig, da gem. § 891 BGB vermutet wird, dass derjenige Eigentümer ist, der als solcher im Grundbuch eingetragen ist.

1.5 Beschränkt dingliche Rechte

Es gibt verschiedene Arten beschränkt dinglicher Rechte, die im Grundbuch eingetragen werden.

1.5.1 Arten beschränkt dinglicher Rechte

Beschränkt dingliche Rechte sind nicht ein Vollrecht wie das Eigentum, sondern enthalten nur einzelne Aspekte dieses Vollrechts. Einige Rechte können nur für Grundstücke begründet werden, andere auch für bewegliche Sachen.

Die **Übertragung beschränkt dinglicher Rechte an Grundstücken** erfolgt wie beim Eigentum an Grundstücken auch gem. § 873 Abs. 1 BGB durch **Einigung** zwischen den Betroffenen und der entsprechenden **Eintragung ins Grundbuch**.

Die Eintragung solcher Rechte im Grundbuch kann entscheidende Auswirkungen auf den **Wert eines Grundstücks** haben, da sie die Möglichkeiten zur Nutzung und Verwertung des Grundstücks einschränken. Einige dieser Rechte enden mit dem Tod einer bestimmten Person (z. B. Nießbrauch, beschränkt persönliche Dienstbarkeit), andere bestehen hingegen so lange weiter, bis eine entsprechende Vereinbarung mit dem jeweiligen Berechtigten getroffen wird (z. B. Grunddienstbarkeiten, Reallasten, Hypotheken, Grundschulden). In der Praxis ist die Belastung von Grundstücken mit Grundschulden und Hypotheken von besonderer Bedeutung: Diese beschränkt dinglichen Rechte bestehen an dem Grundstück und sind nicht an eine bestimmte Person gebunden, sodass etwa beim Verkauf des Grundstücks der neue Eigentümer die Belastungen mit erwirbt. In der Regel wird also der Käufer eines belasteten Grundstücks nur einen verminderten Kaufpreis bezahlen wollen.

vgl. LF 8, Kap. 1.5.2

Die Eintragung beschränkt dinglicher Rechte ist auch wichtig für die Beantwortung der Frage, wer im Fall einer **Zwangsversteigerung** die Erlöse erhält.

Unterschieden werden kann grds. zwischen Nutzungs-, Verwertungs- und Erwerbsrechten.

	Nutzungsrechte	Verwertungsrechte	Erwerbsrechte
an Grundstücken	• Nießbrauch • Grunddienstbarkeit • beschränkt persönliche Dienstbarkeit	• Reallast • Hypothek • Grundschuld • Rentenschuld	• Vormerkung • Vorkaufsrecht • Anwartschaftsrecht
an beweglichen Sachen	Nießbrauch	Pfandrecht	Anwartschaftsrecht

Nutzungsrechte berechtigen den Inhaber, die Sache in einer bestimmten vorgegebenen Weise zu nutzen.

Die wichtigsten Nutzungsrechte sind:

- Der **Nießbrauch** gem. §§ 1030 ff. BGB ist das umfassendste dingliche Nutzungsrecht. Er gewährt dem Berechtigten grds. alle Nutzungen an einer beweglichen oder unbeweglichen Sache. Der Nießbraucher hat also alle Rechte eines Eigentümers, außer dem Recht, die Sache zu veräußern. Der Nießbrauch ist **nicht übertragbar und nicht vererblich.** In der Praxis wird der Nießbrauch häufig eingesetzt, wenn Vermögenswerte schon zu Lebzeiten an die Erben übertragen werden sollen, der Vererbende die Sachen jedoch noch nutzen möchte.

vgl. ▶ §§ 1059, 1061 BGB

▶ **Beispiel:** Sarah Mensing überträgt das Eigentum an ihrem Grundstück und Haus an ihren Sohn und einzigen Erben Eduard Mensing. Da sie jedoch ihren Lebensunterhalt im Alter absichern möchte, wird ein Nießbrauch zu ihren Gunsten im Grundbuch eingetragen, der ihr ein lebenslanges Wohnrecht für das Haus gibt, einschließlich des Rechts, dieses zu vermieten und die Mietzahlungen zu behalten. Mit dem Tod von Sarah Mensing endet auch der Nießbrauch.

- Die **Grunddienstbarkeit** gem. §§ 1018ff. BGB gewährt dem Berechtigten nur einzelne Nutzungen und Vorteile an dem Grundstück. Der Eigentümer ist insoweit eingeschränkt und muss diese Eingriffe in sein Eigentum dulden. Berechtigter ist nicht eine bestimmte Person, sondern der jeweilige Eigentümer des Grundstücks zu dessen Gunsten die Grunddienstbarkeit bestellt wurde. Daher **bleiben** Grunddienstbarkeiten auch bei Übertragung des Grundstücks durch Verkauf oder Erbfall **bestehen**. In der Praxis werden Grunddienstbarkeiten vor allem für die Gestaltung der Rechtsbeziehungen unter Nachbarn eingesetzt.

  ▶ **Beispiele:** Beschränkung der Bebauung, um dem Nachbargrundstück nicht die Aussicht zu verbauen; Wegerecht zugunsten des Nachbargrundstücks, sodass der Eigentümer dieses Grundstücks die Hauptstraße erreichen kann; Pflicht zur Duldung von Immissionen, die vom Nachbargrundstück ausgehen, weil sich darauf eine Schweinezucht befindet; Recht einer Gemeinde, durch ein Grundstück Strom- oder Wasserleitungen zu verlegen

- Die **beschränkt persönliche Dienstbarkeit** gewährt einer bestimmten Person einzelne Nutzungen und Vorteile an dem Grundstück. Eine in der Praxis wichtige beschränkt persönliche Dienstbarkeit ist das dingliche Wohnrecht gem. § 1093 BGB. Die beschränkt persönliche Dienstbarkeit kann die gleichen Inhalte haben wie die Grunddienstbarkeit, ist aber **nicht übertragbar und nicht vererblich.** Sie endet also mit dem Tod des Berechtigten. vgl. ▶ §§ 1090, 1061 BGB

- Das **Erbbaurecht** gem. § 1 ErbbRVO (Erbbaurechte-Rangverordnung) gibt dem Inhaber das Recht, auf einem fremden Grundstück ein Bauwerk, also in der Regel ein Wohnhaus, zu errichten und dieses zu nutzen. Das Erbbaurecht ist **veräußerbar** sowie **vererblich** und wird üblicherweise auf eine bestimmte Zeit, z. B. 99 Jahre, vereinbart.

Verwertungsrechte berechtigen den Inhaber zur Verwertung der Sache, insbesondere durch Zwangsversteigerung.

Die wichtigsten Verwertungsrechte sind:

- Die **Reallast** gem. §§ 1105ff. BGB gibt dem Berechtigten das Recht, wiederkehrende Leistungen aus einem Grundstück zu fordern. Diese Leistungen können Geld-, Dienst- oder Sachleistungen sein. Werden diese Leistungen nicht (mehr) erbracht, hat der Berechtigte das Recht, seine Ansprüche durch Zwangsversteigerung des Grundstücks zu befriedigen. Eine Reallast kann gem. § 1110 BGB als **übertragbares und vererbliches Recht** zugunsten des jeweiligen Eigentümers eines anderen Grundstücks vereinbart werden oder gem. § 1111 BGB **zugunsten einer bestimmten Person** und endet dann auch mit ihrem Tod.

▶ **Beispiel:** Hans-Georg Caspary überträgt sein gesamtes Vermögen auf seine Kinder und Erben Petra, Albert und Janina. Im Gegenzug wird für das Grundstück eine Reallast dahingehend eingetragen, dass seine Kinder ihm monatlich eine Leibrente in Höhe von 1 500,00 € zahlen und ihn lebenslang pflegen.

vgl. LF 8, Kap. 2.4.1

vgl. ▶ § 1147 BGB

- Die **Hypothek** gem. §§ 1113 ff. BGB dient der Sicherung einer Forderung wie z. B. eines Darlehens. Zahlt der Darlehensnehmer den Betrag nicht zurück, kann der Darlehensgeber das Grundstück verwerten und so die Forderung begleichen. Der Schuldner muss in diesem Fall die Zwangsvollstreckung seines Grundstücks dulden. Die Hypothek ist hinsichtlich Entstehung, Übertragung und Erlöschen mit der zu sichernden Forderung rechtlich verbunden. Man bezeichnet dies als **akzessorisch**.

vgl. LF 8, Kap. 2.4.2

- Die **Grundschuld** gem. §§ 1191 ff. BGB dient ebenfalls der Sicherung einer Forderung. Sie kann jedoch im Gegensatz zur Hypothek für sich allein, unabhängig von der zu sichernden Forderung und auch ohne Wissen des Darlehensschuldners übertragen werden, da sie **nicht akzessorisch** ist. In der Praxis wird die Grundschuld daher gerne verwendet, wenn unterschiedliche Forderungen gesichert werden sollen, da sie im Gegensatz zur Hypothek nicht bei Begleichung der Forderung endet.

- Die **Rentenschuld** gem. §§ 1199 ff. BGB ist eine Grundschuld, die nicht auf die Zahlung eines einmaligen Geldbetrags, wie z. B. eines Darlehens, gerichtet ist, sondern auf regelmäßig wiederkehrende Geldleistungen, nicht jedoch auf Dienst- und Sachleistungen wie bei der Reallast. In der Praxis werden jedoch häufig Reallasten vereinbart, sodass die Rentenschuld kaum noch Bedeutung hat.

vgl. LF 8, Kap. 2.3

vgl. ▶ § 1205 BGB

- Das **Pfandrecht an beweglichen Sachen** gem. §§ 1204 ff. BGB kann sowohl aufgrund einer gesetzlichen Regelung als auch durch vertragliche Vereinbarung entstehen. In der Praxis wird statt der vertraglichen Vereinbarung eines Pfandrechts häufig eine Sicherungsübereignung gem. §§ 929, 930 BGB vorgezogen, da das Pfandrecht zwingend die Übergabe der Pfandsache voraussetzt. Im Wirtschaftsleben will derjenige, der die Sache als Sicherheit verpfändet, sie jedoch häufig weiter nutzen.

Erwerbsrechte geben dem Inhaber das Recht auf Erwerb eines Grundstücks. Sie dienen dazu, die Eigentumsübertragung auf den Inhaber dieser Rechte zu sichern.

Die wichtigsten Erwerbsrechte sind:

- Das dingliche **Vorkaufsrecht** gem. §§ 1094 ff. BGB ermöglicht es dem Berechtigten, das Grundstück zu kaufen, falls es jemand anderem zum Verkauf angeboten wird.

▶ **Beispiel:** Mariana Rodriquez-Maiwald will schon seit Längerem ein Wiesengrundstück kaufen, das ihrem Nachbar Andreas Walzog gehört. Dieser weigert sich immer, das Grundstück überhaupt zu verkaufen, sagt dann aber zu, dass Mariana Rodriquez-Maiwald es kaufen könne, falls er es mal verkauft. Sie einigen sich darauf, ein entsprechendes Vorkaufsrecht ins Grundbuch eintragen zu lassen. Ein paar Jahre später hat Andreas Walzog die ganze Sache vergessen und braucht dringend Geld. Daher schließt er mit dem Immobilienmakler Jens Hennighoff einen Kaufvertrag über das Grundstück. Mariana Rodriquez-Maiwald kann nun gem. § 469 Abs. 2 BGB innerhalb von zwei Monaten, nachdem ihr dies mitgeteilt wurde, ihr Vorkaufsrecht ausüben, sodass ein Vertrag zwischen ihr und Andreas Walzog zustande kommt, der die gleichen Bestimmungen hat wie der Vertrag zwischen Andreas Walzog und Jens Hennighoff.

- Die **Vormerkung** gem. § 883 BGB dient der Sicherung eines Anspruchs, der erst noch ins Grundbuch eingetragen werden muss. In der Praxis besonders bedeutsam ist die **Auflassungsvormerkung**, durch die die Eigentumsübertragung an einem Grundstück gesichert werden soll.

  ▶ **Beispiel:** David Haucke verkauft ein Grundstück an Jannis Henntrich. Das Eigentum daran ist erst wirksam übertragen, wenn die Auflassung in das Grundbuch eingetragen wurde. Damit David Haucke bis zu diesem Zeitpunkt für das Grundstück nicht jemand anderen als Eigentümer eintragen lässt oder seine Gläubiger darauf eine Zwangshypothek eintragen, lässt Jannis Henntrich eine Auflassungsvormerkung ins Grundbuch eintragen, die entgegenstehende Belastungen des Grundstücks unwirksam macht.

- Das dingliche **Anwartschaftsrecht** ist nicht gesetzlich geregelt, sondern wurde von der Rechtsprechung entwickelt. In der Praxis vollzieht sich die Übertragung von Rechten in mehreren Schritten und kann entsprechend lange dauern. Daher wird davon ausgegangen, dass, wenn die Eigentumsübertragung schon so weit fortgeschritten ist, dass die Auflassung ins Grundbuch eingetragen und ein Antrag auf Eintragung des neuen Eigentümers gestellt wurde, ein Anwartschaftsrecht des Käufers entsteht. Hat der Käufer ein Anwartschaftsrecht, so ist er gem. §§ 160, 161 Abs. 1 S. 2 BGB vor Verfügungen des Verkäufers, die den Eigentumserwerb vereiteln könnten, geschützt.

1.5.2 Rangfolge beschränkt dinglicher Rechte

An einem Grundstück können **mehrere beschränkt dingliche Rechte** bestehen, die auch im Grundbuch eingetragen werden.

Im Grundbuch wird für jedes Grundstück ein eigenes Grundbuchblatt angelegt. Dieses enthält neben den bestimmenden Daten des Grundstücks wie Lage und Größe, drei Abteilungen:

- **Abteilung I**: Die erste Abteilung enthält Angaben zu **Eigentümer** und Erwerbsgrund, also z. B. Auflassung aufgrund eines Kaufvertrags oder eines Erbscheins.

- **Abteilung II**: In der zweiten Abteilung werden alle **Lasten und Beschränkungen** außer den Grundpfandrechten eingetragen. Dort finden sich also z. B. Vorkaufsrechte, Nießbräuche, Grunddienstbarkeiten wie Wohn- und Wegerechte etc.
- **Abteilung III**: In dieser Abteilung werden **Grundpfandrechte**, also Grundschulden, Hypotheken, Rentenschulden etc. eingetragen.

Sind nun mehrere beschränkt dingliche Rechte eingetragen, stellt sich die Frage, ob diese Rechte gleichwertig sind oder welches Recht **Vorrang** hat.

Das Gesetz geht grds. von dem Prinzip „Wer zuerst kommt, mahlt zuerst“ aus.

Gemäß § 879 Abs. 1 S. 1 BGB bestimmt sich die Rangfolge von Rechten, die **in derselben Abteilung** des Grundbuchs eingetragen sind, nach der **Reihenfolge der Eintragungen**.

Sind die Rechte **in verschiedenen Abteilungen** eingetragen, so bestimmt sich die Rangfolge gem. § 879 Abs. 1 S. 2 BGB nach dem Datum der Eintragung: das unter Angabe eines früheren Tags eingetragene Recht hat Vorrang; Rechte, die unter Angabe desselben Tags in Abteilung II und III eingetragen sind, haben den gleichen Rang.

▶ **Beispiel:** In der Abteilung III des Grundbuchs ist für das Grundstück mit der Flurnr. 568 Folgendes eingetragen: 1. Eine Hypothek über 350000,00 € zugunsten der Spar3000 Bank, 2. Eine Grundschuld über 130000,00 € zugunsten der Baumaterialien Da Silva GmbH und 3. eine Hypothek über 50000,00 € zugunsten der Niederrheinischen Bausparkasse. Das Grundstück wird zwangsversteigert, wobei ein Erlös (nach Abzug der Kosten) in Höhe von 470000,00 € erzielt wird. Der Erlös wird gem. der Rangfolge verteilt: Die Spar3000 Bank erhält die volle Höhe, also 350000,00 €, zurück. Danach wird die Baumaterialien Da Silva GmbH aus den verbleibenden 120000,00 € befriedigt. Sie erhält somit 10000,00 € weniger als ihr eigentlich zustehen. Die Niederrheinische Bausparkasse schließlich erhält gar nichts von dem Zwangsversteigerungserlös.

Die Rangfolge der eingetragenen Rechte an einem Grundstück ist also für die Gläubiger sehr wichtig: Je später ein Recht eingetragen wird, desto höher ist das **Ausfallrisiko** des Gläubigers, also das Risiko, im Fall einer Zwangsversteigerung nichts zu bekommen. Dementsprechend werden Banken in der Regel höhere Zinsen bei der Kreditvergabe verlangen, wenn das Grundstück mit bereits mehreren Rechten belastet ist.

Die Rangfolge kann auch gem. § 880 Abs. 2 BGB **durch Vereinbarung** zwischen den Berechtigten der betroffenen Eintragungen **geändert** werden. Dies muss dann ebenfalls im Grundbuch eingetragen werden. Bei Hypotheken, Grundschulden oder Rentenschulden ist für die Änderung der Rangfolge die Zustimmung des Eigentümers erforderlich.

Gemäß § 881 BGB kann auch ein Rangvorbehalt im Grundbuch eingetragen werden, aufgrund dessen dann später eine Belastung an dieser Rangstelle eingeräumt wird.

1.6 Die Verjährung im Sachenrecht

Rechte wie das Eigentum, aber auch beschränkt dingliche Rechte, **verjähren nicht**.

Verjähren können gem. § 194 Abs. 1 BGB **nur Ansprüche**, also die Möglichkeit, von jemandem ein Tun oder Unterlassen fordern zu können.

vgl. LF 4, Kap. 2.2.2

1.6.1 Ausschluss der Verjährung sachenrechtlicher Ansprüche

Im Sachenrecht besteht die Besonderheit, dass Ansprüche **aus im Grundbuch eingetragenen Rechten** gem. § 902 Abs. 1 BGB **nicht der Verjährung unterliegen**. Somit verjähren Ansprüche aus Rechten an Grundstücken grds. nicht.

▶ **Beispiel:** Das Recht, die Nutzungen aus einem Grundstück zu ziehen, erlischt nicht, wenn ein entsprechender Nießbrauch gem. § 1030 BGB im Grundbuch eingetragen ist.

Wird ein Recht im Grundbuch fälschlicherweise gelöscht oder nicht eingetragen, so verjährt der daraus abgeleitete Anspruch und das Recht erlischt gem. § 901 BGB mit Eintritt der Verjährung.

Darüber hinaus **verjährt** gem. § 898 BGB der **Grundbuchberichtigungsanspruch** gem. § 894 BGB **nicht**. Auch **nachbarrechtliche Ansprüche** gem. §§ 904 ff. BGB **verjähren** gem. § 924 BGB **nicht**.

1.6.2 Besondere sachenrechtliche Verjährungsfristen

Sonstige wichtige sachenrechtliche Verjährungsfristen sind:

Art des Anspruchs	Norm	Frist	Fristbeginn
Rechte an einem Grundstück	§ 196 BGB	zehn Jahre	Entstehung des Anspruchs auf Eigentumsübertragung
Herausgabeanspruch nach § 985 BGB	§ 197 Abs. 1 Nr. 1 BGB	30 Jahre	Entstehung des Anspruchs
Beseitigungs- und Unterlassungsansprüche des Eigentümers nach § 1004 BGB	regelmäßige Verjährungsfrist (§ 195 BGB)	drei Jahre	wie bei Regelverjährung (§ 199 Abs. 1 BGB)

Art des Anspruchs	Norm	Frist	Fristbeginn
Herausgabeanspruch des früheren Besitzers nach § 1007 BGB	regelmäßige Verjährungsfrist (§ 195 BGB)	drei Jahre	wie bei Regelverjährung (§ 199 Abs. 1 BGB)
Ersatzanspruch des Verpfänders wegen Veränderungen oder Verschlechterungen des Pfands	§§ 1226, 548 Abs. 1 BGB	sechs Monate	Rückgabe der Sache
Ansprüche des Pfandgläubigers auf Ersatz von Verwendungen	§§ 1226, 548 Abs. 2 BGB	sechs Monate	Beendigung des Pfandrechtsverhältnisses
Anspruch auf Beseitigung der Beeinträchtigung bei Grunddienstbarkeiten nach § 1028 BGB	regelmäßige Verjährungsfrist (§ 195 BGB)	drei Jahre	wie bei Regelverjährung (§ 199 Abs. 1 BGB)

Zusammenfassung

Grundprinzipien des Sachenrechts				
Typenzwang	Absolutheit der dinglichen Rechte	Publizitätsprinzip	Bestimmtheits- oder Spezialitätsprinzip	Abstraktionsprinzip

Die Sachenrechte			
	Besitz	**Eigentum**	**beschränkt dingliche Rechte**
Arten	• unmittelbarer Besitz • mittelbarer Besitz • Besitzdiener • Eigenbesitzer • Fremdbesitzer	• Alleineigentum • Bruchteilseigentum • Gesamthandseigentum	• Nießbrauch • Grunddienstbarkeit • beschränkt persönliche Dienstbarkeit • Reallast • Grundpfandrecht (Hypothek, Grundschuld, Rentenschuld) • Pfandrecht an beweglichen Sachen • Vormerkung • Vorkaufsrecht • Anwartschaftsrecht

Erwerb	Erlangung der tatsächlichen Herrschaftsmacht		**bei beweglichen Sachen:**	**bei Grundstücken:**	bei beschränkt dinglichen Rechten an Grundstücken wie bei Eigentum an Grundstücken (§ 873 Abs. 1 BGB): Einigung Eintragung Berechtigung
		durch Rechtsgeschäft	§ 929 BGB: • Einigung • Übergabe • Berechtigung (gutgläubiger Erwerb nach § 932 BGB)	• § 873 Abs. 1 BGB: Einigung (= Auflassung) • Eintragung ins Grundbuch • Berechtigung (gutgläubiger Erwerb nach § 892 BGB)	
		kraft Gesetzes	§§ 937–984 BGB: • Ersitzung • Verbindung, Vermischung, Verarbeitung • Aneignung • Fund	• Ersitzung, § 900 Abs. 1 S. 1 BGB • Aneignung, § 928 BGB	
Verlust	• Besitzaufgabe (freiwillig oder unfreiwillig), § 856 BGB • Tod des Besitzers, §§ 857, 1922 Abs. 1 BGB	• Aufgabe des Eigentums an beweglichen Sachen, § 959 BGB • Aufgabe des Eigentums an Grundstücken, § 928 Abs. 1 BGB • Tod des Besitzers, § 1922 Abs. 1 BGB			je nach Art durch Tod des Berechtigten oder Löschung im Grundbuch
Rechte	• Selbsthilferecht, § 859 BGB • Wiedereinräumung des Besitzes, § 861 BGB • Beseitigung und Unterlassung der Störung, § 862 BGB	• Herausgabeanspruch, § 985 BGB • Beseitigungs- und Unterlassungsanspruch, § 1004 BGB • Grundbuchberichtigungsanspruch, § 894 BGB			je nach Art des Rechts

Wiederholung und Vertiefung

1. Wie wird Besitz definiert?
2. Wie wird Eigentum definiert?
3. Ist ein Eigentümer immer auch Besitzer?
4. Unter welchen Voraussetzungen ist ein gutgläubiger Eigentumserwerb an einer beweglichen Sache möglich?
5. Welche Möglichkeiten des Eigentumserwerbs kraft Gesetzes gibt es für bewegliche Sachen?
6. Was sind beschränkt dingliche Rechte? Nennen Sie fünf Beispiele.
7. Was ist der Unterschied zwischen einer Grunddienstbarkeit und einer beschränkt persönlichen Dienstbarkeit?
8. In welchen Fällen wird in der Praxis ein Nießbrauch für ein Grundstück eingetragen? Nennen Sie ein Beispiel.
9. Wie wird die Rangfolge bestimmt, wenn mehrere beschränkt dingliche Rechte für ein Grundstück im Grundbuch eingetragen sind?

2 Die Bedeutung der Sachenrechte für die Kreditsicherung

Im Wirtschaftsleben ist es sowohl für Privatpersonen als auch für Unternehmen häufig erforderlich, über Geldreserven für Investitionen zu verfügen. Daher müssen sie Kredite bei Banken oder Lieferanten aufnehmen, die im Gegenzug Sicherheiten für diese Kredite verlangen.

Grundsätzlich unterschieden werden zwei Arten von Sicherheiten:

- Bei **Personalsicherheiten** haften weitere Personen außer dem Schuldner für die Rückzahlung. Dies ist im Wirtschaftsleben eher schwierig umzusetzen, da es nicht einfach ist, andere Personen zu finden, die willens sind, für fremde Verbindlichkeiten einzustehen.
- Daher sind **Realsicherheiten** im Wirtschaftsleben von großer Bedeutung. Bei Realsicherheiten werden (eigene) Vermögensgegenstände belastet, die der Kreditgeber ggf. zwangsversteigern oder -verwalten kann. Es haftet also nicht eine andere Person für die Verbindlichkeiten des Schuldners, sondern das Eigentum wird als Sicherheit eingesetzt.

Es gibt verschiedene Möglichkeiten, dies praktisch umzusetzen:

	Personalsicherheiten		Realsicherheiten		
			bewegliche Sache		Immobilie
akzessorisch	Bürgschaft (§§ 765 ff. BGB)		Pfandrecht an beweglichen Sachen (§§ 1204 ff. BGB)		Hypothek (§§ 1113 ff. BGB)
nicht akzessorisch	Schuldbeitritt	Garantievertrag	Eigentumsvorbehalt (§§ 929, 158 Abs. 1 BGB)	Sicherungsübereignung (§§ 929, 930 BGB)	Grundschuld (§§ 1191 ff. BGB)

Bei manchen Sicherheiten besteht eine rechtliche Abhängigkeit von der gesicherten Forderung. Man bezeichnet dies als **akzessorisch**. Dies bedeutet, dass die Sicherheit nicht entsteht, wenn die entsprechende Forderung nicht besteht, dass sie erlischt, wenn die Forderung erlischt und dass sie auch mit übertragen wird, wenn die Forderung übertragen wird. Die akzessorische Sicherheit folgt der Forderung also wie ein Schatten.

Im Folgenden werden einige der häufigsten Arten der Realsicherheiten ausführlicher erläutert. Zu Personalsicherheiten, insbesondere der Bürgschaft. vgl. LF 4, Kap. 1.2.7

Lernsituation

Die Partnerschaft Dr. Neumann & Huber berät den Automobilzulieferer Pollum KG bei allen Rechtsfragen. Aktuell überarbeitet Rechtsanwältin Dr. Annette Neumann deren AGB. Beim Abtippen eines Diktats fällt Annika Sauer auf, dass darin die Regelung „Die Ware bleibt bis zur vollständigen Bezahlung unser Eigentum." enthalten ist. Sie erinnert sich, dass auch auf den Lieferscheinen des Büromaterialienlieferanten der Kanzlei immer etwas Ähnliches steht und fragt daher bei Marion Webermann nach, was genau das bedeutet.

Da die Pollum KG zudem gerade einen großen neuen Auftrag erhalten hat, muss sie zusätzliche Mitarbeitende einstellen und Maschinen kaufen, wozu sie ein Bankdarlehen benötigt. Da sie keine Immobilien besitzt, hat sie bei der Kanzlei nachgefragt, ob es eine Möglichkeit gäbe, die schon vorhandenen Maschinen als Sicherheit einzusetzen, sie aber weiterhin nutzen zu können.

In Zukunft möchte die Pollum KG außerdem das Grundstück, auf dem ihre Fabrikationshallen stehen, kaufen. Rechtsanwältin Dr. Annette Neumann bittet daher Annika Sauer, eine Übersicht anzufertigen, die die jeweiligen Entstehungsvoraussetzungen sowie die Vor- und Nachteile einer Hypothek und einer Grundschuld aufzeigt.

Arbeitsaufträge:

a) Überlegen Sie, ob Sie in Ihrem Arbeitsalltag ähnliche Hinweise bei Warenbestellungen bemerkt haben. Diskutieren Sie in der Klasse über Ihre Erfahrungen.
b) Recherchieren Sie im Internet die AGB gebräuchlicher Büromaterial-Lieferanten und überprüfen Sie dabei, ob dort auch solche Regelungen getroffen werden.
c) Überlegen Sie, welchen Zweck solche Vereinbarungen haben. Mit welchem Mittel könnte dieser Zweck noch erreicht werden?
d) Erläutern Sie in einem Brief an den Geschäftsführer der Pollum KG, Martin Dehagen, welche Möglichkeiten es gibt, die vorhandenen Maschinen als Sicherheit einzusetzen, und was die jeweiligen Vor- und Nachteile sind.
e) Diskutieren Sie in der Gruppe über die Begriffe Hypothek und Grundschuld. Erstellen Sie die von Rechtsanwältin Dr. Annette Neumann geforderte Übersicht.
f) Vergleichen Sie Ihre Ergebnisse untereinander und berichtigen/ergänzen Sie ggf. Ihre Notizen.
g) Reflektieren Sie anschließend Ihr Wissen.

2.1 Der Eigentumsvorbehalt

Der Eigentumsvorbehalt ist das **unkomplizierteste** und daher das im Wirtschaftsleben am weitesten verbreitete **Sicherungsmittel**. Er dient der Sicherung von **Lieferantenkrediten**.

2.1.1 Der einfache Eigentumsvorbehalt

Beim einfachen Eigentumsvorbehalt behält sich der Verkäufer einer Sache gem. § 449 Abs. 1 BGB das Eigentum an dieser Sache bis zur **vollständigen Zahlung des Kaufpreises** vor. In der kaufmännischen Praxis wird häufig der Kaufpreis nicht sofort bei Übergabe der Ware bezahlt, etwa beim Kauf auf Rechnung, beim Ratenkauf oder bei der Bezahlung mit Kreditkarte.

Beispiel: Kirsten Oliver kauft bei einem Möbelhaus eine Couchgarnitur. Es wird vereinbart, dass Kirsten Oliver den Kaufpreis in zwölf monatlichen Raten zahlen soll. Das Möbelhaus behält sich zur Sicherheit bis zur Zahlung der letzten Rate das Eigentum vor.

Rechtlich bedeutet dies, dass die Einigung über die Eigentumsübertragung gem. § 929 S. 1 BGB unter eine **aufschiebende Bedingung** gem. § 158 BGB gestellt wird. Wird diese Bedingung, also die vollständige Kaufpreiszahlung, erfüllt, erwirbt der Käufer das Eigentum an der Sache. Wird sie nicht erfüllt, hat der Verkäufer immer noch das Eigentum an der Sache, sodass er sie herausverlangen und anderweitig **verwerten** kann. Auch im Fall der Insolvenz des Käufers hat vgl. LF 12 der Verkäufer ein **Aussonderungsrecht** gem. § 47 InsO. Da die Sache sein Eigentum ist und nicht zur Insolvenzmasse gehört, kann er vom Insolvenzverwalter die Aussonderung, also Herausgabe der Sache, verlangen.

Ein Eigentumsvorbehalt wird **wirksam vereinbart**, wenn der Verkäufer diesen vor Vertragsschluss ausdrücklich erwähnt, wobei eine mündliche Vereinbarung oder eine entsprechende Klausel in den AGB des Verkäufers ausreicht. Der Eigentumsvorbehalt kann auch stillschweigend vereinbart werden, wenn sich dies aus den Umständen ergibt.

2.1.2 Der verlängerte Eigentumsvorbehalt

Im Wirtschaftsleben wird auch häufig ein sog. **verlängerter Eigentumsvorbehalt** vereinbart. Dadurch wird der Käufer gem. § 185 Abs. 1 BGB ermächtigt, die Sache im ordnungsgemäßen Geschäftsgang weiterzuveräußern. Im Gegenzug tritt er dem Verkäufer alle Rechte aus der Weiterveräußerung im Voraus gem. § 398 BGB ab. Die Vorausabtretung erfolgt sicherheitshalber (sog. Sicherungszession), da der Verkäufer durch den Weiterverkauf das Eigentum an der Sache verliert.

Beispiel: Der Gemüsehändler Werner Brands kauft von dem Großhändler Südobst GmbH regelmäßig Ananas. Sie vereinbaren einen verlängerten Eigentumsvorbehalt, sodass Werner Brands die Ananas an seine Kunden weiterverkaufen kann, die dann auch das Eigentum an den Ananas erwerben. Im Gegenzug tritt Werner Brands die Kaufpreisforderungen für die verkauften Ananas an die Südobst GmbH ab. Die Südobst GmbH hat nun nicht nur gegenüber Werner Brands einen Anspruch auf Bezahlung der gelieferten Ananas, sondern kann ihre Forderung (im Fall des Zahlungsausfalls von Werner Brands) auch befriedigen, indem sie von den Kunden der weiterverkauften Ananas das Geld direkt einfordert.

Vereinbart werden kann auch ein sog. **Verarbeitungseigentumsvorbehalt**. Dies hat zur Folge, dass auch für den Fall, dass der Käufer die gekaufte Sache weiterverarbeitet und gem. den gesetzlichen Regelungen in den §§ 946–952 BGB Eigentum daran erwerben würde, das Eigentum aufgrund der Vereinbarung beim Verkäufer bleibt.

vgl. LF 8, Kap. 1.4.2

▶ **Beispiel:** Der Holzgroßhandel Zedernholz KG liefert regelmäßig hochwertige Holzbretter an die Schreinerin Jana Böhmer, die daraus Möbel herstellt und an ihre Kunden verkauft. Sie vereinbaren einen Verarbeitungseigentumsvorbehalt, sodass die Zedernholz KG ihr Eigentum an den Holzbrettern nicht gem. § 950 BGB durch Verarbeitung verliert, sondern (bis zur vollständigen Kaufpreiszahlung) (Mit-)Eigentümerin der Möbel wird. Wurden die Möbel zusätzlich mit Leder bespannt, das von einem anderen Lieferanten unter Verarbeitungseigentumsvorbehalt geliefert wurde, so ist auch dieser Lieferant Miteigentümer an den entsprechenden Möbeln.

2.1.3 Der erweiterte Eigentumsvorbehalt

Beim **erweiterten Eigentumsvorbehalt** wird vereinbart, dass das Eigentum erst übergeht, wenn alle offenen Forderungen des Verkäufers beglichen sind, nicht nur die im Zusammenhang mit der Lieferung einer bestimmten Sache stehenden.

▶ **Beispiel:** Der Boutique-Betreiber Hannes Muenzing bestellt regelmäßig T-Shirts bei dem Großhändler Trikot Blau AG. Sie vereinbaren einen erweiterten Eigentumsvorbehalt. Die Trikot Blau AG führt für ihn ein Kundenkonto, wo alle Bestellungen und Zahlungen verzeichnet werden. Hannes Muenzing wird daher erst Eigentümer der T-Shirts, wenn er alle Lieferungen, die er von der Trikot Blau AG erhalten hat, bezahlt.

2.2 Die Sicherungsübereignung

Die Sicherungsübereignung ist gesetzlich nicht geregelt, hat sich aber im Wirtschaftsleben entwickelt und ist von der Rechtsprechung anerkannt.

Bei der Sicherungsübereignung überträgt der Kreditnehmer das **Eigentum an einer beweglichen Sache** an den Kreditgeber **zur Sicherung eines Darlehens**. Zahlt er das Darlehen zurück, wird ihm das Eigentum zurückübertragen. Zahlt er das Darlehen hingegen nicht zurück, kann der Darlehensgeber die Sache zur Befriedigung der Forderung verwerten.

Im Gegensatz zum **Pfandrecht** an beweglichen Sachen gem. §§ 1204 ff. BGB verbleibt bei der Sicherungsübereignung die Sache im Besitz des Kreditnehmers, sodass er sie weiter nutzen kann.

Beispiel: Der Fernbusbetreiber Grün Reisen GmbH möchte ein Darlehen aufnehmen, um zwei weitere Reisebusse zu kaufen und damit sein Streckennetz auszubauen. Die Bank gewährt das Darlehen, verlangt als Sicherheit jedoch die Übereignung aller Reisebusse des Unternehmens. Die Grün Reisen GmbH darf die Busse weiter nutzen und damit Geld verdienen, um das Darlehen zurückzuzahlen. Nach der Rückzahlung überträgt die Bank das Eigentum an den Bussen an die Grün Reisen GmbH zurück.

Rechtlich bedeutet dies, dass Kreditgeber (= Darlehensgeber) und Kreditnehmer (= Darlehensnehmer) einen (schuldrechtlichen) **Sicherungsvertrag** abschließen. Darin wird vereinbart, was der Sicherungszweck (Sicherung einer Kreditforderung) ist, dass die Sache bei Kreditzahlung rückübereignet wird (entweder automatisch oder auf Verlangen) und dass der bisherige Eigentümer ein Recht zum Besitz hat und der Kreditgeber mittelbarer Besitzer gem. § 868 BGB ist.

In einem zweiten Schritt erfolgt die Übereignung der Sache an den Kreditgeber. Da der Kreditgeber nur mittelbarer Besitzer werden soll, erfolgt die Übereignung mithilfe eines **Besitzkonstituts** gem. §§ 929 S. 1, 930 BGB.

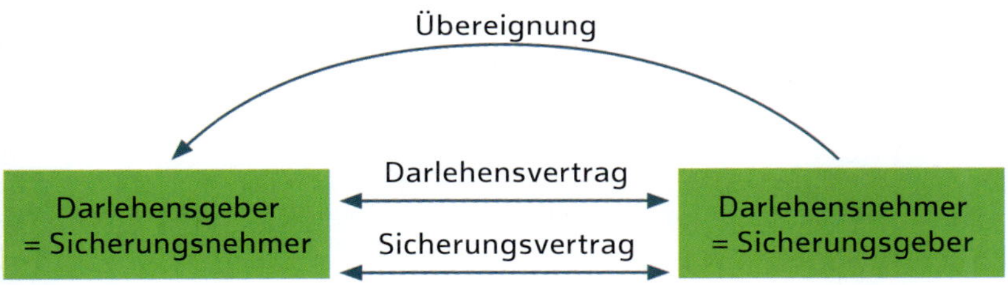

Der Darlehensgeber darf die Sache demnach nur veräußern, wenn die Forderung nicht beglichen wird. Der Kreditnehmer hat auch einen Anspruch auf **Rückübereignung** für den Fall der Rückzahlung des Darlehens.

Im Fall des **Zahlungsausfalls** kann der Kreditgeber die Sache jedoch nach Belieben verkaufen, versteigern oder zwangsvollstrecken lassen. Auch bei der Sicherungsübereignung hat der Kreditgeber im Fall der Insolvenz ein **Aussonderungsrecht** gem. § 47 InsO. vgl. LF 12

2.3 Das Pfandrecht an beweglichen Sachen

Ein Pfandrecht an beweglichen Sachen dient dazu, eine Forderung in der Weise zu sichern, dass die Sache im Fall des Zahlungsausfalls verwertet werden kann, um die Forderung daraus zu befriedigen.

Ein solches Pfandrecht kann sowohl durch **vertragliche Vereinbarung** als auch **aufgrund einer gesetzlichen Regelung** entstehen.

2.3.1 Erwerb eines Pfandrechts durch vertragliche Vereinbarung

vgl. LF 8, Kap. 1.4.2

Wie beim Eigentumserwerb an beweglichen Sachen wird ein Pfandrecht an einer beweglichen Sache durch **Einigung und Übergabe** erworben.

Die Übergabe kann wiederum auf verschiedene Arten erfolgen:

- Durch **Übergabe der Sache** an den Erwerber des Pfandrechts gem. § 1205 Abs. 1 S. 1 BGB. Dies entspricht der Übergabe nach § 929 S. 1 BGB.
- Eine Übergabe ist gem. § 1205 Abs. 1 S. 2 BGB nicht erforderlich, wenn sich der Gläubiger bereits im Besitz der Sache befindet. Dies entspricht der Regelung des § 929 S. 2 BGB.
- Durch **Abtretung des Herausgabeanspruchs** gegen einen Dritten gem. § 1205 Abs. 2 BGB, was der Regelung in § 931 BGB entspricht. Dabei ist es erforderlich, dass der Eigentümer die Verpfändung dem Besitzer anzeigt.
- Durch **Einräumung des Mitbesitzes** gem. § 1206 BGB. Dazu gibt es keine Parallelregelung in §§ 929ff. BGB.

Hinweis: Die Bestellung eines Pfandrechts durch Vereinbarung eines Besitzmittlungsverhältnisses entsprechend § 930 BGB ist beim Pfandrecht nicht möglich. Ein Pfandrecht ohne Besitz ist also nicht möglich.

Der Verpfänder muss, wie beim Eigentumserwerb auch, zur Bestellung des Pfands **berechtigt** sein. Auch hier ist jedoch ein **gutgläubiger Erwerb** gem. § 1207 BGB möglich, wobei die §§ 932, 934, 935 BGB entsprechende Anwendung finden.

Da das Pfandrecht **akzessorisch** ist, also von einer durch das Pfandrecht zu sichernden **Forderung** abhängt, muss gem. § 1204 Abs. 1 BGB diese Forderung zum wirksamen Erwerb eines Pfandrechts auch vorliegen. **Erlischt** die Forderung später, so erlischt gem. § 1252 BGB auch das Pfandrecht.

Wird die Forderung an einen Dritten **übertragen** bzw. abgetreten, so geht gem. §§ 1250 Abs. 1, 398, 401 Abs. 1 BGB das Pfandrecht auf den Erwerber der gesicherten Forderung über. Wird bei der Übertragung der Forderung der Übergang des Pfandrechts ausgeschlossen, so erlischt das Pfandrecht gem. § 1250 Abs. 2 BGB.

2.3.2 Erwerb eines Pfandrechts aufgrund einer gesetzlichen Regelung

Es gibt verschiedene gesetzliche Regelungen, die bei Vorliegen der entsprechenden Voraussetzungen ein Pfandrecht entstehen lassen. In diesen Fällen besteht immer ein **Vertragsverhältnis** zwischen Sicherungsgeber und Sicherungsnehmer. Der Sinn gesetzlicher Pfandrechte ist es, dass **Leistungen**, die aufgrund der vertraglichen Vereinbarung erbracht wurden, durch das Pfandrecht **abgesichert** werden. Der Gläubiger des schuldrechtlichen Vertrags ist also gleichzeitig Sicherungsnehmer und der Schuldner Sicherungsgeber.

Unterschieden werden dabei folgende Pfandrechte:

- **Besitzpfandrechte:** Diese entstehen durch Inbesitznahme einer Sache durch den Gläubiger und bestehen so lange, wie sich die Sache in seinem Besitz befindet. Die wichtigsten Besitzpfandrechte sind:
  - Das **Werkunternehmerpfandrecht** gem. § 647 BGB: Der Werkunternehmer hat für seine Forderungen aus dem Vertrag ein Pfandrecht an den von ihm hergestellten oder ausgebesserten beweglichen Sachen des Bestellers.

    ▶ **Beispiel:** Gerrit Zacharias lässt seinen Pkw in der Werkstatt von Berkan Yildiz reparieren. Zahlt Gerrit Zacharias die Reparaturkosten nicht, so kann Berkan Yildiz den Pkw verwerten, um seine Kosten erstattet zu bekommen.
  - **Pfandrechte im HGB:** § 397 HGB (Pfandrecht des Kommissionärs an Kommissionsgut), § 441 HGB (Pfandrecht des nachfolgenden Frachtführers), § 464 HGB (Pfandrecht des Spediteurs an dem ihm zur Versendung übergebenen Gut des Versenders), § 475 b HGB (Pfandrecht des Lagerhalters an dem ihm zur Lagerung übergebenen Gut des Einlagerers)

- **Besitzlose Pfandrechte:** Diese entstehen durch Einbringung in den räumlichen Herrschaftsbereich des Gläubigers. Die wichtigsten besitzlosen Pfandrechte sind:
  - Das **Vermieter- und Verpächterpfandrecht** gem. § 562 bzw. § 581 BGB: Der Vermieter hat für seine Forderungen aus dem Mietverhältnis ein Pfandrecht an den eingebrachten Sachen des Mieters. Gleiches gilt für den Verpächter. Diese Pfandrechte bestehen jedoch nicht an unpfändbaren Sachen i. S. v. § 811 ZPO (vgl. § 562 Abs. 1 S. 2 BGB). vgl. LF 12

    ▶ **Beispiel:** Ute Kohlmann hat seit mehreren Monaten die Miete für ihre Wohnung nicht mehr gezahlt. Ihr Vermieter erhebt daraufhin Klage, erhält einen vollstreckbaren Titel und beauftragt den Gerichtsvollzieher damit, die Modellautosammlung von Ute Kohlmann zu verwerten. Der Vermieter hätte nicht ein Pfandrecht an ihrem Fernseher oder ihrem Bett geltend machen können, da es sich dabei um unpfändbare Sachen i. S. v. § 811 ZPO handelt.
  - Das **Gastwirtpfandrecht** gem. § 704 BGB: Der Gastwirt hat für seine Forderungen für Wohnung und andere dem Gast zur Befriedigung seiner Bedürfnisse gewährte Leistungen ein Pfandrecht an den eingebrachten Sachen des Gasts.

    ▶ **Beispiel:** Heiko Herwig übernachtet im Hotel „Drei Linden", isst zu Abend im hoteleigenen Restaurant und trinkt zwei kleine Flaschen Gin aus der Minibar. Am nächsten Tag weigert er sich, die Hotelrechnung zu bezahlen. Der Eigentümer des Hotels, Jan Bergmann, untersagt ihm daraufhin, seinen Koffer aus dem Hotel zu entfernen, da Jan Bergmann daran ein Pfandrecht geltend macht.

Gemäß § 1257 BGG gelten die Vorschriften über vertragliche Pfandrechte auch für gesetzliche Pfandrechte. vgl. LF 8, Kap. 2.3.1 und 2.3.3

2.3.3 Verwertung des Pfandrechts

Der Gläubiger darf die Pfandsache nicht sofort verwerten, sondern erst bei Eintritt der sog. **Pfandreife**. Dies ist gem. § 1228 Abs. 2 S. 1 BGB der Fall bei Fälligkeit der gesicherten Forderung.

Die Verwertung erfolgt in der Regel durch **öffentliche Versteigerung** gem. § 1235 BGB oder durch **Versteigerung durch den Gerichtsvollzieher** gem. § 1233 Abs. 2 BGB. Im Gegensatz zur Sicherungsübereignung ist der Pfandgläubiger nicht Eigentümer der Sache und kann sie daher nicht einfach verkaufen oder verschenken.

2.4 Die Grundpfandrechte

Grundpfandrechte entstehen durch die Verpfändung von Immobilien. Sie werden im Wirtschaftsleben üblicherweise zur Sicherung langfristiger Kredite eingesetzt. Da es sich dabei um (beschränkt dingliche) Rechte an Grundstücken handelt, müssen sie im Grundbuch eingetragen werden.

Die zwei in der Praxis bedeutsamsten Arten von Grundpfandrechten sind die Hypothek und die Grundschuld.

2.4.1 Die Hypothek

Die Hypothek ist eine **akzessorische Sicherheit**. Sie ist also hinsichtlich Entstehung, Übertragung und Erlöschen mit der zu sichernden Forderung rechtlich verbunden. Wird die gesicherte Forderung abgetreten, geht die Hypothek automatisch gem. §§ 401, 1153 BGB mit auf den Erwerber der Forderung über.

vgl. LF 8, Kap. 1.4.2

Eine Hypothek entsteht (wie bei anderen Rechten an Grundstücken auch) durch **Einigung** gem. §§ 1113, 873 BGB und **Eintragung in das Grundbuch**. Auch bei der Hypothek muss eine entsprechende Berechtigung vorliegen und auch hier ist ein gutgläubiger Erwerb gem. § 892 BGB möglich. Da die Hypothek akzessorisch ist, muss zusätzlich eine zu sichernde **Forderung** vorliegen.

Darüber hinaus muss gem. § 1117 BGB dem Gläubiger ein **Hypothekenbrief** ausgehändigt werden (eine sog. **Briefhypothek**). Der Hypothekenbrief ist sehr wichtig, da das Recht aus der Hypothek demjenigen zusteht, der den Brief hat. Er ist zudem wichtig für eine spätere Übertragung der Hypothek gem. § 1154 BGB, die einfach durch Übergabe des Hypothekenbriefs erfolgen kann.

In der Praxis wird es jedoch häufig vorgezogen, eine sog. **Buchhypothek** gem. § 1116 Abs. 2 BGB zu vereinbaren, da dies Kosten spart und einen gutgläubigen Erwerb durch Übergabe des Hypothekenbriefs verhindert. Bei der Buchhypothek wird im Grundbuch vermerkt, dass kein Brief ausgestellt wird. Entsprechend kann die Hypothek auch nur durch Eintragung ins Grundbuch gem. §§ 1154 Abs. 3, 873 BGB übertragen werden.

Beispiel: Die Eheleute Sadiq-Kohlmann möchten auf ihrem Grundstück ein weiteres Wohnhaus errichten, in dem ihre Tochter und die Enkel wohnen sollen. Um den Hausbau zu finanzieren, nehmen sie bei ihrer Hausbank ein Darlehen in Höhe von 200000,00 € auf und schließen einen entsprechenden schuldrechtlichen Darlehensvertrag. Als Sicherheit möchte die Bank eine Hypothek auf das Grundstück eintragen lassen. Dazu einigen sich die Eheleute Sadiq-Kohlmann und die Bank gem. § 1113 BGB über Art und Zweck der Hypothek und lassen sie gem. § 873 Abs. 1 BGB ins Grundbuch eintragen. Da sie eine Briefhypothek vereinbart haben, übergeben die Eheleute Sadiq-Kohlmann den Hypothekenbrief an die Bank im Ausgleich für die Auszahlung der Darlehenssumme. Sobald die Eheleute Sadiq-Kohlmann das Darlehen zurückgezahlt haben, kann die Hypothek im Grundbuch gelöscht werden. Dazu treffen sich die Eheleute mit Vertretern der Bank beim Notar: Die Bank gibt eine sog. Löschungsbewilligung ab und händigt den Hypothekenbrief aus. Die Eheleute Sadiq-Kohlmann stimmen der Löschung zu. Der Notar leitet dann den Löschungsantrag an das Grundbuchamt weiter.

vgl. § 1117 Abs. 1 BGB

Bei einer Hypothek **haftet** der Darlehensnehmer zum einen persönlich und zum anderen mit dem Grundstück. Will der Darlehensgeber also seine Forderung geltend machen, hat er zwei Möglichkeiten:

- Er kann durch ein Mahnverfahren oder eine Klage einen vollstreckbaren Titel aufgrund des nichterfüllten Darlehensvertrags erwirken, aus dem er dann die **Zwangsvollstreckung in das Vermögen** des Schuldners betreiben kann.
- Er kann aber auch die Hypothek verwerten, was in der Praxis üblicherweise gemacht wird. Dazu muss er ebenfalls im Klageverfahren einen Vollstreckungstitel erwirken, auf dessen Grundlage das **Grundstück** dann nach dem Zwangsversteigerungsgesetz (ZVG) **zwangsversteigert** oder **zwangsverwaltet** wird.

vgl. LF 12

2.4.2 Die Grundschuld

Die Grundschuld ist im Gegensatz zur Hypothek **nicht akzessorisch**. Sie kann also unabhängig von einer Forderung entstehen, übertragen werden und erlöschen. In der Praxis werden daher hauptsächlich Grundschulden und keine Hypotheken bestellt. Der Vorteil ist, dass die Grundschuld auch wirksam ist, wenn die Forderung nicht entstanden ist. Zudem können mehrere Forderungen durch die gleiche Grundschuld gesichert werden.

Beispiel: Die Geschwister Ina und Martin Schwerdtmann möchten auf ihrem Grundstück einen Pool bauen, um damit Feriengäste anzulocken. Dazu nehmen sie bei ihrer Hausbank ein Darlehen in Höhe von 100000,00 € auf und schließen einen entsprechenden schuldrechtlichen

Darlehensvertrag. Als Sicherheit möchte die Bank eine Grundschuld auf das Grundstück eintragen lassen. Nachdem die Geschwister Schwerdtmann das Darlehen zurückgezahlt haben, entschließen sie sich, auch noch ein Pool-Haus zu bauen. Sie vereinbaren daher mit der Bank, dass die Grundschuld im Grundbuch nicht gelöscht wird, sondern als Sicherheit für ein neues Darlehen über 50000,00 € dienen soll. Dadurch sparen sie Zeit und die nicht unerheblichen Notarkosten für die erneute Eintragung einer Grundschuld oder Hypothek.

Bei der Grundschuld **haftet** der Schuldner somit nicht mit seinem Vermögen, sondern nur mit dem Grundstück. Auf die Grundschuld sind gem. § 1192 Abs. 1 BGB alle Vorschriften über Hypotheken anzuwenden, sofern sie sich nicht auf die Akzessorietät beziehen.

Grundschulden entstehen also ebenfalls durch **Einigung** mit dem Berechtigten, **Eintragung ins Grundbuch** und **Übergabe eines Grundschuldbriefs** bzw. entsprechendem Vermerk einer Buchgrundschuld im Grundbuch. Da Grundschulden nicht akzessorisch sind, können sie unabhängig von einer Forderung bestellt werden.

In der Praxis wird jedoch häufig eine sog. **Sicherungsgrundschuld** gem. § 1192 Abs. 1 a BGB vereinbart. Dazu wird (zusätzlich zu dem Darlehensvertrag gem. § 488 BGB und der Grundschuldbestellung gem. §§ 1191, 873 BGB) ein Sicherungsvertrag geschlossen, in dem sich der Gläubiger verpflichtet, die Grundschuld nur zu verwerten, wenn die Forderung, zu deren Sicherung die Grundschuld bestellt ist, nicht erfüllt wird, und die Grundschuld zurück zu übertragen, wenn die Forderung beglichen wurde. Das Ergebnis ist also fast identisch mit einer Hypothek, beruht jedoch auf vertraglichen Vereinbarungen der Parteien.

vgl. LF 8, Kap. 1.5.2

Darüber hinaus gibt es die sog. **Eigentümergrundschuld** gem. § 1196 BGB. Diese entsteht, wenn der Eigentümer des Grundstücks eine Grundschuld für sich selbst eintragen lässt, um sich einen bestimmten Rang zu sichern. Eine Eigentümergrundschuld kann zudem auch aufgrund einer gesetzlichen Regelung entstehen.

▶ **Beispiel:** Wird die durch eine Hypothek gesicherte Forderung beglichen, so wandelt sich die Hypothek in eine Eigentümergrundschuld gem. §§ 1163, 1177 BGB.

Die Verwertung einer Grundschuld erfolgt gem. §§ 1192, 1147 BGB wie die der Hypothek durch Zwangsvollstreckung.

Zusammenfassung

Realsicherheiten

- an beweglichen Sachen: Eigentumsvorbehalt, Sicherungsübereignung, Pfandrecht
- an Grundstücken: Hypothek, Grundschuld

Eigentumsvorbehalt	Sicherungsübereignung	Pfandrecht	Hypothek	Grundschuld
nicht akzessorisch	nicht akzessorisch	akzessorisch	akzessorisch	nicht akzessorisch
Entstehung aufgrund vertraglicher Vereinbarung:	Sicherungsnehmer muss nicht Besitzer der übereigneten Sache werden	Entstehung durch vertragliche Vereinbarung oder aufgrund einer gesetzlichen Regelung	Entstehung durch Einigung, Eintragung ins Grundbuch und Übergabe des Hypothekenbriefs	Entstehung durch Einigung, Eintragung ins Grundbuch und Übergabe des Grundschuldbriefs
Eigentumsübertragung unter aufschiebender Bedingung der vollständigen Kaufpreiszahlung		Pfandnehmer muss Besitz an der verpfändeten Sache haben		

Wiederholung und Vertiefung

1. Was ist der Unterschied zwischen Personal- und Realsicherheiten? Nennen Sie jeweils zwei Beispiele.
2. Warum wird im Wirtschaftsleben häufig ein verlängerter Eigentumsvorbehalt vereinbart und nicht nur ein einfacher?
3. Was ist der Unterschied zwischen einer Sicherungsübereignung und einem vertraglich vereinbarten Pfandrecht an einer beweglichen Sache? Inwieweit bietet die Sicherungsübereignung im Wirtschaftsleben einen Vorteil?
4. Was passiert mit einem Pfandrecht, wenn die dadurch gesicherte Forderung an eine andere Person übertragen wird?
5. Nennen Sie drei Beispiele für gesetzliche Pfandrechte. Wo sind diese geregelt?

3 Führen des erforderlichen Schriftverkehrs

An dieser Stelle ist zur Verinnerlichung darauf hinzuweisen, dass bei der Formulierung von Schreiben allgemein darauf zu achten ist, dass

- die Sätze nicht zu lang sind,
- nicht „um den heißen Brei" herum geschrieben wird,
- der Inhalt verständlich dargestellt und vollständig wiedergegeben wird und
- die Rechtschreib- und Grammatikregeln sowie die Regeln der DIN 5008 beachtet werden.

Nachfolgend werden Beispielschreiben anhand einer Situationsbeschreibung formuliert. Diese Schreiben werden verkleinert dargestellt und stellen keine Musterlösung dar, sie sollen lediglich der Anregung dienen.

Web

Den Briefbogen der Kanzlei Dr. Neumann & Huber finden Sie unter dem vorne abgedruckten Webcode zum Buch. Grundlagen dieses Briefbogens sind die Form B und der gestaltete Informationsblock.

Im Folgenden werden einige Schreiben beispielhaft dargestellt, die in der Praxis wohl am häufigsten vorkommen. Im Zusammenhang mit sachenrechtlichen Ansprüchen können jedoch die unterschiedlichsten Schreiben erforderlich sein.

Lernsituation

Am 04.06.2024 geht eine E-Mail in der Kanzlei ein. Lukas Cäsar (wohnhaft in 67376 Harthausen, Im Sand 15) meldet sich und schildert folgenden Sachverhalt:

„Ich habe mir am 20.04.2024 eine PlayStation im Wert von 450,00 € gekauft. Diese habe ich – zusammen mit dem Spiel ‚Sing-Star', das beim PlayStation-Paket mit dabei war – am 03.05.2024 an meinen besten Freund Fabian Kruse verliehen, der im Rahmen seiner Geburtstagsparty einen Wettbewerb veranstalten wollte. Fabian Kruse hat mir die PlayStation jedoch nicht, wie vereinbart, am 15.05.2024 zurückgegeben. Auch mehrmalige Aufforderungen, zuletzt schriftlich am 31.05.2024, blieben ohne Reaktion."

Lukas Cäsar bittet Rechtsanwalt Peter Huber darum, die Sache zu übernehmen, da er nicht mehr weiterweiß.

Rechtsanwalt Peter Huber bittet Julia Hoffmann darum, die Akte Lukas Cäsar ./. Fabian Kruse wegen Herausgabe (Az.: 148/2024) anzulegen und Lukas Cäsar eine E-Mail zu schicken, in der er sich für die Übertragung des Mandats bedankt und darum bittet, die im Anhang übermittelte Vollmacht zu unterzeichnen und im Original zu übersenden.

Sobald diese vorliegt, soll ein Aufforderungsschreiben an Fabian Kruse (wohnhaft in 67374 Hanhofen, Alte Landstraße 25 a) versandt werden. Dieser soll die PlayStation und das Spiel „Sing-Star" binnen einer Frist von zwei Wochen herausgeben und den Verzugsschaden binnen gleicher Frist auf ein Kanzleikonto überweisen. Sofern die Frist fruchtlos verstreichen sollte, werden gerichtliche Schritte angedroht, durch die weitere Kosten entstehen, die Fabian Kruse zu tragen hat.

Lukas Cäsar druckt die Vollmacht umgehend aus und sendet sie unterzeichnet im Original an die Kanzlei Dr. Neumann & Huber zurück. Dort geht sie am 10.06.2024 per Post ein. Julia Hoffmann veranlasst umgehend, dass das Aufforderungsschreiben an Fabian Kruse noch am gleichen Tag versandt wird.

Arbeitsaufträge:

a) Formulieren Sie das Schreiben an Lukas Cäsar von der Anrede bis zur Grußformel.
b) Das Schreiben an Lukas Cäsar wird per E-Mail versandt. Wie sieht das Anschriftfeld des Briefs aus?
c) Überlegen Sie sich in Zweiergruppen, wie das anwaltliche Aufforderungsschreiben aufgebaut sein sollte. Erstellen Sie hierüber eine Checkliste.
d) Erstellen Sie mithilfe des Briefbogens der Partnerschaft Dr. Neumann & Huber das Schreiben an Fabian Kruse, welches per Einschreiben Rückschein versandt wird.
e) Vergleichen Sie untereinander Ihre Ergebnisse und ergänzen Sie ggf. Ihre Schreiben.
f) Reflektieren Sie anschließend Ihr Wissen.

3.1 Aufforderungsschreiben zur Herausgabe von Sachen

Situationsbeschreibung: Simon Kreidler, Schafstraße 1, 67482 Venningen, hat das Gartengrundstück der verstorbenen Lisa Schmitz in Venningen am Triefenbach (Flurnr. 133) in Besitz genommen, da diese ihn laut Testament vom 16.06.2014 zum Alleinerben eingesetzt hat. Die Nichte der Verstorbenen, Paola Suarez, Grundwiesenweg 10, 67434 Neustadt an der Weinstraße, legt dem Nachlassgericht ein weiteres Testament vom 31.03.2019 vor, nach dem

Simon Kreidler enterbt und die Nichte Alleinerbin wird. Gemäß § 2258 Abs. 1 BGB gilt das spätere Testament vom 31.03.2019, da hierin das erste Testament widerrufen wird. Paola Suarez verlangt als Erbin die Herausgabe des Gartengrundstücks. Simon Kreidler weigert sich jedoch. Auf die schriftliche Aufforderung vom 25.06.2024, er solle das Grundstück bis 12.07.2024 herausgeben, meldet er sich gar nicht. Paola Suarez beauftragt daher Rechtsanwältin Dr. Annette Neumann mit der Wahrnehmung ihrer Interessen (Az.: 155/2024). Diese bittet Annika Sauer am 19.07.2024, das Schreiben an Simon Kreidler anzufertigen, mit dem Inhalt, dass er das zu Unrecht in Besitz genommene Gartengrundstück herausgeben soll. Da er sich im Verzug befindet, hat er auch die anwaltlichen Kosten zu tragen. Diese richten sich nach dem Verkehrswert von 1.500,00 €. Sofern er das Grundstück nicht herausgibt und die anwaltlichen Kosten nicht überweist, werden gerichtliche Schritte angedroht. Als Frist wird der 02.08.2024 gesetzt.

Dr. Neumann & Huber
Rechtsanwälte Partnerschaft

RAe Dr. Neumann & Huber, Grainstr. 101, 67434 Neustadt a. d. Wstr.
Herrn
Simon Kreidler
Schafstraße 1
67482 Venningen

Ihr Zeichen:	
Ihre Nachricht vom:	
Unser Zeichen:	155/2024
Unsere Nachricht vom:	
Name:	RAin Dr. Annette Neumann
Sekretariat:	Annika Sauer
Telefon:	+49 6321 5632-12
Telefax:	+49 6321 5632-15
Datum:	19.07.2024

Paola Suarez ./. Simon Kreidler
wg. Herausgabe

Sehr geehrter Herr Kreidler,

Frau Paola Suarez, Grundwiesenweg 10, 67434 Neustadt an der Weinstraße, hat uns mit der Wahrnehmung ihrer Interessen beauftragt. Eine uns legitimierende Vollmacht fügen wir bei.

Sie haben aufgrund des Testaments der verstorbenen Lisa Schmitz vom 16.06.2014 das Gartengrundstück in Venningen am Triefenbach (Flurnr. 133) in Besitz genommen. Die Verstorbene hat jedoch am 31.03.2019 neu testiert. Nach diesem Testament wurde, wie Ihnen bekannt ist, unsere Mandantin als Alleinerbin eingesetzt. Sie wurden enterbt. Damit ist unsere Mandantin Eigentümerin des Grundstücks gem. § 1922 Abs. 1 BGB.

Sie sind deshalb gem. § 985 BGB verpflichtet, das Gartengrundstück in Venningen an unsere Mandantin herauszugeben. Dies haben Sie jedoch trotz mehrfacher mündlicher Aufforderung nicht getan. Auf die schriftliche Aufforderung unserer Mandantin vom 25.06.2024, das Grundstück bis spätestens 12.07.2024 herauszugeben, haben Sie gar nicht reagiert.

Wir fordern Sie daher auf, das Gartengrundstück in Venningen am Triefenbach (Flurnr. 133) bis zum

02.08.2024

an unsere Mandantin herauszugeben.

Da Sie sich gem. § 286 Abs. 3 BGB in Verzug befinden, haben Sie gem. § 280 Abs. 1 BGB die Kosten unserer Inanspruchnahme zu tragen. Diese errechnen sich wie folgt:

Seite **1** von **2**

RAin Dr. Annette Neumann Fachanwältin für Verkehrsrecht · **RA Peter Huber** Fachanwalt für Erbrecht
In Zusammenarbeit mit **RAin Katharina Schuh** Fachanwältin für Familienrecht

RAe Dr. Neumann & Huber · Grainstr. 101 · 67434 Neustadt a. d. Wstr. · Telefon +49 6321 5632-0 · Fax +49 6321 5632-15
info@rae-neumann-huber.de · www.rae-neumann-huber.de
Registernummer PR 956 · Amtsgericht Neustadt a. d. Wstr. · USt-IdNr.: DE573964122

Commerzbank Neustadt a. d. Wstr. · IBAN DE41 5464 0035 0012 5832 19
Deutsche Bank Neustadt a. d. Wstr. · IBAN DE52 5467 0095 0096 7844 58

Gegenstandswert: 1.500,00 € (§ 6 ZPO)	
1,3 Geschäftsgebühr, Nr. 2300 VV RVG	165,10 €
Pauschale Post und Telekommunikation, Nr. 7002 VV RVG	20,00 €
Zwischensumme	185,10 €
19 % Umsatzsteuer, Nr. 7008 VV RVG	35,17 €
Summe	220,27 €

Wir fordern Sie auf, diesen Betrag bis zum

02.08.2024

auf eines der unten genannten Kanzleikonten zu überweisen.

Sofern Sie das Gartengrundstück nicht fristgerecht herausgeben und auch der Betrag von 220,27 € nicht fristgerecht beglichen wird, werden wir unserer Mandantin empfehlen, gerichtliche Schritte gegen Sie einzuleiten.

Freundliche Grüße

Dr. Annette Neumann
Rechtsanwältin

Anlage
Vollmacht

3.2 Schreiben an Mandantschaften

Zu den Standardschreiben an Mandantschaften zählen z. B. die Kenntnis- und Stellungnahme oder die Übersendung einer Kostenrechnung. Hierfür eignet sich auch der Einsatz von Schnellbausteinen, da die Arbeit dadurch wesentlich erleichtert wird. Zu beachten ist bei der Erstellung lediglich, dass die Schnellbausteine in der von der Kanzlei in der Regel verwendeten Schriftart und -größe erstellt werden sollten, damit ein nachträgliches Formatieren nicht erforderlich wird. Aus den erstellten Schnellbausteinen lässt sich dann einfach und schnell das Schreiben zusammenstellen, das nur noch mit den individuellen Daten anstelle der Platzhalter vervollständigt werden muss.

vgl. LF 4, Kap. 5.3

vgl. LF 3, Kap. 5.4.1, 5.4.3

Die Situation kann es jedoch erfordern, dass neben den üblichen Schreiben an Mandantschaften auch fachspezifische Schreiben zu verfassen sind, z. B. die Vereinbarung eines Wohnungsrechts im Fall einer Hausüberlassung an den Sohn oder die Tochter.

3.2.1 Vereinbarung eines Wohnungsrechts

Situationsbeschreibung: Das Ehepaar Marion und Günther Ulbrich, Langentalstraße 30, 67475 Weidenthal, hat sich entschieden, das Anwesen an ihren Sohn Marius Ulbrich, der im ersten Obergeschoss des Anwesens wohnt, zu übertragen. Sie waren auch schon bei einem Notar, der ihnen einen Vertragsentwurf zugesandt hat. Das Ehepaar Ulbrich will sichergehen, dass wirklich alle Eventualitäten bedacht wurden und hat deshalb Rechtsanwalt Peter Huber kontaktiert. Dieser hat festgestellt, dass kein lebenslanges unentgeltliches Wohnungsrecht im Vertrag enthalten ist und spricht dies in der Besprechung vom 24.05.2024 auch an. Eine Woche nach der Besprechung, am 31.05.2024, fragt Marion Ulbrich telefonisch nochmals nach, ob er es für sinnvoll hält, ein Wohnungsrecht gem. § 1093 BGB in den Vertrag mit aufzunehmen, was er aus verschiedenen Gründen (Bewohnen auf Lebenszeit; finanzielle Belastung liegt beim Sohn, nur Nebenkosten müssen bezahlt werden) bejaht. Nach dem Telefonat bittet er Julia Hoffmann, dem Ehepaar Ulbrich den Sachverhalt nochmals kurz in einem Schreiben darzulegen. Das Aktenzeichen lautet: 123/2024.

Dr. Neumann & Huber
Rechtsanwälte Partnerschaft

RAe Dr. Neumann & Huber, Grainstr. 101, 67434 Neustadt a. d. Wstr.
Ehepaar
Marion und Günther Ulbrich
Langentalstraße 30
67475 Weidenthal

Ihr Zeichen:	
Ihre Nachricht vom:	
Unser Zeichen:	123/2024
Unsere Nachricht vom:	
Name:	RA Peter Huber
Sekretariat:	Julia Hoffmann
Telefon:	+49 6321 5632-13
Telefax:	+49 6321 5632-15
Datum:	31.05.2024

Marion und Günther Ulbrich
wg. Hausübergabe, Wohnungsrecht u. a.

Sehr geehrte Frau Ulbrich, sehr geehrter Herr Ulbrich,

wie ich Ihnen, Frau Ulbrich, bereits telefonisch mitgeteilt habe, ist es auf jeden Fall sinnvoll, ein lebenslanges unentgeltliches Wohnungsrecht gem. § 1093 BGB für die von Ihnen genutzte Wohnung im Erdgeschoss der Langentalstraße 30 in 67475 Weidenthal zu vereinbaren.

Ein solches Wohnungsrecht gestattet Ihnen auf Lebenszeit das Bewohnen Ihrer Wohnung. Dies bedeutet, dass Ihr Sohn – sollte es einmal zum Streit zwischen Ihnen kommen – Sie nicht aus der Wohnung hinauswerfen kann.

Ein weiterer Vorteil des lebenslangen Wohnungsrechts liegt darin, dass Sie die finanziellen Belastungen, also die Instandhaltungskosten des Anwesens, nicht mehr tragen müssen. Diese trägt dann allein Ihr Sohn. Sie müssen nur noch die Nebenkosten für die von Ihnen genutzte Wohnung bezahlen.

Bitte informieren Sie uns, ob Sie ein lebenslanges unentgeltliches Wohnungsrecht vereinbaren wollen. In diesem Fall informieren wir das Notariat gerne über die von Ihnen gewünschte Änderung.

Freundliche Grüße

Peter Huber
Rechtsanwalt

RAin Dr. Annette Neumann Fachanwältin für Verkehrsrecht · **RA Peter Huber** Fachanwalt für Erbrecht
In Zusammenarbeit mit **RAin Katharina Schuh** Fachanwältin für Familienrecht

RAe Dr. Neumann & Huber · Grainstr. 101 · 67434 Neustadt a. d. Wstr. · Telefon +49 6321 5632-0 · Fax +49 6321 5632-15
info@rae-neumann-huber.de · www.rae-neumann-huber.de
Registernummer PR 956 · Amtsgericht Neustadt a. d. Wstr. · USt-IdNr.: DE573964122

Commerzbank Neustadt a. d. Wstr. · IBAN DE41 5464 0035 0012 5832 19
Deutsche Bank Neustadt a. d. Wstr. · IBAN DE52 5467 0095 0096 7844 58

3.2.2 Mitteilung über Eintragungen von Belastungen im Grundbuch

Situationsbeschreibung: Mikael Andersson, Am Hägfeld 5, 67435 Neustadt an der Weinstraße, hat Rechtsanwalt Peter Huber in der Nachlasssache Barbara Andersson, gest. am 15.02.2024, beauftragt. Da er von seiner verstorbenen Ehefrau getrennt lebte und nicht weiß, ob und ggf. welche Vermögenswerte diese hinterlassen hat, bittet er Rechtsanwalt Peter Huber, zu recherchieren. Dieser nimmt zunächst Einsicht in die Nachlassakte. In der Nachlassakte ist ein aktueller Grundbuchauszug des Amtsgerichts Neustadt an der Weinstraße vom 28.03.2024 enthalten, aus dem hervorgeht, dass am 16.11.2023 an erster Rangstelle eine Hypothek in Höhe von 50.000,00 € für die Sparkasse Neustadt an der Weinstraße eingetragen wurde. Erkundigungen bei der Bank haben ergeben, dass die Hypothek noch voll valutiert ist, da bislang keine Rückzahlungen geleistet wurden, sodass die Bank zwangsversteigern könnte. Rechtsanwalt Peter Huber übergibt Julia Hoffmann die Akte am 12.04.2024 und bittet sie, den Grundbuchauszug mit einer kurzen Erklärung an den Mandanten zu schicken und diesen zu bitten, mit dem Sekretariat einen Besprechungstermin zu vereinbaren. Das Aktenzeichen lautet: 98/2024.

Dr. Neumann & Huber
Rechtsanwälte Partnerschaft

RAe Dr. Neumann & Huber, Grainstr. 101, 67434 Neustadt a. d. Wstr.
Herrn
Mikael Andersson
Am Hägfeld 5
67435 Neustadt an der Weinstraße

Ihr Zeichen:	
Ihre Nachricht vom:	
Unser Zeichen:	98/2024
Unsere Nachricht vom:	
Name:	RA Peter Huber
Sekretariat:	Julia Hoffmann
Telefon:	+49 6321 5632-13
Telefax:	+49 6321 5632-15
Datum:	12.04.2024

Mikael Andersson
wg. Nachlasssache Barbara Andersson, gest. am 15.02.2024

Sehr geehrter Herr Andersson,

in obiger Angelegenheit übersenden wir Ihnen den Grundbuchauszug des Amtsgerichts Neustadt an der Weinstraße vom 29.03.2021 zu Ihrer Kenntnisnahme.

Wie Sie sehen, ist das Grundstück mit einem Grundpfandrecht belastet. Die Hypothek in Höhe von 50.000,00 € für die Sparkasse Neustadt an der Weinstraße wurde am 16.11.2023 im Grundbuch eingetragen. Dies bedeutet, dass die Sparkasse Ihrer verstorbenen Ehefrau einen Kredit in Höhe von 50.000,00 € gewährt hat. Zur Kreditsicherung wurde die Hypothek im Grundbuch an erster Rangstelle eingetragen.

Wir haben uns bereits bei der Bank erkundigt und erfahren, dass die Hypothek derzeit noch voll valutiert ist, da bislang noch keine Rückzahlungen geleistet wurden. Die Bank hat dadurch, dass noch keine Zahlungen geleistet wurden, die Möglichkeit, das Grundstück zwangsversteigern zu lassen.

Bitte rufen Sie im Sekretariat an und vereinbaren Sie einen Termin, damit wir das weitere Vorgehen besprechen können.

Freundliche Grüße

Peter Huber
Rechtsanwalt

Anlage
Mitteilung des Grundbuchamts

RAin Dr. Annette Neumann Fachanwältin für Verkehrsrecht · **RA Peter Huber** Fachanwalt für Erbrecht
In Zusammenarbeit mit **RAin Katharina Schuh** Fachanwältin für Familienrecht

RAe Dr. Neumann & Huber · Grainstr. 101 · 67434 Neustadt a. d. Wstr. · Telefon +49 6321 5632-0 · Fax +49 6321 5632-15
info@rae-neumann-huber.de · www.rae-neumann-huber.de
Registernummer PR 956 · Amtsgericht Neustadt a. d. Wstr. · USt-IdNr.: DE573964122

Commerzbank Neustadt a. d. Wstr. · IBAN DE41 5464 0035 0012 5832 19
Deutsche Bank Neustadt a. d. Wstr. · IBAN DE52 5467 0095 0096 7844 58

3.2.3 Mitteilung über eine erfolgte Grundbucheintragung

Situationsbeschreibung: Dimitri Tadeij, Hauptstraße 56 a, 67475 Weidenthal, hat sich vor vier Monaten ein kleines Anwesen in 67435 Neustadt an der Weinstraße, Blumenstraße 3, gekauft. Den Kaufpreis hat er fristgerecht bezahlt. Die Auflassung beim Grundbuch wurde durch den Verkäufer auch bereits beantragt. Es fehlt jedoch nach wie vor die Mitteilung des Grundbuchamts über die Eigentumseintragung. Da bereits mehrere Anfragen beim beurkundenden Notar ohne Erfolg blieben, bittet er nun Rechtsanwältin Katharina Schuh um Hilfe. Diese schreibt das Grundbuchamt in Neustadt an der Weinstraße an und bittet um Erledigung. Nach einem Erinnerungsschreiben sowie einem Anruf beim Grundbuchamt kommt am 31.05.2024 endlich die Mitteilung über die erfolgte Grundbucheintragung (Datum: 28.05.2024) mit der Bitte um Entschuldigung, dass es aufgrund längerer Krankheit des Sachbearbeiters zu dieser großen Verzögerung gekommen ist. Rechtsanwältin Katharina Schuh bittet Annika Sauer am 04.06.2024, die Mitteilung über die Grundbucheintragung an den Mandanten zu senden. Das Aktenzeichen lautet: 127/2024.

Dr. Neumann & Huber
Rechtsanwälte Partnerschaft

RAe Dr. Neumann & Huber, Grainstr. 101, 67434 Neustadt a. d. Wstr.
Herrn
Dimitri Tadeij
Hauptstraße 56 a
67475 Weidenthal

Ihr Zeichen:	
Ihre Nachricht vom:	
Unser Zeichen:	127/2024
Unsere Nachricht vom:	
Name:	RAin Katharina Schuh
Sekretariat:	Annika Sauer
Telefon:	+49 6321 5632-12
Telefax:	+49 6321 5632-15
Datum:	04.06.2024

Dimitri Tadeij
wg. Grundbucheintragung

Sehr geehrter Herr Tadeij,

in obiger Angelegenheit übersenden wir Ihnen die Mitteilung des Amtsgerichts Neustadt an der Weinstraße vom 28.05.2024 zu Ihrer Kenntnisnahme.

Wie Sie sehen, wurde der Grundbucheintrag dahingehend angepasst, dass Sie nun alleiniger Eigentümer des Anwesens Blumenstraße 3 in 67435 Neustadt an der Weinstraße sind.

Der zuständige Sachbearbeiter beim Grundbuchamt bat um Entschuldigung, dass es aufgrund längerer Krankheit zu dieser großen Verzögerung gekommen ist.

Freundliche Grüße

Katharina Schuh
Rechtsanwältin

Anlage
Mitteilung des Grundbuchamts

RAin Dr. Annette Neumann Fachanwältin für Verkehrsrecht · **RA Peter Huber** Fachanwalt für Erbrecht
In Zusammenarbeit mit **RAin Katharina Schuh** Fachanwältin für Familienrecht

RAe Dr. Neumann & Huber · Grainstr. 101 · 67434 Neustadt a. d. Wstr. · Telefon +49 6321 5632-0 · Fax +49 6321 5632-15
info@rae-neumann-huber.de · www.rae-neumann-huber.de
Registernummer PR 956 · Amtsgericht Neustadt a. d. Wstr. · USt-IdNr.: DE573964122

Commerzbank Neustadt a. d. Wstr. · IBAN DE41 5464 0035 0012 5832 19
Deutsche Bank Neustadt a. d. Wstr. · IBAN DE52 5467 0095 0096 7844 58

3.3 Kostenrechnungen erstellen

Die Erstellung von Kostenrechnungen gehört in jedem Rechtsgebiet zu einem der wichtigsten Aufgabenbereiche von Rechtsanwaltsfachangestellten. Welche Inhalte eine Kostenrechnung aufweisen muss und wie eine solche aussehen kann, wurde bereits erläutert und angewandt.

vgl. LF 4, Kap. 4.8 und 5.4

Situationsbeschreibung: Das Ehepaar Lukas und Lena Wittmann, Berliner Straße 30, 67146 Deidesheim, besitzt ein großes Gartengrundstück am Rieslingweg in 67146 Deidesheim. Das Ehepaar hat ihren Nachbarn Jasmin und Jens Weidenfels, Berliner Straße 28, 67146 Deidesheim, erlaubt, das Grundstück zwei Wochen lang zu nutzen, da diese dort ihren Polterabend und die Hochzeit feiern wollten. Jasmin und Jens Weidenfels blockieren jedoch seitdem die Einfahrt des Grundstücks mit einem Anhänger, sodass das Ehepaar Wittmann nicht mehr in diese hineinfahren kann. Rechtsanwältin Katharina Schuh wurde deshalb vom Ehepaar Wittmann am 31.05.2024 beauftragt, tätig zu werden. Nach vielen persönlichen Gesprächen mit den Weidenfels' sowie einem umfangreichen Schriftverkehr (= 1,8 Gebühr) haben diese nach drei Monaten die Einfahrt des Gartengrundstücks geräumt. Die Angelegenheit (Az.: 190/2024) ist somit beendet und kann abgerechnet werden. Der Wert des Gartengrundstücks beläuft sich auf 30.000,00 €. Die fortlaufende Rechnungsnummer lautet 286/2024. Annika Sauer erstellt die Kostenendabrechnung am 06.09.2024.

Dr. Neumann & Huber
Rechtsanwälte Partnerschaft

RAe Dr. Neumann & Huber, Grainstr. 101, 67434 Neustadt a. d. Wstr.
Ehepaar
Lukas und Lena Wittmann
Berliner Straße 30
67146 Deidesheim

Ihr Zeichen:	
Ihre Nachricht vom:	
Unser Zeichen:	190/2024
Unsere Nachricht vom:	
Name:	RAin Katharina Schuh
Sekretariat:	Annika Sauer
Telefon:	+49 6321 5632-12
Telefax:	+49 6321 5632-15
Datum:	06.09.2024

Kostenendabrechnung
Rechnungsnummer: 286/2024
Lukas und Lena Wittmann ./. Jasmin und Jens Weidenfels
wg. Zugang zum Gartengrundstück am Rieslingweg, 67146 Deidesheim
Leistungszeitraum: 31.05.2024 – 06.09.2024

Gegenstandswert: 30.000,00 € (§ 6 ZPO)

2,1 Geschäftsgebühr, Nr. 2300, 1008 VV RVG	2.005,50 €
Pauschale Post und Telekommunikation, Nr. 7002 VV RVG	20,00 €
Zwischensumme	2.025,50 €
19 % Umsatzsteuer, Nr. 7008 VV RVG	384,85 €
Summe	2.410,35 €

Katharina Schuh
Rechtsanwältin

RAin Dr. Annette Neumann Fachanwältin für Verkehrsrecht · **RA Peter Huber** Fachanwalt für Erbrecht
In Zusammenarbeit mit **RAin Katharina Schuh** Fachanwältin für Familienrecht

RAe Dr. Neumann & Huber · Grainstr. 101 · 67434 Neustadt a. d. Wstr. · Telefon +49 6321 5632-0 · Fax +49 6321 5632-15
info@rae-neumann-huber.de · www.rae-neumann-huber.de
Registernummer PR 956 · Amtsgericht Neustadt a. d. Wstr. · USt-IdNr.: DE573964122

Commerzbank Neustadt a. d. Wstr. · IBAN DE41 5464 0035 0012 5832 19
Deutsche Bank Neustadt a. d. Wstr. · IBAN DE52 5467 0095 0096 7844 58

Zusammenfassung

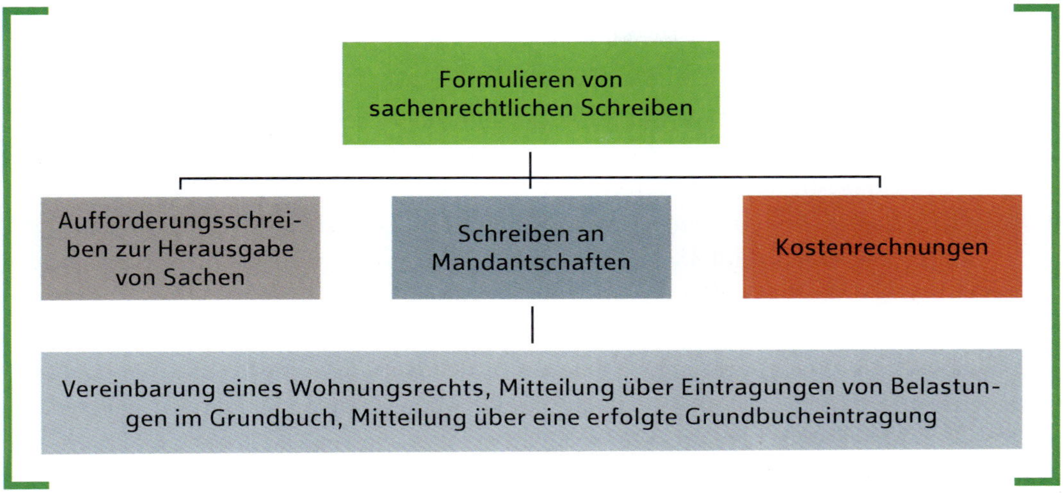

Wiederholung und Vertiefung

1. Der Jugendtreff Neustadt an der Weinstraße e. V., Im Kästenbusch 11, 67434 Neustadt an der Weinstraße, hat sich vor einem Jahr einen Billardtisch gekauft. Diesen leiht sich das Nichtmitglied Julian Bauer, Heerstraße 5, 67434 Neustadt an der Weinstraße, für seine Geburtstagsparty am 18.06.2024 aus. Er bringt ihn jedoch nicht, wie vereinbart, am 21.06.2024 zurück. Auch nach mehrmaliger Aufforderung, zuletzt schriftlich am 19.08.2024, ist er nicht zur Herausgabe bereit. Der Jugendtreff beauftragt daher die Partnerschaft Dr. Neumann & Huber (Az.: 266/2024). Rechtsanwalt Peter Huber bittet Annika Sauer am 30.08.2024, das Schreiben an Julian Bauer anzufertigen und ihn aufzufordern, den Billardtisch bis 17.09.2024 herauszugeben, da ansonsten gerichtliche Schritte eingeleitet werden. Zudem hat Julian Bauer, da er sich im Verzug befindet, die anwaltlichen Kosten binnen gleicher Frist zu zahlen. Der Billardtisch kostete bei seiner Anschaffung 353,00 € und ist nun noch 200,00 € wert. Erstellen Sie das Schreiben unter Verwendung des Kanzleibriefbogens.
2. Rechtsanwältin Katharina Schuh bittet Annika Sauer am 02.08.2024, in der Angelegenheit Udo Kleinhans ./. Stadtverwaltung Aachen wegen Grunderwerbsteuer (Az.: 281/2024) ein Schreiben an den Mandanten zu fertigen. Dieser soll das Schreiben der Stadtverwaltung Aachen vom 30.07.2024 erhalten und sich im Sekretariat melden, um einen Besprechungstermin zu vereinbaren. Der Mandant wohnt in 76879 Essingen, Schlossstraße 4. Erstellen Sie das Schreiben unter Verwendung des Kanzleibriefbogens.

3. Rechtsanwalt Peter Huber beauftragt Julia Hoffmann am 24.08.2024, in der Angelegenheit Lisa Makowski ./. Musikverlag Tonstar wegen Unterlassung (Az.: 199/2024) ein Mahnschreiben an die Mandantin zu fertigen. Diese hat den Rechnungsbetrag von 391,15 € gem. Kostenrechnung, die ihr mit Schreiben vom 02.08.2024 übersandt wurde, bislang noch nicht beglichen. Sofern sie nun nicht bis zum 10.09.2024 zahlt, sollen gerichtliche Schritte angedroht werden. Die Mandantin wohnt in 76833 Walsheim, Hauptstraße 11. Erstellen Sie das Schreiben unter Verwendung des Kanzleibriefbogens.
4. Rechtsanwältin Dr. Annette Neumann übergibt die Akte Linda Cäsar (Adresse: Haßlocher Straße 13 a, 67435 Neustadt an der Weinstraße) ./. Karlheinz Lautenbach (Adresse: Gaußstraße 1, 67549 Worms) an Annika Sauer mit der Bitte um Abrechnung. Die Angelegenheit wegen Herausgabe war durchschnittlich. Der Gegenstandswert beläuft sich auf 5.000,00 €. Zur Klärung der Angelegenheit (Az.: 301/2023) war eine Besprechung bei der Gegenseite erforderlich, zu der Rechtsanwältin Dr. Annette Neumann mit dem eigenen Pkw gefahren ist (48 km einfach, Dauer 3,5 Stunden). Karlheinz Lautenbach trägt aufgrund des Verzugs die Kosten. Die nächste Rechnungsnummer lautet 021/2024. Der Leistungszeitraum begann am 24.11.2023 und endet mit der Erstellung der Kostenendabrechnung am 26.01.2024. Erstellen Sie die Kostenrechnung unter Verwendung des Kanzleibriefbogens.

Lernfeld 9 (Rechtsanwaltsfachangestellte) – Kompetenzen

In diesem Lernfeld lernen Sie:

Kapitel 1 **Das gerichtliche Mahnverfahren**	• die Vorteile und die Zweckmäßigkeit des gerichtlichen Mahnverfahrens zu beurteilen • die Zulässigkeit eines gerichtlichen Mahnverfahrens zu bestimmen • das für das Mahnverfahren örtlich und sachlich zuständige Gericht zu ermitteln • auf welche Arten ein Antrag auf Erlass eines Mahnbescheids gestellt werden kann • was ein solcher Antrag enthalten muss • wie die Zustellung in Zivilverfahren erfolgen kann • welche Möglichkeiten der Antragsgegner hat, auf einen Mahnbescheid zu reagieren • was der Unterschied zwischen einem Widerspruch und einem Einspruch im Mahnverfahren ist • unter welchen Voraussetzungen ein Vollstreckungsbescheid erlassen werden kann • die Fristen im Mahnverfahren zu beachten • wie der Übergang von einem Mahnverfahren ins streitige Verfahren erfolgt

Kapitel 2 **Das Europäische Mahnverfahren**	• die Zweckmäßigkeit des Europäischen Mahnverfahrens im Gegensatz zum grenzüberschreitenden deutschen Mahnverfahren und dem Europäischen Verfahren für geringfügige Forderungen zu beurteilen • wann das Europäische Mahnverfahren zulässig ist • welches Gericht im Europäischen Mahnverfahren zuständig ist • wie ein Antrag auf Erlass eines Europäischen Zahlungsbefehls erfolgen muss • wie das Europäische Mahnverfahren abläuft • wie ein Europäischer Zahlungsbefehl zugestellt wird • welche Möglichkeiten es gibt, sich dagegen zu wehren • was die Unterschiede zwischen dem deutschen und dem Europäischen Mahnverfahren sind

Kapitel 3 **Rechtsanwalts-gebühren und Gerichtskosten im Mahnverfahren**	• die Gebühren und Auslagen bei Vertretung des Antragstellers richtig abzurechnen • die Höhe der einzuzahlenden Gerichtskosten für den Antrag auf Erlass eines Mahnbescheids zu ermitteln • die Gebühren und Auslagen bei Vertretung des Antragsgegners richtig abzurechnen • eine eventuelle Gebührenanrechnung auf die entstehenden Verfahrensgebühren zu beachten und vorzunehmen • bei sog. Mischfällen die Gebührenbegrenzung gem. § 15 Abs. 3 RVG zu beachten und vorzunehmen

Kapitel 4 **Führen des erforderlichen Schriftverkehrs**	• Schreiben an Mandantschaften über den jeweiligen Verfahrensstand zu formulieren, normgerecht zu erstellen und zu gestalten • Kostenrechnungen normgerecht zu erstellen und zu gestalten

Lernfeld 9 (ReFa): Aufgaben im gerichtlichen Mahnwesen selbstständig bearbeiten

1 Das gerichtliche Mahnverfahren

Die Mandantschaften möchten ihre Forderungen üblicherweise möglichst schnell und kostengünstig durchsetzen. Sofern es sich um eine Geldforderung handelt, steht ihnen zur gerichtlichen Durchsetzung der Forderung grds. neben dem Klageverfahren auch das gerichtliche Mahnverfahren zur Verfügung, welches in der Praxis eine große Bedeutung hat.

vgl. LF 10; LF 4, Kap. 3.4

Das in §§ 688 ff. ZPO geregelte gerichtliche Mahnverfahren dient der schnellen und vereinfachten Durchsetzung von Geldforderungen ohne Klageerhebung und mündliche Verhandlung.

Lernsituation

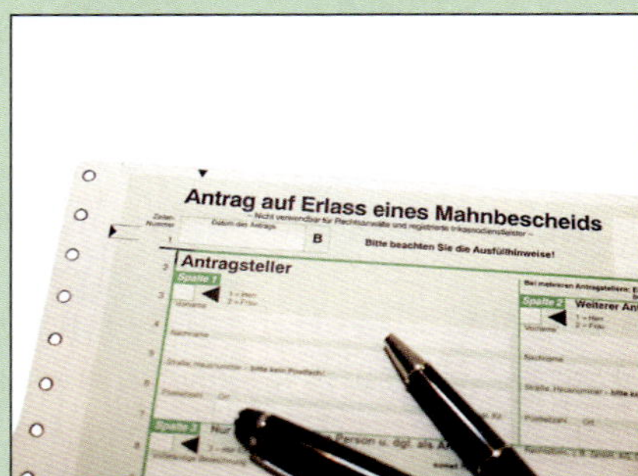

Dipl.-Ing. Gregor Rodziewicz beauftragt die Partnerschaft Dr. Neumann und Huber, eine Forderung der Robert Holm Bauunternehmen GmbH & Co. KG (Landauer Straße 28, 67434 Neustadt an der Weinstraße; persönlich haftender Gesellschafter Holm Bau GmbH, Geschäftsführer: Gregor Rodziewicz) gegen Benedikt Wegener (wohnhaft Rathausstraße 32, 67433 Neustadt an der Weinstraße) in Höhe von 2 634,80 € im Mahnverfahren geltend zu machen. Der Forderung liegt eine Rechnung über die Lieferung von Dämmmaterial vom 27.08.2024 zugrunde. Benedikt Wegener wurde mehrfach angemahnt, zuletzt mit einer Zahlungsfrist zum 15.11.2024. Gregor Rodziewicz beauftragt Rechtsanwalt Peter Huber, die Forderung ggf. im Klageverfahren durchzusetzen.

Darüber hinaus möchte er gegen Cornelia Grefe (wohnhaft in 08141 Reinsdorf) eine Forderung aus einem Kaufvertrag in Höhe von 5 682,83 € geltend machen. Diese verweigert die Annahme der Ware und die Zahlung, weil sie mit ihrem Hausbau nicht so weit fortgeschritten ist, wie ursprünglich von ihr geplant.

Arbeitsaufträge:

a) Erstellen Sie in Gruppenarbeit eine Übersicht, die die Vor- und Nachteile, die Eignung und den Ablauf des Klageverfahrens und des Mahnverfahrens in wenigen Sätzen für die Mandantschaften verständlich erklärt.

b) Überlegen Sie in Gruppenarbeit, wie die örtliche und sachliche Zuständigkeit des Gerichts für das Mahnverfahren und das streitige Verfahren jeweils ermittelt wird. Welche Gerichte sind demnach in den Fällen von Gregor Rodziewicz und Cornelia Grefe zuständig? Was fällt Ihnen dabei auf?
c) Erstellen Sie auf der Seite www.online-mahnantrag.de einen Mahnantrag für die Forderung gegen Benedikt Wegener.
d) Der Mahnbescheid wird Benedikt Wegener am 19.07.2024 zugestellt. Wann kann frühestens der Vollstreckungsbescheid beantragt werden? Wann sollte spätestens der Vollstreckungsbescheid beantragt werden? Welche Frist ist zu beachten, wenn der Vollstreckungsbescheid beantragt und am 13.08.2024 zugestellt wurde? Notieren Sie alle in diesem Zusammenhang wichtigen Fristen in einer Tabelle.
e) Könnte die Robert Holm Bauunternehmen GmbH & Co. KG die Forderung gegen Cornelia Grefe im Mahnverfahren überhaupt geltend machen?
f) Vergleichen Sie untereinander Ihre Ergebnisse.
g) Reflektieren Sie anschließend Ihr Wissen.

1.1 Die Vorteile und Zweckmäßigkeit des Mahnverfahrens

vgl. LF 10

Ein Mahnverfahren bietet im Gegensatz zu einem streitigen Klageverfahren zahlreiche Vorteile:

- **Einfachheit:** Das Mahnverfahren ist im Vergleich zu einem Klageverfahren einfacher. Der Antragsteller muss lediglich das entsprechende Formular ausfüllen und bei Gericht einreichen. Daher ist es auch bei höheren Geldforderungen nicht erforderlich, einen Rechtsanwalt mit der Durchsetzung der Forderung zu beauftragen.

- **Schnelligkeit:** Im Mahnverfahren prüft das Gericht nicht die Richtigkeit der geltend gemachten Forderung, sondern erlässt auf Antrag einen Vollstreckungsbescheid, wenn der Gegner innerhalb von zwei Wochen nach Zustellung des Mahnbescheids keinen Widerspruch einlegt. Es gibt zudem keine mündliche Verhandlung und keine Beweisaufnahme. Vielmehr wird das Mahnverfahren automatisiert und EDV-gestützt durchgeführt. Daher ist das Mahnverfahren deutlich schneller als ein Klageverfahren. Der Antragsteller kann im günstigsten Fall schon nach wenigen Wochen einen Vollstreckungsbescheid erhalten, aus dem die Zwangsvollstreckung betrieben werden kann.

vgl. LF 10, Kap. 1.2; LF 12

vgl. LF 9 (ReFa), Kap. 3.1.7

- **Kostenersparnis:** Die Gerichtsgebühren im Mahnverfahren sind deutlich günstiger als im Klageverfahren. Auch die Rechtsanwaltsgebühren sind geringer und können aufgrund der erwähnten einfachen Handhabung des Mahnverfahrens ganz vermieden werden.

Hinweis: Das in einigen Bundesländern zwingend vor Klageerhebung durchzuführende Schlichtungsverfahren ist gem. § 15 a Abs. 2 Nr. 5 EGZPO (Einführungsgesetz Zivilprozessordnung) nicht erforderlich, wenn ein Mahnverfahren durchgeführt wird. Durch Einleitung eines Mahnverfahrens kann also eine solche, unter Umständen zeitraubende, Schlichtung umgangen werden.

vgl. LF 10, Kap. 2.1.3

Ein gerichtliches Mahnverfahren ist jedoch nur sinnvoll, wenn **zu erwarten** ist, dass der **Gegner der Forderung nicht widerspricht**. Denn der Schuldner kann durch einfaches Ankreuzen auf einem Formular Widerspruch gegen den Mahnbescheid einlegen, wodurch das Mahnverfahren in ein „normales" Klageverfahren übergeht. In diesem Fall verliert der Antragsteller wertvolle Zeit und hätte vorteilhafter gehandelt, wenn er gleich Klage eingereicht hätte.

vgl. LF 9 (ReFa), Kap. 1.6

Das Mahnverfahren kann zwar für jeden Betrag eingeleitet werden, bei **höheren Streitwerten** ist es jedoch wahrscheinlicher, dass der Schuldner nicht kampflos zahlt und daher Widerspruch einlegen wird. In solchen Fällen empfiehlt es sich, gleich Klage einzureichen.

1.2 Die Zulässigkeit des Mahnverfahrens

Das gerichtliche Mahnverfahren ist **nur zulässig** bei Ansprüchen, die auf **Zahlung einer Geldsumme** in Euro gerichtet sind. Dagegen können Forderung, die z. B. in der Lieferung oder Herausgabe einer Sache bestehen, nicht im Mahnverfahren durchgesetzt werden.

▶ **Beispiel:** Harald Taurek verlangt die Kaufpreiszahlung für einen E-Book-Reader von Marian Naumann. Da diese Forderung auf die Zahlung einer Geldsumme gerichtet ist, kann er sie im Mahnverfahren geltend machen. Im Gegensatz dazu kann Marian Naumann die Lieferung des E-Book-Readers nicht im Mahnverfahren verlangen, sondern muss Klage erheben.

Die Forderung muss zudem **fällig** sein.

vgl. LF 4, Kap. 2.1

Nicht zulässig ist das gerichtliche Mahnverfahren in folgenden Fällen:

- Die Zahlung des Schuldners (und Antragsgegners) darf nicht von einer **Gegenleistung** des Gläubigers abhängen, die noch nicht erbracht wurde (§ 688 Abs. 2 Nr. 1 ZPO).

  ▶ **Beispiel:** Arne Schilling möchte im Mahnverfahren eine Kaufpreisforderung geltend machen. Dies kann er jedoch erst, wenn er selbst seine Leistung erbracht, also die Ware der Kundschaft geliefert hat.

- Es darf sich nicht um eine Forderung aus einem **Verbraucherdarlehensvertrag** handeln, wenn der Unternehmer seine Zinsforderungen geltend machen will und der effektive oder anfänglich effektive Jahreszins mehr als zwölf Prozentpunkte über dem Basiszinssatz liegt (§ 688 Abs. 2 Nr. 2 ZPO). Dadurch soll verhindert werden, dass Darlehensgeber sich mithilfe des Mahnverfahrens einen schnellen Vollstreckungstitel für möglicherweise sittenwidrige Darlehen verschaffen.

vgl. LF 9 (ReFa), Kap. 1.5.2

- Die Zustellung des Mahnbescheids darf nicht durch **öffentliche Bekanntmachung** erfolgen (§ 688 Abs. 2 Nr. 3 ZPO). Bei der öffentlichen Zustellung gem. § 185 ZPO wird die Zustellung fingiert, indem das zuzustellende Dokument an der Gerichtstafel oder in einem elektronischen Informationssystem ausgehängt wird. Diese Art der Zustellung wird vor allem durchgeführt, wenn der Aufenthaltsort einer Person unbekannt oder eine Zustellung im Ausland nicht möglich ist. In diesen Fällen ist also kein Mahnverfahren möglich.

  ▶ **Beispiel:** Alexei Ruhmann möchte eine Forderung gegen Hero Brosig aus einer unbezahlten Rechnung geltend machen. Hero Brosig ist jedoch mehrfach umgezogen, und sein aktueller Aufenthaltsort kann trotz Anfragen beim Einwohnermeldeamt und weiterer Recherchen nicht festgestellt werden. Alexei Ruhmann kann also in diesem Fall seine Forderung nicht im Mahnverfahren geltend machen.

1.3 Die Zuständigkeit im Mahnverfahren

vgl. LF 10, Kap. 2.2.2

Ausschließlich zuständig (unabhängig vom Streitwert) ist gem. § 689 ZPO das **Amtsgericht**, in dessen Bezirk der **Antragsteller** seinen **allgemeinen Gerichtsstand** gem. §§ 12, 13 ZPO, also seinen Wohn- oder Unternehmenssitz hat.

Für jedes Bundesland wurde ein **Zentrales Mahngericht** eingerichtet, das alle Mahnverfahren in diesem Bundesland bearbeitet. Teilweise haben sich auch mehrere Bundesländer zusammengeschlossen und nur ein Zentrales Mahngericht eingerichtet. So ist z. B. das Amtsgericht Aschersleben das gemeinsame Mahngericht der Länder Sachsen-Anhalt, Sachsen und Thüringen.

Hat der Antragsteller **im Inland keinen allgemeinen Gerichtsstand**, so ist gem. § 689 Abs. 2 S. 2 ZPO das Amtsgericht Wedding in Berlin ausschließlich zuständig.

Stellen **mehrere Personen** mit verschiedenen allgemeinen Gerichtsständen den Antrag, so können sie wählen, bei welchem der zuständigen Gerichte der Antrag eingereicht wird.

▶ **Beispiel:** Die ehemaligen Schulfreunde Franziska Hollinger (wohnhaft in Darmstadt), Zahid Aydogdu (wohnhaft in Aachen) und Pietro Rottmann (wohnhaft in Leipzig) besitzen gemeinsam ein Ferienhaus in den Alpen, das sie auch zeitweise vermieten. Als eine Miete nicht gezahlt wird, wollen sie diese im Mahnverfahren einfordern. Sie können nun wählen, ob sie den Antrag auf Erlass eines Mahnbescheids beim für Darmstadt zuständigen Amtsgericht Hünfeld oder dem für Aachen zuständigen Amtsgericht Mayen oder beim Amtsgericht Aschersleben, als gemeinsames Mahngericht der Länder Sachsen-Anhalt, Sachsen und Thüringen, stellen.

Funktionell zuständig ist gem. § 20 Nr. 1 RPflG (Rechtspflegergesetz) der **Rechtspfleger**, der das Verfahren durchführt.

Hinweis: Mahnverfahren können auch in arbeitsrechtlichen Angelegenheiten durchgeführt werden. Gemäß § 46 a Abs. 2 ArbGG (Arbeitsgerichtsgesetz) ist für die Durchführung des Mahnverfahrens das Arbeitsgericht örtlich zuständig, das für die im Urteilsverfahren erhobene Klage zuständig wäre. Die Zuständigkeit richtet sich somit grds. nach dem Wohnsitz des Gegners und nicht des Antragstellers wie beim allgemeinen Mahnverfahren.

vgl. LF 5 und LF 14 (ReFa)

1.4 Der Antrag auf Erlass eines Mahnbescheids

Mit dem Antrag auf Erlass eines Mahnbescheids wird das Mahnverfahren in Gang gesetzt. Da es sich um ein vereinfachtes und standardisiertes Verfahren handelt, muss der Antrag nicht begründet werden. Er muss gem. § 690 ZPO nur folgende Angaben enthalten:

- Name und Anschrift des Antragstellers,
- Name und Anschrift des Antragsgegners,
- das für ein streitiges Verfahren örtlich und sachlich zuständige Gericht.

vgl. LF 10, Kap. 2.2.2

Hinweis: Das für das Mahnverfahren zuständige Gericht richtet sich nach dem Wohnsitz des Antrag**stellers**, das für das streitige Verfahren zuständige Gericht grds. nach dem Wohnort des Antrags**gegners**.

- die Bezeichnung des Anspruchs mittels einer Katalognummer, die dem Formular beigefügt ist,
- Konkretisierungsmerkmale des Anspruchs (z. B. Rechnungsdatum und/oder -nummer),
- Haupt- und Nebenforderungen (gesondert und einzeln bezeichnet),
- die Zinsen,
- die Erklärung, dass der Anspruch nicht (mehr) von einer Gegenleistung abhängt,
- ggf. den Antrag, dass nach Einlegung eines Widerspruchs ein streitiges Verfahren durchgeführt werden soll,
- die Unterschrift des Antragstellers oder die elektronische Signatur.

Hauptforderungs-Katalog
(die Hinweise in Klammern bitte unbedingt beachten)

Bezeichnung	Katalog-Nr.
Anzeigen in Zeitungen u. a.	1
ärztliche oder zahnärztliche Leistung	2
Beiträge zur privaten Pflegeversicherung (Zuständigkeit des Sozialgerichts für das streitige Verfahren)	95
Bürgschaft	3
Darlehensrückzahlung	4
Dienstleistungsvertrag (keine Ansprüche aus Arbeitsvertrag, Zuständigkeit des Arbeitsgerichts)	5
Frachtkosten	6
Geschäftsbesorgung durch Selbstständige (z. B. Rechtsanwälte, Steuerberater)	7
Handwerkerleistung	8

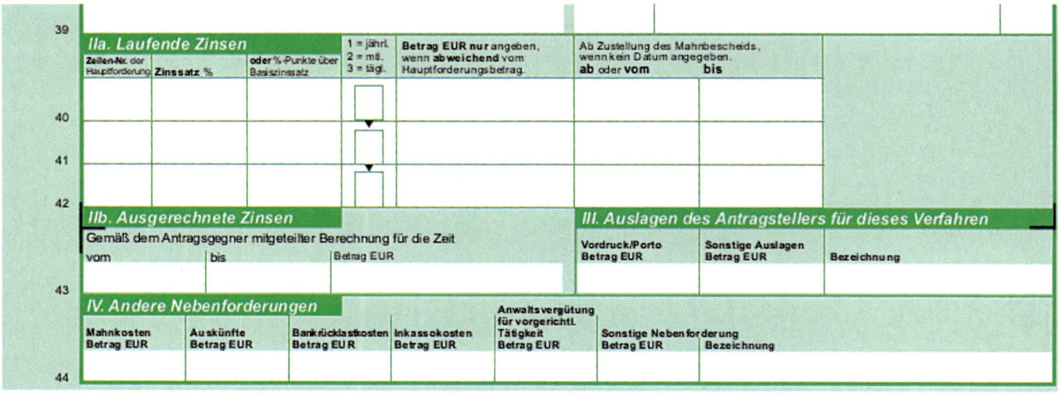
IIa. Laufende Zinsen
Zeilen-Nr. der Hauptforderung | Zinssatz % | oder %-Punkte über Basiszinssatz | 1 = jährl. 2 = mtl. 3 = tägl. | Betrag EUR nur angeben, wenn abweichend vom Hauptforderungsbetrag. | Ab Zustellung des Mahnbescheids, wenn kein Datum angegeben. ab oder vom | bis

IIb. Ausgerechnete Zinsen
Gemäß dem Antragsgegner mitgeteilter Berechnung für die Zeit
vom | bis | Betrag EUR

III. Auslagen des Antragstellers für dieses Verfahren
Vordruck/Porto Betrag EUR | Sonstige Auslagen Betrag EUR | Bezeichnung

IV. Andere Nebenforderungen
Mahnkosten Betrag EUR | Auskünfte Betrag EUR | Bankrücklastkosten Betrag EUR | Inkassokosten Betrag EUR | Anwaltsvergütung für vorgerichtl. Tätigkeit Betrag EUR | Sonstige Nebenforderung Betrag EUR | Bezeichnung

Quelle: Justizverwaltung Nordrhein-Westfalen: Antrag auf Erlass eines Mahnbescheids, veröff. unter: https://www.mahngerichte.de/verfahrensueberblick/antragstellung/zulaessige-vordrucke/ [Stand: 01.01.2024]

vgl. LF 3, Kap. 3.2.2 und 4.4.1

Für die **Haupt- und Nebenforderungen** gibt es auf dem Antragsformular verschiedene Zeilen, sodass diese getrennt ausgewiesen werden können. Unter den Nebenforderungen werden in diesem Zusammenhang die Verzugsschäden verstanden. Diese sind bei Geldschulden vor allem entgangene Zinsen. Darüber hinaus können noch weitere Kosten anfallen, z. B. Kosten für eine Einwohnermeldeamtsanfrage, um die Anschrift des Schuldners zu ermitteln (Kategorie Auskünfte).

Das Mahngericht **prüft** dementsprechend den geltend gemachten Anspruch **nicht inhaltlich**. Es achtet also nicht darauf, ob der Anspruch tatsächlich besteht und dieser beweisbar ist, sondern prüft nur die unter Kap. 1.2 genannten Zulässigkeitsvoraussetzungen für das Mahnverfahren. Werden Fehler gefunden, so wird der Antragsteller mithilfe des sog. Monierungsschreibens darauf hingewiesen und er erhält die Möglichkeit zur Korrektur. Erfolgt keine Korrektur, so wird der Mahnantrag gem. § 691 Abs. 1 ZPO zurückgewiesen.

Der Antrag auf Erlass eines Mahnbescheids kann gem. § 702 ZPO auf verschiedene Arten gestellt werden.

Antrag auf Erlass eines Mahnbescheids
Antragsteller
Antragsgegner
MUSTER

Quelle: Justizverwaltung Nordrhein-Westfalen: Antrag auf Erlass eines Mahnbescheids, veröff. unter: https://www.mahngerichte.de/verfahrensueberblick/antragstellung/zulaessige-vordrucke/ [Stand: 01.01.2024]

1.4.1 Der Papierantrag

Der Antrag kann unter Verwendung des amtlichen Formulars **auf dem Postweg** eingereicht werden. Die entsprechenden Formulare sind im Bürofachhandel erhältlich und müssen in der jeweils geltenden Fassung (zurzeit Fassung vom 01.07.2017) verwendet werden. Gemäß § 703 c Abs. 1 S. 2 Nr. 1 ZPO sind diese Formulare zwingend zu nutzen.

Der Antragsteller muss dieses Mahnantragsformular ordnungsgemäß ausfüllen und es an das Zentrale Mahngericht seines Wohnsitzes bzw. Sitzes übermitteln.

Alle anderen Formulare, wie z. B. der Antrag auf Erlass eines Vollstreckungsbescheids oder das Formular zur Einlegung des Widerspruchs, müssen nicht gekauft werden, sondern werden den Beteiligten von den Mahngerichten zur Verfügung gestellt.

Hinweis: Rechtsanwälte und registrierte Inkassodienstleister dürfen im Gegensatz zu Antragstellern, die ihre eigenen Ansprüche geltend machen, gem. § 690 Abs. 3 S. 2 ZPO dieses Formular nicht nutzen. Sie müssen maschinell lesbare Anträge stellen. Rechtsanwälte und Behörden sind zudem seit dem 01.01.2022 zur elektronischen Übermittlung verpflichtet.

1.4.2 Der Barcodeantrag

Das Antragsformular kann auch im **Internet** auf der Seite www.online-mahnantrag.de als PDF-Dokument ausgefüllt, danach ausgedruckt, unterschrieben und per Post versandt werden. Das Dokument wird automatisch bei der Erstellung mit einem **Barcode** versehen, der bei Gericht die maschinelle Auslesung erlaubt.

Das Dokument darf nicht per Telefax übersandt werden, da dadurch die Barcodeinformationen unleserlich werden.

Für die ab dem 01.01.2022 gem. § 130 d ZPO zur elektronischen Einreichung Verpflichteten (Rechtsanwälte, Behörden und juristische Personen des öffentlichen Rechts) ist der Barcodeantrag grundsätzlich unzulässig und kann nur im Fall eines – glaubhaft zu machenden – vorübergehenden technischen Ausfalls genutzt werden. Inkassodienstleister können ihn hingegen weiterhin nutzen.

1.4.3 Der Onlineantrag

Das im Internet ausgefüllte Formular kann auch **per Internet versendet** werden. Die eingegebenen Daten können als Datei heruntergeladen und mittels eines sicheren Übermittlungswegs (beA, beN, beBPo, DE-Mail) an das Gericht übermittelt werden.

vgl. LF 2, Kap. 2.3

1.4.4 Die elektronische Übermittlung

Die elektronische Übermittlung ist für Nutzer des Mahnverfahrens gedacht, die bereits eine Branchensoftware zur Erstellung von Anträgen im automatisierten gerichtlichen Mahnverfahren (AGM) besitzen (Kanzleien, Inkassodienstleister, Behörden). Erforderlich ist neben der Software eine vom Amtsgericht vergebene EDA-Kennziffer und Zugang zu einem sicheren Übermittlungsweg (beA, beN, beBPo, DE-Mail).

1.4.5 Der weitere Ablauf nach Antragstellung

vgl. LF 10, Kap. 1.2.1

Innerhalb weniger Tage nach Antragstellung wird dann der Mahnbescheid antragsgemäß erlassen. Dieser wird dem Antragsgegner durch das Mahngericht gem. § 693 Abs. 1 ZPO **von Amts wegen zugestellt**. Mit der Zustellung des Mahnbescheids wird die Sache gem. § 700 Abs. 2 ZPO rechtshängig.

Der Antragsteller wird über die Zustellung (inklusive Datum der Zustellung) vom Gericht informiert. Gleichzeitig wird ihm eine **Kostenrechnung** mit einem Zahlungsvordruck zugesandt. Im Gegensatz zum streitigen Verfahren (siehe § 12 Abs. 1 GKG, vgl. dazu auch LF 10, Kap. 1.2.1) muss die Gerichtsgebühr also nicht bereits vor Antragstellung gezahlt werden.

Amtsgericht Hagen
- Mahnabteilung -
58091 Hagen
Antragsgegner:

MAHNBESCHEID
vom 16.05.2012
aufgrund des hier am 02.05.2012 eingegangenen Antrags
Der Antragsteller macht folgenden Anspruch geltend:

MUSTER

Antragsteller:
Prozeßbevollm. d. Antragstellers:
Rechtsanwälte
04711 Kirchheim
Geschäftszeichen d. Prozeßbevollm.:

Kosten nach dem Wert der Hauptforderung: EUR ******4.248,30

Das Gericht hat nicht geprüft, ob dem Antragsteller der Anspruch zusteht.

Justizverwaltung Nordrhein-Westfalen: Antrag auf Erlass eines Mahnbescheids, veröff. unter: https://www.mahngerichte.de/verfahrensueberblick/antragstellung/zulaessige-vordrucke/ [Stand: 01.01.2024]

1.5 Die Zustellung

vgl. LF 10

Der Mahnbescheid wird, wie erwähnt, von Amts wegen an den Antragsgegner zugestellt. Für die Zustellung von Gerichtsdokumenten, wie z. B. dem Mahnbescheid, gibt es dabei verschiedene Zustellungsarten, die allgemein für das Zivilverfahren gelten.

Zustellung bedeutet gem. § 166 ZPO die **Bekanntgabe eines Dokuments** an eine Person in einer **bestimmten Form**. Diese Formen sind in §§ 166 ff. ZPO geregelt und werden im Folgenden dargestellt. Der Mahnbescheid, die Klageschrift, Urteile und Beschlüsse sowie Schriftsätze, die Sachanträge enthalten, müssen zugestellt werden.

Davon zu unterscheiden ist die **formlose Mitteilung**. Diese gilt für Schriftsätze und sonstige Erklärungen der Parteien, die nicht Klageschriften oder Schriftsätze sind, die Sachanträge enthalten. Die Mitteilung kann ohne besondere Form, also etwa durch Telefax oder einfachen Brief, erfolgen. Bei Übersendung durch die Post wird gem. § 270 S. 2 ZPO fingiert, dass der Brief am folgenden Werktag angekommen ist, sofern die Wohnung der Partei im Bereich des Ortsbestellverkehrs liegt, ansonsten an dem zweiten Werktag nach der Aufgabe zur Post. Der Empfänger kann jedoch glaubhaft machen, dass er den Brief erst später erhalten hat.

1.5.1 Die Amts- und Parteizustellung

Gerichtsdokumente werden gem. § 166 Abs. 2 ZPO **von Amts wegen** zugestellt, wenn ihre Zustellung vorgeschrieben oder vom Gericht angeordnet ist. Die Amtszustellung ist also die Regel.

Die Zustellung **von Amts wegen** erfolgt entweder durch Beauftragung

- der **Post** (§ 168 Abs. 1 S. 1 1. Alt. ZPO) oder
- eines **Justizbediensteten** (§ 168 Abs. 1 S. 1 2. Alt. ZPO) oder
- eines **Gerichtsvollziehers** (§ 168 Abs. 2 ZPO).

Darüber hinaus kann die Geschäftsstelle selbst nach § 173 ZPO Dokumente elektronisch übermitteln. Rechtsanwälte, Notare, Gerichtsvollzieher, Steuerberater sowie Behörden, Körperschaften oder Anstalten des öffentlichen Rechts sind nach § 173 Abs. 2 ZPO verpflichtet, einen sicheren Übermittlungsweg für die elektronische Zustellung zu eröffnen (also beA, beN, beBPo).

Die elektronische Zustellung wird durch ein elektronisches Empfangsbekenntnis nachgewiesen, das an das Gericht zu übermitteln ist. Es hat dieselbe Bedeutung wie ein herkömmliches analoges Empfangsbekenntnis und erbringt den vollen Beweis für die Entgegennahme des Dokuments als zugestellt und den Zeitpunkt dieser Entgegennahme.

Auch an andere natürliche und juristische Personen kann eine elektronische Übermittlung erfolgen, aber nur dann, wenn sie der elektronischen Übermittlung in diesem Verfahren zugestimmt haben (§ 173 Abs. 3 ZPO). Die Zustimmung muss nicht explizit erklärt werden. Gemäß § 173 Abs. 4 S. 2 ZPO gilt die Zustimmung als erteilt, wenn der Postfachinhaber den sicheren Übermittlungsweg des besonderen elektronischen Postfachs nutzt und im jeweiligen Verfahren ein elektronisches Dokument einreicht. Hier kommt vor allem eine Kommunikation über DE-Mail infrage. Was sichere Übermittlungswege sind, ist in § 130 a Abs. 4 ZPO geregelt.

Die Zustellung **durch die Parteien** ist nur selten vorgesehen. Sie spielt bei der Zustellung von Prozessvergleichen und vor allem in der Zwangsvollstreckung jedoch eine Rolle. Im Mahnverfahren kann der Antragsteller insbesondere gem. § 699 Abs. 4 ZPO die Zustellung im Parteibetrieb beantragen. vgl. LF 12

Die Zustellung durch die Parteien kann entweder gem. § 192 ZPO durch den **Gerichtsvollzieher** erfolgen, oder, wenn die Parteien durch Rechtsanwälte vertreten sind, durch Zustellung **von Anwalt zu Anwalt** gem. § 195 ZPO.

Bei der Zustellung im Parteibetrieb finden gem. § 190 ZPO die Vorschriften über die Zustellung von Amts wegen entsprechende Anwendung, soweit nichts anderes bestimmt ist.

1.5.2 Die Zustellungsarten

Es gibt verschiedene Arten der Zustellung, von denen die wichtigsten im Folgenden ausführlicher dargestellt werden.

Die Zustellung erfolgt üblicherweise per sog. **Postzustellungsurkunde** (PZU). Dafür übergibt die Geschäftsstelle des Gerichts der Post das zuzustellende Dokument in einem verschlossenen Umschlag und einem vorbereiteten Vordruck einer Zustellungsurkunde.

vgl. LF 9 (ReFa), Kap. 1.5.3

Das Dokument wird dann entweder vom Postboten persönlich übergeben oder im Weg der Ersatzzustellung zugestellt. Auf der Zustellungsurkunde wird notiert, wem, wann, wo und unter welchen Umständen das Schriftstück zugestellt wurde. Dies dient als Beweis der Zustellung.

Bei Personen, bei denen aufgrund ihres Berufs von einer erhöhten Zuverlässigkeit ausgegangen werden kann, wie z. B. bei Rechtsanwälten, Notaren, Gerichtsvollziehern, Steuerberatern sowie bei öffentlichen Einrichtungen und Behörden, kann auch eine **Zustellung gegen Empfangsbekenntnis** gem. § 174 ZPO erfolgen. Der Empfänger bestätigt in einem solchen Fall den Erhalt des Dokuments durch Rücksendung des Empfangsbekenntnisses, versehen mit Datum und Unterschrift. Eine solche Zustellung sowie die Rücksendung des Empfangsbekenntnisses können auch per Telefax oder als elektronisches Dokument mit qualifizierter Signatur erfolgen. Wird vom Gericht hierfür mit der Zustellung ein strukturierter Datensatz zur Verfügung gestellt, ist dieser zu nutzen.

vgl. ▶ § 174 Abs. 2–4 ZPO

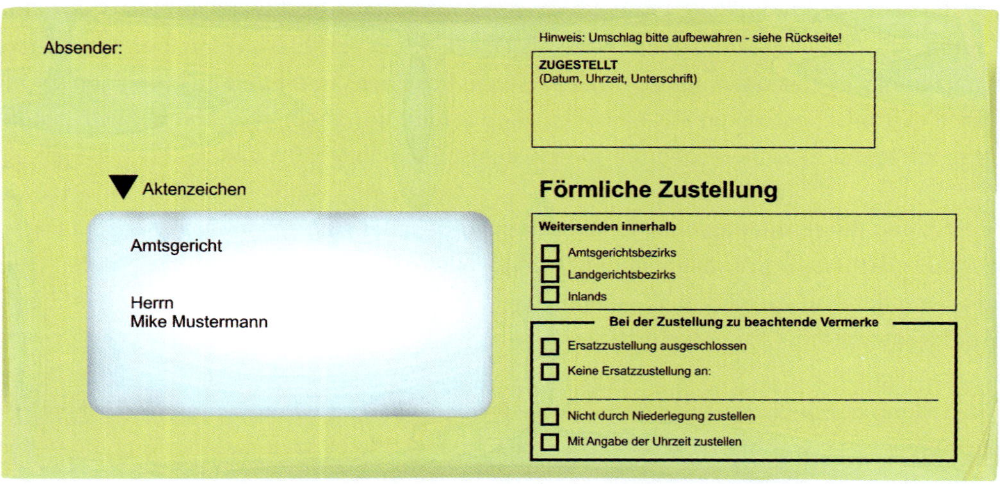

Arten der Zustellung

- **von Amts wegen**
  - durch Aushändigung an der Amtsstelle (§ 173 ZPO)
  - Postzustellungsurkunde
  - gegen Empfangsbekenntnis (§ 174 ZPO)
  - per Einschreiben mit Rückschein (§ 175 ZPO)
  - durch Justizbedienstete
  - öffentliche Zustellung (§ 185 ZPO)
- **im Parteibetrieb**
  - durch den Gerichtsvollzieher (§ 192 ZPO)
  - von Anwalt zu Anwalt (§ 195 ZPO)

vgl. LF 2, Kap. 2.2.2

Ein Schriftstück kann auch gem. § 175 ZPO durch **Einschreiben mit Rückschein** zugestellt werden. Zum Nachweis der Zustellung dient dann der Rückschein. Diese Art der Zustellung ist an jeden Empfänger möglich, nicht nur an als besonders zuverlässig geltende Personen.

In Ausnahmefällen, wenn z. B. der Aufenthaltsort des Gegners unbekannt ist, kann auch auf Antrag eine öffentliche Zustellung gem. § 185 ZPO erfolgen. Diese Art der Zustellung ist nur zulässig, wenn alles Zumutbare getan wurde, um auf anderem Weg zuzustellen, und dies gescheitert ist, da sie das Recht des Zustellungsadressaten auf rechtliches Gehör verletzt. Bei der öffentlichen Zustellung wird nämlich fingiert, also so getan, als ob das Schriftstück zugestellt worden sei, wenn eine entsprechende Benachrichtigung an der Gerichtstafel ausgehängt oder in ein öffentlich zugängliches elektronisches Informationssystem des Gerichts eingestellt wird. Es spielt also keine Rolle, ob der Zustellungsadressat das Schreiben tatsächlich zur Kenntnis nimmt. Das Schriftstück gilt gem. § 188 ZPO als zugestellt, wenn seit dem Aushang der Benachrichtigung ein Monat vergangen ist.

vgl. LF 10, Kap. 1.1.6

vgl. ▶ § 186 ZPO

1.5.3 Der Zustellungsadressat

Grundsätzlich wird direkt an den Betroffenen zugestellt. Von dieser Regel gibt es jedoch einige Ausnahmen:

- Sofern der Zustellungsadressat nicht prozessfähig ist, **muss** gem. § 170 Abs. 1 ZPO an den **gesetzlichen Vertreter** zugestellt werden. Die Zustellung an eine nicht prozessfähige Per-

vgl. LF 10, Kap. 2.2.5

son ist unwirksam. Bei juristischen Personen genügt gem. § 170 Abs. 2 ZPO die Zustellung an den Leiter. Leiter ist, wer dazu berufen ist, die gesamte Einheit zu leiten und zu repräsentieren, auch wenn diese Person nicht zur Prozessführung befugt ist, was vor allem bei Behörden der Fall sein kann (Behördenleiter).

▶ **Beispiel:** Es ergeht ein Mahnbescheid gegen die Virtuoso GmbH. Geschäftsführer der GmbH sind Aileen Winkelhan und Eugen Schwerter. Der Mahnbescheid muss einem der Geschäftsführer der GmbH, als gesetzlichen Vertreter gem. § 35 Abs. 1 GmbHG, zugestellt werden. Eine GmbH hat keinen Leiter, sondern nur Geschäftsführer.

- Wurde jemand durch Rechtsgeschäft als Vertreter bestellt, so **kann** an den **Bevollmächtigten** gem. § 171 ZPO zugestellt werden. Der Vertreter hat eine schriftliche Vollmacht vorzulegen.

▶ **Beispiel:** Es ergeht ein Mahnbescheid gegen eine Reisegruppe von 14 Personen, die gemeinsam ein Ferienhaus gebucht und nicht bezahlt haben. Da sie als Gruppe nicht rechtsfähig sind, richtet sich der Mahnbescheid gegen jeden Einzelnen. Die Gruppe bevollmächtigt Tobias Wedler, alle Zustellungen im Mahnverfahren anzunehmen, damit nicht an jede einzelne der 14 Personen zugestellt werden muss.

- In einem anhängigen Verfahren **muss** die Zustellung gem. § 172 ZPO an den für den Rechtszug bestellten **Prozessbevollmächtigten**, also an den Rechtsanwalt, erfolgen. Eine Zustellung an die Partei selbst ist unwirksam, sofern dies nicht im Gesetz ausdrücklich vorgesehen ist (vgl. z. B. die Anordnung des persönlichen Erscheinens der Partei gem. § 141 Abs. 2 ZPO, bei der die Ladung der Partei selbst mitzuteilen ist, auch wenn sie einen Prozessbevollmächtigten bestellt hat. Dem Prozessbevollmächtigten wird diese Ladung aber zusätzlich auch zugestellt.).

▶ **Beispiel:** Rechtsanwältin Giulia Fontano hat dem Gericht gegenüber angezeigt, dass sie als Prozessbevollmächtigte für Bianka Birkelbach auftritt. Das Gericht darf nur an sie zustellen. Arbeitet Giulia Fontano für eine Anwaltssozietät, ist jeder Partner Prozessbevollmächtigter, sodass an jeden auch wirksam zugestellt werden kann. In einem vgl. § 87 ZPO ▶ Anwaltsprozess, z. B. vor dem Landgericht, bleibt sie so lange zustellungsberechtigt, bis ein anderer Rechtsanwalt die Vertretung anzeigt.

1.5.4 Der Ort der Zustellung

Die Zustellung kann gem. § 177 ZPO **an jedem Ort** erfolgen, **an dem der Zustellungsadressat angetroffen wird**, indem ihm das Dokument übergeben wird.

In der ZPO finden sich zudem einige Regelungen, um sicherzustellen, dass eine wirksame Zustellung erfolgen kann, auch wenn der Zustellungsadressat sich dem entziehen möchte.

Der Betroffene darf eine zulässige Zustellung nicht verweigern. Mit der **Annahmeverweigerung** gilt das Schriftstück gem. § 179 S. 3 ZPO als zugestellt. Sofern der Zustellungsadressat die Annahme verweigert, wird das Schriftstück gem. § 179 ZPO in seiner Wohnung oder in dem Geschäftsraum zurückgelassen. Hat er keine Wohnung oder ist kein Geschäftsraum vorhanden, wird das zuzustellende Schriftstück zurückgesandt.

Ersatzweise, wenn die Person nicht angetroffen wird, bestehen folgende Möglichkeiten:

- Wird die Person in ihrer **Wohnung** nicht angetroffen, kann gem. § 178 Abs. 1 Nr. 1 ZPO an einen erwachsenen Familienangehörigen, eine in der Familie beschäftigte Person oder einen erwachsenen ständigen Mitbewohner zugestellt werden. Erwachsen bedeutet dabei nicht unbedingt volljährig.

  ▶ **Beispiel:** Ein Mahnbescheid soll Achim Fricke in seiner Wohnung zugestellt werden. Dort werden jedoch nur seine 11-jährige Tochter Saskia und sein 16-jähriger Sohn Linus angetroffen. Eine Zustellung an Saskia ist unwirksam, da sie nicht erwachsen ist. Eine Zustellung an Linus ist hingegen wirksam, weil in diesem Zusammenhang nicht auf die Volljährigkeit abgestellt wird, sondern auf die Einsichtsfähigkeit und Verlässlichkeit der Person, sodass in der Regel ein Alter von 14 Jahren ausreicht.

- Wird die Person in ihren **Geschäftsräumen** nicht angetroffen, kann gem. § 178 Abs. 1 Nr. 2 ZPO an eine dort beschäftigte Person zugestellt werden.

  ▶ **Beispiel:** Eine Klageschrift soll Karl Huth an seinem Arbeitsplatz in seiner Schreinerei zugestellt werden. Da er dort nicht angetroffen wird, wird an seine Auszubildende Lena Oswald zugestellt. Eine Zustellung an eine Putzhilfe, die bei einer externen Reinigungsfirma angestellt ist, wäre hingegen unwirksam, da sie keine Arbeitnehmerin von Karl Huth ist.

- Wird eine Person in einer **Gemeinschaftseinrichtung** nicht angetroffen, kann gem. § 178 Abs. 1 Nr. 3 ZPO an den Leiter der Einrichtung oder einen dazu ermächtigten Vertreter zugestellt werden.

  ▶ **Beispiele:** Gemeinschaftseinrichtungen sind Altenheime, Studentenwohnheime, Kasernen etc.

Wird in der Wohnung oder den Geschäftsräumen niemand angetroffen, kann das Dokument auch gem. § 180 S. 1 ZPO in den zu der Wohnung oder dem Geschäftsraum gehörenden **Briefkasten eingelegt** werden. Mit der Einlegung gilt das Schriftstück gem. § 180 S. 2 ZPO als zugestellt. Der Zusteller vermerkt auf dem Umschlag des zuzustellenden Schriftstücks das Datum der Zustellung.

Ist auch dies nicht möglich, weil der Empfänger z. B. über keinen Briefkasten verfügt, kann auch eine Zustellung durch **Niederlegung** gem. § 181 ZPO erfolgen.

Das Schriftstück kann auf der Geschäftsstelle des Amtsgerichts, in dessen Bezirk der Ort der Zustellung liegt, niedergelegt werden, wo es drei Monate aufbewahrt wird. Wird die Post mit der Ausführung der Zustellung beauftragt, ist das zuzustellende Schriftstück am Ort der Zustellung oder am Ort des Amtsgerichts bei einer von der Post dafür bestimmten Stelle, üblicherweise in der Filiale der Deutschen Post AG, niederzulegen. Die betreffende Person wird über die Niederlegung schriftlich informiert. Dies erfolgt entweder mit einfachem Brief oder durch Ankleben einer entsprechenden Mitteilung an die Haustür. Mit Abgabe der schriftlichen Mitteilung gilt das Schriftstück gem. § 180 Abs. 1 S. 4 ZPO als zugestellt. Der Zusteller vermerkt auf dem Umschlag des zuzustellenden Schriftstücks das Datum der Zustellung.

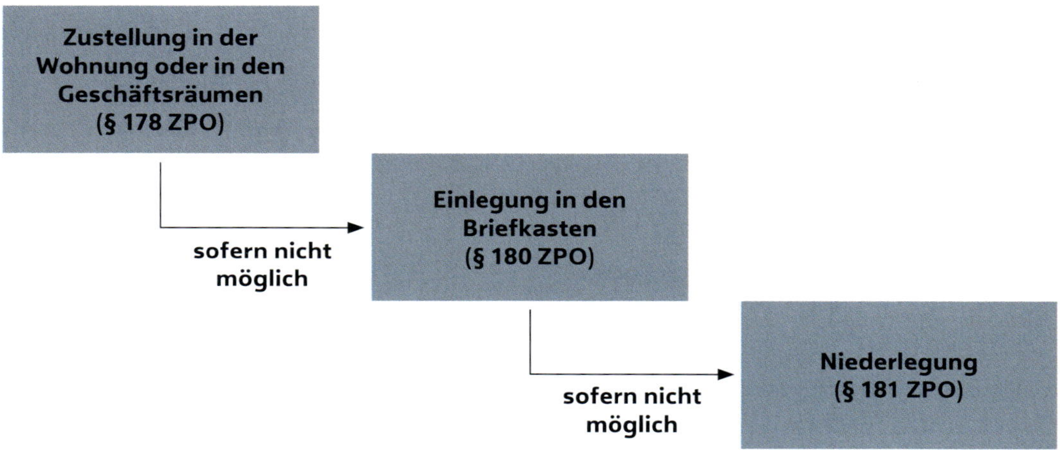

Hinweis: Die Ersatzzustellung kann nur in den beschriebenen Schritten erfolgen. Wird ein Schriftstück durch Niederlegung zugestellt, obwohl eine empfangsberechtigte Person in der Wohnung angetroffen wurde, so ist die Zustellung unwirksam.

vgl. LF 9 (ReFa), Kap. 2.3.4

Für **Zustellungen im Ausland** gilt § 183 ZPO.

1.5.5 Heilung von Zustellungsmängeln

Erfolgte die Zustellung des Dokuments unter Verletzung zwingender Zustellungsvorschriften oder lässt sich die formgerechte Zustellung nicht nachweisen, so können diese **Zustellungsmängel** gem. § 189 ZPO **geheilt** werden. Das Dokument gilt dann in dem Zeitpunkt als zugestellt, in dem das Dokument der Person, an die die Zustellung gerichtet war, tatsächlich zugegangen ist.

▶ **Beispiel:** Ein Mahnbescheid wird am 17. Juni in den Briefkasten von Mahmoud Setiadi eingelegt. Das Datum wird aber nicht auf dem Umschlag vermerkt. Mahmoud Setiadi nimmt den Mahnbescheid nach Rückkehr aus dem Urlaub am 10. Juli zur Kenntnis. Der Mahnbescheid gilt somit erst am 10. Juli als zugestellt.

Mängel werden auch geheilt, wenn der Betroffene die falsche Zustellung **nachträglich genehmigt** oder darauf **verzichtet,** die Mängel **zu rügen.** vgl. § 295 ZPO

Eine unwirksame Zustellung kann zudem **wiederholt** und dann wirksam durchgeführt werden.

1.5.6 Die Bedeutung der Zustellung

Mit Zustellung eines Mahnbescheids oder einer Klage wird die Streitsache **rechtshängig** (§ 700 Abs. 2 ZPO bzw. § 261 ZPO). vgl. LF 10, Kap. 1.2.1

Die Zustellung eines Dokuments ist aber insbesondere für die **Berechnung von richterlichen Fristen** entscheidend. Gemäß § 221 ZPO **beginnen** Fristen, sofern nichts anderes bestimmt wird, **mit der Zustellung.** Die Berechnung der Fristen richtet sich dann gem. § 222 Abs. 1 ZPO nach den Regelungen in §§ 186 ff. BGB. Gemäß § 187 Abs. 1 BGB ist der Ereignistag nicht mitzurechnen, sodass die Frist am Tag nach der Zustellung beginnt. vgl. LF 4, Kap. 2.2.2

Beispiele: Henning Blumenthal wird ein Schriftstück per Einschreiben mit Rückschein zugestellt. Darin wird ihm eine Frist von einem Monat gesetzt. Auf dem Rückschein wird der 22.02.2024 als Tag der Zustellung vermerkt. Die Frist beginnt gem. § 187 Abs. 1 BGB somit am 23.02.2024 und endet gem. § 188 Abs. 2 BGB am 22.03.2024.
Der Rechtsanwältin Patricia Zaremba wird am Mittwoch, den 04.09.2024, um 19:00 Uhr ein Schriftstück gegen Empfangsbekenntnis per beA zugestellt. Darin ist eine zweiwöchige Frist gesetzt. Sie nimmt das Schreiben erst am 06.09.2024 morgens zur Kenntnis und sendet das elektronische Empfangsbekenntnis zurück. Fristauslösendes Ereignis ist das Datum des Empfangsbekenntnisses. Die Frist beginnt gem. § 187 Abs. 1 BGB somit am Dienstag, den 07.09.2024, und endet gem. § 188 Abs. 2 BGB am 20.09.2024.

Hinweis: Gemäß § 193 BGB endet die Frist an dem darauffolgenden Werktag, wenn das Fristende auf einen Sonnabend oder Sonn- oder Feiertag fällt. Dies kann bei nicht bundeseinheitlichen Feiertagen (Fronleichnam ist z. B. nicht in allen Bundesländern ein gesetzlicher Feiertag) zum Problem werden. Ist der Tag in dem Bundesland, in dem der Sitz der Kanzlei ist, ein Feiertag, so kann sich der Rechtsanwalt für die Berechnung der Frist nicht darauf berufen, wenn in dem Bundesland, in dem der Sitz des Gerichts ist, kein Feiertag ist. Das Ende einer Frist wird also nur dann hinausgeschoben, wenn der betreffende Tag am Sitz des Gerichts ein gesetzlicher Feiertag ist.

1.6 Reaktionsmöglichkeiten des Antragsgegners auf den Mahnbescheid

Der Antragsgegner hat nach Erhalt des Mahnbescheids drei Möglichkeiten, darauf zu reagieren:

- Er kann den im Mahnbescheid aufgeführten Betrag vollständig **bezahlen**. Das Mahnverfahren ist damit beendet.
- Er kann innerhalb der **zweiwöchigen Widerspruchsfrist** gegen den Mahnbescheid (oder gegen Teile davon) **Widerspruch** einlegen. Die Frist beginnt ab Zustellung des Mahnbescheids. Der Widerspruch muss mithilfe des Widerspruchsformulars eingelegt werden. Der Widerspruch muss nicht begründet werden.
  Ist der Widerspruch form- und fristgerecht, wird das Verfahren auf Antrag des Antragstellers an das im Mahnantrag angegebene Prozessgericht abgegeben. Dieser Antrag kann bereits im Antrag auf Erlass eines Mahnbescheids erfolgen oder erst nachträglich, wenn der Gegner Widerspruch eingelegt hat. Beim Prozessgericht wird dann ein „normales“ streitiges Verfahren mit mündlicher Verhandlung und ggf. einer Beweisaufnahme durchgeführt. Hier prüft das Gericht dann, ob der geltend gemachte Anspruch auch tatsächlich besteht. Das Gericht muss gem. § 695 ZPO den Antragsteller von dem Widerspruch und dem Zeitpunkt seiner Erhebung in Kenntnis setzen.

Mahnsache
gegen
wegen

Beleg wird maschinell gelesen. Bitte füllen Sie den Vordruck **gut lesbar** aus. Ab 1.1.2020 **nicht mehr verwendbar** für Rechtsanwälte und registrierte Inkassodienstleister.

An das Amtsgericht

Muster

Hinweis für den Antragsgegner
Bitte überlegen Sie sorgfältig, ob Sie im Recht sind, und beachten Sie die Hinweise des Gerichts zum Mahnbescheid.

Widerspruch

Gegen den im Mahnbescheid geltend gemachten Anspruch erhebe ich Widerspruch.

2 Ich widerspreche dem Anspruch **insgesamt**.

3 Ich widerspreche nur einem **Teil** des Anspruchs, und zwar

4 der Hauptforderung wegen eines Teilbetrages von EUR | den Zinsen insgesamt | den laufenden Zinsen, soweit sie nachstehenden Zinssatz übersteigen % jährlich | den Verfahrenskosten insgesamt | den anderen Nebenforderungen wegen eines Betrages von EUR

5 Nur bei Änderung der Anschrift des Antragsgegners: Die Anschrift lautet richtig bzw. jetzt

Justizverwaltung Nordrhein-Westfalen: Antrag auf Erlass eines Mahnbescheids, veröff. unter: https://www.mahngerichte.de/verfahrensueberblick/antragstellung/zulaessige-vordrucke/ [Stand: 01.01.2024]

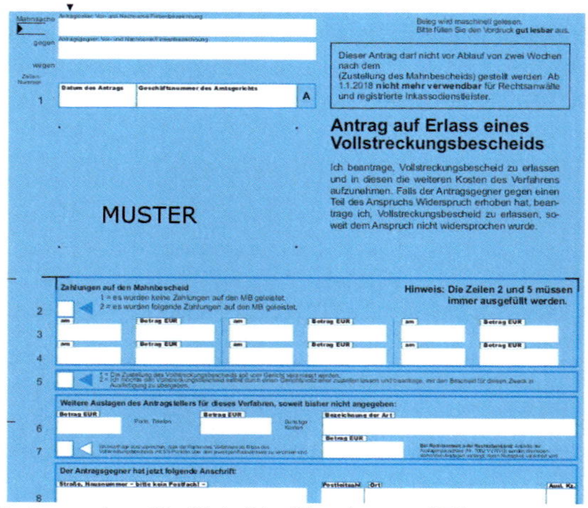

Mahnsache
gegen
wegen

Beleg wird maschinell gelesen. Bitte füllen Sie den Vordruck **gut lesbar** aus.

Dieser Antrag darf nicht vor Ablauf von zwei Wochen nach dem (Zustellung des Mahnbescheids) gestellt werden. Ab 1.1.2018 **nicht mehr verwendbar** für Rechtsanwälte und registrierte Inkassodienstleister.

1 Datum des Antrags | Geschäftsnummer des Amtsgerichts | A

Antrag auf Erlass eines Vollstreckungsbescheids

Ich beantrage, Vollstreckungsbescheid zu erlassen und in diesen die weiteren Kosten des Verfahrens aufzunehmen. Falls der Antragsgegner gegen einen Teil des Anspruchs Widerspruch erhoben hat, beantrage ich, Vollstreckungsbescheid zu erlassen, soweit dem Anspruch nicht widersprochen wurde.

MUSTER

Zahlungen auf den Mahnbescheid
Hinweis: Die Zeilen 2 und 5 müssen immer ausgefüllt werden.

Weitere Auslagen des Antragstellers für dieses Verfahren, soweit bisher nicht angegeben:

Der Antragsgegner hat jetzt folgende Anschrift:

Justizverwaltung Nordrhein-Westfalen: Antrag auf Erlass eines Mahnbescheids, veröff. unter: https://www.mahngerichte.de/verfahrensueberblick/antragstellung/zulaessige-vordrucke/ [Stand: 01.01.2024]

Hinweis: Die Widerspruchsfrist gegen den Mahnbescheid bei arbeitsrechtlichen Verfahren beträgt gem. § 46 a Abs. 3 ArbGG nur eine Woche.

- Er kann auch **gar nicht** auf den Mahnbescheid **reagieren**. Nach Ablauf der Widerspruchsfrist kann der Antragsteller dann beim Mahngericht den Erlass einen Vollstreckungsbescheids beantragen. Dieser ist ein vollstreckbarer Titel.

1.7 Das Verfahren nach Beantragung des Vollstreckungsbescheids

Ein **Antrag auf Erlass eines Vollstreckungsbescheids** kann erst nach Ablauf der Widerspruchsfrist eingereicht werden. Zur Beantragung muss das entsprechende Formular verwendet werden. vgl. ▶ § 699 Abs. 1 S. 2 ZPO

Solange kein Vollstreckungsbescheid vom Mahngericht erlassen worden ist, kann der Antragsgegner gem. § 694 Abs. 1 ZPO (auch nach Ablauf der Widerspruchsfrist) noch Widerspruch einlegen. Dieser wird dann wie ein Einspruch behandelt.

Der Vollstreckungsbescheid wird dem Antragsgegner **von Amts wegen zugestellt.** vgl. ▶ § 699 Abs. 4 ZPO

Er kann nun wiederum innerhalb von zwei Wochen nach Zustellung des Vollstreckungsbescheids Einspruch dagegen einlegen (für den Einspruch gelten die Regelungen zum Versäumnisurteil, vgl. § 700 Abs. 1 ZPO i. V. m. § 339 ZPO).

Wird der Einspruch form- und fristgerecht eingelegt, kommt es wiederum zu einem streitigen Verfahren, ohne dass der Antragsteller dies gesondert beantragen müsste.

Legt der Antragsgegner nicht rechtzeitig Einspruch ein, so wird der Vollstreckungsbescheid rechtskräftig. Der Antragsteller kann dann daraus die **Zwangsvollstreckung** betreiben (vgl. § 794 Abs. 1 Nr. 4 ZPO). vgl. LF 12

1.8 Das streitige Verfahren

Das Gericht, das den Mahnbescheid erlassen hat, gibt bei wirksamem Widerspruch (und entsprechendem Antrag) oder Einspruch den Rechtsstreit **von Amts wegen** an das Gericht ab, das für das streitige Verfahren zuständig ist. Dies ist grds. das Gericht, das im Mahnbescheid vom Antragsteller angegeben wurde. Wenn die Parteien übereinstimmend die **Abgabe an ein anderes Gericht** verlangen, wird die Sache an dieses abgegeben. vgl. LF 9 (ReFa), Kap. 1.4 vgl. ▶ § 696 Abs. 1 S. 1 ZPO

Der Antragsteller wird fortan als **Kläger** bezeichnet, der Antragsgegner als **Beklagter**.

Die Geschäftsstelle des Prozessgerichts fordert dann den Kläger gem. § 697 Abs. 1 ZPO auf, seinen **Anspruch** binnen einer Frist von üblicherweise zwei Wochen in einer der Klageschrift entsprechenden Form zu **begründen**. vgl. LF 10, Kap. 2.2.8

vgl. LF 10, Kap. 1.2

Danach bestimmt der zuständige Richter, ob er das Verfahren mit einem frühen ersten Termin oder einem schriftlichen Vorverfahren fortsetzen möchte, und das Verfahren läuft wie ein „normales“ Klageverfahren ab, das durch Klageeinreichung begonnen wurde.

Zusammenfassung

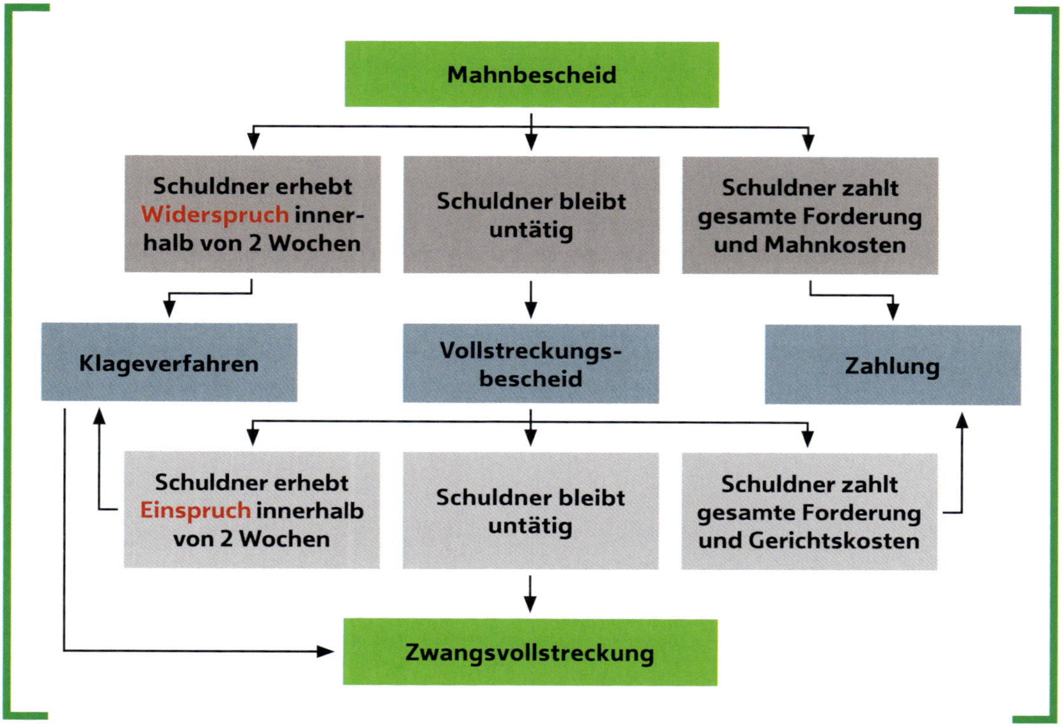

Wiederholung und Vertiefung

1. In welchem Fall ist ein Mahnverfahren im Gegensatz zu einem Klageverfahren wenig Erfolg versprechend?
2. Ist es möglich, im Mahnverfahren die Herausgabe einer Sache zu verlangen?
3. Wer ist sachlich, örtlich und funktionell für Mahnverfahren zuständig?
4. Welches Gericht ist zuständig, wenn der Antragsteller im Inland keinen allgemeinen Gerichtsstand hat?
5. Auf welche Art kann ein Mahnantrag gestellt werden? Erklären Sie die einzelnen Arten kurz.
6. Welche Bedeutung hat das Datum der Zustellung eines Schriftstücks?
7. Auf welche Art und Weise kann die Geschäftsstelle des Gerichts eine Zustellung vornehmen?
8. Welche Frist ist für die Einlegung des Widerspruchs gegen einen Mahnbescheid zu beachten? Was passiert, wenn ein Widerspruch verspätet eingelegt wird?

2 Das Europäische Mahnverfahren

Da in der EU der freie Personen-, Waren-, und Dienstleistungsverkehr gewährleistet ist, kommt es häufig vor, dass sich die Rechtsgeschäfte nicht auf ein Land beschränken, sondern grenzüberschreitend geschlossen werden. So können Privatpersonen z. B. bei einer Reise in einen anderen EU-Mitgliedsstaat dort Waren kaufen oder eine Unterkunft mieten, oder über das Internet Waren eines im EU-Ausland ansässigen Händlers kaufen. Unternehmen bieten ihre Waren und Dienstleistungen über die Landesgrenzen hinweg an und schließen auch Verträge mit Zulieferern und Geschäftspartnern in anderen europäischen Ländern. Daher ist es bei Streitigkeiten sehr wichtig, dass die Betroffenen ihre Rechte auch grenzüberschreitend durchsetzen können. Dazu dient u. a. das Europäische Mahnverfahren.

Lernsituation

Anita Tescher, die Geschäftsführerin der Messe & Mehr GmbH mit Sitz in Sonnbach 11, 83122 Samerberg-Sonnbach beauftragt die Partnerschaft Dr. Neumann und Huber in einer grenzüberschreitenden Forderungsangelegenheit.

Die Messe & Mehr GmbH hat für den Fahrradhersteller Emozione S.r.l., mit Sitz in Via Petrocchi 32, 20127 Milano, Alleingeschäftsführer Fabrizio Giordano, einen Messestand für eine Messe in Frankfurt entworfen und aufgebaut. Der dafür am 23.05.2024 in Rechnung gestellte Betrag in Höhe von 2158,96 € wurde jedoch trotz Mahnung vom 15.06.2024 und 03.07.2024 von der Emozione S.r.l. nicht bezahlt.

Auf das anwaltliche Aufforderungsschreiben von Rechtsanwältin Katharina Schuh vom 29.07.2024 hat die Emozione S.r.l. ebenfalls nicht reagiert.

Arbeitsaufträge:

a) Überlegen Sie in Gruppenarbeit, welche Möglichkeiten Anita Tescher zur Durchsetzung ihrer Ansprüche hätte.

b) Erstellen Sie eine tabellarische Übersicht, aus der hervorgeht, welche Mitgliedstaaten die EU hat und in welchen Staaten das grenzüberschreitende deutsche Mahnverfahren und das Europäische Mahnverfahren jeweils möglich sind.

c) Überlegen Sie in Gruppenarbeit, welches Gericht beim jeweiligen Verfahren hier zuständig ist.
d) Füllen Sie einen Antrag auf Erlass eines Europäischen Zahlungsbefehls zum oben geschilderten Fall aus. Als Bankkonto soll ein Kanzleikonto angegeben werden. Vertraglich wurde kein anderweitiger Zinssatz vereinbart. Weitere Kosten sind nicht entstanden.
e) Was kann die Emozione S.r.L. tun, wenn der Zahlungsbefehl am 25.10.2024 zugestellt wird, und welche Fristen sind dabei zu beachten?
f) Vergleichen Sie Ihre Ergebnisse untereinander und berichtigen/ergänzen Sie ggf. Ihre Notizen.
g) Reflektieren Sie anschließend Ihr Wissen.

2.1 Die Bedeutung und Einordnung des Europäischen Mahnverfahrens

Auf EU-Ebene wurden in den letzten Jahren zahlreiche Regelungen im Bereich der Zusammenarbeit in der Justizpolitik erlassen, die die Durchsetzung von zivilrechtlichen Ansprüchen im EU-Ausland erleichtern sollen. Dabei wurden sowohl neue Verfahren, wie das Europäische Mahnverfahren, geschaffen als auch Regelungen für bestehende Verfahren in den Mitgliedstaaten, wie das deutsche Mahnverfahren, z. B. in Bezug auf die Zuständigkeit ergänzt.

2.1.1 Zweckmäßigkeit des grenzüberschreitenden deutschen Mahnverfahrens

Das in Kap. 1 beschriebene deutsche Mahnverfahren kann grds. auch für grenzüberschreitende Streitigkeiten genutzt werden. Deutschland hat zu diesem Zweck mit folgenden anderen Staaten die Möglichkeit der Zustellung eines Mahnbescheids in diesen Staaten vereinbart:

1. Belgien
2. Bulgarien
3. Dänemark
4. Estland
5. Finnland
6. Frankreich
7. Griechenland
8. Irland
9. Island
10. Israel
11. Italien
12. Lettland
13. Litauen
14. Luxemburg
15. Malta
16. Niederlande
17. Norwegen
18. Österreich
19. Polen
20. Portugal
21. Rumänien
22. Schweden
23. Schweiz
24. Slowakei

25. Slowenien
26. Spanien
27. Tschechische Republik
28. Ungarn
29. Zypern

Das **grenzüberschreitende deutsche Mahnverfahren** ist also auch in Ländern möglich, die keine EU-Mitgliedstaaten sind, wie z. B. Israel. Es kann jedoch nur durchgeführt werden, wenn deutsche Gerichte auch für das streitige Verfahren zuständig sind.

Die **Zuständigkeit** kann im Einzelfall schwierig zu ermitteln sein und ergibt sich aus den Regelungen über die internationale Zuständigkeit

- für die **EU-Mitgliedstaaten** (außer Dänemark, das sich auf eigenen Wunsch nicht an der EU-Justizpolitik beteiligt) aus der EuGVVO (Verordnung des Europäischen Parlaments und des Rats vom 12.12.2012 über die gerichtliche Zuständigkeit und die Anerkennung und Vollstreckung von Entscheidungen in Zivil- und Handelssachen, die seit dem 10.01.2015 gilt),
- für **Dänemark**, **Norwegen**, **Island** und die **Schweiz** aus dem LugÜ (Luganer Übereinkommen über die gerichtliche Zuständigkeit und die Vollstreckung gerichtlicher Entscheidungen in Zivil- und Handelssachen vom 30.10.2007) sowie
- für sonstige Staaten aus völkerrechtlichen Verträgen.

Für das Vereinigte Königreich gilt nach dem Brexit und der Übergangsfrist die EuGVVO und auch sonstiges EU-Recht nicht mehr. Ein Beitrittsgesuch des Königreichs zum LugÜ wurde am 04.05.2021 abgelehnt. Damit gelten im Verhältnis zum Vereinigten Königreich nur noch die nationalen Regelungen; weder das grenzüberschreitende noch das europäische Mahnverfahren finden Anwendung. Das Vereinigte Königreich ist lediglich zum 01.01.2021 dem Haager Gerichtsstandsübereinkommen beigetreten, das Gerichtsstandsvereinbarungen unter Kaufleuten regelt.

Sofern der Antragsgegner keinen Widerspruch gegen den Mahnbescheid einlegt, ergeht ein Vollstreckungsbescheid, der auch im Ausland unter den dort geltenden Vorschriften vollstreckt werden kann, was je nach Land schwierig und zeitaufwendig sein kann.

Für die EU-Mitgliedstaaten (außer Dänemark) ist die **Vollstreckung** einfacher möglich: Gemäß Art. 39 EuGVVO ist ein in einem EU-Mitgliedsstaat ergangener Vollstreckungstitel in allen Mitgliedstaaten vollstreckbar, ohne dass dies nochmals im jeweiligen Land gerichtlich festgestellt oder erklärt werden muss. Daneben gibt es bei unbestrittenen Forderungen die Möglichkeit, einen Europäischen Vollstreckungstitel zu beantragen. vgl. LF 12

2.1.2 Zweckmäßigkeit des Europäischen Mahnverfahrens

Das **Europäische Mahnverfahren** gilt im Gegensatz zum grenzüberschreitenden deutschen Mahnverfahren nur für die EU-Mitgliedstaaten (außer Dänemark).

Der Antragsteller kann sich für Streitigkeiten, die einen EU-Mitgliedsstaat (außer Dänemark) betreffen, jedoch frei entscheiden, ob er lieber ein grenzüberschreitendes deutsches Mahnverfahren oder ein Europäisches Mahnverfahren durchführen möchte.

Vor- und Nachteile

Die **Vor- und Nachteile** des Europäischen Mahnverfahrens im Vergleich zum grenzüberschreitenden deutschen Mahnverfahren sind Folgende:

Vorteile	Nachteile
• **Schnelligkeit**: Das Verfahren läuft **schneller** ab als ein grenzüberschreitendes deutsches Mahnverfahren, da in einem Schritt ein Vollstreckungstitel, nämlich der Europäische Zahlungsbefehl, erlangt werden kann (sog. **einstufiges Verfahren**, vgl. dazu auch unter Kap. 3.4), während beim grenzüberschreitenden deutschen Mahnverfahren zwei Schritte, nämlich der Erlass eines Mahnbescheids und danach der Erlass eines Vollstreckungsbescheids, erforderlich sind. Somit ist bei diesem Verfahren auch nur eine Zustellung nötig, wodurch weitere Zeitverzögerungen und Schwierigkeiten vermieden werden können. • **Effizienz:** Der Antrag auf Erlass eines Europäischen Zahlungsbefehls führt automatisch nach Fristablauf zu einem vollstreckbaren Titel, sofern kein Einspruch erhoben wird. Es bedarf keiner aufwendigen Prüfung durch das Gericht. • **Einfachheit:** Da das Europäische Mahnverfahren **standardisiert** ist und mit **Codierungen** arbeitet (vgl. dazu unter Kap. 3.3.2), fallen geringere Übersetzungskosten als beim grenzüberschreitenden deutschen Mahnverfahren an. Eine anwaltliche Vertretung ist, wie beim deutschen Mahnverfahren auch, zudem nicht erforderlich.	• **Aufwand:** Der Antrag im Europäischen Mahnverfahren ist **aufwendiger**. Darin müssen gleich der der Forderung zugrunde liegende Sachverhalt und die Beweismittel angegeben werden, während ein Antrag auf Erlass eines Mahnbescheids nicht begründet werden muss. • **Sprache:** Sofern der Sachverhalt nicht mithilfe der Codes abgebildet werden kann, sind Kenntnisse in der Gerichtssprache des zuständigen Gerichts erforderlich.

Anwendungsbereich

Das Europäische Mahnverfahren ist in der Verordnung (EG) Nr. 1896/2006 des Europäischen Parlaments und des Rats vom 12.12.2006 zur Einführung eines Europäischen Mahnverfahrens (EuMahnVO) geregelt. Hinzu kommen in Deutschland die nationalen Durchführungsvorschriften in §§ 1087 ff. ZPO.

Art. ▶ 2 Abs. 1 EuMahnVO

Das Verfahren ist nur anwendbar auf **grenzüberschreitende Streitigkeiten in Zivil- und Handelssachen.** Grenzüberschreitend bedeutet dabei gem. Art. 3 Abs. 1 EuMahnVO, dass der Antragsteller und der Antragsgegner ihren Wohnsitz oder gewöhnlichen Aufenthalt in unterschiedlichen Mitgliedstaaten haben.

Es muss sich zudem gem. Art. 4 EuMahnVO um eine **fällige bezifferte Geldforderung** handeln. Die Höhe der Forderung spielt dabei keine Rolle.

Das Europäische Mahnverfahren ist **nicht anwendbar** bei

- Streitigkeiten über die ehelichen Güterstände oder erbrechtliche Streitigkeiten,

- Konkurse und Insolvenzverfahren juristischer Personen sowie außergerichtliche und gerichtliche Vergleiche,
- Streitigkeiten über die soziale Sicherheit,
- Ansprüche aus außervertraglichen Schuldverhältnissen

vgl. LF 4, Kap. 1.3

2.1.3 Zweckmäßigkeit des Europäischen Verfahrens für geringfügige Forderungen

Bei Streitigkeiten über Forderungen bis 5000,00 €, die einen EU-Mitgliedsstaat (außer Dänemark) betreffen, kann der Antragsteller auch das **Europäische Verfahren für geringfügige Forderungen** (auch **„Europäisches Bagatellverfahren"** genannt) wählen. Dieses ist in der Verordnung (EG) Nr. 861/2007 des Europäischen Parlaments und des Rats vom 11.07.2007 zur Einführung eines Europäischen Verfahrens für geringfügige Forderungen in der konsolidierten Fassung vom 14.06.2017 geregelt.

Auch dieses Verfahren wird, wie das Europäische Mahnverfahren, in allen Mitgliedstaaten standardisiert mithilfe von Formblättern durchgeführt. Urteile, die im Rahmen dieses Verfahrens ergehen, sind ebenfalls in den anderen EU-Mitgliedstaaten automatisch vollstreckbar.

Es handelt sich jedoch nicht um ein Mahn- sondern um ein **Klageverfahren**, das aber in der Regel ohne mündliche Verhandlung auskommt. Im Gegensatz zum Europäischen Mahnverfahren ist es jedoch **nicht auf die Geltendmachung von Geldforderungen beschränkt**. Zudem ist es **auch bei bestrittenen** Forderungen zulässig und sinnvoll, da bei diesem Verfahren das Gericht die verschiedenen Standpunkte beider Parteien anhört, bevor es seine Entscheidung trifft.

▶ **Beispiel:** Aurelien Roche, wohnhaft in Toulouse, hat bei dem Internethändler Home & Garden GmbH mit Sitz in Mannheim, einen Dampfgarer zum Preis von 79,90 € gekauft, der ihm jedoch beschädigt geliefert wurde. Außergerichtlich konnte er sich mit der Home & Garden GmbH nicht einigen. Da er die Lieferung eines neuen Dampfgarers erreichen möchte und seine Forderung nicht unbestritten ist, kommt weder ein grenzüberschreitendes deutsches, noch das Europäische Mahnverfahren infrage, weil diese nur bei Geldforderungen zulässig sind. Ein Europäisches Bagatellverfahren ist hingegen zulässig, weil der Streitwert unter 2000,00 € liegt.

2.2 Die Zuständigkeit im Europäischen Mahnverfahren

Die Zuständigkeit im Europäischen Mahnverfahren ergibt sich aus Art. 6 Abs. 1 EuMahnVO i.V.m. der EuGVVO (Verordnung [EU] Nr. 1215/2012 des Europäischen Parlaments und des Rats vom 12.12.2012 über die gerichtliche Zuständigkeit und die Anerkennung und Vollstreckung von Entscheidungen in Zivil- und Handelssachen).

Es muss also zunächst festgestellt werden, welcher Mitgliedsstaat überhaupt zuständig ist.

Hinweis: Da sowohl die EuMahnVO als auch die EuGVVO nicht für Dänemark gelten, meint im Folgenden „Mitgliedsstaat" alle EU-Mitgliedstaaten außer Dänemark.

2.2.1 Bestimmung des zuständigen Mitgliedsstaats

Gemäß Art. 4 EuGVVO richtet sich die Zuständigkeit grds. nach dem Wohnsitz des Antrags**gegners** (= **allgemeiner Gerichtsstand**).

vgl. LF 10, Kap. 2.2.2

In Art. 5 EuGVVO sind jedoch einige **besondere Gerichtsstände** aufgeführt. Sind die Voraussetzungen dafür gegeben, kann der Antragsteller wählen, vor welchem Gericht er klagen möchte. In Art. 24 EuGVVO sind einige ausschließliche Gerichtsstände festgelegt, die keine Wahlmöglichkeit zulassen. Diese spielen im Zusammenhang mit Mahnverfahren jedoch keine Rolle.

vgl. LF 9 (ReFa), Kap. 2.3.2

Hinweis: Die einzelnen infrage kommenden Gerichtsstände sind auf dem Antragsformular auch mit den dazugehörigen Codes aufgeführt.

Der in der Praxis wichtigste besondere Gerichtsstand bei Mahnverfahren ist der **Erfüllungsort** gem. Art. 7 Nr. 1 EuGVVO. Demnach kann bei Streitigkeiten aus einem Vertragsverhältnis auch am Erfüllungsort geklagt werden, wobei als Erfüllungsort der Ort gilt, an dem die Kaufsache geliefert oder die Dienstleistung erbracht wurde oder hätte werden müssen.

▶ **Beispiel:** Deniz Noyan, wohnhaft in Erlangen, übernachtet auf einer Dienstreise in einem Hotel in Warschau und zahlt die Hotelrechnung nicht. Will der Betreiber des Hotels gegen Deniz Noyan ein Europäisches Mahnverfahren wegen der unbezahlten Hotelrechnung einleiten, so kann er dies in Deutschland tun, da Deniz Noyan dort seinen allgemeinen Gerichtsstand hat. Er kann aber auch ein Verfahren in Polen anstrengen, da Warschau der Erfüllungsort ist.

Ist der Antragsgegner jedoch **Verbraucher**, muss der Zahlungsbefehl gem. Art. 6 Abs. 2 EuMahnVO immer in dem Mitgliedsstaat beantragt werden, in welchem der Verbraucher seinen Wohnsitz hat. Verbraucher ist er, wenn er den infrage stehenden Vertrag zu einem Zweck geschlossen hat, der nicht mit seiner beruflichen oder gewerblichen Tätigkeit zusammenhängt.

▶ **Beispiel:** Oskar Feddersen, wohnhaft in Rosenheim, hat seinen privaten Urlaub in einem Hotel an der holländischen Nordseeküste verbracht, jedoch die ihm in Rechnung gestellten Kosten nicht beglichen. Will der Betreiber des Hotels gegen Oskar Feddersen ein Europäisches Mahnverfahren wegen der unbezahlten Hotelrechnung einleiten, so muss er dies zwingend in Deutschland tun, da Oskar Feddersen Verbraucher ist und in Deutschland seinen Wohnsitz hat. Ein anderer Gerichtsstand, etwa die Niederlande als Erfüllungsort, kommt nicht infrage.

vgl. LF 10, Kap. 2.2.2

Die Parteien können grds. den Gerichtsstand mithilfe von **Gerichtsstandsvereinbarungen** auch selbst bestimmen. Gemäß Art. 25 EuGVVO kann dadurch ein Gericht in jedem Mitgliedsstaat (auch in einem, in dem keine der Parteien ihren Wohnsitz hat) für ausschließlich zuständig erklärt werden. Die materielle Wirksamkeit solcher Vereinbarungen richtet sich jedoch nach dem Recht des Lands, das als Gerichtsstand bestimmt wurde. Ist also ein deutsches Gericht bestimmt, wird es überprüfen, ob die Gerichtsstandsvereinbarung nach §§ 38 ff. ZPO wirksam ist.

2.2.2 Zuständigkeit innerhalb eines Mitgliedsstaats

Ist die internationale Zuständigkeit deutscher Gerichte gegeben, so ist gem. § 1087 ZPO das **Amtsgericht Berlin-Wedding** sachlich und örtlich zuständig. Es ist das **Europäische Mahngericht** für Deutschland.

Funktionell zuständig ist gem. § 20 Nr. 7 RPflG der Rechtspfleger.

Das jeweils national sachlich zuständige Gericht anderer Mitgliedstaaten lässt sich über den Europäischen Gerichtsatlas für Zivilsachen unter ec.europa.eu/justice_home/judicialatlascivil/html/cc_searchmunicipality_de.jsp#statePage0 feststellen.

2.3 Der Antrag auf Erlass eines Europäischen Zahlungsbefehls

Im Unterschied zum deutschen (grenzüberschreitenden) Mahnverfahren, wird beim Europäischen Mahnverfahren kein Mahnbescheid beantragt, sondern gem. Art. 7 Abs. 1 EuMahnVO der Erlass eines Europäischen Zahlungsbefehls.

vgl. LF 9 (ReFa), Kap. 1.4

2.3.1 Arten der Antragstellung

Sofern das Europäische Mahngericht für Deutschland in Berlin-Wedding zuständig ist, kann der Antrag auf zwei verschiedene Arten gestellt werden.

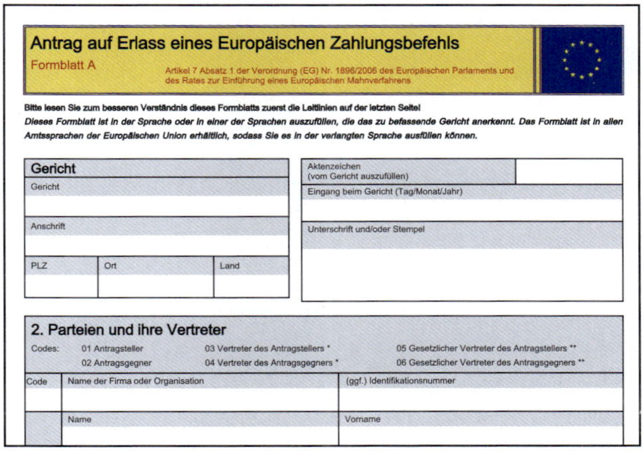

Antrag auf Erlass eines Europäischen Zahlungsbefehls
Formblatt A
Artikel 7 Absatz 1 der Verordnung (EG) Nr. 1896/2006 des Europäischen Parlaments und des Rates zur Einführung eines Europäischen Mahnverfahrens

Bitte lesen Sie zum besseren Verständnis dieses Formblatts zuerst die Leitlinien auf der letzten Seite!
Dieses Formblatt ist in der Sprache oder in einer der Sprachen auszufüllen, die das zu befassende Gericht anerkennt. Das Formblatt ist in allen Amtssprachen der Europäischen Union erhältlich, sodass Sie es in der verlangten Sprache ausfüllen können.

Gericht
Gericht
Anschrift
PLZ | Ort | Land

Aktenzeichen (vom Gericht auszufüllen)
Eingang beim Gericht (Tag/Monat/Jahr)
Unterschrift und/oder Stempel

2. Parteien und ihre Vertreter
Codes: 01 Antragsteller; 02 Antragsgegner; 03 Vertreter des Antragstellers *; 04 Vertreter des Antragsgegners *; 05 Gesetzlicher Vertreter des Antragstellers **; 06 Gesetzlicher Vertreter des Antragsgegners **
Code | Name der Firma oder Organisation | (ggf.) Identifikationsnummer
Name | Vorname

Quelle: Europäische Kommission: Antrag auf Erlass eines Europäischen Zahlungsbefehls, veröff. unter: https://e-justice.europa.eu/content_european_payment_order_forms-156-de.do [Stand: 01.01.2024]

- Das Antragsformular kann im **Internet** auf der Website des Amtsgerichts Wedding unter www.berlin.de/gerichte/amtsgericht-wedding/das-gericht/zustaendigkeiten/mahngericht/artikel.403377.php als PDF-Dokument ausgefüllt, danach ausgedruckt, unterschrieben und per Post versandt werden.
- Rechtsanwälte müssen, wie beim deutschen Mahnverfahren auch, nach § 130 d ZPO zwingend die elektronische Übermittlung über das beA vornehmen.
- Antragsteller, die regelmäßig eine Vielzahl von Anträgen stellen, wie etwa Inkassodienstleister, können die Anträge auch **elektronisch** übermitteln. Dazu wird eine entsprechende Software benötigt.

Ansonsten finden sich die entsprechenden Formulare auf der Seite des Europäischen Justizportals unter https://e-justice.europa.eu/content_european_payment_order_forms-156-de.do. Hier kann der Mitgliedsstaat, in dem zugestellt werden soll, vor dem Ausfüllen des Formulars ausgesucht werden.

2.3.2 Inhalt des Antrags

Für den Antrag ist zwingend das **Antragsformular** (Formblatt A) zu verwenden. Das Formular muss in einer Sprache, die das zuständige Gericht anerkennt (in Deutschland auf Deutsch), ausgefüllt werden und gem. Art. 7 EuMahnVO folgende Angaben enthalten:

- die Namen und Anschriften der Verfahrensbeteiligten und ggf. ihrer Vertreter
- die Anschrift des Gerichts, bei dem der Antrag eingereicht wird
- die Höhe der Forderung einschließlich der Hauptforderung und ggf. der Zinsen, Vertragsstrafen und Kosten
- bei Geltendmachung von Zinsen, den Zinssatz und den Zeitraum, für den Zinsen verlangt werden, es sei denn, gesetzliche Zinsen werden nach dem Recht des Ursprungsmitgliedsstaats automatisch zur Hauptforderung hinzugerechnet
- den Streitgegenstand einschließlich einer Beschreibung des Sachverhalts, der der Hauptforderung und ggf. der Zinsforderung zugrunde liegt
- eine Bezeichnung der Beweise, die zur Begründung der Forderung herangezogen werden
- die Gründe für die Zuständigkeit des Gerichts
- den grenzüberschreitenden Charakter der Rechtssache

Das Formular wird einheitlich in allen Mitgliedstaaten verwendet und enthält zahlreiche **Codierungen**, wodurch sprachliche Schwierigkeiten beim Ausfüllen vermieden werden sollen. So muss also nur der entsprechende Code, z. B. 02, eingetragen werden, und das Gericht in jedem Mitgliedsstaat weiß, dass damit der Erfüllungsort gemeint ist.

3. Begründung der gerichtlichen Zuständigkeit

Codes:

01 Wohnsitz des Antragsgegners oder eines Mitantragsgegners
02 Erfüllungsort
03 Ort des schädigenden Ereignisses
04 Wenn es sich um Streitigkeiten aus dem Betrieb einer Zweigniederlassung, einer Agentur oder einer sonstigen Niederlassung handelt, Ort, an dem sich diese befindet
05 Ort, an dem der Trust seinen Sitz hat
06 Wenn es sich um eine Streitigkeit wegen der Zahlung von Berge- und Hilfslohn handelt, der für Bergungs- und Hilfeleistungsarbeiten gefordert wird, die zugunsten einer Ladung oder einer Frachtforderung erbracht worden sind, der Ort des Gerichts, in dessen Zuständigkeitsbereich diese Ladung oder die entsprechende Frachtforderung mit Arrest belegt worden ist oder mit Arrest hätte belegt werden können
07 In Versicherungssachen Wohnsitz des Versicherungsnehmers, des Versicherten oder des Begünstigten
08 Wohnsitz des Verbrauchers
09 Ort, an dem der Arbeitnehmer seine Arbeit verrichtet
10 Ort der Niederlassung, die den Arbeitnehmer eingestellt hat
11 Ort, an dem die unbewegliche Sache belegen ist
12 Gerichtsstandsvereinbarung
13 Wohnsitz des Unterhaltsgläubigers
14 Sonstiger Zuständigkeitsgrund (bitte näher erläutern)

Code	Erläuterungen (gilt nur für Code 14)

Quelle: Europäische Kommission: Antrag auf Erlass eines Europäischen Zahlungsbefehls, veröff. unter: https://e-justice.europa.eu/content_european_payment_order_forms-156-de.do [Stand: 01.01.2024]

Der Antrag muss im Gegensatz zum Antrag auf Erlass eines Mahnbescheids auch begründet werden, da hier in einem Verfahren sofort ein vollstreckbarer Titel erlangt wird. Auch die Begründung erfolgt dabei zum Großteil mithilfe von Codes.

10. Vorhandene Beweismittel, auf die sich die Forderung stützt

Codes: 01 Urkundsbeweis 02 Zeugenbeweis 03 Sachverständigengutachten 04 Inaugenscheinnahme eines Gegenstands 05 Sonstige (bitte näher erläutern)

ID *	Code	Bezeichnung der Beweismittel	Datum (Tag/Monat/Jahr)
ID *	Code	Bezeichnung der Beweismittel	Datum (Tag/Monat/Jahr)
ID *	Code	Bezeichnung der Beweismittel	Datum (Tag/Monat/Jahr)
ID *	Code	Bezeichnung der Beweismittel	Datum (Tag/Monat/Jahr)

* Bitte die entsprechende Forderungskennung (ID) einsetzen

Quelle: Europäische Kommission: Antrag auf Erlass eines Europäischen Zahlungsbefehls, veröff. unter: https://e-justice.europa.eu/content_european_payment_order_forms-156-de.do [Stand: 01.01.2024]

Zusätzlich sind auch Beweise für die geltend gemachten Ansprüche anzugeben.

6. Hauptforderung

Währung: Sonstige (gemäß internationalem Bankcode)

Gesamtwert der Hauptforderung, ohne Zinsen und Kosten:

Anspruchsgrundlage (Code 1)

01 Kaufvertrag
02 Mietvertrag über bewegliche Sachen
03 Miet-/Pachtvertrag über Immobilien
04 Mietvertrag über Betriebs-/Büroräume
05 Vertrag über Dienstleistungen - Elektrizität, Gas, Wasser, Telefon
06 Vertrag über Dienstleistungen - medizinische Versorgung
07 Vertrag über Dienstleistungen - Beförderungsleistungen
08 Vertrag über Dienstleistungen - rechtliche, steuerliche oder technische Beratung
09 Vertrag über Dienstleistungen - Hotel- und Gaststätten-gewerbe
10 Vertrag über Dienstleistungen - Reparaturen
11 Vertrag über Dienstleistungen - Makler-leistungen
12 Vertrag über Dienstleistungen - Sonstiges (bitte näher erläutern)
13 Bauvertrag
14 Versicherungsvertrag
15 Darlehen
16 Bürgschaft oder sonstige Sicherheit
17 Außervertragliche Schuldverhältnisse, sofern sie einer Vereinbarung zwischen den Parteien oder einer Schuldanerkenntnis unterliegen (z.B. Schadensbegleichung, ungerechtfertigte Bereicherung)
18 Aus dem gemeinsamen Eigentum an Vermögensgegenständen erwachsende Forderungen
19 Schadensersatz aus Vertragsverletzung
20 Abonnement (Zeitung, Zeitschrift)
21 Mitgliedsbeitrag
22 Arbeitsvertrag
23 Außergerichtlicher Vergleich
24 Unterhaltsvertrag
25 Sonstige Forderungen (bitte näher erläutern)

Umstände, mit denen die Forderung begründet wird (Code 2)

30 Ausgebliebene Zahlung
31 Unzureichende Zahlung
32 Verspätete Zahlung
33 Ausgebliebene Lieferung von Waren/Erbringung von Dienstleistungen
34 Lieferung schadhafter Waren/Erbringung mangelhafter Dienstleistungen
35 Erzeugnis bzw. Dienstleistung entspricht nicht der Bestellung
36 Sonstige Probleme (bitte näher erläutern)

Sonstige Angaben (Code 3)

40 Ort des Vertragsabschlusses
41 Ort der Leistung
42 Zeitpunkt des Vertragsabschlusses
43 Zeitpunkt der Leistung
44 Art der betreffenden Ware(n) oder Dienstleistung(en)
45 Adresse einer Liegenschaft oder eines Gebäudes
46 Bei Darlehen, Zweck des Darlehens: Verbraucherkredit
47 Bei Darlehen, Zweck des Darlehens: Hypothekendarlehen
48 Sonstige Angaben (bitte näher erläutern)

ID 1	Code 1	Code 2	Code 3	Erläuterungen	Datum* (oder Zeitraum)	Betrag
ID 2	Code 1	Code 2	Code 3	Erläuterungen	Datum* (oder Zeitraum)	Betrag
ID 3	Code 1	Code 2	Code 3	Erläuterungen	Datum* (oder Zeitraum)	Betrag
ID 4	Code 1	Code 2	Code 3	Erläuterungen	Datum* (oder Zeitraum)	Betrag

* Datumsformat: Tag/Monat/Jahr

Quelle: Europäische Kommission: Antrag auf Erlass eines Europäischen Zahlungsbefehls, veröff. unter: https://e-justice.europa.eu/content_european_payment_order_forms-156-de.do [Stand: 01.01.2024]

2.3.3 Der weitere Ablauf nach Antragstellung

Das zuständige **Gericht prüft** gem. Art. 8 EuMahnVO nach Antragstellung, ob alle **Zulässigkeitsvoraussetzungen** erfüllt sind und ob die Forderung begründet erscheint, also **schlüssig** ist. Diese Prüfung kann auch im Rahmen eines automatisierten Verfahrens erfolgen.

Werden vom Gericht **Fehler** im Antrag festgestellt, weist es den Antragsteller gem. Art. 9 EuMahnVO mithilfe des Formblattes B darauf hin, sodass er sie **korrigieren** kann.

Erfüllt der Antrag auch nach der Korrektur durch den Antragsteller die genannten Voraussetzungen nicht, wird er vom Gericht gem. Art. 11 Abs. 1 EuMahnVO **zurückgewiesen**. Dagegen kann kein Rechtsmittel eingelegt werden. Die Zurückweisung des Antrags hindert den Antragsteller jedoch nicht, die Forderung mittels eines neuen Antrags auf Erlass eines Europäischen Zahlungsbefehls oder eines anderen Verfahrens nach dem Recht eines Mitgliedsstaats zu einem späteren Zeitpunkt geltend zu machen (Art. 11 Abs. 3 EuMahnVO).

vgl. LF 10, Kap. 2.2.10

Sofern ein zulässiger und nicht offensichtlich unbegründeter Antrag vorliegt, erlässt das Gericht gem. Art. 12 Abs. 1 EuMahnVO so bald wie möglich und in der Regel binnen 30 Tagen nach Einreichung des Antrags einen **Europäischen Zahlungsbefehl** unter Verwendung des Formblatts E. Dieser wird zusammen mit einer Abschrift des Antragsformulars dem Schuldner **zugestellt**. Dem Schuldner wird auch eine ausführliche Rechtsbehelfsbelehrung, die u. a. auf die einzuhaltenden Fristen hinweist, mitgesandt.

2.3.4 Die Zustellung des Europäischen Zahlungsbefehls

vgl. LF 9 (ReFa), Kap. 1.5.2

Ist der Europäische Zahlungsbefehl in **Deutschland** zuzustellen, so gelten gem. § 1089 Abs. 1 ZPO die gleichen Vorschriften über die **Zustellungen von Amts wegen**, wie bei sonstigen Gerichtsdokumenten auch. Eine öffentliche Zustellung gem. § 185 ZPO ist jedoch nicht zulässig.

Ist der Europäische Zahlungsbefehl in einem **anderen Mitgliedsstaat** zuzustellen, richtet sich die Zustellung nach der Verordnung (EG) Nr. 1393/2007 des Europäischen Parlaments und des Rats vom 13.11.2007 über die Zustellung gerichtlicher und außergerichtlicher Schriftstücke in Zivil- oder Handelssachen in den Mitgliedstaaten („Zustellung von Schriftstücken") sowie nach den §§ 1068 Abs. 1, 1069 Abs. 1 ZPO.

Das Europäische Mahngericht für Deutschland, das Amtsgericht Berlin-Wedding, kümmert sich in einem solchen Fall um die Zustellung ins EU-Ausland.

2.4 Reaktionsmöglichkeiten des Antragsgegners auf den Europäischen Zahlungsbefehl

Der Antragsgegner kann nun gem. Art 12 Abs. 3 EuMahnVO entweder den geforderten Betrag **zahlen**, **Einspruch** gegen den Zahlungsbefehl einlegen oder gar **nicht reagieren**:

Zahlung	Einspruch	keine Reaktion
Sofern der Gegner die Forderung vollständig bezahlt, ist das Verfahren damit beendet.	Durch die Einlegung des Einspruchs wird gem. Art. 17 Abs. 1 EuMahnVO das Verfahren vor den zuständigen Gerichten des Ursprungsmitgliedsstaats gem. den Regeln eines **ordentlichen Zivilprozesses** weitergeführt. In Deutschland ist der Übergang in das streitige Verfahren in §§ 1090 ff. ZPO geregelt.	Reagiert der Antragsgegner nicht, erklärt das Gericht den Zahlungsbefehl gem. Art. 18 Abs. 1 EuMahnVO nach Ablauf der 30-tägigen Einspruchsfrist für **vollstreckbar**.
	Der Antragsteller kann auch ausdrücklich beantragen, das Verfahren im Fall eines Einspruchs zu beenden. Im Gegensatz zum deutschen Mahnverfahren muss der Übergang ins streitige Verfahren nach einem Widerspruch nicht ausdrücklich beantragt werden, sondern ist hier die Regel.	Der Schuldner hat dann keine Möglichkeit mehr, sich dagegen zu wehren. Er hat im Europäischen Mahnverfahren also nur die eine Möglichkeit, Einspruch gegen den Zahlungsbefehl einzulegen.
	Der Einspruch muss beim **Ursprungsgericht**, also dem Gericht, das den Zahlungsbefehl erlassen hat, eingelegt werden. Dazu muss der Antragsgegner das Formblatt F, das ihm zusammen mit dem Europäischen Zahlungsbefehl zugestellt wurde, verwenden. Der Einspruch muss gem. Art. 16 Abs. 2 EuMahnVO **innerhalb von 30 Tagen** ab dem Zeitpunkt der Zustellung des Zahlungsbefehls erfolgen.	Der Zahlungsbefehl entspricht einem deutschen Vollstreckungsbescheid und wird in allen anderen Mitgliedstaaten der EU anerkannt und vollstreckt, ohne dass es einer Vollstreckungsklausel oder Umschreibung bedarf.
	Eine Begründung des Einspruchs ist gem. Art. 16 Abs. 3 EuMahnVO nicht erforderlich.	

vgl. ▶ Art. 16 Abs. 1 EuMahnVO

vgl. ▶ § 1093 ZPO

Zusammenfassung

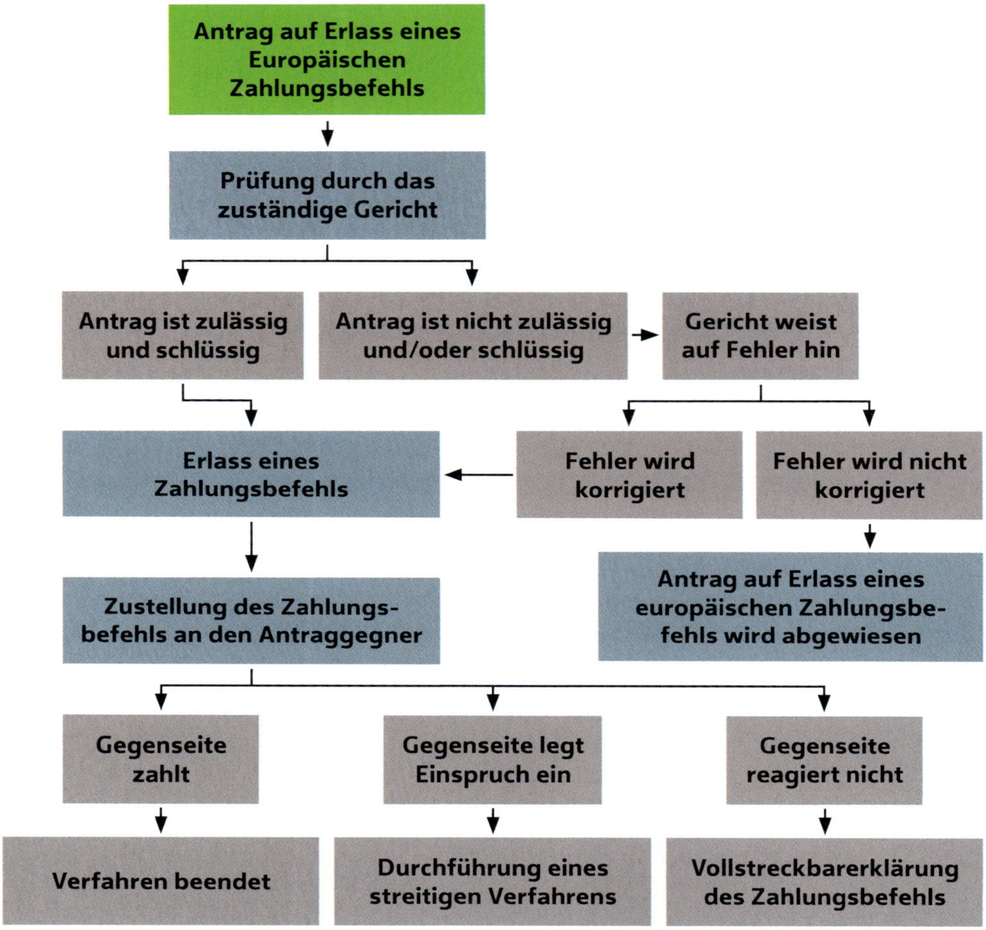

Wiederholung und Vertiefung

1. Nennen Sie die Unterschiede zwischen dem Europäischen Mahnverfahren und dem Europäischen Verfahren für geringfügige Forderungen.
2. Was bedeutet „einstufiges Verfahren“ im Zusammenhang mit dem Europäischen Mahnverfahren?
3. Wonach richtet sich die Zuständigkeit im Europäischen Mahnverfahren?
4. Welches Gericht ist in Deutschland für das Europäische Mahnverfahren zuständig?
5. Wie lange ist die Einspruchsfrist im Europäischen Mahnverfahren?

3 Rechtsanwaltsgebühren und Gerichtskosten im Mahnverfahren

Da der Arbeitsaufwand im gerichtlichen Mahnverfahren für den beauftragten Rechtsanwalt geringer ist als bei einem „normalen" streitigen Verfahren, sind auch die Gebühren des Rechtsanwalts geringer als die Gebühren im streitigen Verfahren.

vgl. LF 10, Kap. 5

Die Gebühren des Rechtsanwalts im gerichtlichen Mahnverfahren sind in Teil 3, Abschnitt 3, Unterabschnitt 2 der Anlage 1 zum RVG geregelt. Das RVG unterscheidet dabei zwischen der Vertretung des Antragstellers und der Vertretung des Antragsgegners.

Gerichtliches Mahnverfahren
Teil 3, Abschnitt 3, Unterabschnitt 2

Vertretung des Antragstellers	Vertretung des Antragsgegners
Nrn. 3305, 3306, 3308 VV RVG	Nr. 3307 VV RVG

Der Antragsteller muss zusätzlich zu den Rechtsanwaltsgebühren zunächst auch die Gerichtskosten, die für den Antrag auf Erlass eines Mahnbescheids oder eines Europäischen Zahlungsbefehls anfallen, bezahlen.

vgl. LF 9 (ReFa), Kap. 2.3

Der Rechtsanwalt erhält neben den Gebühren auch Ersatz der ihm entstandenen Auslagen gem. Nrn. 7000-7008 VV RVG und der von ihm getätigten Aufwendungen (z. B. Gerichtskosten).

Hinweis: Nach dem Versand der Vergütungsrechnung an die Mandantschaften muss der Zahlungseingang überprüft und im Aktenkonto notiert werden.

vgl. LF 6, Kap. 6

Lernsituation

Gina Black hat einem Ehepaar aus der Nachbarschaft, mit denen sie sich gut versteht, einen Betrag von 500,00 € geliehen. Es wurde vereinbart, dass Frieda und Fridolin Kaufmann den gesamten Betrag am 08.04.2024 zurückzahlen. Eine Rückzahlung ist jedoch auch am 06.05.2024 noch nicht erfolgt.

Gina Black beauftragt daher Rechtsanwältin Katharina Marschner am 10.05.2024 damit, den Betrag im gerichtlichen Mahnverfahren geltend zu machen.

Oxana Schuhmann erstellt am 13.05.2024 den Antrag auf Erlass eines Mahnbescheids. Nachdem Frieda und Fridolin Kaufmann die Widerspruchsfrist haben verstreichen lassen und der Betrag nicht gezahlt wurde, beantragt Oxana Schuhmann den Antrag auf Erlass eines Vollstreckungsbescheids.

Nach Erlass des Vollstreckungsbescheids geht auf dem Kanzleikonto der geltend gemachte Betrag zzgl. Rechtsanwaltsgebühren und Zinsen ein.

Arbeitsaufträge:

a) Für die Vertretung des Antragstellers können im gerichtlichen Mahnverfahren drei verschiedene Verfahrensgebühren entstehen, je nach Lage des Falls. Nennen Sie die drei Verfahrensgebühren und geben Sie jeweils ein Beispiel an.
b) Ermitteln Sie mithilfe des RVG, welche Gebühren und Auslagen Rechtsanwältin Katharina Marschner für ihre Tätigkeit im gerichtlichen Mahnverfahren erhält.
c) Im gerichtlichen Mahnverfahren werden Gerichtskosten erhoben. Nach welcher Vorschrift werden sie erhoben und in welcher Höhe?
d) Wer muss grundsätzlich die Gerichtskosten zahlen?
e) Ermitteln Sie die im vorliegenden Fall zu zahlenden Gerichtskosten.
f) Vergleichen Sie untereinander Ihre Ergebnisse und ergänzen bzw. berichtigen Sie ggf. Ihre Berechnungen.
g) Reflektieren Sie anschließend Ihr Wissen.

3.1 Die Vertretung des Antragstellers

Wird der Rechtsanwalt vom Antragsteller beauftragt, im gerichtlichen Mahnverfahren für ihn tätig zu werden, können – je nachdem, wie der Antragsgegner auf den Antrag auf Erlass eines Mahnbescheids reagiert – verschiedene Verfahrensgebühren und eventuell sogar eine Termins- und/oder Einigungsgebühr entstehen. Neben den Rechtsanwaltsgebühren sind für den Antrag auf Erlass eines Mahnbescheids auch Gerichtskosten zu zahlen.

3.1.1 Verfahrensgebühr gem. Nr. 3305 VV RVG

vgl. LF 4, Kap. 3.4.2

Der Rechtsanwalt erhält für die Vertretung des Antragstellers im gerichtlichen Mahnverfahren eine **1,0 Verfahrensgebühr** gem. Nr. 3305 VV RVG (= „Mahnbescheidsgebühr"). Diese Gebühr entsteht, wenn der Rechtsanwalt den Antrag auf Erlass eines Mahnbescheids beim zuständigen Mahngericht eingereicht hat.

▶ **Beispiel:** Rechtsanwalt Kamil Kwiatkowski wird von Hubert Nowak beauftragt, gegen Kristin Schröder einen Antrag auf Erlass eines Mahnbescheids wegen Zahlung eines Betrags in

Höhe von 15500,00 € beim zuständigen Mahngericht zu beantragen. Rechtsanwalt Kamil Kwiatkowski reicht den entsprechenden Antrag ein und rechnet gegenüber Hubert Nowak wie folgt ab:

Streitwert: 15500,00 €, § 43 Abs. 1 GKG, § 4 ZPO

1,0 Verfahrensgebühr, Nr. 3305 VV RVG	718,00 €
Pauschale Post und Telekommunikation, Nr. 7002 VV RVG	20,00 €
Zwischensumme	738,00 €
19 % Umsatzsteuer, Nr. 7008 VV RVG	140,22 €
Summe	878,22 €

Hinweis: Beim Antrag auf Erlass eines Europäischen Zahlungsbefehls entsteht ebenfalls die 1,0 Verfahrensgebühr gem. Nr. 3305 VV RVG.

vgl. LF 9 (ReFa), Kap. 2.3

Sofern in derselben Angelegenheit mehrere Personen den Rechtsanwalt mit der Vertretung beauftragen, **erhöht** sich gem. Nr. 1008 VV RVG die Verfahrensgebühr pro weiterem Auftraggeber um 0,3, höchstens jedoch um 2,0 (= Erhöhungsgebühr).

vgl. LF 4, Kap. 4.1.3 und 4.6.2

▶ **Beispiel:** Rechtsanwalt Kamil Kwiatkowski wird von Hubert und Gerlinde Nowak beauftragt, gegen Kristin Schröder einen Antrag auf Erlass eines Mahnbescheids in Höhe von 15500,00 € zu beantragen. Er reicht diesen ein und rechnet gegenüber dem Ehepaar Nowak wie folgt ab:

Streitwert: 15500,00 €, § 43 Abs. 1 GKG, § 4 ZPO

1,3 Verfahrensgebühr, Nrn. 3305, 1008 VV RVG	933,40 €
Pauschale Post und Telekommunikation, Nr. 7002 VV RVG	20,00 €
Zwischensumme	953,40 €
19 % Umsatzsteuer, Nr. 7008 VV RVG	181,15 €
Summe	1134,55 €

3.1.2 Verfahrensgebühr gem. Nr. 3306 VV RVG

Endet der Auftrag, bevor der beauftragte Rechtsanwalt den verfahrenseinleitenden Antrag beim zuständigen Mahngericht eingereicht hat, entsteht eine **0,5 Verfahrensgebühr** gem. Nr. 3306 VV RVG.

▶ **Beispiel:** Rechtsanwältin Marjana Bierek wird von Paula Kliester beauftragt, gegen Karl Klausmann Antrag auf Erlass eines Mahnbescheids über einen Betrag in Höhe von 560,00 € zu stellen. Bevor Rechtsanwältin Marjana Bierek den entsprechenden Antrag bei Gericht einreicht, ruft Paula Kliester an und erklärt, dass Karl Klausmann die Forderung nun doch voll bezahlt habe. Rechtsanwältin Marjana Bierek beendet die Angelegenheit und rechnet wie folgt ab:

Streitwert: 560,00 €, § 43 Abs. 1 GKG, § 4 ZPO

0,5 Verfahrensgebühr, Nr. 3306 VV RVG	44,00 €
Pauschale Post und Telekommunikation, Nr. 7002 VV RVG	8,80 €
Zwischensumme	52,80 €
19 % Umsatzsteuer, Nr. 7008 VV RVG	10,03 €
Summe	62,83 €

vgl. LF 4, Kap. 4.1.3 und 4.6.2

Hinweis: Sofern in derselben Angelegenheit mehrere Personen den Rechtsanwalt mit der Vertretung beauftragen, erhöht sich gem. Nr. 1008 VV RVG auch die Verfahrensgebühr nach Nr. 3306 VV RVG pro weiterem Auftraggeber um 0,3, höchstens jedoch um 2,0 (= Erhöhungsgebühr).

3.1.3 Verfahrensgebühr gem. Nr. 3308 VV RVG

Für die Vertretung des Antragstellers im Verfahren über den Antrag auf Erlass eines Vollstreckungsbescheids erhält der Rechtsanwalt eine **0,5 Verfahrensgebühr** gem. Nr. 3308 VV RVG (= „Vollstreckungsbescheidsgebühr"). Diese Gebühr entsteht neben der Verfahrensgebühr gem. Nr. 3305 VV RVG aber nur, wenn innerhalb der Widerspruchsfrist kein Widerspruch erhoben oder der Widerspruch gem. § 703 a Abs. 2 Nr. 4 ZPO beschränkt worden ist (Anmerkung zu Nr. 3308 VV RVG).

▶ **Beispiel:** Rechtsanwalt Dr. Gosbert Bandorf vertritt Julia Meischert. Er beantragt gegen Ilse von Teisnach einen Mahnbescheid in Höhe von 1 633,00 €. Ilse von Teisnach reagiert nicht. Nach Ablauf der Widerspruchsfrist beantragt er daher den Erlass eines Vollstreckungsbescheids. Anschließend rechnet er die Angelegenheit gegenüber Julia Meischert wie folgt ab:

Streitwert: 1 633,00 €, § 43 Abs. 1 GKG, § 4 ZPO

1,0 Verfahrensgebühr, Nr. 3305 VV RVG	166,00 €
0,5 Verfahrensgebühr, Nr. 3308 VV RVG	83,00 €
Pauschale Post und Telekommunikation, Nr. 7002 VV RVG	20,00 €
Zwischensumme	269,00 €
19 % Umsatzsteuer, Nr. 7008 VV RVG	51,11 €
Summe	320,11 €

Merke: Hat sich bereits die Verfahrensgebühr gem. Nr. 3305 VV RVG durch mehrere Personen gem. Nr. 1008 VV RVG erhöht, wird die Verfahrensgebühr gem. Nr. 3308 VV RVG nicht mehr erhöht (Anmerkung zu Nr. 3308 VV RVG).

▶ **Beispiel 1:** Rechtsanwalt Dr. Gosbert Bandorf vertritt die Gesamtgläubiger Julia Meischert und Jennifer Losert. Er beantragt gegen Ilse von Teisnach einen Mahnbescheid in Höhe von 1 633,00 €. Ilse von Teisnach reagiert nicht. Nach Ablauf der Widerspruchsfrist beantragt er daher den Erlass eines Vollstreckungsbescheids. Anschließend rechnet er die Angelegenheit gegenüber den Gesamtgläubigern wie folgt ab:

Streitwert: 1 633,00 €, § 43 Abs. 1 GKG, § 4 ZPO

1,3 Verfahrensgebühr, Nrn. 3305, 1008 VV RVG	215,80 €
0,5 Verfahrensgebühr, Nr. 3308 VV RVG	83,00 €
Pauschale Post und Telekommunikation, Nr. 7002 VV RVG	20,00 €
Zwischensumme	318,80 €
19 % Umsatzsteuer, Nr. 7008 VV RVG	60,57 €
Summe	379,37 €

▶ **Beispiel 2:** Die Gesamtgläubiger Sean White, Alexander Liefers und Gitte Sörensen haben einen Mahnbescheid gegen Karin Lochner in Höhe von 1 150,00 € beantragt. Da sie nichts falsch machen möchten, haben sie sich nun aber doch entschlossen, Rechtsanwalt Thomas Beermann mit der weiteren Tätigkeit im Mahnverfahren zu beauftragen. Da Karin Lochner auf den ihr zugestellten Mahnbescheid nicht reagiert, beantragt Rechtsanwalt Thomas Beermann nach Ablauf der Widerspruchsfrist den Erlass eines Vollstreckungsbescheids. Anschließend rechnet er die Angelegenheit gegenüber den Gesamtgläubigern wie folgt ab:

Streitwert: 1 150,00 €, § 43 Abs. 1 GKG, § 4 ZPO

1,1 Verfahrensgebühr, Nrn. 3308, 1008 VV RVG	139,70 €
Pauschale Post und Telekommunikation, Nr. 7002 VV RVG	20,00 €
Zwischensumme	159,70 €
19 % Umsatzsteuer, Nr. 7008 VV RVG	30,34 €
Summe	190,04 €

3.1.4 Weitere mögliche Gebühren

Neben den Verfahrensgebühren können weitere Gebühren entstehen.

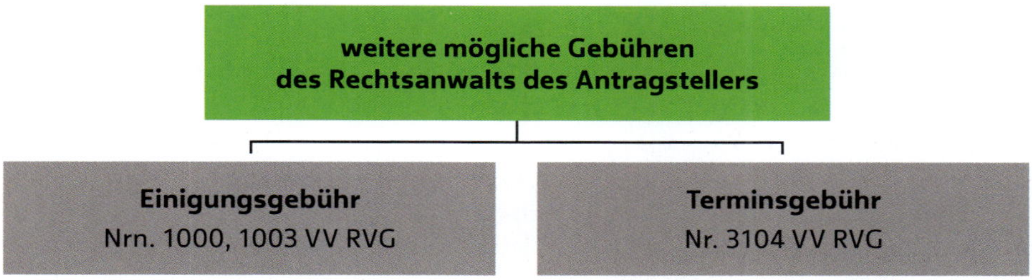

Einigungsgebühr (Nrn. 1000, 1003 VV RVG)

Die **1,0 Einigungsgebühr** gem. Nrn. 1000, 1003 VV RVG erhält der Rechtsanwalt dann, wenn sich die Parteien über die im gerichtlichen Mahnverfahren anhängigen Ansprüche einigen.

▶ **Beispiel:** Rechtsanwältin Franziska Bodsig beantragt für Andrea Drickners einen Mahnbescheid in Höhe von 8 500,00 € wegen rückständiger Miete. Der Gegner Martin Knaus wendet sich nach der Zustellung des Mahnbescheids schriftlich an Rechtsanwältin Franziska Bodsig und erklärt, dass er derzeit nicht so viel Geld habe, aber bereit wäre, sofort einen Betrag in Höhe von 6 500,00 € zu zahlen, wenn die Angelegenheit damit erledigt wäre, ansonsten würde er Widerspruch gegen den Mahnbescheid erheben. Andrea Drickners möchte keinen langwierigen Streit und ist daher mit dem Einigungsvorschlag einverstanden. Rechtsanwältin Franziska Bodsig rechnet daraufhin die Angelegenheit wie folgt ab:

Streitwert: 8 500,00 €, § 48 Abs. 1 GKG

1,0 Verfahrensgebühr, Nr. 3305 VV RVG	558,00 €
1,0 Einigungsgebühr, Nrn. 1000, 1003 VV RVG	558,00 €
Pauschale Post und Telekommunikation, Nr. 7002 VV RVG	20,00 €
Zwischensumme	1 136,00 €
19 % Umsatzsteuer, Nr. 7008 VV RVG	215,84 €
Summe	1 351,84 €

vgl. LF 4, Kap. 4.6.3

Hinweis: Sofern es nach der Einigung noch zum Erlass eines Vollstreckungsbescheids kommen sollte (z. B. bei einer Zahlungsvereinbarung), muss die Einigungsgebühr auf Antrag in den Vollstreckungsbescheid mit aufgenommen werden, damit sie gegen den Antragsgegner festgesetzt wird.

Terminsgebühr (Nr. 3104 VV RVG)

Grundsätzlich entsteht im gerichtlichen Mahnverfahren keine Terminsgebühr, da keine Gerichts- oder Sachverständigentermine stattfinden. Die **1,2 Terminsgebühr** gem. Nr. 3104 VV RVG kann jedoch dann anfallen, wenn der Rechtsanwalt an Besprechungen mitwirkt, die auf die Erledigung des gerichtlichen Mahnverfahrens und/oder die Vermeidung eines sich anschließenden streitigen Verfahrens gerichtet sind (Vorbemerkung 3 Abs. 3 Nr. 2 VV RVG).

▶ **Beispiel:** Rechtsanwalt Kurt Makowski erwirkt für Ellen Kistner einen Mahnbescheid über 1 750,00 €. Anschließend führt er mit dem gegnerischen Rechtsanwalt telefonische Einigungsverhandlungen, um die Angelegenheit doch noch zu einem gütlichen Abschluss zu bringen. Die Einigungsverhandlungen führen jedoch zu keinem Ergebnis. Der gegnerische Rechtsanwalt legt deshalb auftragsgemäß Widerspruch gegen den erwirkten Mahnbescheid ein. Rechtsanwalt Kurt Makowski kann gegenüber Ellen Kistner wie folgt abrechnen:

Streitwert: 1 750,00 €, § 43 Abs. 1 GKG, § 4 ZPO

1,0 Verfahrensgebühr, Nr. 3305 VV RVG	166,00 €
1,2 Terminsgebühr, Nr. 3104 VV RVG	199,20 €
Pauschale Post und Telekommunikation, Nr. 7002 VV RVG	20,00 €
Zwischensumme	385,20 €
19 % Umsatzsteuer, Nr. 7008 VV RVG	73,19 €
Summe	458,39 €

Hinweis: Sofern es nach einer Besprechung noch zum Erlass eines Vollstreckungsbescheids kommen sollte, muss die Terminsgebühr auf Antrag in den Vollstreckungsbescheid mit aufgenommen werden, damit sie gegen den Antragsgegner festgesetzt wird.

vgl. LF 10, Kap. 5.1.2

3.1.5 Mischfälle

In gerichtlichen Mahnverfahren kann es auch zu sog. Mischfällen kommen.

Ein Mischfall liegt z. B. dann vor, wenn es

- **um anhängige und nicht anhängige Ansprüche geht.**
- **um anhängige und weitergehende Ansprüche in einem erstinstanzlichen Verfahren geht.**

Sollten Mischfälle vorkommen, ist § 15 Abs. 3 RVG anzuwenden:

- Soweit unterschiedliche Gebührensätze anfallen, sind zunächst Teilgebühren nach den jeweiligen Gebührensätzen zu berechnen.
- Der Rechtsanwalt darf jedoch nicht mehr abrechnen als eine Gebühr aus dem höchsten Gebührensatz nach dem gesamten Wert.

Anhängige und nicht anhängige Ansprüche

Beispiel: Rechtsanwältin Jutta Karras beantragt für Luca Botelli einen Mahnbescheid in Höhe von 8 500,00 € wegen rückständiger Miete. Der Gegner Igor Salinenko, ein guter Bekannter von Luca Botelli, wendet sich nach der Zustellung des Mahnbescheids telefonisch an Rechtsanwältin Jutta Karras und erklärt, dass er derzeit nicht so viel Geld habe, aber bereit wäre, sofort einen Betrag in Höhe von 6 500,00 € zu zahlen. Da zwischenzeitlich ein weiterer Betrag in Höhe von 200,00 € aufgelaufen ist, schlägt Rechtsanwältin Jutta Karras ihm nach Rücksprache mit Luca Botelli vor, statt eines Betrags in Höhe von 6 500,00 € insgesamt 7 100,00 € zu zahlen. Damit wäre dann die Gesamtforderung in Höhe von 8 700,00 € abgegolten. Igor Salinenko nimmt diesen Einigungsvorschlag an. Rechtsanwältin Jutta Karras rechnet daraufhin wie folgt ab:

Streitwert:* *8 500,00 €, § 48 Abs. 1 GKG

Verfahrensgebühr

1,0 Verfahrensgebühr aus 8 500,00 €, Nr. 3305 VV RVG	558,00 €	
0,5 Verfahrensgebühr aus 200,00 €, Nrn. 3305, 3306 VV RVG	24,50 €	
gem. § 15 Abs. 3 RVG nicht mehr als 1,0 aus 8 700,00 €		558,00 €
Terminsgebühr		
1,2 Terminsgebühr aus 8 700,00 €, Nr. 3104 VV RVG		669,60 €
Einigungsgebühr		
1,0 Einigungsgebühr aus 8 500,00 €, Nrn. 1000, 1003 VV RVG		558,00 €
1,5 Einigungsgebühr aus 200,00 €, Nr. 1000 VV RVG		73,50 €
(hier ist nicht zu begrenzen, da 1,5 aus 8 700,00 € = 837,00 €, also mehr als die 1,0 von 558,00 € + 1,5 von 73,50 € = 631,50 €)		
Pauschale Post und Telekommunikation, Nr. 7002 VV RVG		20,00 €
Zwischensumme		1 879,10 €
19 % Umsatzsteuer, Nr. 7008 VV RVG		357,03 €
Summe		2 236,13 €

Anhängige und weitergehende Ansprüche in einem erstinstanzlichen Verfahren

▶ **Beispiel:** Rechtsanwältin Jutta Karras beantragt für Luca Botelli einen Mahnbescheid in Höhe von 8 500,00 € wegen rückständiger Miete. Igor Salinenko wendet sich nach erfolgter Zustellung des Mahnbescheids telefonisch an Rechtsanwältin Jutta Karras und erklärt, dass er sofort nur einen Betrag in Höhe von 6 500,00 € zahlen könne. Da in einem Verfahren vor dem Amtsgericht Koblenz ein Rechtsstreit gegen Igor Salinenko hinsichtlich rückständiger Miete in Höhe von 1 000,00 € aus dem Jahr 2016 anhängig ist, schlägt Rechtsanwältin Jutta Karras vor, statt eines Betrags in Höhe von 6 500,00 € insgesamt 7 500,00 € zu zahlen. Damit wäre dann die Forderung in Höhe von 8 500,00 € abgegolten sowie das anhängige erstinstanzliche Verfahren erledigt. Igor Salinenko nimmt diesen Vorschlag an. Rechtsanwältin Jutta Karras rechnet daraufhin ihre Tätigkeit im Mahnverfahren wie folgt ab:

Streitwert: 8 500,00 €, § 48 Abs. 1 GKG

Verfahrensgebühr	
1,0 Verfahrensgebühr aus 8 500,00 €, Nr. 3305 VV RVG	558,00 €
0,5 Verfahrensgebühr aus 1 000,00 €, Nrn. 3305, 3306 VV RVG	44,00 €
(hier ist nicht zu begrenzen, da 1,0 aus 9 500,00 € = 614,00 €, also mehr als die 1,0 von 558,00 € + 0,5 von 44,00 € = 602,00 €)	
Terminsgebühr	
1,2 Terminsgebühr aus 9 500,00 €, Nr. 3104 VV RVG	736,80 €
Einigungsgebühr	
1,0 Einigungsgebühr aus 9 500,00 €, Nrn. 1000, 1003 VV RVG	614,00 €
(hier kann gem. § 23 Abs. 1 RVG i. V. m. § 39 Abs. 1 GKG direkt die 1,0 Gebühr aus dem Gesamtwert abgerechnet werden, da sowohl im Mahnverfahren als auch im erstinstanzlichen Verfahren eine 1,0 Einigungsgebühr entsteht, sodass eine Begrenzung nicht in Betracht käme)	
Pauschale Post und Telekommunikation, Nr. 7002 VV RVG	20,00 €
Zwischensumme	1 972,80 €
19 % Umsatzsteuer, Nr. 7008 VV RVG	374,83 €
Summe	2 347,63 €

Hinweis: Zur Abrechnung in erstinstanzlichen Verfahren vgl. LF 10, Kap. 5.

3.1.6 Anrechnungsvorschriften

Im gerichtlichen Mahnverfahren sind Anrechnungsvorschriften hinsichtlich der Rechtsanwaltsgebühren des Antragstellers zu beachten. Dabei gilt folgender Grundsatz.

Merke: Die Anrechnung kann nie zu einem negativen Ergebnis führen.

Dies bedeutet, dass, wenn im gerichtlichen Verfahren die Verfahrensgebühr nur zu einem geringen Gebührensatz anfällt, die Anrechnung auf diesen Gebührensatz beschränkt wird. Die Anrechnung kann also höchstens dazu führen, dass sich die Gebühren gegeneinander aufheben.

Hinweis: Bei der Berechnung der Pauschale für Post und Telekommunikation sind die gesetzlichen Gebühren vor der Anrechnung heranzuziehen und nicht der verbleibende Differenzbetrag.

Anrechnung bei vorheriger Beratungstätigkeit

Sofern der Tätigkeit im gerichtlichen Mahnverfahren eine Beratungstätigkeit vorausgegangen ist, ist – falls keine abweichende Vereinbarung getroffen wurde – die Beratungsgebühr gem. § 34 Abs. 2 RVG in voller Höhe auf die entstehende Verfahrensgebühr anzurechnen.

▶ **Beispiel 1:** Linda Hellström hat Rechtsanwalt Ullrich Wagner aufgesucht, um sich in einer versicherungsrechtlichen Angelegenheit anwaltlich beraten zu lassen. Die Gebäudeversicherung weigert sich, den entstandenen Schaden in Höhe von 1 453,31 € zu bezahlen. Den Rat von Rechtsanwalt Ullrich Wagner beim Erstberatungsgespräch, der Versicherung den Sachverhalt nochmals genau zu schildern und eine letzte Frist zu setzen, hat sie umgesetzt, jedoch ohne Erfolg. Sie beauftragt deshalb Rechtsanwalt Ullrich Wagner mit der anwaltlichen Vertretung. Dieser beantragt zunächst den Erlass eines Mahnbescheids. Die Gebäudeversicherung legt Widerspruch gegen den Mahnbescheid ein. Rechtsanwalt Ullrich Wagner kann wie folgt abrechnen:

Streitwert: 1 453,31 €, § 43 Abs. 1 GKG, § 4 ZPO

1,0 Verfahrensgebühr, Nr. 3305 VV RVG	127,00 €
abzgl. Anrechnung gem. § 34 Abs. 2 RVG: Beratungsgebühr gem. § 34 Abs. 1 RVG in Höhe von 190,00 €, hier jedoch vorliegend begrenzt auf	–127,00 €
Zwischensumme	0,00 €
Pauschale Post und Telekommunikation, Nr. 7002 VV RVG	20,00 €
Zwischensumme	20,00 €
19 % Umsatzsteuer, Nr. 7008 VV RVG	3,80 €
Summe	23,80 €

▶ **Beispiel 2:** Mirjam Schretzmeier hat sich in einer Forderungsangelegenheit von Rechtsanwältin Doris Bayer anwaltlich beraten lassen. Es wurde eine Vergütungsvereinbarung dahingehend getroffen, dass hierfür der übliche Stundensatz von 150,00 € zzgl. Umsatzsteuer zu zahlen ist und dass die Beratungsgebühr auf eine nachfolgende Tätigkeit nicht angerechnet wird. Da sich die Gegenseite weigert, die Forderung von Mirjam Schretzmeier in Höhe von 2 510,00 € zu bezahlen, beauftragt sie Rechtsanwältin Doris Bayer mit der Geltendmachung im gerichtlichen Mahnverfahren. Nachdem die Gegenseite auf den Mahnbescheid nicht reagiert hat, beantragt Rechtsanwältin Doris Bayer auch den Vollstreckungsbescheid. Nach Erhalt des Vollstreckungsbescheids rechnet sie wie folgt ab:

Streitwert: 2 510,00 €, § 43 Abs. 1 GKG, § 4 ZPO

1,0 Verfahrensgebühr, Nr. 3305 VV RVG	222,00 €
0,5 Verfahrensgebühr, Nr. 3308 VV RVG	111,00 €
Pauschale Post und Telekommunikation, Nr. 7002 VV RVG	20,00 €
Zwischensumme	353,00 €
19 % Umsatzsteuer, Nr. 7008 VV RVG	67,07 €
Summe	420,07 €

Sofern der Rechtsanwalt vorgerichtlich im Rahmen der **Beratungshilfe** tätig war und ihm die Beratungsgebühr gem. Nr. 2501 VV RVG bereits erstattet wurde, ist diese in voller Höhe, also in Höhe von 38,50 €, auf die Verfahrensgebühr anzurechnen (Anmerkung Abs. 2 zu Nr. 2501 VV RVG).

vgl. LF 4, Kap. 4.7.2

Anrechnung bei vorheriger außergerichtlicher Tätigkeit

Sofern der Rechtsanwalt die Mandantschaft bereits vor dem gerichtlichen Mahnverfahren außergerichtlich vertreten hat, ist die Geschäftsgebühr gem. Nr. 2300 VV RVG zur Hälfte, höchstens jedoch in Höhe von 0,75 anzurechnen (Vorbemerkung 3 Abs. 4 VV RVG).

vgl. LF 4, Kap. 4.6.1

Beispiel 1: Rechtsanwalt Dr. Konstantin Petkovski vertritt Lydia Weikamp in einer Forderungsangelegenheit. Lydia Weikamp hat eine offene Forderung in Höhe von 10000,00 € gegenüber Marius Übner. Rechtsanwalt Dr. Konstantin Petkovski hat Marius Übner in dieser durchschnittlichen Angelegenheit (= 1,3 Geschäftsgebühr) mehrfach außergerichtlich angeschrieben und mit ihm telefoniert, jedoch ohne Erfolg. Nunmehr beantragt er nach Rücksprache mit Lydia Weikamp einen Mahnbescheid. Auf diesen reagiert Marius Übner nicht, sodass Rechtsanwalt Dr. Konstantin Petkovski einen Vollstreckungsbescheid beantragt. Hiergegen legt Marius Übner Einspruch ein. Rechtsanwalt Dr. Konstantin Petkovski rechnet wie folgt ab:

Streitwert: 10000,00 €, § 43 Abs. 1 GKG, § 4 ZPO

1,0 Verfahrensgebühr, Nr. 3305 VV RVG	614,00 €
abzgl. Anrechnung gem. Vorbemerkung 3 Abs. 4 VV RVG: 0,65 Geschäftsgebühr gem. Nr. 2300 VV RVG	–399,10 €
Zwischensumme	214,90 €
0,5 Verfahrensgebühr, Nr. 3308 VV RVG	307,00 €
Pauschale Post und Telekommunikation, Nr. 7002 VV RVG	20,00 €
Zwischensumme	541,90 €
19 % Umsatzsteuer, Nr. 7008 VV RVG	102,96 €
Summe	644,86 €

Beispiel 2: Wäre die außergerichtliche Tätigkeit des Rechtsanwalts Dr. Konstantin Petkovski in Beispiel 1 wesentlich umfangreicher und würde Rechtsanwalt Dr. Konstantin Petkovski hierfür eine 1,8 Geschäftsgebühr abrechnen, würde die Abrechnung wie folgt aussehen:

Streitwert: 10000,00 €, § 43 Abs. 1 GKG, § 4 ZPO

1,0 Verfahrensgebühr, Nr. 3305 VV RVG	614,00 €
abzgl. Anrechnung gem. Vorbemerkung 3 Abs. 4 VV RVG: 0,75 Geschäftsgebühr gem. Nr. 2300 VV RVG	–460,50 €
Zwischensumme	153,50 €
0,5 Verfahrensgebühr, Nr. 3308 VV RVG	307,00 €
Pauschale Post und Telekommunikation, Nr. 7002 VV RVG	20,00 €
Zwischensumme	480,50 €
19 % Umsatzsteuer, Nr. 7008 VV RVG	91,30 €
Summe	571,80 €

vgl. LF 4, Kap. 4.7.2

Sofern der Rechtsanwalt außergerichtlich im Rahmen der **Beratungshilfe** tätig war, ist die Hälfte der Geschäftsgebühr gem. Nr. 2503 VV RVG, also 46,75 €, auf die Verfahrensgebühr anzurechnen (Anmerkung Abs. 2 zu Nr. 2503 VV RVG).

▶ **Beispiel 3:** Marlene Twarzek beauftragt Rechtsanwältin Irene Meier-Gutknecht mit der Geltendmachung ihrer Forderung in Höhe von 480,00 €. Nachdem die außergerichtliche Tätigkeit, für die Marlene Twarzek einen Berechtigungsschein vorgelegt hatte, nicht zum gewünschten Erfolg führte, beantragt Rechtsanwältin Irene Meier-Gutknecht einen Mahnbescheid. Hiergegen wird Widerspruch eingelegt. Rechtsanwältin Irene Meier-Gutknecht rechnet wie folgt ab:

Streitwert: 480,00 €, § 43 Abs. 1 GKG, § 4 ZPO

1,0 Verfahrensgebühr, Nr. 3305 VV RVG	49,00 €
abzgl. Anrechnung gem. Anmerkung Abs. 2 zu Nr. 2503 VV RVG: Geschäftsgebühr gem. Nr. 2503 VV RVG	–46,75 €
Zwischensumme	2,25 €
Pauschale Post und Telekommunikation, Nr. 7002 VV RVG	9,80 €
Zwischensumme	12,05 €
19 % Umsatzsteuer, Nr. 7008 VV RVG	2,29 €
Summe	14,34 €

Anrechnung auf nachfolgendes streitiges Verfahren

vgl. LF 10, Kap. 5.1.1

Die „Mahnbescheidsgebühr" (Nr. 3305 VV RVG) wird gem. Anmerkung zu Nr. 3305 VV RVG auf die Verfahrensgebühr für einen nachfolgenden Rechtsstreit in voller Höhe angerechnet.

vgl. LF 10, Kap. 5.1.2

Die ggf. anfallende Terminsgebühr (Nr. 3104 VV RVG) wird gem. Anmerkung Abs. 4 zu Nr. 3104 VV RVG in voller Höhe angerechnet, wenn es dort erneut zum Anfall einer Terminsgebühr kommt.

3.1.7 Gerichtskosten

Für das Verfahren über den Antrag auf Erlass eines Mahnbescheids oder eines Europäischen Zahlungsbefehls fallen Gerichtskosten an. Diese werden nach dem Kostenverzeichnis der Anlage 1 zum GKG erhoben (§ 3 Abs. 2 GKG).

Nach der Anlage 1 zu § 3 Abs. 2 GKG (Teil 1, Hauptabschnitt 1) fallen gem. Nr. 1100 des Kostenverzeichnisses für das gerichtliche Mahnverfahren Gerichtskosten in Höhe von 0,5 an, mindestens jedoch in Höhe von 36,00 €. Die Höhe der Gerichtskosten ergibt sich aus der Anlage 2 zu § 34 Abs. 1 S. 3 GKG.

▶ **Beispiel 1:** Rechtsanwalt Marcel Kwiostek wird von Ulrike Hauenstein beauftragt, gegen Manfred Vollerts einen Antrag auf Erlass eines Mahnbescheids wegen einer Forderung in Höhe von 12 000,00 € beim zuständigen Mahngericht zu beantragen. Rechtsanwalt Marcel Kwiostek reicht den Antrag bei Gericht ein und zahlt die erforderlichen Gerichtskosten bei der Gerichtskasse ein.

Streitwert: 12000,00 €, § 43 Abs. 1 GKG, § 4 ZPO

0,5 Gerichtskosten, Nr. 1100 KV GKG	147,50 €

Beispiel 2: Sofern die Forderung der Ulrike Hauenstein lediglich 800,00 € betragen würde, müsste Rechtsanwalt Marcel Kwiostek folgende Gerichtskosten einzahlen.

Streitwert: 800,00 €, § 43 Abs. 1 GKG, § 4 ZPO

Gerichtskosten, Nr. 1100 KV GKG	36,00 €
(0,5 Gerichtskosten würden sich lediglich auf 29,00 € belaufen)	

Merke: Die Gerichtskosten im gerichtlichen Mahnverfahren hat zunächst grds. der Antragsteller zu tragen (§ 22 Abs. 1 GKG, § 21 Abs. 1 FamGKG). Dieser kann die Gerichtskosten aber vom Antragsgegner ersetzt verlangen, sofern dieser das Verfahren verliert. Denn in diesem Fall haftet der Antragsgegner für diese Kosten kraft Gesetzes (§ 29 Ziff. 3 GKG, § 24 Ziff. 3 FamGKG).

vgl. LF 10, Kap. 3.2.1

3.2 Die Vertretung des Antragsgegners

Wird der Rechtsanwalt vom Antragsgegner beauftragt, im gerichtlichen Mahnverfahren für ihn tätig zu werden, entsteht eine Verfahrensgebühr. Gegebenenfalls kann sogar eine Termins- und/oder Einigungsgebühr entstehen.

3.2.1 Verfahrensgebühr gem. Nr. 3307 VV RVG

Für die Vertretung des Antragsgegners erhält der Rechtsanwalt eine **0,5 Verfahrensgebühr** gem. Nr. 3307 VV RVG. Diese Gebühr deckt die Vertretung des Rechtsanwalts im gesamten Mahnverfahren ab. Es ist also nicht zwingend erforderlich, dass der Rechtsanwalt Widerspruch gegen den erlassenen Mahnbescheid einlegt. Die Gebühr entsteht auch dann, wenn der Rechtsanwalt dem Antragsgegner von der Erhebung des Widerspruchs abrät.

Beispiel: Heinrich Naumann hat einen Mahnbescheid zugestellt bekommen. Seine Ex-Freundin Linda Hohenstedt fordert einen Betrag von 3450,15 € zurück, den sie ihm für die Hausinstandsetzung geliehen hatte. Heinrich Naumann beauftragt Rechtsanwalt Dr. Emil Kohlgruber, im gerichtlichen Mahnverfahren für ihn tätig zu werden. Dieser legt Widerspruch gegen den erlassenen Mahnbescheid ein. Anschließend rechnet er seine Tätigkeit gegenüber Heinrich Naumann wie folgt ab:

Streitwert: 3450,15 €, § 43 Abs. 1 GKG, § 4 ZPO

0,5 Verfahrensgebühr, Nr. 3307 VV RVG	139,00 €
Pauschale Post und Telekommunikation, Nr. 7002 VV RVG	20,00 €
Zwischensumme	159,00 €
19 % Umsatzsteuer, Nr. 7008 VV RVG	30,21 €
Summe	189,21 €

vgl. LF 4, Kap. 4.1.3 und 4.6.2

Sofern in derselben Angelegenheit mehrere Personen den Rechtsanwalt mit der Vertretung beauftragen, erhöht sich gem. Nr. 1008 VV RVG die Verfahrensgebühr pro weiterem Auftraggeber um 0,3, höchstens jedoch um 2,0 (= Erhöhungsgebühr).

▶ **Beispiel:** Rechtsanwalt Dr. Emil Kohlgruber vertritt die Geschwister Ruth und Kurt May. Diesen wurde ein Mahnbescheid zugestellt. Danach müssen sie an die Stadtverwaltung Landshut einen Betrag in Höhe von 1 245,37 € zahlen. Da die Forderung berechtigt ist, rät Rechtsanwalt Dr. Emil Kohlgruber von der Erhebung des Widerspruchs ab. Die Geschwister May setzen sich mit der Stadtverwaltung Landshut in Verbindung und vereinbaren eine Ratenzahlung. Für Rechtsanwalt Dr. Emil Kohlgruber ist die Angelegenheit beendet. Er rechnet deshalb wie folgt ab:

Streitwert: 1 245,37 €, § 43 Abs. 1 GKG, § 4 ZPO

0,8 Verfahrensgebühr, Nrn. 3307, 1008 VV RVG	101,60 €
Pauschale Post und Telekommunikation, Nr. 7002 VV RVG	20,00 €
Zwischensumme	121,60 €
19 % Umsatzsteuer, Nr. 7008 VV RVG	23,10 €
Summe	144,70 €

Hinweis: Wenn der Rechtsanwalt des Antragsgegners lediglich Einspruch gegen den Vollstreckungsbescheid einlegt, erhält er hierfür die Gebühr nach Nr. 3307 VV RVG nicht. Da das Mahnverfahren sofort mit der Einlegung des Einspruchs in das streitige Verfahren übergeht, entstehen hier direkt die Gebühren des streitigen Verfahrens.

vgl. LF 10, Kap. 5.1

3.2.2 Weitere mögliche Gebühren

Neben der Verfahrensgebühr gem. Nr. 3307 VV RVG können weitere Gebühren entstehen.

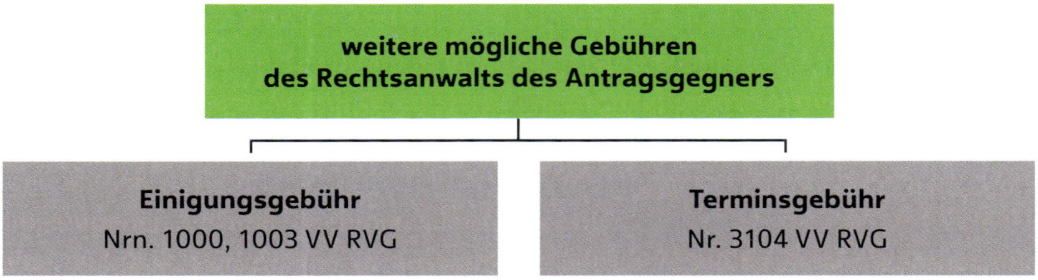

Einigungsgebühr (Nrn. 1000, 1003 VV RVG)

Auch der Rechtsanwalt des Antragsgegners kann berechtigt sein, eine **1,0 Einigungsgebühr** gem. Nrn. 1000, 1003 VV RVG in Rechnung zu stellen, sofern es im gerichtlichen Mahnverfahren zu einer Einigung zwischen den Parteien über die im gerichtlichen Mahnverfahren anhängigen Ansprüche kommt.

Beispiel: Rechtsanwältin Madeleine Malou wird für Mia Kiesel im gerichtlichen Mahnverfahren tätig. Mia Kiesel hat einen Mahnbescheid zugestellt bekommen. Da Mia Kiesel den geforderten Betrag in Höhe von 3000,00 € nicht zahlen kann, setzt sich Rechtsanwältin Madeleine Malou auftragsgemäß mit dem Gegner Friedrich Klenkert in Verbindung und schlägt diesem mit Schreiben vom 15.01.2024 vor, dass Mia Kiesel einen Betrag in Höhe von 2500,00 € in zwei Raten bezahlt und damit die Angelegenheit erledigt ist. Friedrich Klenkert ist hiermit einverstanden. Rechtsanwältin Madeleine Malou rechnet die Angelegenheit daraufhin wie folgt ab:

Streitwert: 3000,00 €, § 43 Abs. 1 GKG, § 4 ZPO

0,5 Verfahrensgebühr, Nr. 3307 VV RVG	111,00 €
1,0 Einigungsgebühr, Nrn. 1000, 1003 VV RVG	222,00 €
Pauschale Post und Telekommunikation, Nr. 7002 VV RVG	20,00 €
Zwischensumme	353,00 €
19 % Umsatzsteuer, Nr. 7008 VV RVG	67,07 €
Summe	420,07 €

Terminsgebühr (Nr. 3104 VV RVG)

Im gerichtlichen Mahnverfahren kann auch dem Rechtsanwalt des Antragsgegners die **1,2 Terminsgebühr** gem. Nr. 3104 VV RVG zustehen, wenn er an Besprechungen mitwirkt, die auf die Erledigung des gerichtlichen Mahnverfahrens und/oder die Vermeidung eines sich anschließenden streitigen Verfahrens gerichtet sind (Vorbemerkung 3 Abs. 3 Nr. 2 VV RVG).

Beispiel: Rechtsanwältin Madeleine Malou wird für Mia Kiesel im gerichtlichen Mahnverfahren tätig. Diese hat einen Mahnbescheid zugestellt bekommen. Da Mia Kiesel den geforderten Betrag in Höhe von 3000,00 € nicht zahlen kann, setzt sich Rechtsanwältin Madeleine Malou auftragsgemäß mit dem Gegner Friedrich Klenkert in Verbindung. Nach mehreren Telefonaten findet sich eine Einigung dahingehend, dass Mia Kiesel einen Betrag von 2500,00 € bezahlt und damit die Angelegenheit erledigt ist. Anschließend rechnet sie gegenüber Mia Kiesel wie folgt ab:

Streitwert: 3000,00 €, § 43 Abs. 1 GKG, § 4 ZPO

0,5 Verfahrensgebühr, Nr. 3307 VV RVG	111,00 €
1,2 Terminsgebühr, Nr. 3104 VV RVG	266,40 €
1,0 Einigungsgebühr, Nrn. 1000, 1003 VV RVG	222,00 €
Pauschale Post und Telekommunikation, Nr. 7002 VV RVG	20,00 €
Zwischensumme	619,40 €
19 % Umsatzsteuer, Nr. 7008 VV RVG	117,69 €
Summe	737,09 €

3.2.3 Mischfälle

vgl. LF 9 (ReFa), Kap. 3.1.5

Auch bei der Gebührenabrechnung des Rechtsanwalts des Antragsgegners kann es in gerichtlichen Mahnverfahren zu sog. Mischfällen kommen. In diesen Fällen ist § 15 Abs. 3 RVG anzuwenden.

Hinweis: Da der Rechtsanwalt des Antragsgegners ohnehin nur eine 0,5 Verfahrensgebühr gem. Nr. 3307 VV RVG erhält und eine Reduzierung dieser Gebühr im Gegensatz zu der Verfahrensgebühr des Rechtsanwalts des Antragstellers nicht vorgesehen ist, erhält er die 0,5 Verfahrensgebühr gem. Nr. 3307 VV RVG auch aus dem Mehrwert, also aus dem Gesamtwert (§ 23 Abs. 1 S. 3 RVG i. V. m. § 39 Abs. 1 GKG).

▶ **Beispiel:** Rechtsanwalt Olaf Schretzinger beantragt für Anna-Maria Graf einen Mahnbescheid über rückständige Miete in Höhe von 490,00 €. Nach Zustellung des Mahnbescheids setzt sich Rechtsanwalt Olaf Schretzinger mit dem Rechtsanwalt des Gegners telefonisch in Verbindung, um die Sache zu erledigen. Mittlerweile ist auch ein weiterer Betrag in Höhe von 20,00 € aufgelaufen. Dieser wird in die Einigungsverhandlung miteinbezogen. Am Ende wird eine Einigung dahingehend erzielt, dass der Gegner Vladimir Potrov einen Betrag in Höhe von 400,00 € zahlt. Damit sind die Mahnbescheidsforderung sowie der weitere aufgelaufene Betrag in Höhe von 20,00 € abgegolten. Rechtsanwalt Olaf Schretzinger rechnet die Angelegenheit wie folgt ab:

Streitwert: 490,00 €, § 48 Abs. 1 GKG

Verfahrensgebühr	
0,5 Verfahrensgebühr aus 510,00 €, Nr. 3307 VV RVG	44,00 €
Terminsgebühr	
1,2 Terminsgebühr aus 510,00 €, Nr. 3104 VV RVG	105,60 €
Einigungsgebühr	
1,0 Einigungsgebühr aus 490,00 €, Nrn. 1000, 1003 VV RVG	49,00 €
1,5 Einigungsgebühr aus 20,00 €, Nr. 1000 VV RVG	73,50 €
(hier ist nicht zu begrenzen, da 1,5 aus 510,00 € = 132,00 €, also mehr als die 1,0 von 49,00 € + 1,5 von 73,50 € = 122,50 €)	
Pauschale Post und Telekommunikation, Nr. 7002 VV RVG	20,00 €
Zwischensumme	292,10 €
19 % Umsatzsteuer, Nr. 7008 VV RVG	55,50 €
Summe	347,60 €

3.2.4 Anrechnungsvorschriften

vgl. LF 9 (ReFa), Kap. 3.1.6

Im gerichtlichen Mahnverfahren sind die Anrechnungsvorschriften auch hinsichtlich der Rechtsanwaltsgebühren des Antragsgegners zu beachten.

Anrechnung bei vorheriger Beratungstätigkeit

▶ **Beispiel:** Luise-Maria Schneider hat sich von Rechtsanwalt Valentin Krauß in einer Forderungsangelegenheit anwaltlich beraten lassen. Hinsichtlich der entstehenden Kosten in Höhe von 170,00 € (Stundensatz) zzgl. Umsatzsteuer wurde eine Vergütungsvereinbarung getroffen. In dieser wurde geregelt, dass die Beratungsgebühr auf eine nachfolgende Tätigkeit nicht angerechnet wird. Die Gegenseite ist auf die Argumente von Luise-Maria Schneider nicht eingegangen und hat einen Mahnbescheid in Höhe von 8 650,00 € erwirkt. Luise-Maria Schneider beauftragt daher Rechtsanwalt Valentin Krauß, gegen den Mahnbescheid vorzugehen. Dieser legt auftragsgemäß Widerspruch ein und rechnet die Angelegenheit zunächst wie folgt ab:

Streitwert: 8 650,00 €, § 43 Abs. 1 GKG, § 4 ZPO

0,5 Verfahrensgebühr, Nr. 3307 VV RVG	279,00 €
Pauschale Post und Telekommunikation, Nr. 7002 VV RVG	20,00 €
Zwischensumme	299,00 €
19 % Umsatzsteuer, Nr. 7008 VV RVG	56,81 €
Summe	350,81 €

Anrechnung bei vorheriger außergerichtlicher Tätigkeit

Beispiel 1: Rechtsanwalt Valentin Krauß vertritt Barbara Höchmer in der Angelegenheit gegen Michael Weinbeer. Dieser fordert rückständige Miete in Höhe von 350,00 € ein. Rechtsanwalt Valentin Krauß hat mehrfach versucht, diese durchschnittliche außergerichtliche Angelegenheit gütlich beizulegen, jedoch ohne Erfolg. Nun hat Michael Weinbeer einen Mahnbescheid erwirkt. Gegen diesen legt Rechtsanwalt Valentin Krauß Widerspruch ein. Gegenüber Barbara Höchmer rechnet er die Angelegenheit wie folgt ab:

Streitwert: 350,00 €, § 48 Abs. 1 GKG

0,5 Verfahrensgebühr, Nr. 3307 VV RVG	24,50 €
abzgl. Anrechnung gem. Vorbemerkung 3 Abs. 4 VV RVG: 0,65 Geschäftsgebühr gem. Nr. 2300 VV RVG in Höhe von 31,85 €, hier jedoch vorliegend begrenzt auf	–24,50 €
Zwischensumme	0,00 €
Pauschale Post und Telekommunikation, Nr. 7002 VV RVG	4,90 €
Zwischensumme	4,90 €
19 % Umsatzsteuer, Nr. 7008 VV RVG	0,93 €
Summe	5,83 €

Beispiel 2: Rechtsanwalt Valentin Krauß wurde von Maximilian Buchholz in einer außergerichtlichen Tätigkeit beauftragt. Die Ex-Freundin von Maximilian Buchholz fordert den ihm geliehenen Betrag in Höhe von 1 200,00 € zurück. Maximilian Buchholz hat seinem Rechtsanwalt zu Beginn einen Berechtigungsschein vorgelegt. Nachdem die Ex-Freundin außergerichtlich unnachgiebig war und auf das Schreiben des Rechtsanwalts nicht reagiert hat, hat sie nun einen Mahnbescheid erwirkt. Rechtsanwalt Valentin Krauß versucht noch einmal, eine Einigung herbeizuführen, was ihm in mehreren telefonischen Besprechungen dann auch gelingt. Anschließend rechnet er die Angelegenheit wie folgt ab:

Streitwert: 1 200,00 €, § 43 Abs. 1 GKG, § 4 ZPO

0,5 Verfahrensgebühr, Nr. 3307 VV RVG	63,50 €

abzgl. Anrechnung gem. Anmerkung Abs. 2 zu Nr. 2503 VV RVG: Geschäftsgebühr gem. Nr. 2503 VV RVG	−46,75 €
Zwischensumme	16,75 €
1,2 Terminsgebühr, Nr. 3104 VV RVG	152,40 €
1,0 Einigungsgebühr, Nrn. 1000, 1003 VV RVG	127,00 €
Pauschale Post und Telekommunikation, Nr. 7002 VV RVG	20,00 €
Zwischensumme	316,15 €
19 % Umsatzsteuer, Nr. 7008 VV RVG	60,07 €
Summe	376,22 €

vgl. LF 10, Kap. 5.1.1

Anrechnung auf nachfolgendes streitiges Verfahren

Die Verfahrensgebühr gem. Nr. 3307 VV RVG wird gem. Anmerkung zu Nr. 3307 VV RVG auf die Verfahrensgebühr für einen nachfolgenden Rechtsstreit in voller Höhe angerechnet.

vgl. LF 10, Kap. 5.1.2

Die ggf. anfallende Terminsgebühr (Nr. 3104 VV RVG) wird gem. Anmerkung Abs. 4 zu Nr. 3104 VV RVG in voller Höhe angerechnet, wenn es dort erneut zum Anfall einer Terminsgebühr kommt.

Zusammenfassung

Rechtsanwaltsgebühren und Gerichtskosten

- **Vertretung des Antragstellers**
  - 1,0 Verfahrensgebühr, Nr. 3305 VV RVG (Mahnbescheidsgebühr)
  - 0,5 Verfahrensgebühr, Nr. 3306 VV RVG (vorzeitige Beendigung)
  - 0,5 Verfahrensgebühr, Nr. 3308 VV RVG (Vollstreckungsbescheidsgebühr)
  - ggf. Erhöhungsgebühr, Nr. 1008 VV RVG
  - ggf. 1,0 Einigungsgebühr, Nrn. 1000, 1003 VV RVG
  - ggf. 1,2 Terminsgebühr, Nr. 3104 VV RVG
- **Vertretung des Antragsgegners**
  - 0,5 Verfahrensgebühr, Nr. 3307 VV RVG
  - ggf. Erhöhungsgebühr, Nr. 1008 VV RVG
  - ggf. 1,0 Einigungsgebühr, Nrn. 1000, 1003 VV RVG
  - ggf. 1,2 Terminsgebühr, Nr. 3104 VV RVG
- **Mischfälle**
  Anwendung § 15 Abs. 3 RVG
  – zunächst Teilgebühren nach den jeweiligen Gebührensätzen errechnen
  – dann begrenzen: eine Gebühr aus dem höchsten Gebührensatz nach dem gesamten Wert
  - anhängige und nicht anhängige Ansprüche
  - anhängige und weitergehende Ansprüche in einem erstinstanzlichen Verfahren
- **Anrechnung**
  - **vorherige Beratungstätigkeit**
    wenn keine Vereinbarung getroffen wurde, ist die Beratungsgebühr gem. § 34 Abs. 2 RVG in voller Höhe auf die Verfahrensgebühr anzurechnen; im Fall von Beratungshilfe Anrechnung Nr. 2501 VV RVG in voller Höhe, also 38,50 €
  - **vorherige außergerichtliche Tätigkeit**
    Anrechnung Geschäftsgebühr gem. Nr. 2300 VV RVG zur Hälfte, höchstens in Höhe von 0,75;
    im Fall von Beratungshilfe Anrechnung Nr. 2503 VV RVG in Höhe der Hälfte, also 46,75 €
  - **nachfolgendes streitiges Verfahren**
    Verfahrensgebühren Nrn. 3305 und 3307 VV RVG werden auf die Verfahrensgebühr im streitigen Verfahren in voller Höhe angerechnet; die ggf. anfallende Terminsgebühr wird ebenfalls in voller Höhe angerechnet, falls sie erneut anfällt

Für den Antrag auf Erlass eines Mahnbescheids entstehen 0,5 **Gerichtskosten**, Nr. 1100 KV GKG (mindestens 36,00 €)

Wiederholung und Vertiefung

1. Rechtsanwältin Stefanie Geis vertritt eine Wohnungseigentümergemeinschaft mit fünf Personen. Diese macht einen Anspruch gegen den ehemaligen Wohnungseigentümer Oliver Schädrich in Höhe von 1 350,00 € im Weg des gerichtlichen Mahnverfahrens geltend. Auf den erlassenen und zugestellten Mahnbescheid reagiert Oliver Schädrich nicht, sodass Rechtsanwältin Stefanie Geis auftragsgemäß einen Vollstreckungsbescheid beantragt,

gegen den Oliver Schädrich fristgerecht Einspruch einlegt. Post- und Telekommunikationsdienstleistungen sind in Höhe von 6,50 € entstanden. Welche Gebühren und Auslagen kann Rechtsanwältin Stefanie Geis der Wohnungseigentümergemeinschaft in Rechnung stellen?

2. Rechtsanwalt Dr. Udo Nöth legt im Auftrag seines Mandanten Guido Marchand Widerspruch gegen den ihm zugestellten Mahnbescheid (Streitwert: 490,00 €) ein. Zu einer weiteren anwaltlichen Tätigkeit kommt es nicht. Rechtsanwalt Dr. Udo Nöth hatte den Mandanten bereits anwaltlich beraten. Hierfür hat er eine Beratungsgebühr gem. § 34 Abs. 2 RVG in Höhe von 150,00 € zzgl. Umsatzsteuer abgerechnet. Welche Gebühren und Auslagen kann Rechtsanwalt Dr. Udo Nöth seinem Mandanten in Rechnung stellen?
3. Rechtsanwalt Tilo Brenkemann vertritt die Hausner GmbH im gerichtlichen Mahnverfahren gegen Heidelinde Böhm-Krausse. Bevor er den bereits erstellten Antrag auf Erlass eines Mahnbescheids abschicken kann, meldet sich die Sekretärin der Hausner GmbH und teilt mit, dass Heidelinde Böhm-Krausse nun doch die gesamte Forderung bezahlt habe. Bereits außergerichtlich (durchschnittliche Angelegenheit) hat Rechtsanwalt Tilo Brenkemann den Anspruch in Höhe von 5636,15 € gegen Heidelinde Böhm-Krausse geltend gemacht, jedoch ohne Erfolg. Welche Gebühren und Auslagen kann Rechtsanwalt Tilo Brenkemann für seine Tätigkeit im Mahnverfahren abrechnen?
4. Max Wimmer hat Rechtsanwältin Celine Durandt in einer versicherungsrechtlichen Angelegenheit mit der anwaltlichen Vertretung beauftragt. Die Hausratversicherung will den gemeldeten Schaden in Höhe von 1 353,16 € trotz mehrfacher Aufforderung nicht übernehmen. Rechtsanwältin Celine Durandt beantragt deshalb den Erlass eines Mahnbescheids. Nach erfolgter Zustellung teilt Max Wimmer Rechtsanwältin Celine Durandt mit, dass nun ein weiterer Versicherungsfall in Höhe von 83,15 € eingetreten sei. Er bittet darum, dies doch gleich mit zu erledigen. Rechtsanwältin Celine Durandt setzt sich mit der gegnerischen Hausratversicherung telefonisch in Verbindung, um eine Einigung herbeizuführen. Dies scheitert jedoch und die Versicherung legt gegen den bereits zugestellten Mahnbescheid Widerspruch ein. Was kann Rechtsanwältin Celine Durandt abrechnen?
5. Renate Dahlgart beauftragt Rechtsanwalt Stephan Meyer mit der anwaltlichen Vertretung, als ihr ein Mahnbescheid über rückständige Miete in Höhe von 530,00 € zugestellt wird. Dieser überprüft die Angelegenheit und rät Renate Dahlgart davon ab, Widerspruch gegen den Mahnbescheid einzulegen. Post- und Telekommunikationskosten sind in Höhe von 3,00 € entstanden. Auf Wunsch von Renate Dahlgart wurden drei Fotokopien angefertigt. Welche Gebühren und Auslagen kann Rechtsanwalt Stephan Meyer abrechnen?

4 Führen des erforderlichen Schriftverkehrs

Gerade wenn die Mandantschaften über den Verfahrensstand bzw. das weitere Vorgehen im gerichtlichen Mahnverfahren informiert werden sollen, ist darauf zu achten, dass der Inhalt einfach, verständlich und vollständig wiedergegeben wird. Dabei helfen vor allem kurze Sätze. So lassen sich häufig telefonische Nachfragen vermeiden.

Zusätzlich ist darauf zu achten, dass die Rechtschreib- und Grammatikregeln richtig angewandt werden. Auch auf die Einhaltung der Regeln der DIN 5008 sollte geachtet werden.

Nachfolgend werden Beispielschreiben anhand einer Situationsbeschreibung formuliert. Diese Schreiben werden verkleinert dargestellt und stellen keine Musterlösung dar. Sie dienen lediglich der Anregung.

Den Briefbogen der Kanzlei Dr. Neumann & Huber finden Sie unter dem vorne abgedruckten Webcode zum Buch. Grundlagen dieses Briefbogens sind die Form B und der gestaltete Informationsblock.

Lernsituation

Julia Hoffmann bearbeitet am 06.12.2024 zwei Mahnsachen von Rechtsanwältin Katharina Schuh.

In der Sache Svenja Dunreiter (wohnhaft in 67098 Bad Dürkheim, Karl-Räder-Allee 15) ./. Stadt Stuttgart wegen Forderung (Az.: 173/2024) hat die Mandantin Rechtsanwältin Katharina Schuh beauftragt, ihre Forderung in Höhe von 273,18 € gegenüber der Stadt Stuttgart im gerichtlichen Mahnverfahren geltend zu machen. Zwei Wochen nach Beantragung des Mahnbescheids erhält Rechtsanwältin Katharina Schuh die Mitteilung des Zentralen Mahngerichts Mayen vom 02.12.2024, dass der Mahnbescheid zugestellt wurde und noch Gerichtskosten in Höhe von 32,00 € einzuzahlen sind. Julia Hoffmann soll Svenja Dunreiter schriftlich bitten, die Gerichtskosten baldmöglichst auf das Kanzleikonto zu überweisen, damit der Betrag bei der Gerichtskasse eingezahlt werden kann.

Nachdem Julia Hoffmann das Schreiben erstellt hat, nimmt sie sich die nächste Akte vor:

Dr. med. Marius Klein-Buschatz (wohnhaft in 67475 Weidenthal, Eselspfad 3) beauftragte Rechtsanwältin Katharina Schuh am 05.07.2024 in der Sache Dr. med. Marius Klein-Buschatz ./. Mia Cäsar wegen rückständiger Garagenmiete in Höhe von 350,00 € (Az.: 113/2024). Der Mandant hatte zu diesem Zeitpunkt einen Mahnbescheid zugestellt bekommen. Gegen diesen hatte Rechtsanwältin Katharina Schuh am 08.07.2024 Widerspruch eingelegt. Daraufhin hat Mia Cäsar nichts mehr unternommen. Rechtsanwältin Katharina Schuh bittet daher Julia Hoffmann, die Akte mit der fortlaufenden Rechnungsnummer 197/2024 abzurechnen.

Arbeitsaufträge:

a) Formulieren und gestalten Sie das Schreiben an Svenja Dunreiter. Verwenden Sie hierfür den Briefbogen der Kanzlei Dr. Neumann & Huber.

b) Erstellen Sie mithilfe des Briefbogens der Partnerschaft Dr. Neumann & Huber die Kostenrechnung an Dr. med. Marius Klein-Buschatz.

c) Vergleichen Sie untereinander Ihre Ergebnisse und ergänzen Sie ggf. Ihr Schreiben und/oder die Kostenrechnung.

d) Berichten Sie Ihren Mitschülerinnen und Mitschülern, wie Kostenrechnungen bei Ihnen in der Kanzlei gestaltet werden. Überlegen Sie zusammen, ob dabei alle Regeln der DIN 5008 eingehalten werden.

e) Reflektieren Sie anschließend Ihr Wissen.

4.1 Schreiben an Mandantschaften

vgl. LF 4, Kap. 5.3.1

Neben der Kenntnisnahme gibt es im gerichtlichen Mahnverfahren weitere Schreiben an Mandantschaften, in denen diese über den Verfahrensstand informiert werden o. Ä.

4.1.1 Mitteilung über den weiteren Verfahrensablauf nach Zustellung des Mahnbescheids

Situationsbeschreibung: Rechtsanwältin Dr. Annette Neumann vertritt Erik Nilsson, Am Kirschgarten 23 a, 67434 Neustadt an der Weinstraße, Ortsteil Diedesfeld, im gerichtlichen Mahnverfahren. Als die Mitteilung des Zentralen Mahngerichts Mayen vom 12.04.2024 kommt, dass der Mahnbescheidsantrag der Gegenseite Ludger Pfister am 09.04.2024 zugestellt wurde, bittet sie Annika Sauer, Erik Nilsson hierüber zu informieren. Weiterhin soll im Schreiben der weitere Verfahrensablauf erläutert werden (Widerspruch, Antrag auf Erlass Vollstreckungsbescheid, Einspruch). Annika Sauer verfasst das Schreiben an Erik Nilsson am 16.04.2024 zu dem Aktenzeichen 144/2024.

Dr. Neumann & Huber
Rechtsanwälte Partnerschaft

Ihr Zeichen:
Ihre Nachricht vom:
Unser Zeichen: 144/2024
Unsere Nachricht vom:

Name: RAin Dr. Annette Neumann
Sekretariat: Annika Sauer
Telefon: +49 6321 5632-12
Telefax: +49 6321 5632-15

Datum: 16.04.2024

RAe Dr. Neumann & Huber, Grainstr. 101, 67434 Neustadt a. d. Wstr.
Herrn
Erik Nilsson
Diedesfeld
Am Kirschgarten 23 a
67434 Neustadt an der Weinstraße

Erik Nilsson ./. Ludger Pfister
wg. Forderung

Sehr geehrter Herr Nilsson,

das Zentrale Mahngericht Mayen hat uns, wie Sie beiliegendem Schreiben vom 12.04.2024 entnehmen können, mitgeteilt, dass der Mahnbescheid Herrn Ludger Pfister am 09.04.2024 zugestellt wurde.

Herr Pfister hat nun bis 23.04.2024 Zeit, gegen den Mahnbescheid Widerspruch einzulegen. Sofern er dies nicht tut, werden wir unverzüglich Antrag auf Erlass eines Vollstreckungsbescheids stellen, damit schnell ein Titel erwirkt wird.

Herr Pfister hat zwar noch zwei Wochen Zeit, um gegen den Vollstreckungsbescheid Einspruch einzulegen, der Vollstreckungsbescheid ist jedoch vorläufig vollstreckbar, sodass wir sofort Zwangsvollstreckungsmaßnahmen einleiten können.

Freundliche Grüße

Dr. Annette Neumann
Rechtsanwältin

Anlage

RAin Dr. Annette Neumann Fachanwältin für Verkehrsrecht · **RA Peter Huber** Fachanwalt für Erbrecht
In Zusammenarbeit mit **RAin Katharina Schuh** Fachanwältin für Familienrecht

RAe Dr. Neumann & Huber · Grainstr. 101 · 67434 Neustadt a. d. Wstr. · Telefon +49 6321 5632-0 · Fax +49 6321 5632-15
info@rae-neumann-huber.de · www.rae-neumann-huber.de
Registernummer PR 956 · Amtsgericht Neustadt a. d. Wstr. · USt-IdNr.: DE573964122

Commerzbank Neustadt a. d. Wstr. · IBAN DE41 5464 0035 0012 5832 19
Deutsche Bank Neustadt a. d. Wstr. · IBAN DE52 5467 0095 0096 7844 58

4.1.2 Mitteilung über die Erhebung des Widerspruchs durch die Gegenseite

Situationsbeschreibung: In der Angelegenheit Tina Marschhausen (Adresse: Joachim-Becher-Straße 53, 67346 Speyer) ./. Versicherungsgruppe Bader (Sitz: Speyer) wegen Forderung in Höhe von 1.560,00 € (Az.: 151/2024) hat Rechtsanwältin Katharina Schuh auftragsgemäß Antrag auf Erlass eines Mahnbescheids gestellt. Die Versicherungsgruppe Bader hat daraufhin am 03.05.2024 Widerspruch gegen den Mahnbescheid eingelegt. Das Zentrale Mahngericht Mayen teilt dies Rechtsanwältin Katharina Schuh mit Schreiben vom 10.05.2024 mit. Hierüber soll auch die Mandantin informiert werden. Annika Sauer fertigt daher das Schreiben an Tina Marschhausen an. Auf Bitten von Rechtsanwältin Katharina Schuh nimmt sie noch mit auf, wie es nun in der Angelegenheit weitergehen wird. Denn absprachegemäß wurde im Mahnbescheidsantrag bereits angegeben, dass im Fall des Widerspruchs das streitige Verfahren durchgeführt wird. Das Schreiben geht am 17.05.2024 zur Post.

Dr. Neumann & Huber
Rechtsanwälte Partnerschaft

RAe Dr. Neumann & Huber, Grainstr. 101, 67434 Neustadt a. d. Wstr.
Frau
Tina Marschhausen
Joachim-Becher-Straße 53
67346 Speyer

Ihr Zeichen:
Ihre Nachricht vom:
Unser Zeichen: 151/2024
Unsere Nachricht vom:

Name: RAin Katharina Schuh
Sekretariat: Annika Sauer
Telefon: +49 6321 5632-12
Telefax: +49 6321 5632-15

Datum: 17.05.2024

Tina Marschhausen ./. Versicherungsgruppe Bader
wg. Forderung

Sehr geehrte Frau Marschhausen,

die Versicherungsgruppe Bader hat gegen den erlassenen Mahnbescheid am 03.05.2024 Widerspruch eingelegt, wie Sie beiliegendem Schreiben des Zentralen Mahngerichts Mayen vom 10.05.2024 entnehmen können.

Da wir im Antrag auf Erlass des Mahnbescheids absprachegemäß bereits angegeben hatten, dass im Fall des Widerspruchs das streitige Verfahren durchgeführt werden soll, wird das Zentrale Mahngericht Mayen die Abgabe sofort veranlassen.

Das zuständige Amtsgericht Speyer wird uns sodann auffordern, den im gerichtlichen Mahnverfahren geltend gemachten Anspruch zu begründen sowie weitere Gerichtskosten einzuzahlen.

Sofern Sie weitere Fragen haben, können Sie uns gerne anrufen.

Freundliche Grüße

Katharina Schuh
Rechtsanwältin

Anlage

RAin Dr. Annette Neumann Fachanwältin für Verkehrsrecht · **RA Peter Huber** Fachanwalt für Erbrecht
In Zusammenarbeit mit **RAin Katharina Schuh** Fachanwältin für Familienrecht

RAe Dr. Neumann & Huber · Grainstr. 101 · 67434 Neustadt a. d. Wstr. · Telefon +49 6321 5632-0 · Fax +49 6321 5632-15
info@rae-neumann-huber.de · www.rae-neumann-huber.de
Registernummer PR 956 · Amtsgericht Neustadt a. d. Wstr. · USt-IdNr.: DE573964122

Commerzbank Neustadt a. d. Wstr. · IBAN DE41 5464 0035 0012 5832 19
Deutsche Bank Neustadt a. d. Wstr. · IBAN DE52 5467 0095 0096 7844 58

4.1.3 Mitteilung über die Einlegung des Einspruchs durch die Gegenseite

Situationsbeschreibung: Rechtsanwältin Katharina Schuh hat für Michael Meyer, In den Bellen 5, 67360 Lingenfeld, einen Mahnbescheid beantragt. Da der Gegner Wladimir Tschitok auf die Zustellung des Mahnbescheids nicht reagiert hat, hat Rechtsanwältin Katharina Schuh den Vollstreckungsbescheid beantragt. Hiergegen hat Wladimir Tschitok Einspruch eingelegt, wie das Zentrale Mahngericht Mayen mit Schreiben vom 17.05.2024 mitteilt. Rechtsanwältin Katharina Schuh übergibt die Akte an Julia Hoffmann mit der Bitte, dies dem Mandanten mitzuteilen und ihm zu erklären, wie die Angelegenheit nun weitergehen wird. Das Schreiben zum Az.: 133/2024 geht am 21.05.2024 zur Post.

Dr. Neumann & Huber
Rechtsanwälte Partnerschaft

RAe Dr. Neumann & Huber, Grainstr. 101, 67434 Neustadt a. d. Wstr.
Herrn
Michael Meyer
In den Bellen 5
67360 Lingenfeld

Ihr Zeichen:
Ihre Nachricht vom:
Unser Zeichen: 133/2024
Unsere Nachricht vom:

Name: RAin Katharina Schuh
Sekretariat: Julia Hoffmann
Telefon: +49 6321 5632-13
Telefax: +49 6321 5632-15

Datum: 21.05.2024

Michael Meyer ./. Wladimir Tschitok
wg. Forderung

Sehr geehrter Herr Meyer,

wie Sie beiliegendem Schreiben des Zentralen Mahngerichts Mayen vom 17.05.2024 entnehmen können, hat Herr Wladimir Tschitok gegen den Vollstreckungsbescheid Einspruch eingelegt.

Das Zentrale Mahngericht Mayen wird das Verfahren nun sofort, also ohne weiteren Antrag, an das zuständige Gericht abgeben. Dieses wird uns sodann auffordern, den im gerichtlichen Mahnverfahren geltend gemachten Anspruch zu begründen und den weiteren Gerichtskostenvorschuss zu bezahlen.

Freundliche Grüße

Katharina Schuh
Rechtsanwältin

Anlage

RAin Dr. Annette Neumann Fachanwältin für Verkehrsrecht · **RA Peter Huber** Fachanwalt für Erbrecht
In Zusammenarbeit mit **RAin Katharina Schuh** Fachanwältin für Familienrecht

RAe Dr. Neumann & Huber · Grainstr. 101 · 67434 Neustadt a. d. Wstr. · Telefon +49 6321 5632-0 · Fax +49 6321 5632-15
info@rae-neumann-huber.de · www.rae-neumann-huber.de
Registernummer PR 956 · Amtsgericht Neustadt a. d. Wstr. · USt-IdNr.: DE573964122

Commerzbank Neustadt a. d. Wstr. · IBAN DE41 5464 0035 0012 5832 19
Deutsche Bank Neustadt a. d. Wstr. · IBAN DE52 5467 0095 0096 7844 58

4.2 Kostenrechnungen erstellen

vgl. LF 4, Kap. 4.8 und 5.4

Die Erstellung von Kostenrechnungen sowie das Wissen, welche Inhalte eine Kostenrechnung aufweisen muss, gehören auch im gerichtlichen Mahnverfahren zum Aufgabenbereich von Rechtsanwaltsfachangestellten.

vgl. LF 3, Kap. 5.4.1

Zur Arbeitserleichterung können Schnellbausteinkataloge angelegt werden, wie z. B. der nachfolgende Schnellbausteinkatalog „Kostenrechnungen Mahnverfahren“, die die Erstellung von Kostenrechnungen wesentlich erleichtern. Natürlich können Sie die Schnellbausteine wieder an die Bedürfnisse in Ihrer Kanzlei anpassen bzw. ergänzen. Bei der Erstellung sollte jedoch darauf geachtet werden, dass die Schnellbausteine in der von der Kanzlei verwendeten Schriftart und -größe abgespeichert werden, damit sie nachträglich nicht mehr formatiert werden müssen. Auch die gesetzten Tabstopps müssen angepasst werden.

Kostenvorschussrechnung **Rechnungsnummer:** { } { } **Leistungszeitraum:** { }		Mahnverfahren01
Kostenendabrechnung **Rechnungsnummer:** { } { } **Leistungszeitraum:** { }		Mahnverfahren02
Streitwert: { } €, §§ { }		Mahnverfahren03
1,0 Verfahrensgebühr, Nr. 3305 VV RVG	{ } €	Mahnverfahren04
0,5 Verfahrensgebühr, Nr. 3306 VV RVG	{ } €	Mahnverfahren05
0,5 Verfahrensgebühr, Nr. 3307 VV RVG	{ } €	Mahnverfahren06
0,5 Verfahrensgebühr, Nr. 3308 VV RVG	{ } €	Mahnverfahren07
1,0 Einigungsgebühr, Nrn. 1000, 1003 VV RVG	{ } €	Mahnverfahren08
1,2 Terminsgebühr, Nr. 3104 VV RVG	{ } €	Mahnverfahren09
abzgl. Anrechnung gem. { } : { }	– { } €	Mahnverfahren10
Pauschale Post und Telekommunikation, Nr. 7002 VV RVG Zwischensumme 19 % Umsatzsteuer, Nr. 7008 VV RVG Summe	{ } € { } € { } € { } €	Mahnverfahren11
0,5 Gerichtskosten, Nr. 1100 KV GKG	{ } €	Mahnverfahren12

Situationsbeschreibung: Rechtsanwältin Katharina Schuh vertritt seit dem 26.02.2024 Marianne Pulthaupt (Karl-Stein-Straße 98 a, 76835 Hainfeld) in der Angelegenheit gegen Vitali Erasmus

(Az.: 66/2024). Dieser fordert von Marianne Pulthaupt unberechtigt rückständige Miete in Höhe von 1.810,00 €. In der durchschnittlichen außergerichtlichen Angelegenheit konnte keine Einigung erzielt werden. Vitali Erasmus hat daher einen Mahnbescheid beantragt, gegen den Rechtsanwältin Katharina Schuh Widerspruch eingelegt hat. Da Vitali Erasmus das Verfahren nicht weiter betreibt, übergibt Rechtsanwältin Katharina Schuh die Akte an Julia Hoffmann mit der Bitte um Abrechnung des gerichtlichen Mahnverfahrens. Die Gebühren für die außergerichtliche Tätigkeit wurden bereits bezahlt. Julia Hoffmann verwendet aus dem Schnellbausteinkatalog „Kostenrechnungen Mahnverfahren" die Bausteine Nr. 02, 03, 06, 10 und 11 und vervollständigt sie mit den entsprechenden Daten. Die Kostenrechnung Nr. 95/2024 geht am 21.05.2024 zur Post.

Dr. Neumann & Huber
Rechtsanwälte Partnerschaft

RAe Dr. Neumann & Huber, Grainstr. 101, 67434 Neustadt a. d. Wstr.
Frau
Marianne Pulthaupt
Karl-Stein-Straße 98 a
76835 Hainfeld

Ihr Zeichen:
Ihre Nachricht vom:
Unser Zeichen: 66/2024
Unsere Nachricht vom:

Name: RAin Katharina Schuh
Sekretariat: Julia Hoffmann
Telefon: +49 6321 5632-13
Telefax: +49 6321 5632-15

Datum: 21.05.2024

Kostenendabrechnung
Rechnungsnummer: 95/2024
Marianne Pulthaupt ./. Vitali Erasmus wg. rückständiger Miete
Leistungszeitraum: 26.02.2024 – 21.05.2024

Gegenstandswert: 1.810,00 € (§ 48 Abs. 1 GKG)

0,5 Verfahrensgebühr, Nr. 3307 VV RVG	83,00 €	
abzgl. Anrechnung gem. Vorbemerkung 3 Abs. 4 VV RVG: 0,65 Geschäftsgebühr gem. Nr. 2300 VV RVG in Höhe von 107,90 €, hier jedoch vorliegend	– 83,00 €	0,00 €
Pauschale Post und Telekommunikation, Nr. 7002 VV RVG		16,60 €
Zwischensumme		16,60 €
19 % Umsatzsteuer, Nr. 7008 VV RVG		3,15 €
Summe		19,75 €

Katharina Schuh
Rechtsanwältin

RAin Dr. Annette Neumann Fachanwältin für Verkehrsrecht · **RA Peter Huber** Fachanwalt für Erbrecht
In Zusammenarbeit mit **RAin Katharina Schuh** Fachanwältin für Familienrecht

RAe Dr. Neumann & Huber · Grainstr. 101 · 67434 Neustadt a. d. Wstr. · Telefon +49 6321 5632-0 · Fax +49 6321 5632-15
info@rae-neumann-huber.de · www.rae-neumann-huber.de
Registernummer PR 956 · Amtsgericht Neustadt a. d. Wstr. · USt-IdNr.: DE573964122

Commerzbank Neustadt a. d. Wstr. · IBAN DE41 5464 0035 0012 5832 19
Deutsche Bank Neustadt a. d. Wstr. · IBAN DE52 5467 0095 0096 7844 58

Zusammenfassung

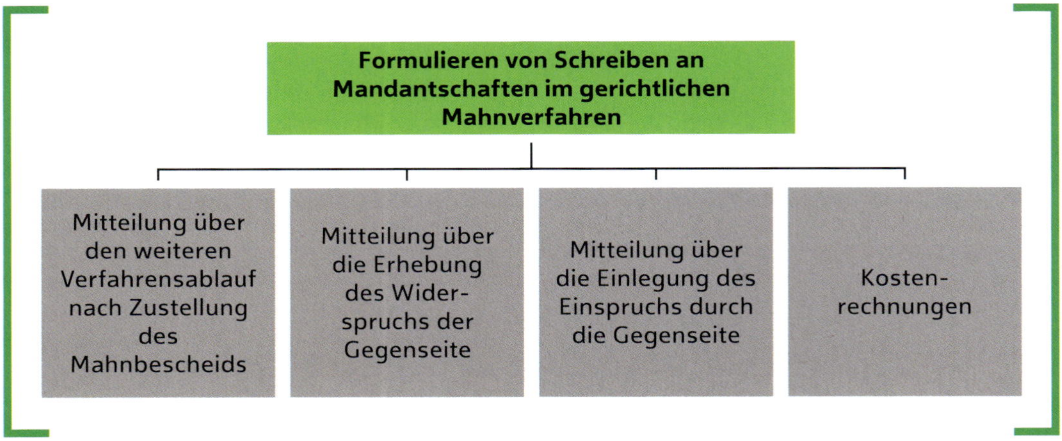

Wiederholung und Vertiefung

1. Kurt-Georg Reichelt (Albert-Einstein-Allee 53, Wohnung Nr. 6, 67165 Waldsee) hat eine offene Forderung gegenüber George Fellow. Dieser schuldet ihm rückständige Miete in Höhe von 930,00 €. Da die außergerichtliche Tätigkeit des Rechtsanwalts Peter Huber keinen Erfolg brachte, möchte Kurt-Georg Reichelt gerichtliche Schritte gegen George Fellow einleiten. Er bittet Rechtsanwalt Peter Huber, ihm mitzuteilen, was er ihm bzgl. des weiteren Vorgehens raten würde. Rechtsanwalt Peter Huber übergibt die Akte an Annika Sauer mit der Bitte, Kurt-Georg Reichelt die Vorzüge des gerichtlichen Mahnverfahrens gegenüber dem streitigen Verfahren darzulegen. Kurt-Georg Reichelt soll mitteilen, ob er möchte, dass die Partnerschaft den Antrag auf Erlass eines Mahnbescheids stellt. Erstellen Sie das Schreiben mithilfe des Kanzleibriefbogens, das Annika Sauer unter dem Az.: 265/2023 am 11.01.2024 schreibt und zur Post bringt.
2. In der Sache Heidelinde Kassupek (Kreuzgasse 5, 67166 Otterstadt) ./. Erika Schmidt (Alte Landstraße 21, 67374 Hanhofen) hat die Partnerschaft Dr. Neumann & Huber einen Mahnbescheid wegen einer Kaufpreisforderung (Az.: 280/2023) beantragt. Mit Schreiben vom 08.01.2024 teilt das Zentrale Mahngericht Mayen mit, dass der Mahnbescheid an Erika Schmidt unter der angegebenen Anschrift nicht zustellbar ist. Rechtsanwältin Katharina Schuh bittet Annika Sauer deshalb am 12.01.2024, dieses Schreiben an die Mandantin weiterzuleiten und sie zu fragen, ob ihr die aktuelle ladungsfähige Anschrift bekannt ist. Falls dies nicht der Fall sein sollte, soll die Mandantin bitte mitteilen, ob eine Einwohnermeldeamtsanfrage bei der zuständigen Behörde eingeholt werden soll, die jedoch mit Kosten von ca. 10,00 € verbunden sein wird. Recherchieren Sie, welche Behörde für die Einwohnermeldeamtsanfrage zuständig ist und erstellen Sie das Schreiben an die Mandantin mithilfe des Kanzleibriefbogens.

3. Rechtsanwältin Katharina Schuh hat Mira Martinelli (Germersheimer Straße 101 b, 67360 Lingenfeld) im gerichtlichen Mahnverfahren im Zeitraum vom 03.11.2023 bis 29.01.2024 vertreten. Der Gegner Theo Lotz hat keinen Einspruch gegen den erwirkten Vollstreckungsbescheid erhoben. Mira Martinelli hat Rechtsanwältin Katharina Schuh mitgeteilt, dass sie selbst einen Gerichtsvollzieher mit der Vollstreckung der Forderung in Höhe von 15.513,00 € beauftragen wird, und hat sie gebeten, die Angelegenheit (Az.: 275/2023) abzurechnen. Julia Hoffmann rechnet daher die Angelegenheit am 29.01.2024 ab. Unter der Rechnungsnummer 18/2024 listet sie die angefallenen Gebühren und Auslagen auf. Nach einem Hinweis von Marion Webermann nimmt sie die Anrechnung der bereits abgerechneten und beglichenen Beratungsgebühr (190,00 € zzgl. Umsatzsteuer) vor. Fertigen Sie die Kostenendabrechnung mithilfe des Kanzleibriefbogens an. Verwenden Sie dabei den Schnellbausteinkatalog „Kostenrechnungen Mahnverfahren“.
4. Die Geschwister Caspar und Catherine Winter (Waldstraße 5, 67368 Westheim) haben Rechtsanwältin Katharina Schuh am 23.11.2023 mit der Tätigkeit im gerichtlichen Mahnverfahren (Az.: 266/2023) beauftragt. Rechtsanwältin Katharina Schuh hat auftragsgemäß Antrag auf Erlass eines Mahnbescheids über 5.630,00 € gegen Alexander Tuschert gestellt. Dieser telefoniert nach der Zustellung des Mahnbescheids mit Rechtsanwältin Katharina Schuh, um eine Einigung herbeizuführen. Er schlägt vor, dass er einen Betrag von 5.000,00 € zahlt und damit die Angelegenheit erledigt ist.
   a) Rechtsanwältin Katharina Schuh bittet Julia Hoffmann, die Mandanten anzuschreiben und den Sachverhalt zu schildern. Caspar und Catherine Winter sollen bitte mitteilen, ob sie mit dem Vergleichsvorschlag einverstanden sind. Erstellen Sie das Schreiben, das am 14.12.2023 zur Post gebracht wird, mithilfe des Kanzleibriefbogens.
   b) Caspar und Catherine Winter haben per E-Mail am 21.12.2023 mitgeteilt, dass sie mit dem vorgeschlagenen Vergleich einverstanden sind. Dies teilt Rechtsanwältin Katharina Schuh dem Gegner Alexander Tuschert telefonisch am 22.12.2023 mit. Eine Woche später geht der vereinbarte Betrag in Höhe von 5.000,00 € auf dem Konto der Partnerschaft Dr. Neumann & Huber ein. Julia Hoffmann erstellt daraufhin am 05.01.2024 die Kostenendabrechnung Nr. 2/2024 mit den angefallenen Gebühren und Auslagen. Erstellen Sie diese mithilfe des Kanzleibriefbogens.
5. Rechtsanwalt Peter Huber vertritt die Fensterbau Königer GmbH (Hauptstraße 65, 67378 Zeiskam). Ansprechpartner ist Bernhard Münch. Er hat für diese einen Vollstreckungsbescheid gegen Kasimir Treptow, der die offene Rechnung in Höhe von 9.813,95 € nicht bezahlt hat, erwirkt. Bevor Zwangsvollstreckungsmaßnahmen eingeleitet werden können, meldet sich Kasimir Treptow telefonisch am 11.12.2023 bei Rechtsanwalt Peter Huber und teilt ihm mit, dass er in den letzten Wochen beruflich im Ausland gewesen sei und sich deshalb nicht melden konnte. Um das Verfahren (Az.: 259/2023) gütlich zu beenden, schlägt er vor, einen Betrag in Höhe von 9.300,00 € zu zahlen.

a) Rechtsanwalt Peter Huber übergibt die Akte an Annika Sauer mit der Bitte, die Mandantin anzuschreiben und nachzufragen, ob mit diesem Vorschlag Einverständnis besteht. Erstellen Sie das Schreiben, das am 14.12.2023 zur Post geht, mithilfe des Kanzleibriefbogens.

b) Die Fensterbau Königer GmbH teilt Rechtsanwalt Peter Huber daraufhin per E-Mail am 18.12.2023 mit, dass dann aber gleich die Forderung aus dem gerichtlichen Verfahren (I. Instanz) in Höhe von 1.165,68 € mitverglichen werden soll. Wenn Kasimir Treptow einen Betrag von 10.500,00 € bezahlt, ist für die Fensterbau Königer GmbH die Angelegenheit erledigt. Rechtsanwalt Peter Huber klärt dies telefonisch mit Kasimir Treptow ab, der hiermit einverstanden ist. Der Vergleichsbetrag geht am 28.12.2023 bei der Fensterbau Königer GmbH ein. Daraufhin rechnet Annika Sauer die Akte am 04.01.2024 hinsichtlich der entstandenen Gebühren und Auslagen ab. Erstellen Sie mithilfe des Kanzleibriefbogens die Kostenendabrechnung Nr. 1/2024 für den Zeitraum vom 12.10.2023 bis 04.01.2024.

Lernfeld 9 (Rechtsanwalts- und Notarfachangestellte) – Kompetenzen

In diesem Lernfeld lernen Sie:

Kapitel 1 **Der Notar**	• welche Gesetze die Grundlagen des notariellen Berufsrechts bilden • was es bedeutet, Notar zu sein und welche Aufgaben der Notar hat • welche Zeichen der Amtsführung ein Notar hat • dass der Notar zur Verschwiegenheit und zum Datenschutz verpflichtet ist • wer den Notar vertreten darf • dass der Notar jährliche Übersichten zu erstellen hat • auf welche Weisen das Amt des Notars erlischt • dass es Notarkammern und eine Bundesnotarkammer gibt

Kapitel 2 **Beurkundungen**	• dass es in bestimmten Fällen ein Mitwirkungsverbot des Notars gibt • wann der Notar die Beurkundung ausschließen oder ablehnen muss • etwas über die Vertretung bei einer Beurkundung • was eine notarielle Niederschrift (Verhandelt zu ...) ist • wie man eine Unterschriftsbeglaubigung fertigt • was der Unterschied zwischen Ausfertigung, beglaubigter Abschrift und Abschrift ist • wie eine Ausfertigung/vollstreckbare Ausfertigung erteilt wird • wie eine beglaubigte Abschrift/Abschrift erteilt wird • dass es verschiedene Formen elektronischer Dokumente gibt • dass es auch verschiedene elektronische Fassungen von Urkunden gibt • dass Beurkundungen/Beglaubigungen in bestimmten Fällen auch online per Video erfolgen können

Kapitel 3 **Akten und Verzeichnisse**	• was in der (Papier-)Urkundensammlung aufbewahrt wird • wie die elektronische Urkundensammlung zu führen ist • worum es sich bei einer Nebenakte handelt und was in ihr abzuheften ist • dass jeder Notar eine Generalakte zu führen hat und was dort hineingehört • was eine Sammelakte für Wechsel- und Scheckproteste ist • dass eine (Papier-)Erbvertragssammlung und eine (Papier-)Sondersammlung zu führen sind und auf welche Weise dies jeweils erfolgen muss • wie das Urkundenverzeichnis und das Verwahrungsverzeichnis jeweils zu führen ist • dass in einigen Bundesländern ein Kostenregister zu führen ist

Kapitel 4 **Kosten**	• wer die Kosten des Notars schuldet • wann die Notarkosten fällig werden • auf welcher Grundlage der Geschäftswert ermittelt wird • wie das Kostenverzeichnis des GNotKG aufgebaut ist • welche Wirksamkeitsvoraussetzungen für eine notarielle Kostenrechnung bestehen • wann die Kostenrechnung des Notars verjährt

Lernfeld 9 (ReNo): Dienstordnungs- und beurkundungsrechtliche Vorschriften anwenden

1 Der Notar

Bei vielen Rechtsgeschäften ist das Aufsuchen eines Notars erforderlich.

Ein Notar ist der unabhängige Träger eines öffentlichen Amts, der auf dem Gebiet der vorsorgenden Rechtspflege arbeitet (§ 1 BNotO).

Der Beruf Notar gehört zu den freien Berufen, was bedeutet, dass er selbstständig tätig ist und kein Gewerbe (= wirtschaftliche Tätigkeit, z. B. Maler) ausübt. Andere Beispiele für Freiberufler sind: Ärzte, Architekten, Steuerberater.

Der Notar führt ein Amtssiegel und trägt die Amtsbezeichnung Notar. Zum Notar wird nur berufen, wer persönlich und fachlich dafür geeignet ist. Voraussetzung der fachlichen Eignung ist die Befähigung zum Richteramt (§ 5 BNotO). Die Anzahl der Notare in Deutschland ist anders als die Anzahl der Anwälte begrenzt. Sie richtet sich u. a. nach dem Aufkommen von beurkundungspflichtigen Vorgängen.

In manchen Bundesländern (z. B. Hamburg, Saarland, Sachsen, Mecklenburg-Vorpommern) sind Anwälte und Notare in ihrer Amtsführung getrennt (= Nurnotar). In anderen Bundesländern (z. B. Schleswig-Holstein, Niedersachsen, Bremen) kann ein Anwalt auch gleichzeitig Notar sein (= Anwaltsnotar).

Dem Notar wird ein bestimmter Ort als Amtssitz zugewiesen, wo er seine Geschäftsstelle (= Büro) führt (§ 10 BNotO). Der Amtsbereich des Notars ist der Bezirk des Amtsgerichts, in dem er seinen Amtssitz hat (§ 10 a BNotO). Der Amtsbezirk des Notars ist der OLG-Bezirk des Amtssitzes (§ 11 BNotO).

vgl. LF 1, Kap. 2.1.3

Lernsituation

In dem Klassenraum 2.04 der Berufsschule finden sich nach den Sommerferien die Auszubildenden zum Rechtsanwalts- und Notarfachangestellten ein.

Die Schülerinnen und Schüler unterhalten sich angeregt, tauschen sich über Erlebnisse aus und unterhalten sich natürlich auch über die Arbeit in den Büros. Sie sprechen darüber, wer in der Kanzlei noch ausschließlich anwaltliche Angelegenheiten bearbeiten oder auch schon im Notariat reinschnuppern durfte.

Unter ihnen ist auch Oxana Schuhmann, die bei der Notarin Katharina Marschner arbeitet. Sie durfte bereits bei ihrer Kollegin Jana Seidel, die schon einige Jahre ausgelernt hat, und ausschließlich im Notariat tätig ist, über die Schulter blicken. Jana Seidel hat Oxana Schuhmann gebeten, ihr bei der Erstellung der alljährlichen Übersichten über die Urkunds- und Verwahrungsgeschäfte zu helfen, und ihr dabei auch viel über das Amt des Notars erzählt. Oxana Schuhmann hat dabei herausfinden können, was für die künftige Arbeit und das kommende dritte Ausbildungsjahr, das zu einem großen Teil von notariellen Inhalten geprägt ist, grundlegend wichtig ist. Jana Seidel hat ihr u. a. die Generalakte des Notars gezeigt, in der bestimmte Dokumente abzuheften sind, was auch bei einer Amtsprüfung durch die Aufsichtsbehörde kontrolliert wird.

Oxana Schuhmann hat erfahren und erzählt dies ihren Mitschülern, welche Gesetze Grundlage der notariellen Amtsführung sind, um was für ein Amt es sich überhaupt bei dem Notar handelt, welche Aufgaben und Pflichten der Notar hat, was er für die Ausübung seines Amts alles braucht, dass es Notarkammern und eine Bundesnotarkammer gibt und wofür diese jeweils zuständig sind.

Arbeitsaufträge:

a) Recherchieren Sie mithilfe des Internets und beantworten Sie stichpunktartig die Fragen, die die Mitschüler Oxana Schuhmann stellen:
   - „Meine Eltern haben vor einem Jahr ein Grundstück gekauft und mir erzählt, dass der Notar alles vorgelesen hat. Kannst du mir erklären, um was für eine Urkundsform es sich hierbei gehandelt haben muss und wie eine solche Urkunde zu Beginn aussieht?"
   - „Ich höre von meiner Kollegin immer wieder, dass sie die Urkunde erst einmal registrieren muss. Weißt du, was damit gemeint ist und was sie da genau tut?"
   - „Unsere Buchhaltung spricht manchmal von einem Verwahrungsverzeichnis. Kannst du mir den Begriff erklären?"
   - „Meine Tante hat neulich etwas im Grundbuch löschen und dazu ihre Unterschrift beglaubigen lassen. Kannst du mir sagen, wie so eine Unterschriftsbeglaubigung abgefasst wird?"
   - „Ich habe nach dem Schulabschluss eine beglaubigte Abschrift meines Abschlusszeugnisses an jede meiner Bewerbungen geheftet. Wie lautet der Vermerk, der hierzu benötigt wird?"

b) Vergleichen Sie untereinander Ihre Ergebnisse.

c) Reflektieren Sie anschließend Ihr Wissen.

1.1 Grundlagen des notariellen Berufsrechts

Die Grundlagen des notariellen Berufsrechts findet der Notar in folgenden Bundesgesetzen:

- Bundesnotarordnung (BNotO)
- Beurkundungsgesetz (BeurkG)
- Gerichts- und Notarkostengesetz (GNotKG).

Die **Bundesnotarordnung** beinhaltet die Vorschriften zur Ausübung der Amtstätigkeit der Notare. Beispiele hierfür sind Regelungen über die Bestellung zum Notar/Notarvertreter/Notariatsverwalter oder das Erlöschen des Amts sowie Disziplinarverfahren.

Aus dem **Beurkundungsgesetz** ergeben sich die Vorschriften zur Errichtung von notariellen Urkunden. Beispiele sind das Mitwirkungsverbot in bestimmten Angelegenheiten, der Inhalt einer Urkunde, die Feststellungen, die ein Notar zur Person der Beteiligten vorzunehmen hat, Nachweise von Vertretungsberechtigungen, Prüfungs- und Belehrungspflichten usw.

Das **Gerichts- und Notarkostengesetz** ist die Grundlage zur Erhebung von Gerichts- und Notargebühren. Es beinhaltet allgemeine Vorschriften für Gerichte und Notare sowie separate Vorschriften für Notare inkl. Kostenverzeichnis.

Zur Ausübung des Berufs haben Notare ferner die **Dienstordnung für Notare (DONot)** und die **Verordnung über die Führung notarieller Akten und Verzeichnisse (NotAktVV)** zu beachten. Sowohl aus der NotAktVV als auch aus der DONot ergibt sich z. B., welche Akten und Verzeichnisse der Notar zu führen hat, welche Amtssiegel notwendig sind, dass er Übersichten über Urkunds- und Verwahrungsgeschäfte zu erstellen hat und auf welche Weise der Notar zu unterzeichnen hat.

1.1.1 Das Amt und die Aufgaben des Notars (BNotO)

Der Notar hat sich durch sein **Verhalten** innerhalb und außerhalb des Amts der Achtung und dem Vertrauen, das seinem Amt entgegengebracht wird, würdig zu zeigen. Es wird von einem Notar erwartet, dass er ein gewisses Auftreten, z. B. durch Kleidung, Höflichkeit, Verhalten und Sachkunde, zeigt, denn einem Notar sollte ein gewisser Respekt, aber vor allem Vertrauen entgegengebracht werden.

Der Notar hat sich **fortzubilden**, denn die Gesetze ändern sich stetig und er muss insoweit immer „up to date“ sein. Jeder Notar hat eine bestimmte Mindeststundenzahl im Jahr an Fortbildungen zu absolvieren. Er erhält hierfür Bescheinigungen, die er in seiner Generalakte aufzubewahren hat, damit sie bei einer Amtsprüfung, die in der Regel alle vier Jahre durch die entsprechende Aufsichtsbehörde erfolgt, eingesehen werden können. Es gibt viele Veranstaltungen in ganz Deutschland, in denen fachkundige Dozenten aktuelle Sachverhalte unter Einbeziehung der neuesten Rechtsprechung vortragen.

Ein Notar ist **verpflichtet**, die für ihn vorgesehenen **Gebühren** zu **erheben**. Er darf also nicht kostenlos arbeiten. Eine Ausnahme bildet allerdings das Nachbessern bei Fehlern, die der Notar selbst gemacht hat. Ist z. B. eine Nachbeurkundung wegen eines Versehens des Notars erforderlich, ist dies für die Beteiligten kostenfrei. Hat der Notar gar einen **Schaden** verursacht, muss er diesen **ersetzen**. Hierfür hat er eine **Berufshaftpflichtversicherung** abzuschließen, die mindestens 500000,00 € je Versicherungsfall abdecken muss.

Der Notar darf seine **Tätigkeit** (anders als ein Anwalt) nur **aus wichtigem Grund verweigern** und ist nicht verpflichtet, in einer anderen als der **deutschen Sprache** zu **beurkunden**. Ist der Notar jedoch einer anderen Sprache mächtig, kann er auch in dieser beurkunden und dies vielleicht sogar als besondere Qualifikation seiner Mandantschaft anbieten.

Ein Notar ist ein **unabhängiger** (also freier) und **unparteiischer** (im Gegensatz zum Rechtsanwalt) Betreuer der Beteiligten.

Wer Notar werden möchte, kann sich auf eine Ausschreibung der jeweiligen Landesjustizverwaltung bewerben.

▶ **Beispiel:** Rechtsanwalt Martin Kieber möchte in Niedersachen Notar werden. Er war drei Jahre in Hamburg und fünf Jahre in Celle als Rechtsanwalt tätig. Neben dieser Tätigkeit hat er die notarielle Fachprüfung bestanden und 15 Zeitstunden jährlich an Fortbildungen absolviert. Während der Urlaubszeit seines Sozius, der Rechtsanwalt und Notar ist, hat er diesen als Notarvertreter vertreten, um sich schon einmal mit der notariellen Praxis vertraut zu machen. Nun kann er sich auf die nächste ausgeschriebene Notarstelle bewerben.

Der Notar wird durch eine Bestellungsurkunde bestellt.

Er hat folgenden Eid vor dem Präsidenten des für ihn zuständigen Landgerichts zu leisten, wobei der religiöse Teil freiwillig ist (§ 13 BNotO): *„Ich schwöre bei Gott, dem Allmächtigen und Allwissenden, die verfassungsmäßige Ordnung zu wahren und die Pflichten eines Notars gewissenhaft und unparteiisch zu erfüllen, so wahr mir Gott helfe!"*

Der Notar soll seine **Urkundstätigkeit** nur **innerhalb** seines **Amtsbereichs** ausüben, wenn nicht ein besonderes Interesse des Mandanten etwas anderes erfordert.

▶ **Beispiel:** Carl Kartmann ist 80 Jahre alt und langjähriger Mandant der Kanzlei von Katharina Marschner. Sie kennt seine Familienverhältnisse sehr genau. Sowohl sie als auch ihre Kollegen haben ihn vielfach vertreten und auch beraten. Carl Kartmann konnte bisher zu Beratungsgesprächen problemlos die Kanzlei aufsuchen. Seit drei Monaten lebt er nun in einem Pflegeheim, das sich außerhalb des Amtsbereichs der Notarin Katharina Marschner befindet und kann die Kanzlei aus gesundheitlichen Gründen nicht mehr persönlich aufsuchen. Carl Kartmann bittet die Notarin Katharina Marschner trotz der Tatsache, dass er außerhalb ihres Amtsbereichs lebt, sein Testament aufzusetzen und seinen letzten Willen im Pflegeheim zu protokollieren. Er vertraut der Notarin und möchte in dieser Angelegenheit nicht von einem fremden Notar betreut werden. Die Notarin Katharina Marschner kommt dem Wunsch des Mandanten gerne nach und unterrichtet die für sie zuständige Aufsichtsbehörde (= Landgerichtspräsident) über die Beurkundung außerhalb ihres Amtsbereichs nach der Protokollierung des Testaments.

Ein Notar darf eine Urkundstätigkeit außerhalb des **Amtsbezirks** nur bei Gefahr in Verzug oder nachdem (vorher) der Landgerichtspräsident dies schriftlich genehmigt hat, durchführen.

Merke: Beurkundet ein Notar entgegen der Vorschriften außerhalb des Amtsbezirks, ist die errichtete Urkunde nicht ungültig. Es liegt lediglich eine Amtspflichtverletzung vor, die ggf. disziplinarische Maßnahmen gegen den Notar nach sich ziehen.

Durch diese Vorschrift soll verhindert werden, dass Notare „quer durch Deutschland reisen", um allerorts Beurkundungen vorzunehmen. Grundsätzlich sollen die Notare innerhalb ihres Amtsbereichs beurkunden.

Die verschiedenen Territorien werden nachfolgend noch einmal der Größe nach dargestellt:

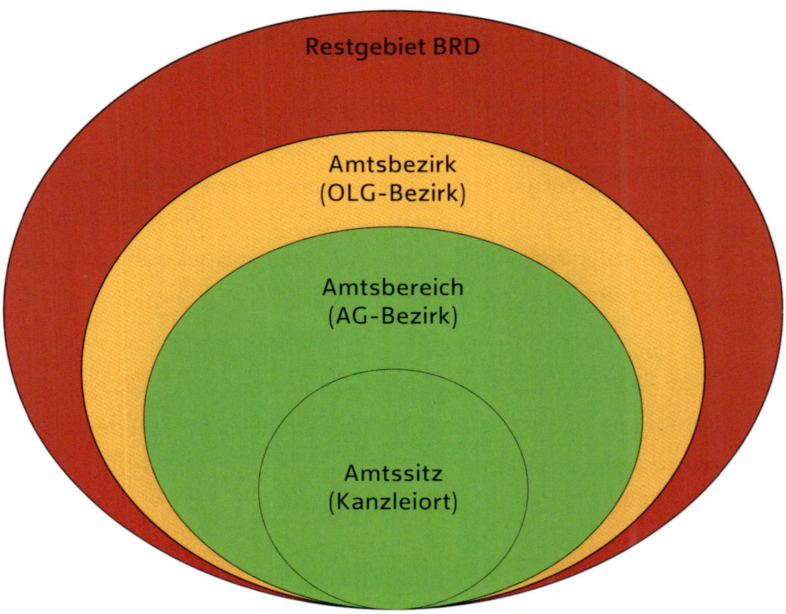

grün = darf uneingeschränkt beurkunden
gelb = darf eingeschränkt beurkunden, Anzeige hinterher erforderlich
rot = sollte nicht beurkunden, Genehmigung vorher erforderlich

Der **Notar** hat auf dem Gebiet der **freiwilligen Gerichtsbarkeit** vielfältige **Aufgaben**. Beispiele hierfür sind:

- **Beurkundung** von
  - Rechtsgeschäften im Bereich
    - *Liegenschaftsrecht* (Immobilienkauf- oder Schenkungsvertrag, Grundpfandrechtsbestellung)
    - *Gesellschaftsrecht* (GmbH-Vertrag, Satzungsänderung, Umwandlung)
    - *Erbrecht* (Testament, Erbvertrag, Erb- und Pflichtteilsverzicht, Erbscheinsantrag inkl. eidesstattlicher Versicherung)
    - *Familienrecht* (Ehevertrag, Scheidungsfolgenvereinbarung)
  - Vorsorgevollmacht
  - Adoption
- **Beglaubigung** von
  - Dokumenten z. B. Zeugnisse, Personenstandsurkunden
  - Anmeldungen zum Handels- oder Vereinsregister
  - Löschungsbewilligungen/Löschungsanträgen
  - Dienstbarkeitsbestellungen
  - Erbausschlagungen
  - Vollmachten
- **Überprüfung** von beurkundungspflichtigen Rechtsgeschäften
- **Beratung/Betreuung** von Beteiligten bei beurkundungspflichtigen Rechtsgeschäften (= vorsorgende Rechtspflege)
- Vornahme von **Verlosungen**
- Aufnahme von **Vermögens- und Nachlassverzeichnissen**
- Bescheinigungen über **Vertretungsberechtigungen (z. B. durch Prüfung einer Vollmacht/ Einsicht eines Registers)**
- **Verwahrung** von Geld, Wertpapieren und Kostbarkeiten

Je nach Kanzlei kommen einige Vorgänge häufiger vor als andere. Es kann auch sein, dass bestimmte Vorgänge überhaupt nicht vorkommen, wie z. B. Verlosungen. Wer in einem Notariat arbeitet, das sich in einer Großstadt befindet, hat ein größeres Spektrum an Vorgängen zu bearbeiten als jemand, der in einem kleinen Ort tätig ist.

1.1.2 Zeichen der Amtsführung (DONot)

Der Notar hat seine Unterschrift, die er bei Amtshandlungen leistet, bei dem für seinen Amtssitz zuständigen Landgerichtspräsidenten einzureichen. Der **Unterschrift** ist stets die **Amtsbezeichnung** hinzuzufügen (§ 1 DONot).

▶ **Beispiel:** Martin Meyer, Notar oder Schmidt, Notar

Er sollte beim Unterschreiben darauf achten, möglichst auch in der Zukunft auf dieselbe Weise zu unterschreiben, wie bei Gericht hinterlegt, um im Zweifel einem Abgleich standzuhalten.

Notare führen **verschiedene Amtssiegel** (§ 2 DONot), die jeweils das Wappen des Bundeslands, den Namen des Notars sowie die Worte: Notar in ... (Ort) enthalten. Es gibt verschiedene Siegel:

- **Farbdrucksiegel**
  (auch als Stempel- oder Gummisiegel bezeichnet)
  für einseitige Urkunden (auch doppelseitige oder DIN-A3)

- **Prägesiegel (Siegelpresse)**
  für mehrseitige Urkunden

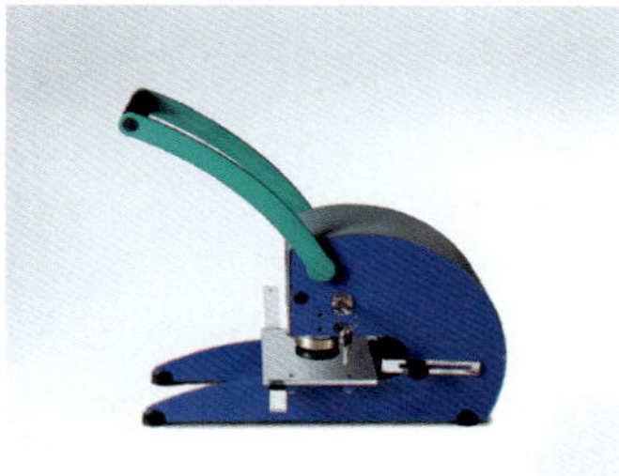

- **Prägesiegel (Petschaft für Lacksiegel)**
  für Testamentsumschläge

Das Prägesiegel, das mit Siegellack verwendet wird, wird in der Praxis häufig nicht mehr benutzt, weil das Verschließen von Testamentsumschlägen auch mit der Siegelpresse zulässig ist.

Es ist stets dafür zu sorgen, dass die Siegel nicht missbraucht werden können. Das bedeutet, dass sie in jedem Fall am Ende eines Arbeitstags in einem abschließbaren Schrank/Tresor verwahrt werden. So soll ein Missbrauch erschwert werden. Ein Verlust ist dem Landgerichtspräsidenten unverzüglich anzuzeigen.

Das bei der Verwendung der Siegelpresse eingesetzte Garn muss reißfest sein und trägt stets die Farben des Bundeslands, in dem der Notar seinen Amtssitz hat.

Für die Errichtung von **Urkunden in elektronischer Form** benötigt der Notar eine **Signaturkarte**, die das Notarattribut, den Amtssitz und das Bundesland, in dem der Notar sein

Amt ausübt, sowie die zuständige Notarkammer enthalten muss. Bei Verlust der Signaturkarte ist diese sofort zu sperren und dies unverzüglich dem Landgerichtspräsidenten anzuzeigen.

Merke: Die Signaturkarte darf **ausschließlich** durch den Notar **persönlich** benutzt werden.

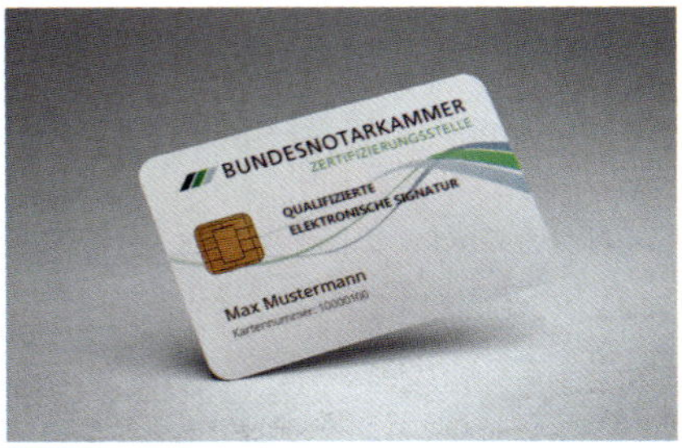

Der Notar kann am Eingang seines Büros ein Amtsschild anbringen. Es darf das Landeswappen und die Aufschrift „Notar" aufweisen.

1.1.3 Verschwiegenheitspflicht/Datenschutz (BNotO)

Der **Notar** ist (ähnlich wie ein Arzt) zur **Verschwiegenheit** (§ 18 BNotO) und zur Einhaltung des in dem jeweiligen Bundesland geltenden **Landesdatenschutzgesetzes** verpflichtet. Er darf ihm bekannte Sachverhalte sowie personenbezogene Daten nicht an Dritte weitergeben. Das ist sehr wichtig, denn ihm wird von seinen Mandanten großes Vertrauen entgegengebracht und er erhält häufig umfangreiche Einblicke in die persönlichen und wirtschaftlichen Verhältnisse seiner Mandanten. Die Pflicht zur Verschwiegenheit entfällt, wenn die Beteiligten Befreiungen hiervon erteilt haben. Gibt es mehrere Beteiligte, z. B. bei einem Kaufvertrag (Verkäufer und Käufer), müssen beide einer Befreiung zustimmen.

Der Notar beschäftigt **Mitarbeiterinnen und Mitarbeiter** in seiner Kanzlei, die ebenso zur **Verschwiegenheit** verpflichtet sind (§ 26 BNotO). Er hat diese entsprechend zu belehren. Zu den

Mitarbeitenden zählen nicht nur die Büroangestellten, sondern auch beispielsweise die Reinigungskräfte, die sich regelmäßig im Büro aufhalten, oder die **EDV-Firma**, die das Büro betreut. Auch diese Personen haben z. B. über den elektronischen Support Zugang zu den personenbezogenen Daten, die der Notar speichert.

Über die Verpflichtung zur Verschwiegenheit ist eine **Niederschrift** zu fertigen, die von den Beteiligten zu unterzeichnen ist. Eine Kopie der Niederschrift ist in der Generalakte des Notars abzuheften.

Der Notar sollte sich von seinen Auftraggebern eine Einverständniserklärung, z. B. zur Datenübermittlung per E-Mail unterzeichnen lassen und/oder kann eine entsprechende Erklärung in die Niederschriften (= beurkundete Erklärungen) aufnehmen.

1.1.4 Notarvertreter/Notariatsverwalter/Aktenverwahrer (§§ 19 ff. DONot, §§ 39, 56 ff. BNotO)

Ist der **Notar** z. B. durch **Urlaub oder Krankheit** abwesend, wird ein **Notarvertreter** bestellt (§ 39 BNotO). Der Notarvertreter muss mindestens Rechtsanwalt und zuvor von dem zuständigen Landgerichtspräsidenten vereidigt worden sein. Der Notarvertreter führt das Amtssiegel des vertretenen Notars und unterzeichnet z. B. mit *Müller, Notarvertreter.*

Der Notarvertreter erhält (auf Antrag des Notars) eine Vertreterbestellungsurkunde (in Papierform und in elektronischer Form) und kann sich bei Bedarf mit dieser nach Außen legitimieren.

Bei einer Sozietät wird in der Regel einer der Kollegen als Notarvertreter bestellt. Gibt es keine Sozien, kann auch der Berufskollege einer anderen Kanzlei die Geschäfte als Notarvertreter fortführen.

▶ **Beispiel:** Notarin Monika Morgentau aus Kassel möchte für drei Wochen verreisen und kann daher für diesen Zeitraum ihre Amtsgeschäfte nicht selbst fortführen. Sie betreibt ihre Kanzlei allein und hat daher keinen direkt mit ihr verbundenen Kollegen, der ihre Vertretung übernehmen kann. Sie bittet Notarin Nina Neumann, die zusammen mit zwei weiteren Notaren in einer Sozietät arbeitet und ihren Amtssitz auch in Kassel hat, die Notarvertretung zu übernehmen. Sie beantragt bei dem zuständigen Landgerichtspräsidenten mit Zustimmung der Notarin Nina Neumann, diese als ihre Notarvertreterin für den Zeitraum ihrer Abwesenheit zu bestellen.

Ist das **Amt** des Notars **erloschen**, kann an seine Stelle zur Abwicklung der noch laufenden Geschäfte bis zur Dauer eines Jahrs ein **Notariatsverwalter** bestellt werden; er wird von der Landesjustizverwaltung nach Anhörung der Notarkammer durch Bestellungsurkunde bestellt.

Als Notariatsverwalter kann auch der scheidende Notar selbst bestellt werden. Das bedeutet, er kann sein Amt selbst abwickeln. Der Notariatsverwalter übernimmt die Akten und Verzeichnisse des Notars. Die Kostenforderungen, die ab Übernahme der Verwaltung entstehen, stehen dem Notariatsverwalter zu.

Hinweis: Bei einer Amtspflichtverletzung des Notariatsverwalters haftet die Notarkammer neben dem Notariatsverwalter als Gesamtschuldner.

Der Notariatsverwalter führt ein Siegel mit der Umschrift „... Notariatsverwalter in ... (Ort)". Für Notariatsverwalter- oder Vertreter gelten die Bestimmungen der Dienstordnung.

Schließlich gibt es auch noch den **Aktenverwahrer**, dem auf Antrag des ausscheidenden Notars für einen begrenzten Zeitraum die Verwahrung der Akten und Verzeichnisse übertragen werden kann. Der Aktenverwahrer wickelt die laufenden Vorgänge des ausgeschiedenen Notars ab. Nach Ablauf des Bestellungszeitraums liefert auch er die Unterlagen an das Amtsgericht bzw. die zuständige Notarkammer ab, in dessen Bezirk sich die Kanzlei des ausgeschiedenen Notars befindet, wo sie archiviert werden.

▶ **Beispiel:** Notar Tim Tiedemann ist 70 Jahre alt und muss daher sein Amt als Notar aus Altersgründen aufgeben. Er ist Mitglied einer Sozietät, die aus fünf Notaren und drei Rechtsanwälten unterschiedlichen Alters besteht. Nach dem Ausscheiden des Notars Tim Tiedemann soll sein Notarkollege Thorsten Thermann die Abwicklung der laufenden Vorgänge vornehmen. Tim Tiedemann beantragt daher bei dem für ihn zuständigen Landgerichtspräsidenten, Notar Thorsten Thermann als Aktenverwahrer zu bestellen.

1.1.5 Übersichtenerstellung (§§ 7, 9 DONot)

Der Notar hat innerhalb eines bestimmten Zeitraums nach Abschluss eines jeden Kalenderjahrs eine **Übersicht** über

- die **Urkundsgeschäfte** sowie
- den Stand der **Verwahrungsgeschäfte**

zu erstellen und an den zuständigen Landgerichtspräsidenten zu senden.

In der Übersicht über die Urkundsgeschäfte werden die **verschiedenen Urkunden/Beschlüsse** des Notars nach ihrer **Anzahl** in

- Beglaubigungen von Unterschriften, Handzeichen oder qualifizierten elektronischen Signaturen, separiert nach Beglaubigungen mit oder ohne Entwurf,
- Verfügungen von Todes wegen,
- Vermittlungen von Auseinandersetzungen,

- sonstige Beurkundung und Beschlüsse – separiert zusätzlich darzustellen sind: Anträge auf Erteilung eines Erbscheins oder eines Europäischen Nachlasszeugnisses, getrennt beurkundete Auflassungserklärungen und Bescheinigungen des Notars (sofern die zuständige Landesjustizverwaltung dies bekannt gemacht hat),
- Wechsel- und Scheckproteste

zusammengestellt.

Der jeweils zuständige Landgerichtspräsident kann auf Grundlage der Übersichten aller Notare in seinem Bezirk ermitteln, welche und wie viele Urkundsgeschäfte insgesamt durchgeführt wurden und ob dadurch z. B. die Bestellung weiterer Notare erforderlich sein könnte. Seit Einführung des Elektronischen Urkundenarchivs ist die jährliche Übersicht schriftlich zu erstellen und zu übermitteln. Die hierfür durch die BNotK zur Verfügung gestellte Software (XNP) bietet im Modul „*Urkundenverzeichnis*“ ein Untermenü „Jahresabschluss“ zur automatisierten Erstellung der Übersicht über die Urkundsgeschäfte.

Der Notar hat nach Abschluss eines jeden Jahrs ferner eine Übersicht über den Stand der Verwahrungsgeschäfte aufzustellen und an den zuständigen Landgerichtspräsidenten zu senden. In dieser **Übersicht über die Verwahrungsgeschäfte** werden

- der Gesamtbestand der verwahrten Geldbeträge per 31.12. des jeweiligen Vorjahrs, sowohl nach den Kontoauszügen als auch nach dem Verwahrungsverzeichnis,
- der Bestand der verwahrten Geldbeträge nach den einzelnen Massen gegliedert,
- ggf. bestehende Sachverwahrungen/Zahlungsmittelverwahrungen, jeweils nach Massen gegliedert,

zusammengestellt. Wie bei den Urkundsgeschäften kann die Übersicht über die Verwahrungsgeschäfte mittels XNP im Modul „*Verwahrungsverzeichnis*“ Untermenü „*Jahresabschluss*“ automatisiert schriftlich erstellt und elektronisch übermittelt werden.

1.1.6 Amtserlöschen (§§ 47 ff. BNotO)

Es gibt verschiedene Gründe, weshalb das Amt des Notars erlischt:

Grund	Erläuterung/Beispiel
Entlassung aus dem Amt	Der Notar kann jederzeit seine Entlassung aus dem Amt verlangen.
Erreichen der Altersgrenze	Die Altersgrenze ist mit Vollendung des 70. Lebensjahrs erreicht.
rechtskräftiges disziplinargerichtliches Urteil, das die Entfernung aus dem Amt erkennt	Der Notar verstößt wiederholt gegen die Vorschriften der BNotO.

Grund	Erläuterung/Beispiel
Amtsniederlegung	Der Notar kann mit Genehmigung des für ihn zuständigen Landgerichtspräsidenten sein Amt vorübergehend niederlegen, wenn er ein Kind unter 18 Jahren oder einen nachweislich pflegebedürftigen Angehörigen betreut/pflegt. Ein Grund können auch gesundheitliche Probleme des Notars sein.
bestandskräftiger Wegfall der Mitgliedschaft in der Rechtsanwaltskammer	Der (Anwalts-)Notar wird aus der Rechtsanwaltskammer ausgeschlossen.
rechtskräftige strafgerichtliche Verurteilung, die einen Amtsverlust zur Folge hat	Der Notar hat eine Straftat begangen und wurde wegen dieser rechtskräftig verurteilt.
bestandskräftige Amtsenthebung	Wenn der Notar • die Befähigung zur Ausübung des Richteramts verliert, • keine Haftpflichtversicherung hat, • den Amtseid nicht leisten will, • in Vermögensverfall geraten ist, • aus gesundheitlichen Gründen unfähig ist, sein Amt auszuüben, • wiederholt grob gegen Mitwirkungsverbote (§ 3 Abs. 1 BeurkG) oder Pflichten (§ 17 Abs. 2 a S. 2 Nr. 2 BeurkG) verstößt.

Ist das Amt des Notars erloschen, hat er seine Akten und Verzeichnisse bei der für ihn zuständigen Verwahrungsstelle abzuliefern. Gleiches gilt für Urkunden und Wertgegenstände. Die Verwahrungsstelle kann z. B. das Amtsgericht sein, in dessen Bezirk der Notar seinen Amtssitz hat. Die Siegel und Stempel des Notars werden durch den zuständigen Landgerichtspräsidenten vernichtet. Der Notar darf fortan nicht mehr die Bezeichnung „Notar" führen. Mit Erlaubnis der Landesjustizverwaltung, darf er den Zusatz „Notar außer Dienst (a. D.)" führen.

Merke: Die Pflicht zur Verschwiegenheit erlischt nicht mit dem Erlöschen des Amts.

1.2 Die Notarkammern/Bundesnotarkammer (BNotO)

Sowohl die 21 Notarkammern, die in ganz Deutschland verteilt sind, als auch die Bundesnotarkammer sind Körperschaften des öffentlichen Rechts. Es handelt sich jeweils um Berufskammern.

Die Notare, die in vielen Bundesländern zugleich Rechtsanwälte sind, und in einem OLG-Bezirk bestellt sind, bilden eine Notarkammer. Die jeweilige Notarkammer hat ihren Sitz am Ort des jeweiligen Oberlandesgerichts. Daneben kann durch Rechtsverordnung der Landesregierung bestimmt werden, dass beispielsweise mehrere OLG-Bezirke oder Teile davon den Bezirk einer Notarkammer bilden. So lässt sich der Unterschied zwischen der Anzahl der Notarkammern (21) und der Anzahl der Bundesländer (16) erklären.

vgl. LF 1, Kap. 2.1.3

1.2.1 Aufgaben der Notarkammern (§ 67 BNotO)

Die jeweilige Notarkammer vertritt die Gesamtheit der Notare und wird von der Landesjustizverwaltung beaufsichtigt.

Die Notarkammer hat u. a. folgende Aufgaben:

- Wahrung der Ehre und des Ansehens der Notare
- Sorge dafür tragen, dass die Notare ihr Amt gewissenhaft ausführen
- Richtlinien die Amtspflichten und sonstigen Pflichten der Notare bestimmen, z. B.
  - Beschäftigung von Angestellten/Auszubildenden
  - Umfang der Fortbildung
  - Wahrung der Unabhängigkeit/Unparteilichkeit der Notare
  - Wahrung fremder Vermögensinteressen
  - Beachtung der persönlichen Amtsausübung
- Bereitstellung von Fortbildungsmitteln
- Ausbildung und Prüfung der Hilfskräfte der Notare
- Erstattung von Gutachten für die Landesjustizverwaltung, ein Gericht/eine Verwaltungsbehörde des Lands in notariellen Angelegenheiten
- Verwaltung von Notardaten und technische Zugangsberechtigungen zum Elektronischen Urkundenarchiv und Elektronischen Notariatsaktenspeicher

Die Organe der Notarkammer sind der Vorstand und die Kammerversammlung. Der Präsident vertritt die Notarkammer gerichtlich und außergerichtlich.

Jede Notarkammer erhebt von den jeweils angeschlossenen Notaren Beiträge, soweit dies zur Erfüllung ihrer Aufgaben erforderlich ist. Die Notarkammern befinden sich in folgenden Kammerbezirken: Schleswig-Holsteinische Notarkammer, Notarkammer Bremen, Notarkammer Mecklenburg-Vorpommern, Hamburgische Notarkammer, Notarkammer Oldenburg, Notarkammer Celle, Notarkammer Braunschweig, Notarkammer Sachsen-Anhalt, Notarkammer Brandenburg, Notarkammer Berlin, Notarkammer Sachsen, Notarkammer Thüringen, Notarkammer Kassel, Westfälische Notarkammer, Rheinische Notarkammer, Notarkammer Koblenz, Notarkammer Frankfurt a. M., Landesnotarkammer Bayern, Notarkammer Baden-Württemberg, Notarkammer Pfalz, Saarländische Notarkammer.

1.2.2 Aufgaben der Bundesnotarkammer (§ 78 BNotO)

Die Bundesnotarkammer vertritt die Gesamtheit der Notarkammern und wird von der Bundesjustizverwaltung beaufsichtigt.

Die Bundesnotarkammer hat u. a. folgende Aufgaben:

- Vertretung der Notarkammern gegenüber Behörden
- Fragen der Notarkammern klären, Auffassung der Mehrheit feststellen
- Erstattung von Gutachten für z. B. an der Gesetzgebung beteiligte Behörden
- Einrichtung des beN (besonderes elektronisches Notarpostfach). Die Bundesnotarkammer hat für jeden Notar ein persönliches **elektronisches Postfach (beN)** eingerichtet und stellt sicher, dass der Zugang nur durch ein sicheres Verfahren möglich ist.
- Führung eines elektronischen Notariatsaktenspeichers. Der **zentrale elektronische Notariatsaktenspeicher** soll den Notaren die elektronische Führung der Akten/Verzeichnisse sowie die Speicherung sonstiger Daten ermöglichen. Die Registrierung im Elektronischen Notariatsaktenspeicher löst Gebühren aus, zu deren Zahlung der Notar verpflichtet ist.
- Führung eines Notarverzeichnisses. Bei der Bundesnotarkammer kann jede Behörde, jedes Gericht aber auch Rechtssuchende allgemein kostenlos ein **elektronisches Verzeichnis** der **Notare/Notariatsverwalter** jeder Notarkammer (= Notarverzeichnis) einsehen. Jede Notarkammer gibt die Daten der ihr angeschlossenen Notare unverzüglich in das Notarverzeichnis ein.
- Betreibung eines Videokommunikationssystems für Beurkundungen per Videokommunikation. Im Bereich „Register" können Online-Beurkundungen für z. B. die Gründung einer GmbH vorgenommen werden. Derzeit sind die nach dem Gesetz hierfür zugelassenen Vorgänge noch sehr begrenzt, werden jedoch mit der Zeit ausgeweitet.
- Führung des Zentralen Vorsorgeregisters. Im **Zentralen Vorsorgeregister**, das elektronisch geführt wird, werden Vorsorgevollmachten registriert. Es dürfen folgende Angaben aufgenommen werden:
  Vollmachtgeber, Vollmachtnehmer, die Vollmacht und deren Inhalt, Vorschläge zur Auswahl des Betreuers, Wünsche zur Wahrnehmung der Betreuung und den Vorschlagenden. Die Bundesnotarkammer erteilt Gerichten auf Ersuchen Auskunft über den Inhalt. Notare können lediglich die Registrierungen einsehen, die sie selbst veranlasst haben. Die Registrierung im Zentralen Vorsorgeregister löst Gebühren aus.

- Führung des Zentralen Testamentsregisters. In das **Zentrale Testamentsregister**, das elektronisch geführt wird, und alle in Verwahrung genommenen erbfolgerelevanten Urkunden enthält, werden folgende Angaben aufgenommen: Verwahrangaben zu erbfolgerelevanten Urkunden. Erbfolgerelevante Urkunden sind: Testamente, Erbverträge und alle Erklärungen, die die Erbfolge beeinflussen können, wie z. B. Aufhebungsverträge, Rücktritts- und Anfechtungserklärungen, Erbverzichtsverträge, Ehe- und Partnerschaftsverträge, die u. a. eine Änderung des Güterstands zum Inhalt haben. Registrierungsfähig sind nur öffentlich beurkundete Erklärungen oder solche, die in die amtliche Verwahrung genommen wurden. Das Standesamt hat die Bundesnotarkammer über den Tod einer Person zu informieren (= Sterbefallmitteilung), damit diese prüfen kann, ob eine Registrierung vorliegt. Liegt eine Registrierung vor, informiert sie auf elektronischem Weg unverzüglich das zuständige Nachlassgericht sowie die verwahrende Stelle über den Sterbefall. Auskunft erteilt die Bundesnotarkammer Gerichten und Notaren auf Ersuchen. Sie kann zu Lebzeiten des Erblassers nur mit dessen Einwilligung eingeholt werden. Die Registrierung im Zentralen Testamentsregister löst Gebühren aus. vgl. LF 14 (ReNo), Kap. 2.3.3

  BUNDESNOTARKAMMER
  ZENTRALES TESTAMENTSREGISTER

- Führung des Elektronischen Urkundenarchivs. Das zentrale **Elektronische Urkundenarchiv** ermöglicht den Notaren die Führung der elektronischen Urkundensammlung, des Urkundenverzeichnisses und des Verwahrungsverzeichnisses. Der Zugang zu dem Elektronischen Urkundenarchiv steht ausschließlich der für die Verwahrung zuständigen Stelle (= dem jeweiligen Notar selbst und nach Amtserlöschen der Verwahrungsstelle) zu. Sowohl Registrierungen in der elektronischen Urkundensammlung als auch die Führung von Verwahrungsmassen im Verwahrungsverzeichnis lösen Gebühren aus.

  BUNDESNOTARKAMMER
  ELEKTRONISCHES URKUNDENARCHIV

Die Notarkammern zahlen an die Bundesnotarkammer Beiträge, die zur Deckung des persönlichen und sachlichen Bedarfs bestimmt sind.

Zusammenfassung

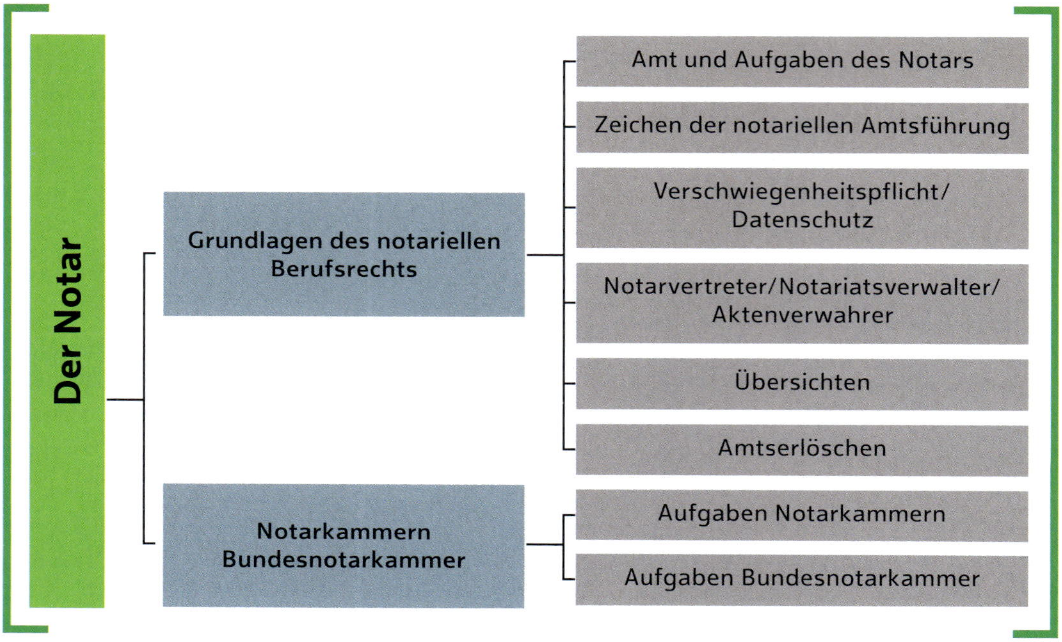

Wiederholung und Vertiefung

1. Welche Gesetze/Verordnungen sind Grundlage der notariellen Amtsführung und was ist jeweils dort geregelt (inkl. Kurzform)?
2. Welche Siegel benötigt der Notar und wofür benutzt er welches Siegel?
3. Was sind weitere Zeichen der notariellen Amtsführung?
4. Nennen Sie mindestens fünf Aufgaben des Notars.
5. Was führt zum Erlöschen des Notaramts?
6. Welche Aufgaben haben die Notarkammern und wie viele gibt es in der BRD?
7. Wer ist Mitglied der Bundesnotarkammer und welche Aufgaben hat diese?
8. Wer kann bzw. muss den Notar bei welcher „Gelegenheit“ vertreten?
9. Welche Dokumente hat jeder Notar nach Abschluss eines Jahrs für den für ihn zuständigen Landgerichtspräsidenten zu erstellen?
10. Nennen Sie mindestens drei Pflichten eines Notars.

2 Beurkundungen

Es gibt viele Rechtsgeschäfte, deren Formerfordernis die notarielle Beurkundung oder Beglaubigung ist.

Bei der Beurkundung handelt es sich um die strengste Formvorschrift, die unser Land kennt. Wird diese Formvorschrift, wenn sie bei einem Rechtsgeschäft vorgeschrieben ist, nicht eingehalten, sind die in dem Schriftstück abgegebenen Erklärungen nichtig.
Wenn von einer Beurkundung die Rede ist, wird auch häufig der Begriff Niederschrift oder Verhandlung benutzt.

Neben der Beurkundung gibt es die notarielle oder öffentliche Beglaubigung, die eine schwächere Formvorschrift darstellt. Auch hierzu ist das Aufsuchen eines Notars erforderlich, wenn die Beglaubigung nicht auch durch eine Behörde z. B. das Nachlassgericht erfolgen darf.

Lernsituation

Oxana Schuhmann kommt nach der Arbeit nach Hause. Sie ist ganz aufgeregt und erzählt ihrer Mutter, dass sie heute das erste Mal an einer Beurkundung teilnehmen durfte.

Der Verkäufer, Martin Schuster, konnte persönlich nicht erscheinen, weil er beruflich kurzfristig für einen erkrankten Geschäftspartner einspringen musste, er hat ihre Kollegin Jana Seidel in einem Telefonat gefragt, ob es auch eine andere Möglichkeit gibt, den in Aussicht genommenen Immobilienkaufvertrag zu schließen.

Jana Seidel hat Martin Schuster angeboten, eine Vertretung für ihn innerhalb der Kanzlei zu organisieren und Oxana Schuhmann gefragt, ob sie nicht Lust hat, Martin Schuster zu vertreten. Nach Rücksprache mit Notarin Katharina Marschner fand der Beurkundungstermin zu der vereinbarten Zeit in der Kanzlei mit Oxana Schuhmann als Vertretung für Martin Schuster und den Eheleuten Corina als Käufer statt.

Notarin Katharina Marschner hat die Ausweise der anwesenden Käufer geprüft und die darin enthaltenen Angaben mit den in den Vertrag aufgenommenen Daten abgeglichen. Oxana Schuhmann musste keinen Ausweis vorlegen, weil Notarin Katharina Marschner sie persönlich kennt. Notarin Katharina Marschner hat sich zu Beginn einige Zeit mit allen Anwesenden unterhalten, nach einer Vorbefassung gefragt und dann den ganzen Vertrag verlesen. Sowohl Oxana Schuhmann als auch die Eheleute Corina erhielten je eine Abschrift des Vertrags zum Mitlesen. Die Eheleute Corina hatten viele Fragen und auch Oxana Schuhmann durfte einige Fragen zum Inhalt des Vertrags stellen. Ihr ist z. B. aufgefallen, dass viele personenbezogene Angaben im Urkundeneingang enthalten sind, die erste Seite auf eine besondere Weise gestaltet ist und als Anlage, die sie und die Käufer auch unterzeichnet haben, eine weitere Seite beigefügt war, die eine Auflistung von Mobiliar enthielt. Am Ende der Beurkundung haben Oxana Schuhmann, die Eheleute Corina und Notarin Katharina Marschner den Vertrag unter dem Abschlusssatz unterzeichnet.

Nachdem die Käufer verabschiedet worden waren, hat Oxana Schuhmann zusammen mit Jana Seidel den Vertrag in das Urkundenverzeichnis eingetragen, in die elektronische Urkundensammlung hochgeladen, ihn gesiegelt und in die Urkundensammlung (Papier) eingeordnet.

Arbeitsaufträge:

a) Welches Formerfordernis hat der Immobilienkaufvertrag? Nennen Sie die entsprechende gesetzliche Fundstelle.
b) Erstellen Sie mithilfe eines Textverarbeitungsprogramms die erste Seite eines Kaufvertrags in dieser Angelegenheit. Die fehlenden Angaben zu den Personen können Sie sich ausdenken.
c) Überlegen Sie zusammen mit Ihrem Sitznachbarn, warum Notarin Katharina Marschner zu Beginn der Beurkundung nach einer Vorbefassung gefragt hat und was darunter zu verstehen ist. Notieren Sie Stichpunkte unter Angabe der gesetzlichen Fundstelle.
d) Weshalb hat sich Notarin Katharina Marschner vor der Beurkundung mit den Anwesenden unterhalten?
e) Welche Unterlage ist in Bezug auf die Vertretung für Martin Schuster nach Beurkundung des Vertrags anzufordern? Welchem Formerfordernis unterliegt diese und welche Konsequenz hat dies im Augenblick für den Vertrag? Erstellen Sie eine grafische Übersicht.
f) Welche Vertretungsvariante wäre möglich gewesen, wenn früher bekannt gewesen wäre, dass Martin Schuster verhindert ist? Ergänzen Sie die grafische Übersicht zur Vertretung.
g) Vergleichen Sie untereinander Ihre Ergebnisse. Ergänzen und berichtigen Sie ggf. Ihre Notizen.
h) Reflektieren Sie anschließend Ihr Wissen.

2.1 Allgemeine Beurkundungsvorschriften

Grundlegende Regeln zu notariellen Beurkundungen und Verwahrungen finden sich im Beurkundungsgesetz (BeurkG). Alle darin enthaltenen Vorschriften muss der Notar kennen und sich bei Änderungen auch immer auf dem Laufenden halten, um sein Amt auf die bestmögliche Weise ausüben zu können. Vorschriften für die Herstellung von Urkunden finden sich in der Dienstordnung für Notare (DONot).

Merke: Ein Verstoß gegen die Vorschriften des Beurkundungsgesetzes kann eine Amtspflichtverletzung bis hin zum Amtsverlust aber auch eine Schadenersatzforderung der Beteiligten zur Folge haben.

Der Notar fertigt Urkunden grds. in deutscher Sprache. Wenn die Beteiligten es wünschen, kann auch eine andere Sprache verwendet werden, wenn der Notar diese hinreichend kennt. Wenn die Kanzlei des Notars häufige Auslandsberührung hat, kann es daher sinnvoll sein, wenn dieser beispielsweise auch die englische oder eine andere Sprache sehr gut spricht (und schreibt), damit er auch in dieser Sprache beurkunden kann (§ 5 BeurkG).

Auf der Urschrift sowie jeder Ausfertigung/beglaubigten Abschrift/Abschrift einer jeden Urkunde ist die Urkundenverzeichnis-Nr. anzuführen.
Urschriften, Ausfertigungen und beglaubigte Abschriften sind nach bestimmten Normen (DIN EN ISO/ISO) herzustellen:

- festes Papier (weiß oder gelblich)
- blaue oder schwarze Tinte/Farbbänder/Stifte/Druckfarbe/Stempelfarbe

Erhält der Notar Vordrucke zur Verfügung gestellt, hat er diese an die Anforderungen der Dienstordnung anzupassen. Insbesondere dürfen keine Firmenlogos (z. B. auf Grundschuldbestellungsurkunden) abgedruckt sein (§ 12 Abs. 3 DONot).

Urschriften, Ausfertigungen und beglaubigte Abschriften mit mehreren Seiten (auch Anlagen) sind zu verbinden (= mit Öse, Schnur, Siegeloblate- und Stern). Die Schnur hat die jeweiligen Landesfarben zu tragen (§ 14 Abs. 1 DONot). Das Siegel muss dauerhaft mit Papier und Heftfaden verbunden und der Abdruck des Siegels deutlich erkennbar sein (§ 14 Abs. 3 DONot). Es darf nicht ohne Spuren zerstört werden können.

2.1.1 Mitwirkungsverbot, Ausschließungsgründe, Beurkundung zugunsten des Notars/seiner Angehörigen

Ein **Notar** kann den an ihn gerichteten **Auftrag grds.** (anders als der Rechtsanwalt) **nicht ablehnen**. Er soll dies jedoch tun, wenn es mit seinen Amtspflichten nicht vereinbar ist und insbesondere dann, wenn erkennbar **unerlaubte/unredliche Zwecke** verfolgt werden. Vielmehr soll der Notar den Willen der Beteiligten erforschen, den Sachverhalt klären und die Beteiligten über die rechtliche Tragweite des Rechtsgeschäfts belehren.

▶ **Beispiel:** Der Notar wird die Beurkundung eines Schenkungsvertrags ablehnen müssen, wenn er im Lauf der Vorbereitung/Besprechung bemerkt, dass der Überlasser gar nicht willens ist, die Immobilie an den Übernehmer zu übertragen, dieser aber darauf drängt, oder wenn ein Beteiligter nicht geschäftsfähig ist.

Folgende Tabelle listet unterschiedliche Sachverhalte auf,

- bei denen der **Notar** gem. § 3 BeurkG **nicht mitwirken soll** (= schwarzer Text),
- die gem.
  - § 6 BeurkG ohne Einschränkung des Urkundeninhalts **generell unwirksam sind** (= gelb unterlegter Text),
  - § 7 BeurkG nur **bei rechtlichem Vorteil unwirksam sind** (= roter Text).

Der Notar soll an einer Beurkundung nicht mitwirken in Angelegenheiten … **§ 3 BeurkG**	**Praktische Beispiele**
Abs. 1 Nr. 1 … eigene	Der Notar (persönlich) erwirbt eine Immobilie. Der Notar erwirbt gemeinsam mit einem Freund eine Immobilie.
Abs. 1 Nr. 2 … des Ehegatten eines Notars	Die Ehefrau eines Notars veräußert eine Immobilie.
Abs. 1 Nr. 2 … eines früheren Ehegatten eines Notars	Die geschiedene Ehefrau eines Notars veräußert eine Immobilie.
Abs. 1 Nr. 2 … der Verlobten eines Notars	Die Verlobte eines Notars errichtet ein Testament.
Abs. 1 Nr. 2 a … des Lebenspartners eines Notars	Die Lebenspartnerin eines Notars bestellt ein Grundpfandrecht.
Abs. 1 Nr. 2 a … eines früheren Lebenspartners eines Notars	Eine frühere Lebenspartnerin eines Notars veräußert eine Wohnung.
Abs. 1 Nr. 3 … einer Person, die mit dem Notar in gerader Linie verwandt ist (oder war)	Die Großmutter, der Großvater, die Urgroßmutter, der Urgroßvater, ein Elternteil, ein Kind, ein Enkel oder Urenkel eines Notars genehmigt das Handeln einer anderen Person. Hat sich durch z. B. Adoption etwas an dieser Linie geändert, gilt das Mitwirkungsverbot weiter.

Der Notar soll an einer Beurkundung nicht mitwirken in Angelegenheiten ... **§ 3 BeurkG**	**Praktische Beispiele**
Abs. 1 Nr. 3 ... einer Person, die mit dem Notar verschwägert ist ... oder war	Der Schwager/Die frühere Schwägerin bzw. ein anderer Verwandter des Ehepartners (z. B. dessen Eltern = Schwiegereltern) eines Notars errichtet/errichten eine notarielle Vollmacht.
Abs. 1 Nr. 3 ... einer Person, die mit dem Notar in der Seitenlinie bis zum dritten Grad verwandt ist oder war	Der (frühere) Bruder/Onkel/Neffe bzw. die Schwester/Tante/Nichte stellt einen Erbscheinsantrag.
Abs. 1 Nr. 3 ... einer Person, die mit dem Notar bis zum zweiten Grad verschwägert ist oder war	Die (früheren) Geschwister der Ehefrau eines Notars errichten eine Vorsorgevollmacht.
Abs. 1 Nr. 4 ... einer Person, mit der sich der Notar • zur gemeinsamen Berufsausübung verbunden oder • gemeinsame Geschäftsräume hat	Der Sozius des Notars schließt einen Ehevertrag. Ein Steuerberater, der sich ein Büro mit dem Notar teilt (Bürogemeinschaft), erwirbt eine Immobilie.
Abs. 1 Nr. 5 ... einer Person, deren gesetzlicher Vertreter der Notar ist	Die Person, deren Betreuer der Notar ist, hat eine Genehmigungserklärung zu unterzeichnen.
Abs. 1 Nr. 5 ... einer Person, deren gesetzlicher Vertreter der Sozius des Notars ist	Ein Partner des Notars schlägt die Erbschaft für sein Kind aus.
Abs. 1 Nr. 5 ... einer Person, deren gesetzlicher Vertreter eine Person ist, mit der sich der Notar die Geschäftsräume teilt	Ein Wirtschaftsprüfer, der sich die Büroräume mit dem Notar teilt, veräußert als Testamentsvollstrecker eines Dritten eine Immobilie.
Abs. 1 Nr. 6 ... einer Person, deren vertretungsberechtigtem Organ der Notar angehört	Der Notar unterzeichnet eine Anmeldung zum Vereinsregister, dessen zeichnungsberechtigter Vorstand er ist.
Abs. 1 Nr. 6 ... einer Person, mit der der Notar • gemeinsam den Beruf ausübt oder • dieselben Geschäftsräume teilt, ist vertretungsberechtigtes Organ	Der Sozius des Notars unterzeichnet eine Anmeldung zum Handelsregister. Der Sozius ist Geschäftsführer der GmbH. Ein Steuerberater, mit dem sich der Notar die Büroräume teilt, unterzeichnet in seiner Eigenschaft als vertretungsberechtigter Vorstand eines Vereins einen Kaufvertrag.
Abs. 1 Nr. 7 ... einer Person, für die der Notar oder eine der Personen, mit der er seinen Beruf gemeinsam ausübt/die Geschäftsräume teilt, außerhalb einer Amtstätigkeit in derselben Angelegenheit tätig war oder ist (Ausnahme: Die Tätigkeit wurde im Auftrag aller Beteiligten ausgeübt)	Ein Anwaltsnotar hat den Ehemann in Bezug auf den Abschluss eines Ehevertrags (einseitig) beraten und beurkundet dessen Ehevertrag.

Der Notar soll an einer Beurkundung nicht mitwirken in Angelegenheiten ... **§ 3 BeurkG**	**Praktische Beispiele**
Abs. 1 Nr. 8 ... einer Person, die den Notar in derselben Angelegenheit bevollmächtigt hat oder zu der der Notar oder eine Person, mit er gemeinsam seinen Beruf ausübt oder sich die Geschäftsräume teilt, in einem ständigen Dienst- oder ähnlichem ständigen Geschäftsverhältnis steht	Der Notar, sein Partner oder eine Person, mit der er sich die Geschäftsräume teilt, wurde von einer Person in derselben Angelegenheit bevollmächtigt, ohne tätig gewesen zu sein oder noch tätig zu werden, und beurkundet in dieser Angelegenheit einen Immobilienkaufvertrag.
Abs. 1 Nr. 9 ... einer Gesellschaft, an der der Notar mit mehr als 5 % der Stimmrechte oder einem Stammkapital von mehr als 2 500,00 € beteiligt ist	Der Notar beurkundet die Handelsregisteranmeldung einer GmbH, an der er persönlich ein Stammkapital von mehr als 2 500,00 € hält bzw. 5 % der Stimmrechte hat.

Der Verstoß gegen eine der vorstehenden Vorschriften führt nur in Ausnahmefällen zu einer Missbilligung des Landgerichtspräsidenten. Wird jedoch wiederholt gegen die Vorschriften verstoßen, kann dies zu einer Amtsenthebung führen.

Merke: Das Mitwirkungsverbot gem. § 3 BeurkG ist eine Soll-Vorschrift und gehört zu den Amtspflichten des Notars. Die Verletzung führt jedoch nicht zur Unwirksamkeit der Urkunde, wenn nicht einer der in §§ 6 und 7 BeurkG genannten Tatbestände vorliegt.

Kann-Soll-Muss-Vorschrift

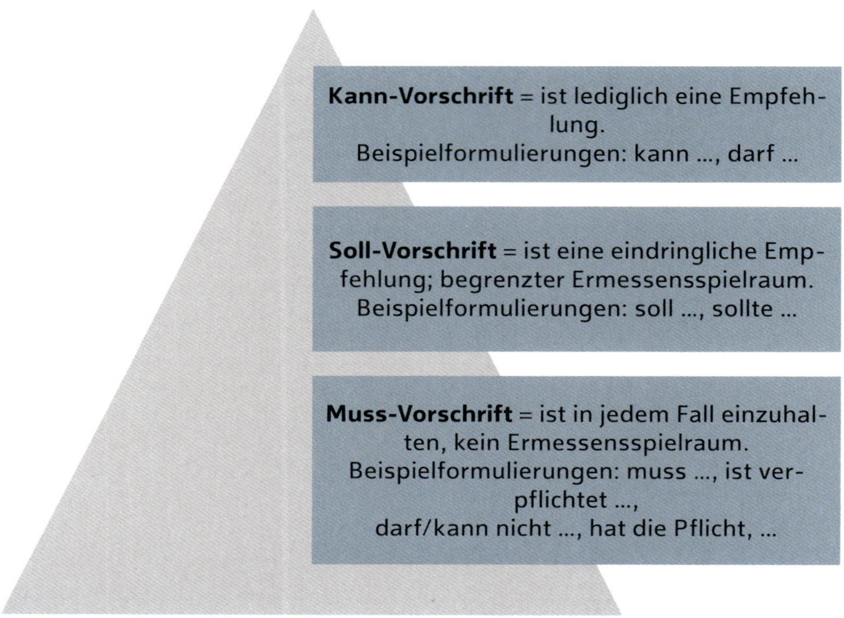

2.1.2 Behinderte Personen (§§ 22 ff. BeurkG)

Sind behinderte Personen an einer Beurkundung beteiligt, gelten besondere Vorschriften, die darauf abzielen, die jeweilige Behinderung auszugleichen. Bei der Behinderung kann es sich um Taubheit/Hörbehinderung, Stummheit/Sprachbehinderung oder Blindheit/Sehbehinderung handeln.

Zu Beginn einer Beurkundung hat der Notar festzustellen, welcher Art die Behinderung ist, und dies in der Urkunde zu vermerken. Es reicht hierbei aus, wenn der betroffene Beteiligte seine Behinderung angibt. Der Notar ist an die Angabe gebunden und hat entsprechend den Vorgaben des Beurkundungsgesetzes zu verfahren. Gibt es keine Erklärung des betroffenen Beteiligten, hat der Notar sich davon zu überzeugen, ob eine Behinderung vorliegt, die eines Ausgleichs bedarf, und hat auch entsprechend zu verfahren.

- Als taub/hörbehindert (im Sinn des Gesetzes) gilt, wer aufgrund der Beeinträchtigung seines Gehörsinns nicht hinreichend hören kann, sodass eine Verständigung von Mund zu Ohr nicht möglich ist;
- Als stumm/sprachbehindert (im Sinn des Gesetzes) gilt, wer nicht hinreichend sprechen kann, sodass die Sprachlaute nicht eindeutig zu verstehen sind;
- Als blind/sehbehindert (im Sinn des Gesetzes) gilt, wer den Vorgang der Beurkundung nicht mehr wahrnehmen kann.

Wurde eine der vorstehend angeführten Behinderungen festgestellt, muss der Notar einen Zeugen oder zweiten Notar hinzuziehen, es sei denn, alle Beteiligten verzichten darauf. Eine hör- oder sprachbehinderte Person hat das Recht auf Beantragung der Beiziehung eines Gebärdensprachdolmetschers. Die jeweils hinzugezogene Person hat während der gesamten Beurkundung anwesend zu sein und soll die Urkunde (zusätzlich zur behinderten Person) unterzeichnen.

2.2 Niederschrift (Verhandelt zu ...) und Unterschriftsbeglaubigung

Wird eine Willenserklärung beurkundet, muss eine Niederschrift (Verhandelt zu ...) aufgenommen werden. Hierfür gibt es bestimmte Vorschriften, die der Notar, aber auch die Mitarbeitenden, die im Notariat eine solche Erklärung vorbereiten, kennen müssen.

Bei Unterschriftsbeglaubigungen gibt es solche mit und ohne Entwurfserstellung. Das bedeutet, dass zum Teil der beglaubigende Notar selbst den Entwurf der zu unterzeichnenden Erklärung entwirft, ihm aber auch zum Teil bereits von Dritten vorgefertigte Dokumente zur Beglaubigung vorgelegt werden.

Beide Urkundsformen haben gemeinsam, dass der Notar die Unterzeichnenden stets nach einer **Vorbefassung** zu fragen und die Antwort (in der Urkunde) zu vermerken hat. Hierbei geht es darum, dass (in der Niederschrift oder dem Beglaubigungsvermerk) festgehalten wird, dass der Notar keinen der Beteiligten in dieser Angelegenheit einseitig (als Anwalt) beraten hat, was dazu führen würde, dass er parteiisch ist, und nicht als Notar in dieser Angelegenheit tätig werden darf.

vgl. LF 9 (ReNo), Kap. 2.1.1

▶ **Beispiel:** „Der Notar fragte nach einer Vorbefassung im Sinn des § 3 Abs. 1 Nr. 7 BeurkG in Bezug auf den beurkundenden/beglaubigenden Notar und seine Sozien; die Frage wurde von den Beteiligten verneint.“ (kurze Fassung)

Jede Kanzlei hat einen etwas abweichenden Wortlaut. Es gibt hierfür keine exakt vorgeschriebene Formulierung; wichtig ist nur, dass die Kernaussage zur Vorbefassung enthalten ist.

2.2.1 Vertretung und Vertretungsnachweis

Ist die an einem Urkundsgeschäft beteiligte Person bei der Beurkundung nicht anwesend, gibt es verschiedene Möglichkeiten der Vertretung, die auf unterschiedliche Weise gehandhabt und/oder nachgewiesen wird.

Ist es notwendig, eine minderjährige oder juristische Person oder eine Handelsgesellschaft zu vertreten, muss in jedem Fall geprüft werden, wer vertreten darf.

Bei allen Rechtsgeschäften gilt, dass der Notar zunächst zu prüfen hat, ob eine Vertretung überhaupt zulässig ist. Soll z. B. eine letztwillige Verfügung beurkundet werden, ist eine Vertretung nicht möglich. Die Erklärungen in einer letztwilligen Verfügung dürfen nur höchstpersönlich abgegeben werden.

Vertretung durch Vollmacht (Nachweis)
• Die Vollmacht für ein Rechtsgeschäft, das der GBO (Grundbuchordnung) unterliegt, – bedarf mindestens der notariellen Beglaubigung, – sollte eine Befreiung von den Beschränkungen des § 181 BGB enthalten, wenn der Vollmachtnehmer (= Bevollmächtigter) zugleich Erklärungen im eigenen Namen abzugeben hat und – sollte zeitlich – wenn überhaupt – nur so eingegrenzt werden, dass das durch Ausübung der Vollmacht zu tätigende Rechtsgeschäft auch vollständig abgewickelt werden kann. Sie sollte vielmehr sogar transmortal (über den Tod hinaus) erteilt werden, damit der Vollmachtnehmer im Fall des Tods des Vollmachtgebers während eines laufenden Rechtsgeschäfts, dieses zu Ende führen kann.
• Der Nachweis über den Bestand der Vollmacht wird durch Vorlage – der Urschrift einer Vollmacht, die beglaubigt wurde bzw. – einer Ausfertigung einer Vollmacht, die notariell beurkundet wurde, geführt.
• Die vorgelegte Vollmacht kann der Niederschrift in Urschrift bzw. beglaubigter Abschrift beigefügt werden.

- Der Notar kann nach eingehender Prüfung der Vollmacht aber auch eine Bescheinigung nach § 21 Abs. 3 BNotO in die Niederschrift aufnehmen, sodass auf das Beifügen verzichtet werden kann. Formulierungsbeispiel:

  ... handelnd nicht im eigenen Namen, sondern aufgrund in Urschrift/Ausfertigung vorgelegter Vollmacht vom ... (UVZ .../...Notar ...) für ... Der Notar bescheinigt hierzu gem. § 21 Abs. 3 BNotO durch heutige Einsichtnahme in die vorstehend angeführte Vollmachtsurkunde, dass der/die Erschienene zu ... Vollmacht unter Befreiung von den Beschränkungen des § 181 BGB mit dem Recht zur Erteilung von Untervollmacht für den Vollmachtgeber ... erhalten hat, wie im Nachstehenden handeln zu können.

- Vorteil der Bevollmächtigung: Wird ein Rechtsgeschäft aufgrund einer Vollmacht unterzeichnet, ist die Erklärung sofort wirksam.

Vollmachtlose Vertretung (Nachgenehmigung/Zustimmung)

- Wenn keine Vollmacht erteilt wurde, kann eine Vertretung vorbehaltlich nachträglicher Genehmigung erfolgen. Das Rechtsgeschäft ist in diesem Fall bis zur Erteilung der Genehmigung des Vertretenen schwebend unwirksam.
- Es besteht die Möglichkeit, die Erteilung der nachträglichen Genehmigung zu befristen.
- Die Nachgenehmigung bedarf, ebenso wie die Vollmacht, bei Rechtsgeschäften, die der GBO unterliegen, mindestens der Unterschriftsbeglaubigung und sollte eine Befreiung von den Beschränkungen des § 181 BGB enthalten.
- Formulierungsbeispiel in einer Urkunde beim Handeln als vollmachtloser Vertreter: *...handelnd nicht im eigenen Namen, sondern als vollmachtloser Vertreter für .....(personenbezogene Daten). Der Notar wird auf Kosten des Vertretenen beauftragt, die Nachgenehmigung unter Übersendung eines Entwurfs einzuholen und für alle Beteiligten entgegenzunehmen. Eine Frist gem. § 177 Abs. 2 BGB soll nicht gesetzt werden. Den Beteiligten ist bekannt, dass der Vertrag bis zur Erteilung der Nachgenehmigung noch schwebend unwirksam ist.*

Gesetzliche Vertretung einer natürlichen Person

- Ist ein minderjähriges Kind an einer Beurkundung beteiligt, wird es in der Regel durch beide Eltern gemeinschaftlich vertreten.
- Erklärt ein Elternteil, gesetzlich alleinvertretungsberechtigt zu sein, hat er dies z. B. durch die Sterbeurkunde des anderen Elternteils oder ein Scheidungsurteil nachzuweisen.
- Steht das minderjährige Kind nicht unter elterlicher Sorge, weil diese den Eltern entzogen wurde oder diese unbekannt oder verstorben sind, wird es durch einen Vormund vertreten, der durch das Familiengericht bestellt wird. Der Vormund weist sich durch Vorlage einer Bestellungsurkunde aus, die seinen Aufgabenkreis (z. B. Vermögenssorge) wiedergibt.
- Formulierungsbeispiel in einer Urkunde beim Handeln aufgrund elterlicher Sorge: ... *handelnd als Inhaber der elterlichen Sorge für ... (personenbezogene Daten des minderjährigen Kinds).*
- Es gibt Rechtsgeschäfte, bei denen per Gesetz die Vertretung eines Minderjährigen

weder durch die Eltern noch durch den Vormund möglich ist. In einem solchen Fall wird ein Ergänzungspfleger vom Gericht bestellt. Je nach Art des Rechtsgeschäfts bedarf die Urkunde neben der Unterschrift der Eltern/des Vormunds/Pflegers der Genehmigung des Familiengerichts (§§ 1850–1854 BGB), die der Notar im Anschluss an die Amtshandlung einholen wird. Bis zur Genehmigung des Familiengerichts ist das Rechtsgeschäft schwebend unwirksam.

Vertretung einer juristischen Person/Handelsgesellschaft (Nachweis)

- Soll eine juristische Person/Handelsgesellschaft vertreten werden, ist stets das Handelsregister zu prüfen, um den aktuell korrekten Vertreter zu ermitteln. Das Handelsregister wird in Deutschland online unter *Handelsregister.de* geführt, und ist für jedermann zugänglich und kostenlos abrufbar.
- Eine GmbH wird beispielsweise durch den/die Geschäftsführer vertreten, dem ggf. Alleinvertretungsbefugnis erteilt wurde.
- Eine Kommanditgesellschaft wird durch den/die persönlich haftenden Gesellschafter vertreten.
- Formulierungsbeispiel in einer Urkunde beim Handeln für eine GmbH: *... handelnd nicht für sich persönlich, sondern als alleinvertretungsberechtigter Geschäftsführer der ... GmbH eingetragen im Handelsregister des Amtsgerichts ... unter HRB ...*
- Als Nachweis der Vertretung kann ferner eine Bescheinigung nach § 21 BNotO erteilt werden. Formulierungsbeispiel: *Aufgrund meiner heutigen Einsicht in das elektronische Handelsregister des Registergerichts ... bescheinige ich, dass unter HRB ... die ... GmbH mit dem Sitz in ... eingetragen ist und durch Herrn/Frau ..., geboren am ..., als Geschäftsführer/-in vertreten wird. Herr/Frau ... ist Einzelvertretungsberechtigung erteilt worden; er/sie ist von den Beschränkungen des § 181 BGB befreit.*

Vertretung in weiteren Fällen (Nachweis)

- Ist für eine Person ein **Betreuer** bestellt, wenn ein Erwachsener aufgrund von Krankheit/ Behinderung nicht (mehr) in der Lage ist, die eigenen rechtlichen Angelegenheiten zu besorgen, hat dieser stets an der Urkunde mitzuwirken. Der Betreuer weist sich durch eine **Bestellungsurkunde** aus, die einen bestimmten Aufgabenkreis (z. B. Vermögensangelegenheiten) abdeckt. Das Handeln des Betreuers ist durch das Betreuungsgericht zu genehmigen.
- Wurde für einen Nachlass eine Testamentsvollstreckung angeordnet, vertritt der **Testamentsvollstrecker** die Erben und weist sich als solcher durch ein **Testamentsvollstreckerzeugnis** aus.
- Wurde über das Vermögen einer Person das Insolvenzverfahren eröffnet, vertritt der **Insolvenzverwalter** die insolvente Person und weist sich als solcher durch eine **Bestellungsurkunde** aus.
- Eine **Gemeinde** wird häufig durch eine **Bürgermeisterin** bzw. einen **Bürgermeister** vertreten. In vielen Gemeinden ist aber darüber hinaus der Beschluss des Gemeinderats zur Vornahme eines bestimmten Geschäfts erforderlich.

2.2.2 Die Niederschrift (§§ 8 ff. BeurkG)

Jede Niederschrift muss die **Bezeichnung** des **Notars** und der **Beteiligten**, die **Erklärungen der Beteiligten** sowie **Ort** und **Tag** der **Beurkundung** enthalten. Oben auf der Urkunde und auf jeder weiteren Seite wird die Urkundenverzeichnisnummer eingetragen. Am Schluss jeder Niederschrift wird ein Abschlusssatz (z. B. „Das Protokoll wurde vorgelesen, genehmigt und unterschrieben.“) eingefügt und die Beteiligten sowie der Notar unterzeichnen darunter. Später wird das Siegel angefügt.

In der Niederschrift **sollen** die **Beteiligten** so **genau bezeichnet** werden, dass eine Verwechslung ausgeschlossen ist. Der Notar hat dies zu überprüfen. Kennt der Notar die Beteiligten, ist dies zu notieren („von Person bekannt“). Wird ihm ein Dokument zur Legitimation (z. B. ein Bundespersonalausweis, Reisepass oder Führerschein mit Lichtbild) vorgelegt, soll auch dies notiert werden („ausgewiesen durch Bundespersonalausweis“).

Zu Beginn der Beurkundung (Amtshandlung) stellt der Notar z. B. durch eine Unterhaltung fest, ob die Beteiligten geschäftsfähig sind. Fehlt einem Beteiligten nach Überzeugung des Notars die Geschäftsfähigkeit, soll er die Beurkundung ablehnen. Hat der Notar festgestellt, dass ein Beteiligter schwer krank ist, soll er dies auch in der Niederschrift festhalten.

Ist eine an einer Beurkundung beteiligte Person der deutschen Sprache nicht kundig, kann die Beiziehung eines Dolmetschers erforderlich sein.

Einige Willenserklärungen im Bereich des Gesellschaftsrechts können seit 01.08.2022 per Videokommunikation beurkundet werden (§§ 16 a–16 e BeurkG). Dies erfolgt zwingend über das von der Bundesnotarkammer (BNotK) betriebene Videokommunikationssystem.

Über die beurkundete Willenserklärung wird eine elektronische Niederschrift der Verhandlung aufgenommen, die ausschließlich als elektronisches Dokument vorhanden ist. Anstelle des (analogen) Siegels wird die elektronische Niederschrift mit einer qualifizierten elektronischen Signatur (qeS) des Notars versehen.

Merke: Wird etwas beurkundet, was per Gesetz nicht für die Online-Beurkundung zugelassen wurde, ist die Erklärung unwirksam.

▶ **Beispiel:** Die erste Seite und der Abschlusssatz eines Immobilienkaufvertrags (Niederschrift) könnten wie folgt aussehen:

Nr. *** des Urkundenverzeichnisses Jahrgang 2024

Verhandelt
zu * *(Ort)***
am * *(Datum)***

Vor mir, dem unterzeichnenden Notar im Bezirk des *** *(Bundesland)* Oberlandesgerichts,

***** *(Notar)***
mit dem Amtssitz in *** *(Ort)*

erschienen heute:

1. Herr/Frau ***, geboren am ***,
wohnhaft in ***,
dem Notar ausgewiesen durch Bundespersonalausweis/von Person bekannt

– nachstehend „Verkäufer" genannt –

2. Eheleute ***, geboren am ***, und
***, geborene ***, geboren am ***,
wohnhaft in ***,
dem Notar ausgewiesen durch Bundespersonalausweis/von Person bekannt

– nachstehend „Käufer" genannt –

Der Notar fragte nach einer Vorbefassung im Sinn des § 3 Abs. 1 Nr. 7 BeurkG; die Frage wurde von den Beteiligten verneint.

Die Erschienenen ersuchten mich um die Beurkundung eines

Kaufvertrags über ein Wohnungseigentum

und erklärten:

[Urkundentext]

Das Protokoll wurde vorgelesen, genehmigt und unterschrieben.

*gez. *** (Unterschriften der Erschienenen)*
*(LS) gez. ***. (Unterschrift Notar, Siegel)*

Anlagen einer Urkunde

Werden einer Urkunde **Karten oder Zeichnungen** beigefügt, wird auf diese verwiesen und sie werden den Beteiligten zur Durchsicht vorgelegt.	Beispieltext: *„Das Protokoll wurde vorgelesen, nebst zur Durchsicht vorgelegten Zeichnung genehmigt und unterschrieben."*
Wird auf eine **andere notarielle Niederschrift** oder **Zeichnungen/Karten mit Unterschrift und Siegel/Stempel einer öffentlichen Behörde/einer mit öffentlichem Glauben versehenen Person** verwiesen, braucht diese nicht vorgelesen und der Urkunde beigefügt zu werden, wenn sie den Beteiligten bekannt ist und sie darauf verzichten. Der Notar hat über die Bedeutung des Verweisens zu belehren. Die andere notarielle Niederschrift soll bei der Beurkundung in mindestens beglaubigter Abschrift vorliegen. Kann die (andere) Niederschrift rechtzeitig vor der Beurkundung eingesehen werden, soll der Notar dies den Beteiligten mitteilen und die Niederschrift auf Verlangen übermitteln.	Beispieltext: *„Die Teilungserklärung vom 13.05.2024 (UVZ 315/2024 Notar Max Meier, Hamburg) lag bei der heutigen Beurkundung in beglaubigter Abschrift vor. Ihr Inhalt ist den Beteiligten bekannt. Ihnen war vor der heutigen Beurkundung eine Abschrift der Teilungserklärung ausgehändigt worden. Die Beteiligten wünschen nicht, dass sie verlesen und der heutigen Urkunde beigefügt wird. Auf die Teilungserklärung wird hiermit verwiesen. Über die Bedeutung dieser Verweisung wurde durch den Notar belehrt."*
Wird auf **Bilanzen, eine Inventarliste oder ein Nachlassverzeichnis** verwiesen, braucht diese/s nicht vorgelesen zu werden, wenn sie/es den Beteiligten bekannt ist und sie darauf verzichten. Das Schriftstück ist den Beteiligten jedoch vorzulegen, als Anlage zur Urkunde zu nehmen und auf **jeder Seite** von ihnen zu **unterzeichnen**.	<u>Inventarliste</u> 1 Küchenzeile 1 Garderobe 2 Schuhschränke 1 Schlafzimmerschrank .... *gez. Max Mustermann* *gez. Margrit Mustermann*

2.2.3 Die Beglaubigung einer Unterschrift (§§ 39 ff. BeurkG)

Die Unterschriftsbeglaubigung wird auch als notarielle Beglaubigung bezeichnet. Der Notar beglaubigt (= bestätigt) die Unterschrift (oder das Handzeichen/die Zeichnung einer Namensunterschrift) der unterzeichnenden Person auf einem Schriftstück mittels eines Vermerks. Der Inhalt des Schriftstücks ist nicht Gegenstand der Unterschriftsbeglaubigung. Es handelt sich um ein einfaches Zeugnis/einen Vermerk (= Beglaubigungsvermerk), das bzw. der mit Ort, Datum, Unterschrift des Notars und Siegel versehen wird. Auch bei der Beglaubigung ist nach der Vorbefassung zu fragen und dies zu dokumentieren. Innerhalb des Gesellschaftsrechts gibt es die Möglichkeit, zahlreiche Urkunden (z. B. Anmeldungen zum Handels- oder Genossenschaftsregister) per Online-Beglaubigung (§ 40 a BeurkG) in elektronischer Form zu errichten. Das (analoge) Siegel wird auch hier durch eine qualifizierte elektronische Signatur (qeS) des Notars ersetzt. Auch eine Online-Beglaubigung darf ausschließlich über das Videokommunikationssystem der Bundesnotarkammer (BNotK) vorgenommen werden.

Dient das mit einer Unterschriftsbeglaubigung versehene Dokument der Vorlage beim Grundbuchamt, hat der Notar nach § 15 Abs. 3 GBO zu prüfen, ob es eintragungsfähig ist. Dass er diese Prüfung vorgenommen hat, ist zu dokumentieren.

Wird das mit einer Unterschriftsbeglaubigung versehene Dokument zum Handelsregister eingereicht, hat der Notar nach § 378 Abs. 3 S. 1 FamFG zu prüfen, ob es eintragungsfähig ist. Auch diese Prüfung ist zu dokumentieren.

Diese Vorprüfungen sollen dem jeweiligen Rechtspfleger bei Gericht die Arbeit erleichtern.

Die Beglaubigung einer Unterschrift (= Unterschriftsbeglaubigung) ist beispielsweise bei einer Löschungsbewilligung (zur Löschung eines Grundpfandrechts im Grundbuch), einer Erbausschlagung, der Bestellung einer Grunddienstbarkeit oder einer Nachgenehmigung erforderlich, damit das Dokument den Formvorschriften genügt.

Eine Unterschrift soll nur beglaubigt werden, wenn sie in Gegenwart des Notars vollzogen oder anerkannt wurde. Eine Ausnahme bildet die Zeichnung einer Namensunterschrift (= persönlicher handschriftlicher Schriftzug, der den Familiennamen beinhalten muss), die zwingend in Gegenwart des Notars erfolgen soll; sie darf nicht anerkannt werden.

Merke: Die Beglaubigung einer bereits vielfach geleisteten und daher dem Notar bekannten Unterschrift ist ohne die Anwesenheit der entsprechenden Person unzulässig!

Im Beglaubigungsvermerk ist zu unterscheiden, ob die Unterschrift vollzogen (= vor dem Notar geleistet/gefertigt) oder anerkannt (= zuvor andernorts geleistet, aber vor dem Notar als eigene Unterschrift identifiziert) wurde.

▶ **Beispiel:** Beglaubigung einer Unterschrift (Vermerk):

> Nr.   des Urkundenverzeichnisses Jahrgang 2024
>
> Vorstehende, heute vor mir gefertigte Unterschrift des Herrn Martin Martinsen, geboren am 01.01.1998, Meiereistraße 19, 23730 Neustadt in Holstein, – der Notarin ausgewiesen durch Bundespersonalausweis – beglaubige ich hiermit.
>
> Die Notarin fragte nach einer Vorbefassung im Sinn des § 3 Abs. 1 Nr. 7 BeurkG; die Frage wurde verneint.
>
> Die vorstehende Erklärung habe ich nach § 15 Abs. 3 S. 1 GBO auf Eintragungsfähigkeit geprüft.
>
> Darmstadt, 17.06.2024
>
> gez. Katharina Marschner (Siegel Notarin Marschner)
> N o t a r i n

▶ **Beispiel:** elektronische Beglaubigung (Vermerk):

> Ich beglaubige die mittels Videokommunikation vor mir anerkannte qualifizierte elektronische Signatur der/des *** (Vor- und Familienname), geb. am ***, wohnhaft *** (Privat- oder Firmenanschrift) – ausgewiesen durch *** *(verschiedene Identifizierungsmöglichkeiten gem. § 16 c BeurkG, z. B. elektronischer Identitätsnachweis).*
>
> Die vorstehende Anmeldung habe ich nach § 378 Abs. 3 S. 1 FamFG auf Eintragungsfähigkeit geprüft.
>
> Darmstadt, 17.06.2024
>
> gez. Katharina Marschner
> N o t a r i n

+ qualifizierte elektronische Signatur

vgl. LF 9 (ReNo), Kap. 2.2.3, Kap. 2.3.2

Merke: Die Beglaubigung einer Unterschrift (vgl. Kap. 2.2.3) ist nicht zu verwechseln mit der Beglaubigung einer Abschrift (vgl. Kap. 2.3.2).

Es handelt sich zwar jeweils um ein einfaches Zeugnis/einen Vermerk, es erfordert jedoch unterschiedliche Arbeitsgänge und erzeugt verschiedene Endprodukte.

Beglaubigung einer Unterschrift	→	Unterschrift wird geleistet, die beglaubigt wird (Ergebnis = Urkunde + Unterschriftsbeglaubigung)
Beglaubigung einer Abschrift	→	Dokument wird kopiert, was beglaubigt wird (Ergebnis = beglaubigte Abschrift eines Dokuments)

2.3 Ausfertigung, beglaubigte Abschrift und Abschrift

Wenn eine notarielle Niederschrift errichtet wird, gibt es verschiedene Varianten der Erteilung. Das Gericht benötigt bei Antragstellung eine andere Variante als die Vertragsparteien, das Finanzamt oder ein Kreditinstitut.

Je nach Bedarf, muss der Notar bzw. dessen Mitarbeiterin oder Mitarbeiter wissen, auf welche Weise die entsprechende Variante korrekt zu erstellen ist. Darüber hinaus werden auch fremde Urkunden oder andere Dokumente (z. B. eine Sterbeurkunde) zur Anfertigung einer beglaubigten Abschrift/Abschrift bei einem Notar vorgelegt.

2.3.1 Die Ausfertigung/vollstreckbare Ausfertigung

Die Ausfertigung ist (neben der Urschrift) die stärkste Variante einer Urkunde, die in den Umlauf gebracht werden kann, denn sie vertritt die Urschrift im Rechtsverkehr. Eine Ausfertigung darf nur erteilen, wer das Original einer Niederschrift (= Urschrift) verwahrt.

Wird eine Ausfertigung erteilt, ist dies durch einen Vermerk im Urkundenverzeichnis (UVZ) zu dokumentieren. Vermerkt wird, wem an welchem Tag eine (vollstreckbare/teilweise) Ausfertigung erteilt wurde. Das geschieht, weil immer nachvollziehbar sein muss, wie viele Ausfertigungen einer Urkunde in Umlauf sind. Wird beispielsweise eine Vollmacht widerrufen, von der drei Ausfertigungen erteilt wurden, kann durch Überprüfung der Einträge im UVZ schnell nachvollzogen werden, dass drei Exemplare einzuziehen sind, um deren Verwendung zu unterbinden.

Die Ausfertigung ist eine Abschrift der Urschrift mit einem Ausfertigungsvermerk, der den Tag/Ort der Erteilung enthält und die Übereinstimmung der Ausfertigung mit der Urschrift bestätigt. Sie wird beispielsweise bei der Antragstellung beim Amtsgericht – Grundbuchamt – eingereicht, wenn die Einreichung (noch) nicht elektronisch erfolgt.

Eine Ausfertigung kann auch auszugsweise erteilt werden. Werden beispielsweise mehrere Erklärungen in einer Niederschrift zusammengefasst, kann es notwendig sein, nicht die gesamte Urkunde auszufertigen. Dass es sich um eine auszugsweise Ausfertigung handelt, ist zu dokumentieren.

▶ **Beispiel:** Ausfertigungsvermerk:

1. Ausfertigung

[Text der Niederschrift]

Vorstehende Ausfertigung stimmt mit der vorliegenden Urschrift wörtlich überein und wird hiermit dem Amtsgericht – Grundbuchamt – erteilt.

Darmstadt, 15.06.2024

gez. Katharina Marschner (Siegel Notarin Marschner)
N o t a r i n

▶ **Beispiel:** Ausfertigungsvermerk, auszugsweise Ausfertigung:

2. auszugsweise Ausfertigung

[Text der Niederschrift]

Vorstehende Ausfertigung stimmt mit der vorliegenden Urschrift wörtlich überein und wird hiermit – unter Fortfall des § 3 – dem Amtsgericht – Grundbuchamt – erteilt.

Darmstadt, 15.06.2024

gez. Katharina Marschner (Siegel Notarin Marschner)
N o t a r i n

Hinweis: § 3 wird beim Ausdrucken des Dokuments gelöscht, sodass er nicht in der Ausfertigung enthalten ist.

Merke: Die Ausfertigung ist eine Abschrift der Urschrift/elektronischen Urschrift bzw. ein Ausdruck der elektronischen Urschrift/elektronischen Fassung der Urschrift mit einem Ausfertigungsvermerk, **die die Urschrift im Rechtsverkehr vertritt (§ 47 BeurkG).**

Soll dem Empfänger einer Ausfertigung die Vollstreckung aus der Niederschrift ermöglicht werden, wird eine vollstreckbare Ausfertigung erteilt. In der Praxis wird der Finanzierungsgläubigerin (= z. B. ein Kreditinstitut) in der Regel die vollstreckbare Ausfertigung der zu ihren Gunsten bestellten Grundschuldbestellungsurkunde oder bei Nichtzahlung des vereinbarten Kaufpreises aus einem Immobilienkaufvertrag dem Verkäufer eine vollstreckbare Ausfertigung des Kaufvertrags erteilt. Voraussetzung hierfür ist jeweils, dass die Urkunde eine Zwangsvollstreckungsunterwerfung enthält. Zahlt der Schuldner nicht, kann die Gläubigerin aus der vollstreckbaren Ausfertigung sofort vollstrecken.

Merke: Die vollstreckbare Ausfertigung einer Niederschrift ist ein Titel.

▶ **Beispiel:** Ausfertigungsvermerk, vollstreckbare Ausfertigung:

2. vollstreckbare Ausfertigung

[Text der Niederschrift]

Vorstehende Ausfertigung stimmt mit der vorliegenden Urschrift wörtlich überein und wird hiermit der Sparkasse Darmstadt in Darmstadt zum Zwecke der Zwangsvollstreckung erteilt.

Darmstadt, 15.06.2024

gez. Katharina Marschner (Siegel Notarin Marschner)
N o t a r i n

▶ **Beispiel:** Ausfertigungsvermerk eines elektronischen Dokuments (Ausgangsdokument ist hier die elektronische Fassung der Urschrift):

Vorstehende mit der elektronischen Fassung der Urschrift zur UVZ-Nr. ... übereinstimmende 2. Ausfertigung wird hiermit ... erteilt.

Die Signaturprüfung war erfolgreich.

Darmstadt, 15.06.2024

gez. Katharina Marschner
N o t a r i n

+ qualifizierte elektronische Signatur der Notarin Marschner

Hinweis: Die Signaturprüfung übernimmt XNP automatisch während der Signatur durch den Notar.

2.3.2 Die beglaubigte Abschrift/Abschrift

Die schwächere Variante einer Urkunde (z. B. einer Niederschrift) ist die beglaubigte Abschrift. Sie bezeugt nur die Übereinstimmung mit dem vorliegenden Dokument. Es ist möglich, eine beglaubigte Abschrift von der vorliegenden Urschrift, von einer Ausfertigung, aber auch von einer beglaubigten oder einfachen Abschrift zu erstellen. Es ist ferner möglich, eine auszugsweise beglaubigte Abschrift zu erstellen. Aus dem Text des Beglaubigungsvermerks muss sich ergeben, welche Art von Urkunde (z. B. Urschrift, Ausfertigung) dem Notar bei der Anfertigung der beglaubigten Abschrift vorlag.

▶ **Beispiel:** Beglaubigung einer Abschrift (§ 42 BeurkG):

Vorstehende Abschrift stimmt mit der mir vorliegenden Urschrift wörtlich überein, was ich hiermit beglaubige.

Darmstadt, 21.06.2024

gez. Katharina Marschner (Siegel Notarin Marschner)
N o t a r i n

oder

Vorstehende Abschrift stimmt mit der mir vorliegenden Ausfertigung wörtlich überein, was ich hiermit beglaubige.

Darmstadt, 21.06.2024

gez. Katharina Marschner (Siegel Notarin Marschner)
N o t a r i n

Die an einer Niederschrift (z. B. einem Immobilienkaufvertrag) beteiligten Personen erhalten je nach Kanzlei eine beglaubigte Abschrift der Urkunde für ihre Unterlagen. Viele Notare schlagen die für die Beteiligten bestimmte beglaubigte Abschrift in einen Urkundenumschlag/Schmuckumschlag ein, der fest mit der Urkunde verbunden wird.

Merke: Die beglaubigte Abschrift bezeugt lediglich die Übereinstimmung mit der vorliegenden Urschrift/Ausfertigung/beglaubigten Abschrift/Abschrift.

Eine Abschrift ist die einfache Kopie einer Urkunde und erhält keinen darüber hinausgehenden Vermerk und damit auch weder eine Unterschrift des Notars noch einen Siegelabdruck.

Merke: Eine Abschrift ist lediglich die Kopie einer Urkunde (z. B. einer Urschrift) ohne Beweiskraft.

2.3.3 Die elektronisch beglaubigte Abschrift (einfaches elektronisches Zeugnis)

Unter einer elektronisch beglaubigten Abschrift versteht man die digitale Form der beglaubigten Abschrift. Es handelt sich um eine Dokumentendatei, die auf elektronische Weise erzeugt wird und neben dem einzureichenden Dokument einen Beglaubigungsvermerk enthält.

Zum Erstellen einer elektronisch beglaubigten Abschrift ist das zu beglaubigende Dokument einschließlich des Beglaubigungsvermerks (s. u.) in ein bestimmtes Format (PDF/A-1b) zu überführen und anschließend vom Notar mittels Signaturkarte zu signieren. Diese Überführung kann mittels Scan am Kopiergerät erfolgen. Ist das vollständige Dokument inkl. Beglaubigungsvermerk bereits in der EDV (z. B. als Word-Datei) vorhanden, kann dieses durch Speichern als pdf/A und Einfügen in die entsprechende Software (XNP) weiterverarbeitet werden. Die von der Bundesnotarkammer zur Verfügung gestellte Anwendung enthält hierzu verschiedene Module (z. B. Grundbuch oder Handelsregister), in die die so erzeugten Dateien zu übertragen und (an das zuständige Gericht) weiterzuleiten sind. XNP konvertiert PDF/A-Dateien auch automatisch in das vorgeschriebene Format (siehe oben).

XNP fügt auf Wunsch auch einen Beglaubigungsvermerk an, wenn dieser (noch) nicht in dem Dokument (der nach dem Scannen erstellten Datei) enthalten ist.

Merke: Bei Anträgen zum Handelsregister sind lediglich elektronisch beglaubigte Dokumente zulässig. Gleiches gilt für Unterlagen, die beim Grundbuchamt einzureichen sind, wenn die Grundakten bereits elektronisch geführt werden.

Bei der Errichtung einer elektronisch beglaubigten Abschrift wird das Dokument (die Datei) statt mit einem (analogen) Siegel mit einer qualifizierten elektronischen Signatur (qeS) versehen, die beim Empfänger ausgelesen werden kann. Durch die Signatur wird eine weitere Datei erzeugt (= *pkcs7), in die die Signatur eingebettet ist.

▶ **Beispiel:** elektronischer Beglaubigungsvermerk:

> Hiermit beglaubige ich die Übereinstimmung der in dieser Datei enthaltenen Bilddaten (Abschrift) mit dem vorliegenden Papierdokument (Urschrift).
>
> Darmstadt, 21.06.2024
>
> (LS) gez. Katharina Marschner, Notarin

Zusammenfassung

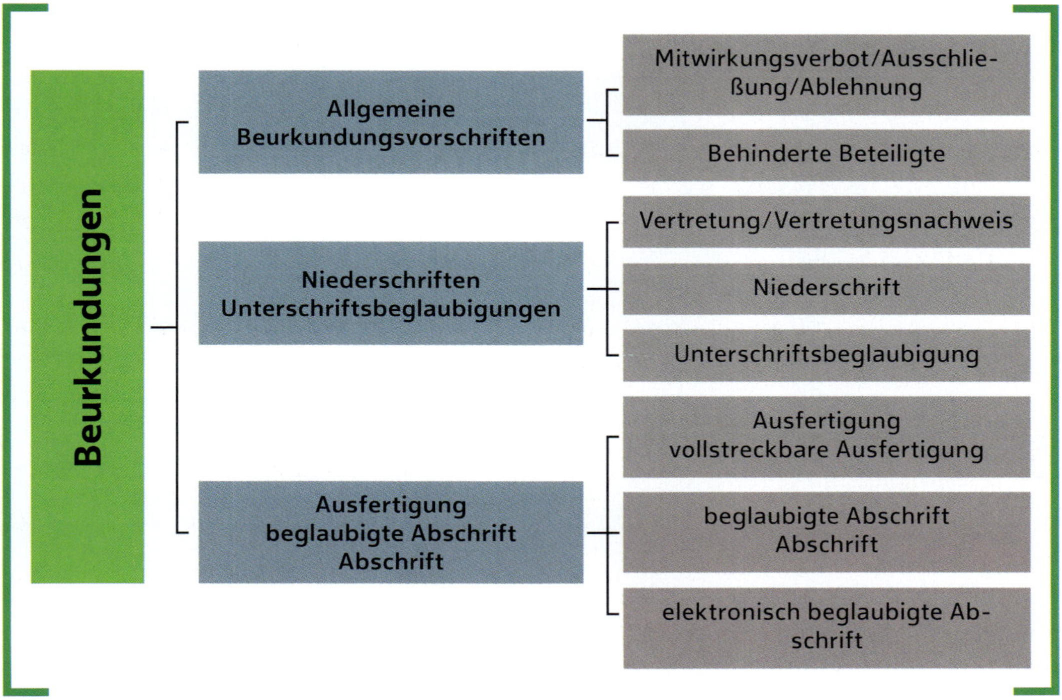

Wiederholung und Vertiefung

1. Worin besteht der Unterschied zwischen einer Niederschrift und einer Unterschriftsbeglaubigung?
2. Welche verschiedenen Dokumente könnten einer Urkunde beigefügt werden und worin besteht der Unterschied im Umgang mit diesen?
3. Wie lautet der vollständige Vermerk einer Unterschriftsbeglaubigung, wenn folgende Person die Urkunde, die zur Vorlage beim Grundbuchamt benötigt wird, unterzeichnet hat: Marina Braak, geb. am 27.11.1973, Hundestraße 12, 74311 Stuttgart. Marina Braak ist dem Notar von Person bekannt und unterschreibt in Gegenwart des Notars.
4. Worin besteht der Unterschied zwischen einer Ausfertigung und einer beglaubigten Abschrift?
5. Wie lautet der Ausfertigungsvermerk, wenn Ihnen folgende Angaben bekannt sind: Die Gläubigerin, Hamburger Sparkasse in Hamburg, erhält die vollstreckbare Ausfertigung einer Grundschuldbestellungsurkunde. Notarin Katharina Marschner erteilt die Ausfertigung am 20.07.2024.

3 Akten und Verzeichnisse

Betritt man ein Notarbüro, fällt auf, dass dort viele Schränke und Regale mit Akten in unterschiedlichen Farben und Formen, Ordner und Bücher zu sehen sind.

Der Notar führt Schriftverkehr mit Mandanten, Behörden und Gerichten, fertigt Urkundenentwürfe an, die unterzeichnet und anschließend archiviert werden und unterliegt insoweit gesetzlichen Vorgaben, die besagen, wie all diese Dinge zu verwalten und abzulegen sind. Er hat ferner Akten und Verzeichnisse anzulegen, die für bestimmte Zeiten aufzubewahren sind.

Der Notar erhält außerdem verschiedene Dokumente in Bezug auf seine Bestellung, Vertretung, Fortbildung, Verschwiegenheitsverpflichtungen der mitarbeitenden Personen usw.

Jedes Schriftstück hat einen vorgeschriebenen besonderen Ablageplatz in der Kanzlei.

Lernsituation

In der Kanzlei von Notarin Katharina Marschner wird Selina Behrens, eine Schülerin der Gemeinschaftsschule Darmstadt, ein 14-tägiges Praktikum absolvieren. Selina Behrens weiß noch nicht, welchen Beruf sie später ergreifen soll und möchte sich im Rahmen des Schulpraktikums über die Aufgaben und die Arbeit einer Rechtsanwalts- und Notarfachangestellten informieren. Oxana Schuhmann wird von Notarin Katharina Marschner gebeten, die Betreuung von Selina Behrens zu übernehmen und sie mit dem Ablauf der Kanzlei allgemein und der Führung der verschiedenen Akten/Verzeichnisse insbesondere im Notariat vertraut zu machen.

Am ersten Tag führt Oxana Schuhmann Selina Behrens durch die Räume der Kanzlei und legt später am Tag mit ihr einige Akten zu neuen Vorgängen im Notariat (zwei Immobilienkaufverträge, eine Grundpfandrechtsbestellung und einen Erbscheinsantrag) an. Selina Behrens fertigt die äußeren Beschriftungen an, mithilfe derer die Akten später alphabetisch sortiert in der Hängeregistratur eingeordnet werden. Am Nachmittag darf Selina Behrens Oxana Schuhmann beim Siegeln der Urkunden über die Schulter blicken, die Siegelpresse auch selbst bedienen und die Urkunden anschließend in die Urkundensammlung einsortieren. Im Lauf der Woche bekommt Selina Behrens erklärt, wie die eingehende Post behandelt, wo sie abzuheften bzw. womit sie der Notarin oder Jana Seidel zur weiteren Bearbeitung vorzulegen ist.

Notarin Katharina Marschner geht zu Beginn der zweiten Praktikumswoche in Urlaub und wird von einem ihrer Kollegen vertreten. Die Vertreterbestellung heften Oxana Schuhmann und Selina Behrens gemeinsam in der Generalakte der Notarin Katharina Marschner ab und sprechen auch über den weiteren Inhalt der Generalakte. Oxana Schumann zeigt Selina Behrens, dass auch ein Dokument von ihr selbst, nämlich die Verschwiegenheitsverpflichtung, die sie zu Beginn ihrer Ausbildung unterzeichnet hat, in der Generalakte abgeheftet ist.

Die letzten zwei Tage des Praktikums darf Selina Behrens bei Jana Seidel sitzen und zuschauen, wie sie das Urkundenverzeichnis führt und Einträge im Verwahrungsverzeichnis vornimmt.

Am Ende des 14-tägigen Praktikums hat Selina Behrens viel über die Akten und Verzeichnisse, die ein Notar zu führen hat, erfahren und weiß nun auch, welchen Beruf sie nach ihrer Schulzeit erlernen möchte.

Arbeitsaufträge:

a) Welche Dokumente hat Oxana Schuhmann gemeinsam mit Selina Behrens bei der Aktenanlage in der Nebenakte abgeheftet und welche Dokumente kommen je nach Art des Vorgangs im Lauf der Aktenführung noch hinzu? Notieren Sie in Stichpunkten.
b) Welche Unterlagen hat Selina Behrens in die Urkundensammlung einsortiert? Überlegen Sie gemeinsam, welche Unterlagen noch in die Urkundensammlung einsortiert werden müssen. Erstellen Sie eine Stichpunktliste.
c) Die Vertreterbestellung für Notarin Katharina Marschner wurde in der Generalakte abgeheftet. Erstellen Sie eine grafische Übersicht, welche Unterlagen darüber hinaus in der Generalakte abgeheftet werden.
d) Jana Seidel hat diverse Akten geführt, als Selina Behrens ihr zuschauen durfte. Um welche Akten handelte es sich dabei? Was wissen Sie über den Aufbau und die Führung dieser Akten? Erstellen Sie eine tabellarische Übersicht.
e) Vergleichen Sie untereinander Ihre Ergebnisse.
f) Reflektieren Sie anschließend Ihr Wissen.

3.1 Die Akten des Notars (§ 2 NotAktVV)

Der Notar hat auf gesetzlich vorgeschriebene Weise verschiedene Akten zu führen. Grundlage der Aktenführung ist die Verordnung über die Führung notarieller Akten und Verzeichnisse (NotAktVV). Unter den verschiedenen Akten ist nicht immer ein Aktenordner im üblichen Sinn zu verstehen. Es geht um einen vorgegebenen Aufbewahrungs- oder Ablageort für verschiedene Dokumente, die im Sinn der NotAktVV als Akte bezeichnet werden, auch wenn es sich nicht um einen gewöhnlichen Aktenordner handelt.

Die Akten des Notars werden in der Regel alle vier Jahre durch die zuständige Aufsichtsbehörde (einen Richter des zuständigen Landgerichts) im Rahmen der notariellen Amtsprüfung kontrolliert. Wird bei dieser Prüfung festgestellt, dass die Aktenführung nicht auf die vorgeschriebene Weise erfolgt, wird dies dem Notar in einem Prüfungsbericht mitgeteilt. Der Notar ist dann innerhalb einer von Seiten des Gerichts gesetzten Frist zur Stellungnahme und ggf. Nachbesserung verpflichtet.

3.1.1 Urkundensammlung (§ 31 NotAktVV)

Die Urkundensammlung ist die Summe aller in das Urkundenverzeichnis eingetragenen Urkunden eines Notars. Da neben der Urkundensammlung eine elektronische Urkundensammlung zu führen ist, könnte die Urkundensammlung zur besseren Unterscheidung auch als Urkundensammlung (Papier) bezeichnet werden.

Die Dokumente der Urkundensammlung können auf verschiedene Arten aufbewahrt werden. Häufig werden sie in Urkundskästen eingeordnet, die für einen bestimmten Zeitraum (z. B. das laufende Jahr) innerhalb der Büroräume aufbewahrt werden.

Hinweis: Jeder Urkundskasten sollte außen in Bezug auf den Inhalt (z. B. UVZ-Nrn. 100–150 der Notarin Katharina Marschner) beschriftet werden, damit ein späteres Auffinden der dort abgelegten Dokumente erleichtert wird. Am Ende dieses Zeitraums (z. B. nach Ablauf eines Jahrs seit Beurkundung) können die Kästen ins Archiv der Kanzlei gebracht werden. Es muss allerdings auch dort weiterhin die Möglichkeit bestehen, für den Fall einer späteren Anfrage, auf alle Unterlagen der Urkundensammlung zeitnah zugreifen zu können.

Folgende Dokumente hat der Notar nach der Reihenfolge der Eintragungen im Urkundenverzeichnis (UVZ) geordnet in seiner Urkundensammlung aufzubewahren:

Niederschrift
(Verhandelt zu ...)

- die Urschrift (= das Original)
- z. B. Immobilienkauf- oder Überlassungsvertrag, Erbscheinsantrag

Unterschriftsbeglaubigung

- die Urschrift (= das Original), wenn die Urschrift beim Notar verbleibt
- eine Abschrift (= Kopie), wenn die Urschrift (an z. B. die Mandantschaft) ausgehändigt wird und der Notar die Urkunde entworfen hat
- z. B. Löschungsbewilligung, Erbausschlagung

Verfügungen von Todes wegen (z. B. Testament)

- eine beglaubigte Abschrift (auf Wunsch der Beteiligten)
- eine Kopie der Bestätigung des Zentralen Testamentsregisters (ZTR) über die Registrierung der Verfügung von Todes wegen
- z. B. Ehegattentestament

elektronische Niederschrift
(per Videokommunikation beurkundet, Online-Beurkundung)

- ein beglaubigter Ausdruck der elektronischen Urkunde
- z. B. Gründung GmbH

elektronische Unterschriftsbeglaubigung
(per Videokommunikation beglaubigt, Online-Beglaubigung)

- ein beglaubigter Ausdruck der elektronischen Urkunde, wenn diese in notarieller Verwahrung bleibt
- ein Ausdruck (= Kopie) der elektronischen Urkunde, wenn diese ausgehändigt wird und der Notar die Urkunde entworfen hat
- z. B. Anmeldungen zum Handels- oder Vereinsregister

Nach der Verordnung über die Führung notarieller Akten und Verzeichnisse (NotAktVV) gibt es drei weitere Dokumentenarten, die in der Urkundensammlung zu verwahren sind. Mit Rücksicht darauf, dass diese sehr selten sind und in der Praxis so gut wie keine Rolle spielen, werden sie nachfolgend separat angeführt:

Dokumentenart	In der Urkundensammlung ist aufzubewahren:
Vollstreckbarerklärungen eines Vergleichs nach § 796 c Abs. 1 ZPO	die Urschrift mit der Urschrift des Vergleichs
Vollstreckbarerklärungen eines Vergleichs in einem schiedsrichterlichen Verfahren nach § 1053 Abs. 4 ZPO	die Urschrift mit einer beglaubigten Abschrift des Schiedsspruchs
Einigungen, Abschlussprotokolle, Vertragsbeurkundungen und Vertragsbestätigungen nach §§ 96 Abs. 3 S. 1 und Abs. 5 S. 2, 98 Abs. 2 S. 1 und 99 S. 1 des Sachenrechtsbereinigungsgesetzes (= Bereinigung von Eigentumsverhältnissen bei Grundstücken in der ehemaligen DDR)	die Urschrift

Merke: Die Aufbewahrungsfrist für die in der Urkundensammlung verwahrten Dokumente beträgt

- bis 31.12.2021: 100 Jahre (§ 51 Abs. 1 Nr. 3 NotAktVV),
- ab 01.01.2022: 30 Jahre (§ 50 Abs. 1 Nr. 3 NotAktVV).

Die Urkundensammlung ist (zusammen mit der Erbvertragssammlung) ein exaktes Spiegelbild der elektronischen Urkundensammlung. Das bedeutet, dass alle Dokumente, die in die Urkundensammlung/Erbvertragssammlung (auf Wunsch der Beteiligten) gelangen, in die elektronische Urkundensammlung einzustellen sind.

vgl. LF 9 (ReNo), Kap. 3.1.3

Beispiel: Ein Grundstückskaufvertrag wurde beurkundet, in das Urkundenverzeichnis eingetragen, die Abwicklung eingeleitet, in die elektronische Urkundensammlung geladen und zum Schluss mit Schnur und Siegel versehen zur Urkundensammlung genommen. Nachdem die Beteiligten jeweils eine beglaubigte Abschrift des Vertrags erhalten haben, stellt sich heraus, dass der Grundstückskaufvertrag eine offensichtliche Unrichtigkeit enthält: Kaufpreisfälligkeit soll laut Vertragstext im Jahr 2024, die Übergabe aber erst im Jahr 2032 erfolgen. Die Beteiligten hatten im Termin etwas anderes vereinbart und bitten den Notar um Korrektur. Der Notar hat hier die Möglichkeit der Richtigstellung durch einen von ihm unterzeichneten Nachtragsvermerk (§ 44 a Abs. 2 BeurkG), der mit der Urschrift des Vertrags in der Urkundensammlung zu verbinden ist. In dem Moment, in dem der Nachtragsvermerk der Urschrift beigefügt wird, ist die elektronische Urkundensammlung nicht mehr das exakte Spiegelbild der Urkundensammlung, was dadurch behoben werden muss, dass der Nachtragsvermerk auch in die elektronische Urkundensammlung zu laden (und ergänzend durch den Notar zu signieren) ist.

3.1.2 Erbvertragssammlung (§ 32 NotAktVV)

Anders als Verfügungen von Todes wegen, deren Urschrift zwingend durch den Notar in die besondere amtliche Verwahrung des zuständigen Nachlassgerichts zu verbringen ist, können Erbverträge auf Wunsch der Beteiligten in der Verwahrung des Notars (= notarielle Verwahrung) verbleiben.

Wurde die besondere amtliche Verwahrung (von den Beteiligten) ausgeschlossen, ist die Urschrift des Erbvertrags nach der Nummernfolge der Eintragungen im Urkundenverzeichnis in der Erbvertragssammlung zu verwahren. Konkret könnte die Erbvertragssammlung (wie die Urkundensammlung) in einem separaten (entsprechend beschrifteten) Urkundskasten aufbewahrt werden.

Wird ein Erbvertrag aus der notariellen Verwahrung zurückgenommen (und damit widerrufen), ist anstelle des Erbvertrags ein Vermerk zur Erbvertragssammlung zu nehmen, der Ort und Datum der Beurkundung, den beurkundenden Notar, die Beteiligten sowie die Urkundenverzeichnisnummer enthalten muss.

Merke: Die Aufbewahrungsfrist für die in der Erbvertragssammlung verwahrten Dokumente beträgt 100 Jahre (§ 50 Abs. 1 Nr. 4 NotAktVV).

3.1.3 Elektronische Urkundensammlung (§§ 34 ff. NotAktVV)

Seit dem 01.07.2022 hat der Notar neben der Urkundensammlung die elektronische Urkundensammlung (eUrkundensammlung) zu führen.

Die eUrkundensammlung gibt die in der Urkundensammlung und in der Erbvertragssammlung aufzubewahrenden Urkunden exakt wieder (= Spiegelbildprinzip).

vgl. LF 9 (ReNo), Kap. 3.1.1

Alle Urkunden sind unverzüglich (= ohne schuldhaftes Verzögern, innerhalb von 14 Tagen) nach der Beurkundung in die eUrkundensammlung einzustellen, die im Modul *„Urkundenverzeichnis"* innerhalb von XNP (= zentrale elektronische Plattform der Bundesnotarkammer) zu finden ist.

Das Einstellen erfolgt durch einen Scanvorgang (= die Urschrift wird gescannt), wobei der Scanner bestimmte Anforderungen (z. B. das Format PDF/A-1b, Farbscan) zu erfüllen hat.

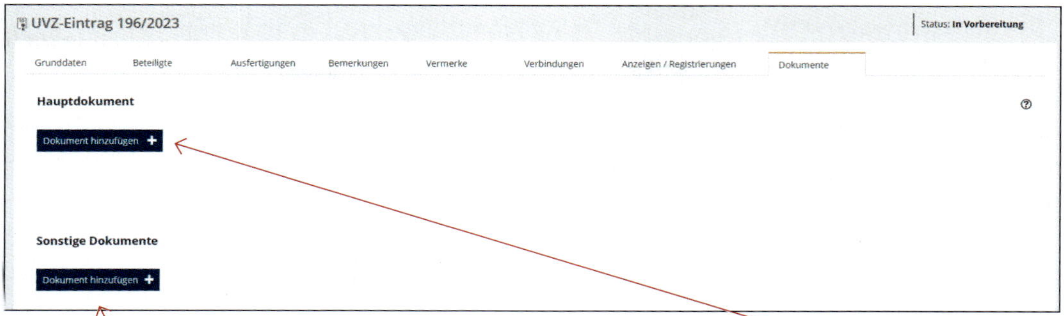

Die durch den Scanvorgang erstellte Datei kann nach dem Anklicken des Felds *„Dokument hinzufügen"* per *„Drag & Drop" oder über „Datei auswählen"* in das dafür vorgesehene Feld eingefügt werden.

Der Bereich *„Sonstige Dokumente"* ermöglicht das Einstellen weiterer Dokumente, z. B. Bestätigungen des Zentralen Testamentsregisters (ZTR) oder Zentralen Vorsorgeregisters (ZVR).

Die Dokumente in *„Hauptdokument"* stehen den Dokumenten in *„Sonstige Dokumente"* gleich. Die unterschiedlichen Bezeichnungen dienen lediglich der Sortierung.

Dokumententypen der eUrkundensammlung

I.

Urkunden, deren **Urschrift** in **Papier** erstellt wurde, können innerhalb der eUrkundensammlung wie folgt verwahrt werden:

Dokumententypen (XNP)	**Der Dokumententyp wird ausgewählt, wenn in der Urkundensammlung … verwahrt wird …**	**Beispiele**
elektronische Fassung		
→ der Urschrift	… die Urschrift …	Immobilienkaufvertrag
→ der beglaubigten Abschrift	… die beglaubigte Abschrift der Urschrift …	Löschungsantrag (Ubgl.) ohne Entwurf. Die Urschrift wird an die Mandantschaft/Dritte gegeben.

Dokumententypen (XNP)	**Der Dokumententyp wird ausgewählt, wenn in der Urkundensammlung ... verwahrt wird ...**	**Beispiele**
elektronisch beglaubigte Abschrift	... eine Ausfertigung, beglaubigte Abschrift oder einfache Abschrift der Urschrift ...	Verfügungen von Todes wegen. Die Urschrift gelangt in die besondere amtliche Verwahrung.
elektronische Abschrift	... eine einfache Abschrift der Urschrift ...	Löschungsbewilligung ohne Entwurf (Ubgl.). Die Urschrift wird an die Mandantschaft/Dritte gegeben.

Bei der elektronischen Fassung (der Urschrift oder beglaubigten Abschrift) handelt es sich immer um eine bildlich und inhaltlich übereinstimmende Datei (= Urschrift wurde gescannt). Es sind neben dem gedruckten Text alle handschriftlichen Änderungen und die Unterschriften der Beteiligten sowie des Notars zu sehen.

Wird dieser Typ ausgewählt, ist die Datei mit einem Übereinstimmungsvermerk nebst qualifizierter elektronischer Signatur (qeS) des Notars zu versehen. XNP schlägt hierfür einen Text (Beispiel Urschrift) vor.

▶ **Beispiel:**

> Die bildliche und inhaltliche Übereinstimmung des elektronischen Dokuments mit der mir in Papier vorliegenden Urschrift wird hiermit bestätigt. Die Übertragung in die elektronische Form ist nach meiner am Tag der Bestätigung gültigen Verfahrensdokumentation erfolgt.
>
> Ort, Datum
>
> Unterschrift Notar

Mit Ausnahme der elektronischen einfachen Abschrift sind alle in die eUrkundensammlung eingestellten Dokumente, die auf Papiervorlagen beruhen, einzeln mit einer qualifizierten elektronischen Signatur (qeS) zu versehen. Die qeS entspricht in der virtuellen Welt dem Zusammenfügen einer Papierurkunde mit Schnur und Siegel.

Vor dem Scannen der Urkunde sollte darauf geachtet werden, ob es sich um ein Dokument handelt, das eine Anzeige nach →

→ § 54 Abs. 1 Einkommensteuer-Durchführungsverordnung (EStDV)	⟶	Gründung, Kapitalerhöhung oder -herabsetzung, Umwandlung/Auflösung von Kapitalgesellschaften oder Verfügung über Anteile an Kapitalgesellschaften (= Kauf- und Abtretungsvertrag)
→ § 8 Einkommensteuer-Durchführungs-verordnung- verordnung (ErbStDV)	⟶	Schenkungsvertrag, Erbauseinandersetzungsvertrag
→ § 18 Grunderwerbsteuergesetz (GrEstG)	⟶	Immobilienkauf- oder Schenkungsvertrag, Grundbuchberichtigungsantrag

erforderlich macht.

Dass die jeweils erforderliche Anzeige vom Notar vorgenommen wurde, ist auf der Urschrift der Urkunde zu vermerken, was durch

- einen separaten Vermerk (weiteres Blatt) oder
- einen Zusatz (z. B. einen Stempel) auf der Urkunde selbst (nach den Unterschriften)

erfolgen kann. Beispiel für einen Text über die Anzeige nach § 18 GrEstG: *„Veräußerungsanzeige am *** (Datum) gem. § 18 GrEStG dem Finanzamt *** (Ort) erstattet."*

Wird die Anzeige später (nach dem Einstellen der Urkunde in die eUrkundensammlung) gemacht, ist ein separater Vermerk anzufertigen und ergänzend einzustellen (= Spiegelbildprinzip). Daher ist sehr zur empfehlen, die jeweils erforderliche/n Anzeige/n vor dem Scanvorgang und Einstellen in die eUrkundensammlung zu machen, den entsprechenden Vermerk auf der Urschrift anzubringen bzw. das Beiblatt anzufertigen und der Urschrift beizufügen und alles in einem Arbeitsgang hochzuladen.

II.

Urkunden, die ausschließlich als **elektronische Niederschrift** (Online-Beurkundung) oder **einfaches elektronisches Zeugnis** (Online-Beglaubigung) erzeugt wurden, sind innerhalb der eUrkundensammlung wie folgt zu verwahren:

Dokumententypen (XNP)	Der Dokumententyp wird ausgewählt, wenn eine Urkunde nur elektronisch existiert (PDF-Datei nebst Signaturdatei, „.pkcs7").	Beispiele
elektronisches Original	In die Urkundensammlung (Papier) ist ein beglaubigter Ausdruck aufzunehmen.	Gründung einer GmbH
	Das elektronische Original gilt als Urschrift.	Anmeldung zum Handelsregister

Änderung von Urkunden

Ist eine Urkunde, die per Online-Beurkundung/Online-Beglaubigung errichtet wurde, aufgrund offensichtlicher Unrichtigkeit zu ändern (vgl. das Beispiel in Kap. 3.1.1), ist der Vermerk über die Veränderung der elektronischen Urschrift in einem gesonderten elektronischen Dokument niederzulegen und der eUrkundensammlung hinzuzufügen. Der in der Urkundensammlung (Papier) abgelegten beglaubigten Abschrift der Urkunde ist ein beglaubigter Ausdruck des Vermerks beizusiegeln.

Merke: Die Aufbewahrungsfrist für die in der eUrkundensammlung verwahrten Dokumente beträgt 100 Jahre (§ 50 Abs. 1 Nr. 5 NotAktVV).

Stellt sich heraus, dass nach dem Einstellen und Signieren durch den Notar ein Fehler unterlaufen ist (z. B. ein falsches oder unvollständiges Dokument wurde hochgeladen), kann dieses gelöscht und durch das richtige Dokument ersetzt werden. Der Notar hat dies jedoch persönlich durch eine qeS zu bestätigen.

3.1.4 Sondersammlung (§§ 37 ff. NotAktVV)

Wenn die Übertragung einer Urkunde in die elektronische Form (= Scanvorgang) aufgrund der Beschaffenheit des Dokuments unmöglich oder unzumutbar ist, wird die Urkunde nicht in die eUrkundensammlung eingestellt. Unzumutbar/unmöglich ist beispielsweise das Scannen von Unterlagen, die größer als DIN A3 (z. B. Lagepläne, Zeichnungen) oder so miteinander verbunden sind, dass sie nicht vollständig gescannt werden können.

Der Notar soll in diesem Fall einen elektronischen Vermerk anfertigen, in dem er das Dokument bezeichnet und feststellt, dass die Übertragung in ein elektronisches Dokument unmöglich oder unzumutbar ist. Der Vermerk soll in der elektronischen Urkundensammlung verwahrt werden.

Die in der Sondersammlung abzulegenden Urkunden sind – wie auch die Urkunden in der Urkundensammlung – nach der Reihenfolge ihrer Eintragung im Urkundenverzeichnis zu verwahren. Es ist auch möglich, eine auszugsweise Abschrift der nicht vollständig in eine Datei übertragbaren Urkunde in die eUrkundensammlung aufzunehmen.

Merke: Die Aufbewahrungsfrist für die Dokumente der Sondersammlung beträgt 100 Jahre (§ 50 Abs. 1 Nr. 6 NotAktVV).

Auch für die Sondersammlung sollte ein separater Urkundskasten, der entsprechend zu beschriften ist, verwendet werden.

3.1.5 Nebenakte (§§ 40 ff. NotAktVV)

Alle nicht in der Urkundensammlung aufzubewahrenden Dokumente und Schriftstücke sind in der Nebenakte (= für jede Angelegenheit einzeln oder als Sammelakte) aufzubewahren. Für jeden Vorgang, der umfangreicheren Schriftverkehr hervorrufen wird (z. B. ein Immobilienkaufvertrag), sollte eine separate Nebenakte geführt werden. Bei einfachen Vorgängen (z. B. Erbausschlagung, isolierter Löschungsantrag), die nur wenig Schriftverkehr hervorrufen, kann auch eine Sammelakte geführt werden, in der mehrere dieser Vorgänge alphabetisch sortiert aufbewahrt werden.

In der Praxis wird die Nebenakte auch als Hand- oder Hängeakte, Hängehefter oder (Akten-)Ordner bezeichnet.

In der **Nebenakte** werden – nachvollziehbar geordnet – aufbewahrt:

- die Kontaktdaten der Beteiligten,
- Ausweiskopien, wenn der Notar die Beteiligten nach dem Geldwäschegesetz (GwG) zu identifizieren hat,
- der Schriftwechsel mit Behörden und Beteiligten,
- Dokumente, die der Notar von Behörden, Beteiligten und Gerichten erhält,
- die Kostenrechnungen des Notars und
- Kopie/n der Urkunde/n, die der Notar beurkundet hat.

vgl. LF 9 (ReNo), Kap. 3.2.2

Wird bei dem in einer Nebenakte geführten Rechtsgeschäft ein **Verwahrungsgeschäft** (z. B. Kaufpreisabwicklung über ein Notaranderkonto) vorgenommen, ist eine gesonderte Blattsammlung (innerhalb der Nebenakte, z. B. durch das Aufheften einer zusätzlichen Heftlasche) zu führen, die

- die Verwahrungsanweisungen (z. B. in der Urkunde des Notars),
- die Treuhandaufträge der Ablösegläubiger/Finanzierungsgläubiger nebst deren Annahmeerklärung/-en des Notars,
- alle Kontoauszüge des Notaranderkontos,
- die Abrechnung des Notaranderkontos und
- die Kostenrechnung/en des Notars, die dem Notaranderkonto durch genehmigten Einbehalt entnommen wurde/n,

enthalten soll.

Die Nebenakte kann in Papierform und/oder elektronisch geführt werden.

Die Nebenakten werden nach Abschluss der Angelegenheit archiviert und können nach der vorgeschriebenen Aufbewahrungszeit vernichtet werden.

Merke: Die Aufbewahrungsfrist für die in der Nebenakte verwahrten Dokumente beträgt sieben Jahre (§ 50 Abs. 1 Nr. 7 NotAktVV).

3.1.6 Generalakte (§§ 46, 47 NotAktVV)

Alle Dokumente, die die Amtsführung des Notars im Allgemeinen betreffen, sind in der Generalakte zu verwahren. Als Generalakte wird vorzugsweise ein breiter Aktenordner verwendet, da im Lauf der gesamten Amtszeit eines Notars immer wieder Dokumente dort abzuheften sind. Die Verwendung eines Inhaltsverzeichnisses hilft beim Auffinden der Dokumente.

In der Generalakte wird aufbewahrt:

- Schriftwechsel mit der zuständigen Aufsichtsbehörde (Landgerichtspräsident)
  - Bestellungen des Notarvertreters
  - Übersichten der Urkunds- und Verwahrungsgeschäfte
- Berichte über Amtsprüfungen und der dazugehörige Schriftwechsel
- Schriftverkehr mit der zuständigen Notarkammer und dem Datenschutzbeauftragten des Notars
- Unterlagen über die Einhaltung der datenschutz- und geldwäscherechtlichen Vorgaben

- Abschriften der Unterlagen über die Berufshaftpflichtversicherung inkl. Belegen über die jährlichen Prämienzahlungen
- Schriftstücke, die mit der Zertifizierung (= Signaturkartenunterlagen) zu tun haben
- Kopien von Verschwiegenheitsverpflichtungen aller Mitarbeiterinnen und Mitarbeiter sowie der EDV-Firma
- Fortbildungsbescheinigungen

Die Generalakte kann sowohl in Papierform als auch elektronisch geführt werden.

Merke: Die Aufbewahrungsfrist für in der Generalakte verwahrte Dokumente beträgt 30 Jahre (§ 50 Abs. 1 Nr. 9 NotAktVV).

3.1.7 Sammelakte für Wechsel- und Scheckproteste (§ 45 NotAktVV)

Bei der Sammelakte für Wechsel- und Scheckproteste handelt es sich um eine Akte, in der beglaubigte Abschriften von Protesturkunden zu Wechseln und Schecks zu verwahren und mit fortlaufenden Nummern zu versehen sind.

Hinweis: In der Praxis kommt ein Wechsel- oder Scheckprotest so gut wie gar nicht vor, da diese Zahlungsmittel nicht mehr benutzt werden.

Merke: Die Aufbewahrungsfrist für Dokumente der Sammelakte für Wechsel- und Scheckproteste beträgt sieben Jahre (§ 50 Abs. 1 Nr. 8 NotAktVV).

3.2 Die Verzeichnisse des Notars (§§ 1 ff. NotAktVV)

Jeder Notar hat bestimmte Verzeichnisse zu führen. Dort werden die beurkundeten/beglaubigten Erklärungen erfasst und die Buchungen der vom Notar verwahrten Gelder, Wertgegenstände und Kostbarkeiten vorgenommen. Die Führung der Verzeichnisse erfolgt ausschließlich elektronisch.

Auch die Führung der Verzeichnisse wird im Rahmen einer Prüfung der Amtsführung des Notars durch die zuständige Aufsichtsbehörde (in der Regel ein Richter des für ihn zuständigen Landgerichts) überprüft und sollte daher von einer sachkundigen Person vorgenommen werden.

3.2.1 Das Urkundenverzeichnis (§§ 7 ff. NotAktVV)

Das Urkundenverzeichnis (UVZ) hat am 01.01.2022 die Urkundenrolle sowie das Erbvertrags- und Namensverzeichnis abgelöst. Es wird ausschließlich elektronisch geführt und ist ebenso wie die eUrkundensammlung im Modul *„Urkundenverzeichnis"* in XNP zu finden. Folgende Urkunden sind im UVZ einzutragen:

Urkundenart	**Beispiele**
Niederschriften *(Verhandelt zu ...)* (§§ 8, 36, 38 BeurkG)	Immobilienkauf- oder Schenkungsvertrag, Testament, Grundschuldbestellung mit ZV-Unterwerfung, Erbscheinsantrag, GmbH-Gründung, Kauf- und Abtretungsvertrag Gesellschaftsanteile, Erbvertrag, Generalvollmacht, Teilungserklärung
elektronische Niederschriften *(wie vor)* (§ 16 b BeurkG)	Online-Beurkundungen (z. B. Bargründung einer GmbH/UG [haftungsbeschränkt], Sachgründung einer GmbH/UG [haftungsbeschränkt] sowie einstimmige Gesellschafterbeschlüsse über Satzungsänderungen) *– beschränkt auf bestimmte Vorgänge im RegisterR –*
Vermerke *(Unterschriftsbeglaubigung)* (§ 39 BeurkG)	Erbausschlagung, Anmeldung zu einem Register, Grundschuldbestellung ohne ZV-Unterwerfung, Bestellung Dienstbarkeit, Löschungsbewilligung, + ggf. je nach Region (nicht bundeseinheitlich): Übereinstimmungsbescheinigung bzgl. • des vollständigen Wortlauts des Gesellschaftsvertrags • der Liste der Gesellschafter (bei Änderungen, §§ 54 Abs. 1 S. 3, 40 Abs. 2 S. 2 GmbHG)
elektronische Vermerke *(wie vor)* (§ 39 a BeurkG)	Online-Beglaubigung (z. B. Beglaubigung von Unterschriften auf Handelsregister-, Partnerschafts-, Genossenschafts- und Vereinsregisteranmeldungen) *– beschränkt auf bestimmte Vorgänge im RegisterR –*
Vollstreckbarerklärungen (§§ 796 c Abs. 1, 1053 Abs. 4 ZPO)	ein gerichtlicher Vergleich wird durch einen Notar für vollstreckbar erklärt → sehr selten
Einigungen, Abschlussprotokolle u. Ä. (§§ 96 Abs. 3 S. 1, Abs. 5 S. 2, 98 Abs. 2 S. 1 und 99 S. 1 SachenRBerG)	Beurkundungen bzgl. der Nutzung von Grundstücken im Rahmen des Wiedervereinigungsprozesses zur Anpassung der Rechtsverhältnisse an das BGB → sehr selten

Die nach dem Gesetz im UVZ vorzunehmenden Eintragungen können innerhalb des XNP-Moduls zur Führung des Urkundenverzeichnisses eingegeben werden. Hierfür stehen folgende virtuelle Karteikarten zur Verfügung:

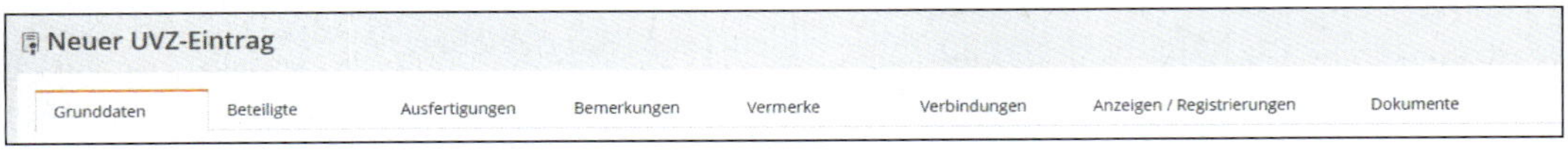

Hinter der Karteikarte „Dokumente" befindet sich die eUrkundensammlung.

Die Urkundenverzeichnisnummer (UVZ-Nr.) schlägt XNP automatisch vor. Sie ist auf der Urschrift jeder Urkunde (Papier) zu vermerken und setzt sich aus der lfd. Nr. und der Jahreszahl zusammen (z. B. 314/2024 oder 4134/2024).

Die Nummernvergabe erfolgt chronologisch nach dem Kalenderdatum. Die Eintragungen während desselben Tags können in beliebiger Reihenfolge vorgenommen werden (= der um 8:00 Uhr beurkundete Immobilienkaufvertrag darf in der Reihenfolge nach dem Testament von 10:00 Uhr in das UVZ eingetragen werden).

Handelt es sich bei der Urkunde um die elektronische Form der Online-Beglaubigung, ist die UVZ-Nr. zwingend vor Durchführung der qualifizierten elektronischen Signatur (qeS) anzubringen. Bei einer Online-Beurkundung entfällt dies, weil die elektronische Urkunde in ihrer Ursprungsform nicht in den Rechtsverkehr gelangt; sie wird im Anschluss als Ausfertigung/beglaubigte Abschrift abgefasst und dann mit der UVZ-Nr. versehen.

Folgende Angaben sind verpflichtend in das UVZ einzutragen:

Angaben	Tatsächlich einzutragen ist ...	Beispieleintragung
Ort + Datum der Beurkundung/Amtshandlung (§ 10 NotAktVV)	... die Geschäftsstelle oder ... bei Auswärtstätigkeit die Anschrift bzw. Beschreibung des Orts, wo das Amtsgeschäft vorgenommen wurde ... der Tag der Beurkundung	Geschäftsstelle **oder** Markt 14/15, Darmstadt 13.09.2024
Amtsperson (§ 11 NotAktVV)	... der Vor- und Nachname des Notars/Notarvertreters.	Notarin Katharina Marschner
Geschäftsgegenstand (§ 13 NotAktVV)	... der Geschäftsgegenstand (stichwortartig und hinreichend unterscheidungskräftig). **Hinweis:** In XNP stehen zahlreiche Formulierungen zur Verfügung. Die Auswahl von „Sonstige" ermöglicht eine individuelle Formulierung.	Wohnungs-/Teileigentumskaufvertrag **oder** Handelsregisteranmeldung

Angaben	Tatsächlich einzutragen ist …	Beispieleintragung
Urkundenart (§ 14 NotAktVV)	… eine der fünf vorgegebenen Arten: • Beglaubigung von Unterschriften/Handzeichen mit Anfertigung eines Entwurfs, • Beglaubigung von Unterschriften/Handzeichen ohne Anfertigung eines Entwurfs, • Verfügungen von Todes wegen, • Vermittlung von Auseinandersetzungen, • sonstige Beurkundungen und Beschlüsse. Ferner ist anzugeben, ob die Beurkundung mittels Videokommunikation oder als gemischte Beurkundung (= Beteiligte sind z. T. persönlich beim Notar anwesend und z. T. per Videokommunikation zugeschaltet) erfolgt ist.	sonstige Beurkundungen und Beschlüsse **oder** Beglaubigung von Unterschriften/ Handzeichen mit Anfertigung eines Entwurfs
Beteiligte (§ 12 Abs. 2 NotAktVV)	Natürliche Person: Vorname bzw. Vornamen, Familien- und Geburtsname, Geburtsdatum, Wohnort/Dienstanschrift	Caroline Schöning, geborene Schneider, geb. am 17.02.1960, Darmstadt
	Organisation (= z. B. juristische Person): Name und Sitz	Stadt Darmstadt, Darmstadt oder Kirchengemeinde Darmstadt, Darmstadt
	Vertretung: Wird jemand vertreten, ist sowohl der Vertreter (= anwesend) als auch der Vertretene (= nicht anwesend) einzutragen/zu kennzeichnen. Handelt eine Person zugleich für sich persönlich und als Vertreter eines Dritten, ist dies entsprechend anzugeben (= und im eigenen Namen).	☑ Vertreter/-in ☑ Vertretene/r ☑ im eigenen Namen
	Ist eine Gesellschaft beteiligt, ist diese einzutragen (z. B. bei Handelsregisteranmeldung, Kauf- und Abtretungsvertrag von Gesellschaftsanteilen).	Göllinger Bau GmbH, Darmstadt
Ausfertigungen (§ 15 NotAktVV)	… wem eine einfache/vollstreckbare/weitere vollständige/teilweise Ausfertigung erteilt wurde.	lfd. Nr. 1 Amtsgericht – Grundbuchamt – Darmstadt

Angaben	Tatsächlich einzutragen ist ...	Beispieleintragung
Angaben zu Verfügungen von Todes wegen (§ 16 NotAktVV)	... das Datum der Ablieferung der Urkunde in die besonderen amtlichen Verwahrstellen (Amtsgericht – Nachlassgericht). ... ob ein Erbvertrag bei dem Notar verwahrt wird (= notarielle Verwahrung, Verwahrungsvermerk). ... das Datum der Rückgabe des Erbvertrags aus der notariellen Verwahrung/(ggf. nachträgliche) Ablieferung an das Amtsgericht/Nachlassgericht bei Eintritt des Erbfalls (= Ablieferungs- bzw. Rückgabevermerk).	„Am ... in die besondere amtliche Verwahrung abgeliefert." ☑ Notariell verwahrter Erbvertrag „Am ... aus der notariellen Verwahrung genommen." / „Am ... in die besondere amtliche Verwahrung abgeliefert."
Sonstige Angaben (§ 17 NotAktVV)	... im Fall einer Berichtigung, Änderung, Ergänzung, Aufhebung einer Urkunde: ein Verweis zur jeweils anderen Urkunde.	UVZ-Nr. 123/2024

Neben den vorstehend angeführten verpflichtenden Eintragungen können nach Wahl angegeben werden: Anschrift der Beteiligten, Steuer-ID, Wirtschafts-ID, Registernummer (§ 12 Abs. 3 NotAktVV).

Der Notar hat alle Änderungen, Zusätze und Angaben zu Ausfertigungen im UVZ persönlich zu bestätigen (= signieren).

Nach Abschluss jedes Kalenderjahrs sind Übersichten über die
- Urkundsgeschäfte,
- Eintragungen im Urkundenverzeichnis

anzufertigen. Hierfür steht in XNP im Modul „Urkundenverzeichnis" die Funktion „Jahresabschluss" zur Verfügung.

Die Übersicht über die Eintragungen im UVZ ist zeitnah in eine Datei zu exportieren, mit der qualifizierten elektronischen Signatur (qeS) des Notars zu versehen (§ 19 NotAktVV) und in einem Dateiordner des Notars zu speichern.

Die Übersicht über die Urkundsgeschäfte ist der zuständigen Aufsichtsbehörde des Notars (= z. B. Präsident des zuständigen Landgerichts) zur Verfügung zu stellen. vgl. LF 9 (ReNo), Kap. 1.1.5

▶ **Beispiel:** Auszug Exportdatei:

Jahresexport – Urkundenverzeichnis

Notarin: Katharina Marschner
Übersichtszeitraum: vom 01.01.2024 bis 31.12.2024
Exportdatum: 03.01.2025

UVZ-Nr. Datum Ort	Beteiligte	Gegenstand des Geschäfts (Art der Urkunde)	Erteilung von Ausfertigungen	Bemerkungen	Anzeigen/ Registrierungen	Verbindungen
9/2024 13.02.2024 Geschäftsstelle	Preis, Karl (im eigenen Namen), 11.05.1960, Darmstadt; Scholz, Rebecca (im eigenen Namen), 02.03.1989, Lübeck; Scholz, Paul (im eigenen Namen), 08.12.1986, Lübeck	Kaufvertrag ([Sonstige] Beurkundungen und Beschlüsse)			(20.02.2024) Darmstadt Grunderwerbsteuerstelle	
8/2024 09.02.2024 Geschäftsstelle	Reichert, Fabian (im eigenen Namen), 04.09.1972, Hamburg; Reichert, Carsten (im eigenen Namen), 25.08.1944, Hamburg	Überlassungsvertrag ([Sonstige] Beurkundungen und Beschlüsse)			(12.02.2024) Darmstadt Grunderwerbsteuerstelle (12.02.2024) Fulda Erbschaft- und Schenkungsteuerstelle	
7/2024 09.02.2024 Geschäftsstelle	Schittek, Jürgen (im eigenen Namen), 06.07.1964, Darmstadt	Löschungszustimmung (Unterschriftsbeglaubigung m. Entwurf)				
6/2024 07.02.2024 Geschäftsstelle	Werner, Petra (Vertretene), 06.07.1954, Darmstadt; Joswig, Rainhard (Vertreter/-in), 31.07.1959, Darmstadt	Wohnungs-/ Teileigentumskaufvertrag ([Sonstige] Beurkundungen und Beschlüsse)		1. Rainhard Joswig handelt zugleich für sich persönlich (12.02.2024)	(12.02.2024) Darmstadt Grunderwerbsteuerstelle	
5/2024 31.01.2024 Geschäftsstelle	Seidel, Jana (Vertreter/-in), 14.04.1999, Darmstadt; Rajski, Sahra (Vertretene/r), geb. Müller, 21.09.1969, Köln; Wolters, Karin (Vertretene/r), geb. Ewert, 14.04.1967, Köln	Nachtrag/Änderungsurkunde ([Sonstige] Beurkundungen und Beschlüsse)				UVZ-Nr. 1/2024
4/2024 24.01.2024 Geschäftsstelle	Schröder, Anke (im eigenen Namen), geb. Engel, 14.04.1959, Darmstadt	Testament (Einzel-) (Verfügungen von Todes wegen)		1. Das Testament wurde am 26.01.2024 in die besondere amtliche Verwahrung des Amtsgerichts Darmstadt gegeben.	(26.01.2024) ZTR-Nr. 32432805	
3/2024 12.01.2024 Geschäftsstelle	Schulz, Nicole (im eigenen Namen), geb. Rohwer, 16.12.1970, Darmstadt	Grundschuld-/ Hypothekenbestellung (mit ZV-Unterwerfung) ([Sonstige] Beurkundungen und Beschlüsse)	1. vollstreckbare Ausfertigung am 07.01.2024 an Sparkasse Darmstadt in Darmstadt erteilt.			
2/2024 06.01.2024 Bergenweg 45, Darmstadt	Kropke, Hertha (im eigenen Namen), geb. Reher, 13.05.1945, Essen	Vorsorgevollmacht ([Sonstige] Beurkundungen und Beschlüsse)	1. Ausfertigung am 09.01.2024 an Otto Kropke, geb. am 19.10.1959, erteilt. 2. Ausfertigung am 09.01.2024 an Dennis Tim Kropke, geb. am 14.11.1999, erteilt.		(09.01.2024) ZVR-Nr. 99432545	
1/2024 05.01.2024 Geschäftsstelle	Rajski, Sahra (im eigenen Namen), geb. Müller, 21.09.1969, Köln; Wolters, Karin (im eigenen Namen), geb. Ewert, 14.04.1967, Köln	Kaufvertrag ([Sonstige] Beurkundungen und Beschlüsse)			(10.01.2024) Darmstadt Grunderwerbsteuerstelle	UVZ-Nr. 5/2024

Hinweis: Wegen der besseren Darstellbarkeit wurden die Spalten *„Urkundsperson"* und *„Vermerke"* ausgespart. Bei *„Urkundsperson"* ist hier Notarin Katharina Marschner einzutragen, unter *„Vermerke"* könnte beispielsweise eine verspätete Eintragung vermerkt werden.

Merke: Die Aufbewahrungsfrist für das UVZ (die Exportdatei) beträgt 100 Jahre (§ 50 Abs. 1 Nr. 1 NotAktVV).

Tipp: Viele Notariatsprogramme verfügen über die Möglichkeit, Daten nach XNP (in das UVZ) zu transportieren, sodass diese nicht doppelt einzugeben sind. Der Datentransfer wird in XNP über die Funktion „Importieren" und die anschließende Auswahl des entsprechenden Ordners gestartet. Zuvor müssen die Daten aus dem jeweiligen Programm in den Ordner exportiert werden.

3.2.2 Das Verwahrungsverzeichnis (§§ 21 ff. NotAktVV)

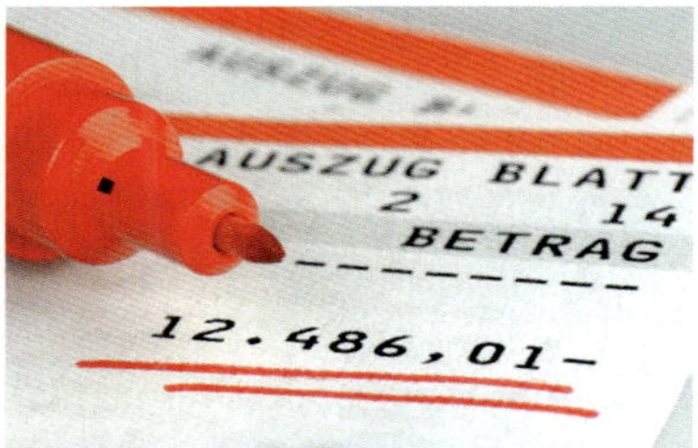

Das Verwahrungsverzeichnis (VVZ) hat am 01.01.2022 das Massen- und Verwahrungsbuch, die Anderkontenliste und das Namensverzeichnis zum Massenbuch abgelöst. Es wird ausschließlich elektronisch geführt und ist ebenso wie das UVZ in XNP im Modul *„Verwahrungsverzeichnis"* zu finden.

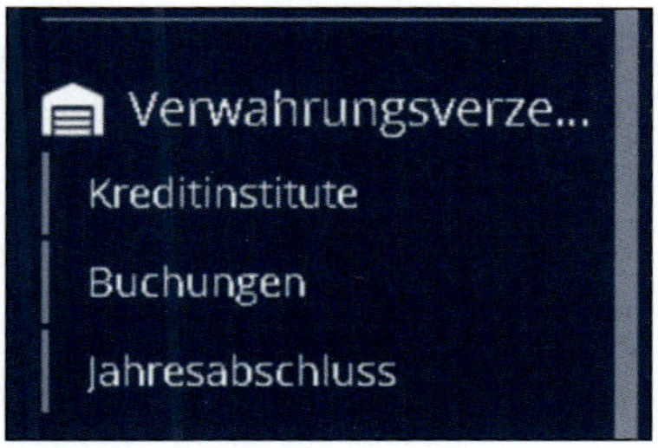

Im Verwahrungsverzeichnis werden (in den meisten Fällen) Buchungen vorgenommen, die durch den Notar auf einem Notaranderkonto verwahrtes Fremdgeld betreffen.

Neben Geld besteht die Möglichkeit, auch Wertpapiere (z. B. Zins- und Gewinnanteilscheine), Kostbarkeiten (z. B. Juwelen, Münzen, Kunstwerke), Schecks oder Sparbücher bei einem Notar in Verwahrung zu geben. Sie werden entweder unter dem Nennbetrag (Wertpapiere, Schecks, Sparbücher) oder dem Schätzwert (Kostbarkeiten) im Verwahrungsverzeichnis eingetragen.

Hinweis: Der Notar darf Geld zur Verwahrung nur entgegennehmen, wenn
- hierfür ein berechtigtes Sicherungsinteresse besteht,
- ihm ein entsprechender schriftlicher Verwahrungsantrag erteilt wurde, in dem eine Verwahrungsanweisung (= unter welchen Voraussetzungen soll welcher Betrag an wen ausgekehrt werden) enthalten ist, und er
- Verwahrungsantrag und -anweisung (schriftlich) angenommen hat.

▶ **Beispiel:**

Sachverhalt: Notarin Katharina Marschner beurkundet einen Immobilienkaufvertrag (Kaufpreis 400 000,00 €), in dem die lastenfreie Übertragung der Immobilie vereinbart wird. Der Kaufgegenstand ist mit einem Brief-Grundpfandrecht (Nennbetrag 40 000,00 €) belastet. Nachdem die Notarin u. a. die Löschungsunterlagen der Ablösegläubigerin angefordert hat, teilt diese mit, dass sowohl Löschungsbewilligung als auch Grundschuldbrief bereits vor zwei Jahren an den Verkäufer versandt wurden. Die Notarin wendet sich daher an den Verkäufer, der auf Nachfrage mitteilt, dass er die Unterlagen trotz intensiver Suche nicht mehr finden kann.

Zwischenergebnis: Die vertraglich vereinbarte lastenfreie Übertragung der Immobilie ist augenblicklich nicht möglich.

Lösungsmöglichkeit: Ein Teil des Kaufpreises (40 000,00 €) wird vom Käufer auf dem Notaranderkonto hinterlegt, der Restbetrag (360 000,00 €) wird, wenn die weiteren vertraglichen Voraussetzungen vorliegen, direkt an den Verkäufer bezahlt. Der Kaufvertrag wird diesbezüglich einvernehmlich geändert. Der Notar wird (in der notwendigen Ergänzungsurkunde) von den Vertragsparteien angewiesen, den hinterlegten Betrag an den Verkäufer auszuzahlen, wenn die Löschungsvoraussetzungen (= Zweitschrift der Löschungsbewilligung + Ausschließungsbeschluss) vorliegen. Der Käufer wird nun durch die zeitweise Verwahrung des Teilkaufpreises beim Notar geschützt, denn dieser wird erst an den Verkäufer ausbezahlt, wenn das Recht endgültig im Grundbuch gelöscht werden kann. Die Verwahrung des Gelds in Höhe des Nennbetrags des Grundpfandrechts stellt sicher, dass für den unwahrscheinlichen Fall, dass noch etwas abzulösen sein sollte, ausreichend Geld zur Begleichung vorhanden ist.

In der Ergänzungsurkunde ist enthalten: Verwahrungsantrag, Verwahrungsanweisung + schriftliche Annahme des Notars.

Fazit: Dieser Sachverhalt stellt beispielsweise ein berechtigtes Sicherungsinteresse dar, das die Entgegennahme von Geld durch den Notar begründet.

Für jede Verwahrung (= z. B. jedes Notaranderkonto) ist eine eigene Verwahrungsmasse zu führen.

Gelder, die dem Notar anvertraut werden, sind einem Sonderkonto (= Notaranderkonto) zuzuführen, das bei einem inländischen – in dem Amtsbereich des Notars befindlichen – Kreditinstitut einzurichten ist. Zu jedem Notaranderkonto ist das Kreditinstitut unter Angabe der BIC (Bank Identifier Code), der IBAN (International Bank Account Number), der Währung und der Angabe, ob es ein Giro- oder Festgeldkonto ist, einzutragen.

Hinweis: Über ein Notaranderkonto darf nur der Notar persönlich oder seine Vertretung bzw. seine Nachfolgerin oder sein Nachfolger im Amt verfügen.

Die Verwahrungsmassen werden fortlaufend für das jeweilige Jahr nummeriert, z. B. 1/2024 (= Notaranderkonto der Sache Körting/Schutte), 2/2024 (= Notaranderkonto der Sache Schiller/ Götze) usw. Eine Verwahrungsmasse kann über Jahre hinweg geführt werden. Sie wird erst geschlossen, wenn der Saldo ausgeglichen (= auf „0“) und die Abwicklung erfolgt ist.

Eine Buchung in der Verwahrungsmasse ist unverzüglich (= ohne schuldhaftes Zögern) vorzunehmen, wenn der Notar Kenntnis von einer Einnahme/Ausgabe erlangt hat. Konkret erfolgt das regelmäßig durch den Zugang des Kontoauszugs/Prüfung der elektronischen Umsätze, woraus sich die Einnahme/Ausgabe ergibt. Jede Einnahme ist mit einem „+“, jede Ausgabe mit einem „–“ zu kennzeichnen.

Neben den nachstehend angeführten verpflichtenden Eintragungen zu jeder Verwahrungsmasse können außerdem nach Wahl im VVZ angegeben werden: Anschrift, Steuer-ID, Wirtschafts-ID, Registernummer (§ 12 Abs. 3 NotAktVV).

Jede Eintragung einer Verwahrungsmasse enthält folgende Angaben:

Angaben	**Konkret zum Beispiel**
Massenummer (§ 22 Nr. 1 NotAktVV)	Zusammensetzung: lfd. Nr./Jahreszahl (z. B. 3/2025 oder 11/2022)
UVZ-Nr. *– wenn ein Zusammenhang mit einem Geschäft besteht, das im UVZ einzutragen ist –* (§ 22 Nr. 2 NotAktVV)	UVZ-Nr. des in Zusammenhang mit der Verwahrung stehenden Geschäfts (z. B. UVZ-Nr. 607/2024)
Beteiligte des Verwahrungsverhältnisses (§§ 24, 12 Abs. 2 NotAktVV)	vgl. Angaben bei UVZ
Datum der Annahme der Verwahrungsannahme	z. B. das Beurkundungsdatum eines Immobilienkaufvertrags
Einnahmen und Ausgaben (§ 25 NotAktVV)	• Trennung nach Wertpapieren, Kostbarkeiten, Schecks, Sparbüchern sowie Notaranderkonten • Bezeichnung des Auftraggebers einer Einnahme/des Empfängers einer Ausgabe • je Einnahme/Ausgabe eine Buchungs-Nr.
Abschluss des Verwahrungsgeschäfts	Datum der letzten Buchung

▶ **Beispiel:** Verwahrungsmasse im VVZ:

VVZ 2024/5
Ludwig / Huckfeld Immobilien

Notar/-in: Katharina Marschner

Exportdatum: 05.01.2025

Grunddaten

UVZ-Nr.:	145/2023	Aktenzeichen:	40123/23
Bezeichnung:	Ludwig / Huckfeld Immobilien		
Annahme des Verwahrungsantrags:	12.01.2023		

Beteiligte

Ludwig, Bernhard, geb. am 13.12.1957, Sterntalerweg 44, 22427 Hamburg
Huckfeld Immobilien GmbH, Hamburg
Maximilian Huckfeld, geb. am 27.08.1991, Bauerngarten 18, 21134 Hamburg

Verwahrungen	**Eingetragener Saldo**
Giroanderkonto Sparkasse Darmstadt DE86 5085 0150 0123 4321 43 (BIC: HELADEF1DAS)	+ 0,00 EUR
Gesamtsaldo	+ 0,00 EUR

Buchungen

lfd. Nr.	Eintragung	Wertstellung bzw. Einnahme/Ausgabe	Buchungsdetails	Betrag
1	08.04.2024	08.04.2024	Huckfeld Immobilien GmbH in Hamburg	+ 240 000,00 EUR
2	10.05.2024	03.05.2024	Huckfeld Immobilien GmbH in Hamburg	+ 155 000,00 EUR
3	13.09.2024	11.09.2024	Ludwig, Bernhard, in Hamburg Kaufpreis	– 395 000,00 EUR

Kontoauszüge sind mit der Massenummer zu versehen. In der Praxis kann dies handschriftlich oder durch einen Stempelabdruck erfolgen. Schecks, die zur Einlösung übergeben wurden, sind an dem Tag der Entgegennahme durch den Notar zu verbuchen.

Alle Buchungen erfolgen für ein Kalenderjahr chronologisch unter dem Datum der Eintragung sowie (wenn es Abweichungen gibt) unter dem Datum der Wertstellung. Sowohl die Person, die eine Einzahlung vornimmt (= auftraggebende Person), als auch die Person, die einen Betrag erhält (= empfangende Person), ist einzutragen. Das sind häufig die Vertragsparteien (= Käufer zahlt Kaufpreis ein; Verkäufer erhält Kaufpreis), aber auch Dritte (= Ablösegläubigerin erhält Teilkaufpreis zur Darlehensablösung; Finanzierungsgläubiger zahlt Kaufpreis für Käufer ein).

Ist beim Buchen ein Fehler unterlaufen, kann eine Korrekturbuchung vorgenommen werden, die von dem Notar mit einer qeS zu bestätigen ist.

Nach Abschluss jedes Kalenderjahres sind Übersichten über die
- Verwahrungsgeschäfte,
- Eintragungen im Verwahrungsverzeichnis

anzufertigen. Hierfür steht in XNP die Funktion „Jahresabschluss“ zur Verfügung.

Die Übersicht über die Eintragungen im VVZ ist zeitnah in eine Datei zu exportieren, mit der qualifizierten elektronischen Signatur (qeS) des Notars zu versehen (§ 29 NotAktVV) und in einem Dateiordner des Notars zu speichern.

Die Übersicht über die Verwahrungsgeschäfte ist der zuständigen Aufsichtsbehörde des Notars (= z. B. Präsident des zuständigen Landgerichts) zur Verfügung zu stellen.

vgl. LF 9 (ReNo), Kap. 1.1.5

▶ **Beispiel:** Ansicht Seite 1 Exportdatei:

Jahresexport über die Eintragungen in das Verwahrungsverzeichnis

Notar/-in: Katharina Marschner

Übersichtszeitraum: vom 01.01.2024 bis 31.12.2024

Exportdatum: 05.01.2025

Aus diesem Export ist der Inhalt des Verwahrungsverzeichnisses ersichtlich.

Die Übersicht gibt die Eintragungen und Salden wieder, wie sie am Ende des Berichtszeitraums eingetragen waren.

Nach dem Ende des Berichtszeitraums eingetragene Buchungen werden in der gesonderten Darstellung der einzelnen Verwahrungsmassen nicht berichtet. Das gilt auch, wenn das Wertstellungsdatum einer Buchung in den Berichtszeitraum fällt. Daraus können sich gegenüber der Übersicht der Verwahrungsgeschäfte (§ 9 DONot) abweichende Salden ergeben. Grund- und Beteiligtendaten basieren auf dem Stand zum Zeitpunkt der Erstellung des Exports. Nach dem Ende des Berichtszeitraums erfolgte bestätigungspflichtige Änderungen ergeben sich jeweils aus dem Abschnitt „Vermerke".

Eingetragener Saldo ab 31.12.2024 **245 400,00 EUR**

Massenummer	UVZ-Nr.	Art	Bezeichnung	Eingetragen am	Eingetragener Saldo
2024 / 5	145/2023	G	Ludwig / Huckfeld Immobilien	13.09.2024	0,00 EUR
2024 / 4	134/2024	G	Meier / Billinger	04.07.2024	65 400,00 EUR
2024 / 3	213/2023	G	Bernhard / Cheran	05.06.2024	0,00 EUR
2024 / 2	224/2023	G	Carstensen / Ziller	30.04.2024	
2024 / 1	13/2024	G	Schindler / Berger	04.01.2024	50 000,00 EUR
2023 / 12	278/2023	G	Schöning / Scholz	18.10.2023	100 000,00 EUR
2023 / 10	425/2022	G	Sellmann / Steckel	16.09.2023	30 000,00 EUR

Die Exportdatei beinhaltet ferner die in der Auflistung enthaltenen Verwahrungsmassen (vgl. Beispiel Verwahrungsmasse Ludwig / Huckfeld Immobilien).

Für die Führung des Verwahrungsverzeichnisses wird eine Gebühr von 32,00 € pro eingetragener Verwahrungsmasse durch die BNotK erhoben, die nicht an die Beteiligten weitergegeben werden kann (= der Notar hat diese selbst zu zahlen).

Merke:

- Die Aufbewahrungsfrist für Eintragungen im Verwahrungsverzeichnis beträgt 30 Jahre (§ 50 Abs. 1 Nr. 2 NotAktVV).
- Der Notar darf kein Bargeld entgegennehmen.

Zusammenfassung

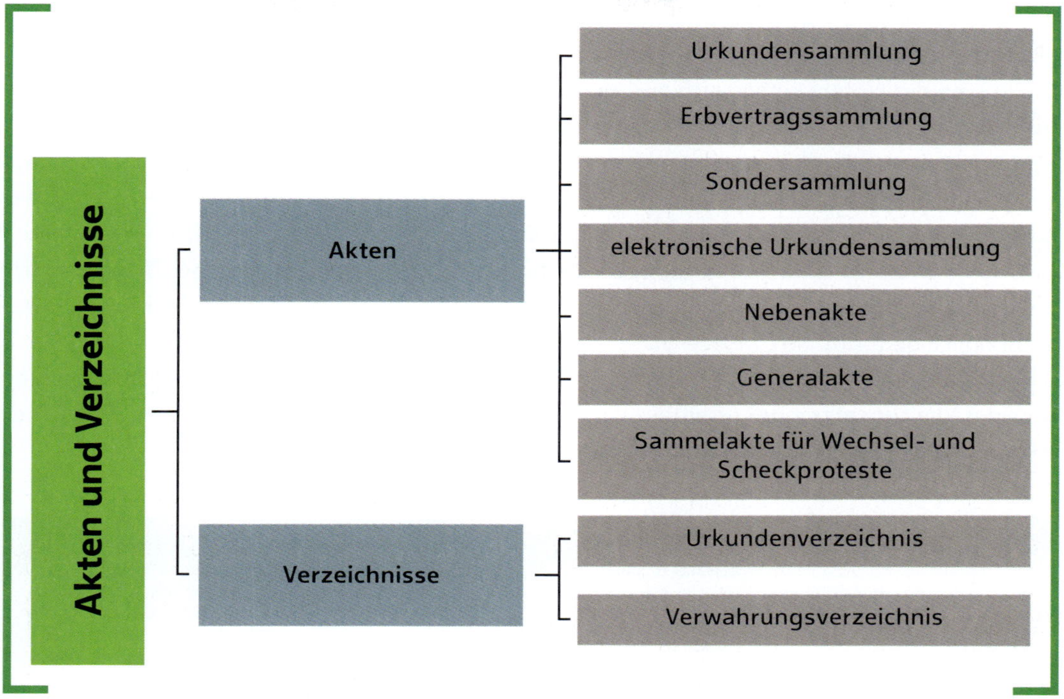

Wiederholung und Vertiefung

1. Überlegen Sie, welche Akten und Verzeichnisse der Notar anzufertigen hat. Erstellen Sie eine Tabelle, in der Sie die Akten und Verzeichnisse nebst jeweils dazugehöriger Aufbewahrungsfrist eintragen.
2. Welche Angaben sind im Urkundenverzeichnis zu machen?
3. Welche Unterlagen sind in der Generalakte des Notars aufzubewahren?
4. Was ist in der Nebenakte des Notars abzuheften und welche Besonderheit gibt es, wenn innerhalb der Nebenakte ein Verwahrungsgeschäft abgewickelt wird?
5. Fertigen Sie eine Liste mit Dokumenten an, die in das Urkundenverzeichnis einzutragen sind.

4 Kosten

Sowohl der Notar als auch die Beschäftigten des Notars müssen genau wissen, welches notarielle Geschäft auf welche Weise der Mandantschaft in Rechnung zu stellen ist.
Die Kosten des Notars setzen sich aus mehreren Positionen zusammen. Zum einen gibt es **Gebühren**, die je nach Art des Geschäfts auf Grundlage des Geschäftswerts und je nach Kostenverzeichnisnummer (KV-Nr.) zu unterschiedlichen Gebührensätzen (0,1–2,0) führen. Zum anderen verauslagt der Notar für die Mandantschaft im Rahmen der Geschäftsvorbereitung oder des auftragsgemäßen Vollzugs durch beispielsweise die Anforderung von Dokumenten (= Grundbuchabruf oder Flurkarte) bzw. die Anfertigung von Kopien Beträge. Diese Beträge werden **Auslagen** genannt und zusammen mit den Gebühren durch die Kostenrechnung wieder einbringlich gemacht.
Sind alle steuerpflichtigen Rechnungspositionen zusammengestellt, wird eine Zwischensumme gebildet, die **Umsatzsteuer** ermittelt, die derzeit in der Bundesrepublik Deutschland 19 % beträgt, und ein Endbetrag ausgewiesen, den der Kostenschuldner zu zahlen hat.

Lernsituation

Oxana Schuhmann kehrt am späten Nachmittag am Ende eines Arbeitstags aus der Kanzlei nach Hause zurück. Sie hat heute mit Jana Seidel über notarielle Kostenrechnungen gesprochen und sich anhand einiger Musterakten ein Bild von dem generellen Aufbau und der korrekten Erstellung der Kostenrechnung eines Notars gemacht. Jana Seidel hat ihr die Elemente gezeigt, die zur Erstellung einer wirksamen Kostenrechnung erforderlich sind.

Oxana Schuhmann trifft zu Hause auf ihre Mutter, die in der Küche mit der Zubereitung des Abendessens beschäftigt ist. Diese hält Oxana Schuhmann auf und zeigt ihr eine Kostenrechnung der Notarin Katharina Marschner, die sie heute per Post erhalten hat. Die Rechnung trägt das Datum 01.05.2024. Die Eltern von Oxana Schuhmann haben vor einiger Zeit durch Notarin Katharina Marschner eine Vorsorgevollmacht auf Gegenseitigkeit beurkunden lassen, die nun übersandt und abgerechnet wurde. Oxana Schuhmanns Mutter bittet sie, ihr den Inhalt der Rechnung, die verschiedenen Rechnungspositionen und auch einen Text mit der Überschrift „Rechtsbehelfsbelehrung“ genauer zu erklären. Ferner möchte die Mutter wissen, wann sie den Betrag an die Notarin zu zahlen hat.

Arbeitsaufträge:

a) Recherchieren Sie mithilfe des entsprechenden Gesetzes, wie eine Kostenrechnung allgemein aufgebaut ist. Was gehört zwingend zu dem Inhalt, der eine notarielle Kostenrechnung wirksam macht, und wo ist dies geregelt? Notieren Sie Stichpunkte.
b) Überlegen Sie gemeinsam, was unter einer Rechtsbehelfsbelehrung zu verstehen ist und wo diese in die Kostenrechnung eingefügt wird. Formulieren Sie eine Rechtsbehelfsbelehrung.
c) Wer schuldet der Notarin Katharina Marschner die Kosten im vorliegenden Fall? Wann wird eine Kostenrechnung des Notars allgemein und in diesem speziellen Fall zur Zahlung fällig?
d) Vergleichen Sie untereinander Ihre Ergebnisse.
e) Reflektieren Sie anschließend Ihr Wissen.

4.1 Grundlagen der notariellen Kostenrechnung

Wer eine in allen Teilen korrekte und vor allem wirksame Kostenrechnung eines Notars erstellen möchte, benötigt umfangreiches Wissen auf diesem Gebiet. Grundlage aller Kosten (Gebühren und Auslagen) des Notars in Angelegenheiten der freiwilligen Gerichtsbarkeit ist das **Gerichts- und Notarkostengesetz – GNotKG**. Im GNotKG sind neben den Notarkosten auch Gerichtskosten geregelt.

Der nachfolgende Text beinhaltet einen Überblick und zeigt Besonderheiten auf. In den LF 12–16 (Band 3) sind konkrete Rechnungsbeispiele und zum jeweiligen Sachverhalt gehörende Kosten enthalten.

Tipp: Das vollständige GNotKG kann in aktueller Fassung im Internet z. B. auf der Seite des Bundesministeriums der Justiz aufgerufen und heruntergeladen werden. Wer die heruntergeladene Datei beispielsweise als *.pdf speichert, ist über die Suchfunktion in der Lage, einzelne Passagen bei Bedarf schnell aufzufinden. Wer ausführlichere Inhalte und Hintergrundinformationen benötigt, kann in der Kanzlei nach einem Kommentar zum GNotKG fragen. Es gibt verschiedene Standardwerke, die zum Nachschlagen geeignet sind.

4.1.1 Kostenschuldner

Die Notarkosten schuldet, wer	Beispiele:
• dem Notar einen ***Auftrag*** erteilt hat.	• Martin Roggenton bittet Notarin Katharina Marschner in einem Telefonat, ein Einzeltestament für ihn zu entwerfen. Nach Erhalt des Entwurfs entschließt er sich, seinen letzten Willen lieber privatschriftlich abzufassen. Martin Roggenton schuldet die Kosten der Notarin für den Entwurf des Testaments. • Svenja Schütte beauftragt Notarin Katharina Marschner schriftlich, einen notariellen Kaufvertrag zu fertigen, in dem sie Helga Schneider ihre Immobilie veräußert. Der Kaufvertrag wird auftragsgemäß entworfen, den Parteien übermittelt aber später nicht beurkundet. Svenja Schütte schuldet die Notarkosten für den Entwurf des Kaufvertrags.
• die ***Kostenschuld*** gegenüber dem Notar ***übernommen*** hat.	Die Eheleute Michael und Tatjana Martens unterzeichnen zusammen mit ihrem Sohn Thorsten Martens einen Schenkungsvertrag. Die Eltern erklären in der Urkunde, die Notarkosten zu tragen. Michael und Tatjana Martens schulden die Notarkosten
• für die ***Schuld*** eines anderen ***kraft Gesetzes haftet***.	Carsten Schön schlägt als alleiniger Inhaber der elterlichen Sorge für seinen minderjährigen Sohn Kevin eine diesem zugefallene Erbschaft aus. Carsten Schön schuldet als gesetzlicher Vertreter seines Sohns die Notarkosten.
• ***jeder***, dessen ***Erklärung beurkundet wurde***.	Die Eheleute Michael und Tatjana Martens unterzeichnen zusammen mit ihrem Sohn Thorsten Martens einen Schenkungsvertrag. Die Eltern erklären in der Urkunde, die Notarkosten zu tragen, sind jedoch später nicht in der Lage, diese zu zahlen. Der Notar kann nun Thorsten Martens zur Begleichung der Notarkosten heranziehen, da auch er Erklärungen beurkunden lassen hat.

Hinweis: Mehrere Kostenschuldner haften stets gesamtschuldnerisch. Jeder Schuldner ist demnach verpflichtet, die gesamte Leistung zu erbringen.

▶ **Beispiel:** Die Eheleute Natascha und Maximilian Petersen lassen von Notarin Katharina Marschner ein Berliner Testament beurkunden. Die Kostenrechnung wird an die Eheleute Petersen geschickt. Natascha Petersen teilt nach Zugang der Rechnung mit, dass ihr Mann seinen Teil der Rechnung derzeit nicht zahlen kann. Natascha Petersen wird darüber informiert, dass für den Fall, dass ihr Mann seinen Teil nicht bezahlen kann, sie die gesamte Rechnung zu zahlen hat, da jeder der Eheleute gesamtschuldnerisch gegenüber der Notarin Katharina Marschner für die Kostenzahlung haftet.

Merke: Ein Notar darf nicht auf seine Gebühren verzichten. Der einzige Grund, diese nicht zu berechnen, ist eine fehlerhafte Sachbearbeitung, die kostenfrei durch den Notar nachzubessern ist.

▶ **Beispiel:** Thorsten Osterbaum erwirbt von Frank Neubauer eine Immobilie. Es handelt sich um eine Eigentumswohnung, zu der ein Tiefgaragenstellplatz gehört. Thorsten Osterbaum hat sowohl die Wohnung als auch den Stellplatz in der schriftlichen Auftragserteilung an den Notar erwähnt. Der Notar vergisst, den Tiefgaragenstellplatz in den Vertrag aufzunehmen, sodass Frank Neubauer kein Eigentum an diesem erwirbt. Nach vollständiger Durchführung des Rechtsgeschäfts fällt der Fehler auf. Der Notar muss nun alle Erklärungen, die zur Übertragung des Tiefgaragenstellplatzes an Frank Neubauer notwendig sind, kostenfrei beurkunden und ggf. auch Auslagen (z. B. für eine weitere Verwalterzustimmung) aus der eigenen Tasche zahlen, die durch sein Versehen anfallen.

4.1.2 Fälligkeit

Gebühren des Notars werden mit der **Beendigung des Verfahrens/Geschäfts fällig**.

▶ **Beispiele:** Ist ein Immobilienkaufvertrag durch den Notar **beurkundet worden**, ist die **Beurkundungsgebühr fällig**. Ist eine **Unterschriftsbeglaubigung** durch den Notar **vorgenommen** worden, ist die **Beglaubigungsgebühr fällig**. Wurde der Notar mit dem Vollzug eines Geschäfts beauftragt, ist die **Vollzugsgebühr fällig**, wenn die **letzte Vollzugstätigkeit vorgenommen** wurde.

Auslagen des Notars werden **sofort nach** ihrer **Entstehung fällig**. In der Regel werden diese in die nächste Kostenrechnung aufgenommen, die der Kostenschuldner von dem Notar erhält.

▶ **Beispiel:** Wird das elektronische Grundbuch durch den Notar eingesehen und ein Dokument (kostenpflichtig) heruntergeladen, kann der Notar diese Auslage sofort abrechnen.

In der Praxis bedeutet dies, dass häufig mehrere Kostenrechnungen erstellt werden, und zwar jeweils dann, wenn der abzurechnende Tatbestand erledigt wurde.

Der Notar kann seine Tätigkeit auch von der Zahlung eines (ausreichenden) **Kostenvorschusses** abhängig machen, aber auch Unterlagen zurückbehalten, bis die in der Angelegenheit entstandenen Kosten bezahlt sind, es sei denn, es handelt sich um Willenserklärungen, die beurkundet wurden und beim Grundbuchamt oder Registergericht einzureichen sind. Das kann beispielsweise eine Verwalter- oder Eigentümerzustimmung, eine Registeranmeldung aber auch eine Grundschuldbestellung sein.

▶ **Beispiel:** Bei einem Auftraggeber mit ausländischem Wohnsitz (= Kostenschuldner) sollte der Notar überlegen, einen Kostenvorschuss zu nehmen, damit das Risiko eines Kostenausfalls vermieden wird, denn bei Nichtzahlung kann eine Auslandszustellung im Rahmen einer Vollstreckung aus einer notariellen Kostenrechnung Schwierigkeiten machen.

Tipp: Bei der Beurkundung eines Schuldanerkenntnisses sollte stets ein Kostenvorschuss von den Beteiligten erbeten werden, weil die aufgrund einer solchen Urkunde zu erstellende Kostenrechnung sehr häufig später nicht bezahlt wird und eine Vollstreckung auch ins Leere geht, denn diejenige Person, die ein Schuldanerkenntnis beurkunden lässt, ist meist zahlungsunfähig.

Kommt der Kostenschuldner seiner Zahlungspflicht nicht nach, kann der Notar seine Kostenrechnung für vollstreckbar erklären und mittels Gerichtsvollzieher zustellen lassen. Er ist damit in der Lage, sich selbst einen vollstreckbaren Titel zu verschaffen und damit die Zwangsvollstreckung in das Vermögen des Kostenschuldners zu betreiben.

▶ **Beispiel:** Text der Vollstreckungsklausel einer notariellen Kostenrechnung:

> Die vorstehende mit der Urschrift übereinstimmende Ausfertigung meiner Kostenrechnung erteile ich mir, Notarin Katharina Marschner mit dem Amtssitz in Darmstadt, gem. § 89 GNotKG zum Zwecke der Zwangsvollstreckung gegen den Kostenschuldner *** (*vollständiger Name, Geburtsdatum + Anschrift*) wegen der vorbezeichneten Gesamtforderung in Höhe von *** € (*Gesamtbetrag der Kostenrechnung inkl. Umsatzsteuer*) nebst Zinsen daraus in Höhe von jährlich fünf Prozentpunkten über dem Basiszinssatz nach § 247 BGB, beginnend einen Monat ab der Zustellung dieser vollstreckbaren Ausfertigung an *** (*vollständiger Name, Geburtsdatum + Anschrift*).
>
> Darmstadt, 03.04.2024
>
> gez. Katharina Marschner (Siegel Notarin Marschner)
>
> N o t a r i n

4.2 Werte und Kosten (Gebühren/Auslagen)

Wenn es für das vorliegende Geschäft keine Festgebühr gibt, was bei den meisten Geschäften der Fall ist, steht am Anfang der Kostenrechnung immer die Ermittlung des **Geschäftswerts**. Anhand dieses Werts werden die (Wert-)Gebühren (§ 34 GNotKG) ermittelt.

vgl. LF 9 (ReNo), Kap. 4.2.2

Die Wertgebühren werden nach **Tabelle B (Anlage 2 zur GNotKG)** bestimmt. In der Tabelle B ist stets die 1,0 Gebühr angegeben, die je nach anhand des Kostenverzeichnisses ermitteltem Gebührensatz (0,1–2,0) umzurechnen ist.

Auszug Tabelle B

Geschäfts-wert bis ... ... €	1,0 Gebühr ... €	Geschäfts-wert bis ... ... €	1,0 Gebühr ... €	Geschäfts-wert bis ... ... €	1,0 Gebühr ... €
500,00	15,00	**30000,00**	125,00	**290000,00**	585,00
1000,00	19,00	**35000,00**	135,00	**320000,00**	635,00
1500,00	23,00	**40000,00**	145,00	**350000,00**	735,00
2000,00	27,00	**45000,00**	155,00	**380000,00**	735,00
3000,00	33,00	**50000,00**	165,00	**410000,00**	785,00
4000,00	39,00	**65000,00**	192,00	**440000,00**	835,00
5000,00	45,00	**80000,00**	219,00	**470000,00**	885,00
6000,00	51,00	**95000,00**	246,00	**500000,00**	935,00
7000,00	57,00	**110000,00**	273,00	**550000,00**	1015,00
8000,00	63,00	**125000,00**	300,00	**600000,00**	1095,00
9000,00	69,00	**140000,00**	327,00	**700000,00**	1255,00
10000,00	75,00	**155000,00**	354,00	**750000,00**	1335,00
13000,00	83,00	**170000,00**	381,00	**800000,00**	1415,00
16000,00	91,00	**185000,00**	408,00	**850000,00**	1495,00
19000,00	99,00	**200000,00**	435,00	**900000,00**	1575,00
22000,00	107,00	**230000,00**	485,00	**950000,00**	1655,00
25000,00	115,00	**260000,00**	535,00	**1000000,00**	1735,00

▶ **Beispiel:** Eine 0,3 Gebühr aus einem Geschäftswert von 25000,00 € beträgt 34,50 € (115 : 10 = 11,5 · 3 = 34,50). Eine 2,0 Gebühr aus einem Geschäftswert von 1 000 000,00 € beträgt 3470,00 € (1 735,00 · 2 = 3470,00).

Merke: Die **Mindestgebühr** beträgt **15,00 €** und alle Gebühren werden auf den nächstliegenden Cent auf- oder abgerundet. 0,5 Cent werden aufgerundet.

Weiterer Inhalt einer notariellen Kostenrechnung sind die **Auslagen** des Notars. Unter Auslagen sind Geldbeträge zu verstehen, die der Notar im Rahmen der Vorbereitung oder Durchführung eines Verfahrens für die Beteiligten verauslagt. Die Auslagen des Notars sind in **Teil 3 Hauptabschnitt 2** des **GNotKG** zu finden.

▶ **Beispiele:**

Bezeichnung der Auslage	Betrag in €	KV-Nr.
elektronischer Grundbuchabruf	in voller Höhe (8,00 je Auszug)	32011
Flurkarte/Auszug Baulastenverzeichnis	in voller Höhe	32011
Dokumentenpauschalen	0,15–1,00/Seite 1,50/Datei – max. 5,00 je Arbeitsgang	32000–32002
Entgelte für Post- und Telekommunikationsdienstleistungen	in voller Höhe (z. B. 43,00)	32004
Pauschale für Post- und Telekommunikationsdienstleistungen	20 % der Gebühren, max. 20,00	32005
Fahrtkosten bei Nutzung des eigenen Pkw	0,42/km	32006
Fahrtkosten bei Nutzung anderer Verkehrsmittel	in voller Höhe	32007
Registrierung im Zentralen Testamentsregister (ZTR) – Lastschrifteinzug bei Notar	12,50 je Person	32015
Online-Registrierung im Zentralen Vorsorgeregister (ZVR) – Lastschrifteinzug bei Notar	20,50 + 3,50 je Vertrauensperson	32015
Aufnahme von Dokumenten in die eUrkundensammlung, ...		
... wenn es sich um eine Unterschriftsbeglaubigung handelt, deren Text der beglaubigende Notar nicht selbst entworfen hat (= es wurde lediglich die Unterschrift beglaubigt)	2,50	
... aller sonstigen Dokumente oder eines Vollzugsentwurfs (= der Notar hat im Rahmen eines Vollzugsauftrags den Entwurf der Urkunde gefertigt und die Unterschrift beglaubigt, kann jedoch den Entwurf nicht in Rechnung stellen)	4,50	32015

Merke: Die meisten Auslagen sind mit (zzgl.) Umsatzsteuer an den Kostenschuldner weiterzugeben. Bei der vom Notar verauslagten Gebühr, die die Bundesnotarkammer für die Registrierung
- einer erbrelevanten Urkunde im Zentralen Testamentsregister (ZTR),
- einer Vorsorgevollmacht im Zentralen Vorsorgeregister (ZVR) oder
- in der eUrkundensammlung

erhebt, wird keine Umsatzsteuer berechnet.

Der Unterschied besteht darin, dass der Notar z. B. beim Abruf eines elektronischen Grundbuchauszugs die Gebühr gegenüber dem Gericht schuldet. Er erhält eine Sammelrechnung, die er zu begleichen hat.

Bei der Registrierung im ZTR/ZVR schuldet der Auftraggeber (= Mandantschaft) die Gebühr gegenüber der Bundesnotarkammer. Der Notar ist also in diesem Fall kein Kostenschuldner. Erhält der Notar die von ihm verauslagten ZTR/ZVR-Gebühren von der Mandantschaft nicht erstattet, hat sie aber bereits (in der Regel durch Einzug) an die Bundesnotarkammer bezahlt, kann er die Kammer ersuchen, den Betrag an ihn zurückzuzahlen. Die Bundesnotarkammer hat den Betrag in diesem Fall an den Notar zu erstatten und sich direkt an die Mandantschaft zu wenden, die Kostenschuldner gegenüber der Bundesnotarkammer ist.

vgl. LF 14 (ReNo), Kap. 4.2.3

Hinweis: Handelt der Notar aufgrund eines ausdrücklichen Auftrags und für Rechnung der Mandantschaft, wird keine Umsatzsteuer auf die Auslage berechnet.

4.2.1 Die Wertvorschriften (Geschäftswertermittlung)

Die **Wertvorschriften** sind in **Kap. 1 Abschnitt 7 und Kap. 3 Abschnitt 4 der GNotKG** (§§ 35–54, 95–124 GNotKG) geregelt.

Merke: Der höchste Geschäftswert (= Höchstwert) beträgt 60000000,00 €, wenn kein niedrigerer Höchstwert (oder Festwert) bestimmt ist.

Um die richtige Wertvorschrift anwenden zu können, ist bei jedem abzurechnenden Vorgang festzustellen, um welche Art von Geschäft es sich handelt.

Tipp: Hierzu sollte sich jeder, der notarielle Kostenrechnungen erstellt, einen Überblick über alle Wertvorschriften verschaffen, die einschlägigen Passagen im Gesetz mehrfach durcharbeiten und markieren, um sie später schnell wieder aufzufinden.

Beispiele:

vgl. LF 14 (ReNo), Kap. 4.2.4

Paragraf	Wertvorschrift	Beispiele
§ 40 GNotKG	Der Geschäftswert für die Abnahme der eidesstattlichen Versicherung zur Erlangung eines **Erbscheins** (oder **Europäischen Nachlasszeugnisses**) ist der Wert des Nachlasses zum Zeitpunkt des Erbfalls. Vom Erblasser herrührende Verbindlichkeiten (Erblasserschulden) werden abzogen (z. B. ein Kredit, den der Erblasser zu Lebzeiten aufgenommen hat).	Karsten Meier hinterlässt zum Zeitpunkt seines Tods einen Nachlass im Wert von 450 000,00 €. Er hat Verbindlichkeiten von 25 000,00 €. Geschäftswert: 425 000,00 €
§ 42 GNotKG	Bei der **Begründung von Wohnungs- und Teileigentum** oder **Wohnungs- und Teilerbbaurecht** ist der Geschäftswert der Wert des bebauten Grundstücks/Erbbaurechts. Wurde das Grundstück noch nicht bebaut, wird der Wert des errichteten Bauwerks hinzugerechnet.	Eric Schön möchte auf einem Grundstück ein Gebäude errichten, das 1 200 000,00 € kosten wird, und das Gebäude nach dem Wohnungseigentumsgesetz aufteilen. Der zu bebauende Grundbesitz hat einen Verkehrswert von 200 000,00 €. Geschäftswert: 1 400 000,00 €
§ 44 GNotKG	Bei der **Mithafteinbeziehung- oder Entlassung** eines Grundstücks, ist der Wert des einbezogenen oder entlassenen Grundstücks maßgebend, und zwar je nachdem, welcher Wert geringer ist.	Ein Grundstück (Verkehrswert: 5 000,00 €) wird bezogen auf ein Grundpfandrecht in Höhe von 25 000,00 € aus der Pfandhaft entlassen. Geschäftswert: 5 000,00 €
§ 45 GNotKG	Bei der **Vorrangseinräumung** ist der Wert des vortretenden oder zurücktretenden Rechts maßgebend, und zwar je nachdem, welcher Wert geringer ist.	Ein Grundpfandrecht (50 000,00 €) räumt einem weiteren Grundpfandrecht (100 000,00 €) den Vorrang ein. Geschäftswert: 50 000,00 €
§ 47 GNotKG	Beim **Kauf** einer **Sache** bestimmt sich der Geschäftswert nach dem Kaufpreis (= **Verkehrswert**). Für den Fall, dass der Kaufpreis niedriger als der Verkehrswert ist, ist der Verkehrswert maßgebend.	• Thomas Gärtner verkauft seine Immobilie zu einem Kaufpreis , der zugleich auch der Verkehrswert ist, von 245 000,00 €. Geschäftswert: 245 000,00 € • Torsten Schütte verkauft seine Immobilie zu einem Kaufpreis von 80 000,00 €. Der Verkehrswert beträgt 85 000,00 €. Geschäftswert: 85 000,00 €

Paragraf	Wertvorschrift	Beispiele
§ 53 GNotKG	Der Wert eines **Grundpfandrechts** ist der Nennbetrag der Schuld.	Sieglinde Kellermann nimmt ein Darlehen von 50 000,00 € bei der Sparkasse auf. Als Sicherheit für die Darlehensgewährung lässt sie eine Grundschuld über 20 000,00 € (= Nennbetrag) beurkunden. Geschäftswert: 20 000,00 €
§ 100 GNotKG	Der Geschäftswert bei der Beurkundung eines **Ehevertrags** i. S. d. § 1408 BGB (z. B. Vereinbarung Gütertrennung) ist die Summe der Werte des aktuellen Vermögens der Eheleute. Verbindlichkeiten sind bis max. zur Hälfte des jeweiligen Vermögens abziehbar.	
§ 102 GNotKG	Der Geschäftswert bei einer letztwilligen Verfügung (= **Testament/Erbvertrag**) ist der Wert des Vermögens, über das verfügt wird. Verbindlichkeiten sind bis max. zur Hälfte des jeweiligen Vermögens abziehbar.	
§ 112 GNotKG	Der Geschäftswert für den **Vollzug** ist derselbe Geschäftswert, der für das zugrunde liegende Beurkundungsverfahren ermittelt wurde.	Geschäftswert Beurkundungsverfahren: 100 000,00 € Geschäftswert Vollzug: 100 000,00 €
§ 113 GNotKG	Der Geschäftswert für die **Betreuung** ist derselbe Geschäftswert, der für das zugrunde liegende Beurkundungsverfahren ermittelt wurde.	Geschäftswert Beurkundungsverfahren: 100 000,00 € Geschäftswert Betreuung: 100 000,00 €
§ 124 GNotKG	Der Geschäftswert bei der **Verwahrung** von **Geld** bestimmt sich nach der Höhe des jeweils ausgezahlten Betrags.	Der Notar erhält einen Kaufpreis von 500 000,00 € auf ein Notaranderkonto zur Verwahrung und späteren Weiterleitung überwiesen. Er zahlt diesen in zwei Beträgen zu 125 000,00 € und 375 00000,00 € an den Verkäufer bzw. die Ablösegläubigerin aus. Geschäftswerte: 125 000,00 € und 375 000,00 €

vgl. LF 13 (ReNo), Kap. 7.1.1

vgl. LF 14 (ReNo), Kap. 4.2.2/ 4.2.3

Gibt es in einer Angelegenheit **keine Anhaltspunkte** für eine **Wertbestimmung**, werden **5000,00 €** (= Auffangwert, § 36 Abs. 3 GNotKG) zugrunde gelegt.

Die Wertvorschriften des GNotKG enthalten auch **Mindest- und Festwerte**. Diese beziehen sich aber hauptsächlich auf Registeranmeldungen und sind in **§ 105 GNotKG** geregelt.

Steht der Verkehrswert nicht fest, kann er z. B. auf Grundlage der Angaben der Beteiligten, von Vergleichswerten oder im Grundbuch eingetragenen Belastungen ermittelt werden. Die Beteiligten sind verpflichtet, dem Notar Auskunft über die Werte zu geben.

▶ **Beispiel:** Notarin Katharina Marschner beurkundet einen Schenkungsvertrag über eine Eigentumswohnung. Die Vertragsparteien können keine Angaben zu dem aktuellen Verkehrswert machen. Sie besitzen die Wohnung bereits seit mehr als 20 Jahren. Da Notarin Katharina Marschner sich erinnern kann, vor ein paar Wochen in derselben Wohnanlage einen Kaufvertrag beurkundet zu haben, kann sie anhand des darin vereinbarten Kaufpreises im Verhältnis zur Wohnungsgröße einen angemessenen Verkehrswert für den Schenkungsvertrag ermitteln.

4.2.2 Besonderheiten bei der Geschäftswertermittlung und Abrechnung

Nach dem GNotKG gibt es einige Besonderheiten bei der Geschäftswertermittlung und bei der Abrechnung, die je nach Art des Vorgangs anzuwenden sind.

§ 109 Abs. 1 GNotKG

Gemäß **§ 109 Abs. 1 GNotKG** liegt **derselbe Beurkundungsgegenstand** vor, wenn die Rechtsverhältnisse (in einer Urkunde) in einem Abhängigkeitsverhältnis zueinanderstehen und das eine unmittelbar dem Zweck des anderen dient. Ein solches **Abhängigkeitsverhältnis** liegt nur vor, wenn das andere Rechtsverhältnis der **Erfüllung**, **Sicherung** oder **sonstigen Durchführung** des einen Rechtsv erhältnisses dient.

Merke: Liegt **derselbe Beurkundungsgegenstand** gem. § 109 Abs. 1 GNotKG vor, wird **eine Gebühr aus** dem für das **Hauptgeschäft** ermittelten **Geschäftswert** berechnet.

§ 109 Abs. 1 GNotKG enthält in den **Sätzen 1–4** einen **Katalog** von Rechtsverhältnissen, die denselben Beurkundungsgegenstand zum Inhalt haben.

Tipp: Diese Aufzählung sollte jeder, der notarielle Kostenrechnungen erstellt, inhaltlich genau kennen, um die Kosten des Notars richtig berechnen zu können.

▶ **Beispiele:**
- Kaufvertrag und Übernahme einer durch ein Grundpfandrecht gesicherten Darlehensschuld (= Sicherung)
- Kaufvertrag und Löschung des im kaufgegenständlichen Grundbuch eingetragenen Grundpfandrechts (= Erfüllung)

- Kaufvertrag und Auflassungserklärung (= Durchführung)
- Bestellung eines Grundpfandrechts/einer Dienstbarkeit einschließlich der zur Verschaffung des beabsichtigten Rangs erforderlichen Erklärungen (= Sicherung)

Berechnungsbeispiele:

- Notarin Katharina Marschner beurkundet einen Immobilienkaufvertrag (Kaufpreis: 200000,00 €). In demselben Kaufvertrag beantragt der Verkäufer die Löschung des im kaufgegenständlichen Grundbuch eingetragenen Grundpfandrechts (Nennbetrag: 50000,00 €). Der Geschäftswert beträgt 200000,00 €. Der Löschungsantrag des Verkäufers geht in diesem Fall in dem Immobilienkaufvertrag auf und wird wertmäßig nicht berücksichtigt = derselbe Gegenstand i. S. d. § 109 Abs. 1 GNotKG. Der Löschungsantrag dient der Erfüllung des Kaufvertrags = lastenfreie Übertragung der Immobilie. Kaufvertrag = Hauptgeschäft.
- Notarin Katharina Marschner beurkundet ein Grundpfandrecht (Nennbetrag: 250000,00 €). In derselben Grundpfandrechtsbestellungsurkunde bewilligt und beantragt der Eigentümer die Rangänderung der zu seinen Gunsten in Abteilung II eingetragenen Auflassungsvormerkung (Geschäftswert: 100000,00 €), sodass das Grundpfandrecht den Vorrang vor der Auflassungsvormerkung erhält. Der Geschäftswert beträgt 250000,00 €. Die Rangänderungserklärung des Eigentümers geht in diesem Fall in der Grundpfandrechtsbestellung auf und wird wertmäßig nicht berücksichtigt = derselbe Gegenstand i. S. d. § 109 Abs. 1 GNotKG. Die Rangänderungserklärung dient der Erfüllung des Grundpfandrechts = rangrichtige Eintragung des Grundpfandrechts zur Erlangung des Darlehens. Grundpfandrechtsbestellung = Hauptgeschäft.

§ 109 Abs. 2 GNotKG

§ 109 Abs. 2 GNotKG enthält in den **Sätzen 1–4 a)–g)** einen **abgeschlossenen Katalog** von Rechtsverhältnissen, die auch denselben Beurkundungsgegenstand zum Inhalt haben.

Tipp: Auch diese Aufzählung sollte jeder, der Rechnungen erstellt, genau kennen, um sie zu dem Katalog gem. Abs. 1 abgrenzen zu können.

Merke: Liegt **derselbe Beurkundungsgegenstand** gem. § 109 Abs. 2 GNotKG vor, wird der **Geschäftswert** nach dem **höchsten in Betracht kommenden Wert** berechnet.

Beispiele:

- Widerruf eines Testaments und Errichtung eines neuen Testaments
- Bestellung eines Grundpfandrechts einschließlich Schulderklärung bis zur Höhe des Nennbetrags des Grundpfandrechts

▶ **Berechnungsbeispiel:** Notarin Katharina Marschner beurkundet den Widerruf eines Testaments (Geschäftswert: 50 000,00 €) und in derselben Urkunde ein neues Testament (Geschäftswert: 100 000,00 €). Der Geschäftswert beträgt 100 000,00 €, da der höchste in Betracht kommende Wert als Geschäftswert zugrunde zu legen ist. Widerruf und Neuerrichtung des Testaments bilden nach § 109 Abs. 2 S. 2 denselben Beurkundungsgegenstand.

§ 94 GNotKG

Merke:

- Unterliegen gegenstands**gleiche** Erklärungen **demselben Gebührensatz**, wird die **Gebühr** nur einmal aus dem **Wert des Hauptgeschäfts** berechnet.
- Unterliegen die Erklärungen **verschiedenen Gebührensätzen**, ist die **Gebühr** nach dem **höchsten** in Betracht kommenden **Gebührensatz** zu berechnen.
- Es darf jedoch **nicht mehr** erhoben werden, **als bei** einer **getrennten Berechnung** der Gebühren entstanden wäre.
- Das bedeutet, dass stets eine **Vergleichsberechnung** erforderlich ist, wenn verschiedene Gebührensätze vorkommen, um die kostengünstigere Variante zu ermitteln. Diese Vergleichsberechnung regelt § 94 Abs. 2 GNotKG.

▶ **Berechnungsbeispiel:**

Notarin Katharina Marschner beurkundet eine Grundpfandrechtsbestellung (formelle Erklärung) in Höhe von 500 000,00 €. In derselben Urkunde unterwirft sich der Eigentümer der Zwangsvollstreckung in Höhe von 100 000,00 €.

Gegenstand/Wertvorschrift	Geschäftswert in €	KV-Nr.	Satz	Betrag in €
Grundschuldbestellung § 53 Abs. 1 GNotKG	500 000,00	21201 Nr. 4	0,5	467,50
Zwangsvollstreckungsunterwerfung § 53 Abs. 1 GNotKG	100 000,00	21200	1,0	273,00
gesamt				***740,50***

Vergleichsberechnung gem. § 94 Abs. 2 GNotKG:

Gegenstand/Wertvorschrift	Geschäftswert in €	KV-Nr.	Satz	Betrag in €
Beurkundungsverfahren	500 000,00	21200	1,0	***935,00***

Der geringere Endbetrag ist in Rechnung zu stellen.

§ 110 GNotKG

§ 110 GNotKG enthält **abweichend von § 109 Abs. 1 GNotKG** in den **Absätzen 1–3** eine **Aufzählung** von Geschäften (in einer Urkunde), die **immer** als **verschiedener Beurkundungsgegenstand** zu betrachten und entsprechend zu bewerten sind.

Beispiele:

- Beschlüsse von Organen
- Kaufvertrag und Erklärungen zur Finanzierung der Gegenleistung gegenüber Dritten
- Kaufvertrag und Erklärungen zur Bestellung subjektiv-dinglicher Rechte oder Verzicht auf Steuerbefreiung gem. § 9 Abs. 1 UStG

Merke:

- Unterliegen gegenstands**verschiedene** Erklärungen **demselben Gebührensatz**, wird die **Gebühr** nur einmal aus den **zusammengerechneten Werten** berechnet.
- Unterliegen die Erklärungen **verschiedenen Gebührensätzen**, ist jede **Gebühr** für sich zu berechnen, wobei jedoch die Werte zu den Erklärungen, die demselben Gebührensatz unterliegen, zu addieren sind.
- Es darf jedoch **nicht mehr** erhoben werden, als aus dem höchsten Gebührensatz nach dem Gesamtwert entstanden wäre.
- Das bedeutet, dass auch hier stets eine **Vergleichsberechnung** erforderlich ist, die auch in § 94 GNotKG geregelt wird.

Berechnungsbeispiel:

Notarin Katharina Marschner beurkundet einen Kaufvertrag (Kaufpreis 500000,00 €) mit Umsatzsteueroption (Wert: 95000,00 €).

Gegenstand/Wertvorschrift	Geschäftswert in €	KV-Nr.	Satz	Betrag in €
Kaufvertrag §§ 97 Abs. 1, 47 GNotKG	500000,00	21100	2,0	1870,00
Umsatzsteueroption § 97 Abs. 1 GNotKG	95000,00	21200	1,0	246,00
gesamt				***2116,00***

Vergleichsberechnung gem. § 94 Abs. 2 GNotKG:

Gegenstand/Wertvorschrift	Geschäftswert in €	KV-Nr.	Satz	Betrag in €
Beurkundungsverfahren	595000,00	21100	2,0	***2190,00***

Der geringere Endbetrag ist in Rechnung zu stellen.

§ 111 GNotKG

§ 111 GNotKG regelt abschließend die **besonderen Beurkundungsgegenstände**. Diese sind klar definiert und **immer gesondert** (= getrennt) zu **berechnen**. Es spielt dabei keine Rolle, mit welchem Rechtsgeschäft sie zusammentreffen.

▶ **Beispiele:**
- Verfügungen von Todes wegen (wenn sie nicht mit einem Widerruf, der Aufhebung, Anfechtung oder dem Rücktritt von einem Erbvertrag zusammenfällt)
- Registeranmeldungen
- Rechtswahl nach internationalem Privatrecht

▶ **Berechnungsbeispiel:**
Notarin Katharina Marschner beurkundet eine Erklärung, die einen Schenkungsvertrag (Geschäftswert 200000,00 €) und ein Einzeltestament (Geschäftswert: 300000,00 €) zum Inhalt hat.

Gegenstand/Wertvorschrift	Geschäftswert in €	KV-Nr.	Satz	Betrag in €
Schenkungsvertrag § 97 Abs. 3 GNotKG	200000,00	21100	2,0	870,00
Testament § 102 Abs. 1 GNotKG	300000,00	21200	1,0	635,00
gesamt				***1505,00***

4.2.3 Das Kostenverzeichnis

Das **Kostenverzeichnis** ist in der **Anlage 1** zum **GNotKG** zu finden:
- Teil 1 und Teil 3 Hauptabschnitt 1 enthalten die Gerichtsgebühren.
- Teil 2 (Gebühren) und Teil 3 Hauptabschnitt 2 (Auslagen) enthalten die Notarkosten

Das Kostenverzeichnis zum GNotKG entspricht in seinem Aufbau dem Kostenverzeichnis des RVG. Es ist in
- Beurkundungsverfahren (Hauptabschnitt 1),
- Vollzug/Betreuung (Hauptabschnitt 2),
- sonstige notarielle Verfahren (Hauptabschnitt 3),
- Entwurf und Beratung (Hauptabschnitt 4),
- sonstige Geschäfte (Hauptabschnitt 5) und
- Zusatzgebühren (Hauptabschnitt 6)

vgl. LF 9 (ReNo), Kap. 4.2

gegliedert und reicht von KV-Nr. 21100 bis KV-Nr. 26002 (Gebühren) bzw. 32000 – 32015 (Auslagen).

Aus dem Kostenverzeichnis ergibt sich je nach Verfahren, welcher Gebührensatz (0,1–2,0) zu berechnen ist und ob für diesen ein Mindest- oder Höchstbetrag vorgeschrieben ist.

Beispiel: Nach KV-Nr. 21100 wird eine 2,0 Gebühr für die Beurkundung eines Kaufvertrags berechnet, die unabhängig vom Geschäftswert mindestens 120,00 € beträgt.

4.2.4 Wirksamkeitsvoraussetzungen

§ 19 GNotKG regelt die Wirksamkeitsvoraussetzungen einer notariellen Kostenrechnung. Die Kostenrechnung **muss** den in **§ 19 Abs. 1, 2 GNotKG** enthaltenen **Vorschriften entsprechen**. Fehlt eines der nachfolgend angeführten Elemente, ist die **Rechnung unwirksam**.

Kostenrechnung gem. § 19 GNotKG
der Notarin Katharina Marschner

Rechnungs-Nr. 15/2024

Bezeichnung des Verfahrens/Geschäfts

Kostenverzeichnisnummer

Gegenstand/Wertvorschrift	Geschäftswert in €	KV-Nr.	Satz/Seiten	Betrag in €
Beurkundungsverfahren (Kaufvertrag, UR 99/2024) § 97 Abs. 1, 47 GNotKG	200 000,00	21100	2,0	870,00
Vollzugsgebühr § 112 GNotKG	200 000,00	22110	0,5	217,50
Betreuungsgebühr § 113 GNotKG	200 000,00	22220	0,5	217,50
Dokumentenpauschale		32001	40	6,00
Post- und Telekommunikationspauschale		32005		20,00

Zwischensumme				1 331,00
19 % Umsatzsteuer		32014		252,89

Gesamtbetrag				1 583,89

Geschäftswert (bei Wertgebühren)

Beträge der Gebühren und Auslagen

+ gezahlte Vorschüsse

+ Mitteilung der vom Notar unterzeichneten Rechnung an den Kostenschuldner.

Die Berechnung **soll** gem. **§ 19 Abs. 3 GNotKG** ferner enthalten:

- eine Kurzbezeichnung des Gebührentatbestands/der Auslagen,

- die Wertvorschriften der jeweiligen Gebühr,
- den Wert jedes einzelnen Gegenstands, wenn sich der Geschäftswert aus der Summe mehrerer Werte ergibt.

Fehlt eine der vorstehenden Anforderungen gem. § 19 Abs. 3 GNotKG, führt dies nicht zur Unwirksamkeit der Kostenrechnung.

Der Notar hat eine Kopie der Kostenrechnung zu seiner Akte zu nehmen (oder elektronisch aufzubewahren).

Die Kostenrechnung hat eine Rechtsbehelfsbelehrung, die die einzuhaltende Form und Frist sowie die Stelle, bei der im Fall einer Meinungsverschiedenheit zwischen Kostenschuldner und Notar der Rechtsbehelf einzulegen ist, zu enthalten.

▶ **Beispiel:** Sie haben die Möglichkeit, eine Entscheidung des Landgerichts *** (zuständiges Landgericht inkl. Anschrift) zu beantragen. Der Antrag bei Gericht muss schriftlich oder zur Niederschrift der Geschäftsstelle des Landgerichts gestellt werden und unterliegt keiner Frist.

Merke: Auch das Fehlen der Rechtsbehelfsbelehrung führt **nicht** zur Unwirksamkeit der Kostenrechnung.

Tipp: Behalten Sie bei der Erstellung von Kostenrechnungen nach dem GNotKG die in dem oben angeführten Beispiel enthaltene Gliederung der Tabelle im Gedächtnis. Auf diese Weise können Sie die Muss-Elemente nicht vergessen und stets wirksame Kostenrechnungen fertigen.

4.2.5 Verjährung Kostenzahlungsanspruch

Die Kosten des Notars unterliegen der Verjährung. Auf die Verjährung sind die Vorschriften des BGB anzuwenden.

Der Lauf der Verjährungsfrist ist nicht von der Mitteilung der Berechnung abhängig. Rechnet der Notar nicht ab, verjährt der Zahlungsanspruch trotzdem.

Merke: Ansprüche auf Zahlung/Rückzahlung von Notarkosten verjähren vier Jahre nach Ablauf des Kalenderjahrs, in dem die Kosten fällig geworden sind/die Zahlung erfolgt ist.

▶ **Beispiel:** Notarin Katharina Marschner erstellt und verschickt die Kostenrechnung für das Beurkundungsverfahren eines Kaufvertrags, der am 20.10.2023 beurkundet wurde, am 01.02.2024. Die Kostenrechnung verjährt am 31.12.2028.

Zusammenfassung

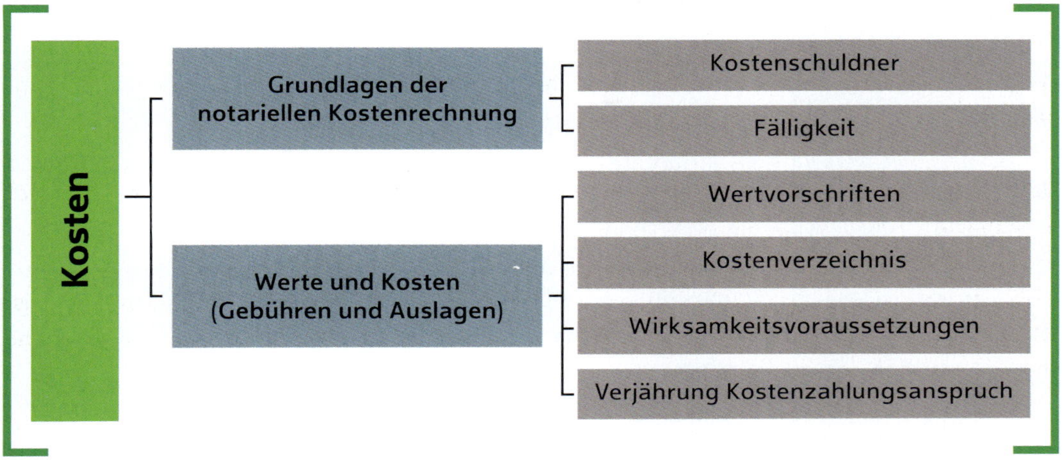

Wiederholung und Vertiefung

1. Welches Gesetz ist Grundlage der notariellen Kostenrechnung?
2. Wer schuldet die Kosten eines Notars?
3. Wann werden Notargebühren fällig?
4. Was ist unter einer Wertgebühr zu verstehen?
5. Welche Elemente sollen (nicht müssen) in einer notariellen Kostenrechnung enthalten sein?
6. Wann verjähren die Kosten des Notars?
7. Nennen Sie fünf Auslagen, die nach dem GNotKG abgerechnet werden. Unter welcher KV-Nr. ist die jeweilige Position in die Rechnung aufzunehmen?
8. Welche besonderen Beurkundungsgegenstände kennen Sie und wo sind diese im Gesetz geregelt?
9. Nennen Sie zwei Beurkundungsgegenstände, die nach dem GNotKG denselben Gegenstand haben.

Lernfeld 10 – Kompetenzen

In diesem Lernfeld lernen Sie:

Kapitel 1 **Das Zivilverfahren in der ersten Instanz**	• was der Sinn und Zweck von Zivilverfahren ist • was Erkenntnisverfahren sind • die Verfahrensgrundsätze und ihre praktischen Auswirkungen zu kennen und zu beurteilen • wie ein Erkenntnisverfahren abläuft • die Wirkungen der Anhängigkeit und Rechtshängigkeit eines Streitgegenstands zu unterscheiden • wie eine mündliche Verhandlung abläuft • wie eine Beweisaufnahme durchgeführt wird • welche Beweismittel es im Strengbeweis gibt • was der Unterschied zwischen dem Streng-, dem Freibeweis und der Glaubhaftmachung ist • welche Arten von gerichtlichen Entscheidungen es gibt • welche Arten von Urteilen es gibt • unter welchen Voraussetzungen ein Versäumnisurteil erlassen werden kann und was die Konsequenzen sind • welche Möglichkeiten es für die Parteien gibt, ein Verfahren zu beenden

Kapitel 2 **Die Prozessvoraussetzungen im zivilrechtlichen Verfahren**	• unechte von echten Prozessvoraussetzungen und Prozesshindernissen sowie ihre jeweiligen Wirkungen zu unterscheiden • die Zulässigkeit einer zivilrechtlichen Klage in der ersten Instanz zu beurteilen • das für eine Klage sachlich und örtlich zuständige Gericht zu bestimmen • die gesetzliche von der gewillkürten Prozessstandschaft zu unterscheiden • die Inhalte und Anträge einer ordnungsgemäßen Klageschrift zu überprüfen • wie ein Streitgegenstand bestimmt wird und welche Auswirkungen das hat

Kapitel 3 **Die Gerichtskosten**	• die Höhe der im Verfahren entstehenden Gerichtskosten als Teil der Prozesskosten zu bestimmen • die Zahlung des Gerichtskostenvorschusses zu veranlassen • Gerichtskostenrechnungen zu kontrollieren • mögliche Maßnahmen gegen Gerichtskostenrechnungen zu ergreifen

Kapitel 4 **Die Kostenfest-setzung**	• zu überprüfen, ob in der Kostengrundentscheidung der Erstschuldner korrekt bestimmt wurde • Rechtsmittel gegen die Kostengrundentscheidung einzulegen • Kostenfestsetzungsanträge für die Mandantschaften gegen die Gegenseite zu stellen, wenn der Prozess vollständig oder weitestgehend gewonnen wurde • Rechtsbehelfe gegen den Kostenfestsetzungsbeschluss einzulegen • einen Kostenfestsetzungsantrag gegen die eigene Mandantschaft zu stellen

Kapitel 5 **Abrechnung des Rechtsanwalts**	• die Gebühren und Auslagen sowie die sonstigen Aufwendungen im zivilrechtlichen Verfahren erster Instanz zu ermitteln und gegenüber der Mandantschaft abzurechnen • eine eventuelle Gebührenanrechnung zu beachten und vorzunehmen • ggf. die Gebührenbegrenzung gem. § 15 Abs. 3 RVG zu beachten und vorzunehmen • die Gebühren für bestimmte Einzeltätigkeiten zu ermitteln und abzurechnen

Kapitel 6 **Die Prozesskosten-hilfe (PKH)**	• unter welchen Voraussetzungen PKH bewilligt wird • den Antrag auf Bewilligung von PKH zu stellen • das einzusetzende Vermögen zu berechnen • wann das Gericht PKH mit oder ohne Ratenzahlung bewilligt • in welchem Fall das Gericht PKH versagen, ändern oder aufheben kann • welche Rechtsmittel gegen die Entscheidung auf Bewilligung von PKH möglich sind • wie und wann ein Rechtsanwalt der PKH-Partei beigeordnet wird • die Gebühren und Auslagen des Rechtsanwalts im Bewilligungsverfahren und im Rechtsstreit abzurechnen

Kapitel 7 **Führen des erforderlichen Schriftverkehrs**	• Schriftsätze im Klage- und Kostenfestsetzungsverfahren zu formulieren sowie normgerecht zu erstellen und zu gestalten • Schreiben an Mandantschaften zu formulieren sowie normgerecht zu erstellen und zu gestalten • Kostenrechnungen normgerecht zu erstellen und zu gestalten

Das Lernfeld 10 ist nach dem Rahmenlehrplan in den beiden Ausbildungsberufen ähnlich ausgestaltet:

Rechtsanwaltsfachangestellter	Rechtsanwalts- und Notarfachangestellter
Das zivilrechtliche Mandat im erstinstanzlichen Verfahren bearbeiten	Zivilrechtliche Zahlungsansprüche gerichtlich geltend machen

Im Lernfeld 10 der Rechtsanwaltsfachangestellten wird das zivilrechtliche Mandat in erster Instanz ausführlicher behandelt als im Lernfeld 10 der Rechtsanwalts- und Notarfachangestellten. Im Letzteren geht es nur um die Geltendmachung zivilrechtlicher Zahlungsansprüche, entweder im gerichtlichen Verfahren erster Instanz oder im gerichtlichen Mahnverfahren, während im Lernfeld 10 der Rechtsanwaltsfachangestellten die Geltendmachung aller Arten von Ansprüchen behandelt wird. Da das gerichtliche Mahnverfahren in diesem Lehrbuch bereits in Lernfeld 9 der Rechtsanwaltsfachangestellten ausführlich dargestellt wurde, richten sich die folgenden Kapitel nach dem Lernfeld 10 der Rechtsanwaltsfachangestellten.

Aufgrund dieses Sachverhalts wurde eine einheitliche Bezeichnung für das Lernfeld 10 gewählt: „Das zivilrechtliche Mandat in erster Instanz“.

Lernfeld 10: Das zivilrechtliche Mandat in erster Instanz

1 Das Zivilverfahren in der ersten Instanz

In Zivilverfahren sollen die Streitigkeiten zwischen Bürgern gelöst werden. Ihnen soll dadurch die Möglichkeit gegeben werden, die Streitigkeit auf friedlichem Weg und nicht etwa durch Selbstjustiz oder Gewalt zu lösen (sog. Justizgewährungspflicht des Staats). Dies hat den Vorteil, dass auch schwächere Bürger zu ihrem Recht kommen und der Rechtsfriede sowie die öffentliche Ordnung gewahrt bleiben. Das in Art. 92 GG festgelegte Rechtsprechungsmonopol staatlicher Gerichte gewährleistet zudem Rechtssicherheit.

Zivilverfahren sind in der Zivilprozessordnung (ZPO) geregelt. Sie gehören gem. § 13 GVG zur ordentlichen Gerichtsbarkeit. Neben den bürgerlichen Rechtsstreitigkeiten gehören zu den Zivilsachen auch die Familiensachen und die Angelegenheiten der freiwilligen Gerichtsbarkeit. Diese Verfahren sind jedoch aufgrund ihrer besonderen Bedeutung gesondert im Gesetz über die Verfahren in Familiensachen und in Angelegenheiten der freiwilligen Gerichtsbarkeit (FamFG) geregelt. Das FamFG verweist jedoch in vielen Fällen auf die ZPO.

vgl. LF 1, Kap. 3.5

In der ZPO werden grds. folgende Arten von Verfahren unterschieden:

- **Erkenntnisverfahren** (geregelt in den §§ 1–703 d ZPO): Dies ist das „normale" zivilrechtliche Verfahren, in dem das Gericht prüft, ob dem Kläger der geltend gemachte Anspruch zusteht.
- **Zwangsvollstreckungsverfahren** (geregelt in den §§ 704–945 b ZPO): Dies ist das Verfahren, in dem sog. titulierte Ansprüche mithilfe staatlicher Zwangsvollstreckungsorgane zwangsweise durchgesetzt werden.
- **Arrest und einstweilige Verfügung** (geregelt in den §§ 916–945 b ZPO): Dies sind spezielle beschleunigte Erkenntnisverfahren mit Sonderregelungen zur Zwangsvollstreckung.

vgl. LF 12

Im Folgenden wird das Erkenntnisverfahren ausführlicher erläutert. Zunächst ist es jedoch wichtig, die Verfahrensgrundsätze, die allgemein für Zivilverfahren gelten, zu verstehen.

Lernsituation

Der neue Mandant Tobias Czerwinski hat einen Termin mit Rechtsanwältin Dr. Annette Neumann vereinbart. Annika Sauer ist bei dem Gespräch dabei, um zu protokollieren. Er ist ganz aufgelöst, weil ihm eine Klage zugestellt wurde. Der Kläger wirft ihm vor, einen Verkehrsunfall verursacht zu haben und fordert nun Schadenersatz.

Tobias Czerwinski war noch nie vor Gericht, ist entsetzt darüber, dass er zum ersten Mal in seinem Leben „vor Gericht gezerrt" werde und hat viele Fragen an Rechtsanwältin Dr. Annette Neumann. Er möchte z. B. wissen, ob das Gerichtsverfahren so abläuft, wie er es aus Krimiserien im Fernsehen kennt und ob das Gericht Zeugen für den Unfallhergang ermitteln wird.

Rechtsanwältin Dr. Annette Neumann erklärt Tobias Czerwinski den Unterschied zwischen Zivil- und Strafverfahren und das weitere Vorgehen in der Sache.

Arbeitsaufträge:

a) Überlegen Sie in Gruppenarbeit, was die vier unterschiedlichen Grundsätze im Straf- und Zivilverfahren sind, und erstellen Sie eine Übersicht.

b) Diskutieren Sie in der Gruppe, ob das Gericht eigene Ermittlungen anstellen wird. Begründen Sie Ihre Antwort.

c) Überlegen Sie in Gruppenarbeit, welche Reaktionsmöglichkeiten Tobias Czerwinski nun hat und was die jeweiligen Folgen seiner Reaktion sind. Erstellen Sie dazu eine grafische Übersicht.

d) Die Klage wurde Tobias Czerwinski am 04.02.2025 zugestellt und er wurde aufgefordert, seine Verteidigungsbereitschaft anzuzeigen. Recherchieren Sie, welche Frist dafür gilt, und berechnen Sie das Ende der Frist.

e) Könnte das Gericht Tobias Czerwinski auf Antrag eine Fristverlängerung gewähren?

f) Der Kläger überlegt sich, dass er neben Schadenersatz für sein Fahrrad auch noch Schmerzensgeld einklagen möchte, und erhebt eine zweite Klage gegen Tobias Czerwinski. Diskutieren Sie in der Gruppe, ob dies möglich ist, und begründen Sie Ihre Antwort. Überlegen Sie, was der Grund dafür sein könnte.

g) Vergleichen Sie untereinander Ihre Ergebnisse.

h) Reflektieren Sie anschließend Ihr Wissen.

1.1 Die Verfahrensgrundsätze im Zivilverfahren

Das Zivilverfahren ist gekennzeichnet von bestimmten **Verfahrensgrundsätzen** oder auch **Prozessmaximen**, die es von Straf- und Verwaltungsverfahren abgrenzen. Diese sind für das Verständnis des Zivilverfahrens entscheidend.

Der Grundgedanke ist, dass in Zivilverfahren die Parteien ihre privaten Interessen durchsetzen. In Straf- oder Verwaltungsverfahren besteht hingegen ein öffentliches Interesse am Ausgang des Verfahrens, sodass sich das Gericht oder andere staatliche Organe auch mehr „einmischen“ müssen und dürfen. Im Zivilverfahren sind die **Parteien** hingegen die **„Herren des Verfahrens“** und bestimmen größtenteils deren Inhalt und Ablauf.

Das Gericht ist aber auch verpflichtet, den Parteien einen **richterlichen Hinweis** gem. § 139 ZPO zu geben, etwa wenn es den Vortrag einer Partei für unvollständig hält. Dies dient dazu, den Parteien eine Möglichkeit zur Nachbesserung zu geben und überraschende Urteile zu verhindern. Diese Pflicht des Gerichts ist vor allem bei nicht anwaltlich vertretenen Parteien von Bedeutung, findet aber in jedem Fall ihre Grenzen in der zu wahrenden Neutralität des Gerichts.

Die wichtigsten Verfahrensgrundsätze werden im Folgenden erläutert.

1.1.1 Die Dispositionsmaxime

Genauso wie das Schuldrecht durch die Privatautonomie der Parteien geprägt ist, ist das Zivilverfahrensrecht durch die sog. **Dispositionsmaxime (= Verfügungsgrundsatz)** geprägt. Es obliegt den Parteien, ob überhaupt ein Verfahren begonnen wird, sie können das Verfahren jederzeit beenden und die Parteien bestimmen auch den Gegenstand des Verfahrens.

vgl. LF 1, Kap. 1.3.2

Merke: Die Dispositionsmaxime besagt, dass die Herrschaft über Einleitung, Gegenstand und Beendigung des Verfahrens den Parteien obliegt.

Im Gegensatz dazu herrscht **im Strafverfahren** die **Offizialmaxime**, wonach das Anklagemonopol grds. beim Staat liegt und das Verfahren von Amts wegen eröffnet wird.

vgl. ▶ § 152 StPO (Strafprozessordnung)

Praktische Auswirkungen der Dispositionsmaxime sind:

- Niemand ist gezwungen, seine Rechte geltend zu machen und Klage einzureichen (**„Wo kein Kläger, da kein Richter.“**).

  ▶ **Beispiel:** Linda Castelberg hat den Pkw und die Garage von Jan van Tegen mit einem Baseballschläger zerstört. Die Staatsanwaltschaft bestimmt, ob sie in diesem Fall Anklage wegen Sachbeschädigung erhebt und es somit zum Strafverfahren gegen Linda Castelberg kommt. Jan van Tegen hat darauf keinen Einfluss. Er kann aber zusätzlich eine zivilrechtliche Klage auf Schadenersatz nach §§ 823 ff. BGB einreichen. Möchte er das nicht, kann grds. kein anderer für ihn seine Rechte geltend machen.

vgl. LF 10, Kap. 2.2.9

- Der Klageantrag bestimmt den **Streitgegenstand:** Das Gericht entscheidet nur über das Beantragte (vgl. § 308 Abs. 1 S. 1 ZPO, dies gilt gem. § 308 Abs. 1 S. 2 ZPO insbesondere auch für Zinsen und sonstige Nebenforderungen).
  Über die **Kosten des Rechtsstreits** und über die **vorläufige Vollstreckbarkeit** von Urteilen entscheidet das Gericht jedoch unabhängig von den Anträgen der Parteien **von Amts wegen**.

vgl. ▶ §§ 308 Abs. 2, 708 ff. ZPO

▶ **Beispiel:** Erhebt Jan van Tegen zivilrechtliche Klage auf Schadenersatz gegen Linda Castelberg, so kann er entscheiden, ob er Schadenersatz für den Pkw, die Garage oder beides haben möchte. Er bestimmt dann durch seinen Klageantrag, was überhaupt Gegenstand des Verfahrens ist. Beantragt er nur Schadenersatz für den Pkw, darf ihm das Gericht nicht auch Schadenersatz für die Garage zusprechen. Das Gericht darf ihm auch nicht etwas anderes als das Beantragte, etwa die Herausgabe des Pkws von Linda Castelberg, zusprechen. Es darf ihm natürlich weniger als beantragt oder gar nichts zusprechen, wenn nach Meinung des Gerichts insoweit die rechtlichen Voraussetzungen fehlen ([Teil]Abweisung).
Hätte er Strafanzeige wegen eines bestimmten Delikts erstattet, wären Polizei, Staatsanwaltschaft und Strafgericht nicht daran gebunden. Sie müssen vielmehr selbstständig prüfen, welche Strafvorschriften verletzt sind.

vgl. LF 10, Kap. 1.2.7

- Das Verfahren kann durch die Parteien jederzeit, z. B. durch Klagerücknahme gem. § 269 ZPO oder Prozessvergleich, **beendet** werden.

▶ **Beispiel:** Auch wenn Jan van Tegen zivilrechtliche Klage auf Schadenersatz gegen Linda Castelberg erhoben hat, so kann er sich jederzeit (auch gegen den Willen des Gerichts) entscheiden, das Verfahren zu beenden, etwa weil sich Linda Castelberg bei ihm entschuldigt hat. Wurde ein Strafverfahren eingeleitet, so kann Jan van Tegen dieses nicht beenden. Nur das Gericht kann grds. über eine Einstellung des Verfahrens entscheiden.

- Die Klage kann (unter bestimmen Voraussetzungen) durch den Kläger noch geändert werden. Vor Zustellung der Klageschrift kann der Kläger die Klage ohne Weiteres ändern. Danach ist eine **Klageänderung** gem. § 263 ZPO nur zulässig, wenn der Beklagte einwilligt oder das Gericht die Einwilligung für sachdienlich hält sowie in den Fällen des § 264 ZPO, die nicht als Klageänderung gelten.

▶ **Beispiel:** Michelle Stabenow klagt zunächst auf Herausgabe eines Diamantarmbands. Als sich im Verfahren herausstellt, dass die Beklagte das Armband beim Schwimmen in einem See verloren hat, beantragt Michelle Stabenow nun statt der Herausgabe Schadenersatz für das Armband.

- Sofern sich die Parteien einig sind, können sie auch zum Teil den Ablauf des Verfahrens bestimmen: So können sie übereinstimmend das **schriftliche Verfahren** gem. § 128 ZPO beantragen oder in eine Beweisaufnahme im Weg des **Freibeweises** gem. § 284 S. 2–4 ZPO einwilligen.

vgl. LF 10, Kap. 1.2.5

Es gibt jedoch einige Einschränkungen der Dispositionsmaxime vor allem in Familiensachen, da dort ein besonderes öffentliches Interesse an der Entscheidung des Gerichts besteht.

▶ **Beispiel:** Gemäß § 113 Abs. 4 Nr. 6 FamFG kann ein Scheidungsantrag nicht anerkannt werden.

1.1.2 Die Verhandlungsmaxime

Nach der sog. **Verhandlungsmaxime (= Beibringungsgrundsatz)** darf das Gericht seine Entscheidung nur auf (bewiesene) Tatsachen stützen, die die Parteien vorbringen. Tragen die Parteien gewisse Tatsachen nicht vor, so finden diese in der Entscheidung des Gerichts auch keine Berücksichtigung.

Im Gegensatz zu **Straf**- oder **Verwaltungsverfahren**, bei denen der **Untersuchungsgrundsatz** gilt, ermittelt das Gericht nicht von Amts wegen (vgl. für den Strafprozess §§ 155 Abs. 2, 244 Abs. 2 StPO und für den Verwaltungsprozess § 86 Abs. 1 VwGO – Verwaltungsgerichtsordnung).

Merke: Die Verhandlungsmaxime besagt, dass die Parteien die Herrschaft über den Tatsachenstoff, der der gerichtlichen Entscheidung zugrunde liegt, haben.

Die Rechtsgrundlagen für die geltend gemachten Ansprüche müssen die Parteien streng genommen nicht vortragen, da dem Gericht das Recht bekannt ist. Das Gericht muss zudem von Amts wegen die Rechtsprechung und die juristische Literatur kennen. In der Praxis enthalten Schriftsätze an das Gericht aber immer auch rechtliche Ausführungen. Diese sind als Hinweise an das Gericht bzw. Argumente für eine bestimmte Sichtweise zu verstehen, da rechtliche Fragen in der Praxis üblicherweise nicht eindeutig sind.

Praktische Auswirkungen der Verhandlungsmaxime sind:

- Jede Partei muss die für sie günstigen Tatsachen vortragen (**Darlegungslast**). Tut sie dies nicht, darf das Gericht solche Tatsachen nicht berücksichtigen, selbst wenn sie ihm bekannt sind. Ausgenommen sind jedoch Tatsachen, die gem. § 291 ZPO bei Gericht offenkundig sind, also **allgemeinkundige** und **gerichtsbekannte Tatsachen**.

  ▶ **Beispiel:** Alice AlGabiesh klagt gegen Walter Wernighoff auf Herausgabe ihres Blu-ray-Players. Walter Wernighoff trägt im Prozess nicht vor, dass er mit Alice AlGabiesh einen Leihvertrag vor zwei Monaten beim örtlichen Filmfest bzgl. des Players geschlossen

hatte (was ihm gem. § 598 BGB ein Recht zum Besitz gibt). Der Richterin Saskia Laubner, die in dem gleichen Dorf wie die Klägerin und der Beklagte wohnt, ist diese Tatsache bekannt, weil sie selbst dabei war, als der Leihvertrag geschlossen wurde. Sie darf dieses Wissen trotzdem nicht zur Grundlage ihrer Entscheidung machen und wird daher der Klage von Alice AlGabiesh stattgeben müssen.
Walter Wernighoff müsste hingegen nicht vortragen, dass ein Blu-ray-Player Blu-ray-Discs abspielt, da dies eine allgemeinkundige Tatsachen ist. Er müsste auch nichts vortragen, was dem Gericht aus einem anderen Verfahren gerichtsbekannt ist.

Jede Partei kann aber auch (aus prozesstaktischen Gründen) entscheiden, bestimmte Dinge nicht vorzutragen.

Hinweis: Der Verhandlungsgrundsatz wird begrenzt durch die prozessuale Wahrheitspflicht der Parteien gem. § 138 Abs. 1 ZPO. Demnach darf eine Partei nicht bewusst wahrheitswidrige Tatsachen oder Tatsachen ohne jegliche Grundlage „ins Blaue hinein" behaupten.

vgl. LF 4, Kap. 1.1

Der **Vortrag des Klägers** muss jedoch **schlüssig** sein. Der Kläger muss also alles vortragen, was nach der Anspruchsgrundlage, auf die er sich beruft, erforderlich ist, um ihm den Anspruch zu geben.

Merke: Schlüssigkeit bedeutet, dass die Behauptungen des Klägers, sofern man unterstellt, sie seien wahr, den geltend gemachten Anspruch stützen.

Nur wenn der Vortrag des Klägers schlüssig ist, wird der Beklagtenvortrag überhaupt geprüft. Der **Vortrag des Beklagten** muss dann aber seinerseits **erheblich** sein, also das Klagevorbringen als unrichtig erscheinen lassen.

▶ **Beispiel:** Der Kläger Roland Dreisbach verlangt die Kaufpreiszahlung aus einem Grundstücksvertrag. Ein solcher Vertrag muss gem. § 311 b BGB notariell beurkundet werden. Roland Dreisbach muss also vortragen, dass der Vertrag, auf den er sich beruft, notariell beurkundet wurde, sonst ist die Klage unschlüssig. Der Beklagte Ludwig Göthlich trägt seinerseits vor, dass er den Vertrag bereits erfüllt habe, da er das Geld der gemeinsamen Bekannten Diana Borgwaldt gegeben habe, die das Geld an Roland Dreisbach aushändigen sollte. Dieser Vortrag ist unerheblich, weil Ludwig Göthlich als Schuldner gem. § 270 Abs. 1 BGB das Risiko dafür trägt, dass das Geld auch bei Roland Dreisbach ankommt.

vgl. LF 10, Kap. 1.2.5

vgl. ▶ §§ 142, 143, 144, 273 Abs. 2 Nr. 2, 448 ZPO

- Jede Partei muss die für sie günstigen Tatsachen auch beweisen (**Beweislast**) und die dazu erforderlichen Beweismittel nennen. Das Gericht kann (muss aber nicht) jedoch alle Beweismittel außer dem Zeugenbeweis auch von Amts wegen anordnen. Das Gericht darf aber nur über Tatsachen Beweis erheben, die zwischen den Parteien **strittig** sind. Ausdrücklich zugestandende Tatsachen gem. § 288 Abs. 1 ZPO oder Tatsachen, die gem. § 138 Abs. 3 ZPO nicht bestritten wurden, muss das Gericht ungeprüft seiner Entscheidung zugrunde legen.

▶ **Beispiel:** Wenn die Parteien sich einig sind, dass das streitgegenständliche Moped einen Wert von 3000,00 € hat, dann darf die Richterin in dem Verfahren keinen Sachverständigen damit beauftragen, den Wert festzustellen, auch wenn sie der Meinung ist, dass das Moped weniger wert sei.

Auch die Verhandlungsmaxime ist vor allem in Familiensachen, bei denen ein besonderes öffentliches Interesse besteht, eingeschränkt und durch den Untersuchungsgrundsatz ersetzt. vgl. ▶ § 127 FamG

1.1.3 Der Mündlichkeitsgrundsatz

Nach dem **Mündlichkeitsgrundsatz** darf das Gericht nur Tatsachen zur Entscheidungsgrundlage machen, die in der mündlichen Verhandlung beantragt und vorgetragen wurden (§ 128 Abs. 1 ZPO). Finden mehrere Termine statt, so bilden alle zusammen die **einheitliche mündliche Verhandlung**.

Von diesem Grundsatz gibt es jedoch einige Ausnahmen:

- Zur Vorbereitung der mündlichen Verhandlung werden in der Praxis mehrere Schriftsätze ausgetauscht (Klage, Klageerwiderung, vgl. §§ 272 Abs. 1, 273 Abs. 2 Nr. 1, 275 Abs. 1, 276 Abs. 1 ZPO). In der mündlichen Verhandlung selbst wird dann in der Regel auf diese **Schriftsätze** gem. § 137 Abs. 3 ZPO **Bezug genommen**. Insbesondere die Klageanträge werden in der Praxis üblicherweise nicht mündlich formuliert, sondern es wird diesbezüglich auf die Klageschrift Bezug genommen. vgl. ▶ § 297 Abs. 2 ZPO
- **Versäumnisurteile** und **Anerkenntnisurteile** können ohne mündliche Verhandlung ergehen. vgl. ▶ §§ 331 Abs. 3, 307 ZPO
- Gemäß § 495 a ZPO kann das Gericht bei Verfahren vor dem Amtsgericht, wenn der **Streitwert 600,00 € nicht übersteigt**, bestimmen, dass das Verfahren schriftlich durchzuführen ist. Auf Antrag einer Partei muss jedoch gem. § 495 a S. 2 ZPO mündlich verhandelt werden.
- Erscheinen oder verhandeln in einem Termin beide Parteien nicht, so kann das Gericht **nach Aktenlage** ohne weitere mündliche Verhandlung **entscheiden**. vgl. ▶ §§ 251 a, 331 a ZPO
- Die Parteien können ihr **Einverständnis zu einem schriftlichem Verfahren** gem. § 128 Abs. 2 ZPO erklären.
- **Kostenentscheidungen** können nach § 128 Abs. 3 ZPO ohne mündliche Verhandlung ergehen.
- Ohne mündliche Verhandlung können gem. § 128 Abs. 4 ZPO auch, soweit nichts anderes bestimmt ist, sämtliche Entscheidungen ergehen, die nicht Urteile sind, also **Verfügungen** und **Beschlüsse**. vgl. ▶ z.B. § 522 Abs. 1 S. 3 ZPO oder § 572 Abs. 4 ZPO

Hinweis: Gemäß § 128 a ZPO sind auch Verhandlungen per Videokonferenz möglich. Die Entscheidung darüber liegt im Ermessen des Gerichts und kann auf Antrag oder von Amts wegen angeordnet werden. Praktisch wird dies häufig so durchgeführt, dass sich das Gericht im Gerichtssaal aufhält (und damit auch die Öffentlichkeit der Verhandlung gewährleistet), und andere Beteiligte, wie die Parteien oder Sachverständige, per Videokonferenz zugeschaltet werden.

1.1.4 Das Unmittelbarkeitsprinzip

Nach dem **Unmittelbarkeitsgrundsatz** müssen die mündliche Verhandlung und die Beweisaufnahme vor dem erkennenden Gericht stattfinden, also dem Gericht, das auch die Entscheidung in der Sache fällt (§§ 128 Abs. 1, 355 Abs. 1 ZPO). An einem Urteil darf gem. § 309 ZPO nur ein Richter mitwirken, der auch in der letzten mündlichen Verhandlung als Richter tätig war.

Dadurch soll gewährleistet werden, dass der erkennende Richter sich einen unmittelbaren Eindruck von den Parteien und der Sache verschaffen kann.

Ausnahmen vom Unmittelbarkeitsgrundsatz sind beauftragte oder ersuchte Richter.

Ein **beauftragter Richter** ist gem. § 361 ZPO ein einzelner Richter, der Mitglied des Prozessgerichts ist und vom vorsitzenden Richter zur Durchführung der Beweisaufnahme bestimmt wird. Die Beauftragung eines einzelnen Richters dient der Entlastung der weiteren Mitglieder des Kollegialgerichts.

▶ **Beispiel:** Vor der 1. Zivilkammer des Landgerichts Zweibrücken (bestehend aus drei Berufsrichtern) soll Beweis über einen Unfallhergang durch Inaugenscheinnahme des Tatorts erhoben werden. Damit nicht alle drei Richter zum Unfallort fahren müssen, wird der RiLG Daniel Hornberger beauftragt, die Beweisaufnahme durchzuführen.

Der **ersuchte Richter** gem. § 362 ZPO gehört hingegen einem auswärtigen Gericht an.

▶ **Beispiel:** Vor der 1. Zivilkammer des Landgerichts Zweibrücken (bestehend aus drei Berufsrichtern) soll Beweis über einen Unfallhergang durch Inaugenscheinnahme des Tatorts erhoben werden. Der Tatort befindet sich jedoch 575 km entfernt in Emden. Daher wird ein Richter in Emden durch die Vorsitzende der 1. Zivilkammer des Landgerichts Zweibrücken ersucht, die Beweisaufnahme durchzuführen.

1.1.5 Der Öffentlichkeitsgrundsatz

vgl. ▶ § 169 S. 1 GVG

Der Öffentlichkeitsgrundsatz besagt, dass die Verhandlung sowie die Verkündung von Urteilen und Beschlüssen öffentlich stattfinden müssen. Dies ist ein grds. Prinzip aller Gerichtsverfahren (auch in anderen Rechtsgebieten) und Ausdruck des u. a. in Art. 20 Abs. 3 GG verankerten Rechtsstaatsprinzips. Dadurch wird die Transparenz des gerichtlichen Verfahrens gewährleistet und das Vertrauen der Bürger in die Rechtsprechung gestärkt. Es finden eben keine Geheimverhandlungen hinter verschlossenen Türen statt, sondern die für alle Interessierten nachvollziehbare Anwendung des Rechts.

Hinweis: Wie wichtig dieser Grundsatz ist, zeigt sich auch darin, dass eine Verletzung gem. § 574 Nr. 5 ZPO einen absoluten Revisionsgrund darstellt.

vgl. LF 11

Ausnahmen vom Öffentlichkeitsgrundsatz gibt es vor allem zum **Schutz der Privatsphäre** in Familiensachen, aber auch **zum Schutz der Staatssicherheit, der öffentlichen Ordnung und von Geschäftsgeheimnissen** sowie aus Gründen des **Zeugenschutzes**. Auch in solchen Fällen ist das Urteil jedoch gem. § 173 Abs. 1 GVG öffentlich zu verkünden.

vgl. §§ 171 b Abs. 1, 172 Nr. 4 GVG
vgl. § 172 Nr. 1, 2 GVG
vgl. § 172 Nr. 1 a GVG

Hinweis: In der Praxis stellt sich bei Verfahren, die für die Öffentlichkeit interessant sind, die Frage, inwieweit Radio- und Fernsehaufnahmen bei Gerichtsverhandlungen erlaubt sind, um eine größere Öffentlichkeit daran teilhaben zu lassen. Gemäß § 169 S. 2 GVG sind Aufnahmen während der Verhandlung verboten. Vor und nach der Verhandlung sowie in Verhandlungspausen sind sie zulässig, sofern der vorsitzende Richter sie nicht, z. B. zum Schutz der Persönlichkeitsrechte eines Beteiligten, gem. § 176 GVG einschränkt.

1.1.6 Grundsatz des rechtlichen Gehörs

Auch der **Grundsatz des rechtlichen Gehörs** ist Ausdruck des Rechtsstaatsprinzips in allen Verfahren und durch Art. 103 Abs. 1 GG gewährleistet. Jede Partei muss danach vor einer gerichtlichen Entscheidung die Gelegenheit haben, sich zu den entscheidungserheblichen Gesichtspunkten zu äußern.

Bei Verletzung dieses Grundsatzes kann eine **Rüge** gem. § 321 a ZPO innerhalb einer Notfrist von zwei Wochen nach Kenntnis von der Verletzung des rechtlichen Gehörs erhoben werden.

1.1.7 Die Konzentrationsmaxime

Nach der **Konzentrationsmaxime** (= **Beschleunigungsgrundsatz**) muss die Verhandlung zügig und gestrafft durchgeführt werden. Im Idealfall soll die Verhandlung möglichst in einem Termin erfolgen und danach ein Urteil ergehen.

Das Gericht hat daher zahlreiche Möglichkeiten zur Beschleunigung des Verfahrens:

- Die mündliche Verhandlung wird gem. § 273 Abs. 2 ZPO durch Schriftsätze vorbereitet.
- Gegebenenfalls können ein Beweisbeschluss und die Beweisaufnahme schon vor der mündlichen Verhandlung gem. § 358 a ZPO angeordnet werden.
- Termine müssen unverzüglich bestimmt werden.

vgl. § 216 Abs. 2 ZPO

- Die Frist zur Verteidigungsanzeige beträgt zwei Wochen nach Zustellung der Klageschrift gem. § 276 Abs. 1 S. 1 ZPO und ist eine Notfrist.
- Das Gericht setzt eine Frist zur Klageerwiderung.
- Das Gericht kann auch sonstige Fristen setzen (Frist zur Erklärung über bestimmte klärungsbedürftige Punkte, § 273 Abs. 2 Nr. 1 ZPO; Frist zur schriftlichen Stellungnahme auf die Klageerwiderung bei frühem ersten Termin, § 275 Abs. 4 ZPO; Frist zur schriftlichen Stellungnahme auf die Klageerwiderung bei schriftlichem Vorverfahren, § 276 Abs. 3 ZPO).

vgl. ▶ §§ 276 Abs. 1 S. 2, 275 Abs. 1 S. 1, Abs. 3 ZPO

Werden Fristen oder Termine versäumt, so hat das Gericht folgende Sanktionsmöglichkeiten:
- Bei **Notfristen**: Versäumt eine Partei eine Notfrist, so kann sie die entsprechende **Prozesshandlung nicht mehr vornehmen**.

vgl. ▶ § 224 Abs. 1 ZPO

Merke: Eine Notfrist ist eine Frist, die vom Gericht weder verlängert noch verkürzt werden kann. Sie ist im Gesetz ausdrücklich als Notfrist bezeichnet (vgl. z. B. § 276 Abs. 1 S. 1 ZPO: Frist zur Anzeige der Verteidigungsbereitschaft oder § 339 Abs. 1 ZPO: Einspruchsfrist gegen ein Versäumnisurteil).

War die Partei jedoch ohne ihr Verschulden an der Einhaltung der Frist gehindert, ist eine **Wiedereinsetzung in den vorigen Stand** gem. § 233 ZPO möglich. Die Prozesshandlung kann dann trotz Verspätung nachgeholt werden. Das Verschulden des Rechtsanwalts wird gem. § 85 Abs. 2 ZPO der Partei zugerechnet. Daher ist es unverzichtbar, dass die Abläufe in einer Kanzlei so organisiert sind, dass Fristversäumnisse so gut wie ausgeschlossen sind. Ein Versehen einer ansonsten zuverlässigen, sorgfältig ausgesuchten und durch den Rechtsanwalt überwachten Rechtsanwaltsangestellten kann unter Umständen als unverschuldetes Fristversäumnis angesehen werden.

vgl. LF 4, Kap. 2.2.2

Hinweis: Der Rechtsanwalt muss seine Berufshaftpflichtversicherung über die versäumte Frist sofort informieren.

- Bei **vom Gericht gesetzten Fristen**: Diese Fristen können grds. auf Antrag durch das Gericht verlängert werden. Wird eine richterliche Frist versäumt, so kann das Gericht den Vortrag als verspätet gem. § 296 ZPO zurückweisen (sog. **Präklusion**, vgl. § 230 ZPO). Ein verspäteter Vortrag wird vom Gericht nicht beachtet, so, als ob es den Vortrag gar nicht kennen würde. Entscheidend ist dabei, ob die Zulassung des verspäteten Vorbringens die Erledigung des Rechtsstreits verzögern würde.
- Bei **Terminen**: Das Gericht kann **nach Lage der Akten** gem. §§ 251 a ff. ZPO entscheiden, wenn beide Parteien säumig sind oder gegen eine Partei, die zum anberaumten Termin nicht erscheint oder darin nicht verhandelt (§ 33 ZPO), ein **Versäumnisurteil** gem. §§ 330 ff. ZPO zu erlassen.

vgl. LF 10, Kap. 1.2.6

Für die Berechnung der Fristen gelten gem. § 222 Abs. 1 ZPO die Vorschriften des Bürgerlichen Gesetzbuchs.

vgl. LF 4, Kap. 2.2.2

1.2 Der Ablauf des zivilrechtlichen Erkenntnisverfahrens

Der Ablauf von Zivilverfahren ist nicht im Einzelnen genau in der ZPO geregelt, erfolgt jedoch in der Regel in den nachfolgend dargestellten Schritten.

1.2.1 Die Klageerhebung

Ein Zivilverfahren kann entweder dadurch beginnen, dass gegen einen Mahnbescheid Widerspruch eingelegt wurde, oder dadurch, dass durch den Kläger Klage erhoben wird.

vgl. LF 9

Die Klageerhebung erfolgt in zwei Schritten:

Mit der **Einreichung der Klageschrift** durch den Kläger bei Gericht (Eingang der Klage) ist der Rechtsstreit **anhängig**. Die Klageschrift muss die in § 253 Abs. 2 u. 3 ZPO aufgelisteten Inhalte sowie ggf. Belege und Beweismittel gem. § 130 Nr. 4 ZPO enthalten.

vgl. LF 10, Kap. 2.1

Hinweis: Seit dem 01.01.2022 müssen Klagen (und auch andere vorbereitende Schriftsätze und deren Anlagen sowie schriftlich einzureichende Anträge und Erklärungen) nach § 130 d ZPO zwingend elektronisch an das Gericht übermittelt werden, wenn sie durch einen Rechtsanwalt, durch eine Behörde oder durch eine juristische Person des öffentlichen Rechts eingereicht werden – also per besonderem elektronischen Anwaltspostfach (beA) bzw. besonderem elektronischen Behördenpostfach (beBPo).

Das Gericht **stellt die Klageschrift** (bei Vorliegen der Voraussetzungen) unverzüglich von Amts wegen **an den Gegner zu**. Mit der Zustellung der Klage an den Beklagten ist die Klage erhoben (§ 253 Abs. 1 ZPO). Dadurch wird der Rechtsstreit **rechtshängig** (§ 261 Abs. 1 ZPO).

Merke: Durch Einreichung der Klageschrift bei Gericht wird die Sache anhängig, durch Zustellung der Klageschrift an den Beklagten wird sie rechtshängig.

Mit der **Rechtshängigkeit** sind mehrere sehr wichtige prozessuale Wirkungen verbunden:

- Gemäß § 261 Abs. 3 Nr. 1 ZPO darf **kein weiterer Rechtsstreit in derselben Sache** angestrengt werden. Eine Klage zum gleichen Streitgegenstand wäre unzulässig.
- Gemäß § 261 Abs. 3 Nr. 2 ZPO **bleibt das** bei Rechtshängigkeit **zuständige Gericht** auch zuständig, wenn sich später die Umstände ändern und eigentlich die Zuständigkeit eines anderen Gerichts begründen würden.

vgl. LF 10, Kap. 2.2.9

- Gemäß § 263 ZPO ist eine **Klageänderung** der Klage nur noch zulässig, wenn der Beklagte einwilligt oder das Gericht die Klageänderung für sachdienlich erachtet, sofern kein Fall gem. § 264 ZPO vorliegt.

vgl. LF 4, Kap. 2.2.2

vgl. LF 3, Kap. 3.2.2

vgl. §§ 291, 288 BGB

vgl. LF 4, Kap. 1.3.2 und 3.4.3

Darüber hinaus hat die Rechtshängigkeit auch materiell-rechtliche Wirkungen:

- Durch die Rechtshängigkeit wird gem. § 204 BGB die **Verjährung gehemmt**. Diese Wirkung tritt gem. § 167 ZPO bereits mit Eingang der Klageschrift bei Gericht (= Anhängigkeit) ein, wenn die Zustellung demnächst erfolgt.
- Gemäß § 286 Abs. 1 BGB gerät der Schuldner spätestens mit Rechtshängigkeit auch ohne vorherige Mahnung in **Verzug**.
- Ab Rechtshängigkeit entsteht der **Anspruch auf Zahlung von Prozesszinsen**.
- Mit Rechtshängigkeit wird eine **verschärfte Haftung** begründet, z. B. im Fall einer ungerechtfertigten Bereicherung gem. § 818 Abs. 4 BGB oder beim Eigentümerbesitzerverhältnis gem. §§ 987, 989 BGB.

Je nachdem, welches Ziel mit der Klage verfolgt wird, werden drei Klagearten unterschieden:

- Eine **Leistungsklage** ist darauf gerichtet, den Beklagten zu einer Leistung zu verurteilen.
- Eine **Feststellungsklage** ist darauf gerichtet, die Feststellung des Bestehens oder Nichtbestehens eines Rechtsverhältnisses gerichtlich feststellen zu lassen.
- Eine **Gestaltungsklage** ist auf die Gestaltung der Rechtslage durch gerichtliche Entscheidung gerichtet.

1.2.2 Die Entscheidung über den weiteren Verfahrensablauf

Bevor die Klage an den Gegner zugestellt wird, muss das Gericht über das weitere Vorgehen in der Sache entscheiden. Das Gericht kann dabei grds. zwischen zwei Möglichkeiten wählen: Es kann entweder einen **frühen ersten Termin zur mündlichen Verhandlung** gem. § 275 ZPO bestimmen oder ein **schriftliches Vorverfahren** gem. § 276 ZPO anordnen. Die Entscheidung liegt im **freien Ermessen des Gerichts**, wobei es bedenken muss, dass gem. § 272 Abs. 1 ZPO der Prozess in einem einzigen Haupttermin erledigt werden soll.

Je nachdem, wie kompliziert die Angelegenheit ist, wird das Gericht also zunächst die schriftlichen Ausführungen beider Parteien lesen wollen oder sofort zur Sache mündlich verhandeln.

Früher erster Termin

vgl. § 279 Abs. 1 ZPO

vgl. LF 10, Kap. 1.2.3

Sofern sich das Gericht für den frühen ersten Termin gem. § 275 ZPO entscheidet, muss es gem. § 216 Abs. 2 ZPO **unverzüglich**, also ohne schuldhaftes Zögern, **den Termin bestimmen**. Vor jeder mündlichen Verhandlung muss gem. § 278 Abs. 2 ZPO zunächst ein **Gütetermin** durchgeführt werden. In der Praxis wird ein Termin bestimmt, an dem dann die Güte- und die **Hauptverhandlung** (= mündliche Verhandlung im frühen ersten Termin) hintereinander stattfinden.

Das Gericht stellt die Klage dem Beklagten zu und setzt ihm eine **Frist zur Klageerwiderung** gem. § 275 Abs. 1 S. 1 ZPO. Es kann ihn auch gem. § 275 Abs. 1 S. 2 ZPO auffordern, die Verteidigungsmittel unverzüglich mitzuteilen. Zwischen der Zustellung der Klageschrift und dem Termin zur mündlichen Verhandlung muss gem. § 274 Abs. 3 ZPO ein Zeitraum von mindestens zwei Wochen liegen (sog. **Einlassungsfrist**).

Nachdem die mündliche Verhandlung stattgefunden hat, entscheidet das Gericht entweder sofort den Rechtsstreit oder bestimmt einen neuen Termin, in dem dann ggf. eine Beweisaufnahme durchgeführt wird.

Schriftliches Vorverfahren

Entscheidet sich das Gericht für das schriftliche Vorverfahren gem. § 276 ZPO, so muss es zunächst keinen Termin bestimmen. Es stellt dem Beklagten die Klage zu und fordert ihn gem. § 276 Abs. 1 S. 1 ZPO auf, seine **Verteidigungsbereitschaft** binnen einer **Notfrist** von **zwei Wochen** anzuzeigen.

vgl. LF 10, Kap. 1.1.7

▶ **Beispiel:** Die Klage wird am 16.08.2024 zugestellt. Die Berechnung der Frist zur Anzeige der Verteidigungsbereitschaft von zwei Wochen erfolgt gem. § 222 Abs. 1 ZPO nach den Vorschriften des BGB. Die Frist beginnt mit der Zustellung der Klage. Nach § 222 ZPO i. V. m. § 187 Abs. 1 BGB beginnt die Frist am 17.08.2024 und endet nach § 222 ZPO i. V. m. § 188 Abs. 2 BGB am 30.08.2024.

Zusammen mit der Frist für die Verteidigungsbereitschaft wird dem Beklagten gem. § 276 Abs. 1 S. 2 ZPO auch eine weitere **Frist** von in der Regel nochmals zwei Wochen zur **Klageerwiderung** gesetzt. Der Beklagte hat also insgesamt vier Wochen, um auf die Klage zu reagieren.

Hinweis: Im Anwaltsprozess muss die Klageerwiderung durch den zu bestellenden Rechtsanwalt erfolgen.

vgl. LF 10, Kap. 2.2.6

vgl. ▶ § 276 Abs. 2 ZPO

Versäumt es der Beklagte, seine Verteidigungsbereitschaft innerhalb der zweiwöchigen Frist anzuzeigen, erlässt das Gericht auf Antrag ein **Versäumnisurteil**.

vgl. LF 10, Kap. 1.2.6

Sofern der Beklagte seine Verteidigungsbereitschaft rechtzeitig anzeigt und auf die Klage erwidert, kann das Gericht entweder dem Kläger seinerseits gem. § 276 Abs. 3 ZPO eine **Frist zur Stellungnahme zur Klageerwiderung** setzen oder einen Gütetermin und einen Termin zur mündlichen Verhandlung (Haupttermin) bestimmen.

Hinweis: Der erste Schriftsatz des Klägers, mit dem die Klage erhoben wird, wird als **Klageschrift** bezeichnet. Der erste Schriftsatz des Beklagten, durch den er zur Klageschrift Stellung nimmt, ist die **Klageerwiderung**. Die Erwiderung des Klägers auf die Klageerwiderung nennt man **Duplik**, die Entgegnung darauf **Triplik**.

1.2.3 Der Gütetermin

Gemäß § 278 Abs. 2 S. 1 ZPO muss vor einer mündlichen Verhandlung zum Zweck der **gütlichen Beilegung des Rechtsstreits** eine Güteverhandlung durchgeführt werden. Das Gericht kann gem. § 278 Abs. 5 ZPO die Güteverhandlung **selbst durchführen** oder die Parteien an einen hierfür bestimmten und nicht entscheidungsbefugten Richter (den sog. **Güterichter**) verweisen. Das Gericht kann den Parteien auch gem. § 278 a Abs. 1 ZPO eine Mediation oder ein anderes Verfahren der außergerichtlichen Konfliktbeilegung vorschlagen.

vgl. LF 4, Kap. 3.4.1

Da Sinn und Zweck der Güteverhandlung eine gütliche Beilegung des Rechtsstreits ist, wird grds. gem. § 278 Abs. 3 ZPO i. V. m. § 141 Abs. 1 S. 2, Abs. 2, Abs. 3 ZPO das **persönliche Erscheinen der Parteien** angeordnet.

vgl. LF 10, Kap. 1.2.6 und 2.2.6

Die Güteverhandlung ist jedoch **kein Teil der mündlichen Verhandlung**. Erscheint also eine Partei im Gütetermin nicht oder erscheint sie in einem Anwaltsprozess ohne Rechtsanwalt, gilt sie nicht als säumig, sodass **kein Versäumnisurteil** gegen sie ergehen kann. Bei Nichterscheinen einer Partei oder Scheitern der Güteverhandlung wird die mündliche Verhandlung in der Regel unmittelbar im Anschluss durchgeführt. Ist eine Partei auch in der anschließenden mündlichen Verhandlung nicht anwesend oder im Anwaltsprozess nicht anwaltlich vertreten, kann nun ein Versäumnisurteil gegen sie ergehen.

Erscheinen beide Parteien in der Güteverhandlung nicht, ist gem. § 278 Abs. 4 ZPO das Ruhen des Verfahrens anzuordnen.

vgl. ▶ § 251 ZPO

Die Güteverhandlung ist nur in seltenen Fällen gem. § 278 Abs. 2 S. 1 ZPO **entbehrlich**, entweder, wenn bereits ein (erfolgloser) Einigungsversuch vor einer außergerichtlichen Gütestelle stattgefunden hat, oder die Güteverhandlung aussichtslos erscheint.

1.2.4 Die mündliche Verhandlung

vgl. LF 10, Kap. 1.1.3

Die mündliche Verhandlung (der sog. **Haupttermin**) ist die Umsetzung des Mündlichkeitsgrundsatzes. Ein bestimmter Ablauf des Haupttermins ist zwar in der ZPO nicht geregelt, jedoch wird in der Praxis in der Regel wie folgt vorgegangen:

Aufruf der Sache (§ 220 Abs. 1 ZPO)
Das Gericht ruft die Sache in der Regel so auf, dass sie auch vor dem Gerichtssaal zu hören ist. Die Parteien und ihre Prozessvertreter nehmen im Sitzungssaal Platz. Das Gericht nennt Kläger und Beklagten sowie das Aktenzeichen.

Eröffnung der Verhandlung durch den Vorsitzenden (§ 136 Abs. 1 ZPO)
Das Gericht stellt die Anwesenheit der Prozessbeteiligten fest und prüft dabei, ob Kläger und Beklagter persönlich erschienen und ggf. ordnungsgemäß vertreten sind. Gegebenenfalls erlässt das Gericht ein Versäumnisurteil.

vgl. ▶ § 160 Abs. 1 Nr. 4 ZPO

vgl. LF 10, Kap. 1.2.6

ggf. Güteverhandlung (§ 278 ZPO)
Falls noch keine Güteverhandlung stattgefunden hat, wird sie nun abgehalten. Das Gericht wirkt auf eine gütliche Einigung der Parteien hin.

vgl. ▶ § 279 Abs. 1 ZPO

Einführung in den Sach- und Streitstand (§ 139 ZPO)
Sofern sich die Parteien nicht einigen können, stellt das Gericht seine Meinung zu den maßgeblichen tatsächlichen und rechtlichen Punkten dar und stellt Fragen. Insbesondere Punkte, die die Zulässigkeit der Klage betreffen, müssen an dieser Stelle geklärt werden, da sie von Amts wegen zu prüfen sind.
Das Gericht hört gem. § 278 Abs. 2 S. 3 ZPO die Parteien zum Sachverhalt an.
Da das Gericht gem. § 278 Abs. 1 ZPO in jeder Lage des Verfahrens auf eine gütliche Beilegung des Rechtsstreits bedacht sein soll, wird es nochmals versuchen, die Parteien zu einer gütlichen Einigung zu bringen.

Streitige Verhandlung
Nun stellen die Parteien ihre Anträge gem. § 137 Abs. 1 ZPO. In der Praxis erfolgt dies in der Regel durch Bezugnahme auf Klageschrift und Klageerwiderung.
Danach erörtern die Parteien tatsächliche und rechtliche Fragen der Angelegenheit. Der Vorsitzende ist dabei für die Prozessleitung verantwortlich. Er sorgt dafür, dass die Sache erschöpfend erörtert und die Verhandlung ohne Unterbrechung zu Ende geführt wird und kann dazu den Parteien das Wort erteilen oder entziehen.

vgl. ▶ § 137 Abs. 3 ZPO

vgl. ▶ § 137 Abs. 2 ZPO

vgl. ▶ § 136 ZPO

ggf. Beweisaufnahme
Sofern die Angelegenheit nicht geklärt werden kann, muss eine Beweisaufnahme durchgeführt werden.

vgl. ▶ § 279 Abs. 2 ZPO, siehe Kap. 1.2.5

ggf. Fortsetzung der mündlichen Verhandlung
Im Anschluss an die Beweisaufnahme hat das Gericht erneut den Sach- und Streitstand und, soweit bereits möglich, das Ergebnis der Beweisaufnahme mit den Parteien zu erörtern. Die Parteien müssen (als Ausfluss des Grundsatzes des rechtlichen Gehörs) nochmals Gelegenheit erhalten, die Ergebnisse der Beweisaufnahme richtigzustellen oder neue Beweisanträge einzureichen.

vgl. ▶ §§ 279 Abs. 3, 285 Abs. 1 ZPO

Urteil
Wenn das Gericht der Ansicht ist, dass die Sache vollständig erörtert wurde, schließt es die Verhandlung und verkündet die Entscheidung (§§ 136 Abs. 4, 310 Abs. 1 S. 1 ZPO).

1.2.5 Die Beweisaufnahme

vgl. LF 10, Kap. 1.2.6

Die Beweisaufnahme ist nicht Teil der mündlichen Verhandlung. Daher kann **kein Versäumnisurteil** ergehen, wenn eine Partei nicht anwesend oder im Anwaltsprozess nicht anwaltlich vertreten ist.

vgl. LF 10, Kap. 1.1.2

Es kann nur Beweis über **streitentscheidende Tatsachen** erhoben werden. Dies sind solche, die bestritten und erheblich sind. Der Grundsatz dabei ist, dass derjenige, der ein Recht geltend macht, auch die tatsächlichen Voraussetzungen der Tatbestandsmerkmale zu beweisen hat.

Bei den **Beweisarten** unterscheidet man zwischen dem Strengbeweis, dem Freibeweis und der Glaubhaftmachung.

Die in Zivilverfahren übliche Art des Beweises ist der sog. **Strengbeweis**. Der Strengbeweis kann nur durch folgende Beweismittel erbracht werden:

	Zeuge (§§ 373 ff. ZPO)	**Parteivernehmung (§§ 445 ff. ZPO)**	**Sachverständiger (§§ 402 ff. ZPO)**	**Augenschein (§§ 371 ff. ZPO)**	**Urkunde (§§ 415 ff. ZPO)**
Beweiserhebung über	eigene Wahrnehmungen	eigene Wahrnehmungen	Tatsachenfeststellungen oder -bewertungen	Sachen, Personen, Zustände, Vorgänge	durch Schriftzeichen verkörperte Gedankenäußerung
Beweiserhebung durch	Vernehmung einer natürlichen Person	Vernehmung einer Partei (natürliche Person)	Vernehmung einer natürlichen Person, die besondere Sachkunde besitzt; austauschbar gegen anderen Sachverständigen mit gleicher Sachkunde	sinnliche Wahrnehmung des Richters (Sehen, Hören, Riechen, Schmecken, Tasten)	Lesen

	Zeuge (§§ 373 ff. ZPO)	Parteivernehmung (§§ 445 ff. ZPO)	Sachverständiger (§§ 402 ff. ZPO)	Augenschein (§§ 371 ff. ZPO)	Urkunde (§§ 415 ff. ZPO)
Beweisantritt	nur durch Antrag der Parteien möglich (vgl. §§ 273 Abs. 2 Nr. 4, 373 ZPO)	• Antrag der Gegenseite gem. § 445 ZPO • Antrag der beweispflichtigen Partei gem. § 447 ZPO • Anordnung des Gerichts gem. § 448 ZPO	• Beweisantrag einer Partei gem. § 403 ZPO • Anordnung des Gerichts gem. § 144 Abs. 1 S. 1 ZPO Der Sachverständige wird gem. § 404 ZPO vom Gericht ausgesucht. Die Parteien können ihn gem. § 406 ZPO ablehnen.	• Beweisantrag einer Partei gem. § 371 Abs. 1 ZPO • Anordnung des Gerichts gem. § 144 Abs. 1 S. 1 ZPO	• durch Vorlegung der Urkunde gem. § 420 ZPO • Beweisantrag einer Partei gem. § 421 Abs. 1 ZPO • Anordnung des Gerichts gem. § 142 ZPO
Besonderheiten	Pflicht des Zeugen • die Aussage durch Nachforschungen vorzubereiten (§ 378 ZPO), • zum Termin zu erscheinen (§ 380 ZPO), • vollständig und wahrheitsgemäß auszusagen (§§ 390, 395 ZPO, aber Zeugnisverweigerungsrecht gem. §§ 383, 384 ZPO), • auf Verlangen den Eid zu leisten (§§ 390, 391 ZPO).	Eine Parteivernehmung ist nur zulässig, wenn der Beweis nicht oder nicht ausreichend mit anderen Mitteln geführt werden kann, da die Partei zwar einerseits wahrheitsgemäß aussagen muss, andererseits sich aber nicht selbst schaden soll.	Das Sachverständigengutachten soll dem Gericht besondere Fachkenntnisse vermitteln, die es selbst nicht hat. Das Gericht ist aber nicht an das Gutachten gebunden, sondern kann auch anders entscheiden.	Vor allem bei Nachbarschaftsstreitigkeiten und Verkehrssachen von Bedeutung, da sich das Gericht in diesen Fällen durch einen Ortstermin einen eigenen Eindruck verschaffen kann.	In der Praxis kaum bedeutsam, da mit Urkunden zu beweisende Tatsachen kaum strittig sind.

Im Gegensatz zum Strengbeweis kann das Gericht beim **Freibeweis** die Beweismittel und -verfahren nach freiem Ermessen bestimmen. Der Freibeweis wird vor allem bei Fragen der Zulässigkeit der Klage eingesetzt.

▶ **Beispiel:** Um die Frage zu klären, ob das Gericht örtlich zuständig ist, ruft der Vorsitzende eine benannte Zeugin an, statt sie zu laden und in der mündlichen Verhandlung zu befragen.

Bei der **Glaubhaftmachung** gem. § 294 ZPO muss eine Tatsache nicht zur vollen Überzeugung des Gerichts bewiesen werden, sondern es reicht überwiegende Wahrscheinlichkeit aus. Das Gericht kann sich dazu aller im Strengbeweis erlaubten Beweismittel bedienen, aber auch der eidesstattlichen Versicherung. Die Glaubhaftmachung ist nur möglich, wenn das Gesetz sie ausdrücklich zulässt.

▶ **Beispiel:** Die Tatsachen, die einen Antrag auf Wiedereinsetzung in den vorigen Stand begründen, sind gem. § 236 Abs. 2 ZPO glaubhaft zu machen.

1.2.6 Verfahrensbeendigung durch gerichtliche Entscheidung

Gerichtliche Entscheidungen lassen sich grds. in Urteile, Beschlüsse und Verfügungen unterteilen. Die Unterscheidung ist sehr wichtig, weil je nach Art der Entscheidung verschiedene Rechtsbehelfe und Rechtsmittel dagegen statthaft sind.

vgl. LF 11

Urteile gem. §§ 300ff. ZPO werden in der Regel nach einer mündlichen Verhandlung zur Entscheidung über den Streitgegenstand durch das Prozessgericht erlassen.

Beschlüsse ergehen in der Regel ohne eine mündliche Verhandlung und können auch von Rechtspflegern oder Urkundsbeamten der Geschäftsstelle erlassen werden. Im Gesetz ist ausdrücklich vorgesehen, wann Entscheidungen in Form des Beschlusses ergehen.

▶ **Beispiel:** Verweisungsbeschluss bei Unzuständigkeit gem. § 281 ZPO.

Für Verfahren in Familiensachen ist in §§ 38ff. FamFG ausdrücklich vorgesehen, dass die Endentscheidungen des Gerichts in Form von Beschlüssen und nicht in Form von Urteilen ergehen.

Mit **Verfügungen** wird ein Verfahren geleitet. Sie werden z. B. zur Bestimmung von Terminen genutzt.

Urteile lassen sich wiederum nach verschiedenen Gesichtspunkten unterteilen:

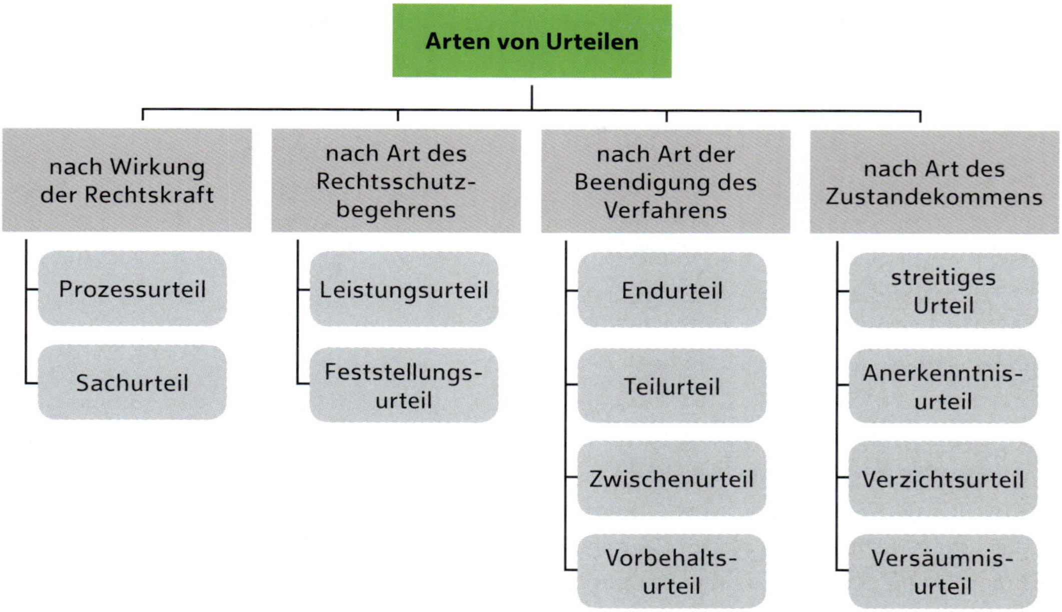

Prozessurteile entscheiden nur über die Zulässigkeit einer Klage, während **Sachurteile** über die Sache inhaltlich entscheiden. vgl. LF 10, Kap. 2.1.2

In der Regel wird in einer Sache durch **Endurteil** entschieden, wodurch endgültig über den gesamten Streitgegenstand entschieden wird. Es ist aber auch möglich, über den Streitgegenstand zum Teil (**Teilurteil** gem. § 301 ZPO) oder über einzelne Streitpunkte (**Zwischenurteil** gem. § 303 ZPO) zu entscheiden oder noch bestimmte Einwendungen, wie z. B. die Aufrechnung durch den Beklagten, offenzulassen (**Vorbehaltsurteil,** vgl. §§ 302, 599 ZPO).

Das Endurteil

Nach Beendigung der mündlichen Verhandlung erlässt das Gericht ein Urteil gem. §§ 136 Abs. 4, 300 Abs. 1 ZPO. Üblicherweise wird das Urteil in einem gesonderten Verkündungstermin gem. § 310 Abs. 1 ZPO verkündet, bei dem die Parteien jedoch nicht anwesend sein müssen. Es kann aber auch sofort nach Beendigung der mündlichen Verhandlung als sog. „Stuhlurteil" verkündet werden.

Das Urteil wird von Amts wegen gem. §§ 317 Abs. 1, 270 ZPO an die Parteien bzw. ihre Rechtsanwälte zugestellt. In der Praxis rufen Rechtsanwälte oder Rechtsanwaltsfachangestellte bzw. Rechtsanwalts- und Notarfachangestellte häufig (sofern dies bei dem jeweiligen Gericht üblich ist) bereits nach Verkündung des Urteils bei der Geschäftsstelle an und erkundigen sich nach dem Inhalt des Urteils.

Das Versäumnisurteil

Ein Versäumnisurteil gem. §§ 331 ff. ZPO kann ergehen, wenn der Kläger oder der Beklagte **unentschuldigt säumig** sind. Es handelt sich dabei um kein streitiges Urteil, da ein Versäumnisurteil ohne Anhörung der Parteien ergehen kann.

Säumig sind sie in folgenden Fällen:

- **Erscheint** eine Partei zu einem ordnungsgemäß anberaumten (durch Verkündung gem. § 218 ZPO oder Ladung gem. § 217 ZPO, vgl. dazu auch § 335 Abs. 1 Nr. 2 ZPO) und aufgerufenen Termin **nicht**, ist sie säumig.
- Gleiches gilt, wenn sie im **Anwaltsprozess** nicht durch einen Rechtsanwalt vertreten ist, also ohne Rechtsanwalt zu dem Termin kommt.
- vgl. ▶ § 333 ZPO — Erscheint die Partei zwar, aber **verhandelt nicht**, so ist sie ebenfalls säumig. Nicht verhandeln meint, dass sie jede Einlassung zur Sache verweigert, also gar nichts macht oder nur z. B. Anträge auf Vertagung oder Prozesskostenhilfe stellt.
- Gemäß § 331 Abs. 3 ZPO kann auch **im schriftlichen Vorverfahren** (sofern der Kläger einen entsprechenden Antrag stellt) ein Versäumnisurteil gegen den Beklagten erlassen werden, wenn dieser (nach entsprechender Belehrung) nicht innerhalb der ihm gem. § 276 Abs. 1 ZPO gesetzten Frist seine **Verteidigungsbereitschaft** anzeigt.
- Gleiches gilt, wenn im **Anwaltsprozess** die Verteidigungsbereitschaft nicht durch einen zugelassenen Rechtsanwalt angezeigt wird.

Ein Versäumnisurteil kann immer ergehen, wenn die nicht säumige Partei dies beantragt und die Klage zulässig ist. Andernfalls wird die Klage durch Prozessurteil (sog. **unechtes Versäumnisurteil**) abgewiesen.

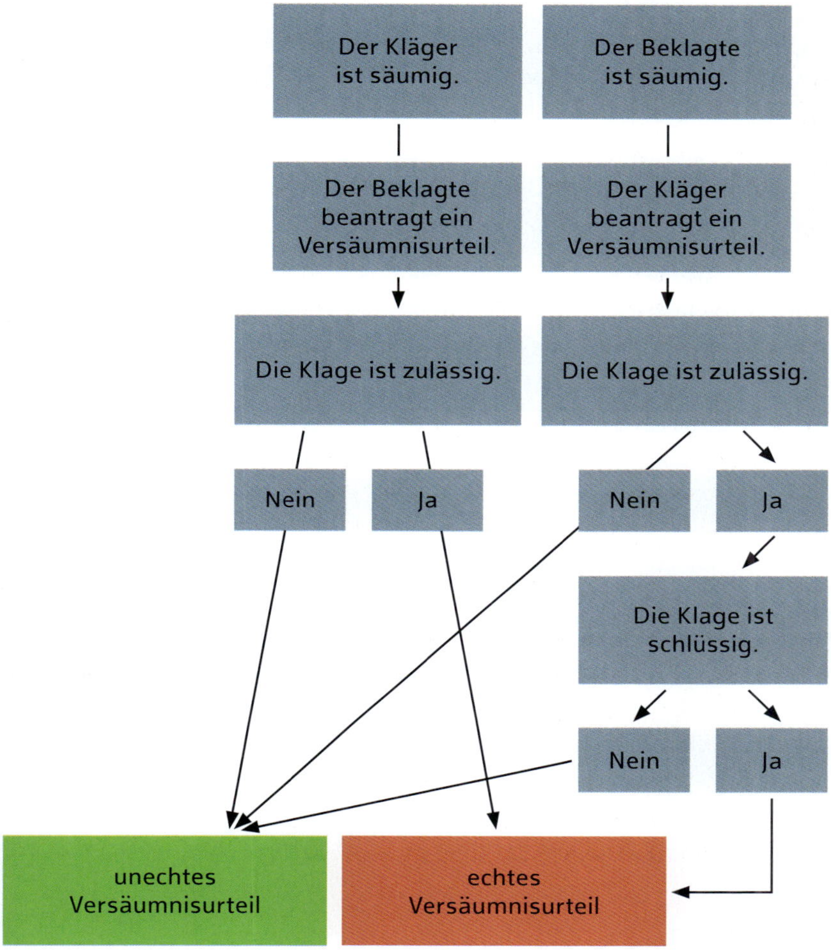

Ist der **Kläger säumig**, erlässt das Gericht ein **(echtes) Versäumnisurteil** gem. § 330 ZPO ohne weitere Sachprüfung. Das Urteil wird als Versäumnisurteil bezeichnet und enthält gem. § 313 b ZPO keinen Tatbestand und keine Entscheidungsgründe. Die Kosten des Rechtsstreits werden gem. § 91 ZPO dem Kläger auferlegt.

vgl. LF 10, Kap. 4.1

Ist der **Beklagte säumig**, wird zusätzlich gem. § 331 Abs. 2 ZPO die Schlüssigkeit der Klage überprüft. Das Gericht prüft also, ob der Vortrag des Klägers, sofern man die Wahrheit der vorgebrachten Tatsachen unterstellt, seinen Anspruch rechtfertigt.

Beispiel: Ludger Jünemann klagt vor Gericht eine Werklohnforderung für die Reparatur des Pkws von Knud Holtwick vor dem Amtsgericht ein. Er trägt in seinem selbstverfassten Schriftsatz nur vor, dass er die Reparaturen durchgeführt habe, die entsprechende Rechnung jedoch noch nicht beglichen sei. Als Knud Holtwick zur mündlichen Verhandlung nicht erscheint, beantragt Ludger Jünemann eine Entscheidung in der Sache. Ein echtes Versäumnisurteil kann das Gericht jedoch nicht erlassen, da der Vortrag von Ludger Jünemann nicht schlüssig ist. Voraussetzung für die Fälligkeit der Forderung ist eine Abnahme oder deren Entbehrlichkeit gem. § 641 BGB. Er kann dies auch nicht in der mündlichen Verhandlung nachholen, weil gem. § 335 Abs. 1 Nr. 3 ZPO ein Versäumnisurteil nicht ergehen darf, wenn mündlich vorgetragene Tatsachen dem Gegner nicht vorher mittels eines Schriftsatzes mitgeteilt wurden.

Ist die **Klage schlüssig**, erlässt das Gericht ein **(echtes) Versäumnisurteil** gem. § 331 ZPO. Das Urteil wird als Versäumnisurteil bezeichnet und enthält gem. § 313 b ZPO keinen Tatbestand und keine Entscheidungsgründe. Die Kosten des Rechtsstreits werden gem. § 91 ZPO dem Beklagten auferlegt.

vgl. LF 10, Kap. 4.1

Ist die Klage nicht schlüssig, wird die Klage durch Prozessurteil (sog. **unechtes Versäumnisurteil**) abgewiesen.

vgl. LF 11

Gegen das **unechte Versäumnisurteil** ist **Berufung oder Revision** möglich.

Gegen **echte Versäumnisurteile** kann die säumige Partei gem. § 338 ZPO **Einspruch** einlegen. Dieser muss fristgerecht binnen der Einspruchsfrist von **zwei Wochen** ab Zustellung des Versäumnisurteils erfolgen. Es handelt sich dabei um eine **Notfrist**. Ist der Einspruch zulässig, wird das Verfahren gem. § 342 ZPO in die Lage vor Eintritt der Säumnis zurückversetzt und im streitigen Verfahren vor dem gleichen Gericht fortgesetzt.

Ist der Einspruch unzulässig, so wird er gem. § 341 ZPO verworfen. Das Versäumnisurteil wird dann rechtskräftig.

1.2.7 Verfahrensbeendigung durch Parteihandlungen

vgl. LF 10, Kap. 1.1.1

Aufgrund der Dispositionsmaxime kann ein Verfahren nicht nur durch gerichtliche Entscheidung, sondern auch durch die Parteien beendet werden. Wie sich die Parteien dabei verhalten, hängt in der Regel von prozesstaktischen Überlegungen ab.

Die Klagerücknahme

Der Kläger kann die Klage gem. § 269 ZPO zurücknehmen. Dies erfolgt durch Erklärung des Klägers in der mündlichen Verhandlung oder mittels Schriftsatz an das Gericht. Diese Erklärung ist eine **einseitige Prozesshandlung**, die unwiderruflich sowie unanfechtbar ist.

Wenn bereits zur Hauptsache verhandelt wurde, ist jedoch für die Klagerücknahme die **Einwilligung des Beklagten** erforderlich.

Wird die Klage zurückgenommen, so ist der Rechtsstreit gem. § 269 Abs. 3 S. 1 ZPO **als nicht anhängig geworden anzusehen**. Dies hat die gleiche Wirkung, als wäre die Klage nie erhoben worden, und es kann somit zu einem späteren Zeitpunkt erneut Klage in der gleichen Sache erhoben werden. Ein Urteil ergeht nicht. vgl. LF 10, Kap. 4.1.2

Das Gericht entscheidet nur gem. § 269 Abs. 4 ZPO durch Beschluss über die Kosten. Die **Kosten des Rechtsstreits** werden in der Regel dem Kläger auferlegt.

Eine Klagerücknahme kommt vor allem dann in Betracht, wenn sich die Klage als von Anfang an unzulässig oder unbegründet herausstellt. Die Rücknahme ist dann für den Kläger die **kostengünstigste Art**, das Verfahren schnell zu beenden. Er behält zudem die Möglichkeit, die Klage zu einem späteren Zeitpunkt erneut zu erheben.

▶ **Beispiel:** Astrid Vollmer erhebt Klage gegen Ralf Isensee auf Schadenersatz wegen einer Körperverletzung. Kurz danach stellt sich jedoch heraus, dass Ralf Isensee Insolvenz angemeldet hat. Da Astrid Vollmer, selbst wenn sie mit ihrer Klage obsiegt, kein Geld von Ralf Isensee bekommen wird, nimmt sie die Klage zurück und erhebt sie acht Jahre später (vor Eintritt der Verjährung) erneut, als Ralf Isensee wieder über Geldmittel verfügt.

Die Erledigungserklärung

Die Parteien können den Rechtsstreit durch übereinstimmende (zweiseitige) Erledigungserklärung gem. § 91 a ZPO beenden mit der Folge, dass die Rechtshängigkeit der Sache erlischt.

Das Gericht entscheidet dann nicht in der Sache, sondern nur durch **Beschluss** über die Kosten.

Die **einseitige Erledigung** ist hingegen gesetzlich nicht geregelt, sondern wurde von der Rechtsprechung entwickelt. Der Kläger erklärt den Rechtsstreit für erledigt und verfolgt dabei das Ziel, dass dem Beklagten durch das Gericht die Kosten gem. § 91 ZPO auferlegt werden.

Das Gericht entscheidet dann durch **Sachurteil**.

Wurde die Klage durch ein nach Klageerhebung eingetretenes Ereignis unzulässig oder unbegründet, ist die Erledigungserklärung eine **kostengünstige Alternative**, um den Prozess zu beenden. Das Gericht wird nämlich, je nach Erfolgsaussichten der Klage, unter Umständen dem Beklagten die Kosten auferlegen, während bei einer **Klagerücknahme** der Kläger gem. § 269 Abs. 3 S. 3 ZPO die Kosten zu tragen hätte, wenn der Anlass zur Einreichung der Klage nach Rechtshängigkeit weggefallen ist.

▶ **Beispiel:** Florian Merlis erhebt gegen Hannes Schrade Klage auf Zahlung einer Kaufpreisforderung in Höhe von 2560,00 €. Eine Woche nach Zustellung der Klageschrift zahlt Hannes

Schrader freiwillig den Betrag. Da die Sache schon rechtshängig war, ist der Anlass zur Einreichung der Klage nicht vor Rechtshängigkeit weggefallen. Würde Florian Merlis die Klage zurücknehmen, müsste er die Kosten tragen. Bei einer Erledigungserklärung entscheidet das Gericht hingegen je nach Erfolgsaussichten der Klage über die Kosten, sodass sie hier Hannes Schrade auferlegt werden würden.

vgl. ▶ § 269 Abs. 3 S. 3 ZPO

Der Klageverzicht

Durch einen Klageverzicht gem. § 306 ZPO erklärt der Kläger ausdrücklich, den streitgegenständlichen Anspruch überhaupt nicht mehr (gerichtlich) **geltend machen** zu wollen. Im Gegensatz zur Klagerücknahme verzichtet der Kläger also nicht nur darauf, seinen Anspruch im vorliegenden Verfahren geltend zu machen, sondern auch zukünftig.

Der Verzicht erfolgt durch Erklärung des Klägers in der mündlichen Verhandlung an das Gericht. Diese Erklärung ist **unwiderruflich und unanfechtbar**.

vgl. LF 10, Kap. 2.2.10

Beim Klageverzicht ergeht ein **Sachurteil** und nicht nur ein Beschluss bzgl. der Kosten des Rechtsstreits. Einer späteren Klage in der gleichen Sache steht dann die Rechtskraft dieses Urteils entgegen.

Da ein Klageverzicht weitreichende Konsequenzen und **kaum Vorteile** hinsichtlich der Gerichtskosten hat, kommt er in der Praxis kaum vor.

Das Anerkenntnis

Der Beklagte kann den geltend gemachten Anspruch gem. § 307 ZPO anerkennen, also erklären, dass der Anspruch besteht. Die Anerkenntniserklärung ist eine **Prozesshandlung** und muss gem. §§ 160 Abs. 3 Nr. 1, 162 Abs. 1 ZPO protokolliert werden. Ein Anerkenntnisurteil kann auch gem. §§ 307 S. 2, 310 Abs. 3 ZPO im **schriftlichen Vorverfahren** ergehen.

Das Gericht erlässt bei einem Anerkenntnis ein **Sachurteil**. Es muss also die Zulässigkeit der Klage prüfen. Ein Anerkenntnisurteil muss nicht verkündet werden, vielmehr wird die Verkündung gem. § 310 Abs. 3 S. 1 ZPO durch die Zustellung des Urteils ersetzt.

vgl. LF 10, Kap. 4.1.2

Die Kosten trägt dann gem. §§ 91 ff. ZPO der Beklagte. Wenn der Beklagte keine Veranlassung zur Klage gegeben hat und sofort anerkennt (sog. **sofortiges Anerkenntnis**), trägt hingegen gem. § 93 ZPO der Kläger die Kosten.

In der Praxis wird häufig ein Teil des Anspruchs anerkannt, sodass ein **Teilanerkenntnisurteil** ergehen kann.

▶ **Beispiel:** Durukan Bedük erhebt Klage gegen Felix Dilger auf Schadenersatz nach einem Verkehrsunfall. Er verlangt Ersatz in Höhe von 350,00 € für die Beschädigung seines Fahrrads und 120,00 € Ersatz für seine Jacke. In der mündlichen Verhandlung erkennt Felix Dilger den Anspruch für das Fahrrad an, weigert sich jedoch, Ersatz für die Jacke zu leisten. Auf seinen Antrag hin erlässt das Gericht (ohne weitere Sachprüfung) ein Teilanerkenntnisurteil bzgl. der geltend gemachten 350,00 €. Über den Rest wird im Anschluss streitig verhandelt. Dazu erlässt das Gericht dann ein Endurteil, in dem es auch über die Kosten des gesamten Verfahrens entscheidet.

Der Prozessvergleich

Bei einem Prozessvergleich wird der Rechtsstreit durch **gegenseitiges Nachgeben** gütlich beigelegt. Er ist sowohl ein materiell-rechtlicher Vertrag gem. § 779 BGB als auch ein Prozessvertrag, durch den der Rechtsstreit beendet wird. Durch einen Prozessvergleich endet die Rechtshängigkeit der Sache.

Ein Prozessvergleich muss gem. § 160 Abs. 3 Nr. 1 ZPO in einem vor einem deutschen Gericht rechtshängigen Verfahren gerichtlich **protokolliert** werden. Er ist gem. § 794 Abs. 1 Nr. 1 ZPO ein Vollstreckungstitel, obwohl er keine gerichtliche Entscheidung darstellt.

Die Verteilung der Kosten wird in der Regel ebenfalls im Prozessvergleich geregelt. Andernfalls kann auch eine Kostenentscheidung des Gerichts nach § 91 a ZPO ergehen. vgl. LF 10, Kap. 4.1.2

Zusammenfassung

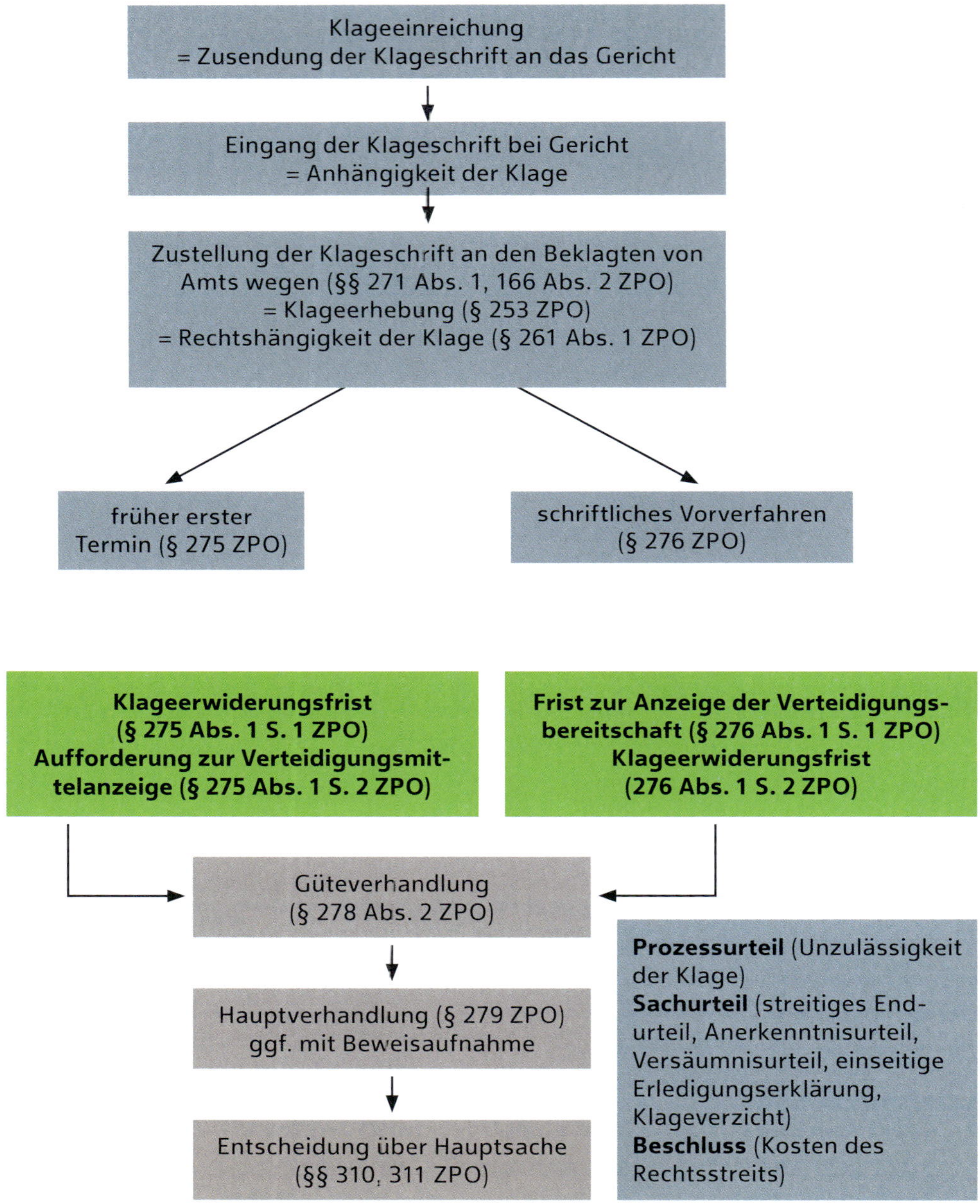

Wiederholung und Vertiefung

1. Was besagt die Dispositionsmaxime? Was ist ihr Gegenteil? Nennen Sie drei Beispiele für die Ausprägung der Dispositionsmaxime in der ZPO.
2. Wann tritt die Rechtshängigkeit ein? Nennen Sie jeweils zwei prozessuale und materiell-rechtliche Auswirkungen der Rechtshängigkeit.
3. Welche Beweismittel stehen im Zivilprozess zur Verfügung?
4. Durch welche Parteihandlungen kann ein Prozess beendet werden?
5. Was ist der Unterschied zwischen einer Klagerücknahme und einem Klageverzicht?

2 Die Prozessvoraussetzungen im zivilrechtlichen Verfahren

Bevor eine Klage bei Gericht eingereicht werden kann, muss man sich Gedanken darüber machen, ob diese Klage zulässig ist. Ist sie es nicht, wird das Gericht die Klage abweisen und sich inhaltlich überhaupt nicht damit beschäftigen, also gar nicht die Begründetheit des Anspruchs prüfen. Daher ist es sehr wichtig, dass alle Prozessvoraussetzungen erfüllt sind.

Hinweis: Wenn Sie sich ein Urteil durchlesen, werden Sie dort immer eine Entscheidung des Gerichts zur Zulässigkeit und zur Begründetheit der Klage finden. Üblich sind Formulierungen wie „Die zulässige Klage ist begründet."

Lernsituation

Rechtsanwältin Katharina Schuh vertritt den Mandanten Christoph Walisko, wohnhaft in der Moltkestraße 55, 67454 Haßloch. Sein Pkw wurde bei einem Verkehrsunfall auf einer Kreuzung in Neustadt an der Weinstraße beschädigt. Die Polizei wurde zum Unfallort gerufen und hat festgestellt, dass der Unfallgegner die alleinige Schuld trägt, da dieser Christoph Walisko die Vorfahrt genommen hat.

Der Unfallgegner war Joachim Vitzthum, wohnhaft im Lerchenweg 17-1, 73275 Ohmden. Joachim Vitzthum ist bei der Entente Versicherung AG mit Sitz in München haftpflichtversichert. Rechtsanwältin Katharina Schuh hat den Mandanten ausführlich beraten und er möchte nun folgende Ansprüche geltend machen:

- Reparaturkosten in Höhe von 3 500,00 €
- Sachverständigenkosten in Höhe von 800,00 €
- Verdienstausfall in Höhe von 200,00 €
- Schmerzensgeld in Höhe von 1 500,00 €

Obwohl Rechtsanwältin Katharina Schuh sowohl Joachim Vitzthum als auch die Versicherung mehrfach telefonisch und schriftlich kontaktiert hat, wird die Zahlung jedoch verweigert.

Christoph Walisko beauftragt nun Rechtsanwältin Katharina Schuh, die Schadenspositionen vor Gericht einzuklagen.

Arbeitsaufträge:

a) Recherchieren Sie, welche Voraussetzungen erfüllt sein müssen, damit eine zivilrechtliche Klage ganz allgemein zulässig ist. Erstellen Sie hierüber eine Übersicht.

b) Überlegen Sie in Gruppenarbeit, welches Gericht in dieser Sache örtlich und sachlich zuständig ist. Kommen mehrere Gerichte infrage?

c) Überlegen Sie, bei welchem Gericht Rechtsanwältin Katharina Schuh die Klage einreichen wird, wenn sie zwischen mehreren wählen kann. Begründen Sie Ihre Antwort.

d) Ist die Entente Versicherung AG prozessfähig?

e) Wenn die Klage nur gegen Joachim Vitzthum eingereicht werden würde und er zur mündlichen Verhandlung allein erscheint, wie würde das Gericht voraussichtlich reagieren?

f) Formulieren Sie für die Klage gegen Joachim Vitzthum und die Versicherung das Rubrum und die Klageanträge.

g) Vergleichen Sie Ihre Ergebnisse untereinander und ergänzen/berichtigen Sie ggf. Ihre Notizen.

h) Reflektieren Sie anschließend Ihr Wissen.

2.1 Arten von Prozessvoraussetzungen

Unterschieden wird grds. zwischen **echten** und **unechten** Prozessvoraussetzungen sowie **Prozesshindernissen**.

2.1.1 Echte Prozessvoraussetzungen

Liegen die **echten Prozessvoraussetzungen** nicht vor, so wird die Klage gar **nicht zugestellt**. Die Sache wird also nicht rechtshängig gem. §§ 253 Abs. 1, 261 Abs. 1 ZPO, sodass auch nicht die Wirkungen der Rechtshängigkeit eintreten. Die Klage kann erneut erhoben werden, wenn die Voraussetzungen erfüllt sind.

vgl. LF 10, Kap. 1.2.1

Diese Voraussetzungen werden **von Amts wegen geprüft**. In der Praxis wird in einem solchen Fall das Gericht in der Regel den betroffenen Rechtsanwalt anrufen oder anschreiben und ihn darauf hinweisen, den Mangel zu beheben.

Echte Prozessvoraussetzungen sind:

- **Deutsche Gerichtsbarkeit:** Die deutsche Gerichtsbarkeit darf nicht offensichtlich gem. §§ 18–20 GVG ausgeschlossen sein.

▶ **Beispiel:** Gemäß § 18 GVG unterstehen Diplomaten nicht der deutschen Gerichtsbarkeit, sodass eine Klage gegen den amerikanischen Botschafter unzulässig wäre.

- **Funktionelle Zuständigkeit** des angerufenen Gerichts als Gericht erster Instanz: Die funktionelle Zuständigkeit regelt, welches Organ im Rahmen des Aufbaus der betreffenden Organisation in einem bestimmten Fall zuständig ist. Hier geht es nicht darum, die örtliche und sachliche Zuständigkeit des Gerichts im Einzelnen zu prüfen. Dies ist eine Frage der gerichtsbezogenen Sachurteilsvoraussetzungen. Bei der Frage der funktionellen Zuständigkeit geht es vielmehr um offensichtliche Unzuständigkeiten des Gerichts in erster Instanz.

vgl. LF 10, Kap. 2.2

▶ **Beispiel:** Agnes Bannermann reicht die Klage bzgl. ihres Nachbarschaftsstreits direkt beim BGH ein.

- **Wirksame Klageeinreichung:** Unwirksam wäre die Klageeinreichung, wenn ganz grobe Mängel in der Klageschrift vorlägen.

▶ **Beispiele:** Die Klageschrift ist auf Sanskrit verfasst, oder es wird kein Beklagter bezeichnet, oder der Kläger hat die Klage anonym eingereicht.

- **Zahlung der Prozessgebühren:** Gemäß § 12 Abs. 1 GKG wird die Klage erst nach Zahlung der Gebühr für das Verfahren im Allgemeinen zugestellt werden.

2.1.2 Unechte Prozessvoraussetzungen

Die **unechten Prozessvoraussetzungen** werden auch als **Sachentscheidungsvoraussetzungen** bezeichnet. Sofern sie nicht vorliegen, wird die Klage zwar zugestellt, es kann jedoch **keine Entscheidung in der Sache** ergehen.

▶ **Beispiel:** Beim Verwaltungsgericht wird eine Klage eingereicht, in der Schadenersatz aufgrund einer fehlerhaften Kaufsache gefordert wird. Das Gericht wird zunächst feststellen, dass es in dieser Sache unzuständig ist, da es sich um eine zivilrechtliche Streitigkeit handelt. Es wird daher über den Streitgegenstand selbst, also über die Frage, ob dem Kläger Schadenersatz zusteht oder nicht, gar nicht entscheiden bzw. sich damit gar nicht befassen.

vgl. ▶ § 56 ZPO

Diese Voraussetzungen werden **von Amts wegen** geprüft. Fehlen sie, gibt das Gericht einen entsprechenden Hinweis gem. § 139 Abs. 3 ZPO. Sie können dann **bis zum Ende der mündlichen Verhandlung** geheilt, also nachgeholt, werden (Umkehrschluss aus § 296 a ZPO). Werden sie nicht geheilt, ergeht ein abweisendes **Prozessurteil**, gegen das die üblichen Rechtsmittel gem. § 511 ZPO eingelegt werden können.

vgl. LF 11

vgl. ▶ § 322 ZPO

Da keine Entscheidung in der Sache ergangen ist **(Sachurteil)**, kann in derselben Angelegenheit erneut Klage eingereicht werden, wenn die Voraussetzungen später vorliegen sollten.

In besonders schwierigen Fällen kann auch gem. § 280 ZPO **gesondert** über die Zulässigkeit der Klage **verhandelt** werden.

Die einzelnen Sachurteilsvoraussetzungen werden im Folgenden unter Ziff. 2.2 genauer erläutert.

2.1.3 Prozesshindernisse

Darüber hinaus gibt es sog. **Prozesshindernisse**. Diese müssen von der Gegenseite als Einrede erhoben werden, um im Verfahren Beachtung zu finden. Sie werden also **nicht von Amts wegen geprüft**.

Die wichtigsten Prozesshindernisse sind:

- **Einrede des Schiedsvertrags:** Gemäß § 1032 Abs. 1 ZPO muss das Gericht die Klage als unzulässig abweisen, wenn der Beklagte vor Beginn der mündlichen Verhandlung zur Hauptsache vorbringt, dass eine wirksame Schiedsvereinbarung besteht, sich also die Parteien dazu verpflichtet haben, vorrangig ein Schiedsverfahren durchzuführen.
- **Fehlende Ausländersicherheit:** Gemäß §§ 110ff. ZPO müssen Kläger, die ihren gewöhnlichen Aufenthalt nicht in einem Mitgliedstaat der Europäischen Union haben, auf Verlangen des Beklagten hinsichtlich der Prozesskosten Sicherheit leisten. Tun sie dies nicht, kann der Beklagte beantragen, dass das Gericht die Klage für zurückgenommen erklärt. vgl. LF 10, Kap. 3
- **Fehlende Kostenerstattung bei Klagerücknahme:** Eine Klage kann unter bestimmten Umständen zurückgenommen werden. Gemäß § 269 Abs. 3 ZPO wird der Rechtsstreit in diesem Fall als nicht anhängig geworden angesehen, sodass in der gleichen Sache später erneut Klage eingereicht werden kann. Im Fall einer Klagerücknahme ist der Kläger allerdings in der Regel verpflichtet, die Kosten des Rechtsstreits zu tragen. Tut er dies bis zur erneuten Klageerhebung in der gleichen Sache nicht, so kann der Gegner gem. § 269 Abs. 6 ZPO dies rügen.

Hinweis: Einige Bundesländer haben von der in § 15 a EGZPO (Einführungsgesetz Zivilprozessordnung) vorgesehenen Möglichkeit Gebrauch gemacht und ein obligatorisches Schlichtungsverfahren für Nachbarschaftsstreitigkeiten u. Ä. eingeführt. In diesen Fällen ist eine Klage erst nach Durchführung des Schlichtungsverfahrens zulässig.

2.2 Die Sachentscheidungsvoraussetzungen

Bei jeder Klageerhebung muss im Vorfeld vor allem geprüft werden, gegen wen die Klage zu richten ist und welches Gericht in der Sache örtlich und sachlich zuständig ist. Hinzu kommen noch andere Voraussetzungen für die Zulässigkeit einer Klage, die im Einzelfall problematisch sein können und die man daher kennen sollte.

2.2.1 Zivilrechtsweg

Der Zivilrechtsweg muss gem. § 13 GVG eröffnet sein.

vgl. LF 1, Kap. 3

Diese Voraussetzung ist in den meisten Fällen **unproblematisch**, da klar abgegrenzt werden kann, ob es sich um eine Streitigkeit zwischen zwei Bürgern (zivilrechtlich) oder zwischen einem Bürger und dem Staat (öffentlich-rechtlich) handelt.

In Einzelfällen, in denen es z. B. um Subventionen oder um die Vergabe öffentlicher Aufträge geht, kann die Abgrenzung schwierig sein.

Ist der Zivilrechtsweg nicht gegeben, so erfolgt **von Amts wegen** die **Verweisung** an das zuständige Gericht des zulässigen Rechtswegs gem. § 17 a Abs. 2 S. 1 u. 3 GVG.

2.2.2 Örtliche Zuständigkeit

vgl. LF 1, Kap. 3.3.3

Die örtliche Zuständigkeit richtet sich nach den §§ 12–37 ZPO. Sie wird auch als **Gerichtsstand** bezeichnet.

vgl. LF 9 (ReFa), Kap. 2.2

Bei **grenzüberschreitenden Streitigkeiten** mit Bezug zu einem Mitgliedsstaat der **EU** ist zudem die Verordnung (EU) Nr. 1215/2012 des Europäischen Parlaments und des Rats vom 12.12.2012 über die gerichtliche Zuständigkeit und die Anerkennung und Vollstreckung von Entscheidungen in Zivil- und Handelssachen (EuGVVO) zu beachten.

▶ **Beispiel:** Matthew Greenberg, US-amerikanischer Staatsangehöriger mit Wohnsitz in Köln, wird von Arnaud Leclerc, belgischer Staatsangehöriger mit Wohnsitz in den Niederlanden, verklagt. Gemäß Art. 4 Abs. 1 EuGVVO sind Personen, die ihren Wohnsitz im Hoheitsgebiet eines Mitgliedsstaats haben, ohne Rücksicht auf ihre Staatsangehörigkeit vor den Gerichten dieses Mitgliedsstaats zu verklagen, sofern keine anderweitigen Gerichtsstände gem. Art. 7 ff. EuGVVO einschlägig sind. Arnaud Leclerc muss somit grds. Matthew Greenberg vor einem deutschen Gericht verklagen.

Hinweis: Das örtlich zuständige Gericht für einen bestimmten Ort in Deutschland lässt sich auf der Webseite https://www.justizadressen.nrw.de/de/justiz/suche (Stand: Januar 2024) ermitteln.

Unterschieden wird grds. zwischen **allgemeinem**, **besonderem** und **ausschließlichem Gerichtsstand**.

Einige, in der Praxis häufig gebrauchte Beispiele für die verschiedenen Gerichtsstände sind:

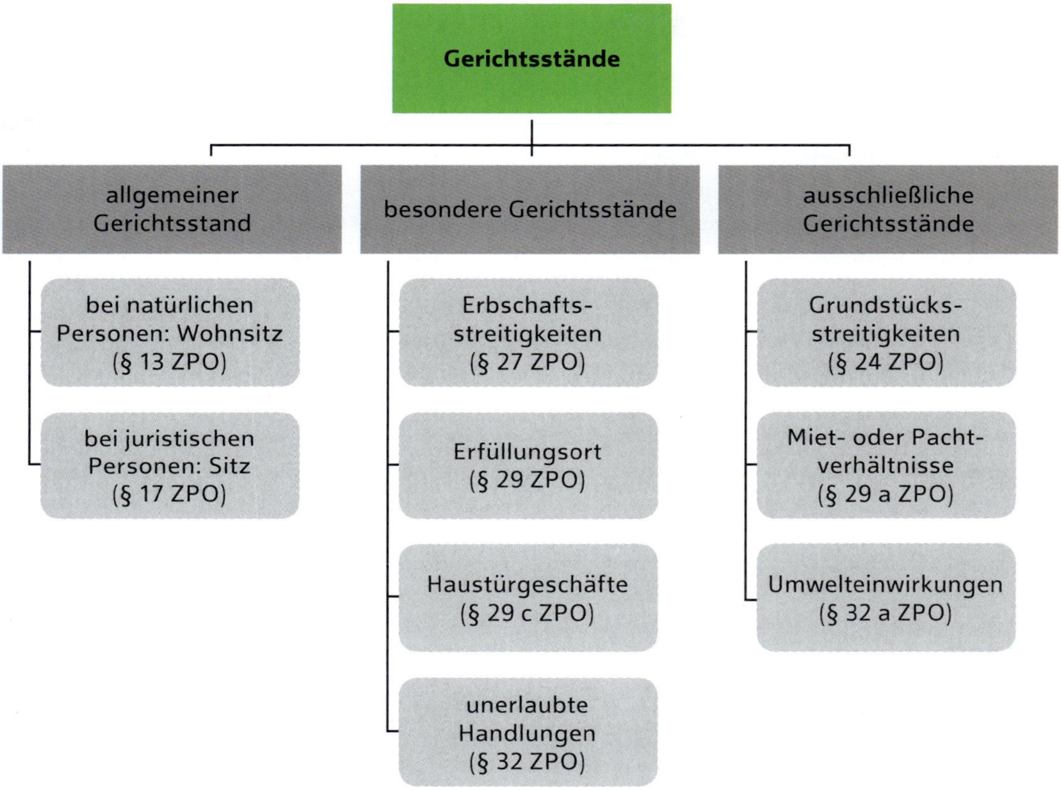

Der allgemeine Gerichtsstand

Der **allgemeine Gerichtsstand** ist gem. § 12 ZPO das Gericht, das für alle gegen eine Person zu erhebenden Klagen zuständig ist, sofern nicht für eine Klage ein ausschließlicher Gerichtsstand begründet ist.

Bei einer **natürlichen Person** wird gem. § 13 ZPO ihr allgemeiner Gerichtsstand durch den **Wohnsitz** bestimmt. Zuständig ist also das Gericht, in dessen Bezirk der Wohnsitz liegt. Der Wohnsitz wird danach bestimmt, wo eine Person ihren Lebensmittelpunkt hat.

▶ **Beispiel:** Betül Dogan macht ein sechsmonatiges Praktikum bei einer Kanzlei in Hamburg und hat dafür eine Wohnung in Hamburg gemietet und sich dort auch beim Einwohnermeldeamt angemeldet. Sie wohnt sonst bei ihren Eltern in Rostock und fährt daher fast jedes Wochenende von Hamburg nach Rostock, um ihre Eltern und ihren Freund zu sehen, der ebenfalls in Rostock wohnt. Der Wohnsitz von Betül Dogan ist somit Rostock und nicht Hamburg.

Bei **juristischen Personen** ist gem. § 17 ZPO der Ort ihres **Sitzes** entscheidend für die Bestimmung des allgemeinen Gerichtsstands. Als Sitz gilt gem. § 17 Abs. 1 S. 2 ZPO, wenn sich nichts anderes ergibt, der Ort, an dem die Verwaltung geführt wird.

Besondere Gerichtsstände

vgl. LF 1, Kap. 3.3.3

Besondere Gerichtsstände können neben dem allgemeinen Gerichtsstand gegeben sein.

Der Kläger kann dann gem. § 35 ZPO **wählen**, bei welchem der zuständigen Gerichte er Klage erheben will. Hat sich der Kläger entschieden und bei einem der zuständigen Gerichte Klage erhoben, so kann die Wahl nicht mehr geändert werden.

Bei der Wahl des Gerichtsstands werden in der Praxis verschiedene Aspekte berücksichtigt, um das beste Ergebnis für die Mandantschaft zu erzielen.

▶ **Beispiele:** Vermeidung von Fahrtkosten für Rechtsanwälte, Mandantschaften und Zeugen; Beweisaufnahme durch Augenschein vor Ort einfacher durchzuführen; regionale Besonderheiten des Gerichts; spezialisierte Spruchkörper des Gerichts; bereits bekannte Rechtsprechung des Gerichts in ähnlich gelagerten Angelegenheiten

Die wichtigsten besonderen Gerichtsstände sind:

- Gemäß § 27 Abs. 1 ZPO kann in **Erbschaftsstreitigkeiten** auch vor dem Gericht, bei dem der Erblasser zum Zeitpunkt seines Tods seinen allgemeinen Gerichtsstand hatte, geklagt werden.

vgl. LF 3, Kap. 3.1

- In § 29 ZPO ist der besondere Gerichtsstand des **Erfüllungsorts** geregelt. Demnach kann bei Streitigkeiten aus einem Vertragsverhältnis auch am Erfüllungsort geklagt werden. Der Erfüllungsort bestimmt sich in der Regel nach §§ 269 Abs. 1, 270 BGB.

  ▶ **Beispiel:** Anja Jürgensen-Fernández, die ihren Wohnsitz in Dortmund hat, kauft bei einem Händler mit Sitz in Frankfurt ein Tablet. Erfüllungsort für die Kaufpreiszahlung ist gem. §§ 269, 270 BGB der Sitz des Käufers. Der Händler könnte also in Dortmund klagen, falls Anja Jürgensen-Fernández den Kaufpreis nicht zahlt. Für die Übereignung des Tablets ist der Erfüllungsort gem. § 269 Abs. 1 BGB der Sitz des Händlers. Anja Jürgensen-Fernández könnte also in Frankfurt klagen, wenn das Tablet nicht geliefert wird oder Mängel aufweist.

  Die Parteien können gem. § 29 Abs. 2 BGB auch eine Vereinbarung treffen, die einen anderen als den gesetzlich geregelten Erfüllungsort bestimmt. Solch eine **Vereinbarung über den Erfüllungsort** ist für die Begründung der Zuständigkeit jedoch nur wirksam, wenn die Parteien Kaufleute sind.

▶ **Beispiel:** Der Autohändler Helge Hanekop, der seinen Firmensitz in München hat, beauftragt eine Baufirma mit Sitz in Hamburg, ihm ein Firmengebäude für eine Zweigniederlassung auf Usedom zu errichten. Als Erfüllungsort wird im Vertrag Usedom vereinbart. Da beide Kaufleute sind, kann Helge Hanekop sich im Fall einer Streitigkeit aussuchen, ob er bei dem zuständigen Gericht in Hamburg oder dem für Usedom (je nach Streitwert das AG Anklam bzw. das LG Stralsund) Klage erheben möchte.

- Gemäß § 32 ZPO ist für Klagen aus **unerlaubten Handlungen** das Gericht zuständig, in dessen Bezirk die Handlung begangen wurde. Begangen wurde die Tat an dem Ort, an dem ein wesentliches Merkmal des gesetzlichen Tatbestands verwirklicht wurde (**Handlungsort**). Wesentlich ist auch der Ort, an dem die Verletzung des Rechtsguts eingetreten ist (**Erfolgsort**).

▶ **Beispiel:** Karen Achmus verletzt die Fahrradfahrerin Claudia Dockhorn schwer, als sie mit ihrem Motorrad auf einer Landstraße in der Nähe von Weimar ein riskantes Überholmanöver durchführt. Claudia Dockhorn stirbt wenige Zeit später an ihren Verletzungen in einem Krankenhaus in Fulda. Die Erben von Claudia Dockhorn können Karen Achmus sowohl in Weimar auf Schadenersatz nach §§ 823 ff. BGB verklagen als auch in Fulda, wo der Tod eingetreten ist. Darüber hinaus können sie am Wohnsitz von Karen Achmus gem. § 13 ZPO klagen.

Ausschließliche Gerichtsstände

Ausschließliche Gerichtsstände verdrängen, wie ihr Name schon nahelegt, alle anderen Gerichtsstände.

Die wichtigsten ausschließlichen Gerichtsstände sind:

- Gemäß § 24 ZPO ist bei **Streitigkeiten über das Eigentum** oder andere dingliche Rechte an Grundstücken, das Gericht ausschließlich zuständig, in dessen Bezirk die Sache gelegen ist.

▶ **Beispiel:** Maximilian Wiedau, wohnhaft in Oldenburg, und Patricia Nowak, wohnhaft in Rosenheim, streiten über ein ererbtes Grundstück in Erfurt. Damit ist nur das Gericht in Erfurt für die Streitigkeit zuständig.

- Gemäß § 29 a ZPO ist für **Streitigkeiten über Ansprüche aus Miet- oder Pachtverhältnissen** ausschließlich das Gericht zuständig, in dessen Bezirk sich die Räume befinden. Wohnraummietverhältnisse nach § 549 Abs. 2 Nr. 1–3 BGB sind von dieser Regelung jedoch gem. § 29 a Abs. 2 ZPO ausgenommen.

▶ **Beispiel:** Die Schriftstellerin Esther Wilken, wohnhaft in Düsseldorf, recherchiert für ein neues Buch und mietet sich daher auf der Insel Amrum ein Haus und zusätzlich einen Raum in einem Bürogebäude, den sie für Schreibarbeiten nutzt. Bei Streitigkeiten bzgl. des Büroraums kann nur beim für Amrum zuständigen Gericht (das Amtsgericht Niebüll) geklagt werden. Bei Streitigkeiten bzgl. des Wohnhauses kann Esther Wilken wählen, ob sie an dem allgemeinen Gerichtsstand des Vermieters (§§ 12, 13 ZPO) oder an dem besonderen Gerichtsstand des Erfüllungsorts (§ 29 ZPO) klagen möchte. Hätte sie das Haus längerfristig als Wohnsitz gemietet, wäre das Amtsgericht Niebüll hingegen ausschließlich zuständig.

Gerichtsstandsvereinbarungen

Die Parteien eines Rechtsstreits können auch eine **Gerichtsstandsvereinbarung** treffen und somit selbst bestimmen, welches Gericht zuständig sein soll.

vgl. LF 10, Kap. 2.2.3

Eine solche Vereinbarung ist allerdings gem. § 40 Abs. 2 ZPO **nicht möglich**

- **für Streitigkeiten über nichtvermögensrechtliche Ansprüche, die den Amtsgerichten zugewiesen** sind oder
- wenn das Gesetz einen **ausschließlichen Gerichtsstand** vorsieht.

Zudem kann gem. § 38 Abs. 1 ZPO ein Gerichtsstand **im Vorfeld** nur wirksam vereinbart werden, wenn beide Parteien **Kaufleute** oder juristische Personen des öffentlichen Rechts sind oder gem. § 38 Abs. 2 ZPO, wenn mindestens eine Partei **keinen allgemeinen Gerichtsstand im Inland** hat.

▶ **Beispiel:** Die Eheleute Nils und Rosa Nienhagen, wohnhaft in Weimar, wollen sich scheiden lassen und vereinbaren im Vorfeld schriftlich, dass das Amtsgericht in Jena zuständig sein soll, da Rosa Nienhagen inzwischen berufsbedingt nach Singapur gezogen ist. Eine solche Gerichtsstandsvereinbarung wäre zwar grds. für die beiden als Privatpersonen im Vorfeld möglich, da Rosa Nienhagen keinen allgemeinen Gerichtsstand mehr im Inland hat. Die Scheidung ist jedoch eine Familiensache, die gem. § 23 a Abs. 1 Nr. 1 GVG den Amtsgerichten zugewiesen ist. Folglich ist die Gerichtsstandsvereinbarung unzulässig und die Zuständigkeit des Gerichts richtet sich nach den gesetzlichen Regelungen.

Ist eine der Parteien eine Privatperson, so kann der Gerichtsstand gem. § 38 Abs. 3 Nr. 1 ZPO erst **nach Entstehen der Streitigkeit** wirksam vereinbart werden. Diese Vereinbarung muss ausdrücklich und schriftlich erfolgen.

Nach Rechtshängigkeit der Klage kann der Gerichtsstand gem. § 261 Abs. 3 Nr. 2 ZPO nicht mehr durch Parteivereinbarung geändert werden.

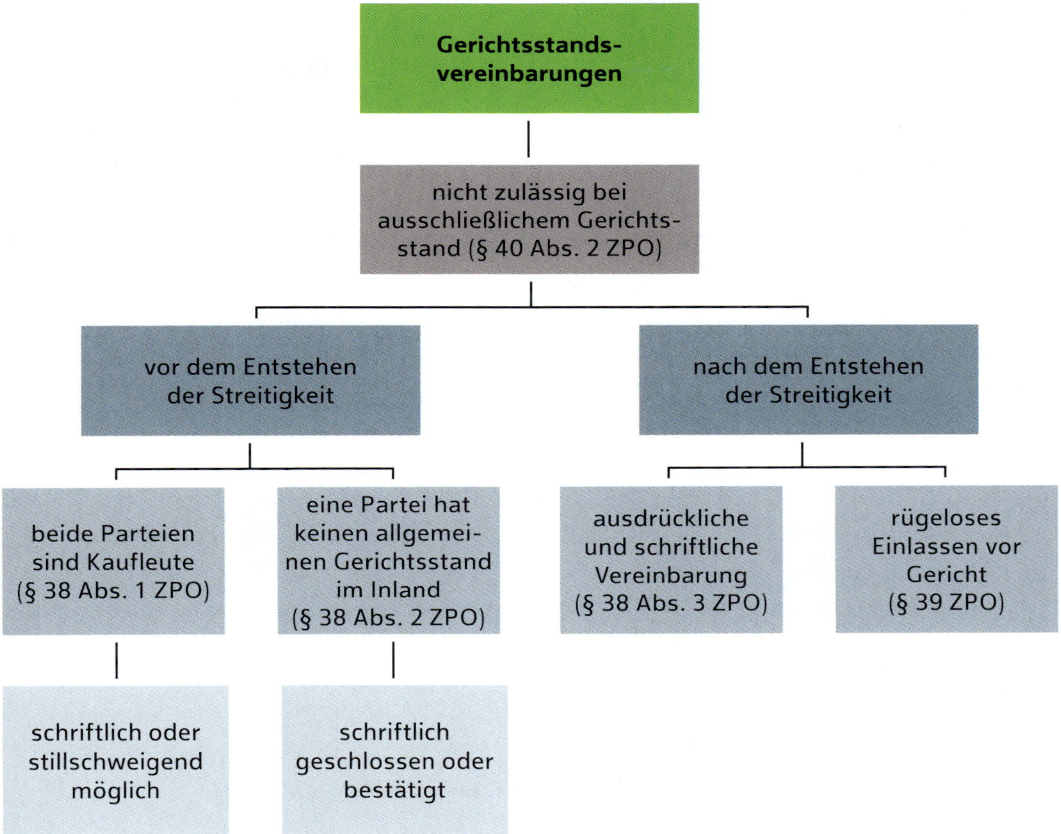

Gemäß § 39 ZPO kann ein unzuständiges Gericht für zuständig erklärt werden, wenn der Beklagte (unabhängig davon, ob er Kaufmann ist oder nicht) vor Gericht, ohne die Unzuständigkeit geltend zu machen, **zur Hauptsache mündlich verhandelt**.

Auch dies ist wiederum gem. § 40 Abs. 2 S. 2 ZPO nicht möglich, wenn es sich um den Amtsgerichten zugewiesene, nichtvermögensrechtliche Streitigkeiten handelt oder ein ausschließlicher Gerichtsstand gegeben ist.

Voraussetzung ist zudem, dass der Beklagte vor Verhandlungsbeginn gem. § 504 ZPO durch das Gericht über die Folgen der Verhandlung ohne Rüge **belehrt** wurde.

▶ **Beispiel:** Annika Kersch und Felicitas Derkan streiten vor dem Amtsgericht Detmold über eine Kaufpreisforderung. Felicitas Derkan glaubt irrtümlich (auch nach Hinweis durch das Gericht), dass das Gericht zuständig sei, und beantragt in der mündlichen Verhandlung, die Klage abzuweisen. Später stellt sie fest, dass das Amtsgericht Papenburg zuständig gewesen wäre und beantragt eine Verweisung. Das Amtsgericht Detmold ist nun aber gem. § 39 ZPO das zuständige Gericht und muss über die Sache entscheiden.

2.2.3 Sachliche Zuständigkeit

vgl. LF 1, Kap. 3.3.1

Die sachliche Zuständigkeit betrifft die Frage, welches Gericht in erster Instanz zuständig ist.

Amtsgerichte sind u. a. für folgende Fälle zuständig:
- Streitigkeiten über Ansprüche bis zu 5000,00 € (§ 23 Nr. 1 GVG)
- Streitigkeiten über Ansprüche aus einem Wohnraummietverhältnis (ausschließliche Zuständigkeit, § 23 Nr. 2 a GVG)
- Streitigkeiten nach § 43 Nr. 1–4 u. 6 des Wohnungseigentumsgesetzes (ausschließliche Zuständigkeit, § 23 Nr. 2 c GVG)
- Streitigkeiten wegen Wildschadens (§ 23 Nr. 2 d GVG)
- Familiensachen (§ 23 a Abs. 1 Nr. 1 GVG; dafür gibt es bei den Amtsgerichten spezielle Familiengerichte gem. § 23 b GVG, dies umfasst Ehe-, Unterhalts- und Kindschaftssachen)
- Angelegenheiten der freiwilligen Gerichtsbarkeit wie Betreuungs-, Nachlass- und Grundbuchsachen (§ 23 a Abs. 1 Nr. 2, Abs. 2 GVG; es gibt bei den Amtsgerichten spezielle Betreuungsgerichte gem. § 23 c GVG)
- Mahnverfahren (§ 689 Abs. 1 ZPO)
- Vollstreckungssachen (§ 764 Abs. 2 ZPO)

Landgerichte sind in der ersten Instanz u. a. in folgenden Fällen zuständig:
- Streitigkeiten über Ansprüche ab 5000,01 € (§§ 23 Nr. 1, 71 GVG)
- Klagen aus Amtshaftung (§ 71 Abs. 2 Nr. 2 GVG)
- Handelssachen (§ 95 GVG; dafür gibt es bei den Landgerichten spezielle Handelskammern, dies umfasst Streitigkeiten unter Kaufleuten oder Streitigkeiten nach dem UWG)

Die Zuständigkeit der **Oberlandesgerichte** und des **Bundesgerichtshofs** ist in § 119 GVG bzw. § 133 GVG geregelt.

Der **Streitwert** wird durch das Gericht gem. §§ 2, 3 ZPO bestimmt.

Hält ein **Gericht** sich für sachlich oder örtlich **unzuständig**, darf es die Sache nur auf Antrag des Klägers gem. § 281 Abs. 1 ZPO an das zuständige Gericht verweisen. Stellt der Kläger keinen entsprechenden **Verweisungsantrag**, so muss das Gericht die Klage durch Prozessurteil als unzulässig abweisen.

Wurde die Sache an ein anderes Gericht verwiesen, so ist diese Verweisung bindend. Das Gericht muss also über die Sache verhandeln, auch wenn es sich nicht für zuständig hält.

2.2.4 Die Parteifähigkeit

Parteifähigkeit ist die Fähigkeit, **in einem Rechtsstreit Partei**, also Kläger, Beklagter, Antragsteller etc., **zu sein**.

vgl. LF 4, Kap. 3.1.2

Parteifähig ist gem. § 50 Abs. 1 ZPO wer rechtsfähig ist.

Alle **natürlichen Personen** sind somit ab ihrer Geburt parteifähig (§ 1 BGB).

Juristische Personen sind rechtsfähig und damit parteifähig nach der jeweiligen speziellen gesetzlichen Regelung.

▶ **Beispiele:** GmbH: § 13 Abs. 1 GmbHG; AG: § 1 Abs. 1 S. 1 AktG

Personengesellschaften wie die **OHG** und die **KG** sind aufgrund von ausdrücklichen rechtlichen Regelungen ebenfalls parteifähig (OHG: § 124 Abs. 1 HGB; KG: § 124 HGB i. V. m. § 161 Abs. 2 HGB).

vgl. LF 2, Kap. 4.8.3 und 4.8.4

Auch für den **nichtrechtsfähigen Verein**, d. h., einen Verein, der nicht in das Vereinsregister eingetragen ist, ist in § 50 Abs. 2 ZPO ausdrücklich geregelt, dass ein solcher Verein klagen und verklagt werden kann.

vgl. LF 2, Kap. 4.10

Die **Außen-GbR** ist nach der Rechtsprechung des BGH aufgrund einer entsprechenden Anwendung des § 124 Abs. 1 HGB ebenfalls parteifähig, sofern sie am Rechtsverkehr teilnimmt und eigene Rechte und Pflichten begründet.

vgl. LF 2, Kap. 4.8.2

Der **eingetragene Kaufmann** (e. K.) kann unter seiner Firma klagen und verklagt werden (§ 17 Abs. 2 HGB). Partei des Prozesses ist jedoch der Kaufmann als Person.

vgl. LF 2, Kap. 4.1

Eine **Wohnungseigentümergemeinschaft** ist zwar auch nicht rechtsfähig, kann aber gem. § 10 Abs. 6 S. 4 WEG vor Gericht klagen und verklagt werden.

Eine **Erbengemeinschaft** ist weder rechts- noch parteifähig. Die Miterben können aber in erbrechtlichen Streitigkeiten gemeinsam verklagt werden (§§ 2058, 2059 Abs. 2 BGB).

Die Parteifähigkeit ist nicht dispositiv. Die Parteien können also keine Vereinbarungen darüber treffen, ob eine Prozesspartei parteifähig ist oder nicht.

Fällt die Parteifähigkeit während des Verfahrens weg, so wird die Sache für erledigt erklärt.

2.2.5 Die Prozessfähigkeit

vgl. LF 4, Kap. 3.1.2

Prozessfähigkeit ist die Fähigkeit, **Prozesshandlungen selbst durchzuführen** oder durch einen selbst bestellten Vertreter durchführen zu lassen.

Prozessfähig ist, wer sich nach bürgerlichem Recht selbstständig durch Verträge verpflichten kann (§§ 51, 52 ZPO).

Wer **nicht voll geschäftsfähig** ist, muss deshalb im Prozess vertreten sein. Für Minderjährige übernimmt üblicherweise der gesetzliche Vertreter die Prozesshandlungen (in der Regel beide Elternteile gem. §§ 1629, 1626 BGB). Der gesetzliche Vertreter selbst muss wiederum geschäftsfähig sein.

vgl. LF 2, Kap. 4

Gesellschaften werden ebenfalls durch ihre gesetzlichen Vertreter im Prozess vertreten:

Gesellschaft	Prozessfähigkeit, Vertretung vor Gericht
rechtsfähiger Verein	Vorstand, § 26 Abs. 2 BGB
nicht rechtsfähiger Verein	Mitglieder, § 54 S. 1 BGB
Stiftung	Vorstand, §§ 86, 26 BGB
GbR	Gesellschafter; §§ 709, 710, 714 BGB
AG	Vorstand, § 78 Abs. 1 AktG
GmbH	Geschäftsführer, § 35 Abs. 1 GmbHG
OHG	Gesellschafter, § 125 HGB
KG	Komplementär, § 161 Abs. 2 HGB
GmbH & Co. KG	siehe KG
KGaA	Vorstand bestehend aus Komplementär, siehe KG
Partnerschaft	Partner; § 7 Abs. 3 PartGG, § 125 HGB
Wohnungseigentümergemeinschaft	Verwalter, § 27 Abs. 3 WEG
Genossenschaft	Vorstand, § 24 Abs. 1 GenG

2.2.6 Die Postulationsfähigkeit

Die Postulationsfähigkeit ist die Fähigkeit, **vor Gericht rechtserheblich aufzutreten**, also wirksam Prozesshandlungen vornehmen zu können. **Prozesshandlungen** sind alle Handlungen der Parteien, die dazu dienen, den Prozess zu beginnen, voranzutreiben, zu gestalten oder zu beenden, wie z. B. die Klageeinreichung oder -rücknahme, das Stellen von Anträgen oder das Einlegen von Rechtsmitteln.

Im **Parteiprozess** gem. § 79 ZPO ist grds. jede prozessfähige Person auch postulationsfähig. Die Partei kann sich durch einen Rechtsanwalt im Prozess vertreten lassen, muss es aber nicht. Parteiprozesse sind alle zivilrechtlichen Verfahren, für die **kein Anwaltszwang** angeordnet ist.

Im **Anwaltsprozess** muss dagegen ein zugelassener Rechtsanwalt als Bevollmächtigter für die Partei auftreten, damit wirksame Prozesshandlungen vorgenommen werden können. Auch ein Rechtsanwalt muss zudem prozessfähig sein.

Der Gedanke dahinter ist, dass rechtsunkundige Laien geschützt werden müssen und ein geordneter Ablauf des Verfahrens gewährleistet werden soll.

Anwaltszwang besteht insbesondere in folgenden Fällen:
- Im Zivilprozess vor **Landgerichten** und **Oberlandesgerichten** besteht gem. § 78 Abs. 1 S. 1 ZPO Anwaltszwang.
- Vor dem **Bundesgerichtshof** müssen sich die Parteien gem. § 78 Abs. 1 S. 3 ZPO durch einen bei dem Bundesgerichtshof zugelassenen Rechtsanwalt vertreten lassen.
- Vor den Familiengerichten müssen sich die Ehegatten in **Ehesachen** gem. § 114 Abs. 1 FamG ebenfalls grds. durch einen Rechtsanwalt vertreten lassen.

Die fehlende Vertretung durch einen Rechtsanwalt kann weitreichende Konsequenzen haben. Sie macht nicht nur die Klage unzulässig, sondern hat auch in laufenden Verfahren Bedeutung. Eine ohne Rechtsanwalt vor Gericht erschienene Partei gilt als säumig, sodass gegen die Partei ein Versäumnisurteil gem. § 330 ZPO ergehen kann. Zudem werden Schriftsätze, die nicht durch Rechtsanwälte eingereicht werden, vom Gericht nicht beachtet und gelten nicht als fristwahrend.

vgl. LF 10, Kap. 1.2.6

▶ **Beispiel:** Arno Lubbe beauftragt Rechtsanwalt Jakob Weigand, für ihn in einer Schadenersatzsache beim Landgericht Klage einzureichen. Kurz danach ist er jedoch mit der Arbeit von Jakob Weigand unzufrieden, kündigt ihm und möchte sich nun selbst vertreten. Erscheint er zur mündlichen Verhandlung ohne anwaltliche Vertretung, so wird er vom Gericht so behandelt, als ob er gar nicht erschienen wäre, da er nicht zur Sache verhandeln und Anträge stellen kann.

2.2.7 Die Prozessführungsbefugnis

Dies ist die Fähigkeit, den geltend gemachten Anspruch als Partei eines Prozesses zu verfolgen. Die Prozessführungsbefugnis liegt grds. vor, wenn der Kläger ein eigenes Recht im eigenen Namen geltend macht. Sie ist also nur problematisch, wenn jemand im **eigenen Namen das Recht eines anderen** einklagt. Dies wird als **Prozessstandschaft** bezeichnet.

Es wird grds. zwischen gesetzlicher und gewillkürter Prozessstandschaft unterschieden:

- Eine **gesetzliche Prozessstandschaft** liegt vor, wenn ein Gesetz es ausdrücklich zulässt, dass jemand ein fremdes Recht in eigenem Namen einklagt.

  ▶ **Beispiele:** Insolvenzverwalter: § 80 InsO; Nachlassverwalter: §§ 1984, 1985 BGB; Testamentsvollstrecker: §§ 2212, 2213 ZPO; Rechtsvorgänger bei Veräußerung im Prozess: § 265 Abs. 2 ZPO

- Eine **gewillkürte Prozessstandschaft** liegt vor, wenn sie im Gesetz nicht ausdrücklich vorgesehen ist. Sie ist nur zulässig, wenn
  - eine ausdrückliche Ermächtigung des Dritten vorliegt,
  - der Kläger ein schutzwürdiges Eigeninteresse an der Prozessführung in eigenem Namen hat,
  - die Gegenseite dadurch nicht beeinträchtigt wird und
  - der streitgegenständliche Anspruch abtretbar ist.

  ▶ **Beispiel:** Der Maurer Frank Kodat hat seine Betonmischmaschine an die Spargut Bank zur Sicherheit gegen ein Darlehen in Höhe von 20000,00 € übereignet. Es wurde vereinbart, dass er die Betonmischmaschine weiterhin zur Ausübung seines Berufs nutzen darf, um so das Darlehen zurückzuzahlen. Die Betonmischmaschine ist nun jedoch im Besitz des Konkurrenten Robert Hecker, da dieser der Meinung ist, dass sie ihm gehört. Frank Kodat erhebt Klage auf Herausgabe der Betonmischmaschine. Da Frank Kodat selbst nicht Eigentümer ist, klagt er eigentlich das Recht der Bank ein. Er hat jedoch ein schutzwürdiges Eigeninteresse an der Klage, da er die Betonmischmaschine für seine tägliche Arbeit benötigt und sie als Sicherheit für sein Darlehen dient. Sofern ihn also die Bank dazu ermächtigt, liegt eine wirksame gewillkürte Prozessstandschaft vor.

2.2.8 Ordnungsgemäße Klageerhebung

Die Klageschrift muss **schriftlich** oder bei Amtsgerichten gem. § 496 ZPO auch **mündlich zum Protokoll der Geschäftsstelle** eingereicht werden. Rechtsanwälte und Behörden können Klageschriften gem. § 130 d ZPO i. V. m. § 532 Abs. 4 ZPO seit dem 01.01.2022 nur noch als elektronisches Dokument übermitteln. Die Übermittlung per Post oder Telefax ist somit unwirksam und nur im Ausnahmefall möglich, wenn die elektronische Übermittlung aus technischen Gründen vorübergehend nicht möglich ist. Per Brief, Telefax, Computerfax oder E-Post-Brief können daher nur noch Privatpersonen oder juristische Personen des Privatrechts Klagen einreichen.

Die Klageschrift muss gem. § 130 Nr. 6 ZPO die **Unterschrift** des Klägers oder seines Prozessbevollmächtigten tragen.

Bei elektronischen Dokumenten muss gem. § 130 a Abs. 3 ZPO das Dokument mit einer qualifizierten elektronischen Signatur der verantwortenden Person versehen sein oder von der verantwortenden Person signiert und auf einem sicheren Übermittlungsweg eingereicht werden. Ein solcher sicherer Übermittlungsweg ist das beA (§ 130 a Abs. 4 Nr. 2 ZPO).

Wenn ein Schriftsatz Erklärungen enthält, die der gesetzlichen Schriftform bedürfen (z. B. Widerspruch des Mieters gegen die Kündigung gem. § 574 b Abs. 1 S. 1 BGB), ist eine qualifizierte elektronische Signatur zwingend, unabhängig vom Übermittlungsweg und der Person, die das Dokument übermittelt.

Andernfalls liegt keine wirksame Klageeinreichung vor (vgl. BGH, Beschluss vom 30.03.2022, Az.: XII ZB 311/21). Wenn eine Klage also nur die Namenswiedergabe des Rechtsanwalts enthält (= einfache elektronische Signatur), muss er sie selbst verschicken. Immer wenn der Versand von einer anderen Person übernommen wird, also z. B. dem Sekretariat, muss der Rechtsanwalt vorher eine qualifizierte elektronische Signatur auf dem Dokument anbringen, die im Unterschied zur beA-Karte Basis eine beA-Karte Signatur bzw. eine Nachladesignatur erfordert. Dadurch soll sichergestellt werden, dass es sich nicht nur um einen Entwurf handelt und dass das Dokument tatsächlich von der Person stammt, die es unterzeichnet hat.

In § 253 Abs. 2 ZPO ist festgelegt, welche Angaben zwingend in der Klageschrift zu machen sind:

- **Bezeichnung der Parteien** und **des Gerichts**: Anzugeben sind Vor- und Nachname sowie ladungsfähige Anschrift und ggf. der Beruf des Klägers und des Beklagten sowie der Prozessbevollmächtigte des Klägers.
  Wurde der Beklagte im Vorfeld durch einen Rechtsanwalt vertreten, so ist dieser nicht anzugeben. Der Beklagte kann sich für den Prozess (neu) überlegen, ob er einen Rechtsanwalt beauftragt (sofern kein Anwaltszwang besteht), und wenn ja, welchen. Eine Zustellung an den Rechtsanwalt aus dem vorprozessualen Verfahren, der nicht für das Klageverfahren bestellt ist, wäre unwirksam.

▶ **Beispiel:**

...
Klage

der Landauer Holzfachhandel KG, Am Westbahnhof 2 a, 76829 Landau, vertreten durch die persönlich haftende Gesellschafterin Viola Ben Ammar, ebenda,

Klägerin,

Prozessbevollmächtigte: Dr. Neumann & Huber, Rechtsanwälte, Partnerschaft, Grainstraße 101, 67434 Neustadt an der Weinstraße,

gegen

den e. K. Karsten Puttkammer, Prowellstraße 12, 76877 Offenbach an der Queich,

Beklagten,
...

vgl. LF 10, Kap. 2.2.9

vgl. LF 12

- **Bestimmte Angabe des Gegenstands** und des **Grunds** des erhobenen Anspruchs, sowie ein bestimmter **Antrag**: Dies wird auch als Streitgegenstand bezeichnet.
  Der Antrag muss so bestimmt sein, dass ein Gerichtsvollzieher ggf. genau wüsste, um welchen Gegenstand es sich handelt, wenn er ihn zwangsvollstrecken will.

...
wegen Herausgabe eines Pkw,

Gegenstandswert: 4.000,00 €

Namens der Klägerin erhebe ich Klage und bitte um Anberaumung eines nahen Verhandlungstermins.

In diesem werde ich beantragen:

1. die Beklagte zu verurteilen, an den Kläger den Pkw Marke VW Polo, Fahrzeug-Identifikationsnummer: XV1745531V1861496, amtliches Kennzeichen: HL-TR-6044, nebst Fahrzeugschein, Serviceheft, Sommerreifen und sämtlichen Schlüsseln herauszugeben;

...

Ausnahmsweise kann der Antrag unbestimmt sein, wenn die Höhe erst noch durch das Gericht ermittelt werden muss.

▶ **Beispiele:** Einforderung von Schmerzensgeld gem. § 253 Abs. 2 BGB, angemessene Entschädigung wegen nutzlos aufgewendeter Urlaubszeit gem. §§ 651 f. BGB

Auch bei einer **Stufenklage** gem. § 254 ZPO ist der Antrag unbestimmt, da in einem ersten Schritt Auskunft über einen bestimmten Sachverhalt vom Beklagten verlangt wird, auf den dann erst die Forderung gestützt werden kann.

▶ **Beispiel:** Auskunftspflicht von Verwandten zur Feststellung des Unterhaltsanspruchs gem. § 1605 BGB

In § 253 Abs. 3 ZPO sind zudem noch weitere Inhalte aufgeführt, die eine Klageschrift enthalten sollte, aber nicht zwingend müssen:

- Die Angabe, ob der Klageerhebung der Versuch einer Mediation oder eines anderen Verfahrens der **außergerichtlichen Konfliktbeilegung** vorausgegangen ist, sowie eine Äußerung dazu, ob einem solchen Verfahren Gründe entgegenstehen;
- die Angabe des **Werts des Streitgegenstands**, wenn hiervon die Zuständigkeit des Gerichts abhängt und der Streitgegenstand nicht in einer bestimmten Geldsumme besteht;
- eine Äußerung dazu, ob einer Entscheidung der Sache durch den **Einzelrichter** Gründe entgegenstehen.

▶ **Beispiel:** In der Praxis wird üblicherweise am Ende der Klageschrift folgender Satz angefügt: „Einer Entscheidung des Rechtsstreits durch den Einzelrichter stehen keine Gründe entgegen."

In der Praxis ist es zudem üblich zu beantragen, dass der Gegenseite die **Kosten** auferlegt werden, auch wenn dies gem. § 308 Abs. 2 ZPO nicht erforderlich ist, da das Gericht über die Prozesskosten von Amts wegen entscheidet.

Gleiches gilt für den **Antrag auf vorläufige Vollstreckbarkeit**, der ebenfalls wegen § 708 ZPO überflüssig ist.

Ein **Versäumnisurteil** gegen den Beklagten kann hingegen gem. § 331 Abs. 3 ZPO nur auf Antrag des Klägers ergehen, sodass es üblich ist, dies bereits in der Klageschrift zu beantragen. Dadurch erspart man sich einen zusätzlichen Schriftsatz für den Fall, dass die Gegenseite innerhalb der vom Gericht festgesetzten Frist nicht reagiert.

vgl. LF 10, Kap. 1.2.6

Ein **Anerkenntnisurteil** kann auch ohne vorherigen Antrag des Klägers gem. § 307 ZPO ergehen. Teilweise wird in der Praxis jedoch auch ein dahingehender Antrag in die Klageschrift mit aufgenommen.

vgl. LF 10, Kap. 1.2.7

▶ **Beispiel:**

> ...
>
> wegen Schadenersatz,
>
> Streitwert: 8.500,00 €
>
> In der mündlichen Verhandlung werde ich folgende
>
> **Anträge**
>
> stellen:
>
> 1. Der Beklagte wird verurteilt, an den Kläger 8.500,00 € nebst Zinsen in Höhe von fünf Prozentpunkten über dem jeweiligen Basiszinssatz seit 01.11.2024 zu zahlen.
>
> 2. Dem Beklagten werden die Kosten des Rechtsstreits auferlegt.
>
> 3. Das Urteil ist vorläufig vollstreckbar.
>
> Bei Vorliegen der gesetzlichen Voraussetzungen beantrage ich den Erlass eines Versäumnisurteils gem. § 331 Abs. 3 ZPO.
>
> ...

2.2.9 Keine anderweitige Rechtshängigkeit

Um widersprüchliche Entscheidungen in der gleichen Sache zu vermeiden, darf immer **nur ein Gericht mit der Sache befasst** sein. Wurde die Sache also bei einem Gericht rechtshängig, so kann die gleiche Sache gem. § 261 Abs. 3 Nr. 1 ZPO nicht anderweitig anhängig gemacht werden.

Unter Sache versteht man dabei den **Streitgegenstand**. Dabei wird von einem sog. **prozessual-zweigliedrigen Streitgegenstandsbegriff** ausgegangen. Demnach wird der Streitgegenstand bestimmt durch den eingereichten Klageantrag (Was soll erreicht werden?) und den zu dessen Begründung vorgetragenen Lebenssachverhalt (Worauf wird der Antrag gestützt?). Der Streitgegenstand ist nicht identisch mit einer Anspruchsgrundlage.

▶ **Beispiel:** Verklagt eine Kundin den Inhaber einer Kfz-Werkstatt, weil sie in der Werkstatt auf einer Öllache ausgerutscht ist und sich ein Bein gebrochen hat, kann sie sich auf mehrere Anspruchsgrundlagen nach dem BGB stützen (z. B. §§ 280 Abs. 1, 311 Abs. 2 Nr. 2 BGB i. V. m.

§ 241 Abs. 2 BGB und §§ 823 ff. BGB). Es handelt sich jedoch um einen einzigen Streitgegenstand. Verklagt die Kundin die Kfz-Werkstatt zusätzlich, weil ihr Pkw fehlerhaft repariert wurde, so handelt es sich um zwei Streitgegenstände, da die Ansprüche auf unterschiedlichen Lebenssachverhalten beruhen.

Hinweis: Die Bestimmung des Streitgegenstands ist auch wichtig für die Frage des Vorliegens einer Klageänderung gem. § 263 ZPO oder einer Klagehäufung gem. § 260 ZPO, die Reichweite der materiellen Rechtskraft der Entscheidung oder die Beschwerde im Rechtsmittelverfahren.

vgl. LF 11

2.2.10 Keine entgegenstehende Rechtskraft

Hat ein Gericht bereits in einer Sache entschieden, so darf es sich gem. § 322 ZPO nicht erneut mit der Sache befassen. Auch hier gilt der **prozessual-zweigliedrige Streitgegenstandsbegriff**.

In Rechtskraft erwächst neben dem entschiedenen Streitgegenstand jeweils auch das zwingende Gegenteil des Streitgegenstands (sog. **kontradiktorisches Gegenteil**).

▶ **Beispiel:** Dirk Ulmer verklagt Kevin Jäger auf Herausgabe eines Gemäldes nach § 985 BGB. Er unterliegt in dem Rechtsstreit, da das Gericht davon ausgeht, dass Kazem Javadi gutgläubig das Eigentum an dem Gemälde erworben hatte und somit Dirk Ulmer nicht mehr Eigentümer ist. Kevin Jäger darf nun nicht seinerseits Klage dahingehend erheben, dass festgestellt werden soll, dass er der Eigentümer des Gemäldes sei, da dies das Gegenteil des ursprünglichen Streitgegenstands darstellt.

Mit „entschieden" sind alle Arten von **Sachurteilen** gemeint, auch das Anerkenntnisurteil gem. § 307 ZPO oder das Versäumnisurteil gem. § 330 ZPO, nicht jedoch Prozessurteile, durch die eine Klage als unzulässig abgewiesen wurde.

siehe LF 10, Kap. 1.2.7, 1.2.6

▶ **Beispiel:** Heiko Samawatie verklagt Elke Froborg auf Schadenersatz. Da Elke Froborg auf die Zustellung der Klageschrift nicht reagiert, ergeht ein Versäumnisurteil in der Sache, das auch rechtskräftig wird. Etwas später möchte Heiko Samawatie erneut Klage in der Sache erheben, da er der Meinung ist, dass gar nicht zur Sache verhandelt worden sei. Die Klage ist unzulässig, da die Rechtskraft des Versäumnisurteils dem entgegensteht.

Teilklagen sind jedoch grds. zulässig und begründen keine entgegenstehende Rechtskraft.

▶ **Beispiel:** Der Designer Arne Thies hat für die Herbote GmbH mehrfach deren Website umgestaltet. In diesem Zusammenhang hat er seine Leistungen einmal mit Rechnung vom 23.04.2024 für die Monate März und April 2024 in Höhe von 545,00 € und dann mit Rechnung vom 30.09.2024 für die Monate August und September 2024 in Höhe von 3645,00 € in Rechnung gestellt. Da er nur wenig Geld für den Gerichtskostenvorschuss hat und zudem befürchtet, vor Gericht zu unterliegen, macht er zunächst in einer Teilklage nur die Forderung aus der Rechnung vom 23.04.2024 geltend. Will er später auch die andere Forderung geltend machen, so steht die Rechtskraft der gerichtlichen Entscheidung in der ersten Sache dem nicht entgegen.

Teilklagen über wiederkehrende Leistungen, wie z.B. Unterhalt oder Schmerzensgeld, sind zum Schutz des Beklagten hingegen nicht zulässig.

2.2.11 Rechtsschutzbedürfnis

Das Rechtsschutzbedürfnis fehlt nur in seltenen Ausnahmefällen, wenn ein einfacherer, aber gleich effektiver Weg wie eine Klage gegeben wäre oder wenn die Rechtsverfolgung reine Schikane ist.

▶ **Beispiel:** Adalbert Senglmayr streitet sich seit Jahren mit seinem Nachbarn Alois Huber in verschiedenen Angelegenheiten vor Gericht. Schließlich reicht er Klage über eine Restforderung in Höhe von 0,34 € ein. In diesem Fall könnte das Gericht das Rechtsschutzbedürfnis verneinen.

vgl. LF 4, Kap. 3.4.3

Bei Feststellungsklagen ist jedoch das sog. **Feststellungsinteresse** gem. § 256 ZPO zu prüfen.

2.3 Die Streitgenossenschaft

In der Praxis kommt es häufig vor, dass auf Kläger- und/oder auf Beklagtenseite **mehrere Personen** auftreten.

▶ **Beispiele:** Andrea Sigurdson verklagt ihre Nachbarn, die Eheleute Jens Baltheim und Nurhan Silan. Die Gesellschafter der StartApp GbR, Carla Marks-Roloff und Aysel Atasoy, verklagen die Kuhrhahn OHG und ihre beiden persönlich haftenden Gesellschafter Thea Kurhahn und Mirko Moric wegen einer Kaufpreiszahlung.

Der wichtigste Fall der Personenmehrheit bei den Parteien ist dabei die Streitgenossenschaft. Die **Sachentscheidungsvoraussetzungen** sind bei der Streitgenossenschaft grds. für jede Partei gesondert zu prüfen. Je nach Art der Streitgenossenschaft können die Voraussetzungen der Streitgenossenschaft selbst im Rahmen der Zulässigkeit zu prüfen sein.

2.3.1 Begriffsklärung

Bei mehreren Personen auf der Klägerseite spricht man von **aktiver Streitgenossenschaft**, bei mehreren Personen auf der Beklagtenseite von **passiver Streitgenossenschaft**.

Der **Tenor** eines Urteils bei aktiver Streitgenossenschaft könnte z. B. lauten:

*... wird verurteilt an die Kläger als gemeinschaftliche Gläubiger *** € zu zahlen ...*

Der Tenor eines Urteils bei passiver Streitgenossenschaft könnte z. B. lauten:

... werden als Gesamtschuldner verurteilt, ...

Die Streitgenossenschaft wird zudem auch als **subjektive Klagehäufung** bezeichnet. Eine **objektive Klagehäufung** liegt hingegen vor, wenn ein Kläger mit einer Klage mehrere prozessuale Ansprüche verfolgt (unabhängig davon, wie viele Parteien beteiligt sind).

Die Streitgenossenschaft darf nicht mit der **Nebenintervention** (auch Streithilfe genannt) verwechselt werden. Bei der Nebenintervention beteiligt sich jemand im eigenen Namen an einem fremden Prozess. Er ist dabei jedoch keine Partei des Prozesses (vgl. §§ 66 ff. ZPO). Auch bei der **Streitverkündung** (§§ 72–74 ZPO), bei der eine Person förmlich über einen anhängigen Prozess durch eine der beiden Parteien benachrichtigt wird, wird diese Person nicht Prozesspartei und unterscheidet sich damit von der Streitgenossenschaft.

Bei der Streitgenossenschaft werden wiederum die einfache und die notwendige Streitgenossenschaft unterschieden.

2.3.2 Die (einfache) Streitgenossenschaft

Bei der einfachen Streitgenossenschaft werden aus Gründen der Prozessökonomie und Effizienz mehrere selbstständige Prozesse in einem Verfahren verbunden.

Zulässigkeit

Eine einfache Streitgenossenschaft ist in folgenden Fällen zulässig:

- **Rechtsgemeinschaft** hinsichtlich des Streitgegenstands (§ 59 1. Alt. ZPO)

  ▶ **Beispiele:** Gesamtschuldner (§§ 421, 840 BGB: z. B. der Geschädigte eines Verkehrsunfalls, Gustav Vöhringer, verklagt den Halter des Kfz, Lysander Steinbach, und den Fahrer, Hilmar Grube, oder den Halter und die Versicherung), Miteigentümer (§§ 1008 ff. BGB), Erbengemeinschaft (§ 2032 BGB).

- **Berechtigung oder Verpflichtung** aus demselben rechtlichen und tatsächlichen Grund (§ 59 2. Alt. ZPO)

▶ **Beispiele:** Ingrid Pireci hat ein Baugerüst nicht richtig befestigt, wodurch mehrere Personen verletzt wurden, die sie nun verklagen. Alina Mutlu klagt auf Übereignung und Übergabe des gekauften Grundstücks gegen die beiden Vertragsparteien des Kaufvertrags Rolf Spielmann und Dominic Büseke.

- **Gleichartigkeit von Ansprüchen und Verpflichtungen** aufgrund eines im Wesentlichen gleichartigen tatsächlichen und rechtlichen Grunds (§ 60 ZPO)

  ▶ **Beispiele:** Der Vermieter Georg Wimmers verklagt die Mieter seines Mehrparteienhauses Arno Platzeck, Tatjana Peters und das Ehepaar Sonja und Sebastian Knieslein wegen unerlaubter Untervermietung.

  Es handelt sich um einen Auffangtatbestand, der weit ausgelegt wird, sodass immer überlegt werden muss, ob eine gemeinsame Verhandlung der Ansprüche zweckmäßig ist.

Es können auch **mehrere Alternativen** gleichzeitig vorliegen.

▶ **Beispiel:** Alina Mutlu klagt auf Übereignung und Übergabe des gekauften Grundstücks gegen die beiden Miteigentümer und Vertragsparteien des Kaufvertrags Rolf Spielmann und Dominic Büseke. Rolf Spielmann und Dominic Büseke sind einfache Streitgenossen nach § 59 1. Alt. ZPO, weil sie Miteigentümer des Grundstücks sind und auch einfache Streitgenossen nach § 59 2. Alt. ZPO, da sie aus demselben rechtlichen Grund, nämlich dem Kaufvertrag, verpflichtet sind.

Wirkung

Bei einer Streitgenossenschaft liegt immer auch eine **objektive Klagehäufung** (vgl. § 260 ZPO) vor, sodass auch diese Zulässigkeitsvoraussetzungen beachtet werden müssen:

- Für alle Ansprüche muss die **gleiche Prozessart** gewählt werden, es kann also z. B. nicht ein ordentliches Verfahren mit einem Mahn- oder Urkundsverfahren verbunden werden.
- Das Gericht muss **für alle einzelnen Verfahren zuständig** sein, da es keinen besonderen Gerichtsstand für die Streitgenossenschaft gibt.

Ist die Streitgenossenschaft **unzulässig**, so werden die Verfahren gem. § 145 ZPO **getrennt** und nicht etwa als unzulässig abgewiesen.

Beim Vorliegen einer wirksamen (einfachen) Streitgenossenschaft gibt es nur einen **gemeinsamen Tatsachenvortrag und eine Beweisführung**. Streitgenossen können dabei nicht als Zeuge gegenüber anderen Streitgenossen auftreten.

Dennoch bleiben die einzelnen **Prozessrechtsverhältnisse** zwischen jedem Streitgenossen und jedem Prozessgegner **unabhängig** voneinander (vgl. § 61 ZPO). Dies bedeutet, dass die Zulässigkeit und Begründetheit jedes Anspruchs getrennt beurteilt werden. Die Sachentscheidungsvoraussetzungen müssen somit auch für jeden der Streitgenossen gesondert geprüft werden. Eine Klage kann also gegen einen Streitgenossen zulässig und begründet sein, gegen den anderen unzulässig oder zwar zulässig, aber unbegründet. Somit kann das **Urteil** unterschiedlich ausfallen und es kann auch durch Teilurteil über einzelne Prozessrechtsverhältnisse entschieden werden. Auch **Prozesshandlungen** wie ein Anerkenntnis wirken grds. nicht für die anderen Streitgenossen. Darüber hinaus kann ein Versäumnisurteil nur gegen einen tatsächlich säumigen Streitgenossen ergehen und hat keine Wirkung für die anderen Streitgenossen. Rechtsmittel können ebenso auch von einzelnen Streitgenossen eingelegt werden.

Einfache Streitgenossen können sich durch einen einzigen Rechtsanwalt vertreten lassen. Für den **Gebühren- und Zuständigkeitsstreitwert** werden grundsätzlich alle Ansprüche addiert.

2.3.3 Die notwendige Streitgenossenschaft

Von einer notwendigen Streitgenossenschaft spricht man, wenn die **Entscheidung in der Sache zwingend gegenüber allen Streitgenossen einheitlich ausfallen muss** (vgl. § 62 Abs. 1 ZPO).

Entstehung

Die notwendige Streitgenossenschaft lässt sich in zwei Fallgruppen untergliedern:

- Bei der **prozessual notwendigen Streitgenossenschaft** (§ 62 Abs. 1 1. Alt. ZPO) ist eine einheitliche Entscheidung notwendig, da sich die Rechtskraft auf alle Streitgenossen erstreckt.

  ▶ **Beispiele:** Klage bei Vor- und Nacherbschaft gem. § 326 Abs. 2 ZPO oder bei Testamentsvollstreckung gem. § 327 Abs. 2 ZPO

  Es besteht jedoch **kein Zwang zur gemeinschaftlichen Klage**. Auch eine Einzelklage gegen die einzelnen Streitgenossen wäre zulässig. Diese Art der Streitgenossenschaft spielt in der gerichtlichen Praxis kaum eine Rolle.

- Bei der **materiell notwendigen Streitgenossenschaft** (§ 62 Abs. 1 2. Alt. ZPO) ergibt sich die Notwendigkeit einer einheitlichen Entscheidung daraus, dass mehreren ein Recht zusteht oder sie nur zusammen darüber verfügen dürfen, der Streitgegenstand also unteilbar ist.

  ▶ **Beispiel:** Die Klage auf Auflösung einer OHG muss gem. § 133 HGB durch bzw. gegen alle Gesellschafter erhoben werden. Bei einer Klage gegen die Gesellschafter einer OHG und die Gesellschaft selbst (vgl. § 128 HGB) liegt hingegen keine notwendige Streitgenossenschaft vor.

Hinweis: Bei einer Klage gegen Gesamtschuldner (vgl. § 425 Abs. 2 BGB) liegt keine notwendige Streitgenossenschaft vor.

Wirkung

Im Gegensatz zur einfachen Streitgenossenschaft haben bei der notwendigen Streitgenossenschaft die **Prozesshandlungen** jedes Streitgenossen auch **für die anderen** grundsätzlich **rechtliche Wirkung**. So wirken eingelegte Rechtsmittel oder die Einrede der Verjährung für alle und eine fristgemäße Prozesshandlung durch einen Streitgenossen wahrt die Frist für alle. Die Streitgenossen können sich zudem im Fall der Säumnis gegenseitig vertreten, sodass ein Versäumnisurteil nicht ergehen kann, wenn nur ein Streitgenosse erscheint und verhandelt (§ 62 Abs. 1 ZPO).

Andere Prozesshandlungen wie ein **Anerkenntnis** oder **Geständnis** können hingegen **nicht** durch einzelne notwendige Streitgenossen mit Wirkung für alle erfolgen, vielmehr müssen die Streitgenossen gemeinsam handeln.

Bei der **prozessual notwendigen Streitgenossenschaft** muss die Klage nicht zwingend gegen alle Streitgenossen erhoben werden. Die Klage ist somit **nicht unzulässig**, wenn sie **nur gegen einen Streitgenossen** erhoben wird, obwohl die Entscheidung Rechtswirkung für alle Streitgenossen entfaltet. Bei der **materiell notwendigen Streitgenossenschaft** ist hingegen eine Klage gegen nur einen Streitgenossen mangels Prozessführungsbefugnis unzulässig und die gesamte Klage würde abgewiesen werden. Es besteht also **ein Zwang zur gemeinschaftlichen Klage**. Liegen die Sachentscheidungsvoraussetzungen für eine Partei nicht vor, sodass die Klage gegen diese Partei unzulässig ist, ist die Klage in diesem Fall insgesamt unzulässig, da nur gegen alle Streitgenossen gemeinschaftlich geklagt werden kann.

Zusammenfassung

	echte Prozessvoraussetzungen	unechte Prozessvoraussetzungen	Prozesshindernisse
Beispiele	• deutsche Gerichtsbarkeit • funktionelle Zuständigkeit • wirksame Klageeinreichung • Zahlung der Prozessgebühren	• Zivilrechtsweg • örtliche Zuständigkeit • sachliche Zuständigkeit • die Parteifähigkeit • die Prozessfähigkeit • die Postulationsfähigkeit • die Prozessführungsbefugnis • ordnungsgemäße Klageerhebung • keine anderweitige Rechtshängigkeit • Rechtsschutzbedürfnis	• Einrede des Schiedsvertrags • fehlende Ausländersicherheit • fehlende Kostenerstattung bei Klagerücknahme
Prüfung	von Amts wegen zu prüfen	von Amts wegen zu prüfen	werden nur geprüft, wenn die Gegenseite sie als Einrede erhebt
Folge	Klage wird nicht zugestellt	Klage wird durch Prozessurteil als unzulässig abgewiesen	Klage wird durch Prozessurteil als unzulässig abgewiesen

Wiederholung und Vertiefung

1. Was passiert, wenn die Prozessgebühren bei Klageerhebung nicht gezahlt werden? Kann in der gleichen Sache erneut geklagt werden?
2. Wie unterscheiden sich die unechten Prozessvoraussetzungen von den Prozesshindernissen? Nennen Sie jeweils ein Beispiel für jede Kategorie.
3. Unter welchen Voraussetzungen kann es vorkommen, dass mehrere Gerichte in der gleichen Sache örtlich zuständig sind? Nennen Sie ein Beispiel.
4. Nennen Sie drei Beispiele für die sachliche Zuständigkeit der Amtsgerichte.
5. Was ist der Unterschied zwischen Prozess- und Postulationsfähigkeit?
6. Inwieweit ist der Streitgegenstand von Bedeutung? Wie wird er bestimmt?

3 Die Gerichtskosten

Neben den Rechtsanwaltsgebühren entstehen im gerichtlichen Verfahren auch Gerichtskosten. Diese decken die Tätigkeit des Gerichts sowie auch entsprechende Aufwendungen im Verfahren ab.

Zu den Aufgaben der Rechtsanwaltsfachangestellten bzw. Rechtsanwalts- und Notarfachangestellten gehören dabei nicht nur die Bestimmung der Höhe der Gerichtskostenvorauszahlung, um diese zu begleichen, sondern auch die Prüfung der Gerichtskostenrechnung.

Lernsituation

Annika Sauer erhält Unterlagen zu einem neuen Mandat Feld KG ./. Werner Wild. Die Feld KG hat eine Werklohnforderung über 10 000,00 € gegen Werner Wild.

Da die Angelegenheit zunächst eher unstreitig erschien, hat Karsten Feld, der Komplementär der Feld KG, zunächst ohne anwaltliche Unterstützung das gerichtliche Mahnverfahren beim zuständigen Amtsgericht Euskirchen eingeleitet. Gegen den am 09.02.2024 zugestellten Mahnbescheid hat jedoch Werner Wild am 15.02.2024 wegen eines Teilbetrags über 8 000,00 € Widerspruch eingelegt.

Am 16.02.2024 erhielt die Feld KG die Mitteilung, dass Teil-Widerspruch erfolgt sei nebst einer Kostenrechnung für das streitige Verfahren über 560,00 €. Hinsichtlich des Teilbetrags in Höhe von 2 000,00 € beantragte die Feld KG den Erlass eines Vollstreckungsbescheids. Der nicht titulierte Betrag über 8 000,00 € soll nun im streitigen Verfahren verfolgt werden.

Annika Sauer legt die Akte weisungsgemäß an und bereitet die Zahlung des Gerichtskostenvorschusses vor. Der Betrag über 560,00 € erscheint ihr jedoch sehr hoch. Sie erkundigt sich bei Marion Webermann, wie dieser Betrag zustande komme und welche weiteren Kosten noch entstehen. Für sie ist auch nicht nachvollziehbar, weshalb die Mandantin den Vorschuss zahlen soll, obwohl doch die Gegenseite Widerspruch eingelegt hat. Annika Sauer ist sich auch unsicher, wie die Zahlung konkret erfolgen soll. Im Gespräch mit Marion Webermann kommt auch die Frage auf, wie eigentlich gegen eine fehlerhafte Vorschussforderung vorgegangen werden kann.

Arbeitsaufträge:

a) Stellen Sie die Kosten zusammen, die innerhalb eines Prozesses entstehen können.
b) Begründen Sie, weshalb das Gericht wohl einen Vorschuss fordert und wer diesen zu begleichen hat.
c) Erläutern Sie, wie in Ihrer Ausbildungskanzlei die Zahlung von Gerichtskosten erfolgt, und tauschen Sie sich in der Klasse über die Vorgehensweisen aus.
d) Recherchieren Sie, wie die Gerichtskosten in der Regel beglichen werden können.
e) Ermitteln Sie, welchen Gerichtskostenvorschuss die Feld KG für das gerichtliche Mahnverfahren beglichen hat.
f) Prüfen Sie, ob die Gerichtskosten für das streitige Verfahren mit 560,00 € korrekt berechnet wurden.
g) Klären Sie mithilfe des Gerichtskostengesetzes, wie gegen eine fehlerhafte Vorschussforderung vorgegangen werden könnte.
h) Vergleichen Sie untereinander Ihre Ergebnisse.
i) Reflektieren Sie anschließend Ihr Wissen.

3.1 Die Berechnung der Gerichtskosten

Für die Mandantschaft ist es wichtig zu wissen, welche Kosten innerhalb eines gerichtlichen Verfahrens entstehen können. Sofern der Prozess nicht zugunsten der Mandantschaft entschieden wird, verliert diese nicht nur die geltend gemachte Forderung, sondern muss auch die im Verfahren entstandenen Kosten zahlen. Dies ist das sog. Kostenrisiko.

Merke: Mit Kostenrisiko wird das Risiko bezeichnet, die im Prozess entstandenen Kosten bei einem Unterliegen tragen zu müssen.

Zu unterscheiden sind zunächst die Arten der im Prozess entstehenden Kosten. Anschließend kann die jeweilige Höhe errechnet werden.

3.1.1 Der Begriff der Gerichtskosten

Gerichtskosten sind ein Teil der Prozesskosten. Sie werden, wie z. B. auch die Rechtsanwaltsvergütung, in Gebühren und Auslagen unterteilt. Dabei beruhen Gebühren und Auslagen auf unterschiedlichen Rechtsgrundlagen.

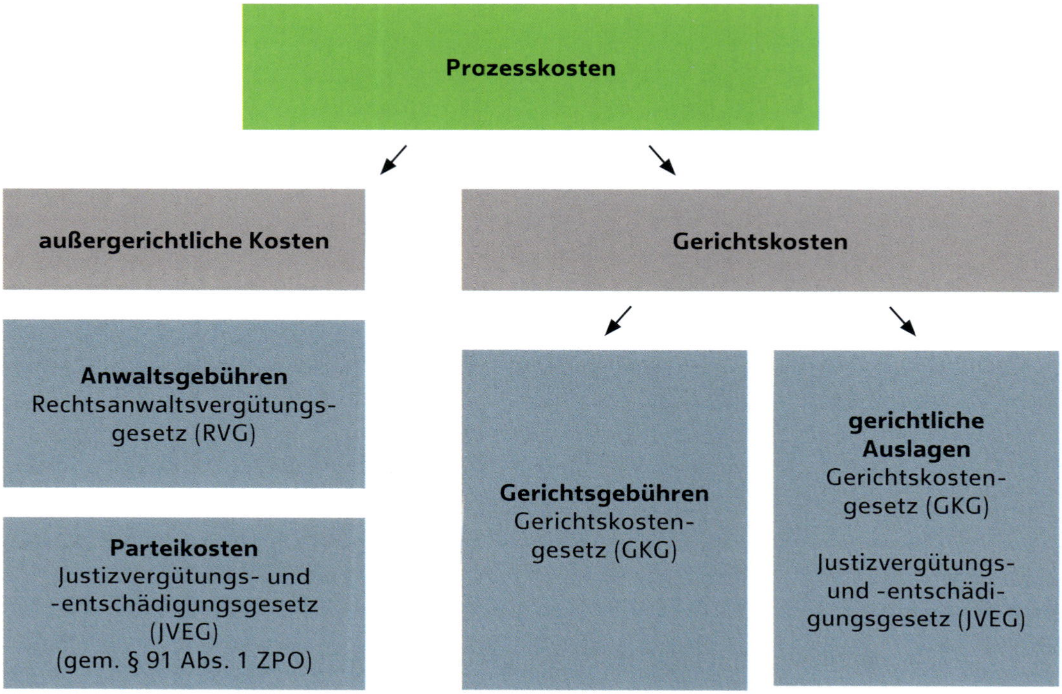

Außergerichtliche Kosten sind solche, die **während** eines Prozesses neben den Gerichtskosten entstehen können. Dazu gehören vor allem die Kosten für die Tätigkeit eines Rechtsanwalts im Verfahren.

▶ **Beispiel:** Rechtsanwältin Inga Scholle reicht für ihre Mandantin Monika Kluge Klage ein. Die hierfür entstandene Verfahrensgebühr nach Nr. 3100 VV RVG zählt zu den außergerichtlichen Kosten.

vgl. LF 10, Kap. 6

Wenn eine Partei sich nicht anwaltlich vertreten lässt, können ihr dennoch Kosten für die Wahrnehmung des Gerichtstermins entstehen. Diese werden nach § 91 Abs. 1 ZPO ebenso wie die Auslagen für Zeugen nach dem JVEG berechnet.

▶ **Beispiel:** Mara Luft fährt mit der S-Bahn zum Prozess vor dem Amtsgericht Stuttgart und zahlt für die Hin- und Rückfahrt 7,60 €. Diese stellen ebenfalls außergerichtliche Kosten dar.

> **Merke: Außergerichtliche Kosten** entstehen der Mandantschaft während der Durchführung des Prozesses für die Tätigkeit eines Rechtsanwalts oder als eigene Auslagen für die Wahrnehmung des Termins.

Nicht zu den außergerichtlichen Kosten gehören die vorgerichtlichen Kosten. Diese entstehen z. B. für ein außergerichtliches anwaltliches Aufforderungsschreiben, also **vor** der Einleitung eines gerichtlichen Verfahrens. vgl. LF 4, Kap. 5

Merke: **Vorgerichtliche Kosten** sind solche, die der Mandantschaft vor der Einleitung eines gerichtlichen Verfahrens entstanden sind. Diese zählen nicht zu den Prozesskosten.

Durch die **Gerichtsgebühren** werden die Tätigkeiten des Gerichts generell, also **unabhängig von einem konkreten Verfahren**, vergütet. Es handelt sich hierbei um die Arbeit des Gerichts sowie z. B. die Arbeit der Geschäftsstelle für die Aktenanlage, das Fertigen von Terminladungen oder die Veranlassung von Zustellungen.

Im Unterschied dazu entstehen die **gerichtlichen Auslagen** im **Einzelfall,** z. B. bei der Durchführung einer Beweisaufnahme, wenn Zeugen oder Sachverständige ihre Kosten geltend machen. Zu den gerichtlichen Auslagen zählen auch die Aufwendungen, die nach Art und Berechnung im GKG festgelegt sind, wie z. B. Auslagen für Zustellungen – im Regelfall erst ab der 11. Zustellung – nach Nr. 9002 KV GKG.

3.1.2 Die Höhe der Gerichtsgebühren

Die Höhe der Gerichtsgebühren richtet sich im Wesentlichen nach dem Gerichtskostengesetz (GKG). Dabei orientieren sich die Gerichtsgebühren, ebenso wie die Anwaltsgebühren, hauptsächlich am Streitwert. Kenntnisse zum Aufbau des GKG, zu den Streitwerten sowie zu den wichtigsten Gebührenvorschriften sind daher für die Berechnung erforderlich. vgl. LF 4, Kap. 5

Aufbau des GKG

Für den Zivilprozess ist das GKG die entscheidende gesetzliche Grundlage. Dieses ist – vergleichbar mit dem RVG – nach Paragrafenteil, Kostenverzeichnis und Werttabelle aufgebaut.

Der **Paragrafenteil** ist in Abschnitte untergliedert. Geregelt werden insbesondere die Fragen des Kostenschuldners, der Fälligkeit und des Streitwerts.

Abschnitt	Inhalt	Paragrafen im GKG
Abschnitt 1	Allgemeine Vorschriften	§§ 1–5 b
Abschnitt 2	Fälligkeit	§§ 6–9
Abschnitt 3	Vorschuss und Vorauszahlung	§§ 10–18
Abschnitt 4	Kostenansatz	§§ 19–21
Abschnitt 5	Kostenhaftung	§§ 22–33

Abschnitt	Inhalt	Paragrafen im GKG
Abschnitt 6	Gebührenvorschriften	§§ 34–38
Abschnitt 7	Wertvorschriften	§§ 39–65
Abschnitt 8	Erinnerung und Beschwerde	§§ 66–69 a
Abschnitt 9	Schluss- und Übergangsvorschriften	§§ 69 b–73

vgl. LF 1, Kap. 5

Das **Kostenverzeichnis** ist in Teile unterteilt. Dabei orientiert sich die Unterteilung mit Ausnahme des Teils 9 an den Gerichtsbarkeiten.

Teil	Inhalt	Nummer im KV GKG
Teil 1	Zivilrechtliche Verfahren vor den ordentlichen Gerichten	1100–1902
Teil 2	Zwangsvollstreckung nach der Zivilprozessordnung, Insolvenzverfahren und ähnliche Verfahren	2110–2500
Teil 3	Strafsachen und gerichtliche Verfahren nach dem Strafvollzugsgesetz, auch in Verbindung mit § 92 des Jugendgerichtsgesetzes, sowie Verfahren nach dem Gesetz über die internationale Rechtshilfe in Strafsachen	3110–3920
Teil 4	Verfahren nach dem Gesetz über Ordnungswidrigkeiten	4110–4500
Teil 5	Verfahren vor den Gerichten der Verwaltungsgerichtsbarkeit	5110–5601
Teil 6	Verfahren vor den Gerichten der Finanzgerichtsbarkeit	6110–6600
Teil 7	Verfahren vor den Gerichten der Sozialgerichtsbarkeit	7110–7601
Teil 8	Verfahren vor den Gerichten der Arbeitsgerichtsbarkeit	8100–8700
Teil 9	Gerichtliche Auslagen	9000–9019

Gerichtsgebühren, welche sich nach dem Streitwert richten, werden nach der **Werttabelle** (Anlage 2 zu § 34 Abs. 1 S. 3 GKG) berechnet (Stand: Januar 2024).

Streitwert bis ... €	1,0 Gebühr ... €	Streitwert bis ... €	1,0 Gebühr ... €
500,00	38,00	**50 000,00**	601,00
1 000,00	58,00	**65 000,00**	733,00
1 500,00	78,00	**80 000,00**	865,00
2 000,00	98,00	**95 000,00**	997,00
3 000,00	119,00	**110 000,00**	1 129,00
4 000,00	140,00	**125 000,00**	1 261,00
5 000,00	161,00	**140 000,00**	1 393,00
6 000,00	182,00	**155 000,00**	1 525,00
7 000,00	203,00	**170 000,00**	1 657,00
8 000,00	224,00	**185 000,00**	1 789,00
9 000,00	245,00	**200 000,00**	1 921,00
10 000,00	266,00	**230 000,00**	2 119,00

Streitwert bis ... €	1,0 Gebühr ... €	Streitwert bis ... €	1,0 Gebühr ... €
13000,00	295,00	**260000,00**	2317,00
16000,00	324,00	**290000,00**	2515,00
19000,00	353,00	**320000,00**	2713,00
22000,00	382,00	**350000,00**	2911,00
25000,00	411,00	**380000,00**	3109,00
30000,00	449,00	**410000,00**	3307,00
35000,00	487,00	**440000,00**	3505,00
40000,00	525,00	**470000,00**	3703,00
45000,00	563,00	**500000,00**	3901,00

Diese Tabelle bestimmt eine 1,0 Gebühr. Der jeweilige Multiplikationsfaktor ergibt sich aus dem Kostenverzeichnis (Berechnungsbeispiel siehe dazu unter „Wesentliche Gebührenvorschriften nach dem Kostenverzeichnis des GKG“).

Gebührenarten

Wie auch die Rechtsanwaltsgebühren lassen sich nach dem GKG verschiedene Gebührenarten unterscheiden:

vgl. LF 4, Kap. 5.4

Gebührenart	Erläuterung	Beispiel
Festgebühren	Festgebühren sind im GKG als fester Betrag angegeben. Unabhängig von Schwierigkeit, Umfang oder Streitwert entsteht nur dieser fixe Betrag.	Nr. 1255 KV GKG: Verfahren über die Rechtsbeschwerde = 825,00 €
Wertgebühren	Gemäß § 3 Abs. 1 GKG richtet sich die Höhe der Gerichtsgebühren nach dem Streitwert und wird durch Multiplikation des Gebührensatzes nach dem KV mit dem Betrag aus der Werttabelle berechnet.	Nr. 1100 KV GKG: Antrag auf Erlass eines Mahnbescheids – Gebührensatz = 0,5

Streitwerte

Im Zivilprozess legt das GKG vorrangig Wertgebühren fest. Diese orientieren sich nach dem Streitwert (§ 3 GKG). Hier ergeben sich keine Unterschiede zum Gegenstandswert der vermögensrechtlichen Gegenstände bei der Rechtsanwaltsvergütung. Im Abschnitt 7 des GKG (= §§ 39ff.) finden sich die wesentlichen Wertvorschriften.

vgl. LF 4, Kap. 5.2

Beispiel: Rechtsanwalt Peter Huber hat für seine Mandantin Lydia Werner eine Wohnraummieterhöhung von 200,00 € gegen den Mieter der Mandantin, Felix Zur, geltend gemacht. Nach § 41 Abs. 5 GKG entspricht der Streitwert dem Jahresbetrag der zusätzlich geforderten Miete. Der Streitwert, welcher der Gerichtskostenberechnung zugrunde zu legen ist, beträgt also 2400,00 €.

vgl. LF 10, Kap. 2.2.8

Hinweis: In der Regel ist in der Klage bereits der Streitwert angegeben. Im Übrigen ist er nach § 63 Abs. 1 GKG vom Gericht durch Beschluss festzusetzen, sofern gesetzlich kein fester Wert bestimmt ist oder keine bestimmte Geldsumme in Euro verlangt wird.

Wesentliche Gebührenvorschriften nach dem Kostenverzeichnis des GKG

Von Bedeutung für das zivilrechtliche Mandat sind vor allem folgende Gebührentatbestände:

vgl. LF 9, Kap. 5.1.7

Kostenverzeichnis – Anlage 1 (zu § 3 Abs. 2) GKG		
Nr.	**Gebührentatbestand/Verfahrensschritte**	**Gebühr**
1100	Antrag auf Erlass eines Mahnbescheids	**0,5 – mindestens 36,00 €**
1210	Verfahren im Allgemeinen (Klage in erster Instanz vor dem AG oder LG) (eine Gebühr für das Mahnverfahren wird angerechnet)	**3,0**
1211	Beendigung des Verfahrens durch: – Rücknahme der Klage – Anerkenntnis- oder Verzichtsurteil – gerichtlichen Vergleich = Reduzierung der Gebühr nach Nr. 1210 auf	**1,0**
1220	Berufungsverfahren (und bestimmte Beschwerden)	**4,0**
1230	Revision und Rechtsbeschwerden	**5,0**

vgl. LF 10, Kap. 3.2.1

▶ **Beispiel:** In der Angelegenheit Lydia Werner ./. Felix Zur werden für das Klageverfahren 3,0 Gerichtsgebühren als Vorschuss fällig. Bei einem Streitwert von 2400,00 € ist der Werttabelle eine 1,0 Gebühr in Höhe von 119,00 € zu entnehmen. Die Gerichtsgebühren betragen daher: 3,0 × 119,00 € = 357,00 €.

Merke: Nach § 34 Abs. 2 GKG beträgt der Mindestbetrag der Gerichtsgebühr 15,00 €.

3.1.3 Die Höhe der gerichtlichen Auslagen

vgl. LF 4, Kap. 5.4

Für einzelne Tätigkeiten kann das Gericht die entsprechenden Aufwendungen im Einzelfall fordern. Hier erfolgt die Berechnung nach konkreten Kostenpositionen. Vergleichbar ist dieses mit den Auslagen nach den Nrn. 7000ff. RVG, welche dem Rechtsanwalt im Einzelfall entstehen können. Grundlagen für diese Aufwendungen sind das Gerichtskostengesetz (Nrn. 9000–9019 KV GKG) und das Justizvergütungs- und -entschädigungsgesetz (JVEG).

Auslagen nach Teil 9 KV GKG

Neben den Gebühren kann das Gericht auch Auslagen geltend machen, soweit diese in Teil 9 KV GKG geregelt sind. Darüber hinausgehende Auslagen können nicht verlangt werden. Beispielhaft werden folgende Auslagearten herausgegriffen:

Auslagearten	Höhe	Nummer im KV GKG
Dokumentenpauschale	erste 50 Seiten, je Seite (s/w) 0,50 € ab der 51. Seite, je Seite (s/w) 0,15 € Überlassung von Dateien (per beA) 1,50 €, höchstens 5,00 €	9000 KV GKG
Zustellung mittels Zustellungsurkunde, Einschreiben gegen Rückschein oder durch Justizbedienstete	je Zustellung (neben Gebühren, die sich nach dem Streitwert richten, im Regelfall erst ab der 11. Zustellung) 3,50 €	9002 KV GKG
Aktenversendungspauschale	Hin- und Rücksendung 12,00 €	9003 KV GKG
Reisekosten bei Geschäften außerhalb der Gerichtsstelle	Reisekosten, Auslagenersatz in voller Höhe Einsatz von Dienstfahrzeugen 0,42 €/km	9006 KV GKG

▶ **Beispiel:** Ilse Swendrik klagt wegen Körperverletzung gegen Bernd Kendill auf Zahlung von Schmerzensgeld. Das vorangegangene Strafverfahren gegen Bernd Kendill endete bereits mit einem Freispruch aus Mangel an Beweisen. Rechtsanwalt Peter Huber vertritt Bernd Kendill und beantragt die Klageabweisung. Zur Führung des Prozesses lässt er sich die Strafrechtsakte kommen. Für die Zusendung dieser Akte entstehen Auslagen in Höhe von 12,00 €.

Hinweis: Bei der Abrechnung der Rechtsanwaltsgebühren ist auf die Aktenversendungspauschale die Umsatzsteuer zu erheben.

siehe LF 4, Kap. 5.4.3

Auslagen nach dem JVEG

Während des Prozesses können noch weitere Personen, wie z. B. ein Zeuge, die Zahlung ihrer entstandenen Auslagen durch die Gerichtskasse verlangen. Das Justizvergütungs- und -entschädigungsgesetz (JVEG) regelt hierzu die Grundlagen und die Höhe der zu erstattenden Auslagen. Nach Nr. 9005 KV GKG sind diese in voller Höhe (nach dem JVEG) in Ansatz zu bringen.

Kostenregelung nach dem JVEG	
Anspruchsberechtigte § 1 JVEG	Sachverständige, Dolmetscher, Übersetzer, ehrenamtliche Richter, Zeugen und Dritte

Beispiele für Auslagearten	• Fahrtkostenersatz (§ 5 JVEG) • Tagegeld, Übernachtungsgeld (§ 6 JVEG) • Entschädigung für die Abwesenheitszeiten: Verdienstausfall, Entschädigung für Zeitversäumnis (§§ 21 f. JVEG) • sonstige Aufwendungen, z. B. Kopierkosten (§ 7 Abs. 2 JVEG), Begleitpersonen (§ 7 Abs. 1 JVEG)

▶ **Beispiel:** Die Zeugin Klara Klein ist 30 km zum Gerichtsort angereist. Ihre Abwesenheitsdauer inklusive Fahrt und Gerichtstermin beträgt fünf Stunden. Klara Klein ist nicht berufstätig, sondern betreut den Haushalt ihrer fünfköpfigen Familie.
Klara Klein kann daher nach § 5 JVEG für die Nutzung des eigenen Pkw als Fahrtkostenersatz 21,00 € (2 × 30 km × 0,35 €) und als Entschädigung für die Zeitversäumnis von fünf Stunden nach § 21 JVEG noch 85,00 € geltend machen.

Hinweis: Die Berechnung der außergerichtlichen Kosten der Parteien, wie z. B. die Fahrt zum Gerichtstermin, erfolgt ebenfalls nach dem JVEG. Diese Kosten können jedoch nur dann von der Gegenseite verlangt werden, wenn diese den Prozess verliert.

3.2 Die Zahlung des Gerichtskostenvorschusses

Gerichtskosten entstehen in verschiedenen Verfahrensabschnitten, also z. B. innerhalb der Beweisaufnahme durch die Vernehmung eines Zeugen. Die Gerichtsgebühren vergüten die Arbeit des Gerichts insgesamt, also von Beginn bis Ende des Prozesses. Fraglich ist, wer die Kosten zu welchem Zeitpunkt begleichen muss und wie die Zahlung an sich erfolgen kann bzw. muss.

3.2.1 Kostenschuldner und Vorschuss

Um sicherzustellen, dass die im gerichtlichen Verfahren entstehenden Kosten gezahlt werden, ist die Forderung eines Vorschusses durch das Gericht üblich. So bestimmt § 12 GKG, dass die **Klage erst zugestellt** werden soll, wenn die Gerichtsgebühren vom Kläger eingezahlt sind. Anhand des Streitwerts kann mittels Kostenverzeichnis und Werttabelle dieser Gerichtskostenvorschuss genau berechnet werden.

Die **Kosten der Beweisaufnahme** sind im Voraus jedoch nicht konkret berechenbar. Hier fordert das Gericht üblicherweise mit dem Beweisbeschluss auch pauschal die voraussichtlich entstehenden Kosten an.

▶ **Beispiel:** Rechtsanwältin Dr. Annette Neumann klagt Schmerzensgeld und Schadenersatz aus einem Verkehrsunfall in Sachen Lara Eggert ./. Frank Weller ein. Der Unfall wurde von verschiedenen Zeugen beobachtet. Der Zeuge Silvio Thendar wohnt am Gerichtsort, sodass keine Fahrtkosten und ein sehr geringes Abwesenheitsgeld entstehen. Wesentlich höher sind jedoch die zu erwartenden Kosten für den Zeugen Clark Weyner, welcher in Michigan (USA) wohnhaft ist und sich zum Zeitpunkt des Unfalls lediglich aufgrund einer Geschäftsreise am

Gerichtsort aufhielt. Wegen der erforderlichen Anreise aus den USA wird die Vorschussforderung für diesen Zeugen wesentlich höher sein.

Zum Zeitpunkt der Vorschussforderung ist im Regelfall noch nicht ermittelbar, wer den Prozess gewinnen wird. Daher ist der Kläger zunächst der sog. Kostenschuldner (auch Antragstellerschuldner genannt) für die entstehenden Gerichtsgebühren.

Hinweis: Die voraussichtlichen Kosten der Beweisaufnahme werden hingegen demjenigen als Vorschuss auferlegt, der das Beweismittel benennt und für sein Vorbringen benötigt.

Beispiel: In Sachen Lara Eggert ./. Frank Weller bestreitet Frank Weller, dass das Fahrzeug von Lara Eggert beschädigt wurde. Rechtsanwältin Dr. Annette Neumann beantragt daher für ihre Mandantin ein Sachverständigengutachten. Hier muss der Vorschuss für den Sachverständigen durch die Klägerin, Lara Eggert, beglichen werden. Wenn der Beklagte, Frank Weller, durch den Zeugen Ingo Wiese beweisen möchte, dass Lara Eggert eine Mitschuld am Verkehrsunfall trifft, wird von Frank Weller der Zeugenvorschuss gefordert.

Endgültig trägt jedoch derjenige die Gerichtskosten, der im Prozess unterliegt und dem z. B. im Urteil die Kosten auferlegt sind. Zu unterscheiden sind hier Erst- und Zweitschuldner:

Kostenschuldner für die Gerichtskosten

Erstschuldner, § 29 GKG = wer trägt endgültig die Kosten?
- wem durch gerichtliche Entscheidung die Kosten auferlegt sind (sog. Entscheidungsschuldner, § 29 Nr. 1 GKG)
- wer die Kosten durch Vergleich übernommen hat (sog. Übernahmeschuldner nach § 29 Nr. 2 GKG)

Zweitschuldner, § 22 GKG = wer muss zunächst die Kosten verauslagen, also den Vorschuss zahlen?
- wer das gerichtliche Verfahren (Klage, Berufung, Revision) veranlasst hat (sog. Antragstellerschuldner)
- wer das Beweismittel (z. B. den Zeugen) benannt hat

Merke: **Kostenschuldner** ist derjenige, welcher die Gerichtskosten zu tragen hat.

Der Vorschuss stellt sicher, dass die Gerichtskosten auf jeden Fall gezahlt werden, da ansonsten das Verfahren nicht durchgeführt wird. Erst durch das Urteil wird entschieden, wer Erstschuldner ist, also die Kosten endgültig zu tragen hat.

Hinweis: Der Kläger hat daher neben dem Risiko, den Prozess zu verlieren, auch das **Kostenrisiko**. Wenn er den Prozess verliert, muss er nicht nur die Gebühren des eigenen Rechtsanwalts, sondern auch die Gerichtskosten und eventuell die entstandenen Kosten des Beklagten tragen. Aber auch bei einem gewonnenen Prozess kann es sein, dass der Kläger die Gebühren des eigenen Rechtsanwalts und die Gerichtskosten zahlen muss, wenn nämlich der Beklagte nicht in der Lage ist, diese Kosten zu begleichen. Der Zweitschuldner, der das Verfahren in Gang gebracht hat, ist demnach nach § 22 Abs. 1 GKG der Haftungsschuldner.

▶ **Beispiel:** In Sachen Hirt KG ./. Erich Vanz wegen einer Forderung auf Darlehensrückzahlung in Höhe von 4 500,00 € verliert die Hirt KG, die durch Rechtsanwalt Peter Huber vertreten wurde, den Prozess, da das Amtsgericht wegen Verjährung die Klage abweist. Hier verliert die Hirt KG nicht nur ihre Forderung in Höhe von 4 500,00 €, sondern muss auch sämtliche Prozesskosten bezahlen. Diese umfassen die entstandenen Gebühren von Rechtsanwalt Peter Huber, die Gerichtskosten sowie auch die Kosten des Rechtsanwalts von Erich Vanz.

vgl. LF 10, Kap. 4

Aber auch für den Fall, dass die Hirt KG den Prozess gewonnen hätte, wäre ein gewisses Kostenrisiko gegeben. Zwar trägt die Hirt KG nicht die Kosten des Rechtsanwalts von Erich Vanz. Allerdings zahlt sie zumindest den Gerichtskostenvorschuss wie auch die Gebühren von Rechtsanwalt Peter Huber. Diese Kosten kann sie in einem Kostenfestsetzungsbeschluss gegenüber Erich Vanz festsetzen lassen. Sofern Erich Vanz jedoch vermögenslos ist, können diese Kosten nicht vollstreckt werden, sodass diese bei der Hirt KG verbleiben. Die Hirt KG erhält also nicht die verauslagten Gerichtskosten von der Staatskasse zurück, obwohl sie laut Urteil diese nicht tragen muss.

Im Wesentlichen sind folgende Vorschussforderungen wichtig:

vgl. LF 9, Kap. 5.1.7

Handlung	Höhe	Abgeltungsbereich	praktisches Vorgehen
Einreichung des Antrags auf Erlass eines Mahnbescheids	0,5 Gerichtsgebühr gem. Nr. 1100 KV GKG	decken Tätigkeit des Mahngerichts ab	anhand des Streitwerts durch Antragsteller ermittelbar und ohne konkrete Berechnung des Gerichts mit Antragseinreichung zahlbar
Übergang ins streitige Verfahren nach Widerspruch oder Einspruch des Antragsgegners im gerichtlichen Mahnverfahren	2,5 Gerichtsgebühren gem. Nr. 1210 KV GKG (3,0 Gerichtsgebühren für das streitige Verfahren unter Anrechnung von 0,5 Gerichtsgebühr für das Mahnverfahren)	decken Tätigkeit des Gerichts im streitigen Verfahren ab	In der Regel erfolgt mit Fristsetzung für die Anspruchsbegründung durch das Gericht auch eine Zahlungsaufforderung. (Die Zahlung des Gerichtskostenvorschusses wiederum gilt als Antrag für die Durchführung des streitigen Verfahrens.)

Handlung	Höhe	Abgeltungsbereich	praktisches Vorgehen
Einreichung einer Klage	3,0 Gerichtsgebühr gem. Nr. 1210 KV GKG	decken Tätigkeit des Gerichts ab	anhand des Streitwerts durch Kläger ermittelbar und ohne konkrete Berechnung des Gerichts mit Klageeinreichung zahlbar
Einholung eines Beweismittels	richtet sich nach JVEG	decken die gerichtlichen Auslagen des Gerichts für das Beweismittel ab	konkrete Vorschussanforderung durch das Gericht, im Regelfall im Beweisbeschluss enthalten

3.2.2 Zahlungsarten

Für die Zahlung der Gerichtskosten, z. B. bei Einreichung eines Mahnbescheidantrags oder einer Klage, stehen **verschiedene Möglichkeiten** offen. Zu berücksichtigen ist dabei, welche Zahlungsmöglichkeiten das jeweilige Gericht zulässt. Dies kann **von Bundesland zu Bundesland unterschiedlich** sein. Im Wesentlichen bestehen folgende Zahlungsvarianten:

Zahlungsart	Beschreibung	Vorteile	Nachteile
elektronische Kostenmarke	Erwerb über Internetadresse des Justizportals; Prüfung und Entwertung automatisch durch Gericht	Arbeitsvereinfachung, eventuell Beschleunigung	nicht für Forderungen geeignet, für die bereits gerichtliche Kostenrechnungen ausgestellt wurden; noch nicht in jedem Bundesland eingeführt
Gerichtskostenfreistempler 	Gerät, welches einen Stempel auf der Klage anbringt		hohe Kosten des Geräts
Lastschrift 	Gericht erhält Einzugsermächtigung und greift damit auf das entsprechende Konto zu.	einfach und bequem für den Kostenschuldner, keine Vorauszahlung	Längere Dauer bis Lastschrift oder Verrechnungsscheck eingelöst sind; Kontendeckung erforderlich. In der Praxis verliert der Verrechnungsscheck allmählich an Bedeutung.
Verrechnungsscheck 	Beifügen eines Verrechnungsschecks; der entsprechende Betrag wird vom Konto der Mandantschaft oder des Rechtsanwalts abgebucht		

Zahlungsart	Beschreibung	Vorteile	Nachteile
Zahlung mit EC-Karte 	EC-Kartenschalter an den jeweiligen Gerichten	erst mit Einreichung der Klage bzw. Gerichtskostenrechnung fällig	nicht von der Kanzlei aus zahlbar und nur zu den Geschäftsöffnungszeiten; nicht bei allen Gerichten möglich
Barzahlung 	Bei der Gerichtskasse bzw. der zuständigen Landesjustizkasse werden die Beträge eingezahlt.	ohne Bankverbindung möglich	aufwendig, Gerichtsöffnungszeiten sind zu beachten
ePayment (elektronisches Bezahlsystem), PayPal 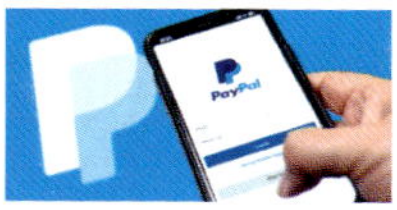	Bezahlung per PayPal-Konto, es werden keine Bankkontoangaben oder Kreditkartennummern übermittelt; elektronische Rechnungsversendung mit elektronischem Zahlungs-Link	einfach und bequem; auch per Smartphone möglich	nicht bei allen Gerichten möglich (derzeit in Hessen, teilweise auch in Nordrhein-Westfalen und Rheinland-Pfalz); längere Dauer, da erst auf Rechnung gezahlt wird
Überweisung 	Gericht erteilt Rechnung, welche bezahlt wird.	keine Vorauszahlung, Höhe der Gerichtskosten muss nicht selbst ermittelt werden	Längere Dauer, da erst auf Rechnung gezahlt wird

Hinweis: Weitere Informationen zu einzelnen Zahlungsarten finden Sie unter:

- **elektronische Kostenmarke:** www.justiz.nrw.de/JM/doorpage_online_verfahren_projekte/projekte_fuer_partner_der_justiz/elektronische_kostenmarke/index.php (Stand: Januar 2024) und www.justiz.de/kostenmarke/index.php (Stand: Januar 2024)
- Die Bezahlplattform z. B. des Landes Hessen zur **elektronischen Zahlung (ePayment)** der Gerichtskosten: https://ps-pa.hessen.de/HZD_ePayment/EPAY (Stand: Januar 2024)

▶ **Beispiel:** Rechtsanwältin Dr. Annette Neumann fordert für ihren Mandanten Simon Essweiler die Erstattung der Reparaturkosten aus einem Verkehrsunfall in Höhe von 8 400,00 € von der Haftpflichtversicherung des Unfallgegners Hissenax GmbH. Vorsorglich veranlasst Rechtsanwältin Dr. Annette Neumann bereits zu diesem Zeitpunkt den Kauf einer elektronischen Kostenmarke in Höhe von 735,00 € beim Landgericht Düsseldorf in Nordrhein-Westfalen. Hierzu ruft die Rechtsanwaltsfachangestellte Julia Hoffmann über eine Internetadresse das Justizportal der elektronischen Kostenmarke auf und erwirbt diese in der erforderlichen Höhe. Die Bezahlung erfolgt durch Überweisung. Da die Gegenseite die Bezahlung der Reparaturkosten verweigert, reicht Rechtsanwältin Dr. Annette Neumann für ihren Mandanten Klage ein und fügt der Klage den Ausdruck der elektronischen Kostenmarke bei. Der Sachbearbeiter bei Gericht prüft daraufhin über das Justizportal die Bezahlung der Kostenmarke und entwertet diese durch Eingabe des Aktenzeichens für die Klage des Simon Essweiler.

Tipp:

1. Bei dieser Zahlungsart ist zu berücksichtigen, dass die Bezahlung der Kostenmarke mehrere Tage dauern kann. In eiligen Fällen sollte daher eine schnellere Zahlungsart, z. B. Beifügen eines Verrechnungsschecks, gewählt werden. Diese Zahlungsart ist jedoch nicht mehr in allen Bundesländern zugelassen. Es wird verstärkt auf digitale Zahlungsmethoden abgestellt, welche auch den Gerichtskostenstempler ausschließen.
2. Grundsätzlich sind die **Gegebenheiten des zuständigen Gerichts** zu beachten. Derzeit (Januar 2024) ist die elektronische Kostenmarke nur in 10 Bundesländern eingeführt. Im Zweifelsfall empfiehlt sich eine Nachfrage bei der zuständigen Justizkasse, welche Zahlungsmöglichkeiten gegeben sind.

Insgesamt wird der elektronische Zahlungsverkehr immer weiter zunehmen. Bargeld wird immer seltener durch die Gerichte angenommen. Auch der Gerichtskostenstempler ist in der Praxis immer seltener anzutreffen. Durch den unbaren Zahlungsverkehr soll die Abwicklung erleichtert und der notwendige Sicherheitsaufwand verringert werden.

Hinweis: Die jeweils erfolgten Zahlungen sind in der Akte zu **dokumentieren**. So kann bei Beendigung des Prozesses kontrolliert werden, welche Gerichtskosten der Partei entstanden sind.

3.3 Die Kontrolle der Gerichtskostenrechnung

Nach § 19 Abs. 1 GKG setzt das Gericht der ersten Instanz die Kosten für die in dieser Instanz entstandenen Gerichtskosten fest. Entsprechendes gilt auch für die Rechtsmittelinstanz. Die Festsetzung der Gerichtskosten sind nach § 19 GKG als Kostenansatz definiert.

Merke: Mit **Kostenansatz** wird die Festsetzung der Gerichtskosten für das Verfahren in der jeweiligen Instanz durch das Gericht bezeichnet.

Im Regelfall werden die Gerichtskosten als Vorschuss erhoben. Eine gesonderte Abrechnung nach Beendigung des Verfahrens ist eher selten. Wenn eine Partei die ihr entstandenen außergerichtlichen Kosten und die von ihr bezahlten Gerichtskosten bei Gericht festsetzen lässt, entscheidet das Gericht auch über die Höhe der entstandenen Gerichtskosten. Es kann hierbei eine Korrektur erfolgen.

vgl. LF 10, Kap. 4

▶ **Beispiel:** Im Verfahren Sirik Muslak gegen Ingrid Festling wegen einer Kaufpreisforderung in Höhe von 7 950,00 € hat die Klägerin Sirik Muslak bei Einreichung der Klage einen Betrag in Höhe von 672,00 € als Gerichtskostenvorschuss bezahlt. Im Gerichtstermin erkennt die Beklagte Ingrid Festling letztlich die gesamte Forderung an. Es ergeht ein Anerkenntnisurteil, welches keinen Tatbestand und keine Entscheidungsgründe enthält. Nach Nr. 1211 KV GKG reduziert sich nun der Gebührensatz von 3,0 auf 1,0. Dies bedeutet, dass lediglich 224,00 € an Gerichtsgebühren entstehen. Sirik Muslak kann beantragen, dass die nicht verbrauchten Gerichtskosten in Höhe von 448,00 € durch das Gericht zurückbezahlt werden. In der Praxis erfolgt die Rückzahlung im Regelfall von Amts wegen durch das Gericht selbst, sodass kein Antrag erforderlich ist.

Sofern das Gericht die Kosten jedoch falsch angesetzt hat, bestimmt § 66 Abs. 1 GKG, dass gegen diesen Kostenansatz **Erinnerung** eingelegt werden kann. Über diese entscheidet das Gericht, welches die Kosten angesetzt hat. Fristen sind hierbei nicht zu beachten. Die Erinnerung kann auch formlos erfolgen.

Wenn das Gericht auch nach der Erinnerung den Kostenansatz nicht korrigiert und die Erinnerung zurückweist, kann gegen diese Entscheidung **Beschwerde** eingelegt werden. Voraussetzung ist jedoch, dass entweder der Beschwerdewert 200,00 € überschreitet oder das Gericht, welches die Kosten angesetzt hat, die Beschwerde zulässt. Einzelheiten regelt hier § 66 GKG.

Merke: Beschwerdewert ist der Wert, weswegen die Partei „sich beschwert", also der Betrag, den die Partei für fehlerhaft hält.

▶ **Beispiel:** Im Verfahren Mara Venderhus ./. Lizzy Klein werden für die Auslagen des von der Klägerin benannten Zeugen Erwin Maskar 450,00 € angesetzt. Mara Venderhus macht geltend, dass ihrer Ansicht nach das Gericht lediglich 200,00 € hätte ansetzen dürfen. Die Ansicht des Gerichts weicht also um 250,00 € von ihrer Einschätzung ab. Wenn auf die Erinnerung von Mara Venderhus keine Korrektur durch das Gericht erfolgt, kann sie Beschwerde einlegen.

Auch gegen die Höhe der Vorschusszahlung ist die Beschwerde nach § 67 GKG möglich. Voraussetzung hierfür ist, dass ein Beschluss des Prozessgerichts vorliegt, wonach die weitere Tätigkeit des Gerichts von der Zahlung eines Vorschusses abhängig gemacht wird. Dies ist in der Regel bei der Vorschussforderung für die Einholung eines Beweismittels der Fall. Ein Beschwerdewert wird hierbei nicht festgelegt, sodass jederzeit hiergegen die Beschwerde möglich ist.

Zusammenfassung

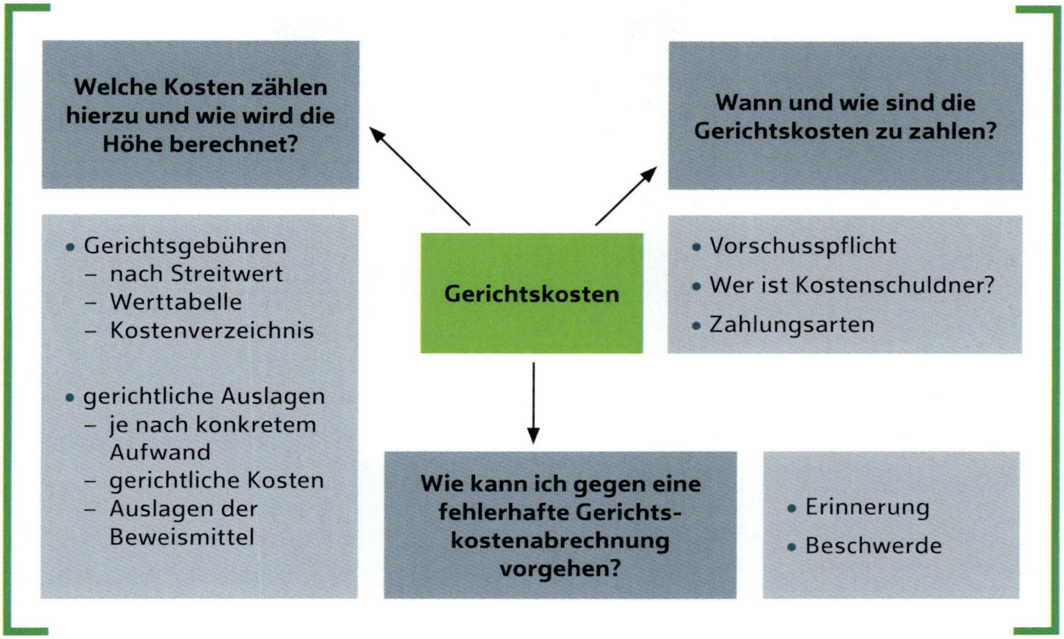

Wiederholung und Vertiefung

1. Nennen Sie jeweils zwei Kostenarten, die zu den außergerichtlichen Kosten, Gerichtsgebühren und gerichtlichen Auslagen zählen.
2. Was sind die sog. „vorgerichtlichen Kosten“? Nennen Sie hierzu ein konkretes Beispiel.
3. Im Verfahren Kerim Kara ./. Sarah Wessely sagt die Zeugin Miriam Bartol aus. Sie fährt mit dem eigenen Pkw zum Gericht. Die einfache Wegstrecke beträgt 35 km. Miriam Bartol ist vier Stunden von zu Hause abwesend. Sie erleidet in dieser Zeit zwar keinen Verdienstausfall, da sie nur teilzeitbeschäftigt ist. Allerdings bleibt ihr Vier-Personen-Haushalt in dieser Zeit unversorgt. In welcher Höhe kann Miriam Bartol die Erstattung ihrer Aufwendungen verlangen?
4. Berechnen Sie den Streitwert für folgende Forderungen.
   a) Mietzinserhöhung um 50,00 €
   b) Forderung einer Rente wegen Tötung eines Menschen in Höhe von monatlich 200,00 €
   c) Kündigung eines unbefristeten Mietvertrags; monatliche Miete: 350,00 €
5. Klaudia Julkof führt wegen einer Forderung in Höhe von 4 500,00 € das gerichtliche Mahnverfahren durch. In welcher Höhe ist hierfür ein Gerichtskostenvorschuss zu begleichen?
6. Peer Zarder klagt 18 500,00 € aus einem Werkvertrag gegen Josef Verfog ein. Wie hoch ist der zu zahlende Gerichtskostenvorschuss?

7. Erklären Sie den Begriff des „Kostenschuldners“ und unterscheiden Sie zwischen Erst- und Zweitschuldner.
8. Erläutern Sie zwei digitale Zahlungsweisen für den Gerichtskostenvorschuss.
9. Der Kläger Gustav Falter hat für die Klage gegen Jochen Celik einen Gerichtskostenvorschuss in Höhe von 609,00 € bezahlt. Nach Beendigung des Verfahrens setzt das Gericht die Gerichtskosten
   a) mit 203,00 € und
   b) (fehlerhaft) mit 920,00 €
   fest. Was wird Gustav Falter jeweils veranlassen?

4 Die Kostenfestsetzung

Mit Abschluss des gerichtlichen Verfahrens können die Prozesskosten der Gegenseite auferlegt werden. Zur Arbeit von Rechtsanwaltsfachangestellten sowie Rechtsanwalts- und Notarfachangestellten gehört die Stellung dieser Kostenfestsetzungsanträge. Ziel ist es, einen Kostenfestsetzungsbeschluss zu erwirken, welcher dann – wie auch das Urteil mit Haupt- und Nebenforderung – ggf. zwangsweise mittels Gerichtsvollzieher vollstreckt werden kann.

Lernsituation

Rechtsanwalt Peter Huber hat Silke Wiesner vor dem Landgericht Koblenz wegen einer Kaufpreisforderung von Iris Gabler in Höhe von 7500,00 € vertreten. Aus Kostengründen rät Rechtsanwalt Peter Huber zu einem Anerkenntnis. Nach Zugang des Anerkenntnisurteils erhält Annika Sauer die Akte mit der Bitte, die Kostenfestsetzung zu beantragen.

Annika Sauer ist zum ersten Mal mit einem Kostenfestsetzungsantrag beauftragt und unterhält sich daher mit Julia Hoffmann über dieses Verfahren, dessen Voraussetzungen und Ablauf.

Annika Sauer wundert sich, dass die Mandantin keine Kosten tragen muss, obwohl sie zur Zahlung der Kaufpreisforderung in voller Höhe verurteilt wurde. Julia Hoffmann weist sie darauf hin, dass die Mandantin vor der Klage wohl nicht in Verzug gesetzt worden war und die Klageforderung im Prozess sofort anerkannt habe. Hierzu gebe es eine Regelung in der ZPO. Annika Sauer fragt sich jedoch, ob die Klägerin nicht noch eine Möglichkeit hat, gegen diese Entscheidung vorzugehen.

Zusätzlich zum Kostenfestsetzungsantrag soll Annika Sauer dann auch gegenüber Silke Wiesner abrechnen. Diese hat bislang noch keinen Vorschuss geleistet und es ist zu befürchten, dass sie sich einer Zahlung zu entziehen versucht.

Arbeitsaufträge:

a) Informieren Sie sich anhand verschiedener Urteile in Ihrer Ausbildungskanzlei, welche Entscheidungen zu den Kosten in den Urteilen getroffen wurden.
b) Klären Sie mithilfe der ZPO, weshalb Iris Gabler die Kosten des Verfahrens tragen muss.
c) Erläutern Sie, ob bzw. wie Iris Gabler gegen die Kostenentscheidung vorgehen könnte.

d) Tauschen Sie sich mit Ihren Mitschülerinnen und Mitschülern aus, ob diese bereits Kostenfestsetzungsanträge angefertigt oder in den Akten näher angesehen haben. Welche Inhalte hatten diese Anträge? Sind Unterschiede bei der Antragstellung erkennbar?
e) Erstellen Sie für Silke Wiesner den Kostenfestsetzungsantrag (ohne Briefkopf, Anschrift und Unterschrift).
f) An welches Gericht ist der Kostenfestsetzungsantrag zu richten?
g) Überlegen Sie gemeinsam, welche Fehler allgemein in einem Kostenfestsetzungsbeschluss auftreten können.
h) Prüfen Sie mithilfe der ZPO die Möglichkeiten, gegen eine fehlerhafte Festsetzung der Kosten vorzugehen, und erstellen Sie hierzu eine Übersicht.
i) Wann ist die Gebührenforderung gegenüber der eigenen Mandantin grds. fällig?
j) Stellen Sie zusammen, wie der Gebührenanspruch gegen die eigene Mandantin, hier Silke Wiesner, geltend gemacht werden könnte.
k) Vergleichen Sie untereinander Ihre Ergebnisse.
l) Reflektieren Sie anschließend Ihr Wissen.

4.1 Die Kostengrundentscheidung

vgl. LF 10, Kap. 3

vgl. LF 10, Kap. 4.2

Die Gerichtskosten sind zunächst durch den Zweitschuldner zu verauslagen. Dies bedeutet, dass zuerst die klagende Partei die Kosten für das Klageverfahren als Vorschuss begleicht. Damit ist jedoch noch keine endgültige Entscheidung dahingehend getroffen, wer letztlich die Kosten zu tragen hat und wer damit also der sog. Erstschuldner ist. Hierbei handelt es sich um die sog. Kostengrundentscheidung, d. h., wer trägt grds. die Kosten des Verfahrens. Über die Höhe der Kosten wird zunächst noch keine Entscheidung getroffen. Dies erfolgt erst im Kostenfestsetzungsbeschluss.

Merke: Durch die Kostengrundentscheidung wird eine gerichtliche Entscheidung getroffen, wer endgültig die gerichtlichen und außergerichtlichen Kosten des Verfahrens zu tragen hat.

vgl. LF 10, Kap. 1.2.6 und 1.2.7

Je nach Art der Beendigung des Prozesses sind verschiedene Entscheidungen zum Kostenschuldner als Erstschuldner möglich. Dabei wird danach unterschieden, ob das Verfahren durch das Gericht in Form eines Endurteils oder durch die Parteien beendet wird.

4.1.1 Beendigung des Verfahrens durch Urteil

Das Gericht trifft im Endurteil eine endgültige Entscheidung über das Verfahren in dieser Instanz und hat dabei nach § 308 Abs. 2 ZPO auch über die Prozesskosten zu entscheiden. Je nach Ausgang des Verfahrens ergeben sich hier unterschiedliche Entscheidungen.

Hinweis: In der Regel wird in der Klage und in der Klageerwiderung immer beantragt, dass der jeweiligen Gegenseite die Kosten des Rechtsstreits auferlegt werden. Mit Endurteil muss das Gericht jedoch nach § 308 Abs. 2 ZPO von Amts wegen, d.h., auch ohne Antrag, darüber entscheiden, wer die Prozesskosten trägt.

Vollständiges Obsiegen einer Partei

Grundsätzlich richtet sich die Kostenentscheidung danach, wer den Prozess gewonnen bzw. verloren hat. Nach § 91 Abs. 1 S. 1 ZPO trägt die jeweils unterliegende Partei die gesamten Kosten des Rechtsstreits.

▶ **Beispiel:** Im Verfahren über eine Werklohnforderung des Unternehmens Siltares GmbH & Co. KG ./. Jonas Verres entscheidet das Gericht, dass der Klägerin, der Siltares GmbH & Co. KG, die eingeklagte Werklohnforderung vollständig zusteht. Der Urteilstenor lautet wie folgt:

Urteils-tenor	1.	Der Beklagte wird verurteilt, ***
	2.	**Der Beklagte trägt die Kosten des Rechtsstreits.**
	3.	Das Urteil ist *** vorläufig vollstreckbar.

▶ **Beispiel:** Max Berner klagt gegen Simon Norge auf Rückzahlung einer Darlehensforderung in Höhe von 4500,00 €. Das Gericht entscheidet, dass aufgrund von Verjährung die Klage nicht begründet ist. Der Urteilstenor lautet hier:

Urteils-tenor	1.	Die Klage wird abgewiesen.
	2.	**Der Kläger trägt die Kosten des Rechtsstreits.**
	3.	Das Urteil ist hinsichtlich der Kosten *** vorläufig vollstreckbar.

Teilweises Obsiegen

Wenn der Beklagte zwar teilweise verurteilt, im Übrigen die Klage aber abgewiesen wird, richtet sich der Umfang der Kostenauferlegung gem. § 92 Abs. 1 S. 1 ZPO grds. nach dem Verhältnis des Siegens zum Unterliegen bei der Hauptforderung. Die Kosten sind entsprechend verhältnismäßig zu teilen.

Verurteilung des Beklagten	=>	Kostentragungspflicht des Beklagten
Abweisung der Klage		**Kostentragungspflicht des Klägers**

▶ **Beispiel:** Iris Lauter hat eine Kaufpreisforderung in Höhe von 100000,00 € gegen Moris Kleiner eingeklagt. Das Landgericht entscheidet im Urteil, dass der Beklagte aufgrund von Mängeln des Fahrzeugs nur zur Zahlung von 80000,00 € verpflichtet ist. Die Kosten sind nach dem Verhältnis zwischen Siegen und Unterliegen also folgendermaßen aufzuteilen:

Verurteilung des Beklagten	80000,00 €	=>	Kostentragungspflicht des Beklagten	80 %
Abweisung der Klage	**20000,00 €**		**Kostentragungspflicht der Klägerin**	**20 %**

Der Urteilstenor lautet wie folgt:

Urteils-tenor	1. Der Beklagte wird verurteilt, an die Klägerin 80000,00 € nebst *** zu bezahlen. 2. Im Übrigen wird die Klage abgewiesen. 3. **Von den Kosten des Rechtsstreits trägt die Klägerin 20%, der Beklagte 80%.** 4. ***

Wenn Kläger und Beklagter jeweils zu 50% gewinnen bzw. verlieren, stehen nach § 92 Abs. 1 ZPO zwei Varianten bei der Kostenentscheidung zur Auswahl:

Kostenquotelung	Kostenaufhebung
Die gesamten Kosten werden zu 50% dem Kläger und zu 50% dem Beklagten auferlegt.	Die Gerichtskosten tragen die Parteien jeweils zur Hälfte (§ 92 Abs. 1 S. 2 ZPO). Die übrigen außergerichtlichen Kosten trägt jede Partei selbst.

▶ **Beispiel:** In Sachen Mirco Slawitz ./. Toni Moraldo auf Zahlung einer Kaufpreisforderung in Höhe von 4000,00 € kommt das Amtsgericht zur Entscheidung, dass lediglich 2000,00 € begründet sind und im Übrigen die Klage abzuweisen ist. Im Verfahren war lediglich Mirco Slawitz anwaltlich vertreten. Hinsichtlich der Kosten sind zwei Entscheidungsmöglichkeiten mit unterschiedlicher Auswirkung möglich:

Kosten-quotelung	1. *** 2. Im Übrigen wird die Klage abgewiesen. 3. **Von den Kosten des Rechtsstreits tragen Kläger und Beklagter jeweils die Hälfte.** 4. ***

Hier werden alle Prozesskosten des Rechtsstreits Mirco Slawitz ./. Toni Moraldo, also die außergerichtlichen Kosten (insbesondere die Rechtsanwaltsgebühren) sowie die Gerichtskosten, zusammengezählt und jeweils die Hälfte dem Kläger und dem Beklagten auferlegt.

Kosten-aufhebung	1. *** 2. Im Übrigen wird die Klage abgewiesen. 3. **Die Kosten des Verfahrens werden gegeneinander aufgehoben.** 4. ***

Hier trägt Mirco Slawitz die Gebühren für seinen Rechtsanwalt selbst und nur die Gerichtskosten werden geteilt.

Hinweis: Wenn lediglich eine Partei anwaltlich vertreten ist, wirkt sich die Kostenaufhebung stark nachteilig aus, da die nicht anwaltlich vertretene Partei nur die Hälfte der Gerichtskosten trägt, aber keinerlei Anteil an den Anwaltskosten der Gegenseite hat.

Sofortiges Anerkenntnis

Vom Grundsatz der Kostenverteilung je nach Siegen oder Unterliegen wird nach § 93 ZPO dann abgewichen, wenn der Beklagte den in der Klage geltend gemachten Anspruch des Klägers sofort anerkennt. Der Urteilstenor lautet dann wie folgt: vgl. LF 10, Kap. 1.2

Urteils-tenor	1. Der Beklagte wird verurteilt, *** 2. **Der Kläger trägt die Kosten des Rechtsstreits.** 3. ***

Hintergrund ist, dass der Kläger zwar den Prozess gewinnt, der Beklagte aber für dieses Verfahren keinerlei Veranlassung gegeben hat. Hier hat sich der Beklagte entweder außergerichtlich bereits kompromissbereit gezeigt oder es wurde ohne außergerichtliches Vorgehen sofort geklagt.

In diesem Fall trägt dann der Kläger die Kosten seines Rechtsanwalts sowie die bereits verauslagten Gerichtskosten. Zusätzlich kann der Beklagte die ihm entstandenen außergerichtlichen Kosten ebenfalls dem Kläger auferlegen lassen.

Hinweis: Hier zeigt sich, weshalb ein außergerichtliches Mahnschreiben sinnvoll ist. Die Kostenfolge eines sofortigen Anerkenntnisses begründet die Notwendigkeit eines solchen Mahnschreibens. vgl. LF 4, Kap. 3.2

4.1.2 Beendigung des Verfahrens durch Parteihandlung

Im Zivilprozess kann das Verfahren auch durch die Parteien selbst beendet werden, ohne dass ein (End-)Urteil erfolgt. Dieses ist zum einen einseitig möglich, indem der Kläger die Klage zurücknimmt oder das Verfahren für erledigt erklärt. Zum anderen besteht auch die Möglichkeit, dass die Parteien übereinstimmend durch Vergleich den Prozess abschließen.

Klagerücknahme

Nimmt der Kläger die Klage zurück, verliert er vollständig den Prozess. Demnach bestimmt auch § 269 Abs. 3 S. 2 ZPO, dass der Kläger grds. für diesen Fall die gesamten Kosten des Verfahrens zu tragen hat. Ist aber der Anlass zur Einreichung der Klage vor Rechtshängigkeit weggefallen, trifft das Gericht eine Kostenentscheidung danach, wie der Prozess voraussichtlich ausgegangen wäre. Wenn also voraussichtlich der Kläger gewonnen hätte, sind in diesem besonderen Fall die Kosten dem Beklagten aufzuerlegen. vgl. LF 10, Kap. 1.2.7

▶ **Beispiel:** Hubert Kenzo reicht nach erfolgloser Mahnung am 15.10.2024 eine Klage über eine Kaufpreisforderung gegen Thea Meindl in Höhe von 1 800,00 € beim Amtsgericht ein und zahlt den erforderlichen Gerichtskostenvorschuss. Bevor die Klage durch das Amtsgericht am 21.10.2024 an Thea Meindl zugestellt wird, zahlt diese den Kaufpreis über 1800,00 € am 18.10.2024 auf das Konto von Hubert Kenzo ein. In diesem Fall kann Hubert Kenzo die Klage nur zurücknehmen. Voraussichtlich wird das Amtsgericht jedoch die Kosten Thea Meindl auferlegen, da davon auszugehen ist, dass diese nur deshalb gezahlt hat, weil sie die Kaufpreisforderung nun doch anerkennt.

vgl. LF 10, Kap. 3.1.2

Hinweis: Nach Nr. 1211 Ziff. 1 a KV GKG reduzieren sich nun die Gerichtsgebühren auf 1,0.

Erledigung der Hauptsache

vgl. LF 10, Kap. 1.2.7

Wenn die Parteien übereinstimmend die Hauptsache für erledigt erklären, trifft das Gericht auch keine Entscheidung über den Klageantrag. Nach § 91 a ZPO wird jedoch über die Kosten noch durch Beschluss entschieden. Das Gericht entscheidet dabei danach, welche Partei nach dem bisherigen Stand des Verfahrens voraussichtlich gewonnen bzw. verloren hätte.

▶ **Beispiel:** Marlies Thunder reicht über Rechtsanwältin Dr. Annette Neumann eine Klage über eine Schadenersatzforderung gegen Reike Wijewski in Höhe von 3950,00 € beim Amtsgericht ein. Als Reike Wijekski die Klage zugestellt bekommt, stellt sie fest, dass sie keine Chancen hat, den Prozess zu gewinnen, und zahlt daher die geforderten 3950,00 €. Gemeinsam erklären Rechtsanwältin Dr. Annette Neumann für die Klägerin und Reike Wijewski durch Einreichung entsprechender Schriftsätze die Sache für erledigt. Hier wird das Amtsgericht der Beklagten die Kosten auferlegen, da diese voraussichtlich den Prozess verloren hätte.

Vergleich der Parteien

vgl. LF 10, Kap. 1.2.7

Es ergeht ebenfalls kein gerichtliches Urteil, wenn sich die Parteien vergleichen. Sie einigen sich also auf einen Kompromiss, wobei sowohl Kläger wie auch Beklagter nachgeben. In der Regel vereinbaren die Parteien dann auch, wie es sich mit den entstandenen Kosten verhält. Wenn der Kläger zu 20 % nachgibt, wird er dann voraussichtlich auch 20 % der Kosten übernehmen.

vgl. LF 10, Kap. 4.1.1

Hinweis: Da das Gericht von Amts wegen über die entstandenen Kosten entscheidet, muss dieses auch dann erfolgen, wenn die Parteien im Vergleich keine Regelung zu den Kosten selbst getroffen haben. Diesen Fall regelt § 98 ZPO, wonach hier dann die Kosten als gegeneinander aufgehoben anzusehen sind. Dies bedeutet, dass jede Partei die angefallenen Gerichtskosten je zur Hälfte und die ihr entstandenen außergerichtlichen Kosten, vor allem die Rechtsanwaltsgebühren, selbst trägt. In der Praxis wird deshalb immer ein entsprechender Kostenantrag bei Gericht gestellt, um die Kostenfolge des § 98 ZPO zu vermeiden.

Kostengrundentscheidung = das Gericht entscheidet, wer die Kosten trägt

↓

Grundsatz: nach dem Verhältnis Siegen – Unterliegen

↕

Ausnahme: Sofortiges Anerkenntnis

4.1.3 Die Rechtsmittel gegen die Kostengrundentscheidung

Es ist wichtig, zunächst zu prüfen, ob das Gericht korrekt bestimmt hat, wer Erstschuldner ist, also die Kosten zu tragen hat. Erst danach kommt es auf die konkrete Höhe der Kosten an.

Gegen eine fehlerhafte Entscheidung ist jedoch grds. keine selbstständige Anfechtung möglich (§ 99 Abs. 1 ZPO). Hier kann nur gegen das Urteil insgesamt durch Berufung oder Revision vorgegangen werden. Im Rahmen dieses Rechtsmittelverfahrens wird dann auch die Entscheidung zur Kostentragungspflicht überprüft. vgl. LF 11

▶ **Beispiel:** Fritz Weihrich hat gegen Lasse Field eine Klage bzgl. einer Forderung auf Mietzinszahlung in Höhe von insgesamt 12 000,00 € durch Rechtsanwalt Peter Huber einreichen lassen. Das Gericht kommt zu dem Schluss, dass Fritz Weihrich lediglich 6 000,00 € zustehen. Er müsse daher auch 50 % der Kosten tragen. Wenn Fritz Weihrich der Ansicht ist, dass ihm die gesamte Mietzinsforderung zusteht und daher Lasse Field als Beklagter auch die Kosten des Prozesses insgesamt tragen müsste, bleibt nur die Möglichkeit, gegen das Urteil insgesamt ein Rechtsmittel, also Berufung (oder Sprungrevision), einzulegen.

Hinweis:

- Wenn das Gericht dem Kläger zwar rechtlich korrekt den eingeklagten Betrag bzw. einen Teil hiervon zuerkannt hat, ihm aber versehentlich die gesamten Kosten auferlegt, kann eine einfache Urteilsberichtigung nach § 319 ZPO beantragt werden.
- Eine Ausnahme besteht jedoch bei Anerkenntnisurteilen sowie beim Kostenentscheidungsbeschluss bei Erledigung der Hauptsache oder Klagerücknahme (§ 99 Abs. 2 ZPO). Hier ist das Rechtsmittel der sofortigen Beschwerde gem. § 569 ZPO möglich. Wie bei der Berufung muss jedoch der Beschwerdewert 600,00 € übersteigen (§ 99 Abs. 2 S. 2 ZPO). vgl. LF 11

Beispiel: Sabine Argau hat eine Kaufpreisforderung in Höhe von 4500,00 € gegen Norbert Severing eingeklagt. Nobert Severing zahlt diese nach Einreichung, aber vor Zustellung der Klage. Sabine Argau nimmt daraufhin die Klage zurück. Das Amtsgericht ist der Ansicht, dass Selda Argany die gesamten Kosten tragen müsse. Wenn sich Sabine Argau gegen diesen Beschluss wehren möchte, hat sie keine Möglichkeit, nach Klagerücknahme mittels Berufung vorzugehen. Hier kann sie gegen den Beschluss aber sofortige Beschwerde innerhalb einer Notfrist von zwei Wochen einlegen.

Die Kostengrundentscheidung des Gerichts ist daher wie folgt zu überprüfen:

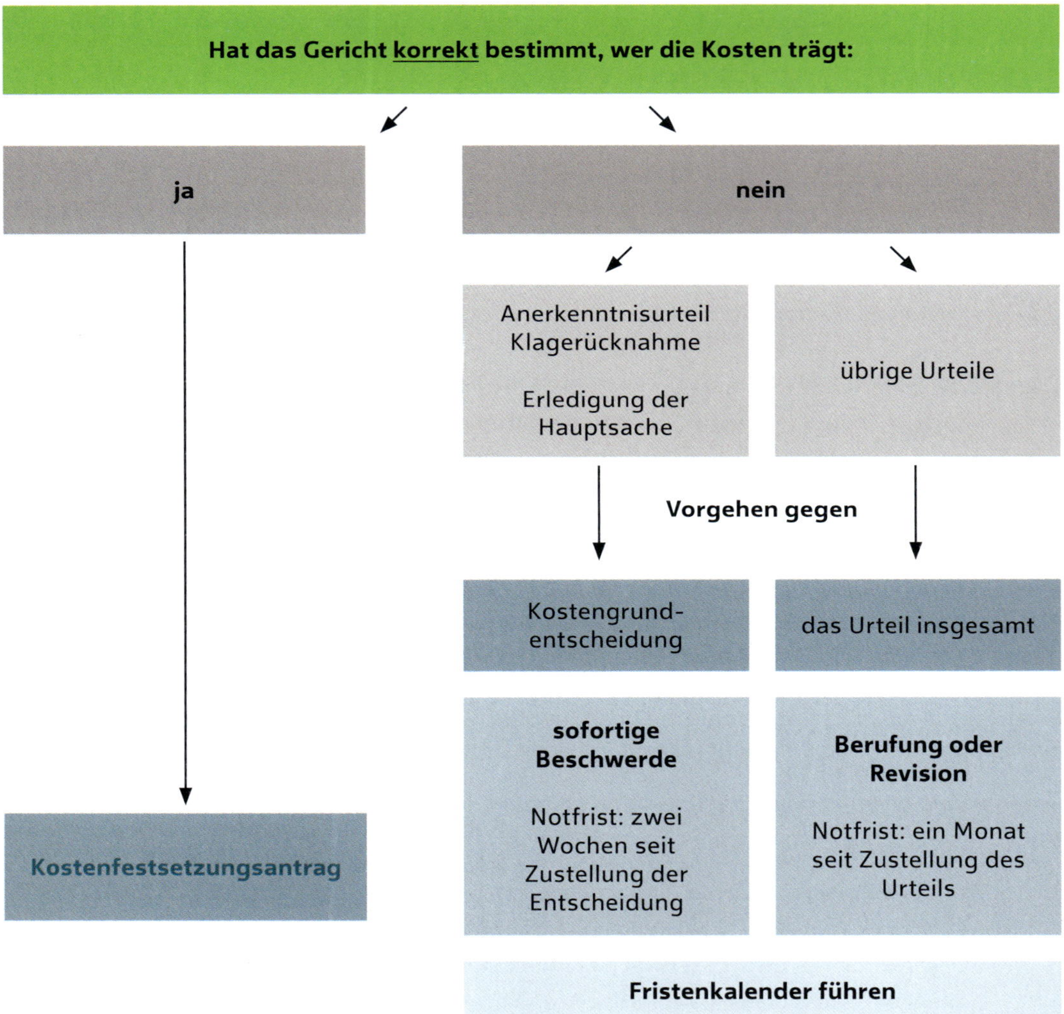

vgl. LF 10, Kap. 4.2 und 4.3

4.2 Das Kostenfestsetzungsverfahren

Während im Urteil von Amts wegen eine Entscheidung getroffen wird, wer die Kosten zu tragen hat, ist für die Festsetzung der im Prozess entstandenen Kosten ein Antrag, der sog. Kostenfestsetzungsantrag, erforderlich. Mit dem Kostenfestsetzungsantrag wird ein Kostenfestsetzungsbeschluss beantragt. In diesem werden die im Prozess entstandenen außergerichtlichen Kosten sowie die Gerichtskosten der Höhe nach ermittelt und der Gegenseite auferlegt. Mittels dieses Kostenfestsetzungsbeschlusses kann sodann die Zwangsvollstreckung betrieben werden. vgl. LF 12

Nach § 91 ZPO können der unterlegenen Partei die Kosten des Rechtsstreits auferlegt werden, soweit diese für die Rechtsverfolgung (des Klägers) oder die Rechtsverteidigung (des Beklagten) erforderlich waren. Es handelt sich hierbei um die sog. Prozesskosten. Zu fragen ist dabei jeweils, ob die entsprechenden Aufwendungen erforderlich waren, um den Prozess zu führen. vgl. LF 10, Kap. 3.1.1

Hinweis: Sofern die obsiegende Partei mit ihrem Prozessvertreter eine Vergütungsvereinbarung getroffen hat, ist darauf zu achten, dass gegenüber der Gegenseite nur die gesetzlichen Gebühren geltend gemacht werden können. Die Mandantschaft trägt dann die darüber hinausgehenden Gebühren selbst, auch wenn sie den Prozess gewinnen sollte. Hierauf muss die Mandantschaft in der Vergütungsvereinbarung hingewiesen werden. vgl. LF 4, Kap. 5.3

Je nachdem, ob einer Partei die Kosten vollständig auferlegt wurden oder eine Kostenquotelung bzw. Kostenaufhebung erfolgte, sind Kostenfestsetzungsanträge nach § 104 ZPO und § 106 ZPO zu unterscheiden.

4.2.1 Der Kostenfestsetzungsantrag nach § 104 ZPO

Sofern eine Partei das Verfahren gewonnen hat, kann sie die entsprechend entstandenen Kosten der Gegenseite insgesamt auferlegen lassen. Hierfür muss eine Kostenberechnung erfolgen. Eventuell sind die Kosten auch zu belegen.

Formalien

Für den Antrag sind verschiedene Formalien zu beachten.

Zuständigkeit	Der Antrag ist jeweils an das Gericht des ersten Rechtszugs zu richten (§ 103 Abs. 2 S. 1 ZPO). Dies betrifft auch Verfahren, welche in der Berufungs- oder Revisionsinstanz abgeschlossen werden.
Form	Der Antrag hat schriftlich zu erfolgen oder ist zu Protokoll der Geschäftsstelle zu geben.

Abschriften	Neben dem Original für das Gericht ist für jeden Gegner eine Abschrift beizufügen. Bei einem anwaltlich vertretenen Gegner werden dem Original eine beglaubigte und eine einfache Abschrift beigefügt. Wird der Antrag von einem Rechtsanwalt gestellt, so erfolgt dies per beA.
Antragsteller	Antragsteller ist die obsiegende Partei.
Belege	Für Auslagen, die sich nicht aus dem Verfahren selbst ergeben, sind Nachweise beizufügen.

▶ **Beispiele:** In Sachen Severin Falter ./. Lena Thold hat Rechtsanwalt Peter Huber den Kläger vertreten. Die Klage wurde gewonnen. Die im Verfahren entstandenen Anwaltsgebühren müssen nicht nachgewiesen werden, da sich die Tätigkeit von Rechtsanwalt Peter Huber aus den Schriftsätzen und Gerichtsprotokollen ergibt.
Severin Falter ist zum Termin 35 km mit der Bahn angereist. Diese Reisekosten sind durch Vorlage des Bahntickets nachzuweisen.

vgl. LF 10, Kap. 6

Inhalt des Kostenfestsetzungsantrags

Die erstattungsfähigen Kosten sind in einer **Kostenberechnung** aufzuschlüsseln. Hier sollte eine übersichtliche Darstellung gewählt und nach Gerichts-, Rechtsanwalts- und Parteikosten unterschieden werden.

Die Gerichtskosten müssen in der Regel nicht angegeben werden, da sich diese aus der Gerichtsakte ergeben. Hier genügt der Hinweis:

„Es wird beantragt, die nachstehend aufgeführten Kosten sowie hier nicht erfasste Gerichtskosten und Auslagenvorschüsse festzusetzen."

Tipp: Bei einer sorgfältigen Aktenführung und einer korrekten Verbuchung der Zahlungsvorgänge sind die geleisteten Gerichtskosten leicht nachvollziehbar. Insofern sollte von der genannten Erleichterung nur ergänzend Gebrauch gemacht werden. Vorrangig sind immer alle entstandenen Gebühren und Auslagen aufzuführen.

Es besteht ein Anspruch auf **Verzinsung** der entstandenen Kosten. Gemäß § 104 Abs. 1 ZPO betragen die Zinsen fünf Prozentpunkte über dem jeweiligen Basiszinssatz. Die Verzinsungspflicht beginnt mit Eingang des Festsetzungsantrags. Die Verzinsung wird jedoch nur auf Antrag ausgesprochen. Dieser Antrag kann wie folgt lauten:

„Es wird beantragt, diesen Betrag ab Antragseingang mit fünf Prozentpunkten über dem jeweiligen Basiszinssatz zu verzinsen."

Nicht zuletzt empfiehlt sich bereits an dieser Stelle der Antrag auf Erteilung einer **vollstreckbaren Ausfertigung**. Der Kostenfestsetzungsbeschluss kann im Rahmen der Zwangsvollstreckung zwangsweise durchgesetzt werden. Die vollstreckbare Ausfertigung ist bereits eine der Voraussetzungen hierfür. Der Antragsteller erspart sich durch diesen Antrag einen Schritt für die zukünftig eventuell nötig werdende Zwangsvollstreckung. Eine mögliche Formulierung dieses Antrags lautet: vgl. LF 12

„Weiterhin wird beantragt, eine vollstreckbare Ausfertigung des Beschlusses zu übersenden."

Tipp: Im Kostenfestsetzungsantrag ist noch anzugeben, ob der Antragsteller zum Vorsteuerabzug berechtigt ist. Die **Umsatzsteuer** kann gegen die Gegenseite nur festgesetzt werden, wenn der Antragsteller **nicht vorsteuerabzugsberechtigt** ist. Wenn der Antragsteller vorsteuerabzugsberechtigt ist, erhält er die an seinen Rechtsanwalt gezahlte Umsatzsteuer durch das Finanzamt zurück. vgl. LF 4, Kap. 5

Beispiel: Rechtsanwältin Dr. Annette Neumann hat erfolgreich für ihre Mandantin Ilona Jesse 4 500,00 € Schmerzensgeld gegen Ricco Dannemann eingeklagt und das Verfahren gewonnen. Mit Ausnahme der Gerichtsgebühren für die Klage sind keine weiteren Gerichtskosten entstanden. Der Kostenfestsetzungsantrag kann wie folgt aussehen:

Antrag auf Kostenfestsetzung

In dem Rechtsstreit

Ilona Jesse ./. Ricco Dannemann

beantrage ich namens und im Auftrag der Klägerin die nachstehenden Kosten gem. §§ 103, 104 ZPO festzusetzen:

Streitwert: 4.500,00 €

verauslagte Gerichtskosten	483,00 €
außergerichtliche Kosten	
1,3 Verfahrensgebühr, Nr. 3100 VV RVG	434,20 €
1,2 Terminsgebühr, Nr. 3104 VV RVG	400,80 €
Pauschale Post- und Telekommunikation, Nr. 7002 VV RVG	20,00 €
Zwischensumme	855,00 €
19 % Umsatzsteuer, Nr. 7008 VV RVG	162,45 €
Zwischensumme	1.017,45 €
Summe	1.500,45 €

Die Klägerin ist nicht zum Vorsteuerabzug berechtigt.

Es wird beantragt, diesen Betrag ab Antragseingang mit fünf Prozentpunkten über dem jeweiligen Basiszinssatz zu verzinsen.

Weiterhin wird beantragt, eine vollstreckbare Ausfertigung des Beschlusses zu übersenden.

Dr. Annette Neumann
Rechtsanwältin

Ein spezielles Antragsformular ist nicht vorgeschrieben. Im Handel sind zwar Formulare erhältlich, jedoch werden die Anträge im Regelfall in den Kanzleien entweder selbst oder über die Anwaltssoftware erstellt.

Das vereinfachte Verfahren nach § 105 ZPO

Im Regelfall ergeht ein sog. selbstständiger Kostenfestsetzungsbeschluss, sodass z. B. durch Endurteil über Haupt- und Nebenforderung entschieden und die Kostengrundentscheidung getroffen wird. Über die konkreten Kosten, welche ebenfalls von der unterlegenen Gegenseite verlangt werden können, ergeht ein gesonderter Kostenfestsetzungsbeschluss.

Nach § 105 ZPO besteht jedoch in bestimmten Fällen die Möglichkeit, die Kostenfestsetzung in die Urteilsurkunde aufzunehmen. Dieser Fall ist in der Praxis eher selten, da der Kostenfestsetzungsantrag noch vor Erteilung einer Ausfertigung des Urteils bei Gericht eingegangen sein muss. In Betracht kommt diese Möglichkeit eventuell bei einem – bereits angekündigten – Anerkenntnis- oder Versäumnisurteil.

Beispiel: In Sachen Ilona Jesse ./. Ricco Dannemann hat der Beklagte Ricco Dannemann bereits vor dem Gerichtstermin angekündigt, dass er die Klage sowie die entstandenen Kosten anerkennen werde. Rechtsanwältin Dr. Annette Neumann bringt daher zum Gerichtstermin den oben ausgeführten Kostenfestsetzungsantrag mit, sodass die Kosten dann direkt auf dem Anerkenntnisurteil festgesetzt werden können. Die Gerichtsgebühr reduziert sich dann allerdings nach Nr. 1211 Ziff. 2 KV GKG auf eine 1,0 Gebühr, also 161,00 €. Die als Vorschuss zu viel geleisteten 2,0 Gebühren in Höhe von 322,00 € werden der Klägerin von der Staatskasse zurückerstattet.

4.2.2 Der Kostenausgleichantrag nach § 106 ZPO

Wenn der Prozess nicht vollständig gewonnen wurde, werden die entstandenen Kosten nach Quoten aufgeteilt. Ein Kostenfestsetzungsantrag ist hier nur dann sinnvoll, wenn das Verfahren zum überwiegenden Teil gewonnen wurde, da im Regelfall die Gegenseite ebenfalls ihre Kosten geltend machen wird. Im Ergebnis werden grds. die den Parteien entstandenen Kosten miteinander verrechnet.

vgl. LF 10, Kap. 4.1.1

Beispiel: Rechtsanwalt Peter Huber hat Petra Mölz wegen einer Kaufpreisforderung in Höhe von 18 000,00 € gegen Carin Weist vertreten. Die Beklagte Carin Weist wurde durch Rechtsanwältin Dr. Sina Sommer vertreten. Das Landgerichtsurteil lautet dahingehend, dass Petra Mölz lediglich eine Forderung in Höhe von 12 000,00 € zusteht, im Übrigen die Klage abgewiesen wird und Petra Mölz ein Drittel der Kosten zu tragen hat. Carin Weist muss demnach zwei Drittel der Kosten begleichen. Die Gesamtkosten beider Parteien werden zusammengerechnet und entsprechend gequotelt. Jede Partei hat demnach einen Anspruch auf teilweise Begleichung ihrer Kosten.

Gesamtkosten: außergerichtliche Kosten beider Parteien + Gerichtskosten
z. B. 5688,10 € – diese werden durch 3 dividiert:

Kostenforderung Petra Mölz
zwei Drittel = 3792,07 €

Kostenforderung Carin Weist
ein Drittel = 1896,03 €

↓

Die Forderung von Petra Mölz ist 1896,03 € höher als die Forderung von Carin Weist.

↓

Petra Mölz hat also nach Kostenausgleich eine Forderung in Höhe von 1896,03 € gegen Carin Weist.

Der Verfahrensablauf gestaltet sich nach § 106 ZPO wie folgt:

Antrag auf Kostenausgleich nach § 106 ZPO

↓

Gericht leitet den Antrag an die Gegenseite weiter:

- Aufforderung, Berechnung der Kosten hereinzureichen
- Frist: eine Woche

↙	↘
Gegenseite gibt Kosten nicht herein	Gegenseite gibt Kosten herein
↓	↓
Gericht setzt nur Kosten des Antragstellers fest	Gericht gleicht Kosten von Antragsteller und Gegenseite aus (s. o.)

Sofern die Gegenseite die Wochenfrist nicht nutzt, um die eigenen Kosten festsetzen und zum Ausgleich bringen zu lassen, werden nur die Kosten des Antragstellers berücksichtigt. Mit dem Kostenfestsetzungsbeschluss kann der Antragsteller dann gegen die Gegenseite vorgehen.

Der Gegenseite bleibt dennoch die Möglichkeit, auch nachträglich noch die Kostenfestsetzung der eigenen Kosten zu beantragen.

▶ **Beispiel:** Im Verfahren Petra Mölz ./. Carin Weist wegen einer Kaufpreisforderung in Höhe von 18000,00 € stellt Rechtsanwalt Peter Huber einen Antrag auf Kostenausgleich nach § 106 ZPO. Er beantragt die Festsetzung der Kosten der Klägerin in Höhe von (ca.) 3373,00 €. Da die Gegenseite nicht innerhalb der Wochenfrist reagiert, entscheidet das Landgericht lediglich auf Verteilung der von der Klägerin angemeldeten Kosten. Dies bedeutet, dass Petra Mölz zwei Drittel der angemeldeten Kosten, also (ca.) 2249,00 €, festgesetzt erhält. Diese Forderung steht ihr gegenüber Carin Weist zu und kann ggf. in der Zwangsvollstreckung beigetrieben werden. Carin Weist kann nachträglich noch beantragen, beim Ausgleich die ihr entstandenen Kosten von (ca.) 2314,00 € zu berücksichtigen. Eventuell entstehende Kosten für dieses Verfahren trägt jedoch dann Carin Weist selbst.

Das Antragsformular entspricht im Wesentlichen dem für den Kostenfestsetzungsantrag. Lediglich die Überschrift und die Formulierung des Antrags sind wie folgt zu ändern:

> **Antrag auf Kostenausgleich**
>
> „In dem Rechtsstreit *** werden die nachstehenden Kosten zur Ausgleichung nach §§ 103, 106 ZPO angemeldet: ***"

4.3 Die Rechtsmittel gegen einen Kostenfestsetzungsbeschluss

Für den Erlass des Kostenfestsetzungsbeschlusses ist beim Gericht des ersten Rechtszugs (§ 103 Abs. 2 ZPO) der Rechtspfleger nach § 21 RPflG zuständig. Der Kostenfestsetzungsbeschluss kann verschiedene Mängel aufweisen. Diese führen dann im Ergebnis dazu, dass weniger Kosten festgesetzt werden oder aber auch Zeitverzögerungen eintreten. Je nach Art der Mängel sind unterschiedliche Vorgehen notwendig.

4.3.1 Die Überprüfung des Kostenfestsetzungsbeschlusses

Im Wesentlichen sind die Fälle zu unterscheiden, in denen über Anträge keine Entscheidung getroffen wurde, das Gericht einen anderen Streitwert als der Antragsteller zugrunde gelegt hat oder aber die Entscheidung über die Höhe der Kosten nicht dem Antrag entspricht.

Anträge des Antragstellers werden nicht entschieden

Möglich ist, dass der Kostenfestsetzungsbeschluss trotz Antrag keine Verzinsung der Kosten enthält oder keine vollstreckbare Ausfertigung des Kostenfestsetzungsbeschlusses erteilt wurde.

Da der Antrag auf Verzinsung auch nachträglich noch gestellt werden könnte, ist hier eine Ergänzung des Kostenfestsetzungsbeschlusses zu beantragen. Wird der Antrag jedoch erst nachträglich gestellt, tritt Verzinsung erst mit Antragstellung ein. Wenn aber ein Verzinsungsantrag im Kostenfestsetzungsbeschluss grundlos nicht berücksichtigt wurde, ist entsprechend § 321 ZPO innerhalb von zwei Wochen seit Zustellung eine Ergänzung zu beantragen.

Dieses gilt entsprechend auch für den Antrag auf Erteilung einer vollstreckbaren Ausfertigung. Dieser muss nach § 724 ZPO beim Urkundsbeamten der Geschäftsstelle des Gerichts des ersten Rechtszugs erneut gestellt werden.

Die Korrektur ist hier zwar problemlos möglich, allerdings können Zeitverzögerungen entstehen, die Nachteile für die Mandantschaft bedeuten.

▶ **Beispiel:** Im Verfahren Silke Quort ./. Manuel Poldel versäumt das Gericht, eine vollstreckbare Ausfertigung des Kostenfestsetzungsbeschlusses zu erteilen. Bis auf einen erneuten Antrag hin diese vollstreckbare Ausfertigung erteilt wird, hat Manuel Poldel seinen Arbeitsplatz verloren, sodass er nicht mehr in der Lage ist, die Kosten zu bezahlen.

Lediglich in den Fällen, in denen dem Gericht Vorsatz oder grobe Fahrlässigkeit nachgewiesen werden kann, besteht die Möglichkeit, einen Amtshaftungsanspruch nach § 839 BGB geltend zu machen.

Kostenentscheidung

Sofern die Ermittlung der Kostenhöhe vom Antrag abweicht, weil z. B. keine Einigungsgebühr berücksichtigt wurde, muss ebenfalls gegen den Kostenfestsetzungsbeschluss an sich vorgegangen werden. Gemäß § 104 Abs. 3 ZPO ist hier das Rechtsmittel der sofortigen Beschwerde einzureichen. Dieses ist allerdings an die Voraussetzung geknüpft, dass der Wert des Beschwerdegegenstands 200,00 € übersteigt. Liegt der Wert unter dieser Grenze, kann mittels befristeter Erinnerung nach § 11 Abs. 2 S. 1 RPflG vorgegangen werden.

vgl. LF 10, Kap. 4.3.2 und 4.3.3

Streitwert fehlerhaft bestimmt

Der Streitwert ergibt sich aus der Forderung, die im Prozess verfolgt wird. Bei vermögensrechtlichen Ansprüchen ist dieser im Regelfall auch nach dem GKG eindeutig zu ermitteln. Sofern gesetzlich kein bestimmter Wert bestimmt wird oder Gegenstand des Verfahrens keine bestimmte Geldsumme in Euro ist, setzt das (Prozess-)Gericht den Wert durch Beschluss nach § 63 GKG fest. vgl. LF 10, Kap. 3.1.2

▶ **Beispiel:** Rechtsanwalt Peter Huber beantragt für seine Mandantin Aydin Lerük, dass ihr Nachbar Leandro Wilke es unterlässt, die Zufahrt zur Garage zuzuparken. Da hier ein Streitwert gesetzlich nicht bestimmt ist, hat das Gericht einen Wert zu bestimmen.

Zum Zeitpunkt des Kostenfestsetzungsantrags ist daher der Streitwert bestimmt. Der Rechtspfleger darf keinen eigenen Wertfestsetzungsbeschluss treffen, sondern muss sich nach der Streitwertfestlegung des Gerichts richten. Wenn hiermit kein Einverständnis besteht, muss nach § 68 GKG mittels einer Streitwertbeschwerde dagegen vorgegangen werden.

Zu unterscheiden ist hiervon eine abweichende Bestimmung des Streitwerts nach den gesetzlichen Bestimmungen.

▶ **Beispiel:** Rechtsanwalt Peter Huber beantragt für seine Mandantin Aydin Lerük, dass ihr Mieter Uwe Lücke die Mietwohnung nach Kündigung räumt. Die Bestimmung des Streitwerts richtet sich nach § 41 Abs. 2 GKG. Der Rechtspfleger berücksichtigt für die Kostenermittlung lediglich die Nettokaltmiete. Rechtsanwalt Peter Huber ist jedoch der Ansicht, dass die Nebenkosten mit zu berücksichtigen seien. Eine Streitwertfestsetzung ist im Urteil nicht erfolgt. Hier muss dann gegen den Kostenfestsetzungsbeschluss mittels sofortiger Beschwerde oder befristeter Erinnerung vorgegangen werden. vgl. LF 10, Kap. 4.3.2 und 4.3.3

Insgesamt sind nach Art des Fehlers verschiedene Vorgehen angeraten:

Fehler (trotz entsprechender Anträge)	**Vorgehen**
Der Kostenfestsetzungsbeschluss enthält keine Verzinsung der Kosten.	Antrag auf Ergänzung des Kostenfestsetzungsbeschlusses (entsprechend § 321 ZPO)
Das Gericht erteilt keine vollstreckbare Ausfertigung des Kostenfestsetzungsbeschlusses.	Antrag auf Erteilung einer vollstreckbaren Ausfertigung nach § 724 ZPO
Das Gericht setzt die Prozesskosten, also die außergerichtlichen Kosten und/oder die Gerichtskosten, nicht antragsgemäß fest.	sofortige Beschwerde oder befristete Erinnerung gegen den Kostenfestsetzungsbeschluss (§ 104 Abs. 3 ZPO i. V. m. § 567 Abs. 2 ZPO, § 11 Abs. 2 RPflG)
Streitwert: a) durch das Gericht nicht korrekt festgesetzt b) vom Rechtspfleger fehlerhaft ermittelt	a) Streitwertbeschwerde nach § 68 GKG b) sofortige Beschwerde oder befristete Erinnerung gegen den Kostenfestsetzungsbeschluss (§ 104 Abs. 3 ZPO i. V. m. § 567 Abs. 2 ZPO, § 11 Abs. 2 RPflG)

4.3.2 Sofortige Beschwerde gegen den Kostenfestsetzungsbeschluss

§ 104 Abs. 3 ZPO ermöglicht die sofortige Beschwerde gegen den Kostenfestsetzungsbeschluss. Die sofortige Beschwerde selbst ist als Rechtsmittel gegen verschiedene Arten von gerichtlichen Entscheidungen wie z. B. auch gegen einen Prozesskostenhilfebeschluss oder einen Beweisbeschluss in §§ 567 ff. ZPO geregelt. Hier werden Voraussetzungen und die Verfahrensabläufe festgelegt.

Statthaftigkeit der sofortigen Beschwerde

Die sofortige Beschwerde ist lediglich gegen Entscheidungen von Amts- oder Landgerichten im ersten Rechtszug vorgesehen (§ 567 Abs. 1 ZPO). Das Rechtsmittel der sofortigen Beschwerde gegen einen fehlerhaften Kostenfestsetzungsbeschluss ist nach § 104 Abs. 3 ZPO im Gesetz ausdrücklich bestimmt.

Zuständigkeit

Für die Entscheidung über die sofortige Beschwerde ist bei einem Kostenfestsetzungsbeschluss des Amtsgerichts nach § 72 Abs. 1 S. 1 GVG das Landgericht zuständig. Die Zuständigkeit des Oberlandesgerichts für Beschwerden gegen die Kostenfestsetzung des Landgerichts bestimmt sich nach § 119 Abs. 1 Nr. 2 GVG. Allerdings hat der Rechtspfleger die Möglichkeit, vor Entscheidung über die sofortige Beschwerde durch das Beschwerdegericht dieser abzuhelfen, also entsprechend selbst zu korrigieren.

Hinweis: Die sofortige Beschwerde kann nach § 569 Abs. 1 S. 1 ZPO sowohl beim Gericht, das den Kostenfestsetzungsbeschluss erlassen hat, als auch beim Beschwerdegericht eingelegt werden.

Frist

vgl. ▶ § 569 Abs. 1 S. 1, 2 ZPO

Die sofortige Beschwerde ist innerhalb einer Notfrist von zwei Wochen seit Zustellung des Kostenfestsetzungsbeschlusses einzureichen.

vgl. LF 10, Kap 1.1.7

Tipp: Da die Notfrist nicht verlängerbar ist, ist es wichtig, mit Zustellung des Kostenfestsetzungsbeschlusses den Fristablauf sofort im Fristenkalender einzutragen. Empfehlenswert ist eine Vorfrist, um die Kostenberechnung des Gerichts überprüfen zu können.

Der Verfahrensablauf

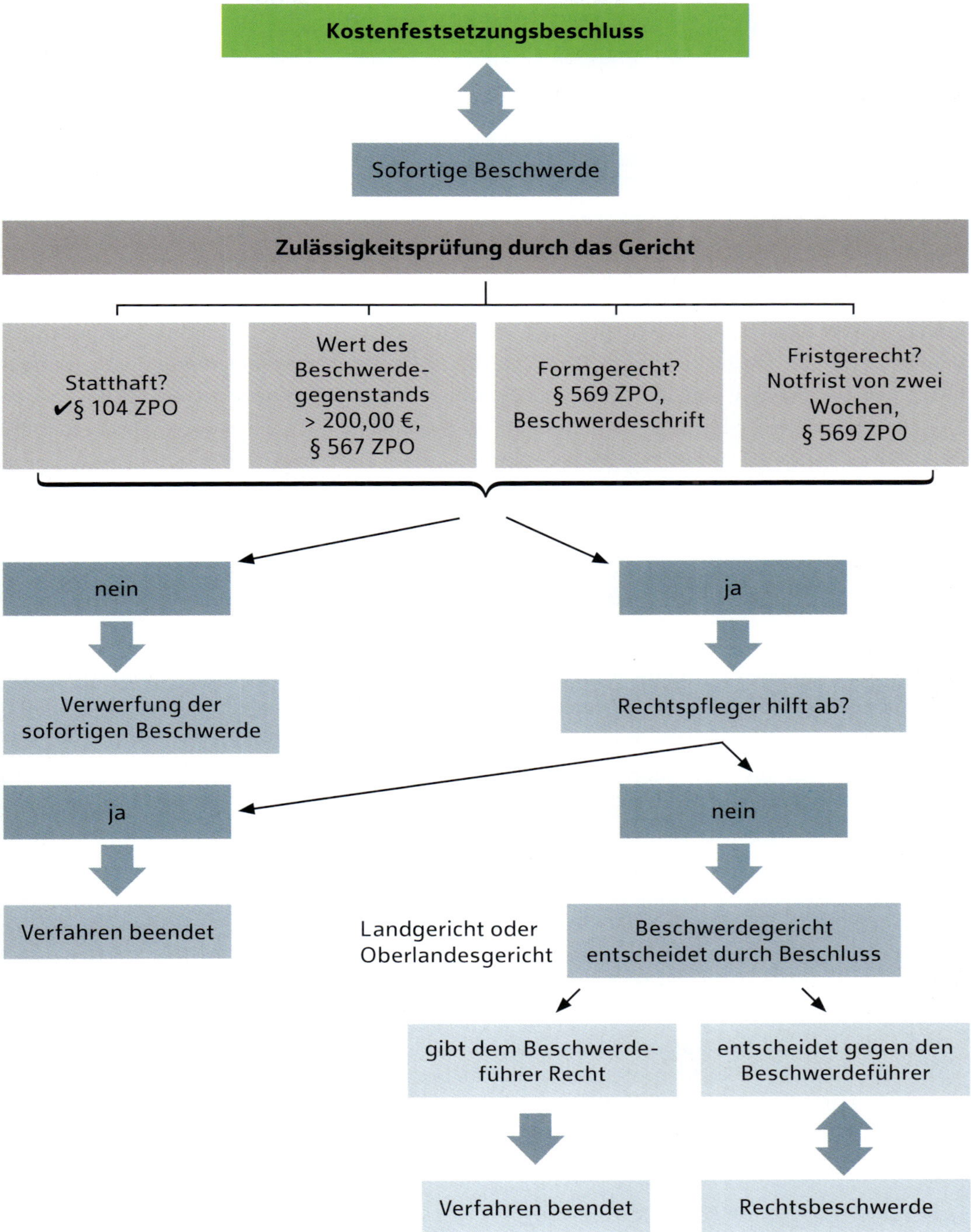

Zulässigkeitsprüfung durch das Gericht

statthaft = zugelassen vom Beschwerdegericht? § 574 ZPO	Fristgerecht? Notfrist: ein Monat, § 575 ZPO	Formgerecht? insbesondere Begründung, § 575 ZPO

Form

Die sofortige Beschwerde kann in bestimmten Fällen auch zu Protokoll der Geschäftsstelle gegeben werden. Üblich (und in Anwaltsprozessen nach § 569 Abs. 3 Nr. 2 ZPO auch vorgeschrieben) ist jedoch die Einreichung einer Beschwerdeschrift. Diese muss den Kostenfestsetzungsbeschluss bezeichnen und die Erklärung enthalten, dass sofortige Beschwerde hiergegen eingelegt wird (§ 569 Abs. 2 ZPO). Weitere Muss-Inhalte sind nicht vorgegeben, insbesondere muss die sofortige Beschwerde nicht begründet werden. § 571 Abs. 1 ZPO formuliert lediglich eine Soll-Vorschrift. Eine Begründung empfiehlt sich jedoch, da sich hieraus insbesondere der Wert des Beschwerdegegenstands ergibt.

Wert des Beschwerdegegenstands

Als Mindestgrenze für die sofortige Beschwerde gegen eine Kostenentscheidung legt § 567 Abs. 2 ZPO einen Wert des Beschwerdegegenstands mit 200,01 € fest. Die sofortige Beschwerde ist also nur dann möglich, wenn im Kostenfestsetzungsbeschluss mehr als 200,00 € weniger festgesetzt sind als im Kostenfestsetzungsantrag. Sofern der Wert die 200,00 € nicht übersteigt, bleibt nur die Möglichkeit, eine befristete Erinnerung nach § 11 Abs. 1 S. 1 RPflG einzulegen.

▶ **Beispiel:** Rechtsanwältin Dr. Annette Neumann hat für ihren Mandanten Edwin Vielter die Festsetzung von Kosten in Höhe von 756,80 € gegen den im Prozess unterlegenen Beklagten Werner Hinrichs beantragt. Wenn im Kostenfestsetzungsbeschluss 556,79 € und weniger festgesetzt werden, kann mittels sofortiger Beschwerde vorgegangen werden. Werden z. B. 617,50 € festgesetzt, ist die befristete Erinnerung der korrekte Rechtsbehelf.

vgl. LF 11, Kap. 1

Hinweis: Rechtsmittel und Rechtsbehelf unterscheiden sich im Wesentlichen dadurch, dass durch das Rechtsmittel das Verfahren in der nächsthöheren Instanz entschieden wird, beim Rechtsbehelf verbleibt das Verfahren zunächst in derselben Instanz.

Entscheidung über die sofortige Beschwerde und Rechtsbeschwerde

Wenn nicht der Rechtspfleger selbst auf die sofortige Beschwerde hin den Kostenfestsetzungsbeschluss geändert – ihr also abgeholfen – hat, entscheidet über die sofortige Beschwerde das Land- oder Oberlandesgericht als Beschwerdegericht. Die Entscheidung ergeht durch Beschluss gem. § 572 Abs. 4 ZPO.

Gegen diesen Beschluss ist die Rechtsbeschwerde gem. § 574 ZPO möglich, sofern diese durch das Gesetz ausdrücklich bestimmt oder durch das Beschwerdegericht zugelassen wurde. Da innerhalb der Regelungen zum Kostenfestsetzungsbeschluss das Gesetz keine Rechtsbeschwerde bestimmt, hängt also die Möglichkeit zur Einlegung einer Rechtsbeschwerde davon ab, ob das Beschwerdegericht eine solche zulässt. Dieses kann z. B. dann der Fall sein, wenn eine grundlegende Entscheidung sinnvoll erscheint. In Betracht kommen vor allem Besonderheiten bei der Berechnung der Rechtsanwaltsgebühren.

▶ **Beispiel:** Im Verfahren Hanna Grobalt ./. Saskia Dieffenbach ging das gerichtliche Mahnverfahren über eine Kaufpreisforderung nach Widerspruch ins streitige Verfahren über. Im streitigen Verfahren wurde eine zwischen den Parteien noch offene weitere Kaufpreisforderung mitverhandelt und darüber ein Vergleich geschlossen. Bei der Kostenfestsetzung entsteht ein Streit darüber, ob der Höchstwert vor oder nach der Anrechnung der Verfahrensgebühr nach Nr. 3305 VV RVG gebildet werden soll. Das Gericht lässt daher die Rechtsbeschwerde gegen den Beschluss über die sofortige Beschwerde zu, da hier eine grundlegende Entscheidung über die genauen Abrechnungsformalien durch den BGH sinnvoll ist, um eine einheitliche Handhabung innerhalb Deutschlands zu gewährleisten.

Die Rechtsbeschwerde ist gem. § 575 Abs. 1, 2 ZPO innerhalb einer Notfrist von einem Monat nach Zustellung des Beschlusses über die sofortige Beschwerde einzulegen und zu begründen. Das Rechtsbeschwerdegericht ist in jedem Fall der Bundesgerichtshof. vgl. ▶ § 133 GVG

4.3.3 Befristete Erinnerung gegen den Kostenfestsetzungsbeschluss

Sofern die sofortige Beschwerde am Wert des Beschwerdegegenstands scheitert, kann befristete Erinnerung gem. § 11 Abs. 2 RPflG eingelegt werden. Hier ist ebenfalls eine Notfrist von zwei Wochen zu beachten.

Dem Rechtspfleger verbleibt auch hier die Möglichkeit, auf die Erinnerung hin den Kostenfestsetzungsbeschluss abzuändern, der Erinnerung also abzuhelfen. Sofern er nicht abhilft, legt er die Erinnerung dem Instanzgericht vor. vgl. ▶ § 11 Abs. 2 S. 5, 6 RPflG

Definition: Instanzgericht ist das Gericht des ersten Rechtszugs des Verfahrens, innerhalb dessen die Kostenfestsetzung stattgefunden hat.

Nun entscheidet abschließend der Richter über die Erinnerung. Die Entscheidung ist unanfechtbar.

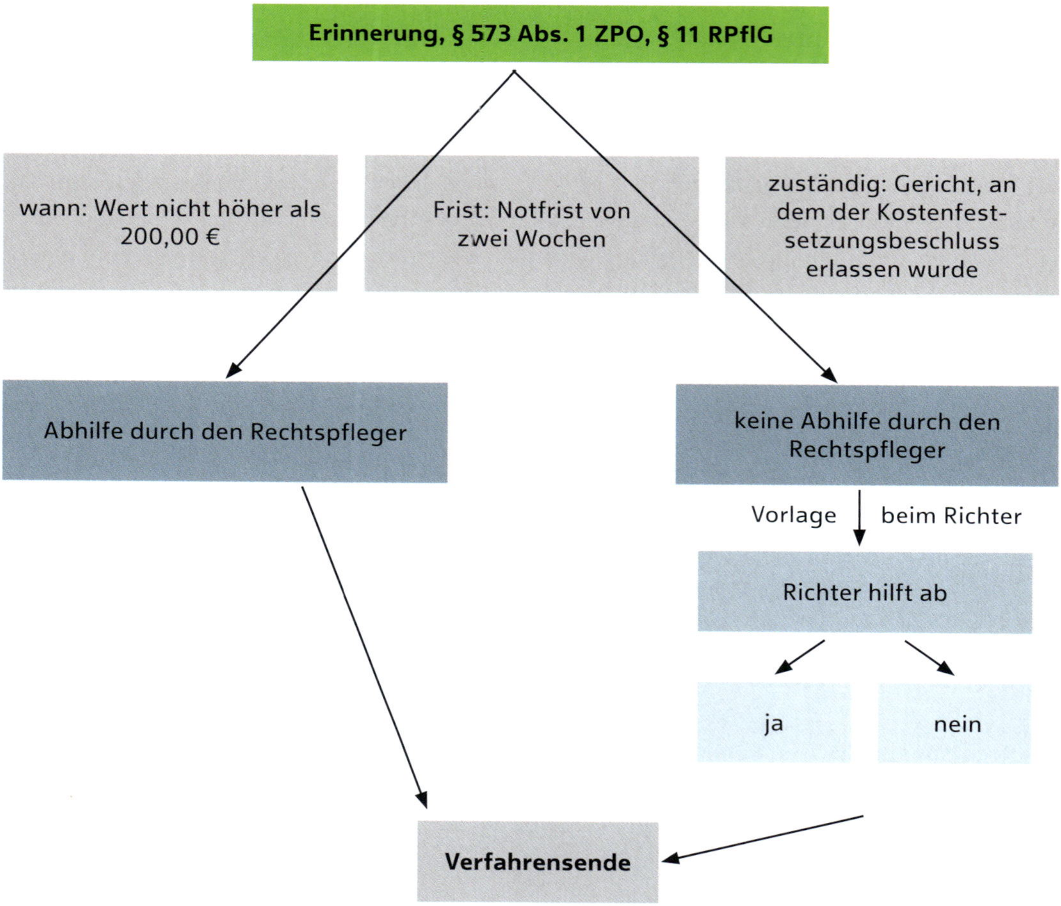

4.4 Kostenfestsetzung gegen die eigene Mandantschaft

Nach Beendigung des Verfahrens hat der Rechtsanwalt Anspruch auf Bezahlung der ihm entstandenen Gebühren. Hier besteht insbesondere dann Konfliktpotenzial, wenn der Prozess verloren wurde. Aber auch bei einem gewonnenen Verfahren kann es sein, dass die Mandantschaft aus verschiedenen Gründen nicht bereit ist, den Vergütungsanspruch des Rechtsanwalts zu begleichen.

vgl. LF 4, Kap. 5.1

Der Gebührenanspruch beruht auf einem Geschäftsbesorgungsvertrag zwischen Rechtsanwalt und Mandantschaft. Bei einem gerichtlichen Verfahren beruht dieser auf einem Dienstleistungsvertrag, sodass der Gebührenanspruch auch besteht, wenn das Verfahren nicht gewonnen wurde. Der Rechtsanwalt ist zwar verpflichtet, den Prozess sorgfältig zu führen, kann jedoch ein Unterliegen nicht immer verhindern. Nach § 9 RVG ist eine Vorschussforderung möglich und ist auch deshalb zu empfehlen, um eine oft auch langwierige Verfolgung des Gebührenanspruchs nach Beendigung des Verfahrens zu vermeiden.

Da sich die Forderung auf eine bestimmte Geldsumme in Euro richtet, kommen sowohl eine Gebührenklage als Leistungsklage wie auch ein gerichtliches Mahnverfahren gem. §§ 688 ff. ZPO in Betracht. Diese weisen beim anwaltlichen Vergütungsanspruch grds. keine Besonderheiten zum gerichtlichen Mahnverfahren oder der Leistungsklage auf.

Eine einfachere, schnellere und kostengünstigere Variante stellt die Kostenfestsetzung nach § 11 RVG dar. Sofern hierfür die Voraussetzungen vorliegen, fehlt für aufwendigere Klage- oder Mahnverfahren das Rechtsschutzbedürfnis, sodass diese als unzulässig vom Gericht abgewiesen werden.

vgl. LF10, Kap. 2.2.11

4.4.1 Antragsberechtigung

Antragsberechtigt sind sowohl der Rechtsanwalt als auch dessen Auftraggeber. Auch die (ehemalige) Mandantschaft kann demnach beantragen, dass die Rechtsanwaltsgebühren festgesetzt werden. Dieses kommt dann in Betracht, wenn die Mandantschaft einen Vorschuss geleistet hat und vergeblich auf die Endabrechnung wartet.

vgl. ▶ § 11 Abs. 1 RVG

Beispiel: Rechtsanwalt Peter Huber vertritt die Köser GmbH wegen einer Mietzinsforderung in Höhe von 3 450,00 € gegenüber Till Wegner. Die Einreichung der Klage hat Rechtsanwalt Peter Huber von der Zahlung eines Gebührenvorschusses gem. § 9 RVG abhängig gemacht. In der Vorschussrechnung wurden die in einem gerichtlichen Verfahren üblicherweise anfallenden Gebühren nach Nr. 3100 VV RVG (1,3 Verfahrensgebühr) und Nr. 3104 VV RVG (1,2 Terminsgebühr) berechnet. Ein Interesse an der Endabrechnung hat die Köser GmbH dann, wenn im ersten Gerichtstermin ein Versäumnisurteil erging und dieses nunmehr rechtskräftig wurde. Die Terminsgebühr reduziert sich dann auf 0,5 (Nr. 3105 VV RVG), sodass die Köser GmbH einen Anspruch auf Rückzahlung des überschießenden Betrags hat.

vgl. LF 10, Kap. 5

4.4.2 Gegenstand der Festsetzung

Lediglich die gesetzliche Vergütung, die in einem gerichtlichen Verfahren entstanden ist (§ 11 Abs. 1 RVG), kann festgesetzt werden. Die Vergütung muss weiterhin auch fällig sein (§ 11 Abs. 2 S. 1 RVG). Gebühren aufgrund einer Vergütungsvereinbarung und vorgerichtliche Gebühren wie z. B. eine Beratungsgebühr nach § 34 RVG sind demnach nicht im Kostenfestsetzungsverfahren festsetzbar. Hier verbleibt lediglich der Weg der Gebührenklage oder des gerichtlichen Mahnverfahrens.

Im Unterschied zur Kostenfestsetzung gegen die Gegenseite nach § 103 ZPO, mit der die Rechtsanwaltsgebühren für die Mandantschaft verfolgt werden, ist hier der Gebührenanspruch des Rechtsanwalts selbst Gegenstand des Verfahrens.

4.4.3 Zuständigkeit

vgl. LF 10, Kap. 4.2

Zuständig ist das Gericht des ersten Rechtszugs (§ 11 Abs. 1 S. 1 RVG). Diese Regelung folgt demnach der Kostenfestsetzung gegen die Gegenseite nach § 103 ZPO. Selbst wenn Berufung und/oder Revision eingelegt wurde, bleibt das Gericht der ersten Instanz zuständig.

4.4.4 Keine Einwendungen, die nicht im Gebührenrecht ihren Grund haben

Das Kostenfestsetzungsverfahren kommt dann nicht in Betracht, wenn der jeweilige Antragsgegner – im Regelfall die (ehemalige) Mandantschaft – keine gebührenrechtlichen Einwendungen erhebt. Einwendungen können sich aus verschiedenen Gründen ergeben. So kann sich der Streit darauf beziehen, dass fehlerhafte Gebührentatbestände, z. B. Nr. 3104 VV RVG (Terminsgebühr im gerichtlichen Verfahren) anstelle von Nr. 3105 RVG (reduzierte Terminsgebühr bei Säumnis einer Partei) oder eine fehlerhafte Berechnung zugrunde gelegt wurden. Diese Einwendungen haben im Gebührenrecht selbst ihre Grundlage und werden anhand des RVG entschieden. Daneben sind aber auch Einwendungen denkbar, die sich z. B. auf die Arbeitsweise des Rechtsanwalts beziehen. Diese werden nicht im Kostenfestsetzungsverfahren geklärt.

▶ **Beispiel:** Rechtsanwalt Peter Huber hat Miriam Kolundt-Reichelt im Verfahren gegen Irmgard Eiselt vertreten. Miriam Kolundt-Reichelt hat zwar den Prozess gewonnen, verweigert jedoch die Begleichung der Gebühren in Höhe von 3250,45 €. Wenn sie gegen die Festsetzung einwendet, dass sie nicht über die Möglichkeit eines Antrags auf Prozesskostenhilfe aufgeklärt wurde, obwohl die Voraussetzungen hierfür vorlagen, kann ein Kostenfestsetzungsverfahren nach § 11 RVG nicht durchgeführt werden. Rechtsanwalt Peter Huber wird hier Gebührenklage erheben, da aufgrund der Einwendung der Mandantin davon auszugehen ist, dass sie im gerichtlichen Mahnverfahren Widerspruch erheben wird.

vgl. LF 10, Kap. 2.2.11

vgl. ▶ § 11 Abs. 5 S. 2 RVG

vgl. ▶ § 11 Abs. 7 RVG

Sofern nichtgebührenrechtliche Einwendungen bereits vor Einleitung des Kostenfestsetzungsverfahrens erhoben wurden, kann sofort Gebührenklage eingereicht werden. Hier fehlt es also nicht am Rechtsschutzbedürfnis für diese Klage.

Hinweis: Das Kostenfestsetzungsverfahren nach § 11 RVG bewirkt ebenso wie eine Klage die Hemmung der Verjährung.

4.4.5 Verfahrensablauf

Der Ablauf des Kostenfestsetzungsverfahrens nach § 11 RVG entspricht im Wesentlichen dem des Kostenfestsetzungsverfahrens gegen den Verfahrensgegner nach §§ 103, 104 ZPO. Die Entscheidung erfolgt ebenfalls durch Beschluss. Hiergegen kann je nach Höhe des Werts der Beschwerde sofortige Beschwerde (Wert über 200,00 €) oder befristete Erinnerung (Wert nicht höher als 200,00 €) eingelegt werden.

Zusammenfassung

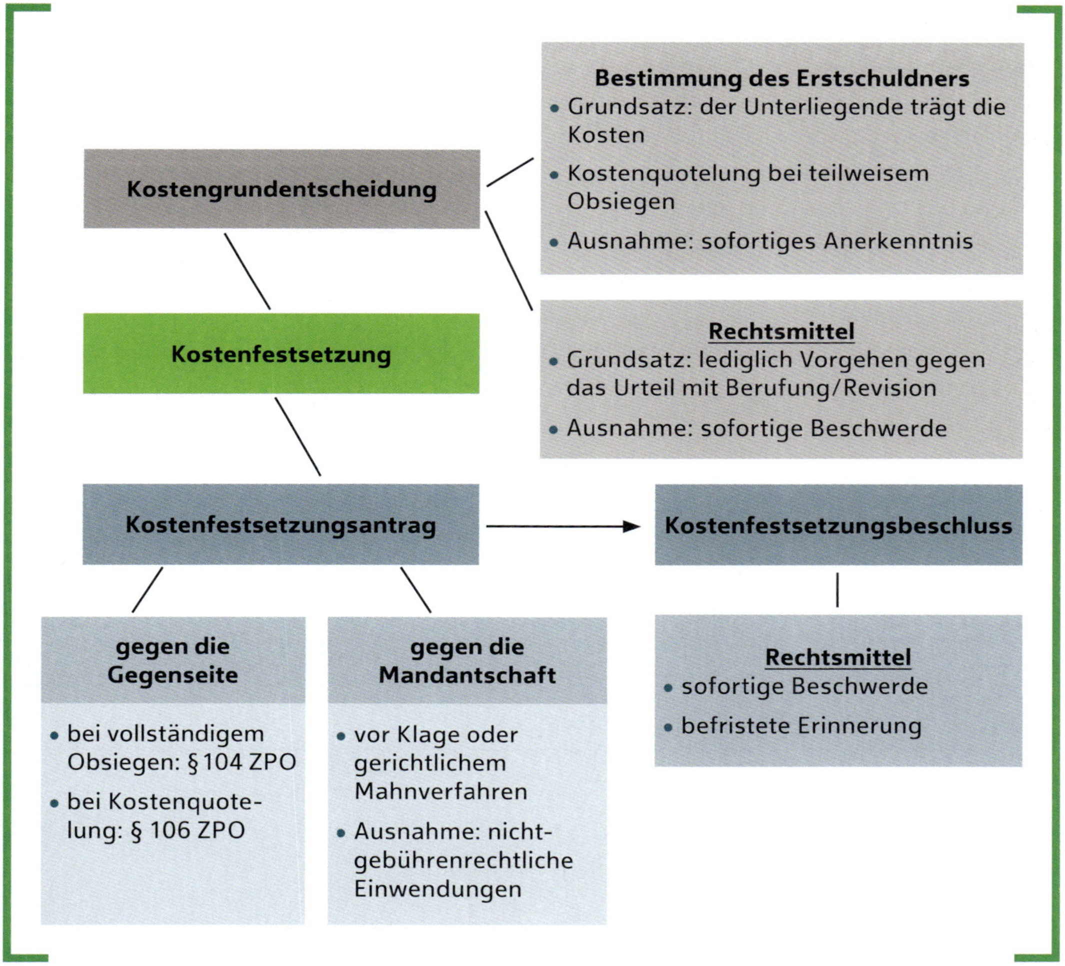

Wiederholung und Vertiefung

1. Rechtsanwalt Peter Huber hat für Alina Köhl eine Forderung in Höhe von 12600,00 € gegen Uwe Leicht eingeklagt. Das Landgericht entscheidet, dass Uwe Leicht lediglich zur Zahlung von 8400,00 € zu verurteilen ist. Das Urteil wird rechtskräftig. Wie wird die Kostengrundentscheidung des Gerichts lauten?
2. Erklären Sie in eigenen Worten, weshalb bei einem sofortigen Anerkenntnis die Kosten dem Kläger aufzuerlegen sind.
3. Welche Möglichkeit besteht gegen die Kostengrundentscheidung vorzugehen, wenn diese
   a) in einem Endurteil,
   b) in einem Anerkenntnisurteil
   getroffen wurde?
4. Unterscheiden Sie die Kostengrundentscheidung vom Kostenfestsetzungsbeschluss.
5. Im Verfahren Carsten Wendt ./. Sylvia Hant wegen einer Kaufpreisforderung in Höhe von 3500,00 € hat das Amtsgericht die Klage abgewiesen. Erst vor dem Landgericht wird dem Kläger auf seine Berufung hin die Kaufpreisforderung zuerkannt. An welches Gericht ist der Kostenfestsetzungsantrag zu richten? Welche zwei Anträge sollten mit aufgenommen werden?
6. Erläutern Sie das vereinfachte Verfahren nach § 105 ZPO.
7. Im Verfahren Alina Köhl ./. Uwe Leicht (Fall 1) hat Rechtsanwalt Peter Huber für Alina Köhl Kostenfestsetzung beantragt. Nach welcher Norm hat er den Antrag gestellt? Welche Frist muss Uwe Leicht beachten?
8. Rechtsanwalt Peter Huber ist der Ansicht, dass im Verfahren seiner Mandantin Tina Opler gegen Bernd Relte im Kostenfestsetzungsbeschluss die Kosten des Verfahrens um 350,00 € zu niedrig festgesetzt wurden. Welche Möglichkeit besteht, gegen den Kostenfestsetzungsbeschluss vorzugehen?
9. Rechtsanwältin Dr. Annette Neumann hat Mara Nuber im Verfahren gegen Dieter Werst erfolgreich vertreten. Mara Nuber weigert sich dennoch ohne weitere Begründung, die Rechtsanwaltsgebühren zu bezahlen. Weshalb wird Rechtsanwältin Dr. Annette Neumann keine Klage einreichen?

5 Abrechnung des Rechtsanwalts

Die Grundlage bei der Ermittlung der Rechtsanwaltsgebühren im zivilrechtlichen Verfahren der ersten Instanz ist, wie auch bei der außergerichtlichen Tätigkeit und beim gerichtlichen Mahnverfahren, der Wert der Sache, also der Streitwert.

vgl. LF 4, Kap. 4.2 und 4.6; LF 9 (ReFa), Kap. 3

Grundsätzlich kann der Rechtsanwalt die jeweiligen Gebühren in derselben Angelegenheit nur einmal abrechnen. Im gerichtlichen Verfahren entstehen die Gebühren jedoch für jeden Rechtszug, also für jede Instanz (z. B. Klage, Berufung), gesondert und können somit auch gesondert abgerechnet werden.

Gemäß § 19 RVG sind mit den Gebühren für die erste Instanz alle Tätigkeiten des Rechtsanwalts abgegolten, also die Vorbereitung des Verfahrens (z. B. Zusammentragung der Tatsachen und Unterlagen), die Abwicklung des Verfahrens (z. B. Erstellen von Schriftsätzen, Wahrnehmen von Terminen) und Tätigkeiten, die mit dem Verfahren zusammenhängen (z. B. außergerichtliche Vergleichsverhandlungen, Kostenfestsetzungsverfahren).

Lernsituation

Sophia Lockhart ruft in der Kanzlei Dr. Neumann & Huber an und bittet um einen Termin bei Rechtsanwalt Peter Huber. Annika Sauer notiert sich folgenden Sachverhalt:

- Sophia Lockhart kommt zusammen mit ihrer Schwester Christine Kempert
- Kaufpreisforderung gegen Peter Schickel
- Forderung: 5 100,00 €
- Gegner wurde schon zweimal angemahnt
- Gegner meldet sich nicht
- es soll nun gerichtlich vorgegangen werden

Nach der Besprechung erhebt Rechtsanwalt Peter Huber ohne ein weiteres Anschreiben Klage gegen Peter Schickel.

Annika Sauer erhält anschließend den Auftrag, die Klage zusammen mit einer Vorschusskostenrechnung an Sophia Lockhart zu senden, die die Ansprechpartnerin im vorliegenden Fall ist. In die Vorschusskostenrechnung sollen die bisher angefallenen Gebühren und Auslagen aufgenommen werden sowie der Gerichtskostenvorschuss.

Arbeitsaufträge:

a) Überlegen Sie in Zweiergruppen, warum in zivilrechtlichen Verfahren der Mandantschaft grundsätzlich ein Vorschuss in Rechnung gestellt werden sollte.

b) Berichten Sie darüber, wie dies in Ihrer Ausbildungskanzlei gehandhabt wird.

c) Welche Gebühren können im erstinstanzlichen Verfahren grds. entstehen? Erstellen Sie eine Stichpunktliste.

d) Ermitteln Sie, welche Gebühren und Auslagen, inklusive Gerichtskostenvorschuss, Rechtsanwalt Peter Huber in der Vorschusskostenrechnung geltend machen kann.

e) Wie würde die Vorschusskostenrechnung aussehen, wenn Rechtsanwalt Peter Huber außergerichtlich tätig geworden wäre und hierfür eine 1,3 Geschäftsgebühr geltend gemacht hätte?

f) Vergleichen Sie Ihre Ergebnisse untereinander, ergänzen bzw. berichtigen Sie ggf. Ihre Berechnungen.

g) Reflektieren Sie anschließend Ihr Wissen.

5.1 Die Gebühren des erstinstanzlichen Verfahrens

Im zivilrechtlichen Verfahren der ersten Instanz können nach Teil 3 Abschnitt 1 des Vergütungsverzeichnisses zum RVG folgende Gebühren entstehen:

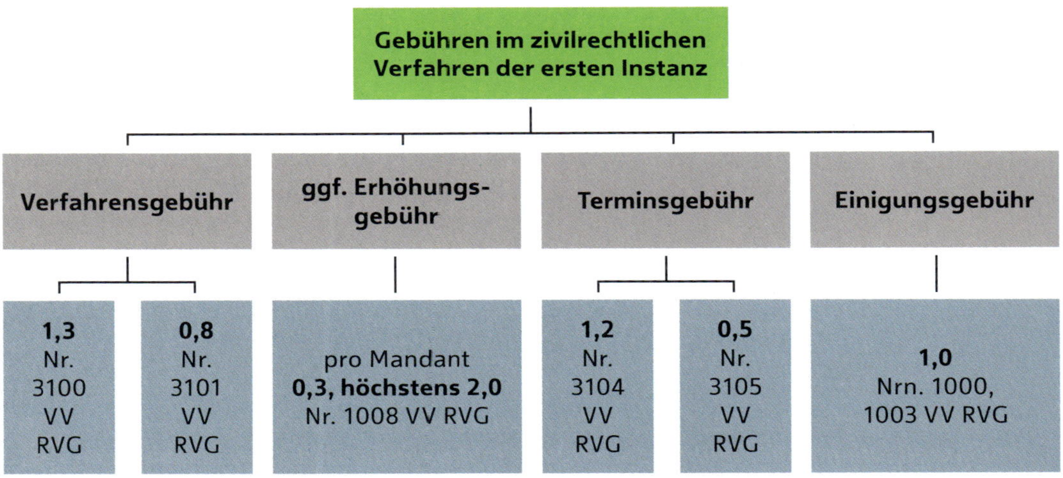

vgl. LF 10, Kap. 5.1.5; Kap. 9 (ReFa), Kap. 3

Bei der Abrechnung sind Anrechnungsvorschriften zu beachten, sofern der Rechtsanwalt bereits außergerichtlich oder im gerichtlichen Mahnverfahren tätig geworden ist. Weiterhin muss ggf. eine Gebührenbegrenzung gem. § 15 Abs. 3 RVG beachtet werden.

Der Rechtsanwalt hat auch einen Erstattungsanspruch in Bezug auf die ihm entstandenen Auslagen gem. Nrn. 7000–7008 VV RVG und die von ihm getätigten Aufwendungen. Zu den getätigten Aufwendungen gehören u. a. die entstehenden Gerichtskosten. vgl. LF 4, Kap. 5.4.2 und 5.4.3; LF 10, Kap. 3; LF 6, Kap. 6

Hinweis: Nach dem Versand der Vergütungsrechnung an die Mandantschaft muss der Zahlungseingang überprüft und im Aktenkonto notiert werden.

5.1.1 Die Verfahrensgebühr

Bei der Verfahrensgebühr handelt es sich um eine Wertgebühr. Sie entsteht für das Betreiben des Geschäfts (Vorbemerkung 3 Abs. 2 VV RVG) und deckt alle Tätigkeiten im Rahmen des Verfahrens mit ab, insbesondere diejenigen, die gem. § 19 RVG zum Rechtszug gehören. vgl. LF 4, Kap. 4.4.1

Der Streitwert, der der Verfahrensgebühr zugrunde gelegt wird, bemisst sich nach dem Wert aller Gegenstände, die im Lauf des Verfahrens anhängig waren.

▶ **Beispiel:** Rechtsanwalt Urban Kirchner vertritt Georg Buchner, der Räume an das Fitnessstudio Trimmdich e. V. vermietet hat. Da das Fitnessstudio Trimmdich e. V. mit den monatlichen Mietzahlungen für Juni bis einschließlich September im Rückstand ist, beauftragt er Rechtsanwalt Urban Kirchner, die Beträge von insgesamt 3 200,00 € (vier Monate × 800,00 €) im Weg des Klageverfahrens geltend zu machen. Im Termin zur mündlichen Verhandlung fällt Georg Buchner auf, dass der Monat Juni doch noch bezahlt wurde, sodass insoweit die Klage zurückgenommen wird. Da für Oktober und November ebenfalls keine Miete gezahlt wurde, erweitert Rechtsanwalt Urban Kirchner jedoch die Klage. Der Streitwert für die Verfahrens- und Terminsgebühr des Verfahrens beläuft sich somit auf insgesamt 4 800,00 € (sechs Monate × 800,00 €).

Merke: Der Streitwert der Verfahrensgebühr kann niemals niedriger sein als der einer anderen Gebühr (Terminsgebühr oder Einigungsgebühr), da jede Tätigkeit im Verfahren ein Betreiben des Geschäfts darstellt.

Das Vergütungsverzeichnis zum RVG unterscheidet im zivilrechtlichen Verfahren der ersten Instanz zwei Verfahrensgebühren:

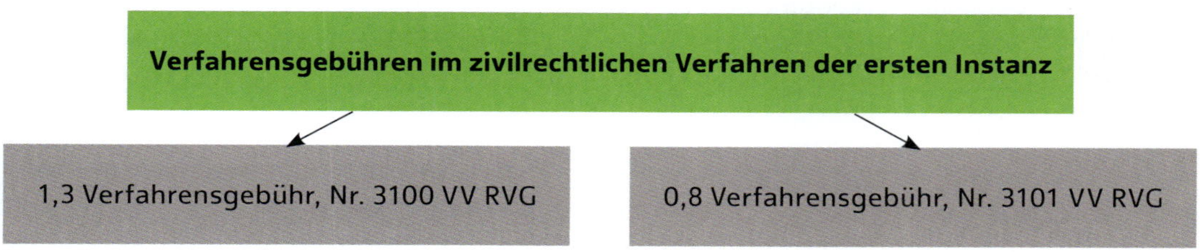

vgl. LF 4, Kap. 4.1.3 und 4.6.2

Hinweis: Wenn mehrere Personen den Rechtsanwalt in derselben Angelegenheit beauftragen, **erhöht** sich gem. Nr. 1008 VV RVG die Verfahrensgebühr pro weiterem Auftraggeber um 0,3, höchstens jedoch um 2,0. An der Erhöhung der Verfahrensgebühr ändert sich auch nichts, wenn der Rechtsanwalt bereits für eine vorangegangene außergerichtliche Tätigkeit eine Erhöhungsgebühr abgerechnet hat.

1,3 Verfahrensgebühr gem. Nr. 3100 VV RVG

Grundsätzlich erhält der Rechtsanwalt für seine Tätigkeit im gerichtlichen Verfahren eine 1,3 Verfahrensgebühr gem. Nr. 3100 VV RVG.

▶ **Beispiel:** Rechtsanwältin Dr. Marlene Stickel erhebt namens und im Auftrag von Otto Bandorf Klage auf Zahlung einer Kaufpreisforderung in Höhe von 2560,00 € gegen Valentin Marquart. Das Amtsgericht Hünfeld weist die Klage ohne mündliche Verhandlung in vollem Umfang zurück. Rechtsanwältin Dr. Marlene Stickel rechnet daher die Angelegenheit gegenüber Otto Bandorf ab:

Streitwert: 2560,00 €, § 43 Abs. 1 GKG, § 4 ZPO

1,3 Verfahrensgebühr, Nr. 3100 VV RVG	288,60 €
Pauschale Post und Telekommunikation, Nr. 7002 VV RVG	20,00 €
Zwischensumme	308,60 €
19 % Umsatzsteuer, Nr. 7008 VV RVG	58,63 €
Summe	367,23 €

Die 1,3 Verfahrensgebühr gem. Nr. 3100 VV RVG entsteht auch dann, wenn der Rechtsanwalt des Antragsgegners gegen einen Vollstreckungsbescheid Einspruch einlegt, denn mit der Einlegung des Einspruchs geht das gerichtliche Mahnverfahren direkt ohne Antrag in das streitige Verfahren über.

▶ **Beispiel:** Linda Stormberg wurde vom Zentralen Mahngericht Coburg ein Vollstreckungsbescheid zugestellt, nachdem sie zuvor auf den zugestellten Mahnbescheid nicht reagiert hatte. Da sie mit der geltend gemachten Forderung (Darlehensrückzahlung in Höhe von 6500,00 €) nicht einverstanden ist, beauftragt sie Rechtsanwältin Anita Kuppek dahingehend, gegen den Vollstreckungsbescheid Einspruch einzulegen. Dies erledigt Rechtsanwältin Anita Kuppek, woraufhin das Verfahren an das zuständige Landgericht Würzburg abgegeben wird. Da der Rechtsstreit vermutlich noch längere Zeit dauern wird, stellt Rechtsanwältin Anita Kuppek Linda Stormberg einen Vorschuss in Rechnung:

Streitwert: 6500,00 €, § 43 Abs. 1 GKG, § 4 ZPO

1,3 Verfahrensgebühr, Nr. 3100 VV RVG	579,80 €
Pauschale Post und Telekommunikation, Nr. 7002 VV RVG	20,00 €
Zwischensumme	599,80 €
19 % Umsatzsteuer, Nr. 7008 VV RVG	113,96 €
Summe	713,76 €

Hinweis: Sofern der Rechtsanwalt gegen einen Europäischen Zahlungsbefehl Einspruch einlegt, entsteht nach der Rechtsprechung ebenfalls eine 1,3 Verfahrensgebühr gem. Nr. 3100 VV RVG.

vgl. LF 9 (ReFa), Kap. 2.3

0,8 Verfahrensgebühr gem. Nr. 3101 VV RVG

Der Rechtsanwalt erhält lediglich eine 0,8 Verfahrensgebühr gem. Nr. 3101 VV RVG, wenn der Auftrag vorzeitig beendet wird. Dies ist dann der Fall, wenn der Rechtsanwalt zwar einen Klageauftrag hatte, aber seine Tätigkeit endet, bevor er

- die Klage oder einen verfahrenseinleitenden Antrag eingereicht hat.

  ▶ **Beispiel:** Rechtsanwalt Karl Muratka wird von Ingelore Schneider beauftragt, Klage gegen Ernst Fischer zu erheben. Um die genaue Höhe des einzuklagenden Betrags zu ermitteln, holt Rechtsanwalt Karl Muratka Informationen bei der Bank ein. Nachdem er die Höhe der einzuklagenden Forderung mit 3616,96 € ermittelt hat, entzieht ihm Ingelore Schneider das Mandat.

- einen Schriftsatz, der Sachanträge bzw. Sachvortrag, die Klagerücknahme oder die Zurücknahme eines Antrags enthält, eingereicht hat.

  ▶ **Beispiel:** Thomas Mayer wurde vom Amtsgericht Braunschweig eine Klage von Ernst Fischer zugestellt. Dieser fordert die Rückzahlung eines Betrags in Höhe von 3101,50 €. Thomas Mayer beauftragt Rechtsanwalt Philipp Pardo, für ihn im gerichtlichen Verfahren tätig zu werden. Rechtsanwalt Philipp Pardo fertigt die Klageerwiderung an, doch bevor er sie an das Gericht schicken kann, ruft Thomas Mayer an und erklärt ihm, dass er sich die Sache überlegt habe und die Forderung nun doch gerade bezahlt hat.

Hinweis: Die bloße Bestellung des Rechtsanwalts (z. B. „In Sachen ... zeige ich an, dass wir den Beklagten ... nunmehr anwaltlich vertreten. Anträge und Begründung erfolgen in einem gesonderten Schriftsatz.“), also die Verteidigungsanzeige, rechtfertigt ebenfalls nur eine 0,8 Verfahrensgebühr gem. Nr. 3101 VV RVG, da in diesem Schriftsatz keine Anträge gestellt wurden.

- für die Partei einen gerichtlichen Termin wahrgenommen hat.

▶ **Beispiel:** Xaver Roberto hat Klage gegen Rudolf Reith in Höhe von 2 315,96 € erhoben. Als ihm das Gericht die Klageerwiderung des Rudolf Reith mit der Bitte um Stellungnahme schickt, beauftragt er Rechtsanwalt Louis Bouvier mit der weiteren Vertretung im gerichtlichen Verfahren. Noch bevor das Gericht einen Termin zur mündlichen Verhandlung bestimmt, ruft Xaver Roberto an und teilt Rechtsanwalt Louis Bouvier mit, dass er aus persönlichen Gründen die Klage zurücknehmen möchte.

Rechtsanwalt Karl Muratka könnte in dem erstgenannten Beispiel die folgenden Gebühren und Auslagen abrechnen:

Streitwert: 3 616,96 €, § 43 Abs. 1 GKG, § 4 ZPO

0,8 Verfahrensgebühr, Nrn. 3101 Ziff. 1, 3100 VV RVG	222,40 €
Pauschale Post und Telekommunikation, Nr. 7002 VV RVG	20,00 €
Zwischensumme	242,40 €
19 % Umsatzsteuer, Nr. 7008 VV RVG	46,06 €
Summe	288,46 €

Die Rechtsanwälte Philipp Pardo und Louis Bouvier erhalten ebenfalls die Gebühren und Auslagen, die auch Rechtsanwalt Karl Muratka abrechnet, allerdings jeweils aus einem anderen Streitwert.

Die 0,8 Verfahrensgebühr entsteht auch in folgenden Fällen:

- Der Rechtsanwalt wird sowohl mit der außergerichtlichen Geltendmachung der Forderung beauftragt als auch – für den Fall, dass die Gegenseite außergerichtlich nicht zahlt – mit der Klageerhebung. Da die Gegenseite zahlt, ist der Teilauftrag „außergerichtliche Geltendmachung" abgeschlossen und der Teilauftrag „Klageerhebung" durch die Zahlung vorzeitig beendet, sodass neben der 0,8 Verfahrensgebühr gem. Nr. 3101 Ziff. 1 VV RVG auch eine Geschäftsgebühr gem. Nr. 2300 VV RVG abgerechnet werden kann.
- Der Rechtsanwalt wurde mit der Klageerhebung beauftragt, fordert jedoch vor Einreichung der Klage die Gegenseite nochmals außergerichtlich zur Zahlung auf. Die Gegenseite zahlt auch, sodass der Auftrag der Klageerhebung vorzeitig beendet ist und nur die 0,8 Verfahrensgebühr gem. Nr. 3101 Ziff. 1 VV RVG abgerechnet werden kann.
- vgl. LF 10, Kap. 5.1.6 Der Rechtsanwalt verhandelt während des Rechtsstreits zusätzlich über nicht anhängige Ansprüche, die ggf. auch mit verglichen werden können. In diesem Fall entsteht in Bezug auf die nicht anhängigen Ansprüche die 0,8 Verfahrensgebühr gem. Nr. 3101 Ziff. 2 VV RVG. Zu beachten ist in diesem Fall die Gebührenbegrenzung gem. § 15 Abs. 3 RVG.

5.1.2 Die Terminsgebühr

vgl. LF 10, Kap. 5.1.1

In zivilrechtlichen Verfahren erster Instanz kann neben der Verfahrensgebühr auch eine Terminsgebühr entstehen. Dabei kommt es nicht darauf an, ob verhandelt wird oder nicht. Die Teilnahme am Termin, also nach Aufruf der Sache, reicht aus.

Merke: Verkündungstermine lösen keine Terminsgebühr aus (Vorbemerkung 3 Abs. 3 S. 2 VV RVG).

1,2 Terminsgebühr gem. Nr. 3104 VV RVG

Die 1,2 Terminsgebühr gem. Nr. 3104 VV RVG entsteht für die Wahrnehmung von gerichtlichen Terminen (Vorbemerkung 3 Abs. 3 S. 1, 2 VVRVG) und außergerichtlichen Terminen (Vorbemerkung 3 Abs. 3 S. 3 VVRVG), sofern der Rechtsanwalt bereits mit dem gerichtlichen Verfahren beauftragt wurde. Zu den außergerichtlichen Terminen zählen dabei die Teilnahme an Ortsterminen mit Sachverständigen und die Mitwirkung an Besprechungen zur Vermeidung und Erledigung eines Verfahrens.

Weiterhin entsteht die 1,2 Terminsgebühr gem. Nr. 3104 VV RVG in einem Verfahren, für das zwar eine mündliche Verhandlung vorgeschrieben ist, jedoch

- im Einverständnis mit den Parteien gem. § 128 Abs. 2 ZPO ohne mündliche Verhandlung entschieden bzw. ein schriftlicher Vergleich geschlossen wird.

▶ **Beispiel:** Rechtsanwältin Dr. Anna-Lena Marschhausner erhebt namens und im Auftrag von Leon Zumhaußer Klage gegen Camilla Chirac in Höhe von 4000,00 €. Im Einverständnis mit den Parteien entscheidet das Gericht ohne mündliche Verhandlung. Die Klage wird abgewiesen. Rechtsanwältin Dr. Anna-Lena Marschhausner stellt Leon Zumhaußer Folgendes in Rechnung:

Streitwert: 4000,00 €, § 43 Abs. 1 GKG, § 4 ZPO

1,3 Verfahrensgebühr, Nr. 3100 VV RVG	361,40 €
1,2 Terminsgebühr, Nr. 3104 Ziff. 1 VV RVG	333,60 €
Pauschale Post und Telekommunikation, Nr. 7002 VV RVG	20,00 €
Zwischensumme	715,00 €
19 % Umsatzsteuer, Nr. 7008 VV RVG	135,85 €
Summe	850,85 €

- der von der Klägerseite geltend gemachte Anspruch durch die Beklagtenseite gem. § 307 ZPO schriftlich anerkannt wird.

▶ **Beispiel:** Rechtsanwältin Dr. Anna-Lena Marschhausner erhebt namens und im Auftrag von Leon Zumhaußer Klage gegen Camilla Chirac in Höhe von 4000,00 €. Nach Zustellung der Klage erkennt Camilla Chirac den geltend gemachten Anspruch schriftlich an. Rechtsanwältin Dr. Anna-Lena Marschhausner erhält für ihre Tätigkeit folgende Gebühren und Auslagen:

Streitwert: 4000,00 €, § 43 Abs. 1 GKG, § 4 ZPO

1,3 Verfahrensgebühr, Nr. 3100 VV RVG	361,40 €
1,2 Terminsgebühr, Nr. 3104 Ziff. 1 VV RVG	333,60 €
Pauschale Post und Telekommunikation, Nr. 7002 VV RVG	20,00 €
Zwischensumme	715,00 €
19 % Umsatzsteuer, Nr. 7008 VV RVG	135,85 €
Summe	850,85 €

- das Gericht gem. § 495 a ZPO bei einem Streitwert von höchstens 600,00 € ein schriftliches Verfahren anordnet (Achtung: auf Antrag muss jedoch mündlich verhandelt werden!).

▶ **Beispiel:** Rechtsanwältin Dr. Anna-Lena Marschhausner erhebt namens und im Auftrag von Leon Zumhaußer Klage gegen Camilla Chirac in Höhe von 550,00 €. Da der Streitwert unter 600,00 € liegt, ordnet das Gericht das schriftliche Verfahren an. Die Klage wird abgewiesen. Rechtsanwältin Dr. Anna-Lena Marschhausner stellt Leon Zumhaußer Folgendes in Rechnung:

Streitwert: 550,00 €, § 43 Abs. 1 GKG, § 4 ZPO

1,3 Verfahrensgebühr, Nr. 3100 VV RVG	114,40 €
1,2 Terminsgebühr, Nr. 3104 Ziff. 1 VV RVG	105,60 €
Pauschale Post und Telekommunikation, Nr. 7002 VV RVG	20,00 €
Zwischensumme	240,00 €
19 % Umsatzsteuer, Nr. 7008 VV RVG	45,60 €
Summe	285,60 €

Merke: Die 1,2 Terminsgebühr gem. Nr. 3104 VV RVG **entsteht** im Lauf des Gerichtsverfahrens immer **nur einmal**, auch wenn mehrere Termine stattfinden, an denen der Rechtsanwalt teilnimmt.

0,5 Terminsgebühr gem. Nr. 3105 VV RVG

In einem Säumnisverfahren, also in einem Verfahren, in dem eine Partei beispielsweise nicht zum anberaumten Termin erscheint, sodass das zuständige Gericht ein Versäumnisurteil erlässt, verringert sich die Terminsgebühr auf 0,5 gem. Nr. 3105 VV RVG.

▶ **Beispiel:** Florian Warmuth beauftragt Rechtsanwalt Balthasar Gruber, die Darlehensrückzahlung in Höhe von 7 500,00 € gegenüber Hans-Hubert Ibel einzuklagen. Das Gericht bestimmt einen Termin zur mündlichen Verhandlung. In diesem Termin erscheint Hans-Hubert Ibel ohne Rechtsanwalt, sodass antragsgemäß ein Versäumnisurteil erlassen wird.

Streitwert: 7 500,00 €, § 43 Abs. 1 GKG, § 4 ZPO

1,3 Verfahrensgebühr, Nr. 3100 VV RVG	652,60 €
0,5 Terminsgebühr, Nrn. 3105, 3104 VV RVG	251,00 €
Pauschale Post und Telekommunikation, Nr. 7002 VV RVG	20,00 €
Zwischensumme	923,60 €
19 % Umsatzsteuer, Nr. 7008 VV RVG	175,48 €
Summe	1 099,08 €

Die ermäßigte Terminsgebühr entsteht auch bei einer Entscheidung im schriftlichen Vorverfahren, wenn beispielsweise die Verteidigungsanzeige nicht fristgerecht bei Gericht eingeht, also ein Versäumnisurteil erlassen wird.

▶ **Beispiel:** Florian Warmuth beauftragt Rechtsanwalt Balthasar Gruber, die Darlehensrückzahlung in Höhe von 450,00 € gegenüber Hans-Hubert Ibel einzuklagen. Das Gericht ordnet gem. § 495 a ZPO das schriftliche Verfahren an. Hans-Hubert Ibel reagiert binnen der ihm vom Gericht gesetzten Frist nicht, sodass das Gericht ein Versäumnisurteil erlässt.

Streitwert: 450,00 €, § 43 Abs. 1 GKG, § 4 ZPO

1,3 Verfahrensgebühr, Nr. 3100 VV RVG	63,70 €
0,5 Terminsgebühr, Nrn. 3105, 3104 VV RVG	24,50 €
Pauschale Post und Telekommunikation, Nr. 7002 VV RVG	17,64 €
Zwischensumme	105,84 €
19 % Umsatzsteuer, Nr. 7008 VV RVG	20,11 €
Summe	125,95 €

Merke: Wenn eine 0,5 Terminsgebühr gem. Nr. 3105 VV RVG entsteht, kann **keine** Einigungsgebühr entstehen, da entweder nur eine Partei bei Gericht erscheint bzw. der Beklagte auf die Klage überhaupt nicht reagiert, sodass keine Einigung getroffen werden kann.

vgl. LF 10, Kap. 5.1.5

Hinweis: Im Säumnisverfahren sind unter bestimmten Voraussetzungen Anrechnungsvorschriften zu beachten.

5.1.3 Die Einigungsgebühr

Neben der Verfahrens- und der Terminsgebühr kann der Rechtsanwalt die 1,0 Einigungsgebühr gem. Nr. 1003 VV RVG abrechnen, sofern die Parteien unter seiner Mitwirkung im Rechtsstreit eine Einigung i. S. d. Nr. 1000 VV RVG erzielen.

vgl. LF 4, Kap. 4.6.3

▶ **Beispiel:** Pauline Väth beauftragt Rechtsanwalt Kurt Kazinsky, gegen Jennifer Bardot eine noch offene Kaufpreisforderung in Höhe von 1 350,00 € einzuklagen. Im Termin zur mündlichen Verhandlung einigen sich die Parteien unter Mitwirkung von Rechtsanwalt Kurt Kazinsky dahingehend, dass Jennifer Bardot einen Betrag in Höhe von 1 080,00 € zahlt. Weiterhin wird vereinbart, dass Pauline Väth 20 % der Kosten des Rechtsstreits trägt und Jennifer Bardot 80 %. Rechtsanwalt Kurt Kazinsky erhält folgende Gebühren und Auslagen:

Streitwert: 1 350,00 €, § 43 Abs. 1 GKG, § 4 ZPO

1,3 Verfahrensgebühr, Nr. 3100 VV RVG	165,10 €
1,2 Terminsgebühr, Nr. 3104 VV RVG	152,40 €
1,0 Einigungsgebühr, Nrn. 1003, 1000 VV RVG	127,00 €
Pauschale Post und Telekommunikation, Nr. 7002 VV RVG	20,00 €
Zwischensumme	464,50 €
19 % Umsatzsteuer, Nr. 7008 VV RVG	88,26 €
Summe	552,76 €

5.1.4 Die Zusatzgebühr für besonders umfangreiche Beweisaufnahmen

Wenn in einem gerichtlichen Verfahren eine besonders umfangreiche Beweisaufnahme stattgefunden hat, kann der Rechtsanwalt neben der 1,2 Terminsgebühr gem. Nr. 3104 VV RVG eine 0,3 Zusatzgebühr gem. Nr. 1010 VV RVG abrechnen. Voraussetzung hierfür ist jedoch, dass in mindestens drei Gerichtsterminen Zeugen oder Sachverständige vernommen werden.

▶ **Beispiel:** Rechtsanwältin Charlotte Henning vertritt das Ehepaar Carina und Bodo Siewert im Rechtsstreit Paul Landauer ./. Carina und Bodo Siewert wegen Forderung in Höhe von 55 600,00 €. Es finden vier Gerichtstermine statt, in denen acht Zeugen und der Sachverständige vernommen werden. Am Ende einigen sich die Parteien unter Mitwirkung ihrer Rechtsanwälte dahingehend, dass das Ehepaar Siewert einen Betrag in Höhe von 33 360,00 € zahlt. Die Kosten des Rechtsstreits trägt Paul Landauer zu 40 % und das Ehepaar Siewert zu 60 %. Rechtsanwältin Charlotte Henning erhält folgende Gebühren und Auslagen:

Streitwert: 55 600,00 €, § 43 Abs. 1 GKG, § 4 ZPO

1,6 Verfahrensgebühr, Nrn. 3100, 1008 VV RVG	2 196,80 €
1,2 Terminsgebühr, Nr. 3104 VV RVG	1 647,60 €
0,3 Zusatzgebühr, Nr. 1010 VV RVG	411,90 €
1,0 Einigungsgebühr, Nrn. 1003, 1000 VV RVG	1 373,00 €
Pauschale Post und Telekommunikation, Nr. 7002 VV RVG	20,00 €
Zwischensumme	5 649,30 €
19 % Umsatzsteuer, Nr. 7008 VV RVG	1 073,37 €
Summe	6 722,67 €

5.1.5 Anrechnungsvorschriften

Im zivilrechtlichen Verfahren der ersten Instanz sind, wie auch im gerichtlichen Mahnverfahren, Anrechnungsvorschriften zu beachten:

vgl. LF 9 (ReFa), Kap. 3.1.6

Anrechnung bei vorheriger Beratungstätigkeit

Die **Beratungsgebühr** wird, sofern nichts anderes vereinbart wurde, in voller Höhe auf die entstehende Verfahrensgebühr angerechnet (§ 34 Abs. 2 RVG). Gleiches gilt, sofern die Beratungsgebühr gem. Nr. 2501 VV RVG (Beratungshilfe) von der Staatskasse erstattet wurde (Anmerkung Abs. 2 zu Nr. 2501 VV RVG).

▶ **Beispiel:** Dorothea Kuntze hat sich von Rechtsanwältin Lisa Behrens in einer versicherungsrechtlichen Angelegenheit zunächst anwaltlich beraten lassen. Hierfür hat sie auf Grundlage einer Vergütungsvereinbarung einen Betrag in Höhe von 150,00 € zzgl. Umsatzsteuer bezahlt. In der Vergütungsvereinbarung wurde festgelegt, dass dieses Honorar auf eine eventuell nachfolgende Tätigkeit anzurechnen ist. Als Dorothea Kuntze eine Klage erhält, in der die Versicherung die angeblich rückständigen Beiträge in Höhe von 1 653,00 € geltend macht, beauftragt sie Rechtsanwältin Lisa Behrens, im zivilrechtlichen Verfahren für sie tätig zu werden. Das Gericht entscheidet nach der mündlichen Verhandlung. Der Klage wird stattgegeben. Rechtsanwältin Lisa Behrens erhält folgende Gebühren und Auslagen:

Streitwert: 1653,00 €, § 43 Abs. 1 GKG, § 4 ZPO

1,3 Verfahrensgebühr, Nr. 3100 VV RVG	215,80 €
abzgl. Anrechnung gem. § 34 Abs. 2 RVG:	
Beratungsgebühr gem. Vergütungsvereinbarung	–150,00 €
Zwischensumme	65,80 €
1,2 Terminsgebühr, Nr. 3104 VV RVG	199,20 €
Pauschale Post und Telekommunikation, Nr. 7002 VV RVG	20,00 €
Zwischensumme	285,00 €
19 % Umsatzsteuer, Nr. 7008 VV RVG	54,15 €
Summe	339,15 €

Anrechnung bei vorheriger außergerichtlicher Tätigkeit

Die **Geschäftsgebühr** für die außergerichtliche Tätigkeit wird zur Hälfte, höchstens zu 0,75 auf die entstehende Verfahrensgebühr angerechnet (Vorbemerkung 3 Abs. 4 VV RVG). Gleiches gilt, sofern die Geschäftsgebühr gem. Nr. 2503 VV RVG (Beratungshilfe) von der Staatskasse bereits erstattet wurde (Anmerkung Abs. 2 zu Nr. 2503 VV RVG).

▶ **Beispiel:** Rechtsanwalt Dr. Alan Duvet hat Jana Naumann außergerichtlich vertreten. Deren Sparkasse forderte noch eine angeblich offene Zahlung in Höhe von 3316,00 € aus dem geschlossenen Darlehensvertrag. Aufgrund der umfangreichen und schwierigen Tätigkeit hat Rechtsanwalt Dr. Alan Duvet eine 1,6 Geschäftsgebühr in Höhe von 403,20 € abgerechnet. Da keine außergerichtliche Einigung zustande kam, hat die Sparkasse den Betrag gerichtlich geltend gemacht. Rechtsanwalt Dr. Alan Duvet wurde hier für Jana Naumann anwaltlich tätig. Das Gericht wies die Klage nach der mündlichen Verhandlung ab, da Jana Naumann rechnerisch nachweisbar die volle Darlehensschuld getilgt hat. Rechtsanwalt Dr. Alan Duvet erhält für seine Tätigkeit folgende Gebühren und Auslagen:

Streitwert: 3316,00 €, § 43 Abs. 1 GKG, § 4 ZPO

1,3 Verfahrensgebühr, Nr. 3100 VV RVG	361,40 €
abzgl. Anrechnung gem. Vorbemerkung 3 Abs. 4 VV RVG:	
0,75 Geschäftsgebühr gem. Nr. 2300 VV RVG	–208,50 €
Zwischensumme	152,90 €
1,2 Terminsgebühr, Nr. 3104 VV RVG	333,60 €
Pauschale Post und Telekommunikation, Nr. 7002 VV RVG	20,00 €

Zwischensumme	506,50 €
19 % Umsatzsteuer, Nr. 7008 VV RVG	96,24 €
Summe	602,74 €

Wenn der Wert der außergerichtlichen Tätigkeit **niedriger** ist als der geltend gemachte Anspruch im zivilrechtlichen Verfahren, erfolgt die Anrechnung nach dem Wert, der Gegenstand der außergerichtlichen Tätigkeit war.

▶ **Beispiel:** Hätte die Sparkasse vorliegend außergerichtlich den Betrag in Höhe von 3 316,00 € gefordert, anschließend dann aber einen Betrag in Höhe von 4 100,00 € eingeklagt, da sie in ihrer Berechnung einen Fehler gefunden hat, würde Rechtsanwalt Dr. Alan Duvet folgende Gebühren und Auslagen erhalten:

Streitwert: 4 100,00 €, § 43 Abs. 1 GKG, § 4 ZPO

1,3 Verfahrensgebühr aus 4 100,00 €, Nr. 3100 VV RVG	434,20 €
abzgl. Anrechnung gem. Vorbemerkung 3 Abs. 4 VV RVG:	
0,75 Geschäftsgebühr aus 3 316,00 €, Nr. 2300 VV RVG	–208,50 €
Zwischensumme	225,70 €
1,2 Terminsgebühr aus 4 100,00 €, Nr. 3104 VV RVG	400,80 €
Pauschale Post und Telekommunikation, Nr. 7002 VV RVG	20,00 €
Zwischensumme	646,50 €
19 % Umsatzsteuer, Nr. 7008 VV RVG	122,84 €
Summe	769,34 €

Sofern der Wert der außergerichtlichen Tätigkeit **höher** war als derjenige im zivilrechtlichen Verfahren, muss die Anrechnung nach dem Wert erfolgen, der auch Gegenstand des zivilrechtlichen Verfahrens ist.

▶ **Beispiel:** Hätte die Sparkasse statt des außergerichtlich geltend gemachten Betrags in Höhe von 3 316,00 € nur einen Betrag in Höhe von 2 000,00 € eingeklagt, da einige Ratenzahlungen von Jana Naumann nicht entsprechend verbucht wurden, würde Rechtsanwalt Dr. Alan Duvet folgende Gebühren und Auslagen erhalten:

Streitwert: 2000,00 €, § 43 Abs. 1 GKG, § 4 ZPO

1,3 Verfahrensgebühr aus 2000,00 €, Nr. 3100 VV RVG	215,80 €
abzgl. Anrechnung gem. Vorbemerkung 3 Abs. 4 VV RVG:	
0,75 Geschäftsgebühr aus 2000,00 €, Nr. 2300 VV RVG	–124,50 €
Zwischensumme	91,30 €
1,2 Terminsgebühr aus 2000,00 €, Nr. 3104 VV RVG	199,20 €
Pauschale Post und Telekommunikation, Nr. 7002 VV RVG	20,00 €
Zwischensumme	310,50 €
19 % Umsatzsteuer, Nr. 7008 VV RVG	59,00 €
Summe	369,50 €

Hinweis: Sofern sich die Geschäftsgebühr aufgrund mehrerer Auftraggeber erhöht hat, ist nach der Rechtsprechung die erhöhte Gebühr bei der Anrechnung auf die Verfahrensgebühr zu berücksichtigen. Dies bedeutet beispielsweise:

Höhe Geschäftsgebühr	Hälfte des Gebührensatzes	anzurechnen
1,3 Geschäftsgebühr (1,0 Geschäfts- und 0,3 Erhöhungsgebühr)	0,65	0,65
1,6 Geschäftsgebühr (1,3 Geschäfts- und 0,3 Erhöhungsgebühr)	0,80	0,75

Anrechnung bei vorheriger Tätigkeit im gerichtlichen Mahnverfahren

Sofern der Tätigkeit im zivilrechtlichen Verfahren der ersten Instanz ein gerichtliches Mahnverfahren vorausgegangen ist, sind die dort entstandenen Gebühren, nämlich die

- 1,0 Verfahrensgebühr gem. Nr. 3305 VV RVG bzw.
- 0,5 Verfahrensgebühr gem. Nr. 3307 VV RVG,

jeweils **in voller Höhe** (vgl. Anmerkungen zu Nrn. 3305, 3307 VV RVG) auf die im zivilrechtlichen Verfahren entstehende Verfahrensgebühr gem. Nr. 3100 VV RVG anzurechnen. Gleiches gilt für die ggf. angefallene 1,2 Terminsgebühr gem. Nr. 3104 VV RVG (Anmerkung Abs. 4 zu Nr. 3104 VV RVG).

Merke: Hat sich die Verfahrensgebühr aufgrund mehrerer Auftraggeber erhöht, ist die nach Nr. 1008 VV RVG erhöhte Verfahrensgebühr im mahngerichtlichen Verfahren auf die Verfahrensgebühr im zivilrechtlichen Verfahren anzurechnen.

Sofern der Streitwert, der dem gerichtlichen Mahnverfahren zugrunde lag, niedriger oder höher ist als derjenige des zivilrechtlichen Verfahrens, gilt, wie oben bereits ausgeführt, Folgendes:

Anrechnung bei unterschiedlichen Streitwerten

niedrigerer Wert:	**höherer Wert:**
Anrechnung erfolgt nach dem Wert, der Gegenstand des gerichtlichen Mahnverfahrens war	Anrechnung erfolgt nach dem Wert, der auch Gegenstand des zivilrechtlichen Verfahrens ist

▶ **Beispiel:** In der Angelegenheit Sabine Schmitt ./. Kathrin Kuchenmeister beantragte Rechtsanwältin Melanie Tuschert für Sabine Schmitt einen Mahnbescheid über 3000,00 €. Gegen diesen legte Kathrin Kuchenmeister Widerspruch ein. Rechtsanwältin Melanie Tuschert begründet nach der Abgabe der Angelegenheit an das zuständige Amtsgericht Dresden den geltend gemachten Anspruch. Gleichzeitig erhöht sie die Forderung auf 4000,00 €, da Kathrin Kuchenmeister zwischenzeitlich mit einer weiteren Rate in Rückstand gekommen ist. Nach einer mündlichen Verhandlung spricht das Amtsgericht Dresden Sabine Schmitt den geltend gemachten Betrag in voller Höhe zu. Rechtsanwältin Melanie Tuschert erhält folgende Gebühren und Auslagen:

Streitwert: 4000,00 €, § 43 Abs. 1 GKG, § 4 ZPO

1,3 Verfahrensgebühr aus 4000,00 €, Nr. 3100 VV RVG	361,40 €
abzgl. Anrechnung gem. Anmerkung zu Nr. 3305 VV RVG:	
1,0 Verfahrensgebühr aus 3000,00 €, Nr. 3305 VV RVG	–222,00 €
Zwischensumme	139,40 €
1,2 Terminsgebühr aus 4000,00 €, Nr. 3104 VV RVG	333,60 €
Pauschale Post und Telekommunikation, Nr. 7002 VV RVG	20,00 €
Zwischensumme	493,00 €
19 % Umsatzsteuer, Nr. 7008 VV RVG	93,67 €
Summe	586,67 €

Anrechnung der Terminsgebühr im Säumnisverfahren

Sofern das Gericht ein erstes Versäumnisurteil erlässt, erhält der Rechtsanwalt hierfür eine 0,5 Terminsgebühr gem. Nr. 3105 VV RVG. Legt der Beklagte sodann Einspruch gegen das Versäumnisurteil ein und lässt das Gericht z. B. einen erneuten Termin zu, kann der Rechtsanwalt (wenn der Beklagte zum Termin erscheint) nach der Rechtsprechung insgesamt lediglich eine 1,2 Terminsgebühr gem. Nrn. 3104, 3105 VV RVG abrechnen. In diesem Fall muss der Rechtsanwalt die 0,5 Terminsgebühr, die er für das erste Versäumnisurteil erhalten hat, in voller Höhe anrechnen.

5.1.6 Mischfälle

vgl. LF 9 (ReFa)

Wie im gerichtlichen Mahnverfahren kann es auch im zivilrechtlichen Verfahren zu sog. Mischfällen kommen, sodass § 15 Abs. 3 RVG anzuwenden ist. Nachfolgend werden die in der Praxis wohl am häufigsten vorkommenden Fälle anhand von Beispielen dargestellt.

Anhängige und nicht anhängige Ansprüche

▶ **Beispiel:** Rechtsanwalt Xaver von Günther erhebt für Claudia Kohrenz Klage gegen Ludmilla Nickel wegen rückständiger Miete in Höhe von 1 500,00 €. Im Termin zur mündlichen Verhandlung einigen sich die Parteien unter Mitwirkung von Rechtsanwalt Xaver von Günther über den anhängigen Betrag sowie über einen weiteren zwischenzeitlich aufgelaufenen Betrag in Höhe von 500,00 €. Ludmilla Nickel zahlt insgesamt einen Betrag in Höhe von 1 400,00 €. Damit ist dann die Gesamtforderung in Höhe von 2000,00 € abgegolten. Rechtsanwalt Xaver von Günther rechnet wie folgt ab:

Streitwert: 1 500,00 €, § 48 Abs. 1 GKG

Verfahrensgebühr

1,3 Verfahrensgebühr aus 1 500,00 €, Nr. 3100 VV RVG	165,10 €
0,8 Verfahrensgebühr aus 500,00 €, Nrn. 3100, 3101 Ziff. 2 VV RVG	39,20 €
(hier ist nicht zu begrenzen, da 1,3 aus 2000,00 € = 215,80 €, also mehr als die 1,3 von 165,10 € + 0,8 von 39,20 € = 204,30 €)	

Terminsgebühr

1,2 Terminsgebühr aus 2000,00 €, Nr. 3104 VV RVG	199,20 €

Einigungsgebühr

1,0 Einigungsgebühr aus 1 500,00 €, Nrn. 1000, 1003 VV RVG	127,00 €
1,5 Einigungsgebühr aus 500,00 €, Nr. 1000 VV RVG	73,50 €
(hier ist nicht zu begrenzen, da 1,5 aus 2000,00 € = 249,00 €, also mehr als die 1,0 von 127,00 € + 1,5 von 73,50 € = 200,50 €)	

Pauschale Post und Telekommunikation, Nr. 7002 VV RVG	20,00 €
Zwischensumme	624,00 €
19 % Umsatzsteuer, Nr. 7008 VV RVG	118,56 €
Summe	742,56 €

Hinweis: Sofern der Rechtsanwalt bereits außergerichtlich tätig war, bevor im zivilrechtlichen Verfahren auch über nicht anhängige Ansprüche verhandelt wurde, muss nach der Rechtsprechung **erst die Anrechnung** der Geschäftsgebühr und **anschließend die Gebührenbegrenzung** vorgenommen werden.

▶ **Beispiel:** Wäre Rechtsanwalt Xaver von Günther bereits vor Erhebung der Klage außergerichtlich tätig geworden und hätte er hierfür eine 1,3 Geschäftsgebühr aus einem Wert von 1 500,00 € (= 165,10 €) erhalten, dann würden sich die ihm zustehenden Gebühren und Auslagen wie folgt errechnen:

Streitwert: 1 500,00 €, § 48 Abs. 1 GKG

Verfahrensgebühr	
1,3 Verfahrensgebühr aus 1 500,00 €, Nr. 3100 VV RVG	165,10 €
abzgl. Anrechnung gem. Vorbemerkung 3 Abs. 4 VV RVG:	
0,65 Geschäftsgebühr aus 1 500,00 €, Nr. 2300 VV RVG	–82,55 €
Zwischensumme	82,55 €
0,8 Verfahrensgebühr aus 500,00 €, Nrn. 3100, 3101 Ziff. 2 VV RVG	39,20 €
(hier ist nicht zu begrenzen, da 1,3 aus 2 000,00 € = 215,80 €)	
Terminsgebühr	
1,2 Terminsgebühr aus 2 000,00 €, Nr. 3104 VV RVG	199,20 €
Einigungsgebühr	
1,0 Einigungsgebühr aus 1 500,00 €, Nrn. 1000, 1003 VV RVG	127,00 €
1,5 Einigungsgebühr aus 500,00 €, Nr. 1000 VV RVG	73,50 €
(hier ist nicht zu begrenzen, da 1,5 aus 2 000,00 € = 249,00 €, also mehr als die 1,0 von 127,00 € + 1,5 von 73,50 € = 200,50 €)	
Pauschale Post und Telekommunikation, Nr. 7002 VV RVG	20,00 €
Zwischensumme	541,45 €
19 % Umsatzsteuer, Nr. 7008 VV RVG	102,88 €
Summe	644,33 €

Anhängige und weitergehende Ansprüche in einem anderen erstinstanzlichen Verfahren

▶ **Beispiel:** Rechtsanwältin Hildegard Kupinski erhebt für Marco Schneider Klage gegen Georg Engelbrecht in Höhe von 16000,00 € aus einem Darlehensvertrag. Die Parteien versuchen sich im Termin zur mündlichen Verhandlung vor dem Landgericht Bremen über diesen Betrag und über einen weiteren Betrag in Höhe von 3000,00 €, der in einem anderen erstinstanzlichen Verfahren vor dem Amtsgericht Bremen anhängig ist, zu einigen. Eine Einigung kommt auch dahingehend zustande, dass Georg Engelbrecht insgesamt einen Betrag in Höhe von 12 000,00 € zahlt. Die Kosten werden dementsprechend gequotelt. Rechtsanwältin Hildegard Kupinski rechnet daraufhin die Angelegenheit, die vor dem Landgericht Bremen anhängig ist, wie folgt ab:

Streitwert: 16000,00 €, § 43 Abs. 1 GKG, § 4 ZPO

Verfahrensgebühr		
1,3 Verfahrensgebühr aus 16000,00 €, Nr. 3100 VV RVG	933,40 €	
0,8 Verfahrensgebühr aus 3000,00 €, Nrn. 3100, 3101 Ziff. 2 VV RVG	177,40 €	
gem. § 15 Abs. 3 RVG nicht mehr als 1,3 aus 19000,00 €		1001,00 €
Terminsgebühr		
1,2 Terminsgebühr aus 19000,00 €, Nr. 3104 VV RVG		924,00 €
Einigungsgebühr		
1,0 Einigungsgebühr aus 19000,00 €, Nrn. 1000, 1003 VV RVG		770,00 €
Pauschale Post und Telekommunikation, Nr. 7002 VV RVG		20,00 €
Zwischensumme		2715,00 €
19 % Umsatzsteuer, Nr. 7008 VV RVG		515,85 €
Summe		3230,85 €

5.2 Gebühren für bestimmte Einzeltätigkeiten

Sofern sich die Tätigkeit des Rechtsanwalts auf bestimmte Einzeltätigkeiten beschränkt, wie z. B. die Wahrnehmung eines Gerichtstermins, entstehen die Gebühren für Einzeltätigkeiten nach Teil 3 Abschnitt 4 des Vergütungsverzeichnisses zum RVG:

Gebühren für bestimmte Einzeltätigkeiten

Verkehrsanwalt	Terminsvertreter	nur mit einer Einzeltätigkeit beauftragter Rechtsanwalt
• Verfahrensgebühr Nrn. 3400, 3405 VV RVG • ggf. Einigungsgebühr Nrn. 1000, 1003 VV RVG	• Verfahrensgebühr Nrn. 3401, 3405 VV RVG • Terminsgebühr Nr. 3402 VV RVG • ggf. Einigungsgebühr Nrn. 1000, 1003 VV RVG • ggf. Zusatzgebühr Nr. 1010 VV RVG	• Verfahrensgebühr Nrn. 3403, 3404, 3405 VV RVG

5.2.1 Der Verkehrsanwalt

Das Gesetz versteht unter einem Verkehrsanwalt i. S. d. Nr. 3400 VV RVG einen Rechtsanwalt, der den Verkehr mit der Mandantschaft führt, der also der Mandantschaft den Sachverhalt und den weiteren Verfahrensablauf erläutert etc. Dies bedeutet, dass drei Personen, nämlich die Mandantschaft, der Verkehrsanwalt und der Prozessbevollmächtigte, für eine Partei an einem Rechtsstreit beteiligt sein können.

Beispiel: Mathias Reiter aus Berchtesgaden bekommt vom Landgericht Hamburg eine Klage zugestellt. Er beauftragt in Hamburg Rechtsanwalt Bert Kostiner mit der anwaltlichen Vertretung. Da er jedoch das „Anwaltsdeutsch" aus den Schriftsätzen von Rechtsanwalt Bert Kostiner nicht immer versteht, entschließt er sich dazu, in Berchtesgaden einen weiteren Rechtsanwalt zu beauftragen, der den Verkehr mit Rechtsanwalt Bert Kostiner in Hamburg führen soll. Rechtsanwalt Bert Kostiner ist somit der Prozessbevollmächtigte und der Rechtsanwalt aus Berchtesgaden der Verkehrsanwalt.

Verfahrensgebühr

Der Verkehrsanwalt erhält gem. Nr. 3400 VV RVG eine Verfahrensgebühr in Höhe der dem Prozessbevollmächtigten zustehenden Verfahrensgebühr, höchstens jedoch in Höhe von 1,0.

Wenn der Verkehrsanwalt mehrere Auftraggeber in derselben Angelegenheit vertritt, **erhöht** sich gem. Nr. 1008 VV RVG diese Verfahrensgebühr gem. Nr. 3400 VV RVG pro weiterem Auftraggeber um 0,3, höchstens jedoch um 2,0. vgl. LF 4, Kap. 4.1.3 und 4.6.2

▶ **Beispiel:** In dem Rechtsstreit Ulf Lehrieder ./. Kirsten Schönwald wegen einer Forderung in Höhe von 2310,00 € beauftragt Kirsten Schönwald den ortsansässigen Rechtsanwalt Dr. Marvin Lohberger, den Verkehr mit dem auswärtigen Rechtsanwalt von Ulf Lehrieder zu führen. Rechtsanwalt Dr. Marvin Lohberger erhält für seine Tätigkeit folgende Gebühren und Auslagen:

Streitwert: 2310,00 €, § 43 Abs. 1 GKG, § 4 ZPO

1,0 Verfahrensgebühr, Nrn. 3400, 3100 VV RVG	222,00 €
Pauschale Post und Telekommunikation, Nr. 7002 VV RVG	20,00 €
Zwischensumme	242,00 €
19 % Umsatzsteuer, Nr. 7008 VV RVG	45,98 €
Summe	287,98 €

vgl. LF 10, Kap. 5.1.1 und 5.1.6

Hinweis: Wenn der Prozessbevollmächtigte nur eine ermäßigte Verfahrensgebühr gem. Nr. 3101 VV RVG erhält, kann der Verkehrsanwalt ebenfalls nur die ermäßigte Gebühr abrechnen. Dies aber nur dann, wenn sich seine Tätigkeit auch auf diese Gegenstände erstreckt hat, also wenn z. B. nicht anhängige Gegenstände in eine Einigung mit einbezogen wurden.

Sofern der Auftrag des Verkehrsanwalts vorzeitig beendet wird, erhält er lediglich eine 0,5 Verfahrensgebühr gem. Nr. 3405 VV RVG. Dies ist dann der Fall, wenn der Auftrag endet, bevor der Prozessbevollmächtigte beauftragt wurde oder der Verkehrsanwalt gegenüber dem Prozessbevollmächtigten tätig geworden ist. Auch hier kann sich die Verfahrensgebühr gem. Nr. 1008 VV RVG erhöhen.

vgl. LF 4, Kap. 4.6.2

▶ **Beispiel:** Ingrid Gottwald (wohnhaft in München) möchte die von Karin Kastner geschuldete rückständige Miete in Höhe von 850,00 € einklagen. Das zuständige Gericht befindet sich in Flensburg, da sich dort die Eigentumswohnung von Ingrid Gottwald befindet, die diese an Karin Kastner vermietet hat. Ingrid Gottwald beauftragt Rechtsanwalt Matts Kochinger in München als Verkehrsanwalt. Dieser sucht einen möglichen Prozessbevollmächtigten direkt in Flensburg, mit dem er bereits Kontakt aufnimmt. Bevor dieser beauftragt wird, erklärt Ingrid Gottwald, dass sie erfahren hat, dass Karin Kastner „abgetaucht" sei und dass sie deshalb nicht weitermachen möchte. Rechtsanwalt Matts Kochinger erhält für seine Tätigkeit folgende Gebühren und Auslagen:

Streitwert: 850,00 €, § 48 Abs. 1 GKG

0,5 Verfahrensgebühr, Nrn. 3405, 3400 VV RVG	44,00 €
Pauschale Post und Telekommunikation, Nr. 7002 VV RVG	8,80 €
Zwischensumme	52,80 €
19 % Umsatzsteuer, Nr. 7008 VV RVG	10,03 €
Summe	62,83 €

Terminsgebühr

Für den Verkehrsanwalt kommt eine Terminsgebühr **nicht** in Betracht, da sich seine Tätigkeit nicht auf die Teilnahme an Gerichtsterminen o. Ä. erstreckt. Möglich wäre allerdings ein weiterer Auftrag als Terminsvertreter.

vgl. LF 10, Kap. 5.2.2

Einigungsgebühr

Sofern der Verkehrsanwalt am Zustandekommen einer Einigung mitwirkt, erhält er hierfür eine 1,0 Einigungsgebühr gem. Nrn. 1000, 1003 VV RVG.

▶ **Beispiel:** In dem Rechtsstreit Elvira Maler ./. Rainer Hofer wegen einer Darlehensrückzahlung in Höhe von 3616,25 € schließt Rechtsanwältin Irene Kaiser als Prozessbevollmächtigte für Rainer Hofer im Termin zur mündlichen Verhandlung einen Widerrufsvergleich. Nach dem Termin informiert sie den Verkehrsanwalt Ulrich Illgner hierüber, der sich mit Rainer Hofer in Verbindung setzt. Nach Würdigung aller Tatbestände rät der Verkehrsanwalt Ulrich Illgner zum Vergleichsabschluss. Rainer Hofer folgt dieser Meinung, sodass Rechtsanwalt Ulrich Illgner Rechtsanwältin Irene Kaiser entsprechend informiert. Rechtsanwalt Ulrich Ilgner erhält für seine Tätigkeit folgende Gebühren und Auslagen:

Streitwert: 3616,25 €, § 43 Abs. 1 GKG, § 4 ZPO

1,0 Verfahrensgebühr, Nrn. 3400, 3100 VV RVG	278,00 €
1,0 Einigungsgebühr, Nrn. 1000, 1003 VV RVG	278,00 €
Pauschale Post und Telekommunikation, Nr. 7002 VV RVG	20,00 €
Zwischensumme	576,00 €
19 % Umsatzsteuer, Nr. 7008 VV RVG	109,44 €
Summe	685,44 €

Zusatzgebühr

Für den Verkehrsanwalt kommt die 0,3 Zusatzgebühr gem. Nr. 1010 VV RVG **nicht** in Betracht, da er im Rahmen seiner Tätigkeit nicht an Gerichtsterminen o. Ä. teilnimmt und somit auch nicht an der Beweisaufnahme.

5.2.2 Der Terminsvertreter

Terminsvertreter ist ein Rechtsanwalt dann, wenn er von einer Partei lediglich damit beauftragt wird, einen Termin wahrzunehmen. Dabei kommt es nicht darauf an, ob es sich um einen Gerichtstermin oder um einen Ortstermin mit einem Sachverständigen o. Ä. handelt. Für seine Tätigkeit erhält der Terminsvertreter die Vergütung nach dem RVG.

Hinweis: Nimmt ein Rechtsanwalt im Auftrag eines anderen Rechtsanwalts für diesen einen Termin wahr, richtet sich die Vergütung nicht nach dem RVG, sondern ist zwischen den Rechtsanwälten frei vereinbar. In der Praxis wird es dann oft so gehandhabt, dass sich der Prozessbevollmächtigte und der Terminsvertreter die insgesamt entstandenen Gebühren hälftig teilen.

Verfahrensgebühr

vgl. LF 4, Kap. 4.1.3 und 4.6.2

Der Terminsvertreter erhält für seine Tätigkeit eine Verfahrensgebühr gem. Nr. 3401 VV RVG in Höhe der Hälfte der dem Prozessbevollmächtigten zustehenden Verfahrensgebühr. Wenn der Terminsvertreter mehrere Auftraggeber in derselben Angelegenheit vertritt, **erhöht** sich gem. Nr. 1008 VV RVG die Verfahrensgebühr gem. Nr. 3401 VV RVG pro weiterem Auftraggeber um 0,3, höchstens jedoch um 2,0.

▶ **Beispiel:** Gustav Scheuring beauftragt Rechtsanwältin Sylvia Schottky in dem Rechtsstreit Gustav Scheuring ./. Lena Lorentz wegen einer Kaufpreisforderung in Höhe von 500,00 € mit der Wahrnehmung des Termins vor dem Amtsgericht Kaiserslautern. In diesem Fall erhält Rechtsanwältin Sylvia Schottky eine 0,65 Verfahrensgebühr (= 50 % von 1,3 Verfahrensgebühr gem. Nr. 3100 VV RVG).

vgl. LF 4, Kap. 4.6.2

Endet der Auftrag, bevor der Termin begonnen hat, erhält der Terminsvertreter eine Verfahrensgebühr gem. Nr. 3405 VV RVG in Höhe von höchstens 0,5. Auch diese Gebühr erhöht sich bei mehreren Auftraggebern gem. Nr. 1008 VV RVG.

▶ **Beispiel:** Gustav Scheuring beauftragt Rechtsanwältin Sylvia Schottky in dem Rechtsstreit Gustav Scheuring ./. Lena Lorentz wegen einer Kaufpreisforderung in Höhe von 500,00 € mit der Wahrnehmung des Termins vor dem Amtsgericht Kaiserslautern. Da Lena Lorentz kurz vor dem Termin die Forderung in voller Höhe begleicht, wird der Termin aufgehoben. Rechtsanwältin Sylvia Schottky erhält folgende Gebühren und Auslagen:

Streitwert: 500,00 €, § 43 Abs. 1 GKG, § 4 ZPO

0,5 Verfahrensgebühr, Nr. 3405 VV RVG	24,50 €
Pauschale Post und Telekommunikation, Nr. 7002 VV RVG	4,90 €
Zwischensumme	29,40 €
19 % Umsatzsteuer, Nr. 7008 VV RVG	5,59 €
Summe	34,99 €

Terminsgebühr

Für die Wahrnehmung des Termins erhält der Terminsvertreter eine Terminsgebühr gem. Nr. 3402 VV RVG in der Höhe der dem Prozessbevollmächtigten zustehenden Terminsgebühr. In zivilrechtlichen Verfahren der ersten Instanz erhält er also eine 1,2 Terminsgebühr gem. Nr. 3104 VV RVG bzw. eine 0,5 Terminsgebühr gem. Nr. 3105 VV RVG.

▶ **Beispiel:** Der Rechtsstreit Ulrich Wagemuth ./. Nina Vonhausen wegen Darlehensrückzahlung in Höhe von 5 500,00 € ist vor dem Landgericht Hannover anhängig. Da Ulrich Wagemuth und sein Prozessbevollmächtigter aus Kassel kommen, beauftragt Ulrich Wagemuth Rechtsanwalt Manfred Brodowski mit der Wahrnehmung des vom Landgericht Hannover anberaumten Termins zur mündlichen Verhandlung. Nach der Verhandlung ergeht ein klageabweisendes Urteil. Rechtsanwalt Manfred Brodowski erhält für seine Tätigkeit folgende Gebühren und Auslagen nach dem RVG:

Streitwert: 5 500,00 €, § 43 Abs. 1 GKG, § 4 ZPO

0,65 Verfahrensgebühr, Nrn. 3401, 3100 VV RVG	253,50 €
1,2 Terminsgebühr, Nrn. 3402, 3104 VV RVG	468,00 €
Pauschale Post und Telekommunikation, Nr. 7002 VV RVG	20,00 €
Zwischensumme	741,50 €
19 % Umsatzsteuer, Nr. 7008 VV RVG	140,85 €
Summe	882,35 €

Wenn hingegen im Termin zur mündlichen Verhandlung Nina Vonhausen und ihr Prozessbevollmächtigter nicht erscheinen und antragsgemäß Versäumnisurteil ergeht, errechnen sich die Gebühren und Auslagen des Rechtsanwalts Manfred Brodowski nach dem RVG wie folgt:

Streitwert: 5500,00 €, § 43 Abs. 1 GKG, § 4 ZPO

0,65 Verfahrensgebühr, Nrn. 3401, 3100 VV RVG	253,50 €
0,5 Terminsgebühr, Nrn. 3402, 3105 VV RVG	195,00 €
Pauschale Post und Telekommunikation, Nr. 7002 VV RVG	20,00 €
Zwischensumme	468,50 €
19 % Umsatzsteuer, Nr. 7008 VV RVG	89,02 €
Summe	557,52 €

Merke: Sofern der Terminsvertreter in derselben Angelegenheit an mehreren Terminen teilnimmt, entsteht gem. § 15 Abs. 2 RVG trotzdem nur **eine** Terminsgebühr gem. Nr. 3402 VV RVG.

Hinweis: Der Prozessbevollmächtigte erhält keine Vergütung dafür, dass er den Terminsvertreter namens und im Auftrag der Mandantschaft beauftragt und über die Angelegenheit informiert. Er erhält jedoch dann eine Terminsgebühr, wenn er z. B. nach dem Termin zur mündlichen Verhandlung mit dem gegnerischen Rechtsanwalt telefoniert, sodass doch noch eine Einigung erzielt wird.

Einigungsgebühr

Wenn der Terminsvertreter an einer Einigung mitwirkt, entsteht auch eine 1,0 Einigungsgebühr gem. Nrn. 1000, 1003 VV RVG.

▶ **Beispiel:** Rechtsanwältin Tina Sorema vertritt Hannes Kohlmeister im Rechtsstreit gegen Sieglinde Meyer wegen rückständiger Miete in Höhe von 2100,00 €. Namens des Mandanten beauftragt sie Rechtsanwalt Heinrich Anding damit, den Termin vor dem Amtsgericht Duisburg wahrzunehmen. Dieser telefoniert in einer Sitzungspause mit Rechtsanwältin Tina Sorema, um den Inhalt eines abzuschließenden Vergleichs abzustimmen. Rechtsanwalt Heinrich Anding erhält für seine Tätigkeit folgende Gebühren und Auslagen nach dem RVG:

Streitwert: 2100,00 €, § 48 Abs. 1 GKG

0,65 Verfahrensgebühr, Nrn. 3401, 3100 VV RVG	144,30 €
1,2 Terminsgebühr, Nrn. 3402, 3104 VV RVG	266,40 €
1,0 Einigungsgebühr, Nrn. 1000, 1003 VV RVG	222,00 €
Pauschale Post und Telekommunikation, Nr. 7002 VV RVG	20,00 €
Zwischensumme	652,70 €

19 % Umsatzsteuer, Nr. 7008 VV RVG	124,01 €
Summe	776,71 €

Zusatzgebühr

Für eine besonders umfangreiche Beweisaufnahme mit mindestens drei Terminen, in denen Zeugen oder Sachverständige vernommen werden, erhält der Terminsvertreter eine 0,3 Zusatzgebühr gem. Nr. 1010 VV RVG.

▶ **Beispiel:** Der mit der Wahrnehmung eines Termins beauftragte Rechtsanwalt Christian Riegler nimmt an insgesamt fünf Terminen teil, in denen jeweils Zeugen und Sachverständige vernommen werden. Das Gericht setzt den Streitwert auf 4000,00 € fest. Rechtsanwalt Christian Riegler erhält für seine Tätigkeit folgende Gebühren und Auslagen:

Streitwert: 4000,00 €, § 43 Abs. 1 GKG, § 4 ZPO

0,65 Verfahrensgebühr, Nrn. 3401, 3100 VV RVG	180,70 €
1,2 Terminsgebühr, Nrn. 3402, 3104 VV RVG	333,60 €
0,3 Zusatzgebühr, Nr. 1010 VV RVG	83,40 €
Pauschale Post und Telekommunikation, Nr. 7002 VV RVG	20,00 €
Zwischensumme	617,70 €
19 % Umsatzsteuer, Nr. 7008 VV RVG	117,36 €
Summe	735,06 €

5.2.3 Nur mit einer Einzeltätigkeit beauftragter Rechtsanwalt

Eine Einzeltätigkeit liegt vor, wenn der Rechtsanwalt nicht Prozessbevollmächtigter einer Partei ist und seine Tätigkeit im zivilrechtlichen Verfahren nicht durch die Gebühren der Nrn. 3400–3402 VV RVG abgegolten wird.

▶ **Beispiele:** Tätigkeit im Kostenfestsetzungsverfahren, Anfertigung einer Gegenvorstellung, Entgegennahme des Urteils, Ablehnung eines Richters wegen Befangenheit

Verfahrensgebühr

Wenn der Rechtsanwalt mit einer Einzeltätigkeit beauftragt wird, erhält er hierfür eine 0,8 Verfahrensgebühr gem. Nr. 3403 VV RVG. Sofern er mehrere Auftraggeber in derselben Angelegenheit vertritt, **erhöht** sich gem. Nr. 1008 VV RVG diese Verfahrensgebühr pro weiterem Auftraggeber um 0,3, höchstens jedoch um 2,0.

vgl. LF 4, Kap. 4.1.3 und 4.6.2

▶ **Beispiel:** Rechtsanwalt Hubert Schretzinger wird von Jolantha Kiesel beauftragt, gegen den erlassenen Kostenfestsetzungsbeschluss des Amtsgerichts München sofortige Beschwerde einzulegen, da das Gericht die Kostenquotelung nicht ordnungsgemäß vorgenommen hat. Es geht um einen Streitwert von 938,00 €. Die sofortige Beschwerde wird fristgerecht bei Gericht eingereicht. Rechtsanwalt Hubert Schretzinger erhält für seine Tätigkeit folgende Gebühren und Auslagen:

Streitwert: 938,00 €, § 43 Abs. 1 GKG, § 4 ZPO

0,8 Verfahrensgebühr, Nr. 3403 VV RVG	70,40 €
Pauschale Post und Telekommunikation, Nr. 7002 VV RVG	14,08 €
Zwischensumme	84,48 €
19 % Umsatzsteuer, Nr. 7008 VV RVG	16,05 €
Summe	100,53 €

Hinweis: Wenn der Rechtsanwalt während des Verfahrens mit mehreren Einzeltätigkeiten durch denselben Auftraggeber beauftragt wird, liegen grds. mehrere Angelegenheiten vor, die jeweils den Ansatz einer 0,8 Verfahrensgebühr gem. Nr. 3403 VV RVG auslösen. Jedoch muss der Rechtsanwalt in diesem Fall § 15 Abs. 6 RVG beachten, wonach er nicht mehr erhält, als wenn er von vornherein mit der gesamten Angelegenheit beauftragt worden wäre.

vgl. LF 4, Kap. 4.6.2

Wenn der Auftrag vorzeitig endet, erhält der mit der Einzeltätigkeit beauftragte Rechtsanwalt lediglich eine 0,5 Verfahrensgebühr gem. Nr. 3405 VV RVG. Sofern er mehrere Auftraggeber vertritt, erhöht sich diese Gebühr gem. Nr. 1008 VV RVG.

▶ **Beispiel:** Rechtsanwalt Hubert Schretzinger wird von Jolantha Kiesel beauftragt, gegen den erlassenen Kostenfestsetzungsbeschluss des Amtsgerichts München sofortige Beschwerde einzulegen, da das Gericht die Kostenquotelung nicht ordnungsgemäß vorgenommen hat. Es geht um einen Streitwert in Höhe von 938,00 €. Noch bevor Rechtsanwalt Hubert Schretzinger die sofortige Beschwerde bei Gericht einreicht, entzieht ihm Jolantha Kiesel das Mandat. Rechtsanwalt Hubert Schretzinger erhält für seine Tätigkeit folgende Gebühren und Auslagen:

Streitwert: 938,00 €, § 43 Abs. 1 GKG, § 4 ZPO

0,5 Verfahrensgebühr, Nrn. 3405, 3403 VV RVG	44,00 €
Pauschale Post und Telekommunikation, Nr. 7002 VV RVG	8,80 €
Zwischensumme	52,80 €
19 % Umsatzsteuer, Nr. 7008 VV RVG	10,03 €
Summe	62,83 €

Sofern der mit der Einzeltätigkeit beauftragte Rechtsanwalt lediglich ein Schreiben einfacher Art ohne schwierige rechtliche Ausführungen anfertigt, erhält er hierfür lediglich eine 0,3 Verfahrensgebühr gem. Nr. 3404 VV RVG. Auch diese Verfahrensgebühr kann sich gem. Nr. 1008 VV RVG erhöhen.

vgl. LF 4, Kap. 4.6.2

▶ **Beispiel:** Rechtsanwalt Hubert Schretzinger wird von Jolantha und Jonas Kiesel beauftragt, den offensichtlichen Schreibfehler im Urteil des Amtsgerichts München berichtigen zu lassen. Es geht um einen Streitwert von 1 306,00 €. Rechtsanwalt Hubert Schretzinger erhält für seine Tätigkeit folgende Gebühren und Auslagen:

Streitwert: 1 306,00 €, § 43 Abs. 1 GKG, § 4 ZPO

0,6 Verfahrensgebühr, Nrn. 3404, 3403, 1008 VV RVG	76,20 €
Pauschale Post und Telekommunikation, Nr. 7002 VV RVG	15,24 €
Zwischensumme	91,44 €
19 % Umsatzsteuer, Nr. 7008 VV RVG	17,37 €
Summe	108,81 €

Terminsgebühr

Eine Terminsgebühr kommt hier **nicht** in Betracht. Möglich wäre allerdings ein weiterer Auftrag als Terminsvertreter.

vgl. LF 10, Kap. 5.2.2

Zusammenfassung

Gebühren erstinstanzliches Verfahren (ggf. Anrechnungsvorschriften und Gebührenbegrenzung beachten)

- Verfahrensgebühr (entsteht für das Betreiben des Geschäfts, deckt alle Tätigkeiten im Rahmen des Verfahrens ab):
  1,3 Verfahrensgebühr, Nr. 3100 VV RVG
  ermäßigt: 0,8 Verfahrensgebühr, Nr. 3101 VV RVG
- ggf. Erhöhung der Verfahrensgebühr pro weiterem Auftraggeber um 0,3, höchstens um 2,0 (Nr. 1008 VV RVG)
- Terminsgebühr (entsteht für die Teilnahme an einem Termin):
  1,2 Terminsgebühr, Nr. 3104 VV RVG
  ermäßigt: 0,5 Terminsgebühr, Nr. 3105 VV RVG
- Einigungsgebühr (entsteht, wenn die Parteien unter Mitwirkung des Rechtsanwalts im Rechtsstreit eine Einigung treffen):
  1,0 Einigungsgebühr, Nrn. 1000, 1003 VV RVG
- Zusatzgebühr für besonders umfangreiche Beweisaufnahmen (entsteht, wenn in mindestens drei Gerichtsterminen Zeugen oder Sachverständige vernommen werden):
  0,3 Zusatzgebühr, Nr. 1010 VV RVG

Gebühren für bestimmte Einzeltätigkeiten (ggf. Anrechnungsvorschriften und Gebührenbegrenzung beachten)

- **Verkehrsanwalt**
  - Verfahrensgebühr in Höhe der dem Prozessbevollmächtigten zustehenden Verfahrensgebühr, höchstens in Höhe von 1,0 (Nr. 3400 VV RVG)
  - ermäßigt: 0,5 Verfahrensgebühr, Nr. 3405 VV RVG
  - ggf. Erhöhungsgebühr gem. Nr. 1008 VV RVG von 0,3 pro Auftraggeber, höchstens von 2,0
  - 1,0 Einigungsgebühr, Nrn. 1000, 1003 VV RVG, sofern er an einer Einigung mitwirkt
- **Terminsvertreter**
  - Verfahrensgebühr in Höhe der Hälfte der dem Prozessbevollmächtigten zustehenden Verfahrensgebühr (Nr. 3401 VV RVG)
  - ermäßigt: 0,5 Verfahrensgebühr, Nr. 3405 VV RVG
  - ggf. Erhöhungsgebühr gem. Nr. 1008 VV RVG von 0,3 pro Auftraggeber, höchstens von 2,0
  - Terminsgebühr in Höhe der dem Prozessbevollmächtigten zustehenden Terminsgebühr (Nr. 3402 VV RVG)
  - 1,0 Einigungsgebühr, Nrn. 1000, 1003 VV RVG
  - 0,3 Zusatzgebühr gem. Nr. 1010 VV RVG
- **Einzeltätigkeit**
  - 0,8 Verfahrensgebühr, Nr. 3403 VV RVG
  - ermäßigt: 0,5 Verfahrensgebühr, Nr. 3405 VV RVG
  - 0,3 Verfahrensgbühr bei Schreiben einfacher Art, Nr. 3404 VV RVG
  - ggf. Erhöhungsgebühr gem. Nr. 1008 VV RVG von 0,3 pro Auftraggeber, höchstens von 2,0

Wiederholung und Vertiefung

1. Rechtsanwalt Mario Cantoni vertritt Mia und Lars Pfister im Rechtsstreit gegen Laura Steinmeier. Laura Steinmeier hat den ihr geliehenen Betrag in Höhe von 2310,00 € trotz mehrfacher Aufforderung nicht bezahlt. Deshalb war Klage geboten. Das Amtsgericht Itzehoe hat der Klage nach der mündlichen Verhandlung stattgegeben. Rechtsanwalt Mario Cantoni wurde bereits außergerichtlich tätig und fertigte mehrere Schreiben an. Hierfür erhielt er von der Staatskasse eine Geschäftsgebühr. Prozesskostenhilfe für das Verfahren vor dem Amtsgericht Itzehoe wurde nicht bewilligt. Welche Gebühren und Auslagen kann Rechtsanwalt Mario Cantoni nach dem RVG abrechnen?
2. In dem Rechtsstreit Regine Schultes ./. Johanna Borawski wegen rückständiger Miete in Höhe von 680,00 € wird Rechtsanwältin Sabrina Stühler für Johanna Borawski anwaltlich tätig. Rechtsanwältin Sabrina Stühler setzt sich noch vor dem Gerichtstermin mit dem gegnerischen Rechtsanwalt in Verbindung, um eine Einigung herbeizuführen. In die Einigungsverhandlungen werden auch weitere nicht anhängige Ansprüche in Höhe von 50,00 € mit einbezogen. Am Ende einigen sich die Parteien darauf, dass Johanna Borawski auf die Gesamtforderung einen Betrag in Höhe von 511,00 € zahlt. Von den Kosten trägt Regine Schultes 30 %, Johanna Borawski 70 %. Das Zustandekommen des Vergleichs wird gem. § 278 Abs. 6 ZPO gerichtlich festgestellt. Ermitteln Sie die Rechtsanwältin Sabrina Stühler entstandenen Gebühren und Auslagen nach dem RVG.
3. Rechtsanwältin Dr. Andrea Schuster vertritt die Küchenmöbel Schättler GmbH in dem Rechtsstreit Küchenmöbel Schättler GmbH ./. Helmuth Warmuth wegen einer Kaufpreisforderung in Höhe von 5000,00 €. Da sich Helmuth Warmuth nicht fristgerecht gegen die erhobene Klage verteidigt, ergeht im schriftlichen Vorverfahren antragsgemäß ein Versäumnisurteil. Helmuth Warmuth legt hiergegen fristgerecht Einspruch ein, soweit er vom Gericht zu mehr als 2000,00 € verurteilt wurde. Nach der mündlichen Verhandlung spricht das Gericht den geltend gemachten Anspruch der Küchenmöbel Schättler GmbH zu. Rechtsanwältin Dr. Andrea Schuster rechnet die Angelegenheit zunächst gegenüber der Küchenmöbel Schättler GmbH ab. Ermitteln Sie die Höhe der anfallenden Gebühren und Auslagen nach dem RVG.
4. Monika Gramling wird von Rechtsanwalt Norbert Hauenstein anwaltlich vertreten. Er hat vom Amtsgericht München eine Klage in Sachen Monika Gramling ./. Lisa Stromberg wegen einer Darlehensrückzahlung in Höhe von 1800,00 € zugestellt bekommen. Da Monika Gramling beruflich von München nach Aue umgezogen ist, sie aber einen Rechtsanwalt haben möchte, der ohne lange Wege zu erreichen ist, beauftragt sie Rechtsanwalt Stefan Kusterer als Verkehrsanwalt. Das Amtsgericht München schlägt in der Verhandlung eine Einigung dahingehend vor, dass Lisa Stromberg die Hälfte des eingeklagten Betrags, somit 900,00 €, zahlt und dass jede Partei ihre Kosten selbst trägt. Rechtsanwalt Norbert Hauenstein ruft Monika Gramling in einer Verhandlungspause an und fragt nach, ob sie den Vergleich annehmen möchte, was sie bejaht. Auch Lisa Stromberg stimmt dem Vergleichsvorschlag zu.

a) Welche Gebühren und Auslagen erhält Rechtsanwalt Norbert Hauenstein als Prozessbevollmächtigter nach dem RVG?
b) Welche Gebühren und Auslagen erhält Rechtsanwalt Stefan Kusterer als Verkehrsanwalt nach dem RVG?

5. Rechtsanwalt Anton Weinzierl aus München vertritt Udo Müller im Rechtsstreit Lia Weiermann ./. Udo Müller wegen einer Kaufpreiszahlung in Höhe von 5 001,00 €. Da das zuständige Gericht das Landgericht Hannover ist, beauftragt Rechtsanwalt Anton Weinzierl namens seines Mandanten Udo Müller Rechtsanwältin Ilse von Heimbuchen aus Hannover als Terminsvertreterin, den anberaumten Termin zur mündlichen Verhandlung wahrzunehmen. Das Gericht gibt der Klage anschließend statt.
   a) Welche Gebühren und Auslagen erhält Rechtsanwalt Anton Weinzierl nach dem RVG?
   b) Welche Gebühren und Auslagen stehen Rechtsanwältin Ilse von Heimbuchen als Terminsvertreterin nach dem RVG zu?

6 Die Prozesskostenhilfe

vgl. LF 4, Kap. 4.7

In §§ 114ff. ZPO ist die Möglichkeit der Prozesskostenhilfe (PKH) geregelt. Dadurch kann eine Partei auch im zivilrechtlichen Verfahren ihre Rechte durchsetzen, sofern ihr dies außergerichtlich, ggf. bereits unter Gewährung von Beratungshilfe, nicht gelungen ist und sie wirtschaftlich nicht in der Lage ist, die Kosten für die anwaltliche Tätigkeit und die des Verfahrens zu tragen.

Nach ständiger Rechtsprechung des Bundesverfassungsgerichts gebietet Art. 3 Abs. 1 GG in Verbindung mit dem Rechtsstaatsprinzip zwar keine vollständige Gleichstellung, aber eine weitgehende Angleichung der Situation von Einkommensschwachen oder weniger Verdienenden bei der Verwirklichung des Rechtsschutzes. Danach darf diesen Personen die Rechtsverfolgung und -verteidigung im Vergleich zu „normal" Verdienenden bzw. Vermögenden nicht unverhältnismäßig erschwert werden (= Prinzip der „Waffengleichheit").

Hinweis: In familienrechtlichen Angelegenheiten wird die Prozesskostenhilfe als **Verfahrenskostenhilfe (VKH)** bezeichnet (§§ 76ff. FamFG).

Sofern einer Partei durch das zuständige Gericht PKH/VKH bewilligt wird, übernimmt die Staatskasse

- die Gerichtskosten einschließlich Zeugen- und Sachverständigenauslagen und
- die Kosten des beigeordneten Rechtsanwalts.

vgl. LF 10, Kap. 6.5

Gewinnt die antragstellende Partei den Rechtsstreit und wird die Gegenpartei rechtskräftig zur Erstattung der Prozesskosten verurteilt, kann das Gericht die Gerichts- und Gerichtsvollzieherkosten direkt von der Gegenseite einziehen (§ 125 ZPO). In diesem Fall ist auch der der antragstellenden Partei beigeordnete Rechtsanwalt berechtigt, im eigenen Namen seine Regelvergütung gem. § 13 Abs. 1 S. 3 RVG von der Gegenpartei beizutreiben (§ 126 Abs. 1 ZPO), soweit diese noch nicht durch die Staatskasse beglichen wurde.

Verliert die antragstellende Partei den Rechtsstreit, so werden die Gerichtskosten von der Staatskasse getragen. Die antragstellende Partei trägt jedoch im Rahmen der bewilligten PKH/VKH ein **Risiko**: Falls die Gegenpartei im Prozess obsiegt, muss die antragstellende Partei die Kosten der Gegenpartei (Parteikosten, Rechtsanwaltskosten) selbst tragen. Diese sind von der PKH/VKH nicht mit umfasst (§ 123 ZPO). Der ggf. beigeordnete Rechtsanwalt der Gegenpartei ist in diesem Fall berechtigt, im eigenen Namen seine Vergütung von der antragstellenden Partei beizutreiben (§ 126 Abs. 1 ZPO).

vgl. LF 10, Kap. 6.1

Hinweis: In einem Rechtsstreit können auch beide Parteien PKH/VKH beantragen und bei Vorliegen der Voraussetzungen bewilligt bekommen.

Lernsituation

Dietmar Bauer (Wohnort: 67433 Neustadt an der Weinstraße), der derzeit arbeitslos ist und kein Vermögen besitzt, erzählt in einer Besprechung am 24.11.2023 Rechtsanwältin Katharina Marschner Folgendes:

„Die Jennifer Günsel schuldet mir noch Geld. Ich bekomme noch 5 330,00 € von der. Wissen Sie, ich habe der Jennifer Günsel diesen Betrag mal geliehen. Und sie sollte mir den schon vor mehr als zwei Jahren zurückgezahlt haben. Aber die macht das einfach nicht, obwohl ich sie schon viele Male darauf angesprochen habe. Wissen Sie, was ich zuletzt zur Antwort bekommen habe? Sie sagte mir glatt, dass sie mir mein Geld nicht mehr zurückzahlen wird, auch dann nicht, wenn ich ein Mahnverfahren betreibe. Aber das kann sie doch nicht!"

Rechtsanwältin Katharina Marschner berät Dietmar Bauer am 24.11.2023 dahingehend, die Forderung gerichtlich geltend zu machen. Ein Mahnverfahren erscheint von vornherein aussichtslos, da Jennifer Günsel (Wohnort: 67471 Elmstein) bereits außergerichtlich angekündigt hat, sich dagegen zu wehren.

Da Dietmar Bauer kein Einkommen/Vermögen besitzt, hat ihn Rechtsanwältin Katharina Marschner in der Besprechung darüber informiert, dass sie für ihn für das Klageverfahren Prozesskostenhilfe beantragen kann. Allerdings gibt es vorliegend ein Problem, auf das Rechtsanwältin Katharina Marschner den Mandanten hinweist. Die Sache verjährt am 31.12.2023. Daher soll die Klage nicht von der Bewilligung von Prozesskostenhilfe abhängig gemacht werden.

Arbeitsaufträge:

a) Überlegen Sie in Zweiergruppen, ob die Voraussetzungen für die Bewilligung von Prozesskostenhilfe im vorliegenden Fall gegeben sind.
b) Wie sähe die Sachlage aus, wenn Jennifer Günsel den ihr geliehenen Betrag bis auf einen Betrag von 30,00 € nicht zurückgezahlt hätte?
c) Überlegen Sie miteinander, warum Rechtsanwältin Katharina Marschner dem Mandanten rät, die Klage nicht von der Bewilligung von Prozesskostenhilfe abhängig zu machen.
d) Formulieren Sie in Zweiergruppen das Rubrum und die entsprechenden Anträge im vorliegenden Fall.
e) An welches Gericht muss der Schriftsatz gerichtet werden?

f) Vergleichen Sie Ihre Ergebnisse untereinander und ergänzen bzw. berichtigen Sie ggf. Ihre Notizen.
g) Reflektieren Sie anschließend Ihr Wissen.

6.1 Die Voraussetzungen

Gemäß § 114 Abs. 1 ZPO erhält die Partei dann PKH/VKH, wenn
- sie nach ihren persönlichen und wirtschaftlichen Verhältnissen die Kosten der Prozessführung nicht, nur zum Teil oder nur in Raten aufbringen kann,
- die beabsichtigte Rechtsverfolgung oder Rechtsverteidigung hinreichende Aussicht auf Erfolg bietet und
- die beabsichtigte Rechtsverfolgung oder Rechtsverteidigung nicht mutwillig erscheint.

Hinweis: Die PKH/VKH muss für jeden Rechtszug neu beantragt sowie vom Gericht geprüft und bewilligt werden (§ 119 Abs. 1 ZPO).

6.1.1 Persönliche und wirtschaftliche Verhältnisse

Steht einer Partei für den beabsichtigten Rechtsstreit kein einzusetzendes Einkommen/Vermögen zur Verfügung, muss sie ihre persönlichen und wirtschaftlichen Verhältnisse in einem amtlichen Formular, das zwingend verwendet werden muss, darlegen und glaubhaft machen.

Gemäß § 115 ZPO sind in diesem Formular alle monatlichen Einkünfte (z. B. Lohn/Gehalt, Mieteinkünfte), Vermögenswerte (z. B. Grundeigentum, Sparguthaben) und Ausgaben (z. B. Versicherungen, Miete) aufzuführen.

Hinweis: Es gibt jedoch Vermögensgegenstände, die nicht in Ansatz gebracht werden können, wie z. B. Familien- oder Erbstücke, deren Veräußerung eine besondere Härte bedeuten würde (§ 90 Abs. 2 SGB XII – Sozialgesetzbuch, 12. Buch).

Die in der Erklärung über die persönlichen und wirtschaftlichen Verhältnisse gemachten Angaben müssen mittels Belegen nachgewiesen werden. In der Regel reicht es aus, dass diese in

Kopie der Erklärung beigefügt werden. Das Gericht kann von der antragstellenden Partei aber auch verlangen, dass sie die Angaben mithilfe einer eidesstattlichen Versicherung glaubhaft macht. Weiterhin kann es die Vorlage von Urkunden anordnen und Auskünfte einholen (§ 118 Abs. 2 ZPO).

Tipp: Die Erklärung der Partei über die persönlichen und wirtschaftlichen Verhältnisse sollte in jedem Fall vollständig ausgefüllt und mit den erforderlichen Belegen versehen werden. Andernfalls wird das Gericht nachfragen und ggf. Belege nachfordern, was sehr viel Zeit in Anspruch nimmt. Zudem kann, wenn die vom Gericht gesetzte Frist nicht eingehalten wird bzw. Fragen ungenügend beantwortet werden, die Bewilligung von vornherein abgelehnt werden (§ 118 Abs. 2 ZPO).

6.1.2 Hinreichende Aussicht auf Erfolg

Die beabsichtigte Prozessführung muss sowohl in tatsächlicher als auch in rechtlicher Hinsicht hinreichende Aussicht auf Erfolg haben. Dies bedeutet, dass diese zulässig und begründet sein muss.

▶ **Beispiel:** Maren Gottwald hat seit 13 Jahren eine offene Mietforderung gegen Kristian Honstedt. Als dieser nun in den Nachbarort zieht und Maren Gottwald davon erfährt, schreibt sie Kristian Honstedt an und erinnert an die rückständige Miete in Höhe von 5630,00 €. Kristian Honstedt zahlt nach wie vor nicht. Da es Maren Gottwald nun endlich reicht, geht sie zum zuständigen Amtsgericht und erhebt Klage. Da die Forderung zwischenzeitlich verjährt ist, ist die Klage unzulässig und bietet daher keine hinreichende Aussicht auf Erfolg. Ihr würde daher in dieser Angelegenheit keine PKH gewährt werden.

Hält das Gericht die Rechtsverteidigung oder -verfolgung nur wegen eines Teils für aussichtsreich, kann es die Bewilligung auf diesen Teil beschränken. In diesem Fall hat der Rechtsanwalt ggf. einen Erstattungsanspruch gegenüber der Mandantschaft.

Hinweis: In einem höheren Rechtszug wird die Erfolgsaussicht nicht geprüft, wenn die Gegenseite das Rechtsmittel eingelegt hat (§ 119 Abs. 1 ZPO).

6.1.3 Mutwilligkeit

Mutwilligkeit liegt vor, wenn eine Partei, die keine PKH/VKH beansprucht, bei verständiger Würdigung aller Umstände keinen Rechtsstreit führen würde, auch wenn eine hinreichende Erfolgsaussicht besteht (§ 114 Abs. 2 ZPO).

▶ **Beispiel:** Ingo Kupfer hat festgestellt, dass er für die gemietete Ferienwohnung auf Sylt einen Betrag in Höhe von 20,00 € zu viel bezahlt hat. Der Eigentümer der Ferienwohnung verweigert zunächst die Rückzahlung, sodass Ingo Kupfer ihm gegenüber noch Mahngebühren in Höhe von 5,00 € geltend macht und mit dem Einschalten eines Rechtsanwalts droht. Daraufhin überweist der Eigentümer der Ferienwohnung zwar den Betrag in Höhe von 20,00 €, nicht jedoch die Mahngebühren. Wenn Ingo Kupfer einen Rechtsstreit führen würde, um noch die Mahngebühren in Höhe von 5,00 € zu fordern, würde in diesem Fall Mutwilligkeit vorliegen.

Hinweis: In einem höheren Rechtszug wird die Mutwilligkeit nicht geprüft, wenn die Gegenseite das Rechtsmittel eingelegt hat (§ 119 Abs. 1 ZPO).

6.2 Der Antrag

Der Antrag auf Bewilligung von PKH/VKH ist beim zuständigen Prozessgericht zu stellen (§ 117 Abs. 1 ZPO).

▶ **Beispiel:** Sabrina Lechner möchte gegen Hermann Wöller Klage wegen einer Kaufpreisforderung in Höhe von 8000,00 € erheben. Für diese Klage ist das Landgericht Stuttgart zuständig. Da Sabrina Lechner nach ihren persönlichen und wirtschaftlichen Verhältnissen nicht in der Lage ist, die Kosten des Verfahrens zu tragen, beantragt sie PKH. Hierfür zuständig ist ebenfalls das Landgericht Stuttgart, das auch in der Hauptsache entscheidet.

Hinweis: Der Antrag auf Bewilligung von PKH/VKH für Zwangsvollstreckungssachen ist bei dem für die Zwangsvollstreckung zuständigen Gericht zu stellen.

Bereits im PKH/VKH-Antrag ist das Streitverhältnis unter Angabe der Beweismittel darzustellen (§ 117 Abs. 1 ZPO). Dem Antrag ist sodann die Erklärung der Partei über ihre persönlichen und wirtschaftlichen Verhältnisse nebst Belegen beizufügen.

Es gibt zwei Möglichkeiten, PKH/VKH zu beantragen:
- im Weg einer bedingten Klageerhebung oder
- im Weg einer unbedingten Klageerhebung.

vgl. LF 10, Kap. 6.4

Hinweis: Im Antrag auf PKH/VKH sollte in jedem Fall auch gleich die Beiordnung des Rechtsanwalts beantragt werden.

6.2.1 Antrag bei bedingter Klageerhebung

vgl. LF 10, Kap. 1.2

Bei der bedingten Klageerhebung wird zunächst der Antrag auf Bewilligung von PKH/VKH gestellt. Dies bedeutet, dass das Gericht nach Antragseingang zunächst über den Antrag auf Bewilligung von PKH/VKH entscheidet. Erst nach dieser Entscheidung wird die Klage ggf. bei Gericht eingereicht werden und das Verfahren nimmt seinen üblichen Fortgang.

▶ **Beispiel:**

In der Sache

Timothy Bellins, Im Ringel 5 a, 67435 Neustadt an der Weinstraße,

– Antragsteller –

Verfahrensbevollmächtigte: Dr. Neumann & Huber, Rechtsanwälte, Partnerschaft,
RA Peter Huber, Grainstraße 101,
67434 Neustadt an der Weinstraße,

gegen

Karl-Heinz Mattusch, Flugplatzstraße 29, 67435 Neustadt an der Weinstraße,

– Antragsgegner –

wegen Forderung,

wird beantragt,

- dem Antragsteller für die erste Instanz Prozesskostenhilfe zu bewilligen und
- ihm zur vorläufig unentgeltlichen Wahrnehmung seiner Rechte den Unterfertigten als Rechtsanwalt, beizuordnen.

Begründung:

Der Antragsteller ist nach seinen persönlichen und wirtschaftlichen Verhältnissen nicht in der Lage, die Kosten des beabsichtigten Rechtsstreits zu tragen. In der Anlage überreichen wir insoweit die Erklärung über die persönlichen und wirtschaftlichen Verhältnisse nebst den dazugehörenden Belegen.

Die beabsichtigte Klage ist nicht mutwillig und hat hinreichend Aussicht auf Erfolg. Insoweit wird auf den anliegenden Klageentwurf Bezug genommen.

Peter Huber
Rechtsanwalt

Anlagen

Dieser Schriftsatz ist qualifiziert elektronisch signiert.

> **Tipp:** Der Klageentwurf sollte ausdrücklich mit „Klageentwurf" überschrieben und nicht unterzeichnet sein, damit keine Missverständnisse dahingehend entstehen, ob es sich um eine „richtige" Klage oder nur um einen Entwurf handelt.

vgl. LF 10, Kap. 5 und 6.5.1

Diese Variante wird in der Praxis wohl am häufigsten gewählt, da in diesem Fall, sollte PKH/VKH nicht bewilligt werden, für die antragstellende Partei in der Regel geringere Kosten (= Gebühren im Bewilligungsverfahren) anfallen als im Wege der unbedingten Klageerhebung (= Gebühren im erstinstanzlichen Verfahren).

6.2.2 Antrag bei unbedingter Klageerhebung

Bei einer unbedingten Klageerhebung werden in einem Schriftsatz erst der Klageantrag und dann der Antrag auf Bewilligung von PKH/VKH gestellt. Dies bedeutet, dass der Klageantrag **nicht** von der Bewilligung von PKH/VKH abhängig gemacht wird.

▶ Beispiel:

In der Sache

Timothy Bellins, Im Ringel 5 a, 67435 Neustadt an der Weinstraße,

– Kläger –

Verfahrensbevollmächtigte: Dr. Neumann & Huber, Rechtsanwälte, Partnerschaft, RA Peter Huber, Grainstraße 101, 67434 Neustadt an der Weinstraße,

gegen

Karl-Heinz Mattusch, Flugplatzstraße 29, 67435 Neustadt an der Weinstraße,

– Beklagter –

wegen Forderung,

wird beantragt, den Beklagten zu verurteilen, an den Kläger einen Betrag in Höhe von 5.000,00 € nebst Zinsen in Höhe von fünf Prozentpunkten über dem Basiszinssatz seit dem 27.12.2024 zu zahlen.

Des Weiteren wird beantragt

- dem Kläger für die erste Instanz Prozesskostenhilfe zu bewilligen und
- ihm zur vorläufig unentgeltlichen Wahrnehmung seiner Rechte den Unterfertigten als Rechtsanwalt beizuordnen.

Begründung:

1. *(Ausführungen zum Streitverhältnis mit Darlegung der Beweismittel)*
2. Der Kläger ist nach seinen persönlichen und wirtschaftlichen Verhältnissen nicht in der Lage, die Kosten des beabsichtigten Rechtsstreits zu tragen. In der Anlage überreichen wir insoweit die Erklärung über die persönlichen und wirtschaftlichen Verhältnisse nebst den dazugehörenden Belegen.

Peter Huber
Rechtsanwalt

Anlagen

Dieser Schriftsatz ist qualifiziert elektronisch signiert.

Diese Variante wird in der Praxis z. B. dann gewählt, wenn die Sache eilt, also wenn beispielsweise Verjährung droht.

6.3 Die Bewilligung

Bevor das Gericht über die Bewilligung von PKH/VKH entscheidet, ist der Gegenpartei im Rahmen des Bewilligungsverfahrens Gelegenheit zur Stellungnahme zu geben. Diese kann dann ggf. darlegen, warum sie die Voraussetzungen für die Bewilligung für nicht gegeben hält (§ 118 Abs. 1 ZPO).

Hinweis: Im Bewilligungsverfahren können die Parteien ggf. auch zur mündlichen Erörterung geladen werden, wenn eine Einigung zu erwarten ist. Werden in dieser Erörterung bereits Zeugen oder Sachverständige vernommen, sind nur die dadurch entstandenen Kosten von der Partei zu tragen, der später die Kosten des Rechtsstreits auferlegt werden (§ 118 Abs. 1 ZPO).

vgl. LF 10, Kap. 3.2.1

Sofern gem. § 119 ZPO alle Voraussetzungen vorliegen, wird der antragstellenden Partei PKH/VKH bewilligt.

vgl. LF 10, Kap. 6.1

Aufgrund der persönlichen und wirtschaftlichen Verhältnisse ermittelt das Gericht nun, ob die PKH/VKH mit oder ohne Ratenzahlung bewilligt wird. Dies hängt davon ab, wie hoch das einzusetzende Einkommen/Vermögen der antragstellenden Partei ist. Dieses errechnet sich auf der Grundlage der Erklärung über die persönlichen und wirtschaftlichen Verhältnisse wie folgt:

	monatliche Einkünfte
+	sonstige Vermögenswerte
–	monatliche Ausgaben
–	gesetzliche Freibeträge
=	einzusetzendes Vermögen

6.3.1 Monatliche Einkünfte

Hierzu zählen z. B.

- das durchschnittlich erzielte monatliche (Brutto-)Einkommen,
- ein Zwölftel der ggf. vom Arbeitgeber gewährten Einmalzahlungen (z. B. Weihnachtsgeld),
- Einkommen aus Vermietung und Verpachtung,
- Einkommen aus selbstständiger Tätigkeit,
- Bezug von Sozialleistungen (z. B. Wohngeld, Arbeitslosengeld),
- Bezug von Elterngeld, wenn dieses den sog. Sockelbetrag von 300,00 € übersteigt.

▶ **Beispiel:** Renate Wallrapp bezieht für ihre Teilzeittätigkeit von Januar bis Juni ein monatliches Bruttoeinkommen in Höhe von 850,00 €. Ab Juli erhöht sich dieses auf 980,00 €. Weiterhin erhält sie von ihrem Arbeitgeber Weihnachtsgeld in Höhe von 600,00 €. Für die Verpachtung ihrer Äcker und Obstwiesen erhält sie pro Monat einen Betrag in Höhe von 95,00 €. Ihre monatlichen Einkünfte errechnen sich wie folgt:

Bruttoeinkommen [(6 × 850,00 €) + (6 × 980,00 €) : 12 Monate]	915,00 €
+ Weihnachtsgeld (600,00 € : 12 Monate)	50,00 €
+ Einnahmen aus Verpachtung	95,00 €
= monatliche Einkünfte	1 060,00 €

6.3.2 Vermögenswerte

Hierzu zählen z. B. Grundeigentum, das eigene Kraftfahrzeug, abgeschlossene Lebensversicherungen und Bausparverträge sowie etwaige Bankkonten.

PKH/VKH wird auch dann bewilligt, wenn zwar Vermögenswerte vorhanden sind, diese aber zur Sicherung einer angemessenen Lebensgrundlage oder einer angemessenen Vorsorge dienen. Hierzu zählen z. B.

- ein selbst genutztes angemessenes Hausgrundstück,
- ein angemessenes Kraftfahrzeug, wenn dieses für die Berufsausbildung oder die Berufsausübung benötigt wird, oder
- kleinere Barbeträge oder Geldwerte.

Hinweis: Bei von der Partei angesparten Beträgen ist ein Schonvermögen in Höhe von derzeit 10 000,00 € (Stand: Januar 2024) abzuziehen. Für jede Person, die von der Partei überwiegend unterhalten wird, erhöht sich der Schonbetrag um derzeit jeweils 500,00 € (vgl. Ausfüllhinweise zum Formular über die persönlichen und wirtschaftlichen Verhältnisse, Punkt G).

▶ **Beispiel:** Martin Stockinger ist alleinerziehender Vater einer fünfjährigen Tochter. Er besitzt einen Pkw, den er benötigt, um zur Arbeitsstelle zu gelangen. Bei diesem Pkw handelt es sich um einen alten VW Golf, der bereits 150 000 km auf dem Tachometer stehen hat. Weiterhin besitzt Martin Stockinger ein Sparkonto sowie ein Girokonto, auf denen sich insgesamt ein Betrag in Höhe von 10 530,65 € befindet. Seine Vermögenswerte errechnen sich wie folgt:

Pkw, zur Ausübung des Berufs, 150 000 km	0,00 €
+ Spar- und Girokonto (10 530,65 € – 10 000,00 € – 500,00 €)	30,65 €
= einzusetzende Vermögenswerte	30,65 €

6.3.3 Monatliche Ausgaben

Hierzu zählen z. B.

- zu entrichtende Steuern (Lohnsteuer, Kirchensteuer, Solidaritätszuschlag),
- Beiträge zur Sozialversicherung (Renten-, Kranken-, Arbeitslosen- und Pflegeversicherung),
- weitere Versicherungsbeiträge (z. B. private Unfall- und Haftpflichtversicherung),
- berufsbedingte Aufwendungen (z. B. Kosten für Arbeitsbekleidung, Beiträge zu Gewerkschaften, Fortbildungskosten, Fahrtkosten),
- Miete,
- Heizkosten.

Hinweis: Ausgaben für die individuelle Lebensführung (z. B. Beitrag für ein Fitnessstudio) werden bei der Ermittlung der monatlichen Ausgaben nicht berücksichtigt.

Beispiel: Celine Pattinson ist ledig und wohnt noch mietfrei bei ihren Eltern. Monatlich werden von ihr Steuern in Höhe von 386,00 € sowie Sozialversicherungsbeiträge in Höhe von 513,61 € entrichtet. Weiterhin trägt sie die Kosten ihrer Unfallversicherung (jährlicher Beitrag: 130,00 €) sowie den Gewerkschaftsbeitrag (jährlicher Beitrag: 65,00 €). Sie ist Mitglied im örtlichen Sportverein (jährlicher Beitrag: 35,00 €) sowie im Fitnessstudio (monatlicher Beitrag: 15,00 €). Ihre monatlichen Ausgaben errechnen sich wie folgt:

	Steuerbeiträge	386,00 €
+	Sozialversicherungsbeiträge	513,61 €
+	Unfallversicherungsbeitrag (130,00 € : 12 Monate)	10,83 €
+	Gewerkschaftsbeitrag (65,00 € : 12 Monate)	5,42 €
=	monatliche Ausgaben	915,86 €

6.3.4 Gesetzliche Freibeträge

Vom einzusetzenden Vermögen sind noch Freibeträge in Abzug zu bringen (§ 115 Abs. 1 S. 3 Nr. 1 b und Nr. 2 ZPO). Diese werden jährlich zum 1. Januar angepasst und im Bundesgesetzblatt veröffentlicht. Nach der Prozesskostenhilfebekanntmachung 2024 (PKHB 2024) ergeben sich folgende Freibeträge (Freibeträge Bund):

erwerbstätige Partei	282,00 €	§ 115 Abs. 1 S. 3 Nr. 1 b ZPO
Partei, Ehegatte oder Lebenspartner	619,00 €	§ 115 Abs. 1 S. 3 Nr. 2 a ZPO
unterhaltsberechtigter Erwachsener	496,00 €	§ 115 Abs. 1 S. 3 Nr. 2 b ZPO (Regelbedarfsstufe 3)
unterhaltsberechtigter Jugendlicher (Beginn 15. Lebensjahr bis Vollendung 18. Lebensjahr)	518,00 €	§ 115 Abs. 1 S. 3 Nr. 2 b ZPO (Regelbedarfsstufe 4)
unterhaltsberechtigtes Kind (Beginn 7. Lebensjahr bis Vollendung 14. Lebensjahr)	429,00 €	§ 115 Abs. 1 S. 3 Nr. 2 b ZPO (Regelbedarfsstufe 5)
unterhaltsberechtigtes Kind (bis Vollendung 6. Lebensjahr)	393,00 €	§ 115 Abs. 1 S. 3 Nr. 2 b ZPO (Regelbedarfsstufe 6)

Hinweis: Ist der Antragsteller erwerbstätig, stehen ihm also gem. § 115 Abs. 1 S. 3 Nr. 1 b und Nr. 2 ZPO zwei Freibeträge zu: Der Freibetrag Bund als erwerbstätiger Antragsteller in Höhe von 282,00 € und ein weiterer Freibetrag in Höhe von 619,00 €. Nach der PKHB 2024 sind die Freibeträge für die Landkreise Fürstenfeldbruck, Starnberg und München sowie für die Landeshauptstadt München höher als die Freibeträge Bund.

▶ **Beispiel:** Rainer Bredemann ist verheiratet und hat zwei Kinder im Alter von zehn und 16 Jahren. Seine Ehefrau Marie-Luise Bredemann ist nicht berufstätig. Die Familie wohnt in Sachsen-Anhalt. Die monatlichen Einnahmen des Rainer Bredemann belaufen sich auf 2 800,00 €. Hierbei sind die monatlichen Ausgaben bereits berücksichtigt. Einzusetzende Vermögenswerte besitzt Rainer Bredemann nicht. Das einzusetzende Einkommen/Vermögen errechnet sich wie folgt:

	monatliche Einnahmen	2 800,00 €
–	Freibetrag für erwerbstätigen Antragsteller	282,00 €
–	Freibetrag Antragsteller	619,00 €
–	Freibetrag Ehefrau	619,00 €
–	Freibetrag unterhaltsberechtigtes Kind (10 Jahre)	429,00 €
–	Freibetrag unterhaltsberechtigter Jugendlicher (16 Jahre)	518,00 €
=	einzusetzendes Einkommen	333,00 €

Die Freibeträge vermindern sich jedoch um eigenes Einkommen der unterhaltsberechtigten Person (§ 115 Abs. 1 S. 7 ZPO). Nach Auffassung einiger Gerichte sind hier z. B. die Kindergeldzahlungen zu berücksichtigen, sofern diese nicht bereits als Einkommen der antragstellenden Partei angegeben wurden.

▶ **Beispiel:** Im vorliegenden Fall erhält Rainer Bredemann für die zehn und 16 Jahre alten Kinder Kindergeld in Höhe von jeweils 250,00 €. Das einzusetzende Einkommen errechnet sich sodann wie folgt:

	monatliche Einnahmen	2800,00 €
–	Freibetrag für erwerbstätigen Antragsteller	282,00 €
–	Freibetrag Antragsteller	619,00 €
–	Freibetrag Ehefrau	619,00 €
–	Freibetrag 10-jähriges Kind (429,00 € – 250,00 €)	179,00 €
–	Freibetrag 16-jähriger Jugendlicher (518,00 € – 250,00 €)	268,00 €
=	einzusetzendes Einkommen	833,00 €

Sofern die antragstellende Partei einen Unterhaltsbetrag zahlt, ist dieser anstelle des gesetzlichen Freibetrags bei der Ermittlung des einzusetzenden Einkommens in Abzug zu bringen.

▶ **Beispiel:** Stephan Sauer (wohnhaft in Stuttgart) lebt von seiner Ehefrau Hildegard Sauer getrennt. Er zahlt ihr monatlichen Unterhalt in Höhe von 430,00 €, für das achtjährige Kind einen Betrag in Höhe von 350,00 € und für den 17-jährigen Jugendlichen einen Betrag von 390,00 €. Das einzusetzende Einkommen unter Zugrundelegung von monatlichen Einnahmen von 2 500,00 € errechnet sich sodann wie folgt:

monatliche Einnahmen	2 500,00 €
– Freibetrag für erwerbstätigen Antragsteller	282,00 €
– Freibetrag Antragsteller	619,00 €
– Unterhaltsbetrag Ehefrau	430,00 €
– Unterhaltsbetrag 8-jähriges Kind	350,00 €
– Unterhaltsbetrag 17-jähriger Jugendlicher	390,00 €
= einzusetzendes Einkommen	429,00 €

6.3.5 Festsetzung von Ratenzahlungen

Von dem errechneten einzusetzenden Einkommen sind Monatsraten in Höhe der Hälfte des einzusetzenden Einkommens festzusetzen, wobei die Monatsraten auf volle Euro abgerundet werden (§ 115 Abs. 2 S. 1 ZPO). Sofern die Höhe einer Monatsrate weniger als 10,00 € beträgt, wird PKH/VKH ohne Ratenzahlung bewilligt (§ 115 Abs. 2 S. 2 ZPO), d. h., die Staatskasse trägt in diesem Fall die Kosten (Gerichtskosten, Kosten des beigeordneten Rechtsanwalts u. a.) allein.

▶ **Beispiele:**

- Lieselotte Busch-Ulbrich hat nach ihren persönlichen und wirtschaftlichen Verhältnissen ein einzusetzendes Einkommen von monatlich 12,00 €. Die monatliche Rate würde sich somit mit 6,00 € (12,00 € : 2) errechnen, sodass ihr PKH **ohne** Ratenzahlungen zu bewilligen ist.
- Hätte Lieselotte Busch-Ulbrich nach ihren persönlichen und wirtschaftlichen Verhältnissen ein einzusetzendes Einkommen von monatlich 41,00 €, würde ihr das Gericht die PKH nur **mit** Ratenzahlung bewilligen. Die monatlichen PKH-Raten errechnen sich sodann wie folgt: 41,00 € : 2 = 20,50 €. Der Betrag wird auf volle Euro abgerundet und somit auf 20,00 € festgesetzt.

Beträgt das einzusetzende Einkommen mehr als 600,00 € im Monat, ist eine monatliche Rate in Höhe von 300,00 € zu zahlen zzgl. des Teils des einzusetzenden Einkommens, das 600,00 € übersteigt (§ 115 Abs. 2 S. 3 ZPO).

▶ **Beispiel:** Hätte Lieselotte Busch-Ulbrich nach ihren persönlichen und wirtschaftlichen Verhältnissen ein einzusetzendes Einkommen von monatlich 800,00 €, würde ihr das Gericht die PKH mit Ratenzahlung bewilligen. Die monatlichen PKH-Raten würden sich wie folgt errechnen:

die Hälfte von 600,00 € =	300,00 €
das über 600,00 € hinausgehende einzusetzende Einkommen =	200,00 €
Summe	500,00 €

Steht bereits bei Bewilligung der PKH/VKH fest, dass bis zum Ablauf von vier Jahren Belastungen ganz oder teilweise entfallen werden, so setzt das Gericht zugleich diejenigen Zahlungen fest, die sich nach dem Wegfall der Belastung ergeben (§ 120 Abs. 1 ZPO).

▶ **Beispiel:** Lieselotte Busch wurde zum 1. Juni PKH mit einer monatlichen Rate in Höhe von 50,00 € bewilligt. Da sich aus der Erklärung über die persönlichen und wirtschaftlichen Verhältnisse ergibt, dass die monatlichen Darlehenstilgungsraten von 100,00 € zum 1. Oktober wegfallen, erhöht sich das einzusetzende Einkommen ab dem 1. Oktober um 100,00 €. Die monatliche Rate wird daher durch das Gericht gleich zum 1. Oktober um 50,00 € (Hälfte von 100,00 €) auf dann 100,00 € angehoben. Dies bedeutet, dass Lieselotte Busch von Juni bis September monatlich 50,00 € zahlt und ab Oktober dann 100,00 €.

vgl. Berechnungsbeispiel in LF 10, Kap. 6.5.2

Die Anzahl der zu zahlenden Raten darf 48 Monatsraten nicht übersteigen (§ 115 Abs. 2 S. 4 ZPO). Sofern die Kosten des Rechtsstreits die 48 Monatsraten übersteigen, trägt die Staatskasse die Restkosten. Sind alle entstandenen Kosten, also die PKH-Vergütung, die Differenz-Wahlanwaltsvergütung und die Gerichtskosten, bereits vorher getilgt, wird das Gericht einen Beschluss dahingehend erlassen, dass die monatliche Ratenzahlung aufgehoben wird und ggf. überzählige Beträge an die PKH/VKH-Partei zurückerstatten.

Die Ratenzahlungen sind an die jeweilige Landeskasse zu leisten, im Verfahren vor dem BGH an die Bundeskasse, sofern in einem vorherigen Rechtszug keine PKH/VKH bewilligt worden ist (§ 120 Abs. 2 ZPO).

Hinweis: Das Gericht kann auch gem. § 120 Abs. 3 ZPO die **vorläufige Einstellung** der Zahlungen bestimmen, wenn die Zahlungen der Partei die voraussichtlich entstehenden Kosten decken oder wenn die Partei, ein ihr beigeordneter Rechtsanwalt oder die Bundes- oder Landeskasse die Kosten gegen einen anderen am Verfahren Beteiligten (z. B. die gegnerische Partei) geltend machen kann. In diesem Fall werden die (zu viel) geleisteten Ratenzahlungen an die Partei zurückerstattet.

6.3.6 Versagung der Bewilligung

Der Antrag auf PKH/VKH wird vom zuständigen Gericht abgelehnt, wenn die Kosten der Prozessführung vier für diese Partei errechnete Monatsraten (und die aus dem Vermögen aufzubringenden Teilbeträge) voraussichtlich nicht übersteigen (§ 115 Abs. 4 ZPO).

▶ **Beispiel:** Jürgen Schmidthuber würde eigentlich PKH mit einer monatlichen Rate von 85,00 € bewilligt bekommen. Der Streitwert des Verfahrens beträgt lediglich 300,00 €, sodass sich die voraussichtlichen Kosten auf der Grundlage des § 13 RVG wie folgt errechnen würden:

1,3 Verfahrensgebühr, Nr. 3100 VV RVG, § 49 RVG	63,70 €
1,2 Terminsgebühr, Nr. 3104 VV RVG, § 49 RVG	58,80 €
Auslagenpauschale, Nr. 7002 VV RVG	20,00 €
19 % Umsatzsteuer, Nr. 7008 VV RVG	27,08 €
3,0 Gerichtskosten, Nr. 1210 KV GKG	114,00 €
Summe	283,58 €

Dieser Betrag würde den Ratenbetrag für vier Monate (4 × 85,00 € = 340,00 €) nicht übersteigen, sodass in diesem Fall keine PKH bewilligt werden würde.

6.3.7 Änderung der Bewilligung

Auf Verlangen des Gerichts muss die Partei, der PKH/VKH bewilligt wurde, jederzeit erklären, ob sich die persönlichen und wirtschaftlichen Verhältnisse geändert haben (§ 120 a Abs. 1 S. 3 ZPO). Die Partei muss dem Gericht zusätzlich von sich aus mitteilen, falls sich die wirtschaftlichen Verhältnisse verbessert haben oder sich die Anschrift ändert (§ 120 a Abs. 2 ZPO). Hierzu ist wieder zwingend das amtliche Formular „Erklärung über die persönlichen und wirtschaftlichen Verhältnisse" zu verwenden (§ 120 a Abs. 4 S. 1 ZPO).

Hinweis: Die Mitteilungen über die Änderung der persönlichen und wirtschaftlichen Verhältnisse müssen nur so lange erfolgen, bis vier Jahre seit der rechtskräftigen Entscheidung bzw. der sonstigen Beendigung des Verfahrens vergangen sind (§ 120 a Abs. 1 S. 4 ZPO).

Ergibt sich aus der Erklärung, dass sich die persönlichen und wirtschaftlichen Verhältnisse wesentlich verändert haben, soll das Gericht die Entscheidung über die zu leistenden Zahlungen ändern (§ 120 a Abs. 1 S. 1 ZPO). Eine Änderung zum Nachteil der Partei ist aber ausgeschlossen, wenn seit der rechtskräftigen Entscheidung bzw. der sonstigen Beendigung des Verfahrens vier Jahre vergangen sind (§ 120 a Abs. 1 S. 4 ZPO).

▶ **Beispiel:** Das Amtsgericht München hat Michael Bayer im Mai 2018 PKH bewilligt. Im Dezember 2018 fällt das Urteil, wonach Michael Bayer zum Teil obsiegt hat. Das Amtsgericht München fordert Michael Bayer im Juli 2022 auf, mitzuteilen, ob sich die persönlichen und wirtschaftlichen Verhältnisse geändert haben. Dieser Aufforderung kommt Michael Bayer nach. Es ergab sich keine Änderung im Vergleich zum PKH-Antrag. Im März 2023 erhöht der Arbeitgeber von Michael Bayer dessen Bruttolohn um 300,00 € im Monat. Diese Änderung muss Michael Bayer dem Amtsgericht München aber nicht mehr mitteilen, da seit dem rechtskräftigen Urteil im Dezember 2018 mehr als vier Jahre vergangen sind.

Erhöhung der gesetzlichen Freibeträge

Eine Änderung der nach § 115 Abs. 1 S. 3 Nr. 1 b und Nr. 2 ZPO maßgebenden Beträge ist nur auf Antrag der Partei und nur dann zu berücksichtigen, wenn sie dazu führt, dass **keine** Monatsraten mehr zu zahlen sind (§ 120 a Abs. 1 S. 2 ZPO).

▶ **Beispiel:** Ralph Jürgens wurde nach dem Beschluss des Amtsgerichts Leipzig aus dem vergangenen Jahr VKH mit monatlichen Ratenzahlungen in Höhe von 20,00 € bewilligt. Da sich die Freibeträge zum 1. Januar des Folgejahrs erhöht haben, errechnet sich das einzusetzende Einkommen nur noch mit 8,00 € (statt 40,00 €), sodass das Gericht auf Antrag der Partei die VKH zukünftig ohne Ratenzahlung bewilligen wird.

Verbesserung des Einkommens

Bei laufendem monatlichen Einkommen ist eine Verbesserung nur dann wesentlich, wenn die Differenz zu dem bisherigen Bruttoeinkommen nicht nur einmalig 100,00 € übersteigt (§ 120 a Abs. 2 S. 2 ZPO).

▶ **Beispiel:** Manfred Gmehling weist mit seiner Erklärung über die persönlichen und wirtschaftlichen Verhältnisse ein monatliches Bruttoeinkommen in Höhe von 2 100,00 € nach. Im Monat September erhält er eine Sonderzahlung in Höhe von einmalig 100,00 €. In diesem Fall ist die Verbesserung des monatlichen Einkommens nicht maßgeblich. Würde sich das Bruttoeinkommen von Manfred Gmehling ab September um monatlich 120,00 € erhöhen, muss er dies dem Gericht mitteilen. In diesem Fall werden die monatlichen Ratenzahlungen erhöht.

Erhalt einer Forderung

Sofern die Partei, der PKH/VKH bewilligt wurde, durch den Rechtsstreit etwas erlangt, soll das Gericht nach der rechtskräftigen Entscheidung bzw. einer sonstigen Beendigung des Verfahrens prüfen, ob eine Änderung der Entscheidung über die PKH/VKH über die zu leistenden Zahlungen mit Rücksicht auf das durch den Rechtsstreit Erlangte geboten ist (§ 120 a Abs. 3 S. 1 ZPO).

▶ **Beispiel:** Laura Stockel wurde PKH mit einer monatlichen Ratenzahlung von 85,00 € bewilligt. Das Landgericht Bremen entscheidet mit Endurteil, dass die Gegenpartei ihr einen Betrag in Höhe von 6 000,00 € zahlen muss. Das Landgericht Bremen wird, da die Gegenpartei den Betrag laut Urteil an Laura Stockel bezahlt hat, die Entscheidung über die Bewilligung von PKH abändern.

Eine Änderung der Entscheidung ist jedoch ausgeschlossen, wenn die Partei bei rechtzeitiger Leistung des durch den Rechtsstreit Erlangten ebenfalls PKH/VKH ohne Ratenzahlung erhalten hätte (§ 120 a Abs. 3 S. 2 ZPO).

▶ **Beispiel:** Anastasia Smith wurde VKH ohne Ratenzahlung bewilligt. Das Amtsgericht Kaiserslautern spricht ihr durch Urteil einen Betrag in Höhe von 1 850,00 € zu, den die Gegenpartei auch an Anastasia Smith zahlt. Da Anastasia Smith weder vor noch während des Rechtsstreits ein einzusetzendes Vermögen hatte und der ihr zugesprochene Betrag auch den Schonbetrag von 10 000,00 € nicht übersteigt, ist er ihr in voller Höhe zu belassen. Das Gericht wird die Entscheidung über die Bewilligung von VKH ohne Ratenzahlung nicht abändern.

6.3.8 Aufhebung der Bewilligung

Das Gericht kann die Bewilligung der PKH/VKH gem. § 124 ZPO unter bestimmten Voraussetzungen wieder aufheben:

Aufhebung, wenn die Partei z. B.

- das Streitverhältnis unrichtig dargestellt hat.
- unrichtige Angaben über die persönlichen und wirtschaftlichen Verhältnisse gemacht hat.
- ihren Mitteilungspflichten nicht nachgekommen ist.
- länger als drei Monate mit der Zahlung der Raten oder eines sonstigen Betrags im Rückstand ist.

Wird die PKH/VKH-Bewilligung aufgehoben, muss die Partei die vollen Verfahrenskosten selbst tragen. Der Rechtsanwalt muss in diesem Fall die gesetzlichen Gebühren in voller Höhe, also nach § 13 RVG, gegenüber der Partei abrechnen. Zahlt die Partei die Gebühren nicht, kann der Rechtsanwalt diese gem. § 11 RVG festsetzen lassen. vgl. LF 10, Kap. 4.4

Sofern der Rechtsanwalt bereits Leistungen aus der Staatskasse erhalten hat, muss er diese nicht zurückzahlen. Sie müssen jedoch auf die Wahlanwaltsgebühren angerechnet werden. vgl. LF 10, Kap. 6.5.2

Die Staatskasse stellt der Partei dann den bereits an den Rechtsanwalt geleisteten Betrag in Rechnung und vollstreckt diesen in der Regel, sofern die Partei die Forderung nicht begleicht.

6.3.9 Rechtsmittel gegen die Entscheidung auf Bewilligung

Entscheidungen im PKH/VKH-Verfahren ergehen gem. § 127 Abs. 1 ZPO ohne mündliche Verhandlung durch das Gericht des entsprechenden Rechtszugs.

Gegen die Entscheidung über die Bewilligung von PKH/VKH ist in der Regel die **sofortige Beschwerde** innerhalb einer Notfrist von einem Monat zulässig (§ 127 Abs. 2 S. 3 ZPO). Übersteigt der Streitwert in der Hauptsache 600,00 € nicht (§ 127 Abs. 2 S. 2 ZPO i. V. m. § 511 Abs. 2 Nr. 1 ZPO), ist die sofortige Beschwerde nur zulässig, wenn das Gericht ausschließlich die persönlichen und wirtschaftlichen Voraussetzungen für die PKH/VKH verneint hat (§ 127 Abs. 2 S. 2 ZPO).

▶ **Beispiel:** Der Antrag des Ricardo Casilla auf Bewilligung von VKH wurde abgelehnt, da das Gericht die persönlichen und wirtschaftlichen Voraussetzungen verneint. Ricardo Casilla ist mit der Berechnung des Gerichts nicht einverstanden, da dieses u. a. diverse Versicherungsbeiträge nicht bzw. nicht in voller Höhe in Ansatz gebracht hat. Sein Rechtsanwalt, Dr. George Milow, legt deshalb sofortige Beschwerde gegen den Beschluss des Gerichts ein.

Gemäß § 127 Abs. 3 S. 1 ZPO kann auch die Staatskasse **sofortige Beschwerde** gegen die Bewilligung einlegen, wenn das zuständige Gericht weder Monatsraten noch aus dem Vermögen zu zahlende Beträge festgesetzt hat. Die Staatskasse kann das Rechtsmittel aber nur darauf stützen, dass die PKH/VKH-Partei doch Zahlungen zu leisten hat (§ 127 Abs. 3 S. 2 ZPO). Sie hat hierbei ebenfalls eine Notfrist von einem Monat ab Bekanntgabe des Bewilligungsbeschlusses zu beachten (§ 127 Abs. 3 S. 3 ZPO). Nach Ablauf von drei Monaten ab der Bekanntgabe ist die sofortige Beschwerde unstatthaft (§ 127 Abs. 3 S. 4 ZPO).

▶ **Beispiel:** Michelle Hofbauer wurde vom Amtsgericht Duisburg mit Beschluss vom 04.12.2023 PKH ohne Ratenzahlung bewilligt. Die Staatskasse legt hiergegen am 21.12.2023 sofortige Beschwerde ein, da in der Berechnung des Gerichts ein Rechenfehler enthalten ist. Eigentlich müsste Michelle Hofbauer monatliche Raten in Höhe von 12,00 € zahlen. Würde die Staatskasse die sofortige Beschwerde erst am 15.03.2024 einlegen, wäre sie unstatthaft, da mehr als drei Monate vergangen sind.

Die Kosten des Beschwerdeverfahrens werden nicht erstattet (§ 127 Abs. 4 ZPO). Der Rechtsanwalt kann diese Gebühren der Staatskasse also nicht in Rechnung stellen.

6.4 Die Beiordnung eines Rechtsanwalts

Die Beiordnung eines Rechtsanwalts im PKH/VKH-Verfahren ist in § 121 ZPO geregelt. Das Gericht entscheidet im Rahmen der Beiordnung auch darüber, ob der Rechtsanwalt uneingeschränkt oder beschränkt beigeordnet wird.

- Sofern eine Vertretung durch einen Rechtsanwalt vorgeschrieben ist, wie z. B. in Verfahren vor den Landgerichten, ist der Partei ein zur Vertretung bereiter Rechtsanwalt ihrer Wahl gem. Beschluss beizuordnen (§ 121 Abs. 1 ZPO). In der Regel ist dies der Rechtsanwalt der antragstellenden Partei, der seinen Sitz im Gerichtsbezirk hat. In diesem Fall wird das Gericht den Rechtsanwalt **uneingeschränkt** beiordnen, sodass ggf. entstehende Reisekosten erstattet werden.

▶ **Beispiel:** Rechtsanwalt Wolfgang Buchandt wird Katharina Koch-Balter uneingeschränkt beigeordnet. Im Rahmen des Rechtsstreits ist ein Ortstermin mit dem Sachverständigen erforderlich. Rechtsanwalt Wolfgang Buchandt fährt zu diesem Ortstermin, der 10 km von seiner Kanzlei entfernt stattfindet. Bei der späteren Abrechnung kann er die Fahrtkosten für die insgesamt 10 km × 2 = 20 km (Hin- und Rückfahrt) gegenüber der Staatskasse geltend machen.

- Sofern der Rechtsanwalt nicht im Bezirk des Prozessgerichts niedergelassen ist, kann er nur beigeordnet werden, wenn dadurch keine weiteren Kosten entstehen (§ 121 Abs. 3 ZPO). Keine weiteren Kosten entstehen z. B. dann, wenn die Partei einen Anspruch auf einen Verkehrsanwalt gem. § 121 Abs. 4 ZPO hat, wodurch Kosten (z. B. Reisekosten) gespart werden.

▶ **Beispiel:** Das Verfahren Monika Ledermeier ./. Veit Gorenje (Wert: 1 500,00 €) ist vor dem Landgericht Duisburg anhängig. Die Partnerschaft Dr. Neumann & Huber wurde beigeordnet, da die Partei einen Anspruch auf einen Verkehrsanwalt gem. § 121 Abs. 4 ZPO hat, wodurch Kosten in Höhe von 269,33 € gespart werden. Dies ergibt folgende Übersicht:

Rechtsanwalt Peter Huber nimmt den Termin in Duisburg selbst wahr:		**Rechtsanwalt Peter Huber nimmt den Termin nicht selbst wahr:**	
Kosten Rechtsanwalt Peter Huber:		*Kosten Verkehrsanwalt:*	
1,3 Verfahrensgebühr	165,10 €	0,65 Verfahrensgebühr	82,55 €
1,2 Terminsgebühr	152,40 €	1,2 Terminsgebühr	152,40 €
Postpauschale	20,00 €	Postpauschale	20,00 €
Fahrtkosten	278,88 €	Zwischensumme	254,95 €
Abwesenheitsgeld	50,00 €	19 % Umsatzsteuer	48,44 €
Zwischensumme	666,38 €	Summe	303,39 €
19 % Umsatzsteuer	126,61 €		
Summe	792,99 €	*Kosten Rechtsanwalt Peter Huber:*	
		1,3 Verfahrensgebühr	165,10 €
		Postpauschale	20,00 €
		Zwischensumme	185,10 €
		19 % Umsatzsteuer	35,17 €
		Summe	220,27 €
		Gesamtsumme	523,66 €

- Sofern die Partei keinen Anspruch auf einen Verkehrsanwalt hat (§ 121 Abs. 4 ZPO), kann der Rechtsanwalt lediglich **eingeschränkt** beigeordnet werden und zwar „zu den Bedingungen eines im Gerichtsbezirk niedergelassenen Rechtsanwalts". Dies bedeutet, dass der Rechtsanwalt die Fahrtkosten zur Teilnahme an der mündlichen Verhandlung bis zur größtmöglichen Entfernung von einem im Gerichtsbezirk gelegenen Ort bis zum Gerichtssitz von der Staatskasse erstattet verlangen kann.

▶ **Beispiel:** Waldemar Petric wird VKH bewilligt. Ihm wird antragsgemäß Rechtsanwältin Sylvia Brachow beigeordnet, jedoch mit der Beschränkung, dass die Beiordnung nur zu den Bedingungen eines im Gerichtsbezirk niedergelassenen Rechtsanwalts erfolgt. Da Rechtsanwältin Sylvia Brachow ihren Sitz nicht im Gerichtsbezirk hat, sondern 131 km von diesem entfernt, und der weiteste Ort im Gerichtsbezirk 83 km vom Gericht entfernt ist, kann sie im Fall der Wahrnehmung eines Gerichtstermins lediglich Fahrtkosten für die insgesamt 83 km × 2 = 166 km (Hin- und Rückfahrt) geltend machen.

- Sofern eine Vertretung durch einen Rechtsanwalt nicht vorgeschrieben ist, wird der Partei auf Antrag dennoch ein zur Vertretung bereiter Rechtsanwalt ihrer Wahl gem. Beschluss beigeordnet, aber nur dann, wenn die Vertretung durch einen Rechtsanwalt erforderlich erscheint (z. B. dann, wenn die Partei kein Deutsch spricht) oder die Gegenseite seinerseits durch einen Rechtsanwalt vertreten ist (§ 121 Abs. 2 ZPO). Die Beiordnung erfolgt entweder **uneingeschränkt oder eingeschränkt**.

▶ **Beispiel:** Klaus Rösch wird die Klage des Gustav Langwieder zugestellt. Dieser wird durch Rechtsanwalt Zacharias Tilgert vertreten. Da Klaus Rösch aufgrund seiner persönlichen und wirtschaftlichen Verhältnisse nicht in der Lage ist, die Kosten der Rechtsverteidigung aufzubringen, beantragt sein Rechtsanwalt Udo Kieslinger PKH und seine Beiordnung. Das Amtsgericht Hamburg bewilligt PKH und die uneingeschränkte Beiordnung von Rechtsanwalt Udo Kieslinger, da der Kläger Gustav Langwieder ebenfalls durch einen Rechtsanwalt vertreten ist.

Hinweis: Sofern die Partei keinen zur Vertretung bereiten Rechtsanwalt findet, ordnet der vorsitzende Richter ihr auf Antrag einen Rechtsanwalt bei (§ 121 Abs. 5 ZPO). Dieser ist verpflichtet, das Mandat zu übernehmen (§ 48 Abs. 1 Nr. 1 BRAO). Er kann jedoch die Aufhebung der Beiordnung beantragen, wenn ein wichtiger Grund vorliegt (§ 48 Abs. 2 BRAO). Dies ist z. B. dann der Fall, wenn das Vertrauensverhältnis nachhaltig gestört ist.

6.5 Die Abrechnung des Rechtsanwalts

Bei der PKH/VKH-Abrechnung des Rechtsanwalts sind die besonderen Regelungen der §§ 45 ff. RVG zu beachten.

Bei der Abrechnung werden zwei Fälle unterschieden:

PKH/VKH-Abrechnung

Vergütung im Bewilligungsverfahren

Vergütung im Rechtsstreit

Hinweis: Nach dem Versand der Vergütungsrechnung an die Mandantschaft bzw. die Staatskasse muss der Zahlungseingang überprüft und im Aktenkonto notiert werden. vgl. LF 6, Kap. 6

6.5.1 Vergütung im Bewilligungsverfahren

Im Verfahren über die Bewilligung von PKH/VKH entstehen in der Regel keine gesonderten Gebühren, da es sich bei diesem Verfahren und dem Verfahren, für das PKH/VKH bewilligt werden soll, gem. § 16 Nr. 2 RVG um dieselbe Angelegenheit handelt.

Wird der Rechtsanwalt aber nur im PKH/VKH-Verfahren und nicht in der Hauptsache tätig, kann er neben seinen Auslagen eine Verfahrensgebühr gem. Nr. 3335 VV RVG sowie ggf. eine 1,2 Terminsgebühr gem. Nr. 3104 VV RVG gegenüber der Mandantschaft abrechnen. Die Gegenpartei und/oder die Staatskasse sind zur Erstattung dieser Kosten nicht verpflichtet.

Die Verfahrensgebühr gem. Nr. 3335 VV RVG ist auf eine 1,0 Gebühr beschränkt und darf nicht höher sein als diejenige, die in der Hauptsache entstehen würde. Entstehen Betragsrahmengebühren, ist die Verfahrensgebühr auf 500,00 € begrenzt.

Tipp: In der Praxis sollte darauf geachtet werden, dass die Mandantschaft vor dem Antrag auf PKH/VKH schriftlich darauf hingewiesen wird, dass sie die Kosten des Bewilligungsverfahrens selbst tragen muss, falls das Gericht keine PKH/VKH gewährt.

▶ **Beispiel:** Gerlinde Streitschek beauftragt Rechtsanwältin Dr. Marlene Bieber mit der Vertretung im Zwangsvollstreckungsverfahren über einen Wert von 458,50 €. Aufgrund der persönlichen und wirtschaftlichen Verhältnisse beantragt Rechtsanwältin Dr. Marlene Bieber für Gerlinde Streitschek PKH. Diese wird jedoch vom zuständigen Amtsgericht Trier nicht bewilligt. Gerlinde Streitschek möchte daher, dass Rechtsanwältin Dr. Marlene Bieber nicht weiter tätig wird. Rechtsanwältin Dr. Marlene Bieber rechnet die Angelegenheit wie folgt ab: vgl. LF 12

Streitwert: 458,50 €, § 43 Abs. 1 GKG, § 4 ZPO

0,3 Verfahrensgebühr, Nrn. 3335, 3309 VV RVG	15,00 €
Pauschale Post und Telekommunikation, Nr. 7002 VV RVG	3,00 €
Zwischensumme	18,00 €
19 % Umsatzsteuer, Nr. 7008 VV RVG	3,42 €
Summe	21,42 €

vgl. LF 9 (ReFa), 3.1.6

Im Bewilligungsverfahren sind folgende **Anrechnungsvorschriften** zu beachten:

- Die Verfahrensgebühr gem. Nr. 3335 VV RVG geht in voller Höhe in derjenigen für einen nachfolgenden Rechtsstreit auf, d. h., sie wird in voller Höhe auf die Gebühr des nachfolgenden Rechtsstreits „angerechnet".

▶ **Beispiel:** Rechtsanwalt Fabian Fischer beantragt für Leonie Baumgartel PKH. Diese wird jedoch nicht bewilligt. Leonie Baumgartel entscheidet sich zunächst dafür, die Forderungsangelegenheit (Wert: 1 800,00 €) nicht weiter verfolgen zu wollen. Daher rechnet Rechtsanwalt Fabian Fischer die Angelegenheit ab:

Streitwert: 1 800,00 €, § 43 Abs. 1 GKG, § 4 ZPO

1,0 Verfahrensgebühr, Nrn. 3335, 3100 VV RVG	166,00 €
Pauschale Post und Telekommunikation, Nr. 7002 VV RVG	20,00 €
Zwischensumme	186,00 €
19 % Umsatzsteuer, Nr. 7008 VV RVG	35,34 €
Summe	221,34 €

Nach einem Jahr kommt Leonie Baumgartel wieder zu Rechtsanwalt Fabian Fischer und bittet diesen, die Forderung nun doch im gerichtlichen Verfahren geltend zu machen, auch ohne PKH. Das Gericht entscheidet direkt nach der mündlichen Verhandlung. Rechtsanwalt Fabian Fischer rechnet die Angelegenheit wie folgt ab:

Streitwert: 1 800,00 €, § 43 Abs. 1 GKG, § 4 ZPO

1,3 Verfahrensgebühr, Nr. 3100 VV RVG	215,80 €
abzgl. 1,0 Verfahrensgebühr gem. Nrn. 3335, 3100 VV RVG	–166,00 €
Zwischensumme	49,80 €
1,2 Terminsgebühr, Nr. 3104 VV RVG	199,20 €
Pauschale Post und Telekommunikation, Nr. 7002 VV RVG	20,00 €
Zwischensumme	269,00 €

19 % Umsatzsteuer, Nr. 7008 VV RVG	51,11 €
Summe	320,11 €

- Die **Beratungsgebühr** wird, sofern nichts anderes vereinbart wurde, in voller Höhe auf die Verfahrensgebühr gem. Nr. 3335 VV RVG angerechnet (§ 34 Abs. 2 RVG). Gleiches gilt, sofern die Beratungsgebühr gem. Nr. 2501 VV RVG (Beratungshilfe) von der Staatskasse erstattet wurde (Anmerkung Abs. 2 zu Nr. 2501 VV RVG). vgl. LF 9 (ReFa), Kap. 3.1.6

- Die **Geschäftsgebühr** für die außergerichtliche Tätigkeit wird zur Hälfte, höchstens zu 0,75 angerechnet (Vorbemerkung 3 Abs. 4 VV RVG). Gleiches gilt, sofern die Geschäftsgebühr gem. Nr. 2503 VV RVG (Beratungshilfe) von der Staatskasse bereits erstattet wurde (Anmerkung Abs. 2 zu Nr. 2503 VV RVG). vgl. LF 9 (ReFa), Kap. 3.1.6

6.5.2 Vergütung im Rechtsstreit

Der Rechtsanwalt erhält seine PKH/VKH-Gebühren und die ihm entstandenen Auslagen, soweit diese zur sachgemäßen Durchführung der Angelegenheit erforderlich sind (§ 46 Abs. 1 RVG), aus der zuständigen Landeskasse bzw. der Bundeskasse erstattet (§ 45 Abs. 1 RVG). Hierzu muss er gem. § 48 Abs. 1 RVG jedoch ausdrücklich beigeordnet sein, soweit nichts anderes bestimmt ist. vgl. LF 10, Kap. 6.4

Den Umfang der Beiordnung regelt § 48 RVG:

- Die PKH erstreckt sich z. B. bei einer Beiordnung im Berufungs- oder Revisionsverfahren in der Regel auch auf die Verteidigung gegen eine Anschlussberufung oder -revision (§ 48 Abs. 2 RVG). vgl. LF 11
- In Familiensachen erstreckt sich die Beiordnung beim Abschluss einer Einigung nach Nr. 1000 VV RVG auch auf alle mit der Herbeiführung der Einigung erforderlichen Tätigkeiten, wenn diese während des anhängigen Scheidungsverfahrens geschlossen wurde und sie die Folgesachen (Ehegatten- oder Kindesunterhalt, elterliche Sorge, Umgangsrecht, Ehewohnung, Hausrat, eheliches Güterrecht) betrifft (§ 48 Abs. 3 RVG). vgl. LF 13 (ReFa)
- In allen anderen Angelegenheiten, die mit der Hauptsache zusammenhängen, wird die Vergütung nur gewährt, wenn der Rechtsanwalt ausdrücklich beigeordnet ist (§ 48 Abs. 5 RVG). Dies gilt insbesondere für
  - die (Zwangs-)Vollstreckung,
  - ein Verfahren auf Arrest, einstweilige Verfügung oder einstweilige vorläufige Anordnung,
  - das selbstständige Beweisverfahren oder
  - die Widerklage.

vgl. LF 4, Kap. 4.7

Hinweis: Anders als bei der Beratungshilfe kann der beigeordnete Rechtsanwalt aus der Staatskasse einen Vorschuss für die bereits entstandenen Gebühren sowie für die bereits entstandenen und voraussichtlich noch entstehenden Auslagen verlangen (§ 47 Abs. 1 RVG).

Gebühren gem. §§ 49, 50 RVG

Der im Rahmen der PKH/VKH beigeordnete Rechtsanwalt erhält bis zu einem Wert von 5000,00 € die Regelvergütung nach der Tabelle zu § 13 Abs. 1 S. 3 RVG (Anlage 2 zum RVG). Sobald der Streitwert den Wert von 5000,00 € übersteigt, hat der beigeordnete Rechtsanwalt einen geringeren Vergütungsanspruch. Dieser ergibt sich aus der Tabelle zu § 49 RVG.

Über die Gebühren der Tabelle zu § 49 RVG hinaus hat der im Rahmen der PKH/VKH beigeordnete Rechtsanwalt Anspruch auf weitere Vergütung bis zur Höhe der Regelvergütung, wenn die in § 122 Abs. 1 Nr. 1 ZPO bezeichneten Kosten (Gerichts-, Gerichtsvollzieher- und Rechtsanwaltskosten) gedeckt sind und weitere Raten im Rahmen der Bestimmungen durch das Gericht eingezogen wurden (§ 50 Abs. 1 RVG). Diese weitere Vergütung wird auch als sog. **Differenz-Wahlanwaltsvergütung** bezeichnet.

vgl. LF 10, Kap. 6.3.5

Hinweis: Kann die Differenz zwischen der PKH-Vergütung und der Differenz-Wahlanwaltsvergütung mit den höchstens 48 zu zahlenden Monatsraten (§ 115 Abs. 2 S. 4 ZPO) nicht abgedeckt werden, bekommt der Rechtsanwalt die dann noch fehlende Vergütung nicht mehr erstattet.

▶ **Beispiel:** Vanessa Cäsar erhält für ein Verfahren vor dem Landgericht Osnabrück (Wert: 30400,00 €) PKH mit einer monatlichen Ratenzahlung von 85,00 €. Ihr wird Rechtsanwältin Antonia Carrie beigeordnet. Nach einem Termin zur mündlichen Verhandlung ergeht ein klageabweisendes Urteil. Die Differenz-Wahlanwaltsvergütung errechnet sich wie folgt:

von Vanessa Cäsar gezahlte Raten in Höhe von 48 Monaten × 85,00 €		4080,00 €
abzgl. angefallene Gerichtskosten		– 1461,00 €
abzgl. PKH-Vergütung		– 1487,50 €
Streitwert: 30400,00 €, § 43 Abs. 1 GKG, § 4 ZPO		
1,3 Verfahrensgebühr, Nr. 3100 VV RVG, § 49 RVG	639,60 €	
1,2 Terminsgebühr, Nr. 3104 VV RVG, § 49 RVG	590,40 €	
Pauschale Post und Telekommunikation, Nr. 7002 VV RVG	20,00 €	
Zwischensumme	1250,00 €	
19 % Umsatzsteuer, Nr. 7008 VV RVG	237,50 €	
Summe	1487,50 €	
Es verbleibt ein Betrag in Höhe von		1131,50 €

Wahlanwaltsvergütung		3 105,90 €
Streitwert: 30 400,00 €, § 43 Abs. 1 GKG, § 4 ZPO		
1,3 Verfahrensgebühr, Nr. 3100 VV RVG	1 346,80 €	
1,2 Terminsgebühr, Nr. 3104 VV RVG	1 243,20 €	
Pauschale Post und Telekommunikation, Nr. 7002 VV RVG	20,00 €	
Zwischensumme	2 610,00 €	
19 % Umsatzsteuer, Nr. 7008 VV RVG	495,90 €	
Summe	3 105,90 €	
abzgl. bereits erhaltene PKH-Vergütung		– 1 487,50 €
Es ergibt sich eine Differenz-Wahlanwaltsvergütung in Höhe von		1 618,40 €

Rechtsanwältin Antonia Carrie erhält noch einen Betrag von 1 131,50 €. Die restliche Differenz-Wahlanwaltsvergütung von 486,90 € bekommt sie nicht mehr erstattet, da nicht mehr als insgesamt 48 Monatsraten geleistet werden müssen (§ 115 Abs. 2 S. 4 ZPO).

Anders sähe der Fall aus, wenn Vanessa Cäsar PKH mit monatlichen Raten in Höhe von 97,00 € bewilligt worden wären:

von Vanessa Cäsar gezahlte Raten in Höhe von 48 Monaten × 97,00 €	4 656,00 €
abzgl. angefallene Gerichtskosten	– 1 461,00 €
abzgl. PKH-Vergütung	– 1 487,50 €
Es verbleibt ein Betrag in Höhe von	1 707,50 €
Wahlanwaltsvergütung	3 105,90 €
abzgl. bereits erhaltene PKH-Vergütung	– 1 487,50 €
Es ergibt sich eine Differenz-Wahlanwaltsvergütung in Höhe von	1 618,40 €

Rechtsanwältin Antonia Carrie würde in diesem Fall die volle Differenz-Wahlanwaltsvergütung von 1 618,40 € erhalten. Den überschüssigen Betrag von 89,10 € (1 707,50 € – 1 618,40 €) zahlt die Staatskasse an Vanessa Cäsar zurück.

Anrechnungsvorschriften

Bei der Ermittlung der Rechtsanwaltsgebühren sind verschiedene Anrechnungsvorschriften zu beachten:

vgl. LF 9 (ReFa), Kap. 3.1.6

- Wurde für die außergerichtliche Tätigkeit des Rechtsanwalts **Beratungshilfe** bewilligt und wurden dem Rechtsanwalt die entsprechenden Gebühren bereits erstattet, sind diese auf die PKH/VKH-Vergütung anzurechnen (§ 58 RVG). Die Beratungsgebühr gem. Nr. 2501 VV RVG wird in voller Höhe angerechnet (vgl. Anmerkung Abs. 2 zu Nr. 2501 VV RVG), die Geschäftsgebühr gem. Nr. 2503 VV RVG zur Hälfte (vgl. Anmerkung Abs. 2 zu Nr. 2503 VV RVG).

- Wie im gerichtlichen Mahnverfahren und im Verfahren erster Instanz gilt auch im PKH/VKH-Verfahren: Sofern der Rechtsanwalt die Mandantschaft bereits **außergerichtlich** beraten hat, wird, falls nichts anderes vereinbart wurde, die Beratungsgebühr in voller Höhe angerechnet (§ 34 Abs. 2 RVG). Die ggf. bereits außergerichtlich gezahlte Geschäftsgebühr gem. Nr. 2300 VV RVG wird zur Hälfte, höchstens in Höhe von 0,75 angerechnet (Vorbemerkung 3 Abs. 4 VV RVG).

Hinweis: Bei der Abrechnung im PKH/VKH-Verfahren ist zusätzlich zu beachten, dass die Zahlung der Mandantschaft zunächst auf die Vergütung anzurechnen ist, für die ein Anspruch gegen die Staatskasse nicht oder nur nach § 50 RVG besteht (§ 58 Abs. 2 RVG). Dies bedeutet, dass die Beratungs- bzw. Geschäftsgebühr zunächst auf die Differenz-Wahlanwaltsvergütung anzurechnen ist.

▶ **Beispiel:** Rechtsanwältin Reinhilde Seufert vertritt Beatrix Löwertz zunächst vorgerichtlich. Da diese Tätigkeit ohne Erfolg verläuft, beantragt Rechtsanwältin Reinhilde Seufert PKH für die gerichtliche Durchsetzung der Forderung in Höhe von 5000,00 €, die auch bewilligt wird. Die Klage wird jedoch nach der mündlichen Verhandlung abgewiesen. Rechtsanwältin Reinhilde Seufert rechnet die Angelegenheit gegenüber der Staatskasse wie folgt ab:

Streitwert: 5000,00 €, § 43 Abs. 1 GKG, § 4 ZPO

1,3 Verfahrensgebühr, Nr. 3100 VV RVG, § 49 RVG	369,20 €
abzgl. Anrechnung gem. Vorbemerkung 3 Abs. 4 VV RVG: eigentlich 0,65 Geschäftsgebühr gem. Nr. 2300 VV RVG nach § 13 RVG (= 217,10 €); hier muss jedoch der nach § 58 Abs. 2 RVG anrechnungsfreie Betrag ermittelt werden: 1,3 Geschäftsgebühr nach § 13 RVG 434,20 € – 1,3 Verfahrensgebühr nach § 49 RVG 369,20 € = Differenz	–65,00 €
Zwischensumme	304,20 €
1,2 Terminsgebühr, Nr. 3104 VV RVG, § 49 RVG	340,80 €
Pauschale Post und Telekommunikation, Nr. 7002 VV RVG	20,00 €
Zwischensumme	665,00 €
19 % Umsatzsteuer, Nr. 7008 VV RVG	126,35 €
Summe	791,35 €

- Sofern die Mandantschaft bereits vor der PKH/VKH-Bewilligung eine Zahlung an den Rechtsanwalt geleistet hat, wird diese zunächst auf die nicht gedeckte Wahlanwaltsvergütung, also auf die Differenz-Wahlanwaltsvergütung angerechnet (§ 58 Abs. 2 RVG). Erst wenn der Vorschuss die Differenz-Wahlanwaltsvergütung übersteigt, ist er auf die PKH-Vergütung anzurechnen.

▶ **Beispiel:** Rechtsanwältin Anna-Lena Gmelch wurde vom Landgericht Bielefeld in einem Rechtsstreit über 15000,00 € Cäcilia von Maklowski beigeordnet. Diese hat, bevor ihr das Landgericht PKH bewilligt hat, einen Vorschuss in Höhe von 400,00 € geleistet. Das Landgericht entscheidet nach der mündlichen Verhandlung durch Urteil.

Die Wahlanwaltsvergütung beläuft sich auf		2159,85 €
Streitwert: 15000,00 €, § 43 Abs. 1 GKG, § 4 ZPO		
1,3 Verfahrensgebühr, Nr. 3100 VV RVG	933,40 €	
1,2 Terminsgebühr, Nr. 3104 VV RVG	861,60 €	
Pauschale Post und Telekommunikation, Nr. 7002 VV RVG	20,00 €	
Zwischensumme	1815,00 €	
19 % Umsatzsteuer, Nr. 7008 VV RVG	344,85 €	
Summe	2159,85 €	
Die PKH-Vergütung errechnet sich mit		– 1121,58 €
Streitwert: 15000,00 €, § 43 Abs. 1 GKG, § 4 ZPO		
1,3 Verfahrensgebühr, Nr. 3100 VV RVG, § 49 RVG	479,70 €	
1,2 Terminsgebühr, Nr. 3104 VV RVG, § 49 RVG	442,80 €	
Pauschale Post und Telekommunikation, Nr. 7002 VV RVG	20,00 €	
Zwischensumme	942,50 €	
19 % Umsatzsteuer, Nr. 7008 VV RVG	179,08 €	
Summe	1121,58 €	
Die Differenz-Wahlanwaltsvergütung errechnet sich somit mit		1038,27 €

Rechtsanwältin Anna-Lena Gmelch erhält von der Staatskasse die PKH-Vergütung in Höhe von 1121,58 €. Der Vorschuss, den Cäcilia von Maklowski geleistet hat, wird auf die Differenz-Wahlanwaltsvergütung in Höhe von 1038,27 € angerechnet. Erst wenn Rechtsanwältin Anna-Lena Gmelch einen Vorschuss von mehr als 1038,27 € erhalten hätte, wäre auf die PKH-Vergütung anzurechnen.

Auslagen

vgl. LF 4, Kap. 4.4.2

vgl. LF 10, Kap. 6.4

Von der PKH/VKH mit umfasst sind die üblichen Auslagen nach Teil 7 VV RVG, also die Dokumentenpauschale, die Postentgelte und die Umsatzsteuer. Hinsichtlich der Reisekosten sowie der Tage- und Abwesenheitsgelder kommt es auf die Entscheidung im PKH/VKH-Beschluss an. Im Gegensatz zur eingeschränkten Beiordnung werden die ggf. entstehenden Reisekosten von der Staatskasse übernommen, wenn der Rechtsanwalt uneingeschränkt beigeordnet wird.

Hinweis: Auf jeden Fall sollte der Rechtsanwalt, um Abrechnungsprobleme zu vermeiden, im Zweifelsfall bereits vor Beginn einer ggf. erforderlich werdenden Reise deren Notwendigkeit nach § 46 Abs. 2 RVG feststellen lassen, z. B. durch einen schriftlichen Antrag beim Gericht. Hat das Gericht eine Entscheidung über die Notwendigkeit getroffen, ist die Feststellung bindend.

Abrechnungsformular

Die aus der Staatskasse zu gewährende Vergütung wird auf Antrag von dem Gericht des ersten Rechtszugs festgesetzt (§ 55 Abs. 1 S. 1 RVG). Vereinfacht erfolgt die Abrechnung mithilfe eines Abrechnungsformulars, das jedoch nicht zwingend verwendet werden muss.

Im Formular werden die Gebühren nach § 49 RVG sowie die Regelgebühren gem. § 13 RVG direkt gegenübergestellt, sodass sich die Differenz-Wahlanwaltsgebühr gleich ergibt, die der Rechtsanwalt gem. § 50 Abs. 2 RVG rechtzeitig zur Prozessakte mitteilen muss, um seinen Anspruch hierauf nicht zu verlieren.

▶ **Beispiel:** Rechtsanwältin Dr. Annette Neumann vertritt Max Hartmann im Verfahren gegen William Browne wegen Unterlassung (Az.: 125/2024). Max Hartmann wurde PKH gewährt. Die Partnerschaft Dr. Neumann & Huber wurde uneingeschränkt beigeordnet. Das Landgericht Bielefeld hat die Klage nach der mündlichen Verhandlung abgewiesen und den Streitwert auf 5 500,00 € festgesetzt. Das Geschäftszeichen des Landgerichts lautet 8 C 583/2024. Die Partnerschaft Dr. Neumann & Huber hat keine Vorschüsse erhalten. Auch hat sie Max Hartmann vor dem gerichtlichen Verfahren anwaltlich nicht vertreten. Julia Hoffmann fertigt die Abrechnung am 29.07.2024:

Name RAe Dr. Neumann & Huber		Vorname		Akad. Grad
Straße, Haus-Nr. Grainstraße 101	Nation	PLZ 67434	Ort Neustadt an der Weinstraße	
IBAN DE 41 5464 0035 0012 5832 19	Kreditinstitut Commerzbank Neustadt a. d. Wst.		BIC (8 oder 11 Stellen) COBADEFFXXX	
Zuordnungskennzeichen für Überweisung 125/2024				

Landgericht Bielefeld
Niederwall 71
33602 Bielefeld

Antrag auf Festsetzung der Vergütung des beigeordneten Rechtsanwalts

zu Geschäftsnummer 8 C 583/2024 **Datum** 18.10.2024

In dem Rechtsstreit/Verfahren

Max Hartmann gegen William Browne

beantrage ich, nachstehende Gebühren und Auslagen ☐ **als Vorschuss gem. § 47 RVG** **festzusetzen.**

Vorschüsse und sonstige Zahlungen (§ 58 RVG) habe ich ☒ nicht ☐ in Höhe von EUR erhalten.

Aus der Staatskasse habe ich Vorschüsse (§ 47 RVG) ☒ nicht ☐ in Höhe von EUR erhalten.

Gebühren für Beratungshilfe (VV 2501, 2503) habe ich ☒ nicht ☐ in Höhe von EUR erhalten.

☐ Für eine außergerichtliche Vertretung bzgl. (☐ eines Teils) desselben Gegenstandes habe ich eine Geschäftsgebühr gemäß VV 2300/2303 ☐ nicht ☐ in Höhe von EUR (bei einem Gebührensatz von) erhalten.

☐ Soweit Einzelberechnung: Ich versichere, dass die Auslagen nach VV 7001 während meiner Beiordnung entstanden sind.

☐ Ich versichere, dass sich der Antragsgegner mit der Zahlung der Vergütung in Verzug (§ 45 Abs. 2 RVG) befindet

Spätere Zahlungen werde ich unverzüglich anzeigen (§ 55 Abs. 5 Satz 4 RVG).

Weitere Begründungen (evtl. auf ges. Blatt – zweifach –

Rechtsanwalt/Rechtsanwältin

Kostenberechnung (nach RVG)

Bezeichnung	**Vergütungs-verzeichnis Nummer(n)**	**Gegenstandswert in EUR**	**Vergütung §§ 45, 49 RVG EUR**	**Regelvergütung §§ 13, 50 RVG EUR**	**festzusetzen auf EUR**
Verfahrensgebühr	3100	5.500,00	383,50	507,00	
Termingebühr	3104	5.500,00	354,00	468,00	
Einigungs-/Aussöhnungsgebühr					
Entgelte für Post- und	Einzelberechnung 7001				
Telekommunikationsdienstleistungen	Pauschale 7002		20,00	20,00	
		Summe	757,50	995,00	0,00
Umsatzsteuer auf die Vergütung	7008		143,93	189,05	
		Summe	901,43	1.184,05	0,00
	abzüglich Vorschüsse und sonstige Zahlungen (s.o.)				
		zu zahlender Betrag	901,43	1.184,05	0,00
Anspruch auf weitere Vergütung nach Maßgabe des § 50 RVG				282,62	

HKR 120 a Festsetzung der Vergütung der/des im Wege der Prozesskostenhilfe und Verfahrenskostenhilfe – gen. 01.2018 – JVA Geldern Preisklasse 4

Blatt 1

Quelle: Justizportal des Bundes: Antrag auf Festsetzung der Vergütung des beigeordneten Rechtsanwalts, veröffentlicht unter: https://justiz.de/service/formular/dateien/hkr120a_2018.pdf;jsessionid=A370D1EB5A6A731013F66EE188F42FA2 [Stand: 01.01.2024]

Hinweise:

- Die zweite Seite des Abrechnungsformulars ist für Hinweise des Gerichts in Bezug auf die Festsetzung und Auszahlung der Vergütung bestimmt.
- Kommt der beigeordnete Rechtsanwalt einer gerichtlichen Aufforderung zur Vorlage der Abrechnung nicht fristgerecht nach (§ 55 Abs. 6 RVG), verliert er seinen Anspruch auf die weitere Vergütung gem. § 50 RVG sowie seinen Anspruch auf die „Grundvergütung" gem. § 49 RVG.

Festsetzung der Vergütung

Die aus der Staatskasse zu gewährende Vergütung wird auf Antrag festgesetzt (§ 55 Abs. 1 RVG). Der Antrag muss die Erklärung enthalten, ob und welche Zahlungen der Rechtsanwalt erhalten hat. Sofern nachträglich weitere Zahlungen geleistet werden, sind diese unverzüglich anzuzeigen (§ 55 Abs. 5 RVG).

Rechtsmittel

Gegen die Festsetzung der Vergütung ist gem. § 56 Abs. 1 RVG die (unbefristet einlegbare) **Erinnerung** gegeben.

Gegen die Entscheidung über die Erinnerung ist die **Beschwerde** zum nächsthöheren Gericht gegeben, wenn der Wert 200,00 € übersteigt oder diese zugelassen wurde (§§ 56 Abs. 2, 33 Abs. 3 RVG). Die Beschwerde muss innerhalb von zwei Wochen eingelegt werden (§§ 56 Abs. 2, 33 Abs. 3 RVG).

Gegen die Beschwerdeentscheidung kann **weitere Beschwerde** eingelegt werden. Diese ist jedoch nur zulässig, wenn das Landgericht als Beschwerdegericht entschieden hat und wenn sie wegen der grds. Bedeutung zugelassen wurde (§§ 56 Abs. 2, 33 Abs. 6 RVG). Die weitere Beschwerde muss ebenfalls innerhalb von zwei Wochen eingelegt werden (§§ 56 Abs. 2, 33 Abs. 3 u. 6 RVG).

Hinweis: Die Rechtsmittelverfahren sind gebührenfrei, also etwaige entstehende Kosten werden nicht erstattet (§ 56 Abs. 2 S. 2 RVG). Dies bedeutet, dass der Rechtsanwalt für seine Tätigkeit im Rechtsmittelverfahren keine Gebühren von der Staatskasse ersetzt verlangen kann, da es um die Durchsetzung seines Vergütungsanspruchs geht. Auch gegenüber dem Gegner ist ein Erstattungsanspruch der Rechtsanwaltskosten ausgeschlossen (§ 56 Abs. 2 S. 3 RVG).

Zusammenfassung

Prozesskostenhilfe (PKH)

- Voraussetzungen (persönliche und wirtschaftliche Verhältnisse; hinreichende Aussicht auf Erfolg; keine Mutwilligkeit)
- Antrag (bei bedingter und unbedingter Klageerhebung)
- Bewilligung (Bewilligungsverfahren; Ermittlung des einzusetzenden Einkommens; Festsetzung der Ratenzahlungen; Versagung, Änderung und Aufhebung der Bewilligung; Rechtsmittel gegen die Entscheidung auf Bewilligung)
- Beiordnung eines Rechtsanwalts (z. B. wenn Vertretung durch Rechtsanwalt vorgeschrieben ist bzw. nicht vorgeschrieben ist; Niederlassung des Rechtsanwalts im Bezirk des Prozessgerichts; eingeschränkt/uneingeschränkt)
- Abrechnung des Rechtsanwalts (Vergütung im Bewilligungsverfahren; Vergütung im Rechtsstreit; Anrechnungsvorschriften, Auslagenersatz; Abrechnungsformular; Festsetzung der Vergütung; Rechtsmittel gegen die Festsetzung)

Wiederholung und Vertiefung

1. Bei welchem Gericht muss der Antrag auf PKH/VKH gestellt werden? Welche Angaben sind im Antrag zwingend erforderlich?
2. Wie errechnet das Gericht das einzusetzende Einkommen der Partei?

3. Rechtsanwalt Dr. Friedrich von Kunze beantragt für Eva-Maria Kleinhenz, die in Thüringen lebt, PKH. Die Voraussetzungen für die Bewilligung von PKH liegen vor. In ihrer Erklärung über die persönlichen und wirtschaftlichen Verhältnisse macht Eva-Maria Kleinhenz folgende Angaben:
   - monatliches Bruttoeinkommen (Januar bis Dezember): 1 980,00 €
   - Urlaubsgeld (Auszahlung im Juli): 600,00 €
   - monatliche Einnahmen aus der Verpachtung eines Obstgartens: 35,00 €
   - Sparguthaben bei der Sparkasse: 553,31 €
   - Sparguthaben bei der Commerzbank: 1 113,98 €
   - monatliche Lohnsteuer u. a.: 153,60 €
   - monatliche Sozialversicherungsbeiträge: 276,19 €
   - Unfallversicherung (jährlicher Beitrag): 153,00 €
   - verheiratet, 1 Kind (16 Jahre; Kindergeldbezug monatlich: 250,00 €)

   a) Wie hoch ist das monatlich einzusetzende Einkommen von Eva-Maria Kleinhenz?
   b) Wird das Gericht PKH mit oder ohne Ratenzahlungen bewilligen?
   c) Könnte das Gericht ggf. festgesetzte Ratenzahlungen vorläufig einstellen?
4. Rechtsanwältin Barbara Dietzsch vertritt Elmar Fiebig im Bewilligungsverfahren auf PKH. Das Gericht sieht die Voraussetzungen für die Bewilligung nicht gegeben und lehnt diese ab. Elmar Fiebig möchte die Forderungsangelegenheit (Wert: 500,00 €) nicht weiter betreiben. Welche Gebühren und Auslagen kann Rechtsanwältin Barbara Dietzsch dem Mandanten in Rechnung stellen?
5. Rechtsanwalt Anton Petrovski vertritt Ingmar Schantz im Rechtsstreit gegen Leonore Meiselstein. Ingmar Schantz wurde PKH ohne Ratenzahlung bewilligt und Rechtsanwalt Anton Petrovski beigeordnet. Nach einem Termin zur mündlichen Verhandlung wurde die Klage abgewiesen. Der Streitwert wurde auf 8 610,00 € festgesetzt.
   a) Welche Gebühren und Auslagen kann Rechtsanwalt Anton Petrovski abrechnen?
   b) Was wäre zu beachten, wenn Rechtsanwalt Anton Petrovski den Mandanten bereits vor der Tätigkeit im PKH-Verfahren anwaltlich beraten und hierfür aus der Staatskasse die Beratungsgebühr gem. Nr. 2501 VV RVG erhalten hätte?

7 Führen des erforderlichen Schriftverkehrs

Im gerichtlichen Verfahren der ersten Instanz sind vielfältige Schreiben erforderlich, ob dies Schriftsätze im Klageverfahren oder im sich anschließenden Kostenfestsetzungsverfahren sind o. Ä. Selbstverständlich müssen aber auch die Mandantschaft informiert und die Angelegenheiten abgerechnet werden.

Die Schriftsätze müssen zwischenzeitlich zwingend per beA eingereicht werden. Daher entfällt es, beglaubigte und einfache Abschriften für die Gegenseite zwecks Zustellung mitzusenden. Etwaige notwendige Anlagen werden elektronisch per beA mit übermittelt.

Hinweis: In der Praxis werden die Anlagen von jeder Partei innerhalb eines Prozesses immer fortlaufend durchnummeriert, z. B. auf Klägerseite K1, K2, ... und auf Beklagtenseite B1, B2, ... Dies erleichtert die Arbeit des Richters und der Prozessbevollmächtigten.

Natürlich ist beim Führen des Schriftverkehrs auch wieder darauf zu achten, dass die Rechtschreib- und Grammatikregeln richtig angewandt werden und dass fehlerfrei, vor allem in der Darstellung gegenüber dem Gericht, gearbeitet wird.

Nachfolgend werden wieder Beispielschreiben anhand einer Situationsbeschreibung formuliert. Diese Schreiben werden verkleinert dargestellt und stellen keine Musterlösung dar. Sie dienen lediglich der Anregung.

Tipp: Im (Kurz-)Rubrum sollte in jedem Fall jeweils der sachbearbeitende Rechtsanwalt (Vor- und Nachname sowie Postleitzahl und Ort) der Parteien angegeben werden. Dadurch wird sichergestellt, dass die Nachricht auch direkt im Postfach des sachbearbeitenden Rechtsanwalts eingeht und nicht bei einem anderen Rechtsanwalt in derselben Kanzlei. Sinnvoll ist auch die Angabe am Briefende, ob der Schriftsatz einfach oder elektronisch signiert ist, damit einfach und schnell nachvollzogen werden kann, wie signiert wurde.

Den Briefbogen der Kanzlei Dr. Neumann & Huber finden Sie unter dem vorne abgedruckten Webcode zum Buch. Grundlagen dieses Briefbogens sind die Form B und der gestaltete Informationsblock. Web

Lernsituation

Am 25.01.2024 empfängt Julia Hoffmann das Ehepaar Marina und Johannes Gottwald. Das Ehepaar hat einen Besprechungstermin bei Rechtsanwältin Katharina Schuh. Nach dem Termin fasst Rechtsanwältin Katharina Schuh den Sachverhalt für Julia Hoffmann kurz zusammen:

„Das Ehepaar Gottwald (Schwimmbadstraße 15, 76646 Bruchsal) hat die Wohnzimmereinrichtung, bestehend aus einem Ecksofa, zwei Sesseln, einem Tisch, einer Beistellvitrine sowie einer Wohnwand, an Karsten Bormann (Forster Straße 45, 76646 Bruchsal) verkauft. Der Kaufvertrag vom 23.11.2023 regelte, dass Karsten Bormann nach Abholung der Wohnzimmereinrichtung am 24.11.2023 einen Betrag in Höhe von 2.000,00 € zum 27.11.2023 bezahlt und den Restbetrag in Höhe von 1.500,00 € zum 14.12.2023. Die erste Rate ging auch fristgerecht auf dem Konto des Ehepaars Gottwald ein. Die zweite Rate steht aber nach wie vor aus, obwohl das Ehepaar Gottwald sogar drei Mahnungen (18.12.2023, 04.01.2024, 18.01.2024) an Karsten Bormann sandte."

Rechtsanwältin Katharina Schuh bittet Julia Hoffmann, die Akte anzulegen (Az.: 18/2024) und die Zahlungsklage an das Amtsgericht Bruchsal (Schönbornstraße 18, 76646 Bruchsal) vorzubereiten.

Nachdem Julia Hoffmann die Zahlungsklage vorbereitet hat, widmet sie sich einer Akte von Rechtsanwältin Dr. Annette Neumann. Diese vertritt seit dem 08.05.2023 Alexandra Reinhard (Am Stentenwehr 8, 67435 Neustadt an der Weinstraße) in einer Forderungsangelegenheit gegen Kathrin Tuchek (Az.: 178/2023). Ursprünglich sollte ein Betrag in Höhe von 4.000,00 € eingeklagt werden. Nachdem die Klage bereits fertig erstellt war, rief Alexandra Reinhard jedoch in der Kanzlei an und teilte mit, dass Kathrin Tuchek überraschend einen Betrag in Höhe von 1.000,00 € bezahlt hat. Daher wird nur noch ein Betrag in Höhe von 3.000,00 € eingeklagt. Im Einverständnis mit den Parteien wird ohne mündliche Verhandlung entschieden. Die Klage wird abgewiesen.

Julia Hoffmann soll die Angelegenheit abrechnen. Sie vergibt hierfür die fortlaufende Rechnungsnummer 45/2024 und berücksichtigt bei der Abrechnung, dass Alexandra Reinhard am 29.06.2023 einen Vorschuss in Höhe von 400,00 € brutto bezahlt hat.

Arbeitsaufträge:

a) Formulieren und gestalten Sie die Zahlungsklage. Verwenden Sie hierfür den Briefbogen der Kanzlei Dr. Neumann & Huber.

b) Berichten Sie in der Klasse, wie Klageschriften bei Ihnen in der Kanzlei gestaltet werden. Überlegen Sie zusammen, ob dabei alle Regeln der DIN 5008 eingehalten werden.

c) Erstellen Sie mithilfe des Briefbogens der Partnerschaft Dr. Neumann & Huber die Kostenendabrechnung an Alexandra Reinhard.

d) Vergleichen Sie Ihre Ergebnisse untereinander und ergänzen Sie ggf. die Zahlungsklage und/oder die Kostenrechnung.

e) Reflektieren Sie anschließend Ihr Wissen.

7.1 Das Klageverfahren

Im Klageverfahren sind die wohl am häufigsten vorkommenden Schriftsätze die Klageschrift, die Klagerücknahme, der Antrag auf Klageabweisung, Anträge auf Terminsverlegung und Fristverlängerung sowie der Antrag auf Bewilligung von PKH/VKH. Daneben sind, gerade in langwierigen Verfahren, weitere Schriftsätze mit teils umfangreichen Ausführungen zum Sachstand erforderlich, die üblicherweise von Rechtsanwälten und nicht von Rechtsanwaltsfachangestellten erstellt werden.

7.1.1 Die Klageschrift

Situationsbeschreibung: Rechtsanwältin Dr. Annette Neumann wird von Kuno Ditzsch (Mausbergweg 31, 67346 Speyer) am 08.11.2024 beauftragt, eine offene Kaufpreisforderung in Höhe von 950,00 € gegen Sarah Reger (Closweg 16, 67346 Speyer) einzureichen. Sarah Reger hat Kuno Ditzsch eine Vitrine (dreitürig, mit LED-Beleuchtung) abgekauft, da dieser sie in seiner neuen Wohnung nicht mehr unterbringen kann. Die Parteien haben über den Kauf am 28.09.2024 einen Kaufvertrag geschlossen. In diesem wurde geregelt, dass Sarah Reger die Vitrine am 07.10.2024 bei Kuno Ditzsch abholt und am 08.10.2024 den vereinbarten Kaufpreis bezahlt. Die Abholung ging reibungslos „über die Bühne", die Zahlung des Kaufpreises lässt jedoch trotz der Mahnungen von Kuno Ditzsch vom 12.10.2024 und 26.10.2024 immer noch auf sich warten. Rechtsanwältin Dr. Annette Neumann übergibt die Akte (Az.: 171/2024) an Annika Sauer und bittet diese, die Klage an das zuständige Amtsgericht Speyer (Wormser Straße 41, 67346 Speyer) zu fertigen. Hinsichtlich des Gerichtskostenvorschusses möchte die Partnerschaft Dr. Neumann & Huber nicht in Vorkasse gehen. Insoweit soll die Überweisung des Mandanten und die Zahlungsaufforderung des Gerichts abgewartet werden. Annika Sauer erledigt dies am 15.11.2024.

Dr. Neumann & Huber
Rechtsanwälte Partnerschaft

RAe Dr. Neumann & Huber, Grainstr. 101, 67434 Neustadt a. d. Wstr.
Per beA
Amtsgericht Speyer
Wormser Straße 41
67346 Speyer

Ihr Zeichen:	
Ihre Nachricht vom:	
Unser Zeichen:	171/2024
Unsere Nachricht vom:	
Name:	RAin Dr. Annette Neumann
Sekretariat:	Annika Sauer
Telefon:	+49 6321 5632-12
Telefax:	+49 6321 5632-15
Datum:	15.11.2024

Klage

In dem Rechtsstreit

Kuno Ditzsch, Mausbergweg 31, 67346 Speyer,

– Kläger –

Prozessbevollmächtigte: Dr. Neumann & Huber, Rechtsanwälte, Partnerschaft, RAin Dr. Anette Neumann, Grainstraße 101, 67434 Neustadt an der Weinstraße,

gegen

Sarah Reger, Closweg 16, 67346 Speyer,

– Beklagte –

wegen Kaufpreisforderung,
Streitwert: 950,00 €,

erheben wir namens und im Auftrag des Klägers Klage und beantragen, zu erkennen:

1. Die Beklagte wird verurteilt, an den Kläger den Betrag in Höhe von 950,00 € nebst Zinsen in Höhe von fünf Prozentpunkten über dem Basiszinssatz seit dem 09.10.2024 zu zahlen.
2. Die Beklagte trägt die Kosten des Rechtsstreits.
3. Das Urteil ist gegen Sicherheitsleistung vorläufig vollstreckbar.

Seite **1** von **2**

RAin Dr. Annette Neumann Fachanwältin für Verkehrsrecht · **RA Peter Huber** Fachanwalt für Erbrecht
In Zusammenarbeit mit **RAin Katharina Schuh** Fachanwältin für Familienrecht

RAe Dr. Neumann & Huber · Grainstr. 101 · 67434 Neustadt a. d. Wstr. · Telefon +49 6321 5632-0 · Fax +49 6321 5632-15
info@rae-neumann-huber.de · www.rae-neumann-huber.de
Registernummer PR 956 · Amtsgericht Neustadt a. d. Wstr. · USt-IdNr.: DE573964122

Commerzbank Neustadt a. d. Wstr. · IBAN DE41 5464 0035 0012 5832 19
Deutsche Bank Neustadt a. d. Wstr. · IBAN DE52 5467 0095 0096 7844 58

Bei Vorliegen der gesetzlichen Voraussetzungen beantragen wir, ein Versäumnisurteil gem. § 331 ZPO bzw. ein Anerkenntnisurteil gem. § 307 ZPO zu erlassen.

Begründung:

Die Beklagte kaufte dem Kläger eine 3-türige Vitrine mit LED-Beleuchtung ab. Die Parteien haben hierüber am 28.09.2024 einen Kaufvertrag geschlossen. Hierin wurde vereinbart, dass die Beklagte die Vitrine am 07.10.2024 abholt und am 08.10.2024 den vereinbarten Kaufpreis in Höhe von 950,00 € bezahlt.

Beweis: Kaufvertrag vom 28.09.2024 (Anlage K1)

Die Beklagte holte die Vitrine auch vereinbarungsgemäß ab. Dies ist unstreitig. Die Zahlung steht jedoch bis zum heutigen Tag aus, trotz der Mahnungen des Klägers vom 12.10.2024 und 26.10.2024.

Beweis: Mahnungen vom 12.10.2024 und 26.10.2024 (Anlage K2)

Die Beklagte befindet sich gem. § 286 BGB seit dem 09.10.2024 in Verzug, sodass Klage geboten war. Zinsen sind daher gem. § 288 Abs. 1 BGB ab 09.10.2024 begründet.

Dr. Annette Neumann
Rechtsanwältin

Anlagen

Dieser Schriftsatz ist qualifiziert elektronisch signiert.

7.1.2 Die Klagerücknahme

Situationsbeschreibung: Rechtsanwältin Dr. Annette Neumann hat für Fiona Gingster Klage wegen einer Kaufpreisforderung in Höhe von 893,55 € gegen Kim Choi beim zuständigen Amtsgericht Speyer (Wormser Straße 41, 67346 Speyer) eingereicht. Der Rechtsstreit wird bei Gericht unter dem Az.: 7 C 136/2024 geführt. Die Klage vom 25.01.2024 wurde der Gegenseite noch nicht zugestellt. Fiona Gingster meldet sich am 26.01.2024 telefonisch bei Rechtsanwältin Dr. Annette Neumann und teilt ihr mit, dass sie sich aus verschiedenen persönlichen Gründen dazu entschlossen hat, den Rechtsstreit nicht weiterzuführen. Sie bittet Rechtsanwältin Dr. Annette Neumann deshalb, die Klage zurückzunehmen. Diese übergibt die Akte (Az.: 231/2023) an Julia Hoffmann, die die Klage am 15.02.2024 zurücknimmt.

Dr. Neumann & Huber
Rechtsanwälte Partnerschaft

RAe Dr. Neumann & Huber, Grainstr. 101, 67434 Neustadt a. d. Wstr.
Per beA
Amtsgericht Speyer
Wormser Straße 41
67346 Speyer

Ihr Zeichen:	7C 136/2024
Ihre Nachricht vom:	
Unser Zeichen:	231/2023
Unsere Nachricht vom:	
Name:	RAin Dr. Annette Neumann
Sekretariat:	Annika Sauer
Telefon:	+49 6321 5632-12
Telefax:	+49 6321 5632-15
Datum:	15.02.2024

Az.: 7 C 136/2024
In dem Rechtsstreit
Fiona Gingster (RAin Dr. Annette Neumann, 67434 Neustadt a. d. Wstr.)
gegen
Kim Choi

wird namens und in Vollmacht der Klägerin die Klage vom 25.01.2024 gem. § 269 ZPO in vollem Umfang zurückgenommen.

Dr. Annette Neumann
Rechtsanwältin

Dieser Schriftsatz ist qualifiziert elektronisch signiert.

RAin Dr. Annette Neumann Fachanwältin für Verkehrsrecht · **RA Peter Huber** Fachanwalt für Erbrecht
In Zusammenarbeit mit **RAin Katharina Schuh** Fachanwältin für Familienrecht

RAe Dr. Neumann & Huber · Grainstr. 101 · 67434 Neustadt a. d. Wstr. · Telefon +49 6321 5632-0 · Fax +49 6321 5632-15
info@rae-neumann-huber.de · www.rae-neumann-huber.de
Registernummer PR 956 · Amtsgericht Neustadt a. d. Wstr. · USt-IdNr.: DE573964122

Commerzbank Neustadt a. d. Wstr. · IBAN DE41 5464 0035 0012 5832 19
Deutsche Bank Neustadt a. d. Wstr. · IBAN DE52 5467 0095 0096 7844 58

7.1.3 Der Antrag auf Klageabweisung

Situationsbeschreibung: Rechtsanwalt Peter Huber vertritt Lilo Polanski. Diese wird von der Farben Friedrich GmbH wegen einer noch offenen Forderung in Höhe von 1.510,93 € verklagt. Das Amtsgericht Heidelberg (Kurfürstenanlage 21, 69115 Heidelberg; gerichtliches Az.: 5 C 333/2024) hat die Klage vom 12.03.2024 am 28.03.2024 an Lilo Polanski zugestellt. Lilo Polanski möchte sich gegen die Klage wehren, da sie die Forderung als unberechtigt ansieht. Rechtsanwalt Peter Huber übergibt nach der Besprechung die Unterlagen an Annika Sauer mit der Bitte, eine Akte (Az.: 101/2024) anzulegen, die gerichtlichen Fristen (Antrag auf Klageabweisung sowie Begründung) einzutragen und den Antrag auf Klageabweisung zu erstellen. Annika Sauer erstellt den Schriftsatz am 05.04.2024 und legt die Akte anschließend wieder Rechtsanwalt Peter Huber zur Bearbeitung vor.

Dr. Neumann & Huber
Rechtsanwälte Partnerschaft

RAe Dr. Neumann & Huber, Grainstr. 101, 67434 Neustadt a. d. Wstr.
Per beA
Amtsgericht Speyer
Wormser Straße 41
67346 Speyer

Ihr Zeichen:	5 C 333/2024
Ihre Nachricht vom:	
Unser Zeichen:	101/2024
Unsere Nachricht vom:	
Name:	RA Peter Huber
Sekretariat:	Annika Sauer
Telefon:	+49 6321 5632-12
Telefax:	+49 6321 5632-15
Datum:	05.04.2024

Az.: 5 C 333/2024
In dem Rechtsstreit
Farben Friedrich GmbH
gegen
Lilo Polanski (RA Peter Huber, 67434 Neustadt a. d. Wstr.)

zeigen wir an, dass wir die Beklagte anwaltlich vertreten. Wir beantragen, zu erkennen:

1. Die Klage wird abgewiesen.
2. Die Klägerin trägt die Kosten des Verfahrens.

Die Begründung erfolgt innerhalb der gesetzten Frist mit einem gesonderten Schriftsatz.

Peter Huber
Rechtsanwalt

Dieser Schriftsatz ist einfach elektronisch signiert.

RAin Dr. Annette Neumann Fachanwältin für Verkehrsrecht · **RA Peter Huber** Fachanwalt für Erbrecht
In Zusammenarbeit mit **RAin Katharina Schuh** Fachanwältin für Familienrecht

RAe Dr. Neumann & Huber · Grainstr. 101 · 67434 Neustadt a. d. Wstr. · Telefon +49 6321 5632-0 · Fax +49 6321 5632-15
info@rae-neumann-huber.de · www.rae-neumann-huber.de
Registernummer PR 956 · Amtsgericht Neustadt a. d. Wstr. · USt-IdNr.: DE573964122

Commerzbank Neustadt a. d. Wstr. · IBAN DE41 5464 0035 0012 5832 19
Deutsche Bank Neustadt a. d. Wstr. · IBAN DE52 5467 0095 0096 7844 58

7.1.4 Der Antrag auf Terminsverlegung

Situationsbeschreibung: In der Angelegenheit Katharina Iwanow ./. Alexej Iwanow wegen Scheidung hat das Amtsgericht Neustadt an der Weinstraße (Robert-Stolz-Straße 20, 67433 Neustadt an der Weinstraße; gerichtliches Az.: 3 F 1531/2023) mit Verfügung vom 05.02.2024 Termin zur mündlichen Verhandlung bestimmt auf den 15.03.2024 um 10:00 Uhr. Da Rechtsanwältin Katharina Schuh, die Katharina Iwanow vertritt, an diesem Tag einen Termin vor dem Landgericht Dresden um 12:00 Uhr wahrnehmen muss (laut Verfügung des Landgerichts Dresden vom 08.01.2024), bittet sie Annika Sauer, beim Amtsgericht Neustadt an der Weinstraße einen Antrag auf Terminsverlegung zu stellen. Annika Sauer erstellt den entsprechenden Schriftsatz zum Az.: 200/2023 am 08.02.2024.

Dr. Neumann & Huber
Rechtsanwälte Partnerschaft

RAe Dr. Neumann & Huber, Grainstr. 101, 67434 Neustadt a. d. Wstr.
Per beA
Amtsgericht Neustadt an der Weinstraße
Robert-Stolz-Straße 20
67433 Neustadt an der Weinstraße

Ihr Zeichen: 3 F 1531/2023
Ihre Nachricht vom:
Unser Zeichen: 200/2023
Unsere Nachricht vom:

Name: RAin Katharina Schuh
Sekretariat: Annika Sauer
Telefon: +49 6321 5632-12
Telefax: +49 6321 5632-15

Datum: 08.02.2024

Az.: 3 F 1531/2023
In dem Rechtsstreit
Katharina Iwanow (RAin Katharina Schuh, 67434 Neustadt a. d. Wstr.)
gegen
Alexej Iwanow

beantragen wir, den Termin zur mündlichen Verhandlung vom 15.03.2024 um 10:00 Uhr zu verlegen.

Begründung:

Die Unterfertigte muss an diesem Tag einen Termin vor dem Landgericht Dresden um 12:00 Uhr wahrnehmen. Das Landgericht Dresden hat diesen Termin bereits mit Verfügung vom 08.01.2024 anberaumt.

Katharina Schuh
Rechtsanwältin

Dieser Schriftsatz ist einfach elektronisch signiert.

RAin Dr. Annette Neumann Fachanwältin für Verkehrsrecht · **RA Peter Huber** Fachanwalt für Erbrecht
In Zusammenarbeit mit **RAin Katharina Schuh** Fachanwältin für Familienrecht

RAe Dr. Neumann & Huber · Grainstr. 101 · 67434 Neustadt a. d. Wstr. · Telefon +49 6321 5632-0 · Fax +49 6321 5632-15
info@rae-neumann-huber.de · www.rae-neumann-huber.de
Registernummer PR 956 · Amtsgericht Neustadt a. d. Wstr. · USt-IdNr.: DE573964122

Commerzbank Neustadt a. d. Wstr. · IBAN DE41 5464 0035 0012 5832 19
Deutsche Bank Neustadt a. d. Wstr. · IBAN DE52 5467 0095 0096 7844 58

7.1.5 Der Antrag auf Fristverlängerung

Situationsbeschreibung: Das Landgericht Frankenthal (Bahnhofstraße 33, 67227 Frankenthal (Pfalz); gerichtliches Az.: 5 U 418/2024) hat Rechtsanwältin Katharina Schuh in der Angelegenheit Tatjana Langwied ./. Korbinian Schwaigert wegen Forderung (Az.: 3/2024) am 24.05.2024 den Schriftsatz des anwaltlichen Vertreters von Korbinian Schwaigert vom 14.05.2024 übersandt. Laut der beiliegenden Verfügung hat Rechtsanwältin Katharina Schuh die Möglichkeit, zu diesem Schriftsatz bis zum 14.06.2024 Stellung zu nehmen. Da Rechtsanwältin Katharina Schuh weitere Informationen und Unterlagen von Tatjana Langwied, die sich jedoch noch bis 15.06.2024 beruflich im Ausland befindet, benötigt, bittet sie Julia Hoffmann, einen Antrag auf Fristverlängerung bis zum 05.07.2024 zu stellen. Julia Hoffmann erstellt diesen Schriftsatz am 28.05.2024.

Dr. Neumann & Huber
Rechtsanwälte Partnerschaft

RAe Dr. Neumann & Huber, Grainstr. 101, 67434 Neustadt a. d. Wstr.
Landgericht Frankenthal
Bahnhofstraße 33
67227 Frankenthal (Pfalz)

Ihr Zeichen:	5 U 418/2024
Ihre Nachricht vom:	
Unser Zeichen:	3/2024
Unsere Nachricht vom:	
Name:	RAin Katharina Schuh
Sekretariat:	Julia Hoffmann
Telefon:	+49 6321 5632-13
Telefax:	+49 6321 5632-15
Datum:	28.05.2024

Az.: 5 U 418/2024
In dem Rechtsstreit
Tatjana Langwied (RAin Katharina Schuh, 67434 Neustadt a. d. Wstr.)
gegen
Korbinian Schwaigert

wird beantragt, die Frist zur Stellungnahme auf das Vorbringen des Beklagten bis 05.07.2024 zu verlängern.

Begründung:

Um zum Vorbringen des Beklagten mit Schriftsatz vom 14.05.2024 Stellung nehmen zu können, werden weitere Informationen und Unterlagen von der Klägerin benötigt. Diese befindet sich jedoch noch bis zum 15.06.2024 beruflich im Ausland, sodass eine Besprechung mit ihr erst in der 35. Kalenderwoche stattfinden kann.

Katharina Schuh
Rechtsanwältin

Dieser Schriftsatz ist einfach elektronisch signiert.

RAin Dr. Annette Neumann Fachanwältin für Verkehrsrecht · **RA Peter Huber** Fachanwalt für Erbrecht
In Zusammenarbeit mit **RAin Katharina Schuh** Fachanwältin für Familienrecht

RAe Dr. Neumann & Huber · Grainstr. 101 · 67434 Neustadt a. d. Wstr. · Telefon +49 6321 5632-0 · Fax +49 6321 5632-15
info@rae-neumann-huber.de · www.rae-neumann-huber.de
Registernummer PR 956 · Amtsgericht Neustadt a. d. Wstr. · USt-IdNr.: DE573964122

Commerzbank Neustadt a. d. Wstr. · IBAN DE41 5464 0035 0012 5832 19
Deutsche Bank Neustadt a. d. Wstr. · IBAN DE52 5467 0095 0096 7844 58

7.1.6 Der Antrag auf Bewilligung von PKH

Situationsbeschreibung: Dorothea Schmitt (Klosterstraße 23, 67480 Edenkoben) beauftragt Rechtsanwalt Peter Huber in der Forderungsangelegenheit gegen Paul Löhe (Weinstraße 15, 67480 Edenkoben). Rechtsanwalt Peter Huber soll die Forderung in Höhe von 6.000,00 € gleich gerichtlich geltend machen, aber nur, wenn Dorothea Schmitt auch PKH bewilligt wird. Rechtsanwalt Peter Huber übergibt die Akte zum Anlegen (Az.: 113/2024) an Julia Hoffmann. Diese soll auch gleich den PKH-Antrag an das Landgericht Frankenthal in der Pfalz (Bahnhofstraße 33, 67227 Frankenthal in der Pfalz) vorbereiten und ihm anschließend die Akte wieder übergeben, damit er den Klageentwurf fertigen kann. Julia Hoffmann fertigt den PKH-Antrag am 09.04.2024 an.

Dr. Neumann & Huber
Rechtsanwälte Partnerschaft

RAe Dr. Neumann & Huber, Grainstr. 101, 67434 Neustadt a. d. Wstr.
Per beA
Landgericht Frankenthal
Bahnhofstraße 33
67227 Frankenthal (Pfalz)

Ihr Zeichen:	
Ihre Nachricht vom:	
Unser Zeichen:	113/2024
Unsere Nachricht vom:	
Name:	RA Peter Huber
Sekretariat:	Julia Hoffmann
Telefon:	+49 6321 5632-13
Telefax:	+49 6321 5632-15
Datum:	09.04.2024

Antrag auf Bewilligung von Prozesskostenhilfe

In dem Rechtsstreit

Dorothea Schmitt, Klosterstraße 23, 67480 Edenkoben,

– Antragstellerin –

Verfahrensbevollmächtigte: Dr. Neumann & Huber, Rechtsanwälte, Partnerschaft
RA Peter Huber, Grainstraße 101, 67434 Neustadt an der Weinstraße,

gegen

Paul Löhe, Weinstraße 15, 67480 Edenkoben,

– Antragsgegner –

wegen Forderung,

wird beantragt,

1. der Antragstellerin für die erste Instanz Prozesskostenhilfe zu bewilligen und
2. ihr zur vorläufig unentgeltlichen Wahrnehmung ihrer Rechte den Unterfertigten als Rechtsanwalt beizuordnen.

Seite 1 von 2

RAin Dr. Annette Neumann Fachanwältin für Verkehrsrecht · **RA Peter Huber** Fachanwalt für Erbrecht
In Zusammenarbeit mit **RAin Katharina Schuh** Fachanwältin für Familienrecht

RAe Dr. Neumann & Huber · Grainstr. 101 · 67434 Neustadt a. d. Wstr. · Telefon +49 6321 5632-0 · Fax +49 6321 5632-15
info@rae-neumann-huber.de · www.rae-neumann-huber.de
Registernummer PR 956 · Amtsgericht Neustadt a. d. Wstr. · USt-IdNr.: DE573964122

Commerzbank Neustadt a. d. Wstr. · IBAN DE41 5464 0035 0012 5832 19
Deutsche Bank Neustadt a. d. Wstr. · IBAN DE52 5467 0095 0096 7844 58

Begründung:

Die Antragstellerin ist nach ihren persönlichen und wirtschaftlichen Verhältnissen nicht in der Lage, die Kosten des beabsichtigten Rechtsstreits zu tragen. In der Anlage überreichen wir insoweit die Erklärung über die persönlichen und wirtschaftlichen Verhältnisse nebst den dazugehörenden Belegen.

Die beabsichtigte Klage ist nicht mutwillig und hat hinreichend Aussicht auf Erfolg (vgl. § 114 ZPO). Auf den anliegenden Klageentwurf wird Bezug genommen.

Peter Huber
Rechtsanwalt

2 Anlagen

Dieser Schriftsatz ist qualifiziert elektronisch signiert.

7.2 Das Kostenfestsetzungsverfahren

Im Kostenfestsetzungsverfahren gehören neben dem Erstellen eines Kostenfestsetzungsantrags gem. § 104 ZPO und eines Kostenausgleichsantrags gem. § 106 ZPO auch der Kostenfestsetzungsantrag gegen die eigene Mandantschaft sowie die Erinnerung gegen einen Kostenfestsetzungsbeschluss u.a. zu den ständig wiederkehrenden Aufgaben eines Rechtsanwaltsfachangestellten.

vgl. LF 10, Kap. 4

7.2.1 Der Kostenfestsetzungsantrag gem. § 104 ZPO

Situationsbeschreibung: Rechtsanwältin Dr. Annette Neumann vertritt Reinhilde von Humboldt (nicht zum Vorsteuerabzug berechtigt) im Rechtsstreit gegen Dr. Georg-Friedrich Schimmer. Das Amtsgericht Neustadt an der Weinstraße (Robert-Stolz-Straße 20, 67433 Neustadt an der Weinstraße; gerichtliches Az.: 5 C 33/2024) hat der Klage nach einem Termin zur mündlichen Verhandlung in vollem Umfang stattgegeben, sodass Dr. Georg-Friedrich Schimmer die Kosten des Rechtsstreits aus dem Streitwert in Höhe von 3.516,00 € zu tragen hat. Rechtsanwältin Dr. Annette Neumann übergibt die Akte (Az.: 15/2024) an Annika Sauer mit der Bitte, den Kostenfestsetzungsantrag zu erstellen. Annika Sauer erledigt dies am 05.02.2024.

Dr. Neumann & Huber
Rechtsanwälte Partnerschaft

RAe Dr. Neumann & Huber, Grainstr. 101, 67434 Neustadt a. d. Wstr.
Per beA
Amtsgericht Neustadt an der Weinstraße
Robert-Stolz-Straße 20
67433 Neustadt an der Weinstraße

Ihr Zeichen:	5 C 33/2024
Ihre Nachricht vom:	
Unser Zeichen:	15/2024
Unsere Nachricht vom:	
Name:	RAin Dr. Annette Neumann
Sekretariat:	Annika Sauer
Telefon:	+49 6321 5632-12
Telefax:	+49 6321 5632-15
Datum:	05.02.2024

Az.: 5 C 33/2024
In dem Rechtsstreit
Reinhilde von Humboldt (**RAin Dr. Annette Neumann, 67434 Neustadt a. d. Wstr.**)
gegen
Dr. Georg-Friedrich Schimmer

beantragen wir, die im Folgenden aufgeführten der Klägerin entstandenen Kosten gem. §§ 103, 104 ZPO gegen den Beklagten festzusetzen:

Streitwert: 3.516,00 €, § 43 Abs. 1 GKG, § 4 ZPO

Gerichtskosten:		420,00 €
verauslagte Gerichtskosten, Nr. 1210 KV GKG	420,00 €	
Rechtsanwaltskosten:		850,85 €
1,3 Verfahrensgebühr, Nr. 3100 VV RVG	361,40 €	
1,2 Terminsgebühr, Nr. 3104 VV RVG	333,60 €	
Pauschale Post und Telekommunikation, Nr. 7002 VV RVG	20,00 €	
Zwischensumme	715,00 €	
19 % Umsatzsteuer, Nr. 7008 VV RVG	135,85 €	
Summe	850,85 €	
Gesamtsumme		1.270,85 €

Ggf. weitere eingezahlte Gerichtskosten bitten wir, hinzusetzen.

Seite 1 von 2

RAin Dr. Annette Neumann Fachanwältin für Verkehrsrecht · **RA Peter Huber** Fachanwalt für Erbrecht
In Zusammenarbeit mit **RAin Katharina Schuh** Fachanwältin für Familienrecht

RAe Dr. Neumann & Huber · Grainstr. 101 · 67434 Neustadt a. d. Wstr. · Telefon +49 6321 5632-0 · Fax +49 6321 5632-15
info@rae-neumann-huber.de · www.rae-neumann-huber.de
Registernummer PR 956 · Amtsgericht Neustadt a. d. Wstr. · USt-IdNr.: DE573964122

Commerzbank Neustadt a. d. Wstr. · IBAN DE41 5464 0035 0012 5832 19
Deutsche Bank Neustadt a. d. Wstr. · IBAN DE52 5467 0095 0096 7844 58

Es wird beantragt, den Betrag in Höhe von 1.270,85 € ab Antragseingang mit fünf Prozentpunkten über dem jeweiligen Basiszinssatz zu verzinsen.

Die Klägerin ist nicht berechtigt, die Vorsteuer abzuziehen.

Weiterhin wird beantragt, eine vollstreckbare Ausfertigung des Kostenfestsetzungsbeschlusses an die Unterfertigte zu übersenden.

Dr. Annette Neumann
Rechtsanwältin

Dieser Schriftsatz ist qualifiziert elektronisch übersandt.

7.2.2 Der Kostenausgleichsantrag gem. § 106 ZPO

Situationsbeschreibung: Irene Batic (nicht zum Vorsteuerabzug berechtigt) beauftragt Rechtsanwalt Peter Huber in der Angelegenheit gegen Jonas Bertil. Auftragsgemäß erhebt Rechtsanwalt Peter Huber Klage vor dem Amtsgericht Neustadt an der Weinstraße (Robert-Stolz-Straße 20, 67433 Neustadt an der Weinstraße; gerichtliches Az.: 5 C 3/2024) über einen Betrag in Höhe von 4.500,00 €. Die Parteien schließen noch vor der mündlichen Verhandlung einen schriftlichen Vergleich dahingehend, dass Jonas Bertil einen Betrag in Höhe von 2.700,00 € an Irene Batic zahlt. Die Einigung erstreckt sich auch auf die Kostentragung: Irene Batic trägt 40 % der Kosten, Jonas Bertil 60 %. Nachdem das Amtsgericht den Vergleich protokolliert hat, übergibt Rechtsanwalt Peter Huber die Akte (Az.: 2/2024) an Annika Sauer mit der Bitte, den Kostenausgleichsantrag zu erstellen. Eine Gerichtskostenrückerstattung ist bislang nicht erfolgt. Annika Sauer erstellt den Kostenausgleichsantrag am 12.04.2024.

Dr. Neumann & Huber
Rechtsanwälte Partnerschaft

Ihr Zeichen:	5 C 3/2024
Ihre Nachricht vom:	
Unser Zeichen:	2/2024
Unsere Nachricht vom:	
Name:	RA Peter Huber
Sekretariat:	Annika Sauer
Telefon:	+49 6321 5632-12
Telefax:	+49 6321 5632-15
Datum:	12.04.2024

RAe Dr. Neumann & Huber, Grainstr. 101, 67434 Neustadt a. d. Wstr.
Per beA
Amtsgericht Neustadt an der Weinstraße
Robert-Stolz-Straße 20
67433 Neustadt an der Weinstraße

Az.: 5 C 3/2024
In dem Rechtsstreit
Irene Batic (RA Peter Huber, 67434 Neustadt w. d. Wstr.)
gegen
Jonas Bertil

beantragen wir namens und im Auftrag der Klägerin gem. §§ 103, 106 ZPO Kostenausgleich und teilen die der Klägerin entstandenen Kosten wie folgt mit:

Streitwert: 4.500,00 €, § 43 Abs. 1 GKG, § 4 ZPO

Gerichtskosten:		483,00 €
verauslagte Gerichtskosten, Nr. 1210 KV GKG	483,00 €	
Rechtsanwaltskosten:		1.414,91 €
1,3 Verfahrensgebühr, Nr. 3100 VV RVG	434,20 €	
1,2 Terminsgebühr, Nr. 3104 VV RVG	400,80 €	
1,0 Einigungsgebühr, Nrn. 1000, 1003 VV RVG	334,00 €	
Pauschale Post und Telekommunikation, Nr. 7002 VV RVG	20,00 €	
Zwischensumme	1.189,00 €	
19 % Umsatzsteuer, Nr. 7008 VV RVG	225,91 €	
Summe	1.414,91 €	
Gesamtsumme		1.897,91 €

Ggf. weitere eingezahlte Gerichtskosten bitten wir, hinzuzusetzen.

Seite 1 von 2

RAin Dr. Annette Neumann Fachanwältin für Verkehrsrecht · **RA Peter Huber** Fachanwalt für Erbrecht
In Zusammenarbeit mit **RAin Katharina Schuh** Fachanwältin für Familienrecht

RAe Dr. Neumann & Huber · Grainstr. 101 · 67434 Neustadt a. d. Wstr. · Telefon +49 6321 5632-0 · Fax +49 6321 5632-15
info@rae-neumann-huber.de · www.rae-neumann-huber.de
Registernummer PR 956 · Amtsgericht Neustadt a. d. Wstr. · USt-IdNr.: DE573964122

Commerzbank Neustadt a. d. Wstr. · IBAN DE41 5464 0035 0012 5832 19
Deutsche Bank Neustadt a. d. Wstr. · IBAN DE52 5467 0095 0096 7844 58

Es wird beantragt, den auszugleichenden Betrag ab Antragseingang mit fünf Prozentpunkten über dem jeweiligen Basiszinssatz zu verzinsen.

Die Klägerin ist nicht berechtigt, die Vorsteuer abzuziehen.

Weiterhin wird beantragt, eine vollstreckbare Ausfertigung des Kostenfestsetzungsbeschlusses an den Unterfertigten zu übersenden.

Peter Huber
Rechtsanwalt

Dieser Schriftsatz ist einfach elektronisch signiert.

7.2.3 Die Kostenfestsetzung gegen die eigene Mandantschaft gem. § 11 RVG

Situationsbeschreibung: Rechtsanwältin Dr. Annette Neumann hat im Rechtsstreit Fabian Österle ./. Maja Martin die Beklagte Maja Martin anwaltlich vertreten. Diese wurde vom Landgericht Stuttgart (Urbanstraße 20, 70182 Stuttgart; gerichtliches Az.: 3 O 665/2024) nach der Durchführung der Beweisaufnahme zur Zahlung der Klageforderung in Höhe von 8.330,50 € zzgl. Zinsen sowie zur Kostentragung verurteilt. Nach Abschluss der Angelegenheit hat Maja Martin die anwaltliche Kostenrechnung vom 22.01.2024 in Höhe von 1.672,55 € trotz Mahnungen vom 15.02.2024 und 15.03.2024 nicht bezahlt. Rechtsanwältin Dr. Annette Neumann möchte deshalb die Kosten gem. § 11 RVG gegen Maja Martin festsetzen lassen. Sie übergibt die Akte (Az.: 183/2024) an Julia Hoffmann mit der Bitte um Erledigung. Julia Hoffmann erstellt den Schriftsatz am 05.04.2024.

Dr. Neumann & Huber
Rechtsanwälte Partnerschaft

RAe Dr. Neumann & Huber, Grainstr. 101, 67434 Neustadt a. d. Wstr.
Per beA
Landgericht Stuttgart
Urbanstraße 20
70182 Stuttgart

Ihr Zeichen:	3 O 665/2024
Ihre Nachricht vom:	
Unser Zeichen:	183/2024
Unsere Nachricht vom:	
Name:	RAin Dr. Annette Neumann
Sekretariat:	Julia Hoffmann
Telefon:	+49 6321 5632-13
Telefax:	+49 6321 5632-15
Datum:	05.04.2024

Az.: 3 O 665/2024
In dem Rechtsstreit
Fabian Österle
gegen
Maja Martin (RAin Dr. Annette Neumann, 67434 Neustadt a. d. Wstr.)

wird beantragt, die nachfolgend aufgeführten Kosten gem. § 11 RVG gegen die Beklagte festzusetzen:

Streitwert: 8.330,50 €, § 43 Abs. 1 GKG, § 4 ZPO

1,3 Verfahrensgebühr, Nr. 3100 VV RVG	725,40 €
1,2 Terminsgebühr, Nr. 3104 VV RVG	669,60 €
Pauschale Post und Telekommunikation, Nr. 7002 VV RVG	20,00 €
Fahrtkosten (130 km x 2 x 0,42 €), Nr. 7003 VV RVG	109,20 €
Abwesenheitsgeld, Nr. 7005 Ziff. 2 VV RVG	50,00 €
Zwischensumme	1.574,20 €
19 % Umsatzsteuer, Nr. 7008 VV RVG	299,10 €
Summe	1.873,30 €

Die Beklagte ist nicht berechtigt, die Vorsteuer abzuziehen.

Eine Vergütungsabrechnung ist der Beklagten nach § 10 RVG am 22.01.2024 erteilt und übermittelt worden. Hierauf hat sie nicht reagiert, ebenso wenig auf die Mahnungen vom 15.02.2024 und 15.03.2024.

Seite **1** von **2**

RAin Dr. Annette Neumann Fachanwältin für Verkehrsrecht · **RA Peter Huber** Fachanwalt für Erbrecht
In Zusammenarbeit mit **RAin Katharina Schuh** Fachanwältin für Familienrecht

RAe Dr. Neumann & Huber · Grainstr. 101 · 67434 Neustadt a. d. Wstr. · Telefon +49 6321 5632-0 · Fax +49 6321 5632-15
info@rae-neumann-huber.de · www.rae-neumann-huber.de
Registernummer PR 956 · Amtsgericht Neustadt a. d. Wstr. · USt-IdNr.: DE573964122

Commerzbank Neustadt a. d. Wstr. · IBAN DE41 5464 0035 0012 5832 19
Deutsche Bank Neustadt a. d. Wstr. · IBAN DE52 5467 0095 0096 7844 58

Es wird beantragt, den Betrag in Höhe von 1.873,30 € ab Antragseingang mit fünf Prozentpunkten über dem jeweiligen Basiszinssatz zu verzinsen.

Die in diesem Verfahren entstehenden Zustellungskosten sowie weitere eventuell anfallende Auslagen bitten wir einschließlich Zinsen in Höhe von fünf Prozentpunkten über dem jeweiligen Basiszinssatz gleichzeitig festzusetzen.

Weiterhin wird beantragt, eine vollstreckbare Ausfertigung des Kostenfestsetzungsbeschlusses an den Unterfertigten zu übersenden.

Dr. Annette Neumann
Rechtsanwältin

Dieser Schriftsatz ist qualifiziert elektronisch signiert.

7.2.4 Die Erinnerung gegen den Kostenfestsetzungsbeschluss

Situationsbeschreibung: Das Landgericht Heidelberg (Kurfürstenanlage 21, 69115 Heidelberg; gerichtliches Az.: 5 O 333/2023) hat mit Schreiben vom 08.01.2024 in dem Rechtsstreit Peter Köster ./. Liliane Weiß den Kostenfestsetzungsbeschluss vom 04.01.2024 übersandt. Bei der Überprüfung des Kostenfestsetzungsbeschlusses fällt auf, dass das Landgericht Heidelberg die durch Belege bereits nachgewiesenen Reisekosten (Fahrtkosten zum 65 km entfernten Gericht in Höhe von 54,60 € und Abwesenheitsgeld in Höhe von 50,00 €) zzgl. Umsatzsteuer, die im Kostenfestsetzungsantrag vom 23.11.2023 aufgelistet waren, nicht berücksichtigt hat. Die Reisekosten waren erforderlich, um den Termin zur mündlichen Verhandlung am 26.10.2023 wahrnehmen zu können. Die sachbearbeitende Rechtsanwältin Katharina Schuh übergibt die Akte (193/2023) deshalb an Julia Hoffmann und bittet diese, Erinnerung gegen den Kostenfestsetzungsbeschluss einzulegen. Julia Hoffmann fertigt den Schriftsatz am 15.01.2024 an.

Dr. Neumann & Huber
Rechtsanwälte Partnerschaft

RAe Dr. Neumann & Huber, Grainstr. 101, 67434 Neustadt a. d. Wstr.
Per beA
Landgericht Heidelberg
Kurfürstenanalge 21
69115 Heidelberg

Ihr Zeichen: 5 O 333/2023
Ihre Nachricht vom:
Unser Zeichen: 193/2023
Unsere Nachricht vom:

Name: RAin Katharina Schuh
Sekretariat: Julia Hoffmann
Telefon: +49 6321 5632-13
Telefax: +49 6321 5632-15

Datum: 15.01.2024

Az.: 5 O 333/2023
In dem Rechtsstreit
Peter Köster (RAin Katharina Schuh, 67434 Neustadt a. d. Wstr.)
gegen
Liliane Weiß

legen wir namens und im Auftrag des Klägers gegen den Kostenfestsetzungsbeschluss vom 04.01.2024, zugestellt am 08.01.2024, **Erinnerung** gem. § 573 Abs. 1 ZPO, § 11 RPflG ein:

Es wird beantragt, unter Aufhebung des Kostenfestsetzungsbeschlusses vom 04.01.2024, die mit Kostenfestsetzungsantrag vom 23.11.2023 aufgelisteten Reisekosten im erneuten Kostenfestsetzungsbeschluss wie folgt zuzubilligen:

Fahrtkosten (65 km x 2 x 0,42 €), Nr. 7003 VV RVG	54,60 €
Abwesenheitsgeld, Nr. 7005 Ziff. 2 VV RVG	50,00 €

Hinzu kommt noch die Umsatzsteuer gem. Nr. 7008 VV RVG in Höhe von 19,87 €.

Begründung: In dem Kostenfestsetzungsbeschluss vom 04.01.2024 wurden die Reisekosten zu Unrecht nicht festgesetzt. Die Reisekosten sind durch die Wahrnehmung des Termins zur mündlichen Verhandlung am 26.10.2023 entstanden, zu dem die Unterfertigte mit dem eigenen Pkw anreiste. Somit sind die Fahrtkosten in Höhe von 54,60 € und das Abwesenheitsgeld in Höhe von 50,00 € zzgl. Umsatzsteuer in Höhe von 19,87 € entstanden und festzusetzen.

Katharina Schuh
Rechtsanwältin

Dieser Schriftsatz ist einfach elektronisch signiert.

RAin Dr. Annette Neumann Fachanwältin für Verkehrsrecht · **RA Peter Huber** Fachanwalt für Erbrecht
In Zusammenarbeit mit **RAin Katharina Schuh** Fachanwältin für Familienrecht

RAe Dr. Neumann & Huber · Grainstr. 101 · 67434 Neustadt a. d. Wstr. · Telefon +49 6321 5632-0 · Fax +49 6321 5632-15
info@rae-neumann-huber.de · www.rae-neumann-huber.de
Registernummer PR 956 · Amtsgericht Neustadt a. d. Wstr. · USt-IdNr.: DE573964122

Commerzbank Neustadt a. d. Wstr. · IBAN DE41 5464 0035 0012 5832 19
Deutsche Bank Neustadt a. d. Wstr. · IBAN DE52 5467 0095 0096 7844 58

7.3 Schreiben an Mandantschaften

Die Schreiben an Mandantschaften im zivilrechtlichen Verfahren erster Instanz können sehr vielfältig sein. So kann es vorkommen, dass Mandantschaften z. B. über einen anberaumten Gerichtstermin oder über einzuzahlende Gerichtskosten informiert werden müssen. Die nachfolgenden Beispielschreiben stellen deshalb nur einen kleinen Auszug aus den vielfältigen anzufertigenden Schreiben dar.

7.3.1 Mitteilung über einen anberaumten Termin

Situationsbeschreibung: Am 12.04.2024 befindet sich in der Eingangspost die Ladung des Landgerichts Landau in der Pfalz vom 09.04.2024 in dem Rechtsstreit Mason Veith ./. Ingelore Kochert (In der Viehweide 65, 76879 Bornheim) wegen Unterlassung. Annika Sauer trägt zunächst den anberaumten Termin zur mündlichen Verhandlung am Freitag, 04.06.2024 um 10:00 Uhr (Gerichtsadresse: Marienring 13, 76829 Landau in der Pfalz; Sitzungssaal: 105) im Kalender ein. Anschließend erstellt sie gleich das Schreiben an die Mandantin Ingelore Kochert, in dem diese über den Gerichtstermin informiert wird. Das Landgericht Landau in der Pfalz hat das persönliche Erscheinen der Mandantin angeordnet. Sachbearbeiter der Akte (Az.: 201/2023) ist Rechtsanwalt Peter Huber.

Dr. Neumann & Huber
Rechtsanwälte Partnerschaft

RAe Dr. Neumann & Huber, Grainstr. 101, 67434 Neustadt a. d. Wstr.
Frau
Ingelore Kochert
In der Viehweide 65
76879 Bornheim

Ihr Zeichen:	
Ihre Nachricht vom:	
Unser Zeichen:	201/2023
Unsere Nachricht vom:	
Name:	RA Peter Huber
Sekretariat:	Annika Sauer
Telefon:	+49 6321 5632-12
Telefax:	+49 6321 5632-15
Datum:	12.04.2024

Mason Veith ./. Ingelore Kochert
wg. Unterlassung

Sehr geehrte Frau Kochert,

wie Sie beiliegendem Schreiben des Landgerichts Landau in der Pfalz vom 09.04.2024 entnehmen können, wurde Termin zur mündlichen Verhandlung bestimmt auf

Freitag, 04.06.2024 um 10:00 Uhr.

Das Gericht hat Ihr persönliches Erscheinen angeordnet, sodass Sie bei diesem Termin persönlich anwesend sein müssen.

Bitte kommen Sie daher am 04.06.2024 pünktlich zum Landgericht Landau in der Pfalz, Marienring 13, 76829 Landau in der Pfalz, Sitzungssaal 105.

Sofern Sie noch Fragen haben, können Sie mich gerne anrufen.

Freundliche Grüße

Peter Huber
Rechtsanwalt

Anlage

RAin Dr. Annette Neumann Fachanwältin für Verkehrsrecht · **RA Peter Huber** Fachanwalt für Erbrecht
In Zusammenarbeit mit **RAin Katharina Schuh** Fachanwältin für Familienrecht

RAe Dr. Neumann & Huber · Grainstr. 101 · 67434 Neustadt a. d. Wstr. · Telefon +49 6321 5632-0 · Fax +49 6321 5632-15
info@rae-neumann-huber.de · www.rae-neumann-huber.de
Registernummer PR 956 · Amtsgericht Neustadt a. d. Wstr. · USt-IdNr.: DE573964122

Commerzbank Neustadt a. d. Wstr. · IBAN DE41 5464 0035 0012 5832 19
Deutsche Bank Neustadt a. d. Wstr. · IBAN DE52 5467 0095 0096 7844 58

7.3.2 Mitteilung über einen erlassenen Kostenfestsetzungsbeschluss

Situationsbeschreibung: Das Amtsgericht Bruchsal hat am 18.01.2024 in dem Rechtsstreit Jan van der Haus ./. Juliane Maiwalder wegen Forderung einen Kostenfestsetzungsbeschluss erlassen. Nach diesem muss Juliane Maiwalder, die von Rechtsanwältin Dr. Annette Neumann vertreten wird, einen Betrag in Höhe von 385,96 € zzgl. Zinsen in Höhe von fünf Prozentpunkten über dem Basiszinssatz seit dem 11.12.2023 an Jan van der Haus erstatten. Da der Kostenfestsetzungsbeschluss rechnerisch korrekt ist, verfasst Julia Hoffmann am 22.01.2024 das Schreiben an Juliane Maiwalder (Hauptstraße 50 a, 67466 Lambrecht), in dem sie dieser nahelegt, die Forderung zeitnah zu begleichen (Konto von Jan van der Haus ist der Mandantin bekannt), um weitere Zinsen sowie ggf. Zwangsvollstreckungsmaßnahmen zu vermeiden. Die Akte hat das Az.: 151/2023.

Dr. Neumann & Huber
Rechtsanwälte Partnerschaft

RAe Dr. Neumann & Huber, Grainstr. 101, 67434 Neustadt a. d. Wstr.
Frau
Juliane Maiwalder
Hauptstraße 50 a
67466 Lambrecht

Ihr Zeichen:	
Ihre Nachricht vom:	
Unser Zeichen:	151/2023
Unsere Nachricht vom:	
Name:	RAin Dr. Annette Neumann
Sekretariat:	Julia Hoffmann
Telefon:	+49 6321 5632-13
Telefax:	+49 6321 5632-15
Datum:	22.01.2024

Juliane Maiwalder ./. Jan van der Haus
wg. Forderung

Sehr geehrte Frau Maiwalder,

das Amtsgericht Bruchsal hat am 18.01.2024 einen Kostenfestsetzungsbeschluss erlassen (vgl. Anlage). Nach diesem haben Sie einen Betrag in Höhe von 385,96 € zzgl. Zinsen in Höhe von fünf Prozentpunkten über dem Basiszinssatz seit 11.12.2023 an Jan van der Haus zu erstatten.

Der Kostenfestsetzungsbeschluss ist rechnerisch korrekt.

Um die Zahlung weiterer Zinsen sowie ggf. Zwangsvollstreckungsmaßnahmen zu vermeiden, bitten wir Sie, folgenden Betrag baldmöglichst auf das Ihnen bekannte Konto von Jan van der Haus zu überweisen:

Forderung gem. Kostenfestsetzungsbeschluss	385,96 €
Zinsen vom 11.12.2023 bis 22.01.2024	3,69 €
Summe	389,65 €
zzgl. weiterer täglicher Zinsen	**0,0856 €**

Sofern Sie noch Fragen haben, können Sie mich gerne anrufen.

Freundliche Grüße

Dr. Annette Neumann
Rechtsanwältin

Anlage

RAin Dr. Annette Neumann Fachanwältin für Verkehrsrecht · **RA Peter Huber** Fachanwalt für Erbrecht
In Zusammenarbeit mit **RAin Katharina Schuh** Fachanwältin für Familienrecht

RAe Dr. Neumann & Huber · Grainstr. 101 · 67434 Neustadt a. d. Wstr. · Telefon +49 6321 5632-0 · Fax +49 6321 5632-15
info@rae-neumann-huber.de · www.rae-neumann-huber.de
Registernummer PR 956 · Amtsgericht Neustadt a. d. Wstr. · USt-IdNr.: DE573964122

Commerzbank Neustadt a. d. Wstr. · IBAN DE41 5464 0035 0012 5832 19
Deutsche Bank Neustadt a. d. Wstr. · IBAN DE52 5467 0095 0096 7844 58

Hinweis: Bei der Berechnung der Zinsen wurde ein Basiszinssatz von 3,12 zugrunde gelegt. Den aktuellen Basiszinssatz können Sie der Internetseite www.basiszinssatz.info entnehmen.

7.3.3 Mitteilung über einzuzahlende Gerichtskosten

Situationsbeschreibung: Am 12.03.2024 befindet sich im Posteingang ein Schreiben des Amtsgerichts Landau in der Pfalz vom 08.03.2024. Dieses teilt mit, dass der Rechtsstreit Klaus Trochowski ./. Linda Meyer wegen Forderung vom Zentralen Mahngericht Mayen nunmehr antragsgemäß abgegeben worden sei. Weiterhin wird mitgeteilt, dass weitere Gerichtskosten in Höhe von 297,50 € einzuzahlen seien. Julia Hoffmann fertigt daraufhin am gleichen Tag das Schreiben an den Mandanten Klaus Trochowski (Falkenstraße 21, 76829 Landau in der Pfalz, Stadtteil Dammheim) mit der Bitte, die Gerichtskosten zeitnah auf eines der Kanzleikonten zu überweisen, damit der Betrag an das Gericht weiterüberwiesen werden kann und das Verfahren seinen Fortgang nimmt. Sachbearbeiterin der Akte (Az.: 5/2024) ist Rechtsanwältin Katharina Schuh.

Dr. Neumann & Huber
Rechtsanwälte Partnerschaft

RAe Dr. Neumann & Huber, Grainstr. 101, 67434 Neustadt a. d. Wstr.
Herrn
Klaus Trochowski
Dammheim
Falkenstraße 21
76829 Landau in der Pfalz

Ihr Zeichen:
Ihre Nachricht vom:
Unser Zeichen: 5/2024
Unsere Nachricht vom:

Name: RAin Katharina Schuh
Sekretariat: Julia Hoffmann
Telefon: +49 6321 5632-13
Telefax: +49 6321 5632-15

Datum: 12.03.2024

Klaus Trochowski ./. Linda Meyer
wg. Forderung

Sehr geehrter Herr Trochowski,

wir überreichen Ihnen das Schreiben des Amtsgerichts Landau in der Pfalz vom 08.03.2021 zu Ihrer Kenntnisnahme.

Wie Sie diesem Schreiben entnehmen können, hat das Zentrale Mahngericht Mayen das Verfahren nun antragsgemäß abgegeben und bittet darum, weitere Gerichtskosten in Höhe von 297,50 € einzuzahlen.

Bitte überweisen Sie den Betrag in Höhe von 297,50 € zeitnah auf eines unserer unten aufgeführten Kanzleikonten, damit wir die Gerichtskosten weiterüberweisen können, sodass das Verfahren seinen Fortgang nehmen kann.

Freundliche Grüße

Katharina Schuh
Rechtsanwältin

Anlage

RAin Dr. Annette Neumann Fachanwältin für Verkehrsrecht · **RA Peter Huber** Fachanwalt für Erbrecht
In Zusammenarbeit mit **RAin Katharina Schuh** Fachanwältin für Familienrecht

RAe Dr. Neumann & Huber · Grainstr. 101 · 67434 Neustadt a. d. Wstr. · Telefon +49 6321 5632-0 · Fax +49 6321 5632-15
info@rae-neumann-huber.de · www.rae-neumann-huber.de
Registernummer PR 956 · Amtsgericht Neustadt a. d. Wstr. · USt-IdNr.: DE573964122

Commerzbank Neustadt a. d. Wstr. · IBAN DE41 5464 0035 0012 5832 19
Deutsche Bank Neustadt a. d. Wstr. · IBAN DE52 5467 0095 0096 7844 58

7.4 Kostenrechnungen erstellen

Gerade im zivilrechtlichen Verfahren erster Instanz ist es wichtig, der Mandantschaft einen Vorschuss in Rechnung zu stellen, denn gerichtliche Verfahren dauern oft mehrere Monate. Zudem muss bei Klageeinreichung ein Gerichtskostenvorschuss geleistet werden, den der Rechtsanwalt nicht verauslagen sollte, da es unsicher ist, ob die Mandantschaft am Ende die Kostenrechnung dann auch bezahlt.

Nach Beendigung der Angelegenheit darf natürlich die Kostenendabrechnung nicht fehlen. In dieser sind dann die ggf. bereits bezahlten Vorschüsse aufzuführen und von den angefallenen Kosten entsprechend in Abzug zu bringen.

7.4.1 Vorschusskostenrechnung

Situationsbeschreibung: Rechtsanwältin Katharina Schuh erhält von Dr. Elvira Matthes (Schulstraße 1, Wohnung Nr. 5, 67365 Schwegenheim) am 04.01.2024 den Auftrag, in der Sache Dr. Elvira Matthes ./. Gunther Lippelt wegen Forderung (Az.: 2/2024) Klage beim zuständigen Landgericht Landau in der Pfalz einzureichen. Da der Streitwert sehr hoch ist – er beläuft sich auf 90.500,00 € – bittet Rechtsanwältin Katharina Schuh Julia Hoffmann darum, eine Vorschusskostenrechnung an die Mandantin zu erstellen, in der neben den einzuzahlenden Gerichtskosten auch die bisher angefallenen Gebühren und Auslagen in Rechnung gestellt werden sollen. Julia Hoffmann erstellt die Vorschusskostenrechnung (Rechnungsnr.: 1/2024) am 18.01.2024.

Dr. Neumann & Huber
Rechtsanwälte Partnerschaft

Ihr Zeichen:	
Ihre Nachricht vom:	
Unser Zeichen:	2/2024
Unsere Nachricht vom:	
Name:	RAin Katharina Schuh
Sekretariat:	Julia Hoffmann
Telefon:	+49 6321 5632-13
Telefax:	+49 6321 5632-15
Datum:	18.01.2024

RAe Dr. Neumann & Huber, Grainstr. 101, 67434 Neustadt a. d. Wstr.
Frau
Dr. Elvira Matthes
Schulstraße 1 // W 5
67365 Schwegenheim

Vorschusskostenrechnung
Rechnungsnummer: 1/2024
Dr. Elvira Matthes ./. Gunther Lippelt
wg. Forderung
Leistungszeitraum: 04.01.2024 – 18.01.2024

Streitwert: 90.500,00 € (§ 43 Abs. 1 GKG, § 4 ZPO)

1,3 Verfahrensgebühr, Nr. 3100 VV RVG	2.029,30 €
Pauschale Post und Telekommunikation, Nr. 7002 VV RVG	20,00 €
Zwischensumme	2.049,30 €
19 % Umsatzsteuer, Nr. 7008 VV RVG	389,37 €
Zwischensumme	2.438,67 €
zu verauslagende Gerichtskosten, Nr. 1210 KV GKG	2.991,00 €
Summe	5.429,67 €

Katharina Schuh
Rechtsanwältin

RAin Dr. Annette Neumann Fachanwältin für Verkehrsrecht · **RA Peter Huber** Fachanwalt für Erbrecht
In Zusammenarbeit mit **RAin Katharina Schuh** Fachanwältin für Familienrecht

RAe Dr. Neumann & Huber · Grainstr. 101 · 67434 Neustadt a. d. Wstr. · Telefon +49 6321 5632-0 · Fax +49 6321 5632-15
info@rae-neumann-huber.de · www.rae-neumann-huber.de
Registernummer PR 956 · Amtsgericht Neustadt a. d. Wstr. · USt-IdNr.: DE573964122

Commerzbank Neustadt a. d. Wstr. · IBAN DE41 5464 0035 0012 5832 19
Deutsche Bank Neustadt a. d. Wstr. · IBAN DE52 5467 0095 0096 7844 58

7.4.2 Kostenendabrechnung

Situationsbeschreibung: In der Angelegenheit Wolfgang Räder ./. Lisa Richtecki wegen Kaufpreiszahlung (Az.: 135/2024) hat Rechtsanwältin Dr. Annette Neumann Lisa Richtecki (Speyerdorfer Straße 55, 67433 Neustadt an der Weinstraße) anwaltlich vertreten (Mandatsbeginn: 04.06.2024). Die Parteien haben sich nach dem Termin zur Beweisaufnahme vor dem Landgericht Karlsruhe letztendlich doch verglichen. Danach zahlt Lisa Richtecki auf die eingeklagte Forderung in Höhe von 6.500,00 € einen Betrag in Höhe von 4.000,00 €. Zu den zwei Terminen vor dem Landgericht Karlsruhe am 17.09.2024 und 23.11.2024 ist Rechtsanwältin Dr. Annette Neumann mit dem eigenen Pkw gefahren (54 km einfach). Sie war jeweils 4,50 Stunden (Fahrtzeit, Dauer des Gerichtstermins) unterwegs. Weiterhin wurde ein Betrag in Höhe von 50,00 € für die Zeugenvernehmung verauslagt. Lisa Richtecki hat am 03.09.2024 einen Vorschuss in Höhe von 952,00 € laut Vorschusskostenrechnung vom 16.08.2024 geleistet. Annika Sauer erstellt die Kostenendabrechnung (Rechnungsnr.: 299/2024) am 13.12.2024.

Dr. Neumann & Huber
Rechtsanwälte Partnerschaft

RAe Dr. Neumann & Huber, Grainstr. 101, 67434 Neustadt a. d. Wstr.
Frau
Lisa Richtecki
Speyerdorfer Straße 55
67433 Neustadt an der Weinstraße

Ihr Zeichen:	
Ihre Nachricht vom:	
Unser Zeichen:	135/2024
Unsere Nachricht vom:	
Name:	RAin Dr. Annette Neumann
Sekretariat:	Julia Hoffmann
Telefon:	+49 6321 5632-13
Telefax:	+49 6321 5632-15
Datum:	13.12.2024

Kostenendabrechnung
Rechnungsnummer: 299/2024
Wolfgang Räder ./. Lisa Richtecki
wg. Forderung
Leistungszeitraum: 04.06.2024 – 13.12.2024

Streitwert: 6.500,00 €, § 43 Abs. 1 GKG, § 4 ZPO

1,3 Verfahrensgebühr, Nr. 3100 VV RVG	579,80 €
1,2 Terminsgebühr, Nr. 3104 VV RVG	535,20 €
1,0 Einigungsgebühr, Nrn. 1000, 1003 VV RVG	446,00 €
Pauschale Post und Telekommunikation, Nr. 7002 VV RVG	20,00 €
Fahrtkosten 17.09.2024 (54 km x 2 x 0,42 €), Nr. 7003 VV RVG	45,36 €
Abwesenheitsgeld 17.09.2024, Nr. 7005 Ziff. 2 VV RVG	50,00 €
Fahrtkosten 23.11.2024 (54 km x 2 x 0,42 €), Nr. 7003 VV RVG	45,36 €
Abwesenheitsgeld 23.11.2024, Nr. 7005 Ziff. 2 VV RVG	50,00 €
Zwischensumme	1.771,72 €
19 % Umsatzsteuer, Nr. 7008 VV RVG	336,63 €
Zwischensumme	2.108,35 €
verauslagte Kosten für die Zeugenvernehmung	50,00 €
Summe	2.158,35 €
abzgl. Ihres Vorschusses vom 03.09.2024 lt. Kostenrechnung vom 16.08.2024 (darin enthalten 19 % Umsatzsteuer = 152,00 €)	952,00 €
Restforderung	1.206,35 €

Dr. Annette Neumann
Rechtsanwältin

RAin Dr. Annette Neumann Fachanwältin für Verkehrsrecht · **RA Peter Huber** Fachanwalt für Erbrecht
In Zusammenarbeit mit **RAin Katharina Schuh** Fachanwältin für Familienrecht

RAe Dr. Neumann & Huber · Grainstr. 101 · 67434 Neustadt a. d. Wstr. · Telefon +49 6321 5632-0 · Fax +49 6321 5632-15
info@rae-neumann-huber.de · www.rae-neumann-huber.de
Registernummer PR 956 · Amtsgericht Neustadt a. d. Wstr. · USt-IdNr.: DE573964122

Commerzbank Neustadt a. d. Wstr. · IBAN DE41 5464 0035 0012 5832 19
Deutsche Bank Neustadt a. d. Wstr. · IBAN DE52 5467 0095 0096 7844 58

Zusammenfassung

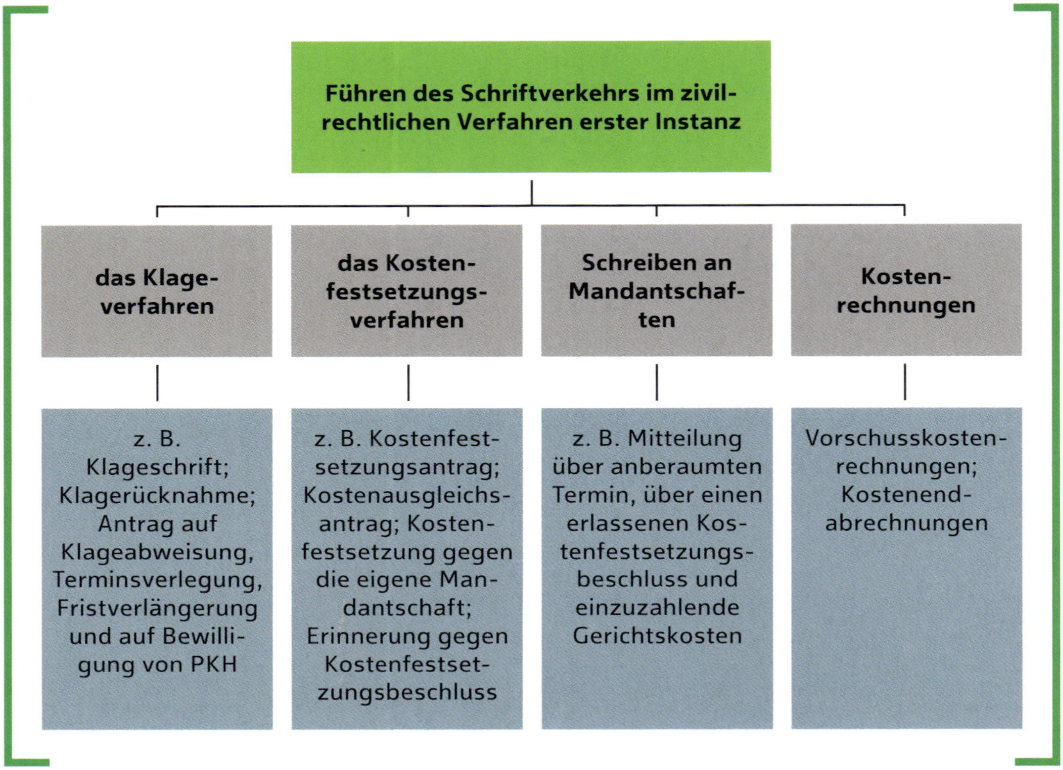

Wiederholung und Vertiefung

1. Rechtsanwalt Peter Huber erhält von Franz-Xaver Hollerbach, dem Geschäftsführer der Küchenstudio Kuchel GmbH (Speyerdorfer Straße 105 - 110, 67433 Neustadt an der Weinstraße), am 05.04.2024 den Auftrag, die Kaufpreisforderung in Höhe von 3.615,00 € gegen Maxima Morrell (Waldstraße 5 a, 67434 Neustadt an der Weinstraße) beim Amtsgericht Neustadt an der Weinstraße (Robert-Stolz-Straße 20, 67433 Neustadt an der Weinstraße) einzuklagen. Maxima Morrell hat mit Kaufvertrag vom 15.02.2024 eine neue Küchenzeile, bestehend aus Ober- und Unterschränken, einer Dunstabzugshaube, einem Elektroherd, einer Spüle und einem Kühlschrank gekauft. Der Kaufpreis war am 27.02.2024 zur Zahlung fällig. Die vorrätige Küchenzeile wurde am 26.02.2024 durch die Mitarbeiter der Klägerin, Ralf Jürgensen und Sebastian Kasseker, geliefert und aufgebaut. Die Spüle, die Dunstabzugshaube, der Elektroherd und der Kühlschrank wurden ebenfalls absprachegemäß angeschlossen. Der Kaufpreis wurde jedoch nicht bezahlt, auch nicht nach den Mahnungen durch die Klägerin vom 05.03.2024 und 25.03.2024.

a) Rechtsanwalt Peter Huber übergibt die Akte an Julia Hoffmann mit der Bitte, diese anzulegen (Az.: 56/2024) und die Zahlungsklage an das Amtsgericht Neustadt an der Weinstraße anzufertigen. Julia Hoffmann erledigt dies am 12.04.2024. Erstellen Sie die Klageschrift mithilfe des Kanzleibriefbogens.

b) Julia Hoffmann fertigt anschließend gleich ein Schreiben an die Küchenstudio Kuchel GmbH, mit dem sie die Klageschrift zur Kenntnisnahme übersendet und gleichzeitig eine Vorschusskostenrechnung beilegt. Der Rechnungsbetrag soll bis zum 26.04.2024 auf eines der Kanzleikonten überwiesen werden. Erstellen Sie dieses Schreiben an die Mandantin mithilfe des Kanzleibriefbogens.

c) In die Vorschusskostenrechnung nimmt Julia Hoffmann alle bislang angefallenen Gebühren und Auslagen mit auf. Die Vorschusskostenrechnung erhält die Rechnungsnummer 39/2024. Erstellen Sie diese mithilfe des Kanzleibriefbogens.

2. Rechtsanwältin Katharina Schuh vertritt den Kläger Heinrich Wiedemann in der Streitsache gegen Berta Volz (Az.: 150/2023), die durch Rechtsanwalt Ludwig Beermann vertreten wird. Rechtsanwalt Ludwig Beermann setzt sich am 04.01.2024 mit Rechtsanwältin Katharina Schuh in Verbindung, um nun doch eine gütliche Einigung der Angelegenheit zu erreichen. Da das Landgericht Frankenthal in der Pfalz (Bahnhofstraße 33, 67227 Frankenthal in der Pfalz; gerichtliches Az.: 10 O 831/2023) bereits Termin zur mündlichen Verhandlung auf den 18.01.2024 bestimmt hat, bittet Rechtsanwältin Katharina Schuh Annika Sauer, einen Schriftsatz an das Gericht zu fertigen, in dem die Aufhebung des Termins sowie das Ruhen des Verfahrens beantragt wird. Annika Sauer fertigt den Schriftsatz am 08.01.2024 an. Erstellen Sie diesen Schriftsatz mithilfe des Kanzleibriefbogens.

3. Rechtsanwalt Peter Huber wird für Benjamin Hartwig (Hirtenstraße 9, 67482 Böbingen) tätig. Nachdem die beim Amtsgericht Neustadt an der Weinstraße (Robert-Stolz-Straße 20, 67433 Neustadt an der Weinstraße; gerichtliches Az.: 5 C 698/2023) eingereichte Klage vom 13.11.2023 an Elmar Rantar zugestellt wurde, zahlt dieser die gesamte Hauptforderung in Höhe von 2.391,15 € zzgl. Zinsen.

   a) Rechtsanwalt Peter Huber übergibt die Akte (Az.: 161/2023) an Annika Sauer und bittet diese, einen Schriftsatz an das Amtsgericht Neustadt an der Weinstraße zu erstellen, in dem die Erledigung der Hauptsache mitgeteilt und beantragt wird, die Kosten des Verfahrens Elmar Rantar aufzuerlegen. Annika Sauer fertigt den Schriftsatz am 30.11.2023. Erstellen Sie diesen mithilfe des Kanzleibriefbogens.

   b) Weiterhin bittet Rechtsanwalt Peter Huber darum, Benjamin Hartwig schriftlich über diese Entwicklung zu informieren. Annika Sauer soll ihm auch mitteilen, dass die Kosten wohl antragsgemäß der Gegenseite auferlegt werden und die Kanzlei sich sodann um die Kostenfestsetzung und Beitreibung kümmern wird. Weiterhin wird die Bankverbindung von Benjamin Hartwig benötigt, damit der eingegangene Betrag abzgl. der anfallenden Hebegebühr an ihn überwiesen werden kann. Dieses Schreiben geht ebenfalls am 30.11.2023 zur Post. Erstellen Sie es mithilfe des Kanzleibriefbogens.

4. Rechtsanwältin Dr. Annette Neumann vertritt seit dem 12.11.2024 Constanze Koller (Bornbachstraße 13, 76829 Landau in der Pfalz) in dem Rechtsstreit Nico Schmitt ./. Constanze Koller wegen Kaufpreisforderung in Höhe von 7.300,00 €. Nach dem Termin zur mündlichen Verhandlung vor dem Landgericht Landau in der Pfalz (Marienring 13, 76829 Landau in der Pfalz; gerichtliches Az.: 10 O 931/2024) hat das Gericht der Klage stattgegeben. Rechtsanwältin Dr. Annette Neumann hat den Gerichtstermin selbst wahrgenommen (Fahrt mit dem eigenen Pkw; einfache Entfernung: 21 km; Abwesenheit: drei Stunden).
   a) Rechtsanwältin Dr. Annette Neumann übergibt die Akte (Az.: 125/2024) an Julia Hoffmann mit der Bitte, die Kostenendabrechnung an Constanze Koller zu erstellen. Julia Hoffmann erstellt diese mit der Rechnungsnummer 25/2025 am 25.02.2025. Während eines abschließenden Besprechungstermins am 03.03.2025 übergibt Rechtsanwältin Dr. Annette Neumann die Kostenrechnung persönlich an Constanze Koller. Erstellen Sie die Kostenendabrechnung mithilfe des Kanzleibriefbogens.
   b) Da Constanze Koller auch am 27.03.2025 die Kostenendabrechnung noch nicht bezahlt hat, erstellt Julia Hoffmann am 28.03.2025 eine Mahnung. Sie setzt eine letzte Frist zur Zahlung bis 14.04.2025. Sollte wiederum keine Zahlung erfolgen, droht sie die Einleitung von gerichtlichen Schritten an. Erstellen Sie das Mahnschreiben mithilfe des Kanzleibriefbogens.
   c) Die Mahnung blieb ebenfalls erfolglos, sodass Julia Hoffmann am 22.04.2025 die Kostenfestsetzung gegen Constanze Koller gem. § 11 RVG beantragt. Erstellen Sie den entsprechenden Schriftsatz an das Gericht mithilfe des Kanzleibriefbogens.
5. Rechtsanwältin Katharina Schuh vertritt Magdalena Kirchner. Das Landgericht Frankenthal in der Pfalz (Bahnhofstraße 33, 67227 Frankenthal in der Pfalz; gerichtliches Az.: 5 O 500/2024) hat in dem Rechtsstreit Magdalena Kirchner ./. Vera Kuhn am 22.11.2024 den Kostenfestsetzungsbeschluss vom 19.11.2024 an Rechtsanwältin Katharina Schuh zugestellt. Julia Hoffmann vergleicht diesen mit dem Kostenfestsetzungsantrag vom 11.10.2024. Sie stellt fest, dass das Gericht die entstandene 0,3 Zusatzgebühr gem. Nr. 1010 VV RVG in Höhe von 286,50 € für die drei stattgefundenen Beweisaufnahmen am 17.05.2024, 25.06.2024 und 13.08.2024, bei denen Rechtsanwältin Katharina Schuh jeweils persönlich anwesend war, zzgl. Umsatzsteuer nicht in Ansatz gebracht hat. Sie bespricht die Angelegenheit (Az.: 120/2024) mit Rechtsanwältin Katharina Schuh und legt am 26.11.2024 sofortige Beschwerde ein. Erstellen Sie diesen Schriftsatz mithilfe des Kanzleibriefbogens.

Sachwortverzeichnis

A
Abfluss- bzw. Zuflussprinzip 143
Abgabezeiträume 191
Abgänge 24
Abmahnung 74
Absatz 231
Abschlusssatz 403
Abschreibung 145, 151, 152, 156 , 243
Abschrift 408
Absetzung für Abnutzung 145
Absolutheit 264
Abstraktionsprinzip 264
Abzugsfähige Betriebsausgaben 148
AfA-Tabelle 145
AG 500
AIDA-Formel 234
Akten des Notars 417
Aktenverwahrer 386
Aktiv-Passiv-Mehrung 168
Aktiv-Passiv-Minderung 168
Aktiva 167
Aktive Jahresabgrenzung 179
aktive Streitgenossenschaft 508
Aktivtausch 167
akzessorisch 282
Alleineigentum 270
allgemeiner Gerichtsstand 492
Allgemeines Gleichbehandlungsgesetz (AGG) 39
Amtsbereich 381
Amtsbezeichnung 382
Amtsbezirk 381
Amtserlöschen 387
Amtsschild 384
Amtssiegel 383
Amtssitz 381
Anderkonto 138, 172
Änderungskündigung 77
Aneignung 275
Anerkenntnisurteil 467
Angebot 197, 213, 218, 220, 222, 224, 229, 234, 239, 240
Angebotsmonopol 228
angebotsorientierte Wirtschaftspolitik 240
Anlagen einer Verhandlung 405
Anlagenverzeichnis 180
Anlagevermögen 144, 167
Annahmeverweigerung 327
Anrechnungsvorschriften 353, 360, 567
Anspruch 285
Antrag auf Kostenausgleich 545
Anwaltsprozess 480
Anwaltszwang 501
Anwartschaftsrecht 280
Arbeitgeber 46
Arbeitgeberverbände 93
Arbeitnehmer 45
Arbeitsbescheinigung 79
Arbeitskampf 96
Arbeitslosenquote 244, 246
Arbeitsmarkt 218, 222, 226
Arbeitsmittel 104
Arbeitsplatzmethode 27
Arbeitsplatzumgebung 108
Arbeitsraum 102
Arbeitsrecht 42
Arbeitsschutz 110
Arbeitssicherheit 111
Arbeitsverhältnis 42
Arbeitsverträge erstellen
- Niederschrift 59
- Schnellbausteinkatalog 60
Arbeitszeit 58
Arbeitszeugnisse erstellen
- Aufbau und Inhalt 80
- Schnellbausteinkatalog 82
- Zwischenzeugnis 80
Arrest 461
Aufbewahrungsfrist 419, 420, 424, 425, 426, 427, 433, 438
Aufforderungsschreiben 301
Aufhebungsvertrag 70
- Regelungen 81
- Schnellbausteinkatalog 72
Auflassung 276
Aufwand 166, 168
Aufwandskonten 175
Augenschein 476
Ausbildungsverhältnis 54
Ausfertigung 408
Ausfertigungsvermerk 409
Ausgaben 155
Ausgangsrechnung 124
Ausgangsumsatzsteuer 189
Ausgleichsanspruch 275
Auslagen 440, 445
Ausländersicherheit 491
Auslandsbeziehungen 207
ausschließlicher Gerichtsstand 492
Aussonderungsrecht 291
Aussperrung 98
Aussperrungsformen 98
auszugsweise Ausfertigung 409
außenwirtschaftliches Gleichgewicht 241
außergerichtliche Kosten 516
außerordentliche Kündigung 70
außerplanmäßige Abschreibung 145, 146

B
Bankauszug 124
Barcodeantrag 321
beA 471
beauftragter Richter 468
beBPo 471
Bedarf 197, 231, 240
Bedürfnis 196, 197, 202
befristete Erinnerung 550, 551
beglaubigte Abschrift 411
Beglaubigung 406
Beglaubigung einer Abschrift 408
Beglaubigung einer Unterschrift 408
Beglaubigungsvermerk 407
Behinderte Personen 399
Beibringungsgrundsatz 465
Beleg 148, 164
Beleuchtung 108
beN 390
Beratungsrecht 90
Berufshaftpflichtversicherung 380, 470
berufsständische Verbände 243
Berufung 482
Beschaffungsprozess 121
Beschleunigungsgrundsatz 469
Beschluss 467
beschränkt dingliches Recht 262
beschränkt geschäftsfähig 55
beschränkt persönliche Dienstbarkeit 280
Beschwerde 528
Beschwerdewert 528
Besitz 262
Besitzaufgabe 267

Besitzdiener 266
Besitzkehrklage 269
Besitzkonstitut 272
Besitzmittlungswillen 266
Besitzstörung 269
Besitzübertragung 272
Besitzwehrklage 269
Besitzwille 265
besondere Beurkundungsgegenstände 454
besonderer Gerichtsstand 492
Bestandskonten 170
Bestandteil 274
Bestellungsurkunde 402
Besteuerungsgrundlage 159, 186, 192
Bestimmtheitsprinzip 264
Betreuer 402
betriebliche Jugend- und Auszubildendenver-tretung 91
betriebliche Übung 43, 57
Betriebsausgaben 147, 156
betriebsbedingte Kündigung 74
Betriebseinnahmen 156
Betriebsrat 40, 88
- Aufgaben 90
- Einrichtung 89
- Wahl und Größe 89
Betriebsübergang 70
Betriebsvereinbarung 43, 91
Betriebsverfassungsgesetz 87
Betriebswirtschaftliche Produktionsfaktoren 199
Betriebswirtschaftlicher Gewinn 155
Beurkundungsgesetz 379, 395
Beurkundungsvorschriften 395
Bevollmächtigter 326
bewegliche Sachen 262
Beweisarten 476
Beweisaufnahme 475
Beweislast 466
Bewilligungsverfahren 595
Bewirtungskosten 152
Bilanz 164, 167, 171, 405
Bilanzierung 159
Bilanzsumme 167
Binnenmarkts 250, 252
BNotO 235
BORA (Berufsordnung für Rechtsanwälte) 233, 235
Brandschutz 111
BRAO 235
Briefhypothek 296
Bruchteilseigentum 270
Bruttoinlandsprodukt (BIP) 244, 251
Bruttopersonalbedarf 22, 34
Buchhaltung 155
Buchhypothek 297
Buchungsbelege 119
Buchungssatz 169
Bundesnotarkammer 390
Bundesnotarordnung 379
Bürgschaft 289
Bürodrehstuhl 105

C

Codierung 340

D

Darlegungslast 465
Darlehensgeber 293
Datenschutz 63, 384
DATEV 149
Delphi-Methode 27
Dereliktion 277
derselbe Beurkundungsgegenstand 450, 451
Deutsche Bundesbank 255
Dienstleistungen 198, 218, 220
Dienstleistungsmarkt 221
Dienstordnung für Notare (DONot) 379
Dienstvertrag 43
Differenz-Wahlanwaltsvergütung 610
Direktionsrecht 43
Diskriminierungsverbot 43
Dispositionsmaxime 463
Dokumentationsfunktion 74
Dokumententypen der eUrkundensammlung 421
Dolmetscher 403
doppelte Buchführung 169
Duldungspflicht 279
Duplik 473

E

E-Mails 114
Eid 477
Eigenbeleg 146, 150, 188
Eigenbesitzer 266
Eigenkapital 167, 175
Eigentum 262
Eigentümergrundschuld 298
Eigentumsvorbehalt 289
einfache elektronische Signatur 503
einfache Streitgenossenschaft 509
einfacher Wirtschaftskreislauf 205
einfaches Zeugnis 408
Eingangsrechnung 151, 188
Eingangsumsatzsteuer 189
eingetragener Kaufmann 499
einheitliche mündliche Verhandlung 467
Einigung 267
Einigungsgebühr 350, 358, 566, 577, 580
Einkommensteuer 142, 186, 192
Einkommensteuer-Durchführungsverordnung 423
Einkommensteuererklärung 193
Einlassungsfrist 473
Einnahmen 155
Einnahmenüberschussrechnung 142, 153, 156, 186
Einpersonenbüro 103
Einrede des Schiedsvertrags 491
Einsatzbedarf 25, 32
Einschreiben 325
Einspruch 482
einstweilige Verfügung 461
Eintragungsfähigkeit 407
Einzelrichter 505
elektronisch beglaubigte Abschrift 412
elektronische Beglaubigung 407, 412
elektronische Kostenmarke 525
elektronisches Urkundenarchiv 391
Elektronische Urkundensammlung 420
elektronische Zustellung 323
elektronischer Beglaubigungsvermerk 413
elektronischer Grundbuchabruf 446
elektronisches Empfangsbekenntnis 323
elektronisches Original 424
elektronisches Postfach 390
elektronisches Verzeichnis der Notare 390
Elternzeit 25
E-Mails 114
Empfangsbekenntnis 324
Endurteil 479
Entgeltbescheinigung
- Inhalt 69
- sozialversicherungsrechtliche Vorschriften 64

– steuerrechtliche Vorschriften 68
Entwendung 269
ePayment 526
Erbbaurecht 281
Erbengemeinschaft 499
Erbvertragssammlung 420
Erfolg 165, 213
Erfolgskonten 170, 175
Erfüllungsort 338
Ergonomie 101
Erhöhungsgebühr 347, 348, 358, 560, 575, 576, 578, 581, 582, 583
Erholungszeiten 30
Erinnerung 528
Erkenntnisverfahren 461
Erledigung der Hauptsache 536
Erledigungserklärung 483
Ersatzbedarf 34
Ersatzzustellung 328
Ersitzung 274
Erste Hilfe 111
Erstschuldner 523
ersuchter Richter 468
Ertrag 166, 168
Ertragskonten 175
erweiterter Eigentumsvorbehalt 292
erweiterter Wirtschaftskreislauf 206
eUrkundensammlung 420
Euro 253
Europäische Atomgemeinschaft 250
Europäische Gemeinschaft für Kohle und Stahl 250
Europäische Politische Gemeinschaft 250
Europäischer Stabilitätsmechanismus 255
Europäische Verteidigungsgemeinschaft 250
Europäisches Währungssystem 251
Europäische Wirtschaftsgemeinschaft 249, 250
Europäische Zentralbank 253
Europäische Gemeinschaft 252
Europäische Union 252
Europäische Zentralbank 257
Europäischer Vollstreckungstitel 335, 561
Europäischer Zahlungsbefehl 339
Europäisches Bagatellverfahren 337
Europäisches Mahnverfahren 333
Europäisches Verfahren für geringfügige Forderungen 337
Eurozone 253
Exporte 245

F
Fahrtkosten 446
faktisches Arbeitsverhältnis 50
Fälligkeit 443
Farbdrucksiegel 383
Farbgestaltung 109
Fehlzeiten 25
Festgebühren 519
Feststellungsinteresse 508
Feststellungsklage 472
Finanzwirtschaftliche Prozesse 124
Forderungen 173
Formkaufmann 164
Freiberufler 163
Freibeweis 465
Freie Marktwirtschaft 213
freiwillige Gerichtsbarkeit 382, 461
Fremdbesitzer 266
Fremdgeld 138, 172
Fremdkapital 167
Friedenspflicht 95
Frist 329
Fund 275
funktionelle Zuständigkeit 490

G
G + V Rechnung 168
Garantievertrag 289
Gastwirtpfandrecht 295
GbR 499
Gebühren 440, 445
Gebühren des erstinstanzlichen Verfahrens 558
Gebühren für Einzeltätigkeiten des Rechtsanwalts 581
Gebührenarten 519
Gebührenordnung (RVG) 234
Gehaltsgrenzen 66
Geld 273
Geldpolitik 249, 252, 253, 255
Geldstrom 204, 205
Geldwertstabilität 256
Gemeinde 402
Gemeinschaftseinrichtung 327
Generalakte 426
Genossenschaft 500
Geräuschpegel 109
gerichtliche Auslagen 517, 520
gerichtliche Mahnverfahren 315
Gerichts- und Notarkostengesetz (GNotKG) 379, 441
gerichtsbekannte Tatsachen 465
Gerichtsgebühren 517
Gerichtskosten 514, 515
Gerichtskosten im Mahnverfahren 356
Gerichtskostenfreistempler 525
Gerichtskostenvorschuss 524
Gerichtsstand 318
Gerichtsstandsvereinbarung 338
geringfügige Beschäftigung 66
Geringwertige Wirtschaftsgüter (GWG) 146
Gesamthandseigentum 270
Geschäftsfall 148, 155, 164
Geschäftsprozesse 119
Geschäftsvorfälle 125
Geschenke an Geschäftsfreunde 153
Gesellschaftsordnung 210
Gesetz gegen den unlauteren Wettbewerb (UWG) 235
Gesetz gegen Wettbewerbsbeschränkungen (GWB) 216, 228, 243
gesetzliche Freibeträge 597
gesetzliche Unfallversicherung 66
gesetzliche Vertretung 401
Gestaltungsklage 472
Gesundheitsförderung 113
Gesundheitsgefährdungen 110
Gesundheitsschäden 110
Gewerkschaften 92
Gewinn 142, 148, 152, 156
Gewinn- und Verlustrechnung 164, 169
Gewinnorientierung 213
Glaubhaftmachung 478
GmbH 500
GmbH & Co. KG 500
grenzüberschreitendes deutsches Mahnverfahren 334
Großraumbüro 103
Grundbuch 275
Grundbuchberichtigungsanspruch 279
Grunddienstbarkeit 280
Grunderwerbsteuergesetz 423
Grundsatz des rechtlichen Gehörs 469

Grundschuld 280
Günstigkeitsprinzip 42
Güter 198, 218, 220
Güter- und Dienstleistungsmarkt 226
Gütermarkt 218, 221
Güterstrom 204, 205
Gütetermin 472, 474
gutgläubiger Erwerb 273

H
Haben 170
Handlungsstörer 278
Hauptforderung 320
Hauptverhandlung 472
Herausgabeanspruch 273
herrenlose Sache 275
Herrschaftsmacht 267
hinreichende Aussicht auf Erfolg 591
Homeoffice 103
Hörbehinderung 399
Hypothek 280

I
Importe 245
Individualarbeitsvertrag 57
Inflationsrate 244, 246
Informationsrecht 90
Inhaberpapiere 273
Inhalt 69
Inkassodienstleister 321
Insolvenzverwalter 402
Instrumente 232
Interessenverbände 243
internationaler Währungsfonds 252
intuitive Methode 27
Inventar 160, 163
Inventarliste 405
Inventur 160
Inventurbereiche 160
IST-Personalbestand 22
Ist-Versteuerung 186

J
Jahresabschlussbuchungen 176
Jahresexport 438
juristische Person 494
Justizgewährungspflicht 461
Justizvergütungs- und -entschädigungsgesetz (JVEG) 516

K
Kann-Vorschrift 398
Kapitalmarkt 218, 222, 226
Kartell 216
Kartellgesetz 215
Karten 405
Kaufleute 496
kaufmännische Buchführung 159
Kennzahl 29
Kennzahlenmethode 29
Kennziffern 244
KG 499
KGaA 500
Klageänderung 464, 472
Klageerhebung 471
Klageerwiderung 473
Klagerücknahme 464, 535
Klageschrift 471
Klageverzicht 484
Kommunikationspolitik 233, 234
Konjunkturpolitik 243
Konkurrenz 231
Kontenklassen 148
Kontenplan 148
Kontenrahmen 148
Konto 148, 153
Kontoauszug 150, 151
kontradiktorisches Gegenteil 507
Konzentrationsmaxime 469
Kosten 445
Kostenansatz 527
Kostenaufhebung 534
Kostenausgleichantrag 543
Kostenausgleichantrag nach § 106 ZPO 543
Kostenblatt 139
Kostenentscheidung 485
Kostenfestsetzung 531
Kostenfestsetzung gegen den eigenen Man-danten 552
Kostenfestsetzungsantrag 539
Kostenfestsetzungsantrag nach § 104 ZPO 539, 540
Kostenfestsetzungsbeschluss 524, 531
Kostenfestsetzungsverfahren 539
Kostengrundentscheidung 532
Kostenquotelung 534
Kostenrechnung gem. § 19 GNotKG 455
Kostenrechnungen erstellen 309 , 370, 641
Kostenrisiko 515
Kostenschuldner 442, 523
Kostenverzeichnis 445, 454, 518
Kreditsicherung 289
Kündigung 70, 213
Kündigungen erstellen
– Schnellbausteinkatalog 78
Kündigungsfristen 75
Kündigungsschutzklage 75

L
Lage der Akten 470
Leistungsbilanz 244, 245
Leistungsklage 472
Leistungsprozesse 122
leitende Angestellte 46
Leitzins 255, 257
Lieferantenkredit 291
Liquidität 155

M
Magisches Viereck 241
Marketing 229, 230
Marketinginstrumente 230, 233
Marketingkonzeption 230, 231
Markt 213, 218, 225, 227, 234
Marktarten 227
Marktform 226, 227, 229
Marktforschung 230
Marktmechanismus 210, 240
Marktwirtschaft 210, 220, 225, 228, 270
Massenummer 435
Maximalprinzip 202
Mehrpersonenbüro 103
Mehrwertsteuer 187
Minderjährige 55
Mindestgebühr 445
Mindestlohngesetz (MiLoG) 57
Mindestreservepolitik 256
Minijob 66
Minimalprinzip 202
Mischfälle 351, 359, 572
Mischmethode 31
Mitbesitzer 266
Mitbestimmungsorgane 88
Mitbestimmungsrechte 86, 90
Miteigentümer 270
Mitteleinsatz 202
Mitwirkungsrechte 86, 90
Mitwirkungsverbot 396
monatliche Ausgaben 597
Monopol 218, 226
Monopolkommission 228
Mündlichkeitsgrundsatz 467
Muss-Vorschrift 398
Mutterschutz 58
Mutwilligkeit 591

N

nachbarrechtlicher Anspruch 285
Nachfrage 197, 213, 218, 220, 222, 224, 229, 234, 239, 240
nachfrageorientierte Wirtschaftspolitik 240
Nachgenehmigung 401
Nachhaltigkeit 204
natürliche Person 493
Nebenakte 425
Nebenforderung 320
Nebenintervention 509
Nettopersonalbedarf 22
Neubedarf 34
nicht abzugsfähigen Betriebsausgaben 147, 152
nichtgebührenrechtliche Einwendungen 554
Nichtigkeit 50
Niederlegung 327
Niederschrift 399
Niederschrift 59
NotAktVV 379
Notaranderkonto 426, 434
Notariatsaktenspeicher 390
Notariatsverwalter 385
notarielle Beurkundung 395
notariellen Kostenrechnung 441
Notarkammer 389
Notarkosten 442
Notarvertreter 385
Notenbank 256
Notfristen 470
notwendige Streitgenossenschaft 511
numerus clausus der Sachenrechte 263
Nutzungsdauer 145

O

Offenmarktpolitik 256
öffentliche Bekanntmachung 318
Öffentlichkeitsgrundsatz 468
Offizialmaxime 463
OHG 499
Ökologisches Prinzip 203
Ökonomisches Prinzip 202
Oligopol 219, 226, 229
Online-Beglaubigung 423
Online-Beurkundung 403, 423
Optimalprinzip 203
ordentliche Kündigung 74
Ordnungspolitik 243
Organigramm 35
Organisationsplanung 27
Organisationsstruktur der Europäischen Zent-ralbank 254

P

Parteifähigkeit 499
Parteihandlung 535
Parteikosten 516
Parteiprozess 500
Parteivernehmung 476
Partnerschaft 500
Passiva 167
passive Jahresabgrenzung 179
passive Rechnungsabgrenzung 179
passive Streitgenossenschaft 508
Passivtausch 168
Pauschale für Post- und Telekommunikations-dienstleistung 446
Personalabbau 22
Personalbedarfsplanung 21
Personalbemessungsmethoden 30
Personalbeschaffung 22
Personalbestand 22
Personaleinsatzplanung 22
Personalentwicklung 22
Personalkategorien 22
Personalplan 161
Personalsicherheiten 289
personenbedingte Kündigung 74
persönliche und wirtschaftliche Verhältnisse 590
Pfandrecht 280
Pfandreife 296
planmäßige Abschreibung 145, 146
Planungszeitraum 24
politische Ordnung 210
Polypol 218, 226, 227
Post- und Telekommunikationsdienstleistun-gen 446
Postulationsfähigkeit 500
Postzustellungsurkunde 324
Prägesiegel 383
Präklusion 470
Preis 218, 221, 223, 225, 227
Preis- und Konditionenpolitik 233
Preisanstieg 245
Preisbildung 220, 226, 228, 229
Preisniveaustabilität 241
private Haushalte 206
Probearbeit 54
Probezeit 54
Produktionsfaktoren 198, 225
Produktpolitik 233
Prozess 119
Prozessbevollmächtigter 326
Prozessfähigkeit 500
Prozessführungsbefugnis 501
Prozesshandlung 500
Prozesshindernisse 489
Prozesskosten 515
Prozesskostenhilfe 588
- Abrechnung 606
- Änderung der Bewilligung 601
- Antrag 592
- Aufhebung der Bewilligung 603
- Beiordnung 604
- Bewilligung 595
- Festsetzung von Ratenzahlungen 599
- Rechtsmittel 604
- Versagung der Bewilligung 601
- Voraussetzungen 590

Prozessmaxime 463
Prozessstandschaft 501
prozessual-zweigliedriger Streitgegenstands-begriff 506
prozessuale Wahrheitspflicht 466
Prozessurteil 479
Prozessvergleich 485
Prozessvoraussetzungen 488
- echte 489
- unechte 489

Prozesszinsen 472
psychologischer Test 51
Publizitätsprinzip 264

Q

qualifizierte elektronische Signatur 503
Quittung 124, 153

R

Rangfolge 283
Rangprinzip 42
Raumbedarf 102
Raumformen 102
Raumklima 109
Raumschmuck 109
Reallast 280
Realsicherheiten 289

Recht zum Besitz 278
Recht zur Lüge 50
Rechtsanwaltsgebühren im Mahnverfahren 345
Rechtsbehelfe 478
Rechtsbehelfsbelehrung 456
Rechtsdienstleistungsgesetz (RDG) 230
Rechtsfriede 461
Rechtsgeschäft 272
rechtshängig 329
Rechtsmittel 478
Rechtsordnung 210
Rechtspfleger 318
Rechtsprechungsmonopol 461
Rechtsschutzbedürfnis 508
Rechtssicherheit 461
Rechtsverordnung 43
REFA-Methoden 30
Regale 106
Regelungen 81
Registrierung im ZTR/ZVR 447
Reichsversicherungsordnung 214
Rentenschuld 280
Reservebedarf 25, 32, 33
Ressourcen 165
Ressourcenverbrauch 165
Restbuchwert 146, 181
Revision 482
Revisionsgrund 469
richterlicher Hinweis 463
Richterrecht 45
Römische Verträge 250
Rosenkranz-Formel 30
Rückstellung 178
Rüge 469
Rügefunktion 74
Rüstzeiten 30

S
Sachen 262
Sachenrecht 261
Sachentscheidungsvoraussetzungen 490
Sachherrschaft 265
sachlicher Grund 52
Sachplan 160
Sachurteil 479
Sachverständiger 476
Sammelakte für Wechsel- und Scheckproteste 427
Sammelposten 147
Säumnisverfahren 566
Schadenersatzanspruch 40, 279
Schätzverfahren 27
Schlichtungsverfahren 317
Schnellbausteinkatalog 60
Schnellbausteinkatalog 72
Schnellbausteinkatalog 78
Schnellbausteinkatalog 82
Schonvermögen 596
Schränke 106
Schreiben an Mandanten 305
Schreiben an Mandanten 366
Schreiben an Mandanten 637
Schreiben einfacher Art 583
Schreiben im Klageverfahren 621
Schreiben im Kostenfestsetzungsverfahren 629
Schreibtisch 104
Schriftform 55
schriftliches Verfahren 465
schriftliches Vorverfahren 472
Schuldbeitritt 289
Schutz der Privatsphäre 469
Schwerbehinderte 40, 73
Sehbehinderung 399
Selbsthilferecht 269
Sicherungsgeber 294
Sicherungsgrundschuld 298
Sicherungsnehmer 294
Sicherungsübereignung 289
Sicherungsvertrag 293
Signatur 410, 413
Signaturkarte 383
sofortige Beschwerde 547, 548
sofortiges Anerkenntnis 484
Soll 170
SOLL-Personalbestand 25
Soll-Versteuerung 187
Soll-Vorschrift 398
Sollzustand 34
Sondersammlung 424
sonstige Forderung 180
sonstige Verbindlichkeiten 180
Sozialbindung des Eigentums 270
Soziale Marktwirtschaft 214
Sozialleistungen 55
Sozialordnung 210
Sozialversicherungsmeldungen 67
sozialversicherungsrechtliche Vorschriften 64
sozialwidrige Kündigung 74
Spezialitätsprinzip 264
Sprachbehinderung 399
Staat 206, 212, 213, 215
staatliche Institutionen 243
Stabilität des Preisniveaus 255
Stabilitätsgesetz (StabG) 241, 244
Staubemissionen 112
Stellenanzeige 37
Stellenbeschreibung 35
Stellenpläne 27
Stellenplanmethode 27
Steuerbemessungsgrundlage 147
Steuern 185
steuerrechtliche Vorschriften 68
Steuersätze 188
Stiftung 500
Störzeiten 30
Strategiebestimmung 232
Streik 97
Streikarten 97
Streikgeld 96
Streitgegenstand 464
Streitgenossenschaft 508
Streitverkündung 509
Streitwert 317
Strengbeweis 476
Stress 112
Strukturpolitik 243
Stufenklage 505
Stuhlurteil 479

T
Tabelle B 445
Tarifautonomie 92, 215
Tarifpartner 243
Tarifverhandlungen 94
Tarifvertrag 43, 92
Tarifvertragsarten 94
Tarifvertragsparteien 92
technische Hilfsmittel 106
Teilanerkenntnisurteil 484
Teilurteil 479
teilweises Obsiegen 533
Teilzeitarbeitsverhältnis 43
Teilzeitbefristungsgesetz (TzBfG) 40
Terminsgebühr 350, 359, 563, 565, 577, 579, 583
Terminsvertreter 578
Testamentsvollstrecker 402
Testamentsvollstreckerzeugnis 402
Tiere 262
Triplik 473
Typenzwang 263

U
Überdeckung 34
Übermittlungsweg 323

Überschuss 152, 153
Überschuss 227, 234
Übersicht über die Urkundsgeschäfte 386
Übersicht über die Verwahrungsgeschäfte 387
Umlagesätze 65
Umlaufvermögen 167
Umsatzsteuer 150, 156, 186, 187
Umsatzsteuergesetz 186
Umsatzsteuervoranmeldung 191
unbewegliche Sachen 262
unechtes Versäumnisurteil 480
unerlaubte Handlung 495
Unmittelbarkeitsgrundsatz 468
Unterdeckung 34
Unterlassung 269
Unternehmen 206
Unterschriftsbeglaubigung 399, 406
Untersuchungsgrundsatz 465
Urabstimmung 95
Urkunde 476
Urkundensammlung 417
Urkundenverzeichnis 428
Urlaub 58
Urlaubsgeld 57
Urteil 467

V

Veranlagungszeitraum 192
Verarbeitung 274
Verarbeitungseigentumsvorbehalt 292
Verbindlichkeiten 174
Verbindung 274
verbotene Eigenmacht 268
Verbraucher 338
Verbraucherdarlehensvertrag 317
Verein 499
vereinfachtes Verfahren nach § 105 ZPO 543
Verfahrensgebühr 346, 347, 348, 357 , 559, 560, 561, 575, 578, 581
Verfahrensgrundsätze 461
Verfahrenskostenhilfe 588
Verfügung 467
Verfügungsgrundsatz 463
Vergleich der Parteien 536
Vergleichsberechnung 452, 453
Vergütung 57, 151
Vergütungs- und Gebührenordnungen 229
Vergütungsvereinbarung 122
verhaltensbedingte Kündigung 74
Verhandlungsmaxime 465
Verjährung 285
Verjährung Kostenzahlungsanspruch 456
Verkehrsanwalt 575
Verkündungstermin 563
verlängerter Eigentumsvorbehalt 291
Vermischung 274
Vermögensveränderungskonto 206
Vermögenswerte 596
Verpächterpfandrecht 295
Versäumnisurteil 467, 565
verschärfte Haftung 472
verschiedener Beurkundungsgegenstand 453
Verschwiegenheit 384
Verschwiegenheitspflicht 79
Versteigerung 296
Verteidigungsanzeige 561
Verteilungszuschlag 32
Verteilzeiten 30
Vertrag von Maastricht 252
Vertragsfreiheit 214
Vertreter 325
Vertretung 400
Vertretung des Antragsgegners 357
Vertretung des Antragstellers 346
Vertretung durch Vollmacht 400
Vertretung einer juristischen Person 402
Vertretungsnachweis 400
Verwahrungsgeschäft 426
Verwahrungsmasse 436
Verwahrungsverzeichnis 433
Verweisung 492
Verweisungsantrag 498
Verzeichnisse des Notars 427
Verzinsung 540
Verzug 472
Videokonferenz 468
volkwirtschaftliche Produktionsfaktoren 200, 241
Vollbeschäftigung 242, 255
Vollmacht 400
vollmachtlose Vertretung 401
vollständiges Obsiegen 533
vollstreckbare Ausfertigung 410
vollstreckbare Ausfertigung 541
Vollstreckungsklausel 343, 444
Vorauszahlungen 193
Vorbefassung 399, 407
Vorbehaltsurteil 479
vorgerichtliche Kosten 517
Vorjahreszahllast 191
Vorkaufsrecht 280
vorläufige Vollstreckbarkeit 464
Vormerkung 280
Vorstellungskosten 51
Vorsteuer 151, 153, 187
Vorsteuerbeträge 156
Vorsteuerüberhang 191, 192
vorvertragliches Schuldverhältnis 49

W

Währung 249
Währungspolitik 249
Warenkorb 246
Warnfunktion 74
Wechselkurs 252, 253
Weihnachtsgeld 57
Weisungsabhängigkeit 45
Weltwirtschaftskrise 251
Werbemaßnahmen 235
Werbung 232
Werkunternehmerpfandrecht 295
Werkvertrag 45
Werte 445
Werteveränderungen 167
Wertgebühren 445
Wertgebühren 519
Wertminderung 145, 151
Wertvorschriften 447
Wettbewerb 216, 224, 225, 228, 229
Wettbewerbsabreden 55
Wettbewerbsbeschränkungen 216
Wettbewerbsentwicklung 228
Widerspruch 276
Widerspruchsfrist 330
Widerspruchsrecht 90
Wiedereinsetzung in den vorigen Stand 470
Willenserklärung 399, 403
Wirksamkeitsvoraussetzungen 455
Wirtschaftskreislauf 204, 206
Wirtschaftsleistung 200
Wirtschaftsordnung 210
Wirtschaftspolitik 239, 243
Wirtschaftswachstum 241, 244, 255
Wohnungs- und Immobilienmarkt 222, 226

Wohnungsei gentümergemeinschaft 499
Wohnungsmarkt 218

Z

Zahllast 189, 191, 192
Zahlungsarten 525
Zahlungswirksamkeit 143
Zehn-Tages-Frist 144
Zeichnungen 405
Zeitplan 160
Zentralbanken 252, 253
zentraler elektronischer Notaraktenspeicher 390
Zentrales Mahngericht 318
Zentrales Vorsorgeregister 390
Zentrales Testamentsregister 391
Zentralverwaltungswirtschaft 212
Zeuge 476
Zeugenschutz 469
Zeugnis 79
Zeugnisverweigerungsrecht 477
Ziele 231
Zielformulierung 232
Zinssatz 222
Zivilrechtsweg 492
Zivilverfahren 461
Zollunion 251
Zugänge 24
Zulässigkeit 342
Zusatzgebühr 578, 581
Zustandsstörer 278
Zustellungsmängel 328
Zwangsversteigerung 280
Zwangsvollstreckungsverfahren 461
Zweitschuldner 523
Zwischenurteil 479
Zwischenzeugnis 80

Bildquellenverzeichnis

Alamy Stock Photo (RMB), Abingdon/Oxfordshire: Christina Wilton 525.3.
Bitkom e.V., Berlin: 106.1.
Bundesnotarkammer, Berlin: 384.2, 390.1, 390.2, 391.1, 391.2, 420.3, 421.1, 429.1, 433.5.
Europäische Kommission, Berlin: 339.1, 340.1, 341.1, 341.2.
Foto Stephan - Behrla Nöhrbaß GbR, Köln: 15.2, 525.1.
fotolia.com, New York: Alterfalter 248.1; Andreas Ernst 315.1; Brigitte Bonaposta 462.1; contrastwerkstatt 14.2, 16.1, 16.2, 219.1, 415.1, 531.1, 589.1; dinostock 599.1; Erwin Wodicka 290.1; Eva Kahlmann 89.2; eyetronic 488.2; Fiedels 324.1; fischer-cg.de 101.1; Franz Pfluegl 14.1; GaToR-GFX 383.3; Gina Sanders 15.3, 198.1, 514.1; goodluz 563.1; industrieblick 206.1; js-photo 206.2; Kai Koehler 124.2; Lev Dolgatsjov 15.1; Michael Shake 596.1; milosducati 590.2; Monkey Business 377.1; Nerlich Images 133.1; osiris59 426.2; Peter Atkins 557.1; PhotoSG 440.1; roxcon 425.2; Sanders, Gina 86.1, 211.1, 253.1; stockWERK 239.1; T. Michel 526.4; takasu 566.3; terex 105.1; Tsiumpa 147.2; undrey 620.1; virtua73 103.1, 103.2, 103.3, 107.1; wingrim 479.1; XtravaganT 92.1.
Getty Images (RF), München: mikimad 1.1.
iStockphoto.com, Calgary: champlifezy@gmail.com 135.1; fcafotodigital 121.1; karl-friedrich hohl 384.3; M_MUC1968 142.1; vchalup 109.1.
Kober, Martina, Werneck: 123.1, 303.1, 304.1, 306.1, 307.1, 308.1, 310.1, 367.1, 368.1, 369.1, 371.1, 622.1, 623.1, 624.1, 625.1, 626.1, 627.1, 628.1, 629.1, 630.1, 631.1, 632.1, 633.1, 634.1, 635.1, 636.1, 638.1, 639.1, 640.2, 642.1, 643.1.
Ministerium der Justiz des Landes Nordrhein-Westfalen, Düsseldorf: 615.1.
PERNUMA MarkingSystems GmbH, Laupheim: 383.2.
Picture-Alliance GmbH, Frankfurt a.M.: akg-images 251.2; Baumgarten, Ulrich 252.2; dpa-infografik 193.1, 245.1, 246.2; dpa-infografik GmbH 185.1, 242.1; dpa/Heiko Wolfraum 134.2.
Shutterstock.com, New York: Gargantiopa 300.1; megaflopp 345.2.
stock.adobe.com, Dublin: Aleksey 159 424.2; AllebaziB Titel, Titel; Alterfalter 433.4; amnaj 383.1; artjazz 333.1; BillionPhotos.com Titel; CHW 20.1; contrastwerkstatt 58.1, 393.1; FM2 48.1; Fokussiert 257.1; fullempty 249.1; Gajus Titel; karepa 97.1; Lechner, Joachim 420.1; Lund, Jacob 526.1; Monkey Business Titel; Nowack, Petra 525.2; nsdpower 1.2; pressmaster Titel; pure-life-pictures 120.1; rarrarorro 526.3; Rawf8 Titel; sebra 196.1, 365.1; sljubisa 32.1, 46.1, 50.1, 51.1, 56.1, 57.1, 63.1, 65.1, 65.2, 67.1, 67.2, 68.1, 69.1, 70.1, 76.1, 84.1, 89.1, 96.1, 97.2, 98.1, 106.2, 107.2, 108.1, 109.2, 111.1, 119.1, 119.2, 124.1, 125.1, 127.1, 128.2, 130.1, 130.2, 134.1, 135.2, 136.1, 137.1, 137.2, 138.1, 138.2, 139.1, 139.2, 144.1, 144.2, 145.1, 146.1, 147.3, 147.4, 148.1, 149.1, 149.2, 150.1, 151.1, 151.2, 151.3, 153.1, 153.2, 153.3, 156.1, 160.1, 162.1, 163.1, 166.1, 169.1, 171.1, 172.1, 173.1, 176.1, 176.2, 178.1, 179.1, 179.2, 180.1, 180.2, 180.3, 181.1, 190.1, 191.1, 192.1, 192.2, 192.3, 193.2, 193.3, 199.1, 200.1, 204.1, 215.1, 218.1, 221.1, 222.1, 223.1, 224.1, 233.1, 235.1, 246.1, 251.1, 252.1, 252.3, 253.2, 255.1, 256.1, 256.2, 265.1, 265.2, 268.1, 269.1, 269.2, 273.1, 276.1, 294.1, 317.1, 319.1, 319.2, 321.1, 328.1, 329.1, 330.3, 337.1, 338.1,

345.1, 347.1, 348.1, 348.2, 350.1, 351.1, 353.1, 353.2, 353.3, 357.1, 358.1, 360.1, 381.1, 384.1, 386.1, 388.1, 395.1, 398.1, 403.1, 406.1, 408.1, 409.1, 409.2, 410.1, 411.1, 412.1, 412.2, 412.3, 417.1, 419.1, 420.2, 424.1, 425.1, 426.1, 427.1, 427.2, 427.3, 429.2, 433.1, 433.2, 433.3, 433.6, 434.1, 438.1, 441.1, 442.1, 443.1, 444.1, 445.1, 447.1, 447.2, 447.3, 447.4, 450.1, 450.2, 451.1, 451.2, 452.1, 453.1, 456.1, 456.2, 456.3, 463.1, 465.1, 466.1, 466.2, 468.1, 469.1, 469.2, 470.1, 470.2, 471.1, 471.2, 473.1, 473.2, 488.1, 491.1, 492.1, 507.1, 512.1, 515.1, 516.1, 517.1, 520.1, 520.2, 521.1, 522.1, 523.1, 523.2, 524.1, 526.5, 527.1, 527.2, 527.3, 528.1, 532.1, 533.1, 534.1, 535.1, 536.1, 536.2, 537.1, 539.1, 540.1, 541.1, 548.1, 548.2, 550.1, 554.1, 559.1, 559.2, 560.1, 561.1, 561.2, 563.2, 564.1, 566.1, 566.2, 570.1, 570.2, 573.1, 576.1, 578.1, 580.1, 580.2, 582.1, 588.1, 588.2, 590.1, 590.3, 591.1, 591.2, 592.1, 592.2, 592.3, 594.1, 595.1, 596.2, 597.1, 598.1, 600.1, 601.1, 606.1, 607.1, 607.2, 610.1, 610.2, 612.1, 614.1, 616.1, 616.2, 619.1, 619.2, 640.1; studio v-zwoelf 128.1; Syda Productions 261.1; terex 147.1; Thapana_Studio 428.1; thomasmuessig 253.3; Wolfilser 526.2; Wylezich, Björn 413.1; Yang, Stefan 159.1; Zerbor 185.2.
www.mahngerichte.de, Hagen: 320.1, 320.2, 322.1, 330.1, 330.2.